Rainer Gievers

Das Praxisbuch
Huawei Y6 (2018) / Y7 (2018)
Anleitung für Einsteiger

www.das-praxisbuch.de

Vorwort

Huawei bietet eine umfassende Produktpalette von sehr teuren Handys wie dem P20/P20 Pro bis hin zum Huawei Y5 (2018) an. Die Modelle Y6 (2018) und Y7 (2018) repräsentieren dabei die untere Mittelklasse. Für weniger als 200 Euro erhalten Sie ein Gerät, das Sie im Alltag zuverlässig begleitet und für die meisten Anwendungszwecke vollkommen ausreichend ist.

Wenn Sie bereit sind, Ihren Arbeitsstil an einige Besonderheiten des Handys anzupassen, können Sie mit dem Handy viele Dinge wie E-Mail-Verwaltung, Anzeige und Bearbeitung von Dokumenten, Terminplanung, usw. auch unterwegs durchführen, ohne ein Notebook dafür mitführen zu müssen.

Leider geht die beim Huawei Y6/Y7 mitgelieferte Anleitung nur auf die wichtigsten Funktionen des Geräts ein, weshalb dieses Buch entstanden ist, das den Anwender von den ersten Schritten bis hin zur optimalen Nutzung der vorinstallierten Anwendungen unterstützt. Wir geben darüber hinaus auch Tipps aus unserer eigenen, inzwischen über 30-jährigen Erfahrung mit Mobilrechnern, die Sie im Internet und anderen Büchern nicht finden werden.

Wir empfehlen, die ersten beiden Kapitel zur Ersteinrichtung und zur Benutzeroberfläche durchzuarbeiten, auch wenn Sie vielleicht schon mal mit einem Android-Handy gearbeitet haben. Auf die unvermeidlichen Fachbegriffe, die dabei erläutert werden, setzen dann die weiteren Kapitel auf.

Falls Sie im Buch irgendwo einen Fehler entdecken, schicken Sie bitte eine E-Mail an *info@das-praxisbuch.de*.

Rainer Gievers, im Juli 2018

1. Auflage vom 26.07.2018

Hinweis

Model im Innenteil: *Lena Lange*

ISBN 978-3-06469-006-7

Aufbau der Kapitel

- Damit Sie erkennen, welche Bildschirmkopie zu welchem Erläuterungstext gehört, sind die Texte mit Zahlen (❶,❷,❸) durchnummeriert.
- Webadressen, Menübezeichnungen und verwiesene Kapitel sind *kursiv* gesetzt.
- Verschachtelte Menüs werden durch »/« gekennzeichnet. Somit bedeutet zum Beispiel ⋮ *Einstellungen*, dass Sie das Menü aktivieren und dort auf *Einstellungen* gehen.
- Auch Verzeichnis- und Dateinamen, sowie Webadressen sind in Kursivschrift gesetzt.

In den Rahmen sind weiterführende Infos zum jeweiligen Thema untergebracht.

1. Inhaltsverzeichnis

2. Einführung **12**
2.1 Das ist bei Android anders 13
2.2 Das Google-Prinzip 14
2.3 Die SIM-Karte 14
3. Erster Start **16**
3.1 Vorhandenes Google-Konto 18
3.2 Neues Google-Konto 20
3.3 Weitere Einrichtung 23
4. Grundlagen der Bedienung **26**
4.1 Bedienelemente des Huawei 26
4.2 Displaysperre 26
4.3 Der Startbildschirm 27
4.4 Erste Schritte 27
4.5 Gestensteuerung 28
4.6 Der Startbildschirm in der Praxis 29
4.7 Startbildschirm konfigurieren 30
4.7.1 Programme verwalten 30
4.7.2 Widgets 32
4.7.2.a Widget hinzufügen 33
4.7.3 Startbildschirm aufräumen 34
4.7.4 Ordner 36
4.7.5 Hintergrundbild 36
4.7.5.a Startbildschirme verwalten 38
4.7.5.b Weitere Einstellungen 39
4.7.6 Titelleiste und Benachrichtigungsfeld 40
4.7.7 Schaltleisten im Benachrichtigungsfeld 43
4.8 Hoch- und Querdarstellung 44
4.9 Menü 45
4.10 Die Einstellungen 46
4.11 Zuletzt genutzte Anwendungen 47
4.12 Globale Suche 48
4.13 Google-Suche 48
4.14 Medienlautstärke und Signaltöne 50
4.14.1 Signaltöne 51
4.15 Programm-Updates 52
4.16 Betriebssystem-Updates 53
4.17 Das Ausklappmenü 53
5. Telefonie **55**
5.1 Anruf durchführen 55
5.1.1 Suche 56
5.1.2 Letzte Rufnummer wählen 57
5.1.3 Funktionen während eines Gesprächs 57
5.1.3.a Hörerlautstärke 59
5.1.4 Anruf aus dem Telefonbuch 59
5.2 Kurzwahlen 59
5.2.1 Kurzwahl erstellen 60
5.3 Mobilbox abrufen 61
5.4 Anruf annehmen 62
5.4.1 Anruf mit Mitteilung beantworten 63
5.4.2 Anruferinnerung 65
5.4.3 Klingelton und Klingeltonlautstärke 65
5.5 Anrufliste (Protokoll) 66
5.5.1 Anrufliste in der Telefonoberfläche 66
5.5.2 Anzeige verpasster Anrufe 67
5.5.3 Funktionen in der Anrufliste 68
5.5.4 Info-Popup 68

5.6 Flugmodus (Offline-Modus) ... 71
5.7 Filter gegen Belästigung (Sperrliste) ... 71
5.7.1 Weitere Sperrfunktionen ... 73
5.8 Anrufeinstellungen ... 74
5.8.1 Anrufprotokoll zusammenführen ... 75
5.8.2 SIM-Karten-Funktionen ... 76
5.8.2.a Rufumleitung ... 76
5.8.2.b Klingelton und Vibration ... 77
5.8.2.c Zusätzliche Einstellungen ... 77
5.8.3 Andere Einstellungen ... 78

6. Nachrichten (SMS) ... 79

6.1 Nachrichtenanzeige ... 79
6.2 Nachricht senden ... 80
6.2.1 Mehrere Empfänger eingeben ... 81
6.2.2 Kontakt aus Telefonbuch ... 82
6.2.3 Nachricht aus Nachrichtenverlauf ... 83
6.2.4 Nachricht aus Anrufliste ... 83
6.3 Entwürfe ... 84
6.4 Empfangsbestätigung (Zustellungsbericht) ... 84
6.5 Alte Nachrichten löschen ... 85
6.6 Weitere Funktionen ... 86
6.7 SMS empfangen ... 86
6.7.1 Schwarze Liste ... 87
6.8 Konfiguration ... 89
6.9 MMS ... 90

7. Telefonbuch ... 91

7.1 Kontakterfassung ... 91
7.1.1 Kontakt im Telefonbuch eingeben ... 92
7.1.2 Weitere Eingabefelder ... 93
7.1.3 Kontakt aus Telefonoberfläche übernehmen ... 94
7.2 Kontakt bearbeiten ... 95
7.3 Listen- und Detailanzeige ... 95
7.3.1 Verknüpfung auf dem Startbildschirm ... 97
7.4 Die SIM-Karte ... 97
7.5 Kontaktfoto und Klingelton ... 98
7.6 Suchen ... 102
7.7 Gruppen ... 102
7.7.1 Gruppe anlegen ... 103
7.7.2 Gruppe verwalten ... 104
7.8 Favoriten ... 105
7.9 Weitere Funktionen ... 106

8. Internet einrichten und nutzen ... 108

8.1 Internetzugang einrichten ... 108
8.1.1 Tipps zum Internetzugang ... 108
8.1.1.a Kostenfalle Standardvertrag ... 108
8.1.1.b Die Alternative: WLAN ... 108
8.1.1.c Teuer! Teuer! Teuer! ... 108
8.1.2 Automatische Einrichtung ... 108
8.1.3 Weitere Konfigurationsparameter ... 109
8.2 Umschaltung WLAN und Mobilfunk-Internet ... 110
8.2.1 WLAN aktivieren/deaktivieren ... 110
8.2.2 Mobilfunk-Internet aktivieren/deaktivieren ... 112
8.3 Empfangsstärke Mobilfunk und WLAN ... 112

9. WLAN ... 113

9.1 WLAN-Verbindung aufbauen ... 113
9.1.1 WLAN über die Einstellungen einrichten ... 113
9.1.2 WPS-Schnellverbindung ... 114
9.2 WLAN-Zugangspunkte verwalten ... 115

9.3 WLAN unterwegs sicher einsetzen ... 117

10. E-Mail ... 119

10.1 E-Mail-Einrichtung ... 119
10.1.1 E-Mail-Konto automatisch einrichten ... 119
10.1.2 E-Mail-Konto manuell einrichten ... 121
10.1.3 Mehrere E-Mail-Konten verwalten ... 123
10.2 E-Mail-Konto bearbeiten ... 124
10.2.1 Allgemeine Einstellungen ... 124
10.2.2 Konto-Einstellungen ... 125
10.3 E-Mail-Anwendung in der Praxis ... 126
10.3.1 E-Mail-Ordner ... 126
10.3.2 E-Mails abrufen ... 126
10.3.3 E-Mails lesen und beantworten ... 127
10.3.4 VIP ... 129
10.3.5 E-Mails löschen ... 130
10.3.6 Dateianlagen ... 132
10.3.7 Absender ins Telefonbuch aufnehmen ... 133
10.4 E-Mail erstellen und senden ... 133
10.4.1 Cc/Bcc ... 135
10.4.2 Entwürfe ... 135
10.4.3 E-Mail-Anhänge ... 136
10.5 Favoriten ... 136
10.6 Stapelvorgänge ... 137
10.7 E-Mail-Ansichten ... 138
10.8 Suche ... 138
10.9 E-Mails auf dem Startbildschirm ... 139

11. Gmail ... 140

11.1 Gmail in der Praxis ... 141
11.1.1 E-Mails abrufen ... 141
11.1.2 Absender ins Telefonbuch aufnehmen ... 143
11.1.3 Dateianlagen ... 144
11.1.4 Labels ... 144
11.1.5 E-Mails beantworten ... 146
11.1.6 E-Mail neu schreiben ... 147
11.1.7 Weitere Funktionen bei der E-Mail-Erstellung ... 149
11.1.7.a Cc/Bcc ... 149
11.1.7.b Dateianlage ... 150
11.1.8 Entwürfe ... 151
11.1.9 E-Mails löschen ... 152
11.2 Weitere Funktionen ... 154
11.2.1 Nachrichten durchsuchen ... 154
11.2.2 Zurückstellen ... 154
11.2.3 Archivieren ... 155
11.2.4 Unterdrücken ... 157
11.2.5 Wichtig-Label und der sortierte Eingang ... 158
11.2.5.a Benachrichtigung ... 159
11.2.6 Markierungen ... 160
11.2.7 Spam ... 161
11.2.8 Stapelvorgänge ... 162
11.2.9 Wischgeste zum Archivieren ... 163
11.3 Einstellungen ... 163
11.3.1 Allgemeine Einstellungen ... 163
11.3.2 Konto-Einstellungen ... 164
11.3.2.a Abwesenheitsnotiz ... 166
11.3.2.b Automatisch zugewiesene Labels ... 166
11.4 Zugriff auf Gmail vom Startbildschirm ... 167
11.5 Nutzung mehrerer E-Mail-Konten ... 169
11.6 Andere E-Mail-Konten mit Gmail ... 171
11.6.1 E-Mail einrichten ... 171

11.6.2 E-Mail in der Praxis 173
12. Chrome-Webbrowser 175
12.1 Tabs 179
12.2 Lesezeichen 180
12.3 Dateien herunterladen 182
12.4 Einstellungen 183
12.4.1 Datenschutz 184
12.4.2 Bedienungshilfen 185
12.4.3 Website-Einstellungen 186
12.5 Lesezeichen auf dem Startbildschirm 187
12.6 Zum Suchen tippen 187
13. Google Maps 189
13.1 Google Maps nutzen 189
13.2 Eigene Position 192
13.3 Parken 192
13.4 Das Schnellmenü 194
13.5 Kartenausschnitt auf dem Gerät speichern 194
13.6 Suche 196
13.7 Navigation 198
13.7.1 Routenplaner 199
13.7.2 Navigation in der Praxis 202
13.7.3 Schnelle Navigation 203
13.8 Ansichten 205
13.9 Google Local 206
13.9.1 Markierungen 207
13.10 Adressen aus dem Telefonbuch 208
13.11 Einstellungen 209
14. WhatsApp 212
14.1 Erster Start 212
14.2 Nachrichten schreiben 215
14.3 Nachrichten empfangen 216
14.4 Weitere Funktionen 216
14.5 Telefonie über WhatsApp 217
15. Das Google-Konto 219
15.1 Einrichtung in einer Google-Anwendung 219
15.2 Weitere Kontenfunktionen 221
16. Benutzeroberfläche optimal nutzen 224
16.1 Bildschirmanzeige anpassen 224
16.2 Ruhemodus (Bitte nicht stören) 225
16.3 Intelligente Unterstützung 227
16.3.1 Einhandbedienung 228
16.3.2 Bewegungssteuerung 229
16.4 Funktionen in Benachrichtigungsfeld und Titelleiste 230
16.4.1 Benachrichtigungsmanager 231
16.5 Schnellmenü 233
16.6 Schnellaufruf 233
16.7 Geteilter Bildschirm 234
17. Gerätespeicher 236
17.1 Optionen nach PC-Anschluss 236
17.2 Speicherzugriff unter Windows 237
17.3 Allgemeine Hinweise 238
17.4 PC-Anwendung 239
17.5 Speicherverwaltung 244
17.5.1 SD-Karte 245
17.5.2 Speicher bereinigen 245
17.6 Verzeichnisse 245
18. Nutzung von zwei SIM-Karten 247

18.1 Dual-SIM in der Praxis 249

19. Play Store 250

19.1 Konten 252
19.2 Programme installieren 252
19.3 Programme deinstallieren 254
19.4 Wunschliste 254
19.5 Gute von schlechter Software unterscheiden 255
19.6 Einstellungen 257
19.6.1 Erweiterte Verwaltung 258
19.7 Ausgeblendete Navigationstasten 259
19.7.1 Für Vollbildmodus optimierte Programme 259
19.7.2 Programme ohne Vollbildmodus-Optimierung 259
19.8 Softwarekauf im Google Play Store 260
19.9 Google-Gutscheine 262
19.10 In-App-Käufe 263
19.11 Spiele 264
19.11.1 Berechtigungen verwalten 265

20. Kamera 267

20.1 Foto erstellen 268
20.2 Bild-Modi 269
20.3 Einstellungen 270
20.4 Zoom 271
20.5 Spezialfunktionen 271
20.6 Video-Funktion 272
20.6.1 Video-Einstellungen 272

21. Galerie 273

21.1 Ansichten 273
21.1.1 Albensortierung 273
21.2 Vollbildansicht 274
21.2.1 Einzelnes Bild bearbeiten 275
21.3 Bilder verarbeiten 276
21.4 Videos 277

22. Google Assistant 278

22.1 Einrichtung 278
22.2 Funktionen des Huawei steuern 280
22.3 Weitere Funktionen 282
22.4 Einstellungen 283

23. Kalender 286

23.1 Kalenderansichten 286
23.1.1 Jahresansicht 287
23.1.2 Monatsansicht 287
23.1.3 Wochenansicht 288
23.1.4 Tagesansicht 288
23.2 Navigation im Kalender 289
23.3 Neuen Termin hinzufügen 290
23.4 Weitere Terminverwaltungsfunktionen 293
23.5 Terminerinnerung 295
23.6 Kalender im Startbildschirm 295

24. Google Fotos 296

24.1 Start und erste Einrichtung 296
24.2 Die Benutzeroberfläche 297
24.3 Geräteordner sichern 298
24.3.1 Zu sichernden Geräteordner im Assistenten auswählen 299
24.3.2 Zu sichernden Ordner in der Alben-Ansicht auswählen 299
24.3.3 Sicherung über das Benachrichtigungsfeld 300
24.4 Medien verwalten 300
24.5 Spezialfunktionen 301

24.6 Suche ... 303
24.7 Einstellungen ... 304
25. Play Musik ... 305
25.1 Der Wiedergabebildschirm ... 308
25.1.1 Warteschlange ... 309
25.2 Playlists ... 310
25.2.1 Playlist erstellen ... 310
25.2.2 Playlist nutzen ... 311
25.2.3 Playlist bearbeiten ... 312
25.3 Wiedergabe im Hintergrund ... 312
25.4 Der Google Play Musik-Dienst ... 313
25.4.1 Erste Einrichtung ... 314
25.4.2 Kauf von Songs oder Alben ... 314
25.4.3 Play Musik in der Praxis ... 315
25.4.4 Konfiguration ... 315
25.4.5 Offline-Nutzung ... 316
25.4.6 Streaming-Einstellungen ... 317
25.5 Welcher Song ist das? ... 318
25.6 Besserer Klang durch externe Lautsprecher ... 318
25.6.1 Alternativen zu den PC-Lautsprecherboxen ... 319
25.6.2 Mobile Lautsprecher ... 319
25.6.3 Drahtloser Musikgenuss ... 319
26. Weitere Programme ... 320
26.1 Rechner ... 320
26.2 Dateien ... 320
26.3 Wetter ... 322
26.4 YouTube ... 322
26.5 Google Drive ... 324
26.5.1 Dateien bei Google Drive hochladen ... 326
26.5.2 Office-Datei erstellen ... 328
26.5.3 Dateien freigeben ... 329
26.6 Google-Anwendung ... 330
26.7 Uhr und Alarm ... 332
26.1 Google Play Filme ... 333
27. Empfehlenswerte Apps aus dem Play Store ... 336
27.1 Installation ... 336
27.2 Empfehlungen ... 337
27.2.1 Fernsehen ... 337
27.2.2 TV- und Kinoprogramm ... 338
27.2.3 Wetter ... 339
27.2.4 Shopping ... 339
27.2.5 Preisvergleich ... 340
27.2.6 Schnäppchenjäger ... 341
27.2.7 Transport, Reisen und Hotels ... 342
27.2.8 Auskunft ... 344
28. Bluetooth ... 345
28.1 Bluetooth ein/ausschalten ... 345
28.2 Bluetooth konfigurieren ... 345
28.3 Bluetooth-Headset/Freisprecheinrichtung verwenden ... 346
28.4 Bluetooth-Audio ... 347
28.5 Bluetooth-Nutzung zur Datenübertragung ... 349
28.5.1 Bluetooth-Kopplung ... 349
28.5.2 Daten über Bluetooth senden ... 350
28.5.3 Daten über Bluetooth empfangen ... 351
29. Tipps & Tricks ... 353
29.1 GPS auf dem Huawei Y6/Y7 nutzen ... 353
29.2 Zip-Dateien ... 355
29.3 Anwendungen als Standard ... 355

29.4 Handy verloren oder geklaut – was nun? 357
29.4.1 Datenschutz 358
29.4.2 Schutz von Firmendaten 359
29.5 Akkulaufzeit erhöhen 359
29.6 Screenshots (Bildschirmkopien) 360
29.7 Startbildschirmstil 361
29.8 Handy zurücksetzen 361
29.9 Schaltleisten im Benachrichtigungsfeld bearbeiten 363
29.10 Datenverbrauch ermitteln 363
29.10.1 Datennutzung der verschiedenen Anwendungen 364
29.10.2 Netzwerk-Apps 365
29.11 Ordner 365
29.11.1 Ordner anlegen und verwalten 366
29.12 App-Sperre 367
30. Telefonmanager 369
30.1 Optimierung 369
30.2 Energie sparen 370
31. Zugriffssperren 372
31.1 Displaysperre 372
31.2 Gerätesperre 373
31.2.1 Muster-Sperre 374
31.2.2 PIN- und Passwortsperre 375
31.3 Optionen 376
31.4 SIM-Sperre 377
31.5 Android Geräte-Manager 378
32. Der Fingerabdrucksensor 381
32.1 Erste Einrichtung 381
32.2 Fingerabdrücke verwalten 383
32.3 Fingerabdruck-Funktionen 384
33. Eingabemethoden 386
33.1 SwiftKey-Tastenfeld 388
33.1.1 Emoij 390
33.1.2 Wortvorschläge 391
33.1.2.a Wörter korrigieren 391
33.1.2.b Das Anwendungswörterbuch 392
33.2 Einstellungen 393
33.2.1 Layout 394
33.2.2 Tastenfeldgröße 395
33.2.3 Tastenfeld abkoppeln 395
33.2.4 Inkognito 395
33.2.5 Weitere Einstellungen 396
33.3 Durchgehende Eingabe 398
33.4 Spracherkennung 399
33.5 Texte kopieren, ausschneiden und einfügen 399
33.6 Weitere Funktionen 400
33.6.1 GIF 400
33.6.2 Sticker 401
33.6.3 Sammlung 402
33.6.4 Kalender 404
34. Stichwortverzeichnis 407
35. Weitere Bücher des Autors 409

2. Einführung

Vielleicht gehören Sie auch zu den Anwendern, die sich bisher mit einem Einfach-Handy zufrieden gegeben haben und nun erstmals ein sogenanntes Smartphone nutzen. Alternativ besitzen Sie schon seit geraumer Zeit ein Smartphone, verwenden darauf aber derzeit nur die Telefonie-Funktionen.

Was aber ist ein **Smartphone**? Darunter versteht man ein Mobiltelefon, das neben der Telefonie noch weitere Funktionen mitbringt, die sonst nur PCs aufweisen, beispielsweise Kontakt- und Teminverwaltung, Musikabspielgerät, Internet, usw. Von wenigen Billig-Handys, die für maximal 30 Euro angeboten werden, sind übrigens genau genommen inzwischen alle Smartphones.

Die Betriebssoftware, sozusagen das Herz Ihres Handys, ist das von Google entwickelte **Android**. Es erfüllt die gleichen Aufgaben wie das Windows-Betriebssystem auf Ihrem PC oder Notebook.

Leider darf jeder Hersteller Android fast nach Belieben anpassen. Deshalb weicht beispielsweise die Bedienung eines Handys von Sony stark von der eines Huawei oder Samsungs ab. Zum Beispiel sind die folgenden Programme bei vielen Hersteller unterschiedlich realisiert:

- Kalender (Termine und Aufgaben)
- Telefonbuch
- Telefonoberfläche

Beispiele für die verschiedenen Telefonoberflächen eines Sony- (❶), eines Samsung-Handys (❷) und des Ihnen vorliegenden Huawei P20 Lite (❸).

Die deutlichen Abweichungen zwischen den verschiedenen Handy-Modellen machen übrigens nicht nur Anwendern den Einstieg schwer. Fachbuchautoren im Handy-Bereich haben ebenfalls große Probleme, auf die Unterschiede zwischen den einzelnen Geräten einzugehen, ohne ihre Bücher aufzublähen.

Glücklicherweise gibt es mit den **Google-Anwendungen** etwas, das auf jedem Handy gleich ist:

- Chrome: Webbrowser.
- Gmail: E-Mail.
- Maps: Landkarten und Navigation.
- Google Drive: Dateiverwaltung.
- Play Musik: Musikwiedergabe. Auch der Kauf von einzelnen Songs oder Alben ist möglich.
- Play Filme & Serien: Spielfilme und Serien ausleihen und ansehen.
- Fotos: Foto- und Videoverwaltung.
- Play Store: Weitere Programme installieren. Auch der Kauf beziehungsweise das Aus-

leihen von Musik, Filmen und Serien sowie von Ebooks erfolgt über den Play Store.

Google schreibt den Handy-Anbietern vor, dass beispielsweise Chrome, Gmail, Maps, Play Musik und der Play Store immer auf den Geräten vorhanden sein müssen – zumindest haben wir noch nie ein Android-Handy ohne die genannten Programme zu Gesicht bekommen.

Als wäre es des Wirrwars aber nicht noch genug, finden Sie auf vielen Handys neben den Google-Anwendungen auch noch weitere Programme, die genau die gleichen Funktionen erfüllen. Beispielsweise ist auf Huawei-Handys neben »Google Fotos« auch noch »Galerie« vorinstalliert, das ebenfalls Bilder und Videos anzeigt.

2.1 Das ist bei Android anders

Dieses Kapitel soll kurz die Unterschiede zwischen den »alten« Handys und den modernen Smartphones beleuchten.

Schon bei der ersten Inbetriebnahme gibt es den ersten Unterschied: Während früher ein Handy nach dem Einschalten und der PIN-Eingabe sofort betriebsbereit war, müssen Sie bei einem Android-Handy erst Ihren Internetzugang einrichten. Überhaupt empfiehlt es sich, einen Blick auf den Mobilfunkvertrag zu werfen, denn dieser muss auch eine **Internetflatrate** (Datenvertrag) beinhalten. Sie zahlen dann nur einen festen Betrag für die Internetnutzung und keinen nutzungsabhängigen – letzteres ist meist extrem teuer. Auf dieses Thema gehen wir übrigens später noch genauer ein.

Bereits beim ersten Einschalten eines Android-Handys richten Sie die Internetverbindung ein.

Eine permanente Internetverbindung ist für Android-Handys wichtig. Natürlich sind Webbrowser und E-Mail-Anwendung ohne Internetanbindung unbrauchbar – aber wussten Sie, dass sogar Programme, von denen Sie es nie erwarten würden, aufs Internet angewiesen sind? Ihr Android-Handy speichert beispielsweise auch Ihre Kontakte, Termine, Lesezeichen des Chrome-Browsers, Ihre Fotos und Videos und vieles mehr im Internet. Das hört sich zunächst erst einmal ungewohnt an, hat aber für Sie durchaus Vorteile, wie wir unten noch zeigen werden. Ihre persönlichen Daten landen natürlich nicht einfach frei im Internet, sondern sind geschützt vor fremden Zugriff.

Den Speicherort für Ihre Daten legen Sie übrigens bereits bei der ersten Inbetriebnahme Ihres Android-Handys fest. Es handelt sich dabei um Ihr sogenanntes **Google-Konto**. Dieses hat immer das Format *IhrName@gmail.com*. Dabei ist *IhrName* ein von Ihnen frei wählbarer Name, erlaubt sind zum Beispiel die Kontonamen *hans.mueller@gmail.com*, *hmueller25@gmail.com oder mueller201@gmail.com*.

Ihr Google-Konto erstellen Sie direkt nach der Interneteinrichtung beim ersten Einschalten Ihres Android-Handys. Den Kontonamen dürfen Sie frei wählen.

Nicht jeder ist darüber glücklich, dass seine Daten bei Google gespeichert werden. Google informiert aber sehr offen darüber und fragt gegebenenfalls nach Ihrer Zustimmung. Natürlich dürfen Sie auch ablehnen, aber ohne Google-Konto müssen Sie auf viele Komfortfunktionen verzichten. Dazu zählt auch die nachträgliche Installation von weiteren nützlichen Programmen aus dem Play Store.

2.2 Das Google-Prinzip

Wie bereits erwähnt, sammelt Google systematisch Ihre Daten, denn Ihr Android-Gerät lädt alle Ihre Kontakte, Termine, Browser-Lesezeichen, Fotos, usw. auf Google-Server im Internet hoch. Auf zwei Wegen können Sie dies verhindern beziehungsweise einschränken:

- Sie richten erst gar kein Google-Konto auf dem Handy ein.
- Sie deaktivieren, wie im Kapitel *15.2 Weitere Kontenfunktionen* beschrieben, die Datensynchronisation für die einzelnen Datentypen.

Die erste Variante ist leider kaum praktikabel, den ohne Google-Konto steht Ihnen der Play Store nicht zur Verfügung, über den Sie weitere Programme installieren (über einen Umweg, bei dem Sie Sicherheitsfunktionen deaktivieren und manuelles Kopieren der Programmdatei auf das Gerät ginge es trotzdem, ist aber sehr unkomfortabel).

Mit der zweiten Variante kann Sie Google nur noch eingeschränkt »überwachen«, wird aber trotzdem noch Ihr Benutzerverhalten ausforschen. Beispielsweise sendet das Handy alle von Ihnen geschriebenen und empfangenen SMS und Ihr Anrufprotokoll an Google-Server (sofern Sie ein Gerät mit SIM-Kartensteckplatz verwenden). Auch Ihr per eingebautem GPS-Empfänger ermittelteter Standort und Ihre WLAN-Passwörter werden permanent an Google übermittelt.

Es kommt aber noch »dicker«. Wie Sie vielleicht aus der Presse erfahren haben, wurde im Oktober 2016 bekannt, dass der Google-Konkurrent Yahoo über einen längeren Zeitraum den US-Geheimdiensten Zugriff auf alle Nutzerdaten gestattete. Es würde nicht verwundern, wenn auch Google den Geheimdiensten systematisch Daten liefert. Als Geheimnisträger in einer Firma oder einer Behörde sollten Sie sich deshalb überlegen, welche Daten Sie Ihrem Android-Handy oder Tablet anvertrauen. Bei anderen Betriebssystemen wie Apple iOS oder Windows 10 ist es mit der Datensicherheit aber genau genommen kaum besser bestellt.

2.3 Die SIM-Karte

Ihr Handy unterstützt zwei Arten des Internetzugangs:

- Über das Mobilfunknetz: Sie sollten prüfen, ob Ihr Handyvertrag auch die kostenloses Internetnutzung ausweist. Viele Netzbetreiber sprechen dabei von »Internet-Flatrate« oder »Datenflat«. Meist kann man die Internet-Flatrate für wenige Euro im Monat dazubuchen.
- Über WLAN: Wie Ihnen bekannt sein dürfte, lässt sich das Internet mit Ihrem Handy über WLAN nur zuhause beziehungsweise an ausgewiesenen WLAN-Zugangspunkten in

Hotels, Bars, usw. verwenden.

Weil das Handy nur Steckplätze für Nano-SIM-Karten anbietet, können Sie Ihre vorhandene SIM-Karte in der Regel nicht weiter verwenden. Falls Sie nur eine Mini- oder Micro-Karte besitzen, sollten Sie diese beim Mobilnetzbetreiber in eine Nano-Karte umtauschen (meist schickt er Ihnen kostenlos eine neue Nano-SIM-Karte zu und die alte Karte wird automatisch nach einigen Tagen ungültig).

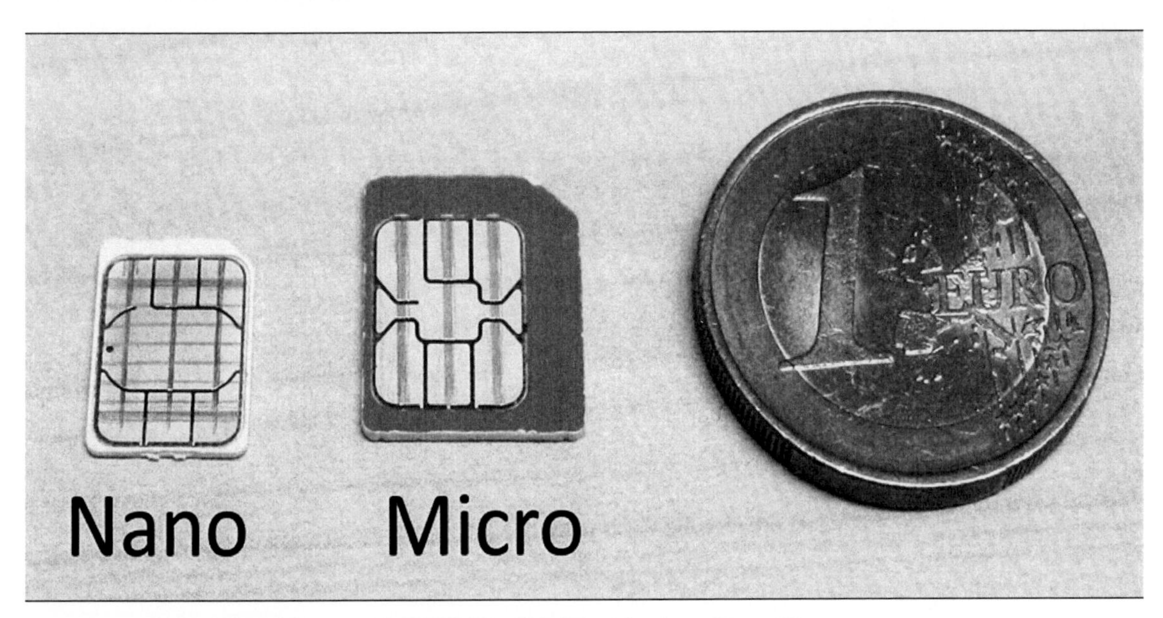

Nano- und Micro-SIM-Karte im Größenvergleich mit einer Euro-Münze.

Da die elektrischen Kontaktflächen auf allen SIM-Karten identisch sind, ist es möglich, eine Micro-SIM auf das Nano-Format mit einer Schere zuzuschneiden. Wir raten davon ab, denn zum einen besteht die Gefahr, dass Sie den enthaltenen Chip beschädigen, zum anderen wird die zuschnittene Karte nicht genau passen und sich gegebenenfalls im Handy verklemmen.

So legen Sie die SIM-Karte ein:

1. Öffnen Sie die Klappe auf der oberen linken Geräteseite mit dem beiliegenden Stechwerkzeug und ziehen Sie vorsichtig die Schublade heraus.
2. Legen Sie das Handy auf einem Tisch ab.
3. Die Schublade nimmt zwei SIM-Karten auf. Sofern Sie nur eine SIM-Karte verwenden, legen Sie diese in die mit *SIM 1* beschriftete ein.
4. Schieben Sie die Schublade vorsichtig in das Handy. Dazu ist eine sehr ruhige Hand nötig, weshalb Sie dies eventuell jemand anders überlassen sollten. Wenden Sie keine Gewalt an!

3. Erster Start

Es gibt wohl kaum etwas Frustrierenderes, als sich in ein neu gekauftes Gerät, sei es Kaffeevollautomat, Waschmaschine oder TV, einzuarbeiten. Beim Huawei Y6/Y7 ist dies kaum anders. Erfreulicherweise konfiguriert das Handy beim ersten Einschalten über einen Assistenten bereits einige wichtige Einstellungen, darunter Ihr Google-Konto und die Ermittlung Ihres Standorts.

Hinweis: Falls Sie bereits den Assistenten durchlaufen haben und schon Ihr Gerät nutzen, sollten Sie im Kapitel *4 Grundlagen der Bedienung* weiterlesen. Wo es in diesem Buch darauf ankommt, gehen wir auf die im Assistenten vorgenommenen Einstellungen nochmals ein. Sie verpassen also nichts!

Beachten Sie, dass der Assistent im Folgenden die Mobilfunk-Internetverbindung nutzt, um Daten mit Google-Servern auszutauschen. Auch im Alltagsbetrieb wird das Handy oft im Hintergrund aufs Internet zugreifen, weshalb Sie jetzt erst einmal prüfen sollten, ob Sie einen Handy-Vertrag mit Internetflatrate (auch als »Datenflatrate« oder »Datenvertrag« bezeichnet) nutzen. Bei älteren Verträgen erfolgt die Abrechnung meist pro Megabyte, sodass schnell hohe Beträge auf der nächsten Monatsrechnung auftauchen. Meist kann man aber zu seinem Vertrag eine Flatrate für wenige Euro pro Monat hinzu buchen. Fragen Sie gegebenenfalls bei Ihrem Netzbetreiber oder in einem Handy-Shop nach.

Tipp: Wenn Sie Mobilfunkdatenverbindungen – aus welchen Gründen auch immer – vermeiden möchten, nutzen Sie das Handy einfach ohne eingelegte SIM-Karte. Der Assistent geht dann über WLAN (ein WLAN-Zugangspunkt muss natürlich vorhanden sein) online.

Auf die Internetverbindungen geht auch Kapitel *8.1 Internetzugang einrichten* ein.

❶ Geben Sie zuerst die SIM-PIN ein, damit sich das Huawei Y6/Y7 ins Netz einbucht. Schließen Sie Ihre Eingabe mit der *OK*-Schaltleiste auf dem eingeblendeten Tastenfeld ab.

❷ An dieser Stelle lernen Sie Ihren ersten Gestenbefehl kennen. Sofern jetzt nur die Uhrzeit und ein Bild angezeigt wird, ist die sogenannte Displaysperre aktiv, welche normalerweise verhindert, dass Sie unbeabsichtigt Funktionen auf dem Handy auslösen. Darauf kommen wir aber noch.

Tippen und halten Sie nun mit dem Finger an einer beliebigen Stelle auf dem Bildschirm und ziehen Sie dann sofort in eine beliebige Richtung. Danach lassen Sie sofort den Finger los.

❶❷ Stellen Sie die Sprache *Deutsch (Deutschland)* ein. Dazu tippen und halten Sie mit dem Finger auf die Länderliste und bewegen den Finger nach oben oder unten. Lassen Sie dann den Finger los. Je nachdem, wo Sie Ihr Handy erworben haben, dürfte *Deutsch (Deutschland)* aber bereits voreingestellt sein.

❸ Betätigen Sie dann die *WEITER*-Schaltleiste.

> Der »Zeigefinger« weist im Buch häufig auf Schaltleisten hin, die Sie antippen müssen.
>
> Beachten Sie bitte, dass situationsabhängig bestimmte Aktionen beziehungsweise Konfigurationsbildschirme früher oder später erscheinen. Beispielsweise kann es passieren, dass nach der SIM-PIN erst zu einem späteren Zeitpunkt gefragt wird.

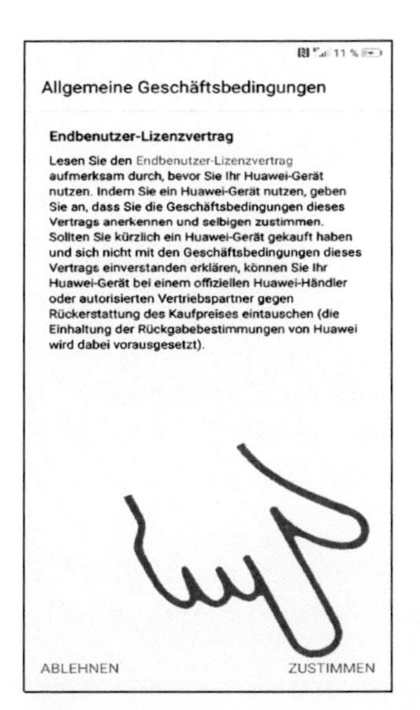

❶❷ Schließen Sie die Allgemeinen Geschäftsbedingungen und den folgenden Hinweis mit *ZUSTIMMEN*.

❸ Sofern der Bildschirm »*Projekt zur Verbesserung der Benutzerfreundlichkeit*« erscheint, gehen Sie auf *SPÄTER*.

> Die *SPÄTER*-Schaltleiste – der Sie noch mehrmals während der Einrichtung begegnen – ist leider nur schwer mit dem Finger zu treffen. Falls nach dem Antippen nichts passiert, tippen Sie sie einfach mehrfach erneut an.

❶ Die Service-Vereinbarungen schließen Sie mit *ZUSTIMMEN*.

❷ Wir empfehlen, die aufgelisteten Berechtigungen zu aktivieren. Dazu betätigen Sie einfach *ALLEM ZUSTIMMEN*.

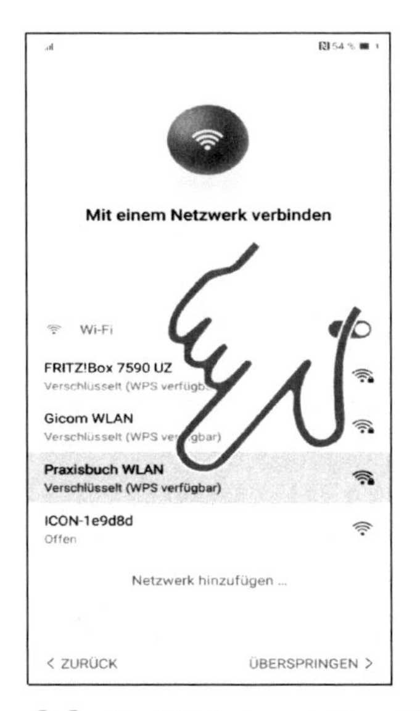

❶❷ Als Nächstes stellen Sie den genutzten WLAN-Zugangspunkt ein. Tippen Sie einen der gefundenen Zugangspunkte in der Liste an, im folgenden Bildschirm tippen Sie in das Eingabefeld und geben das zugehörige Kennwort ein. Betätigen Sie *VERBINDEN*.

❸ Unter dem WLAN-Zugangspunkt erscheint »*Verbunden*«. Betätigen Sie *WEITER*.

Aus persönlicher Erfahrung wissen wir, dass viele Anwender nicht ihr WLAN-Kennwort wissen – meist liegt ja die Einrichtung des eigenen DSL-WLAN-Routers einige Monate oder gar Jahre zurück. In diesem Fall können Sie im Webbrowser auf dem Desktop-PC die Weboberfläche des Routers aufrufen und sich dort das WLAN-Kennwort anzeigen lassen, beziehungsweise ändern. Bei der beliebten AVM Fritzbox geben Sie zum Beispiel *fritz.box* in der Browseradresszeile ein und klicken in der Fritzbox-Benutzeroberfläche auf *WLAN* und dann auf *Sicherheit*.

3.1 Vorhandenes Google-Konto

Um das Handy (und andere Android-Geräte) sinnvoll zu nutzen, müssen Sie ein sogenanntes Google-Konto besitzen. Das Google-Konto hat das Format einer E-Mail-Adresse und immer die Endung *gmail.com*, beispielsweise *sallygievers@gmail.com*.

Falls Sie nicht wissen, was ein Google-Konto ist, oder bisher noch kein Android-Gerät genutzt haben, lesen Sie bitte im Kapitel *3.2 Neues Google-Konto* weiter.

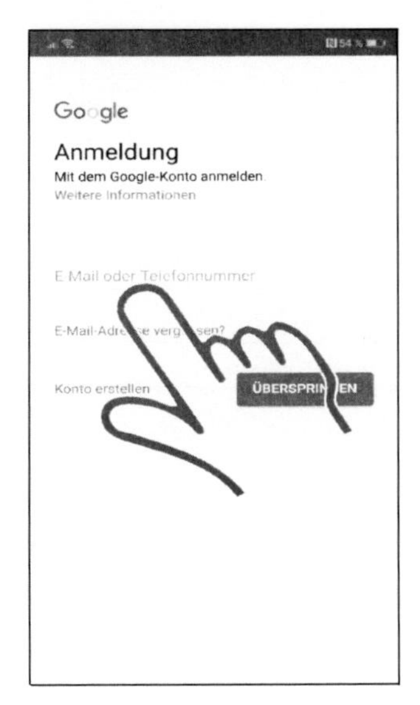

➊ Tippen Sie auf *E-Mail oder Telefonnummer*.

➋ Geben Sie Ihren Google-Konto-Namen (Eingabe des Namens vor *@gmail.com* reicht aus) ein. Wischen Sie dann kurz auf dem Bildschirm (Finger auf einem freien Bildschirmbereich setzen, sofort nach oben wischen und Finger anheben).

➌ Die WEITER-Schaltleiste ist nun sichtbar, welche Sie betätigen.

➊➋ Gehen Sie genauso mit dem nächsten Eingabefeld vor, in dem Sie das Passwort Ihres Google-Kontos eingeben. Dann führen Sie die bereits erwähnte Wischgeste erneut durch, und betätigen *WEITER.*

❶ Gehen Sie auf *ICH STIMME ZU.*

❷❸ Wischen Sie mit dem Finger auf dem Bildschirm mehrmals nach oben (beliebigen Finger auf das Display setzen und nach oben ziehen, danach den Finger anheben), bis die *ZUSTIMMEN*-Schaltleiste erscheint, welche Sie betätigen.

Lesen Sie ab Kapitel *3.3 Weitere Einrichtung* weiter.

3.2 Neues Google-Konto

Dieses Kapitel brauchen Sie nur durchzuarbeiten, wenn Sie noch kein sogenanntes Google-Konto besitzen. Dies ist in der Regel der Fall, wenn Sie bisher noch nie ein Android-Handy oder Tablet genutzt haben.

Das Google-Konto hat das Format einer E-Mail-Adresse und immer die Endung *@gmail.com*, beispielsweise *sally.gievers@gmail.com*. Vom Handy wird das Google-Konto verwendet, um eine Sicherung Ihrer Daten auf Google-Servern durchzuführen.

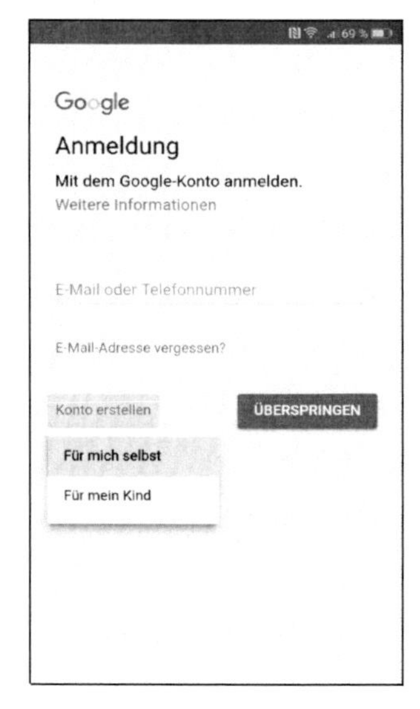

❶ Betätigen Sie *Konto erstellen.*

❷ Wählen Sie *Für mich selbst aus.*

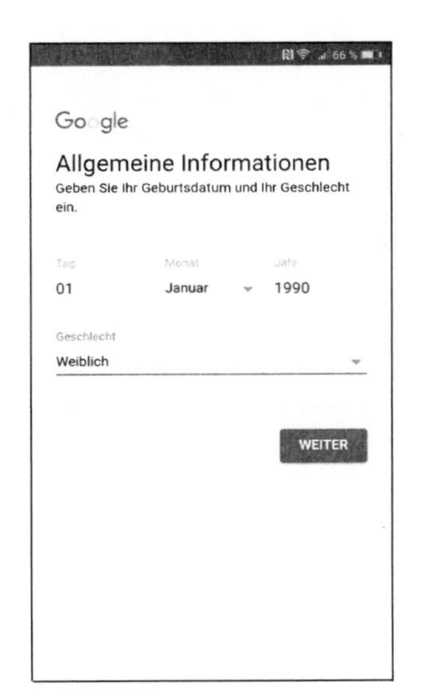

➊ Erfassen Sie in den Feldern Ihren Vor- und Nachnamen (mit dem Finger in das jeweilige Eingabefeld tippen). Schließen Sie den Vorgang mit der *WEITER*-Schaltleiste ab.

➋ Stellen Sie Ihr Geburtsdatum und Geschlecht ein (Niemand kann Sie dazu zwingen, hier ein korrektes Datum einzugeben, weshalb Sie auch Fantasiedaten eingeben dürfen). Tippen Sie einfach in ein Eingabefeld, um die Eingaben vorzunehmen. Betätigen Sie *WEITER*.

➊ Tippen Sie in das Eingabefeld und geben Sie den gewünschten Kontonamen ein. Zulässig sind dabei Buchstaben, Zahlen und Punkte. Betätigen Sie dann erneut die *WEITER*-Schaltleiste. Falls der Kontoname bereits an jemand anders vergeben wurde, macht das Programm Vorschläge beziehungsweise gibt Ihnen die Möglichkeit, einen anderen Kontonamen einzugeben.

➋ Zum Schluss erfassen Sie das zweimal hintereinander das Kennwort und betätigen *WEITER*.

Das Kennwort (und natürlich den Kontonamen) sollten Sie sich genau merken oder notieren, weil Sie das Handy später ab und zu danach fragt!

Machen Sie sich bitte keine Gedanken, wenn der erste Buchstabe im Kontonamen groß geschrieben wird. Später können Sie beispielsweise statt *Sally.gievers@gmail.com* auch *sally.gievers@gmail.com* schreiben, denn Groß- und Kleinbuchstaben spielen keine Rolle.

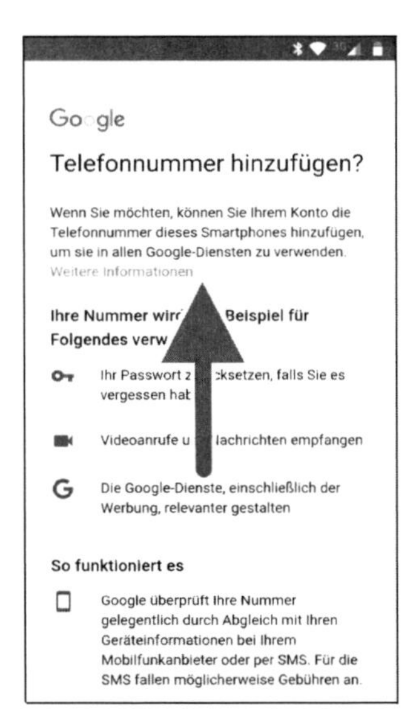

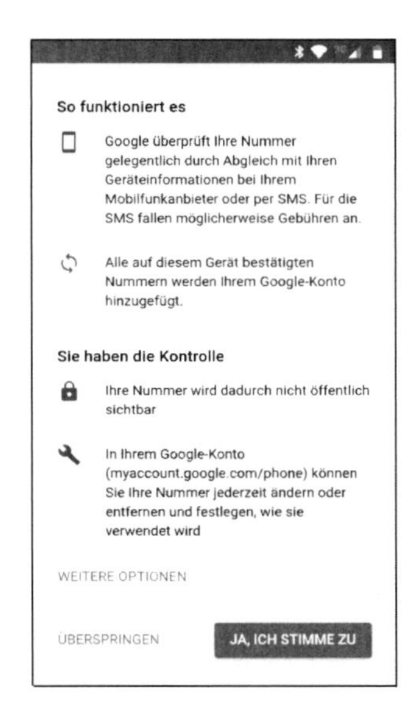

❶❷ Wischen Sie in diesem Bildschirm mit dem Finger auf dem Display nach oben und betätigen Sie *JA, ICH STIMME ZU.* Sie erhalten damit die Möglichkeit, später das Kennwort für Ihr Google-Konto zurückzusetzen, falls sie es mal vergessen.

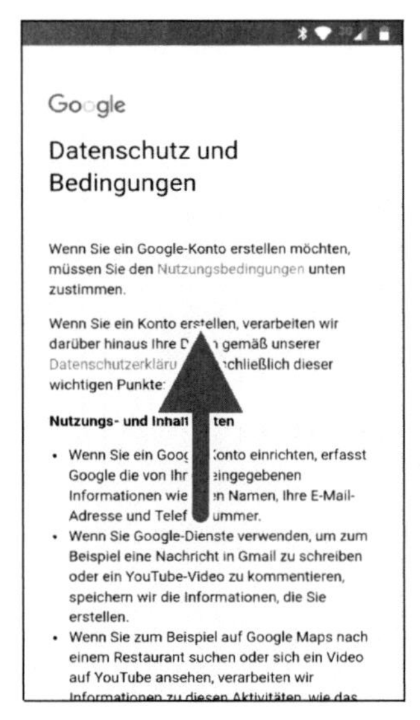

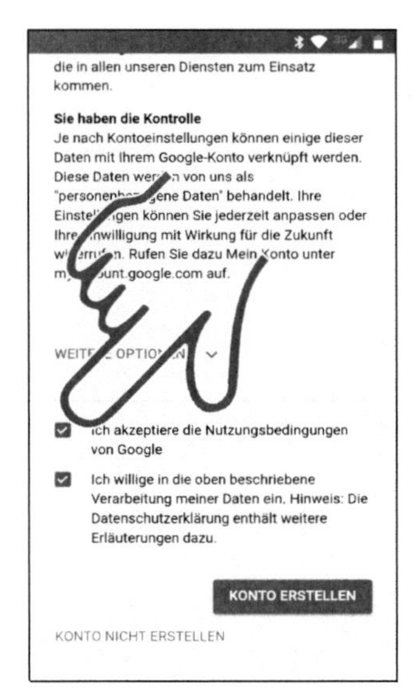

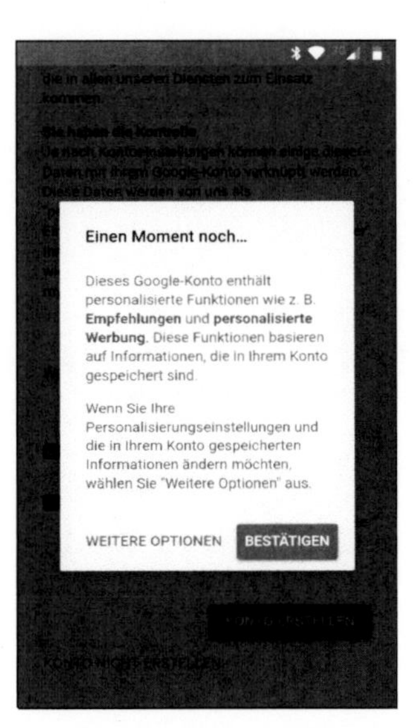

❶ Erneut müssen Sie die Wischgeste einsetzen, also mit dem Finger auf dem Bildschirm nach oben wischen.

❷ Aktivieren Sie die Abhakkästchen bei *Ich akzeptiere die Nutzungsbedingungen von Google* und *Ich willige in die oben beschriebene Verarbeitung meiner Daten ein.* Gehen Sie auf *KONTO ERSTELLEN.*

❸ Betätigen Sie *BESTÄTIGEN.*

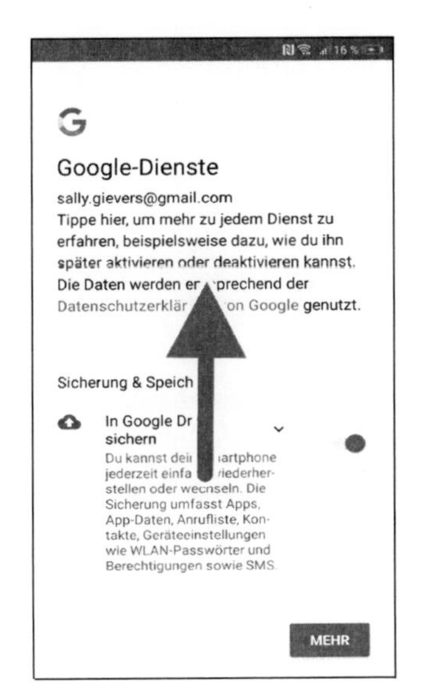

➊ Betätigen Sie erneut *WEITER*.

➋➌ Wischen Sie mit dem Finger auf dem Bildschirm mehrmals nach oben (beliebigen Finger auf das Display setzen und nach oben ziehen, danach den Finger anheben), bis die *ZUSTIMMEN*-Schaltleiste erscheint, welche Sie betätigen.

3.3 Weitere Einrichtung

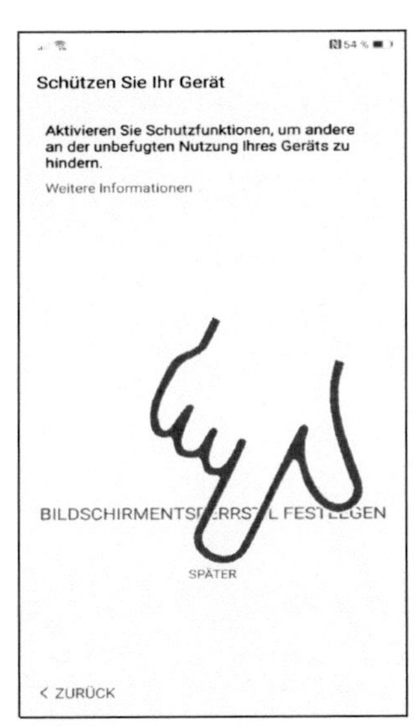

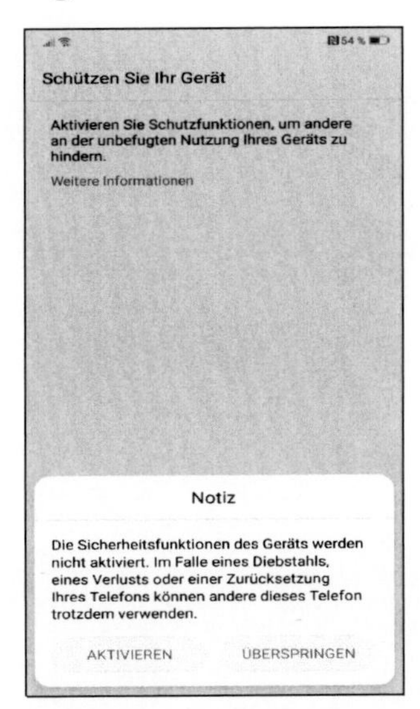

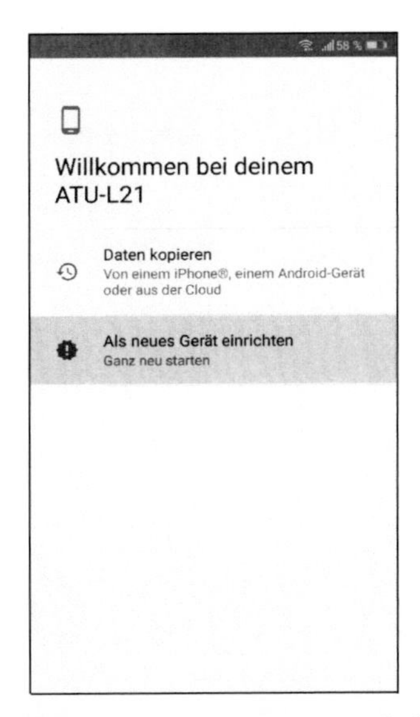

➊➋ Im nächsten Bildschirm soll die Gerätesperre eingerichtet werden. Da wir später noch im Kapitel *31.2 Gerätesperre* darauf eingehen, betätigen Sie hier *SPÄTER* und schließen den Warnhinweis ebenfalls mit *ÜBERSPRINGEN*.

➌ Betätigen Sie *Als neues Gerät einrichten*.

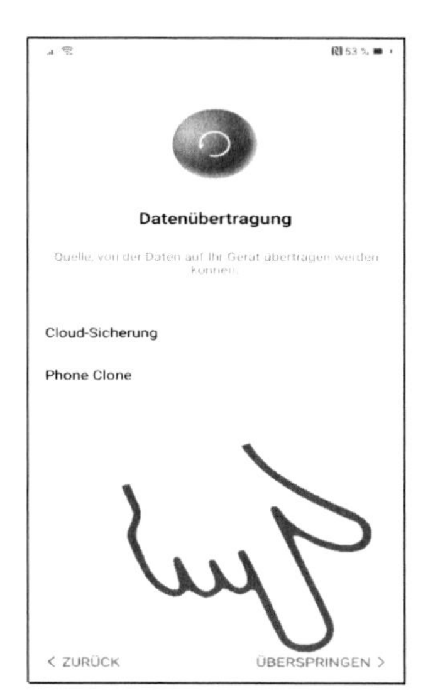

❶ Das hier zur Einrichtung/Anmeldung angebotene Huawei-Konto ist unnötig, weshalb Sie auf *ÜBERSPRINGEN* gehen.

❷❸ Die Datenübertragung benötigen wir nicht und betätigen daher *ÜBERSPRINGEN* und dann *OK*.

Die sogenannten Cloud-Funktionen (Datenspeicherung im Internet) benötigen Sie ebenfalls nicht und gehen auf *SPÄTER*.

❶❷ Die Hinweis auf den Geräteschutz schließen Sie mit *WEITER* und *ÜBERSPRINGEN*. Wir gehen darauf später noch ein.

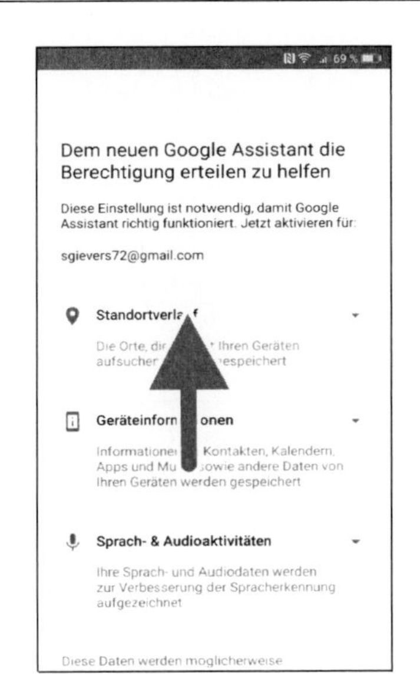

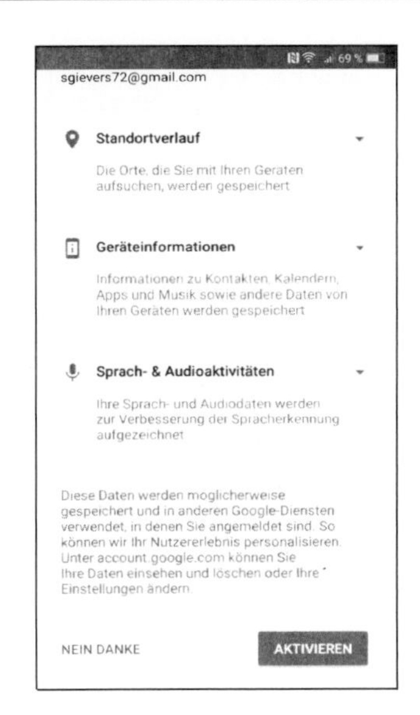

➊ Gehen Sie auf *WEITER*.

➋➌ Hier wischen Sie wieder auf dem Bildschirm nach oben und betätigen *AKTIVIEREN*.

➊ Auf die Spracheingabe geht dieses Buch ebenfalls später noch ein, weshalb Sie hier *ÜBERSPRINGEN* betätigen.

➋ Betätigen Sie *WEITER* und dann *FERTIG*.

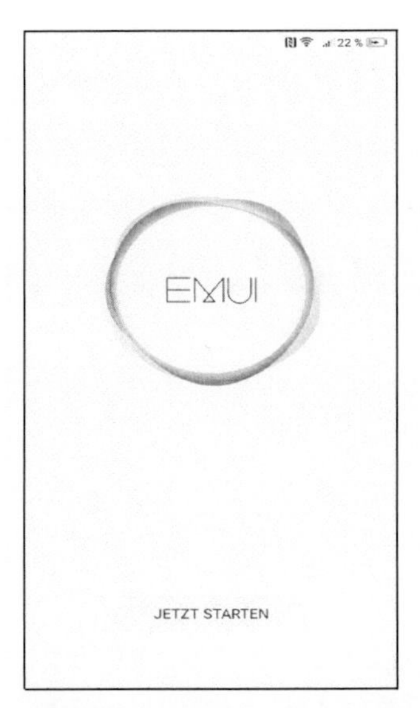

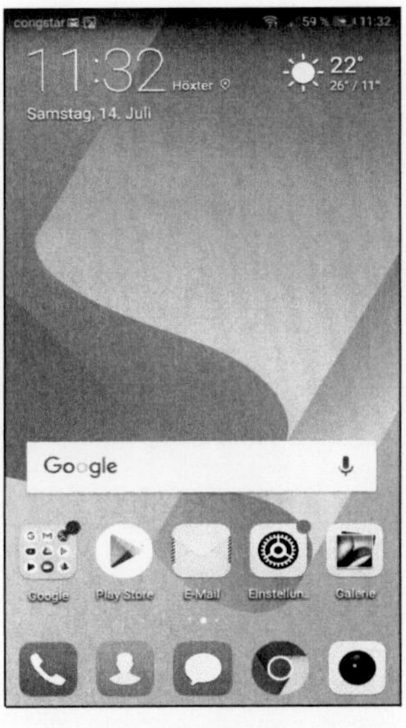

➊➋ Gratulation! Sie können nun mit Ihrem Handy arbeiten. Schließen Sie den Vorgang mit *JETZT STARTEN* ab, was Sie zur Benutzeroberfläche bringt.

4. Grundlagen der Bedienung

Wenn Sie Ihr Gerät von einem Netzbetreiber erworben haben, werden einige Menüs und Tastenfunktionen von den Beschreibungen in diesem Buch abweichen. Auch spätere Updates des von Huawei entwickelten Betriebssystems können dazu führen, dass zusätzliche Funktionen oder Anwendungen verfügbar sind.

4.1 Bedienelemente des Huawei

Zwar erfolgt die Bedienung des Handys weitgehend über das Touchdisplay, einige Funktionen werden aber auch über auf dem Display eingeblendeten »Tasten« ausgelöst.

Die drei Tasten unterhalb des Displays:

- ◁: Zurück: Zum vorherigen Bildschirm zurückkehren, beziehungsweise Menüs schließen.
- O: Schaltet wieder auf den Startbildschirm zurück.
- □: Zuletzt genutzte Anwendungen auflisten.
- Lautstärketasten (auf der rechten Geräteseite): Regulieren bei Telefongesprächen die Hörerlautstärke, ansonsten die Klingeltonlautstärke.

4.2 Displaysperre

Die Gerätesperre (Displaysperre), welche sich nach einiger Zeit der Nichtnutzung aktiviert, schaltet alle Tastenfunktionen aus. Dadurch lässt sich das Huawei auch in einer Tasche transportieren, ohne dass man aus Versehen irgendeine Funktion auslöst.

Weil das Display zu den Komponenten eines Handys zählt, die am meisten Strom verbrauchen, wird es ausgeschaltet, sobald sich die Gerätesperre aktiviert. Auf eingehende Anrufe und Benachrichtigungen macht das Handy natürlich auch weiterhin aufmerksam: Geht ein Anruf ein, deaktiviert sich die Gerätesperre automatisch und das Display schaltet sich wieder ein.

Zum Aus- beziehungsweise Einschalten des Displays betätigen Sie den Ein-Ausschalter auf der Geräteseite.

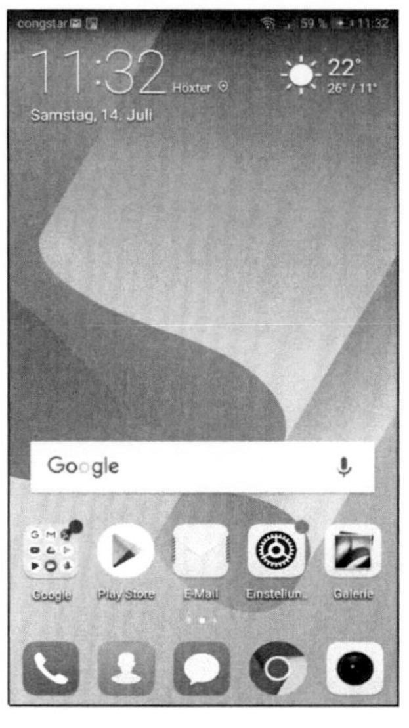

❶ So deaktivieren Sie die Displaysperre: Tippen und Halten Sie den Finger auf den Bildschirm und ziehen Sie ihn in eine beliebige Richtung.

❷ Der Startbildschirm ist damit freigeschaltet.

> Wichtig: Zum Entsperren wischen Sie am besten in der Bildschirmmitte. Falls Sie im unteren Bildschirmbereich wischen, aktivieren Sie dagegen ein Schnellmenü, auf das später Kapitel *16.5 Schnellmenü* eingeht.

4.3 Der Startbildschirm

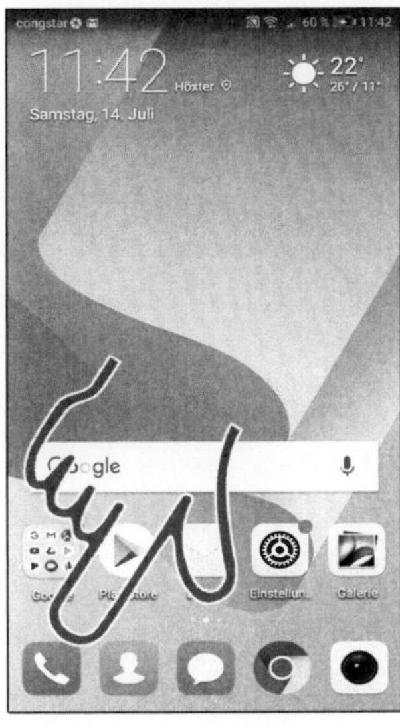

❶ Der Startbildschirm ist der Ausgangspunkt, von dem Sie alle weiteren Anwendungen aufrufen. Er erscheint automatisch nach dem Einschalten sowie nach Betätigen der O-Taste. Betätigen Sie eine der Verknüpfungen (Pfeil) um die dahinterstehende Anwendung, im Beispiel die Telefon-oberfläche (❷), aufzurufen. Die O-Taste bringt Sie nun wieder auf den Startbildschirm zurück.

❶ Zwischen den Startbildschirmseiten wechseln Sie mit einer Wischgeste nach rechts oder links (Finger auf das Display halten, nach rechts/links ziehen und dann loslassen).

❷ Auf den weiteren Seiten listet das Huawei alle vorinstallierten Programme auf, die Sie mit Antippen starten.

> Das Huawei besitzt – im Gegensatz zu vielen anderen bekannten Handymarken – kein so-genanntes Hauptmenü. Alle Anwendungen finden Sie auf den Startbildschirmseiten.
>
> Wenn Sie eine Anwendung auf dem Huawei das erste Mal nutzen, wird Sie das Handy fragen, ob Sie die benötigten Berechtigungen erteilen möchten. Grundsätzlich sollten Sie immer solche Abfragen mit *AKTIVIEREN*, *ZUSTIMMEN* oder ähnlich bestätigen, weil Ihnen sonst einige Funktionen nicht zur Verfügung stehen.

4.4 Erste Schritte

Damit Sie Ihr neues Handy besser kennenlernen, soll jetzt einmal die Abschaltzeit des Displays eingestellt werden.

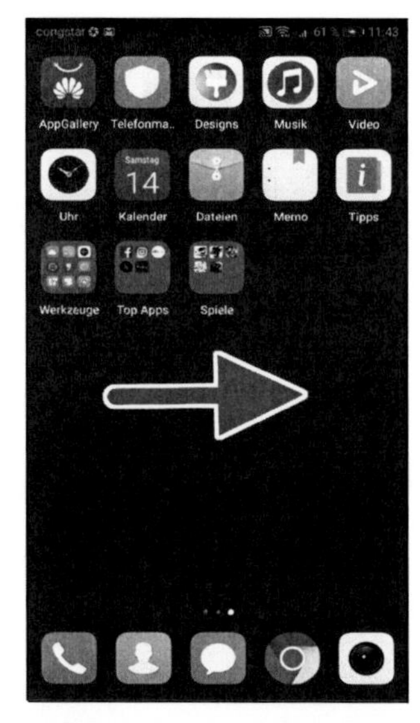

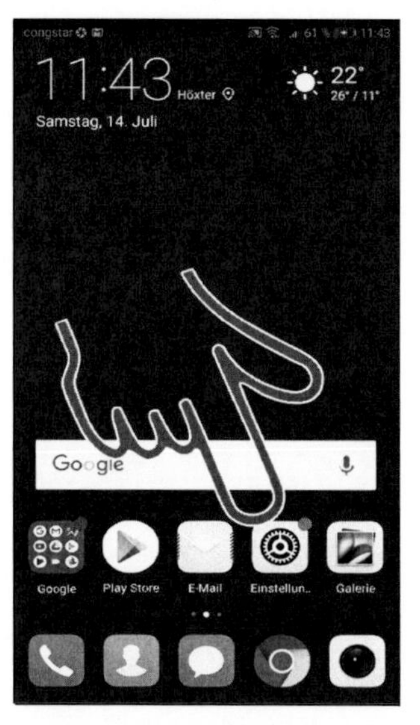

❶❷ Rufen Sie *Einstellungen* aus dem Startbildschirm auf. Sollten Sie die *Einstellungen* nicht sehen, dann betätigen Sie die O-Taste oder wischen Sie einmal auf dem Bildschirm nach rechts (Finger auf das Display halten, nach rechts ziehen und dann loslassen).

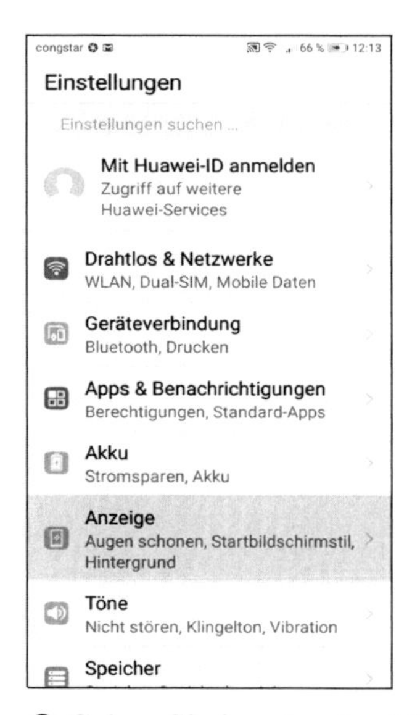

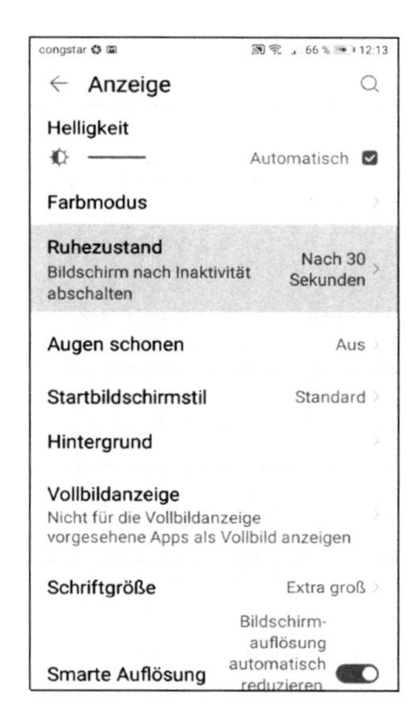

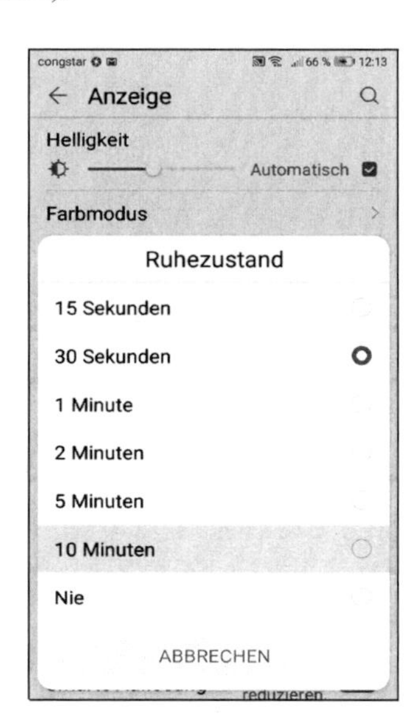

❶ Gehen Sie ins *Anzeige*-Menü.

❷ Wählen Sie *Ruhezustand* auf.

❸ In unserem Beispiel soll sich das Display erst nach einer längeren Zeitspanne ausschalten, weshalb wir *10 Minuten* wählen. Sie befinden sich wieder im vorherigen Bildschirm, von dem aus Sie mit der O-Taste zum Startbildschirm zurückkehren.

4.5 Gestensteuerung

Die Gestensteuerung eine der großen Stärken des Huawei. Deshalb dürften auch Anwender, die bereits mit einem Touchscreen-Handy gearbeitet haben, sich schnell zurechtfinden. Im Folgenden sollen die wichtigsten Gestenfunktionen einmal in der Praxis vorgestellt werden.

❶ Ein gutes Beispiel, wie Sie die Gestensteuerung einsetzen können, ist der Startbildschirm: Tippen und halten Sie den Finger auf dem Bildschirm und ziehen Sie ihn nach rechts oder links (sogenannte »Wischgeste«).

❷ Die nächste Bildschirmseite des Startbildschirms erscheint. Ein Indikator (Pfeil) zeigt am unteren Bildschirmrand an, auf welcher Seite Sie sich gerade befinden.

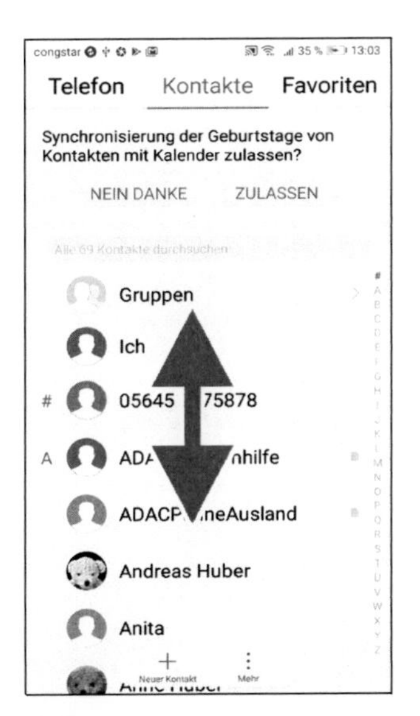

❶ Starten Sie die Telefonoberfläche über die *Telefon*-Schaltleiste (Pfeil).

❷ Für Übersicht sorgen in vielen Programmen, darunter auch in der Telefonoberfläche, sogenannte Register (Pfeil), welche Sie durch Antippen aktivieren.

❸ Immer wenn, wie in diesem Fall, eine Liste größer als der Bildschirm ist, können Sie mit einer Geste durchrollen. Sie haben dabei sogar mehrere Möglichkeiten:

- Tippen und Halten Sie den Finger auf einer beliebigen Stelle des Bildschirms und ziehen Sie sofort den Finger langsam nach oben oder unten, je nachdem, wohin Sie in der Liste rollen möchten. Lassen Sie den Finger los, wenn Sie das gewünschte Listenelement gefunden haben.
- Wie zuvor, aber diesmal ziehen Sie mit Schwung in die gewünschte Richtung und lassen dann sofort wieder los. Die Liste rollt zunächst schnell und dann immer langsamer durch, bis sie stoppt.

4.6 Der Startbildschirm in der Praxis

Der Startbildschirm (»Standby-Bildschirm«) erscheint standardmäßig nach dem Einschalten. Auf dem Startbildschirm sind alle wichtigen Informationen, beispielsweise anstehende Termine, eingegangene SMS, usw. zusammengefasst, die man mit einem Fingerdruck aufrufen kann.

Außerdem rufen Sie von hier aus Anwendungen auf.

❶ Alle auf dem Handy vorhandenen Anwendungen werden in den Startbildschirmseiten als Symbole aufgelistet (hier markiert). Die Symbole bezeichnet man auch als Schnellzugriffe. Tippen Sie eines der Symbole an, um die entsprechende Anwendung zu starten.

❷ Die weiteren Programme sind auf einer oder mehreren Seiten des Startbildschirms verteilt.

❸ Sie sehen außerdem am unteren Bildschirmrand Verknüpfungen auf häufig genutzte Anwendungen (hier markiert): *Telefon, Kontakte, Nachrichten* (SMS), *Chrome*-Webbrower und *Kamera*. Tippen Sie eine der Verknüpfungen an, um die zugehörige Anwendung zu starten.

Mit der O-Taste unterhalb des Displays schalten Sie, egal, in welcher Anwendung Sie sich gerade befinden, wieder auf den Startbildschirm zurück.

4.7 Startbildschirm konfigurieren

Die Programmsymbole lassen sich beliebig zwischen den Startbildschirmseiten verschieben. Außerdem lassen sich sogenannte Widgets auf den Startbildschirmseiten platzieren, die Informationen in einem kleinen Fenster anzeigen.

4.7.1 Programme verwalten

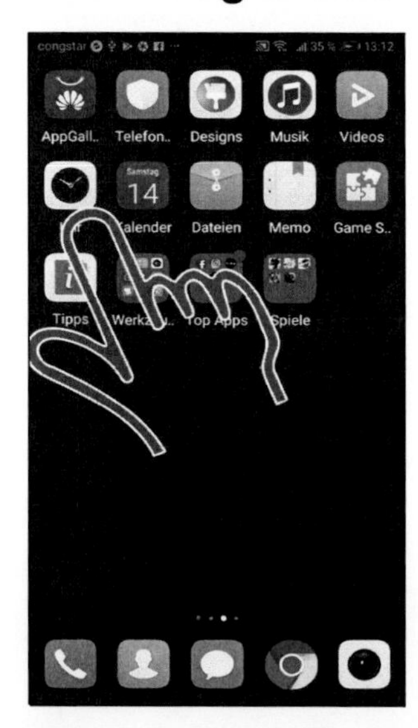

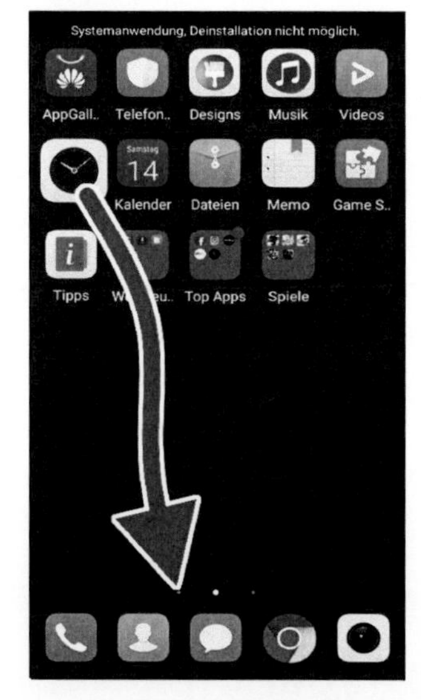

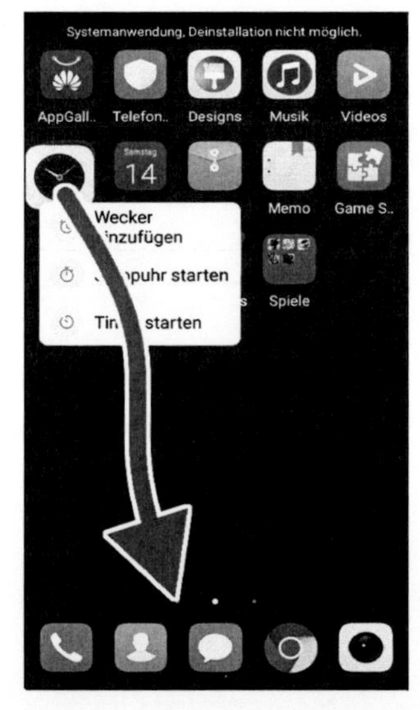

❶ So verschieben Sie die Programme im Startbildschirm: Wechseln Sie zunächst auf die Startbildschirmseite, worin das Programm aufgelistet wird. Dort tippen und halten Sie den Finger für einige Sekunden auf das Programm.

❷ Lassen Sie aber den Finger noch nicht los, sondern bewegen Sie den Finger an die Position, an der das Programm positioniert werden soll. Lassen Sie dann den Finger los. Soll das Programm auf einer anderen Startbildschirmseite landen, ziehen Sie es entweder an den linken/rechten Bildschirmrand oder ziehen es auf einen der kleinen Punkte am unteren Bildschirmrand. Jeder Punkt steht für eine der vorhandenen Startbildschirmseiten.

❸ Hinweis: Lassen Sie sich nicht irritieren, wenn bei einem Anwendungssymbol, das Sie verschieben möchten, ein Popup erscheint. Ziehen Sie es dann trotzdem, wie beschrieben, auf einen Punkt am unteren Bildschirmrand.

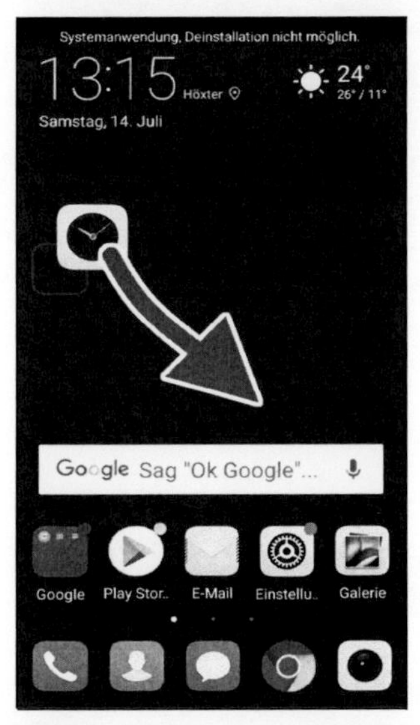

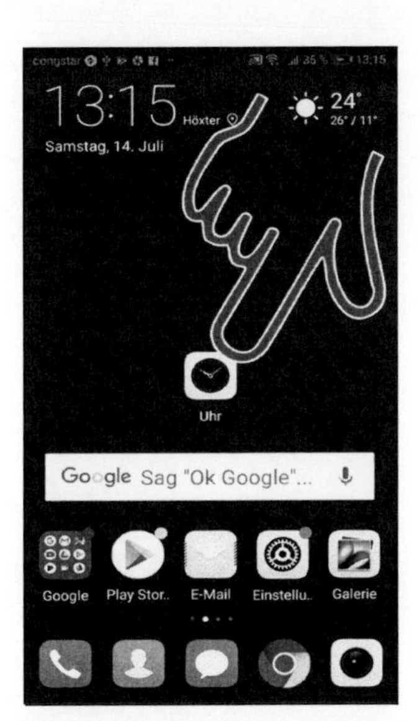

❶ Das Huawei schaltet auf den Startbildschirm um. Ziehen Sie das Symbol noch an die gewünschte Position und lassen Sie den Finger los.

❷ Das Programm lässt sich nun mit Antippen aufrufen.

❶❷ Natürlich dürfen Sie Programmsymbole jederzeit auch auf dem Startbildschirm verschieben. Tippen und halten Sie wiederum für einige Sekunden den Finger auf einem Programm und ziehen Sie es dann an die neue Position. Dabei »rücken« alle anderen Bildschirmelemente automatisch zur Seite.

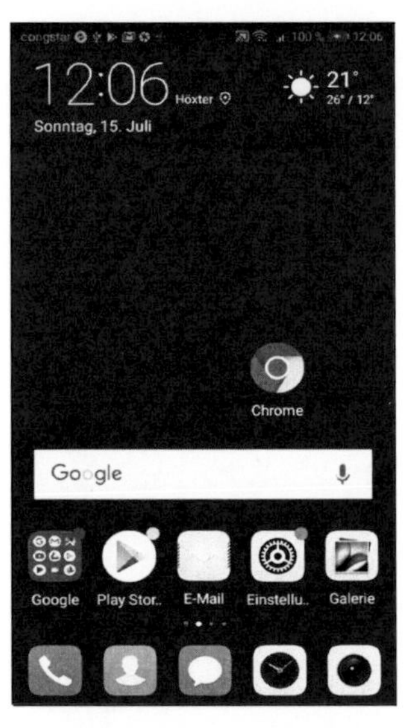

❶❷❸ Auch die Programme am unteren Bildschirmrand lassen sich durch Herausziehen/Hereinziehen von Programmsymbolen ändern.

4.7.2 Widgets

Widgets sind Anwendungen, die in einem kleinen Fenster auf dem Startbildschirm Informationen anzeigen, beziehungsweise den Zugriff auf Daten oder Funktionen des Handys ermöglichen.

Viele Anwendungen bringen ihre eigenen Startbildschirm-Widgets mit.

❶ Im Startbildschirm sind bereits mehrere Widgets vorhanden: Im Beispiel *Uhr* und die *Google*-Suchleiste. Meist sind direkt in den Widgets bereits viele wichtige Funktionen über Schaltleisten erreichbar, je nach Widget kann man aber über eine Schaltleiste oder einfach Tippen ins Fenster auch eine dahinter stehende Anwendung mit vollem Funktionsumfang aktivieren. Im Fall des Uhr-Widgets erscheint beispielsweise nach dem Antippen der Wettervorhersage eine Wetterübersicht.

❷❸ Betätigen Sie *HINZUFÜGEN*, um Ihren Standort beziehungsweise die nächstgelegene Stadt zu übernehmen.

4.7.2.a Widget hinzufügen

❶ Wechseln Sie zunächst mit einer Wischgeste auf die Startseite, wo Sie ein Widget anlegen möchten.

❷ Alternativ löschen Sie vorhandene Widgets vom Bildschirm, indem Sie sie jeweils darauf mit dem Finger tippen und halten und danach auf *Entfernen* am oberen Bildschirmrand ziehen. Sollte dort stattdessen *Deinstallieren* oder keinerlei Hinweis erscheinen, dann handelt es sich nicht um ein Widget und Sie sollten den Vorgang abbrechen, indem Sie den Finger loslassen.

Die entfernten Widgets sind natürlich nicht für immer weg, sondern lassen sich jederzeit erneut auf dem Startbildschirm einrichten.

❶ Tippen und halten Sie einen Finger auf einen freien Bildschirmbereich. Alternativ führen Sie eine Kneifgeste durch: Ziehen Sie dazu zwei gleichzeitig auf das Display gedrückte Finger, beispielsweise Zeigefinger und Daumen, zusammen.

❷ Hier aktivieren Sie *Widgets* (Pfeil).

❸ Wischen Sie nach rechts/links durch die Widget-Auflistung.

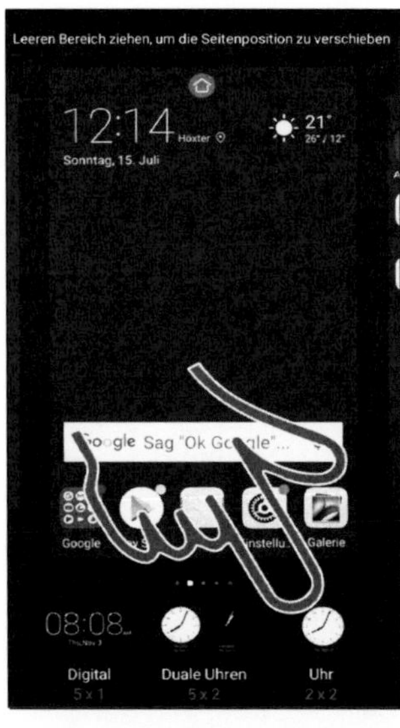

➊ Von einigen Widgets, darunter der *Uhr,* gibt es mehrere Varianten. Dies erkennen Sie an der Zahl in Klammern (kleiner Pfeil), hier beispielsweise *(3)*. Antippen des Uhr-Eintrags (Pfeil) öffnet daher ein Untermenü, das die verfügbaren Uhr-Widgets auflistet.

➋ Sie haben nun zwei Möglichkeiten:

- Sie tippen ein Widget an, das automatisch in den Startbildschirm übernommen wird.
- Sie halten den Finger auf ein Widget gedrückt und ziehen es an die Zielposition.

➌ Betätigen Sie die O-Taste unterhalb des Displays, um den Bearbeitungsmodus zu beenden.

➊ Wie bereits im Kapitel *4.7.1 Programme verwalten* beschrieben, lässt sich auch das Widget durch Tippen und Halten mit dem Finger selektieren und dann auf dem Bildschirm an eine andere Position platzieren oder durch Ziehen auf den Papierkorb am oberen Bildschirmrand wieder vom Bildschirm löschen.

➋➌ Einige Widgets, hier das *Gmail*-Widget, lassen sich in der Größe ändern. Tippen und halten Sie den Finger dazu für einige Sekunden auf dem Widget und lassen Sie den Finger los. Anschließend ziehen Sie mit dem Finger an den hellblauen Kugeln (Pfeile). Schließen Sie den Vorgang mit O- oder ◁-Taste ab.

4.7.3 Startbildschirm aufräumen

Vielleicht haben Sie bereits einige Widgets/Verknüpfungen auf den Startbildschirmen angelegt. Sie können diese entfernen, um Platz für neue zu schaffen – aber keine Bange, gelöschte Widgets lassen sich jederzeit, wie in den folgenden Kapiteln erläutert, erneut anlegen.

Auch später, wenn Sie Ihr Handy einige Zeit genutzt und die Startbildschirmseiten an Ihre Bedürfnisse angepasst haben, dürfte es ab und zu sinnvoll sein, einzelne Widgets und Verknüpfungen wieder zu entfernen.

➊ In unserem Beispiel möchten wir eine Seite des Startbildschirms »aufräumen«. Wechseln Sie zunächst mit einer horizontalen Wischgeste, wie Sie es bereits gelernt haben, auf die Bildschirmseite. Tippen und halten Sie nun den Finger auf eines der Widgets. Lassen Sie aber noch nicht los!

➋ Das Huawei wechselt in den Bearbeitungsmodus. Ziehen Sie das Element im oberen Bildschirmrand auf *Entfernen*. Genauso verfahren Sie mit den weiteren Widgets.

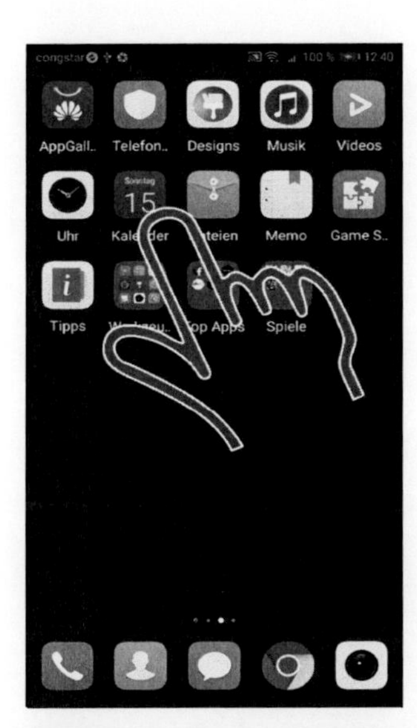

➊➋ Bei Programmverknüpfungen gehen Sie dagegen anders vor: Statt sie nach oben auf *Entfernen* zu ziehen (was ohnehin nicht möglich ist), können Sie sie nur auf eine andere Startseite verschieben.

Ziehen Sie dazu das Programmsymbol zur rechten/linken Bildschirmseite, worauf das Handy die Bildschirmseite wechselt. Alternativ ziehen Sie es auf eines der Punkte am unteren Bildschirmrand. Jeder Punkt steht für eine der anderen Bildschirmseiten.

4.7.4 Ordner

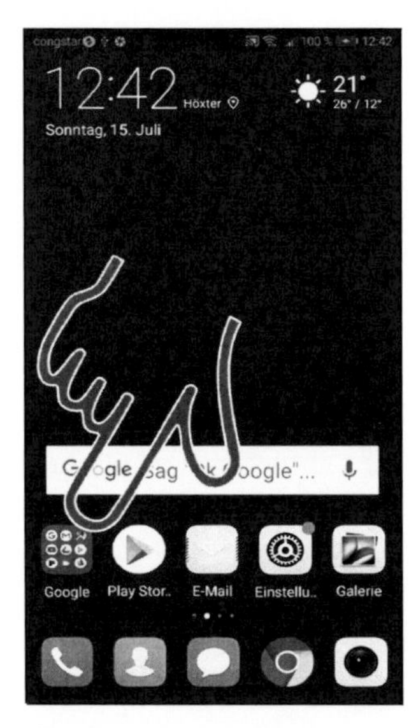

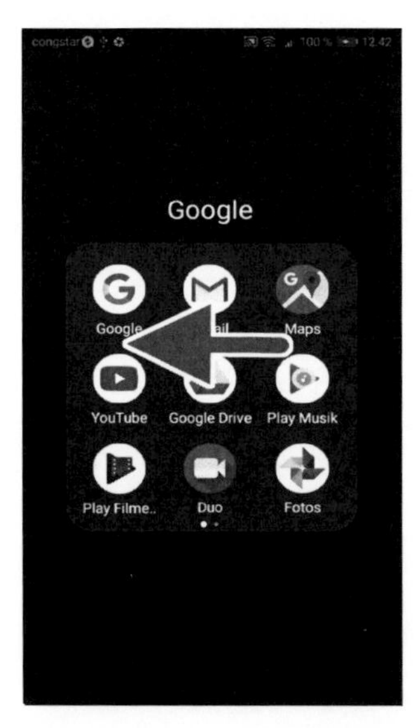

❶ Im Startbildschirm sind einige Programme in den Ordnern *Google, Werkzeuge* und *Top Apps* zusammengefasst. Tippen Sie einen Ordner an, um die enthaltenen Programme anzuzeigen, die Sie dann durch Antippen aufrufen.

❷❸ Abhängig von der Programmanzahl wischen Sie darüber nach links/rechts. Die Programme starten Sie mit Antippen. Zum Schließen des Ordners betätigen Sie die ◁-Taste oder tippen in einen Bildschirmbereich außerhalb des Ordners.

> Verschieben Sie den Ordner, indem Sie den Finger darauf tippen und halten und dann an die gewünschte Position ziehen.
>
> Es ist nicht möglich, einen Ordner zu löschen, das heißt, Sie müssen alle Anwendungen wie oben beschrieben herausziehen. Sobald nur noch ein Programm darin enthalten ist, entfernt das Huawei den Ordner.

4.7.5 Hintergrundbild

❶ Führen Sie im Startbildschirm eine Kneifgeste durch (zwei Finger, beispielsweise Zeigefinger und Daumen, gleichzeitig auf das Display drücken und dann zusammenziehen). Alternativ halten Sie den Finger auf eine freie Stelle des Startbildschirms angedrückt.

❷ Gehen Sie auf *Hintergrund.*

❸ Falls Sie möchten, wählen Sie eines der vorgegebenen Bilder in der Auflistung aus. Dazu wischen Sie mit dem Finger von rechts nach links und tippen ein Bild an.

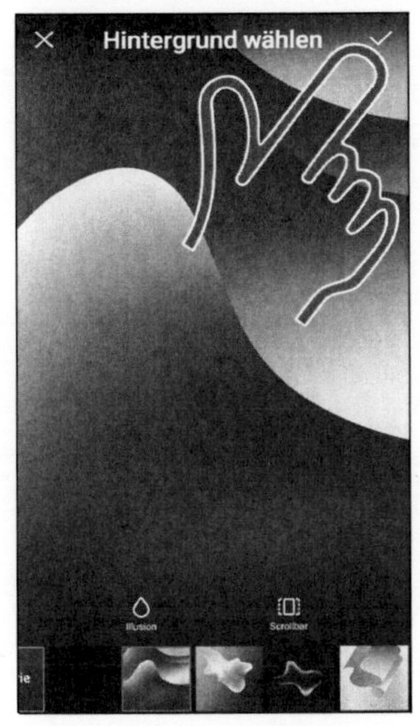

➊ Am unteren Bildschirmrand stellen Sie als Überblendeffekt *Illusion* beziehungsweise *Scrollbar* ein. Bestätigen Sie mit ✓ (Pfeil).

➋ Es lässt sich nun das Hintergrundbild einrichten für:

- *Sperrbildschirm*: Die Displaysperre.
- *Startbildschirm*
- *Beide*

➌ Schließen Sie den Vorgang mit O- oder ◁-Taste ab. Damit steht das Hintergrundbild zur Verfügung.

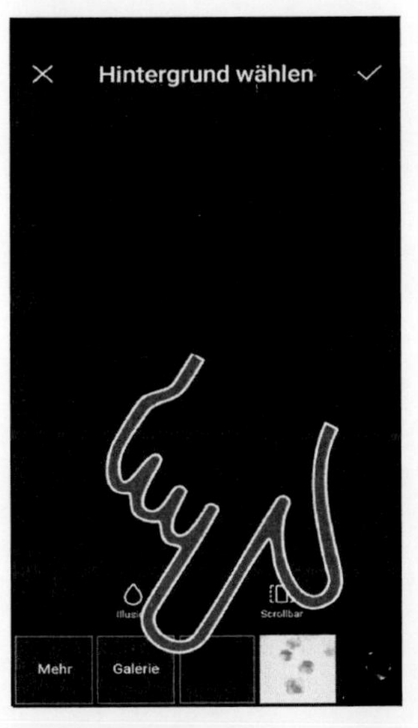

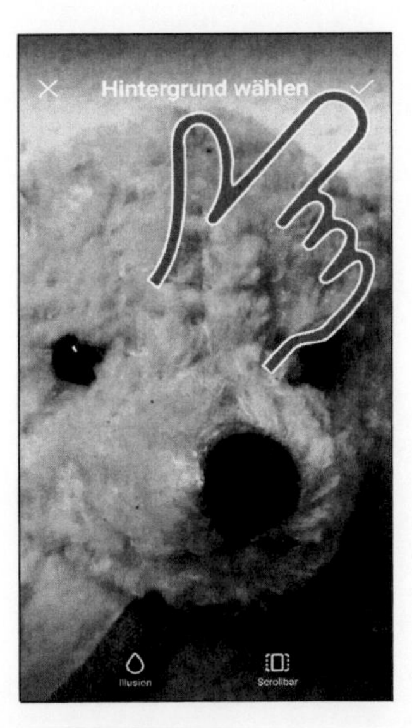

➊ Neben den oben vorgestellten Hintergrundbildern stehen weitere zur Verfügung:

- *Mehr*: Von Huawei vordefinierte Hintergründe.
- *Galerie*: Auf dem Handy vorliegende Fotos, das wir in unserem Fall auswählen.

➋ Anschließend wählen Sie ein Bilderverzeichnis und dann ein Foto aus.

➌ Bestätigen Sie mit ✓ (Pfeil).

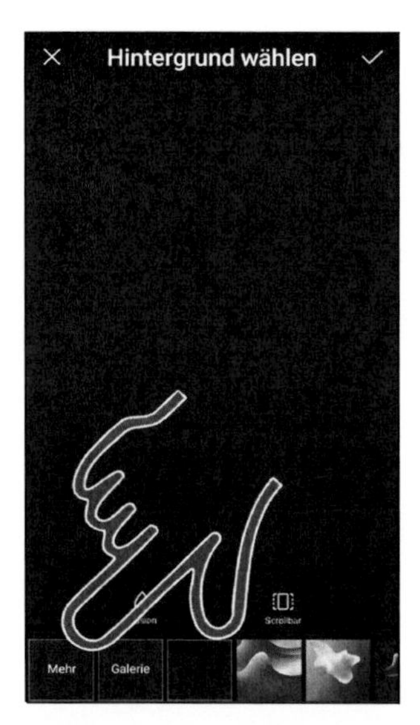

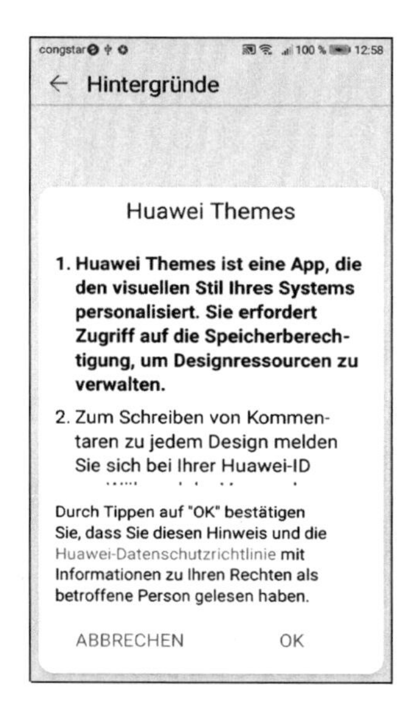

❶ Alternativ stellt Huawei eine ganze Reihe an Hintergrundbildern unter *Mehr* zur Verfügung.

❷ Sie müssen dann in einem Dialog dem Datenaustausch mit dem Internetserver mit *OK* und *ZULASSEN* zustimmen.

❸ Am oberen Bildschirmrand wählen Sie zwischen *Hintergründe* (statisches Bild) und *Live-Hintergründe* (Bild mit Animation).

4.7.5.a Startbildschirme verwalten

Das Huawei unterstützt bis zu neun Startbildschirme, zwischen denen Sie mit einer Wischgeste umschalten. Bereits vordefiniert sind davon gegebenenfalls einige Bildschirme, weitere lassen sich bei Bedarf hinzufügen.

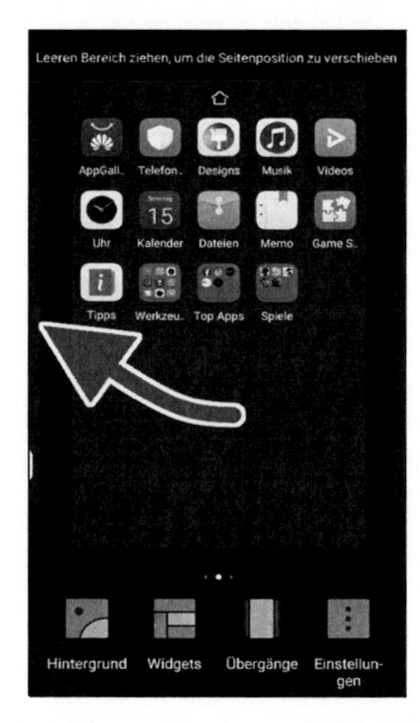

❶ Führen eine »Kneifgeste« durch, bei der Sie zwei gleichzeitig auf dem Bildschirm angedrückte Finger, beispielsweise Zeigefinger und Daumen, zusammenziehen.

❷ Mit einer Wischgeste rollen Sie durch die bereits vorhandenen Vorschaubilder.

❸ Die Reihenfolge der Bildschirmseiten ändern Sie einfach, indem Sie den Finger auf eines der Vorschaubilder angedrückt halten (an eine Stelle tippen, die kein Programmsymbol enthält) und es an eine andere Position ziehen.

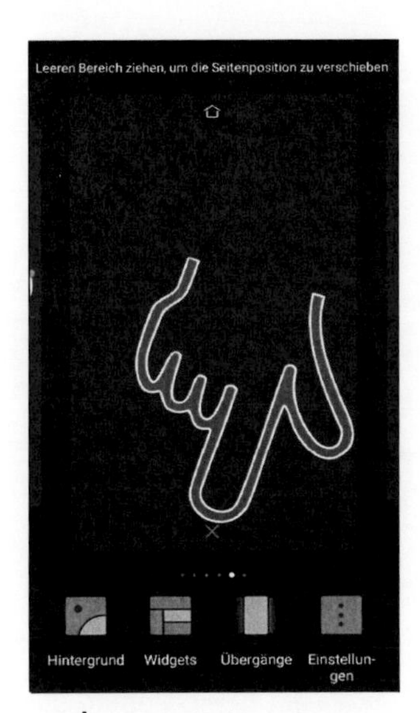

❶ Einen neuen Bildschirm fügt die +-Schaltleiste (Pfeil) hinzu. Diese finden Sie, wenn Sie mit mehreren Wischgesten ganz nach rechts oder links durchrollen.

❷ Antippen von ✕ (Pfeil) entfernt eine Startbildschirmseite wieder. Beachten Sie, dass das Entfernen nur möglich ist, wenn sich keine Widgets und Programmsymbole auf der Seite befinden.

4.7.5.b Weitere Einstellungen

❶❷ Unter *Übergänge* stellen Sie den Überblendeffekt ein, den das Handy beim Wechsel zwischen den Startbildschirmseiten verwendet.

❶❷ Das *Einstellungen*-Menü:

- *Startbildschirm-Layout*: Passt die Anzahl der maximal auf der Startseite ablegbaren Programme an.
- *Automatische Ausrichtung*: Wenn Sie ein Programm auf dem Handy deinstallieren (siehe Kapitel *19.2 Programme installieren*), dann rücken die restlichen Programme in die freiwerdende Lücke.
- *Schütteln*: Richtet die Symbole neu aus, wenn Sie das Handy schütteln.
- *App-Neuigkeitensymbol* (❸): Bei einigen Anwendungen, beispielsweise der SMS/MMS-Anwendung, zeigt das Huawei eine Zahl an, wenn Benachrichtigungen vorliegen. Sie können diese ein- und ausschalten.
- *App-Empfehlungen*: Das Handy macht mit fortschreitender Nutzungsdauer Vorschläge für Programme, die nützlich für Sie sein könnten.
- *Suchergebnisse*: Hier legen Sie fest, welche Inhalte von Anwendungen die Suchfunktion (siehe Kapitel *4.12 Globale Suche*) berücksichtigt.
- *Startbildschirm-Loop*: Sie haben bereits die Wischgeste, mit der Sie die Startbildschirmseiten wechseln, kennengelernt. Wenn Sie die erste oder letzte Bildschirmseite erreicht haben, können Sie nicht weiterblättern. Aktivieren *Startbildschirm-Loop*, damit Sie kontinuierlich durchblättern.
- *Google-Feed*: Die Google-Anwendung (siehe Kapitel *26.6 Google-Anwendung*) macht Ihnen nach einiger Nutzungszeit Vorschläge zu Themen, nach denen Sie gesucht haben. Falls Sie dies nicht wünschen, deaktivieren Sie einfach *Google-Feed.*

❶ Beispiel für ein sogenanntes App-Neuigkeiten-Symbol, welches darüber informiert, ob ungelesene Benachrichtigungen in der Anwendung aufgelaufen sind. Dies können neu vorhandene Mails in der E-Mail-Anwendung, ein Hinweis im Play Store, oder neue SMS in der Messages-Anwendung, usw. sein. Im Beispiel gibt es also Benachrichtigungen in vier verschiedenen Anwendungen.

Das *Startbildschirm-Layout* mit *4 x 6* (❷) und 5 *x 6* (❸).

4.7.6 Titelleiste und Benachrichtigungsfeld

Wie bei fast allen Handys informieren auch beim Huawei Symbole in der Titelleiste über den aktuellen Telefonstatus, verpasste Anrufe, den Status von WLAN, Bluetooth und vieles mehr.

➊ Beispiele für die Symbole in der Titelleiste:

- congstar (links): Name des genutzten Mobilnetzbetreibers.
- : Internetverbindungen finden über WLAN statt (die gebogenen Balken zeigen die Senderstärke an).
- : Mobilfunk-Empfang (die Balken zeigen die Senderstärke an).
- 100% : Akkuladezustand.

➋ Bei besonderen Ereignissen, beispielsweise eingegangenen SMS, verpassten Anrufen oder anstehenden Terminen, erscheint ebenfalls ein entsprechendes Symbol (Pfeil). In unserem Beispiel handelt es sich um einen verpassten Anruf ( ).

In diesem Buch finden Sie, wo es sinnvoll ist, in den Kapiteln jeweils Hinweise darauf, welche Symbole in der Titelleiste erscheinen.

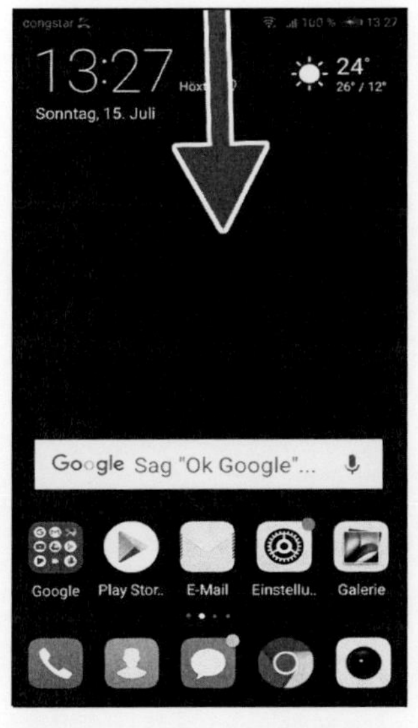

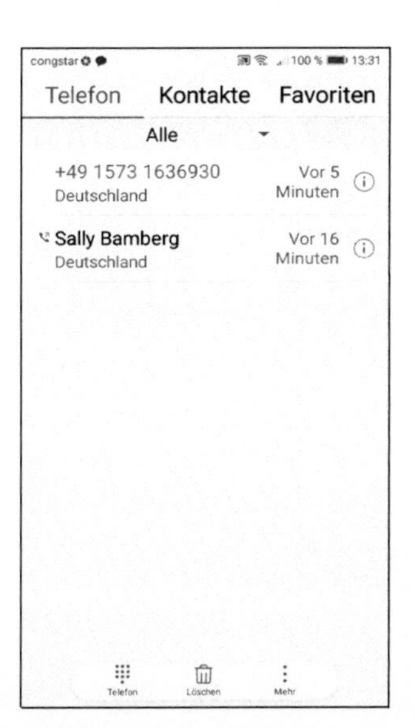

➊ Um weitere Informationen, zum Beispiel über einen eingegangenen Anruf, zu erhalten, ziehen Sie mit dem angedrückten Finger oben von außerhalb des Displays nach unten.

➋➌ Es erscheint das Benachrichtigungsfeld, welches ausführliche Infos auflistet und durch Antippen einer Benachrichtigung die zugehörige Anwendung, im Beispiel die Telefon-Anwendung startet.

Wichtig: Beachten Sie, dass Sie den Finger von außerhalb des Displays herunterziehen. Halten und ziehen Sie dagegen den Finger von der Titelleiste aus, so rufen Sie die Suchfunktion auf, die Kapitel *4.12 Globale Suche* beschreibt.

Häufig bietet das Benachrichtigungsfeld auch die Möglichkeit, direkt eine passende Aktion auszulösen. Im Beispiel des im Kapitel *25 Play Musik* vorgestellten Musikprogramms können Sie Songs pausieren beziehungsweise den abgespielten Titel überspringen.

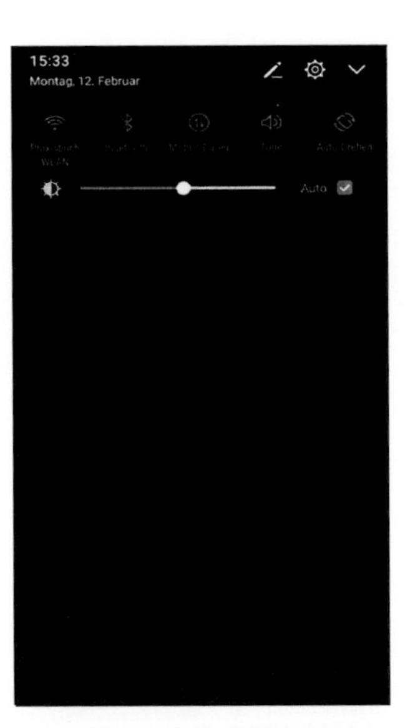

❶❷❸ Falls Sie sich gerade in einem Programm befinden, zeigt das Handy beim ersten Mal eventuell nur die Symbole in der Titelleiste an und erst beim zweiten Wischen öffnet sich das Benachrichtigungsfeld.

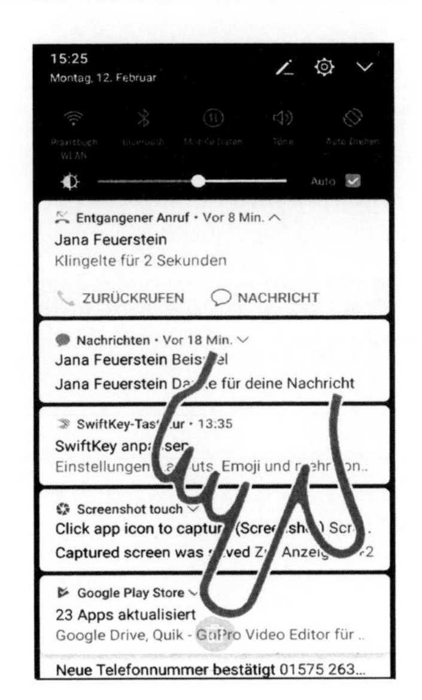

❶ Zum Löschen einer einzelnen Benachrichtigung tippen und halten Sie den Finger darauf und ziehen ihn nach links oder rechts. Die restlichen Einträge in der Benachrichtigungsliste rutschen dann nach oben.

❷ Die 🗑-Schaltleiste (Pfeil) entfernt dagegen alle Benachrichtigungen in einem Rutsch.

4.7.7 Schaltleisten im Benachrichtigungsfeld

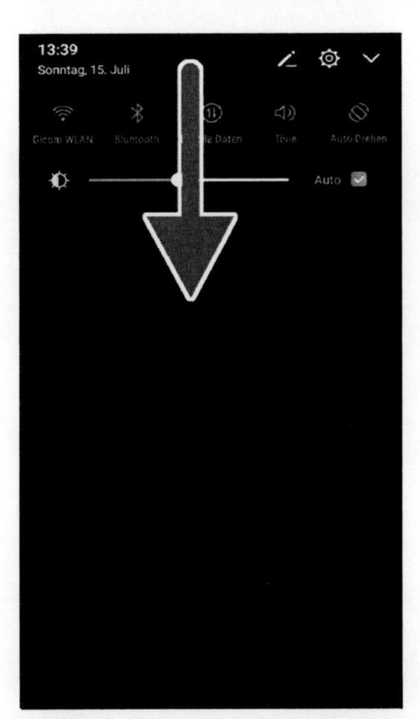

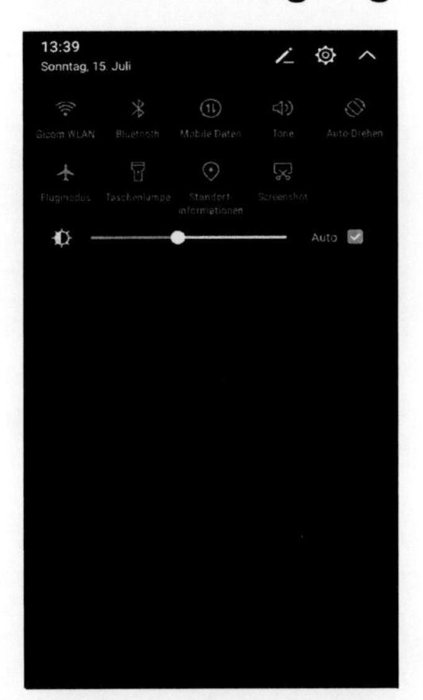

❶❷ Auf viele wichtige Systemfunktionen haben Sie auch aus dem Benachrichtigungsfeld Zugriff. Eine Wischgeste nach unten zeigt darüber hinaus weitere Schaltleisten an.

Tippen Sie eine Schaltleiste kurz an, so schalten Sie eine Funktion ein/aus. Langes Tippen und Halten öffnet dagegen den zugehörigen Konfigurationsbildschirm in den *Einstellungen*.

Die wichtigsten Schaltleisten:

- *WLAN*: Verwaltet das WLAN. Siehe Kapitel *9 WLAN*.
- *Bluetooth*: Steuert Bluetooth (für die Dateiübertragung per Funk an andere Handys oder Tablets). Siehe Kapitel *28 Bluetooth*.
- *Mobile Daten*: Deaktivieren Sie *Mobile Daten*, damit das Handy keine Internetverbindung über das Mobilfunknetz aufbaut. Dies kann nötig sein, wenn Sie keinen Mobilfunkvertrag mit Internetflatrate nutzen (sogenannter Datenvertrag). Internetverbindungen finden dann über das WLAN statt. Siehe auch Kapitel *8.2.2 Mobilfunk-Internet aktivieren/deaktivieren*.
- *Töne*: Zwischen Klingelton aktiv, Vibration und Lautlos umschalten.
- *Auto-Drehen*: Normalerweise passt sich die Bildschirmorientierung automatisch an die Geräteausrichtung an. Wenn Sie das Handy beispielsweise waagerecht halten, so wird

automatisch auf eine waagerechte Anzeige umgeschaltet. Deaktivieren Sie *Auto-Drehen,* wenn sich die Bildschirmorientierung nie ändern soll.

- *Flugmodus:* Schaltet alle Funkverbindungen (Mobilfunk, Bluetooth und WLAN) aus. Siehe auch Kapitel *5.6 Flugmodus (Offline-Modus)*.
- *Taschenlampe*: Schaltet die Kamera-LED auf der Geräterückseite ein/aus.
- *Standortinformationen*: Einige Anwendungen benötigen Ihren Standort, beispielsweise die später noch vorgestellte Kartenanwendung (siehe Kapitel *29.1 GPS auf dem Huawei Y6/Y7 nutzen*).
- *Screenshot*: Bildschirmkopie erstellen.

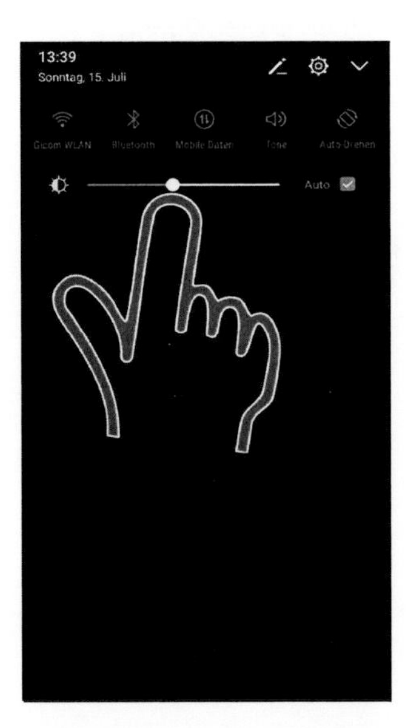

Die Displayhelligkeit stellen Sie über den Regler ein.

4.8 Hoch- und Querdarstellung

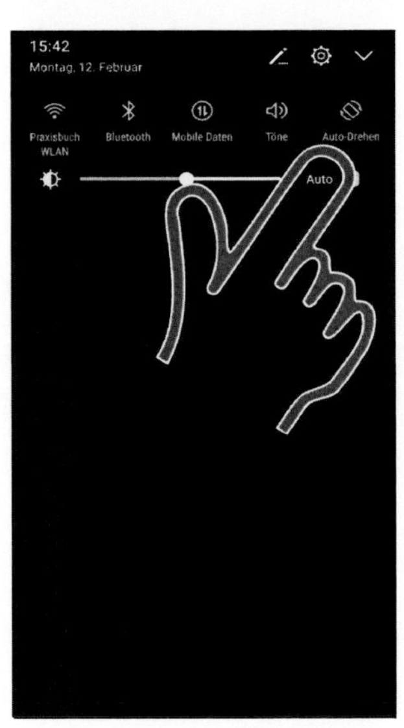

In manchen Situationen ist es sinnvoll, die Displaydarstellung zu drehen, beispielsweise, wenn Sie den Webbrowser nutzen. Dazu brauchen Sie nur das Gerät in Ihrer Hand zu drehen, denn über den Bewegungssensor weiß das Huawei jederzeit, in welcher Position Sie das Gerät halten. In manchen Anwendungen stehen nach dem Drehen zusätzliche Bedienelemente zur Verfügung.

Damit das automatische Drehen funktioniert, müssen Sie *Auto-Drehen* im Benachrichtigungsfeld aktivieren (Pfeil).

❶❷ Beispiel: Galerie-Anwendung im Hochformat und wenn man das Gerät um 90 Grad dreht.

Auch für Eingaben über das Tastenfeld ist es mitunter sinnvoll, das Display zu drehen.

4.9 Menü

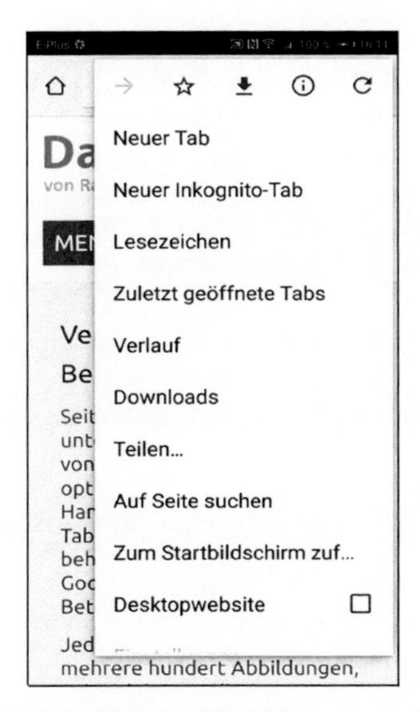

❶❷ In vielen Anwendungen, hier im Chrome-Webbrowser, finden Sie zusätzliche Funktionen in einem Menü, das Sie über das ⋮-Symbol aufrufen.

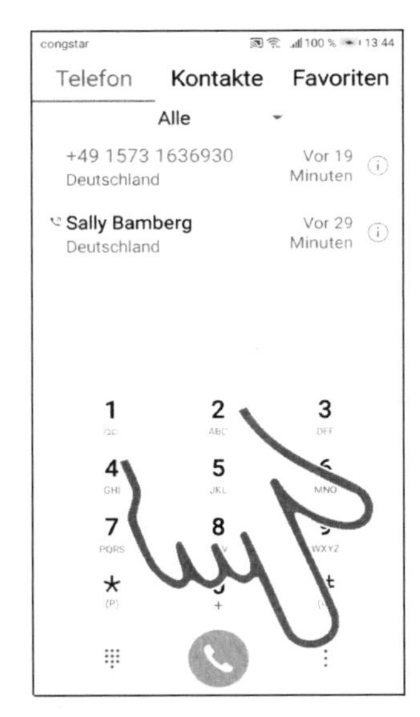

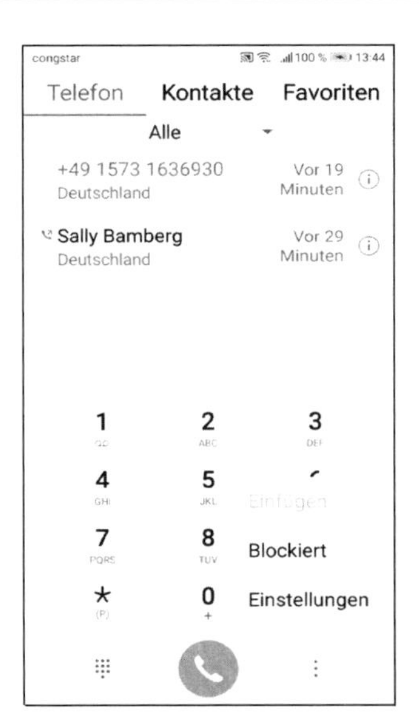

❶❷ In einigen Anwendungen, hier die Telefonoberfläche, finden Sie das ⋮-Menü auch mal an ungewohnter Stelle.

In diesem Buch finden Sie häufiger Anweisungen, welchen Menüs Sie folgen müssen. ⋮*/Einstellungen/Anzeige* heißt zum Beispiel, dass Sie erst mit ⋮ das Menü aufrufen, dann auf *Einstellungen*, anschließend auf *Anzeige*, usw. gehen.

4.10 Die Einstellungen

Die *Einstellungen,* worin Sie alle wichtigen Parameter für die Bildschirmanzeige, die Signaltöne, Internetverbindungen, usw. konfigurieren, spielen eine wichtige Rolle in diesem Buch.

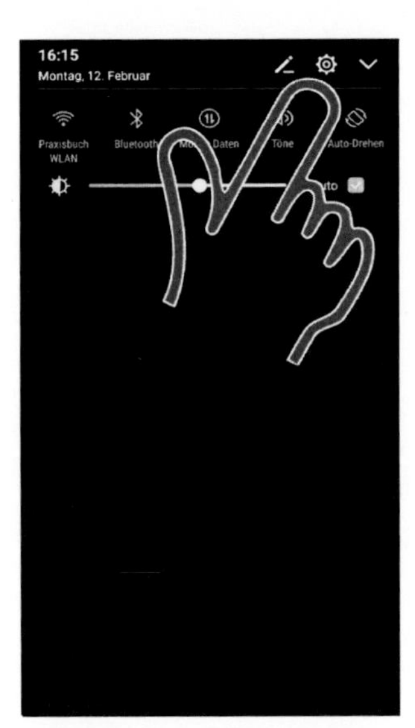

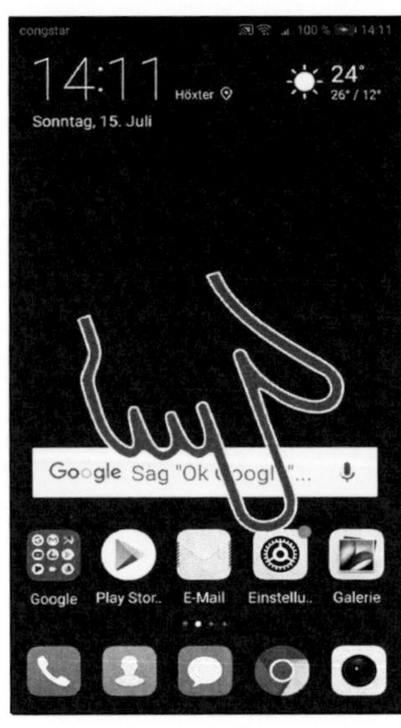

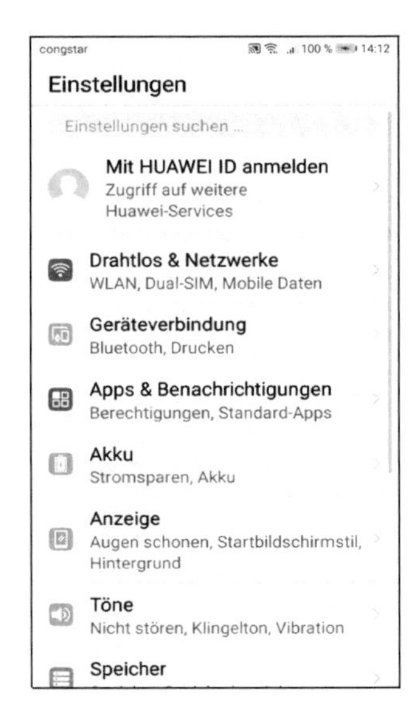

❶❷ Die *Einstellungen* finden Sie im Benachrichtigungsfeld unter ⚙ (Pfeil) und im Startbildschirm unter *Einstellungen.*

❸ In diesem Buch gehen jeweils die einzelnen Kapitel bei Bedarf auf die Menüs in den *Einstellungen* ein.

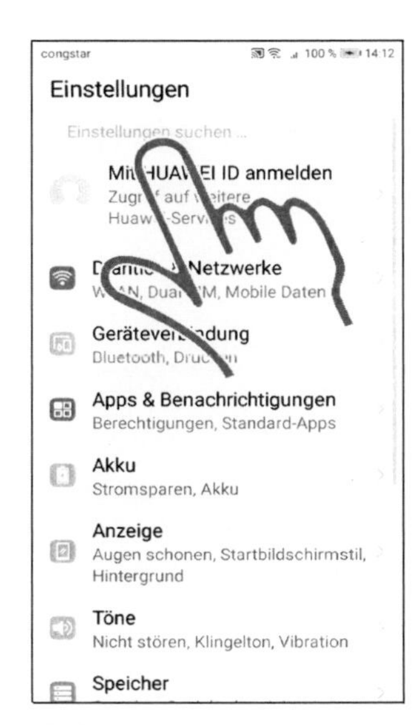

❶❷ Falls Sie eine bestimmte Option suchen, aber nicht wissen, wo sie zu finden ist, tippen Sie in das Suchfeld. Anschließend zeigt das Handy bei der Suchworteingabe passende Fundstellen an. Die ▽- beziehungsweise ◁-Taste beendet die Suche.

4.11 Zuletzt genutzte Anwendungen

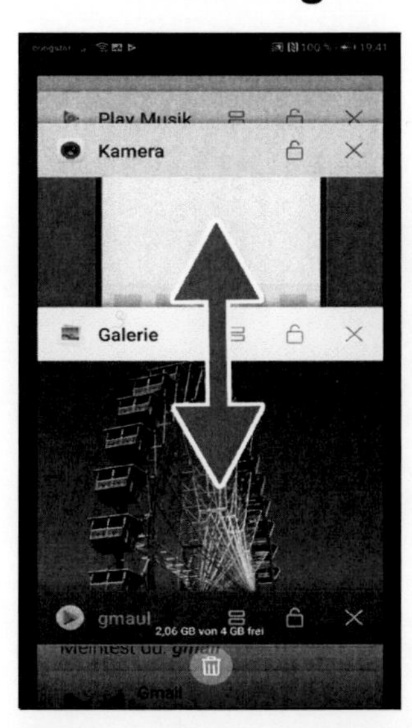

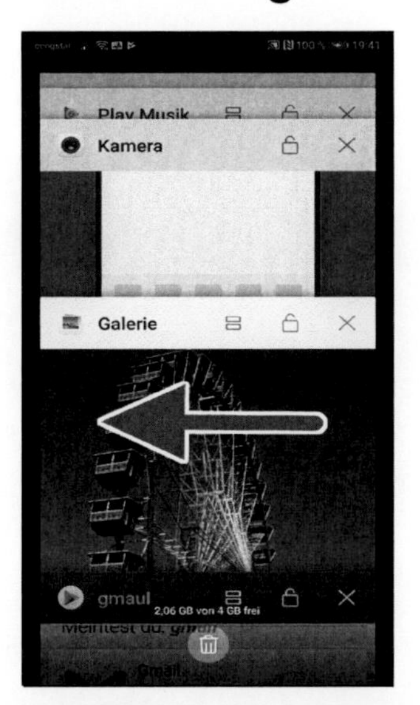

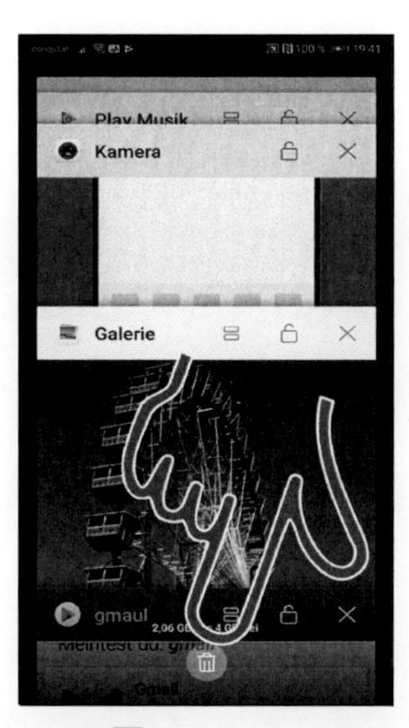

❶ Die zuletzt genutzten Programme erhalten Sie nach Betätigen der □-Taste unterhalb des Displays angezeigt. Rollen Sie mit einer Wischgeste durch die Programme und tippen Sie eines an, das Sie starten möchten.

❷ Ziehen Sie mit dem Finger einen Eintrag nach links oder rechts, um ihn aus der Liste zu entfernen.

❸ Wenn Sie alle Programme auf einmal schließen möchten, betätigen Sie die Schaltleiste am unteren Bildschirmrand.

Wie bereits erwähnt, bringt Sie ein kurzer Druck auf die O-Taste wieder auf den Startbildschirm zurück, wenn Sie sich gerade in einer anderen Anwendung befinden.

4.12 Globale Suche

➊ Die Suche aktivieren Sie, indem Sie mit dem Finger **von der Titelleiste aus** nach unten wischen – dies setzt etwas Übung voraus, denn häufig ruft man aus Versehen stattdessen das Benachrichtigungsfeld auf. Sollte dies geschehen, dann schließen Sie das Benachrichtigungsfeld mit der ◁-Taste und versuchen Sie es erneut. Achten Sie dann darauf vor dem Wischen den Finger nicht außerhalb des Displays anzusetzen, sondern tiefer.

➋ Geben Sie oben im Eingabefeld den Suchbegriff ein, nach denen das Huawei in allen Anwendungen, darunter Kontakte, Termine, Musik, usw. sucht.

➌ Über eine Wischgeste blättern Sie in den Suchergebnissen.

4.13 Google-Suche

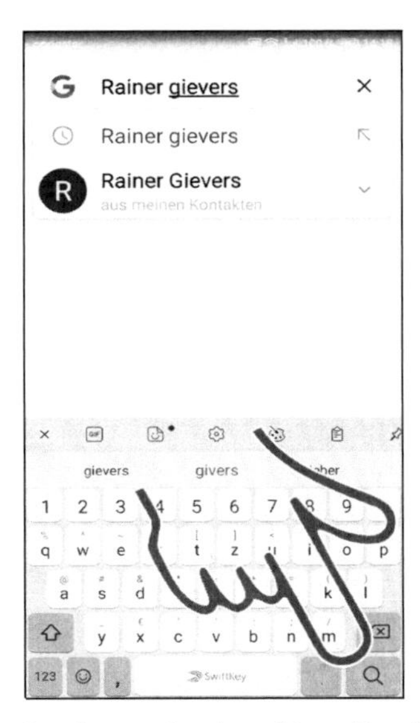

➊ Über die *Google*-Schaltleiste (Pfeil) starten Sie die globale Suche, mit der Sie alle Anwendungen, Termine, Kontakte, usw. durchsuchen.

➋➌ Tippen Sie gegebenenfalls oben ins Eingabefeld. Schon während der Eingabe eines Suchbegriffs werden passende Fundstellen, beispielsweise Wortvorschläge aus der Google-Suchmaschine und Kontakteinträge aus dem Telefonbuch, aufgelistet. Die eigentliche Suche starten Sie mit 🔍 auf dem Tastenfeld (Pfeil).

Hinweis: Damit Sie die gleiche Bildschirmanzeige wie im Buch erhalten, sollten Sie einmalig das Handy aus- und wieder einschalten. Drücken und halten Sie dafür den Ein/Ausschalter auf der rechten Geräteseite und gehen Sie im Popup-Menü auf *Neu starten*.

❶❷ Blättern Sie mit einer Wischgeste durch die Suchergebnisse und tippen Sie eine Fundstelle an, um sie anzuzeigen.

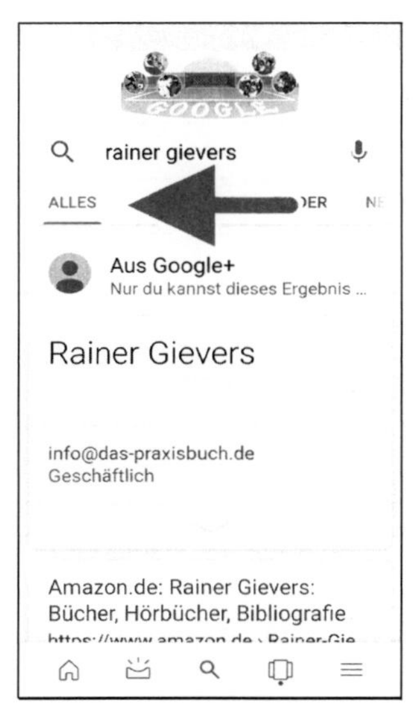

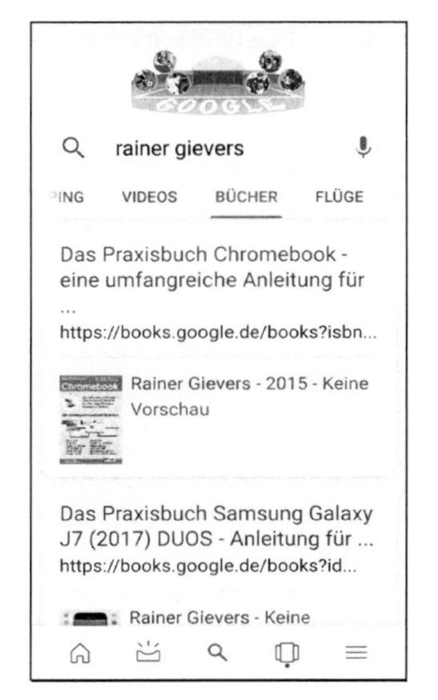

❶ Rollen Sie dann mit dem Finger durch die Schaltleistenreihe am oberen Bildschirmrand und tippen Sie eine der Schaltleisten an.

❷ Beispiel für die Suchergebnisse nach Betätigen von *BÜCHER*.

❶❷❸ Eine Besonderheit verbirgt sich hinter der 🎤-Schaltleiste (Pfeil): Sie können dann einfach einen oder mehrere Begriffe sprechen, nach denen Google anschließend im Internet sucht.

> Die Spracheingabefunktionen stellt Kapitel *22 Google Assistant* vor.
>
> Beachten Sie, dass die Sprachsteuerung eine Internetverbindung benötigt, da die Übersetzung Ihre gesprochenen Anweisungen auf Google-Servern erfolgt.

4.14 Medienlautstärke und Signaltöne

❶ Über die Lautstärketasten auf der rechten Geräteseite beeinflussen Sie die Klingeltonlautstärke.

❷ Wenn Sie die Lautstärke gegen null reduzieren, schalten Sie das Gerät erst in den Vibrationsmodus (Lautsprecher ist dabei deaktiviert) und dann den Lautlosmodus.

❸ Ein Symbol (Pfeil) in der Titelleiste informiert über den aktiven Vibrations- beziehungsweise Lautlosmodus.

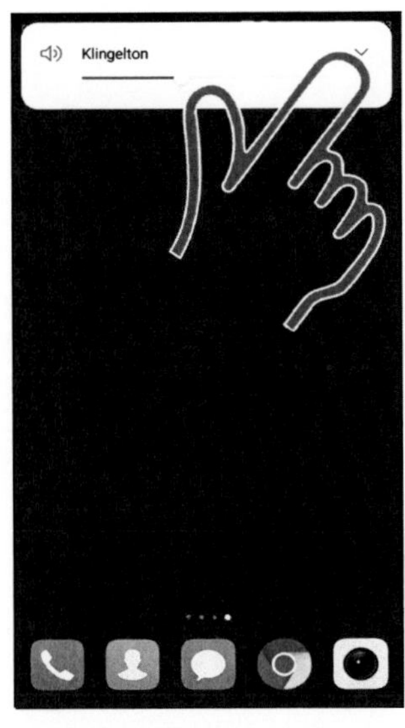

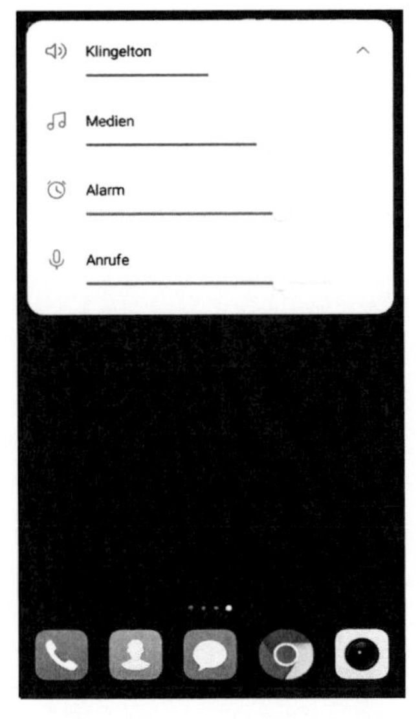

❶ Um die Lautstärke für Audiowiedergabe, Benachrichtigungstöne, usw. zu ändern, tippen Sie ∨ (Pfeil) an.

❷ Neben der Klingeltonlautstärke ändern Sie hiermit:

- *Medien*: Stellt die Lautstärke bei Multimedia-Anwendungen, beispielsweise von Play Musik (Musikwiedergabe), YouTube-Anwendung oder Spielen ein. Wenn gerade eine Multimedia-Anwendung läuft, können Sie dafür aber auch einfach die Lautstärketasten auf der rechten Geräteseite verwenden (der Klingelton bleibt davon unbeeinflusst).
- *Alarme*: Signalton des Weckers der Uhr-Anwendung.
- *Anrufe*: Gesprächslautstärke in der Telefonoberfläche.

4.14.1 Signaltöne

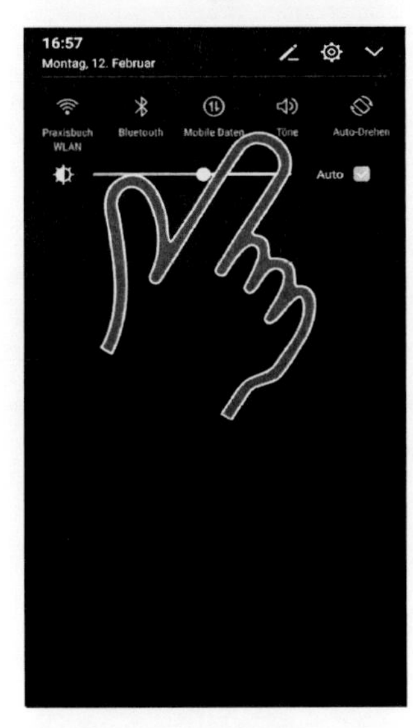

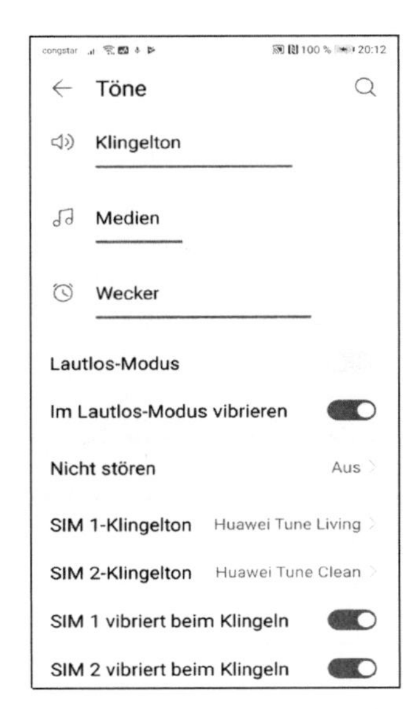

❶ Tippen und halten Sie den Finger auf *Töne* im Benachrichtigungsfeld.

❷ Die Optionen:

- *Klingelton*
- *Medien:* Lautstärke bei Multimedia-Anwendungen, beispielsweise von der Play Musik-, YouTube-Anwendung oder Spielen.
- *Wecker*: Lautstärke des Weckers in der Uhr-Anwendung.
- *Lautlos-Modus*: Alle Signal- und Benachrichtigungstöne abschalten.
- *im Lautlos-Modus vibrieren*: Vibration bei Benachrichtigungen im Lautlos-Modus.
- *Nicht stören*: Legen Sie fest, zu welchen Uhrzeiten die Benachrichtigungen und Klingelton ausgeschaltet sind. Damit steuern Sie Ihre Erreichbarkeit. Siehe Kapitel *16.2 Ruhemodus (Bitte nicht stören)*.
- *SIM 1-Klingelton; SIM 2-Klingelton*: Stellt den Klingelton separat für jede eingelegt SIM-Karte ein (siehe auch Kapitel *5.8.2.b Klingelton und Vibration*).
- *SIM 1 vibriert beim Klingeln; SIM 2 vibriert beim Klingeln*: Vibrationseinstellungen für eingehende Anrufe, getrennt nach SIM-Karte festlegbar.
- *Benachrichtigung*: Signalton für Nachrichten (SMS), E-Mails und Kalendertermine.
- *Huawei-Histen-Soundeffekte*: Dies soll die Audiowiedergabe verbessern, funktioniert aber nur, wenn Sie ein Headset (zum Beispiel das mitgelieferte) am Handy anschließen.
- *Weitere Toneinstellungen*:
  - *Wähltastentöne*: Akustisches Signal, wenn Sie die Wähltasten in der Telefonoberfläche betätigen.
  - *Bildschirmsperre*: Signalton beim Aktivieren/Deaktivieren der Displaysperre.
  - *Screenshot:* Wenn Sie einen Screenshot erstellen, hören Sie einen Signalton (siehe Kapitel *29.6 Screenshots (Bildschirmkopien)*).
  - *Touchscreen-Töne*: Signalton beim Betätigen von Schaltleisten.
  - *Bei Berührung vibrieren*: Vibration der drei Tasten am unteren Bildschirmrand, sowie bei der Geräteentsperrung.
  - *Einschaltton:* Die Melodie, wenn Sie das Handy einschalten beziehungsweise neu starten.
  - *Cell Broadcasts*: In einigen Ländern senden Mobilfunkbetreiber regionsspezifische Meldungen auf die Handys. In Europa nicht gebräuchlich.

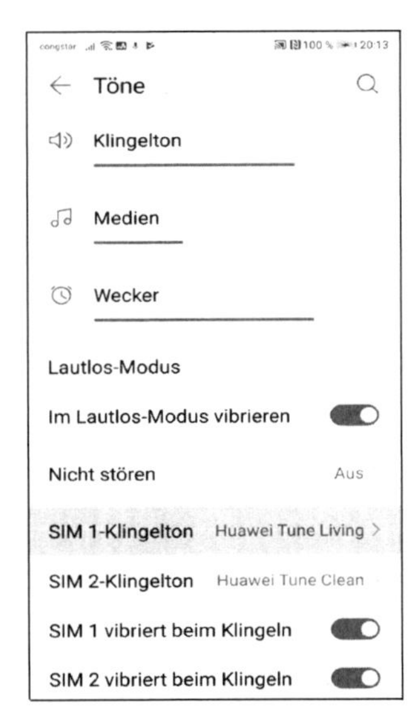

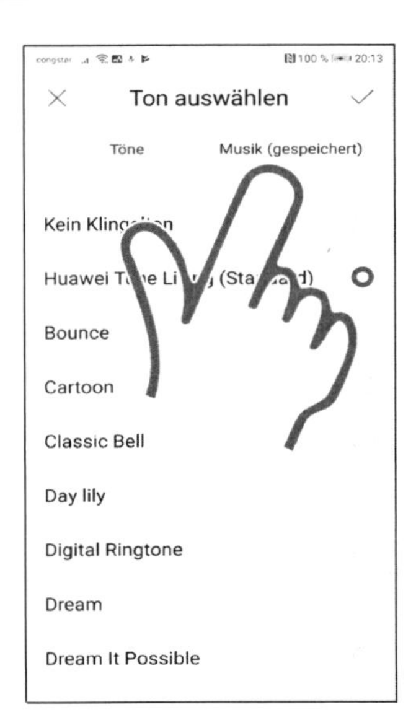

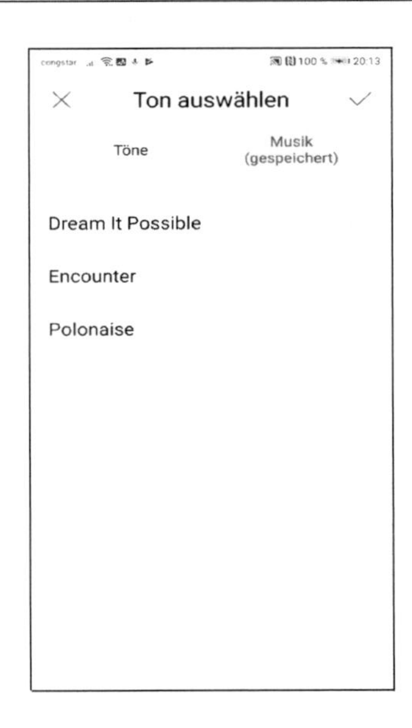

❶ Gehen Sie auf *SIM 1-Klingelton.*

❷❸ Wählen Sie einen der vom Hersteller vorgegebenen Klingeltöne aus. Auch auf das Gerät kopierte Musikdateien (siehe Kapitel *17 Gerätespeicher*) können Sie als Klingelton nutzen, indem Sie das *Musik (gespeichert)*-Register aktivieren (Pfeil), das Musikstück auswählen und den Bildschirm mit ✓ schließen.

4.15 Programm-Updates

Als PC-Nutzer haben Sie sicherlich schon mit den Windows-Updates Bekanntschaft gemacht. Über einen Update-Mechanismus lassen sich dabei Fehlerbehebungen (»Bugfixes«) und manchmal Erweiterungen der Microsoft-Software herunterladen. Eine ähnliche Funktion bietet auch Android an, wobei nicht nur die vorinstallierten Anwendungen, sondern auch nachträglich von Ihnen installierte Anwendungen und Spiele sozusagen auf Knopfdruck aktualisiert werden. Dafür zuständig ist der Google Play Store, auf den Kapitel *19 Play Store* genauer eingeht. Hier geht es erst einmal darum, Anwendungs-Updates über den Play Store zu installieren, damit Sie später den Erläuterungen in diesem Buch problemlos folgen können.

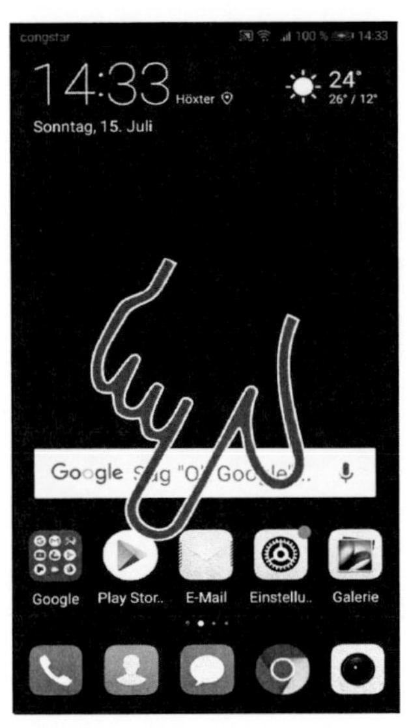

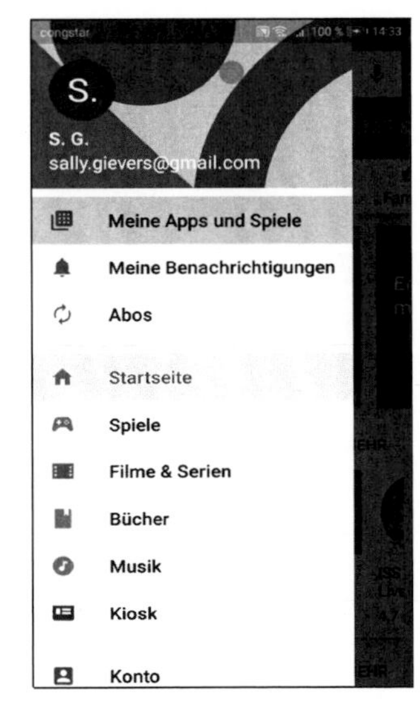

❶ Rufen Sie im Startbildschirm *Play Store* auf. Schließen Sie gegebenenfalls den Begrüßungsbildschirm mit *JETZT STARTEN.*

❷ Betätigen Sie die ≡-Schaltleiste (Pfeil) oben links (falls Sie diese nicht sehen, befinden Sie sich in einem anderen Programmbildschirm, sodass Sie erst ein- oder zweimal die ◁-Taste unterhalb des Displays betätigen müssen).

❸ Es öffnet sich das Ausklappmenü, in dem Sie auf *Meine Apps und Spiele* gehen.

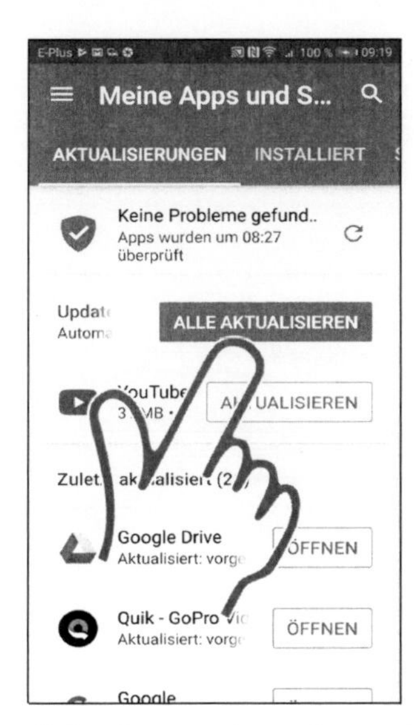

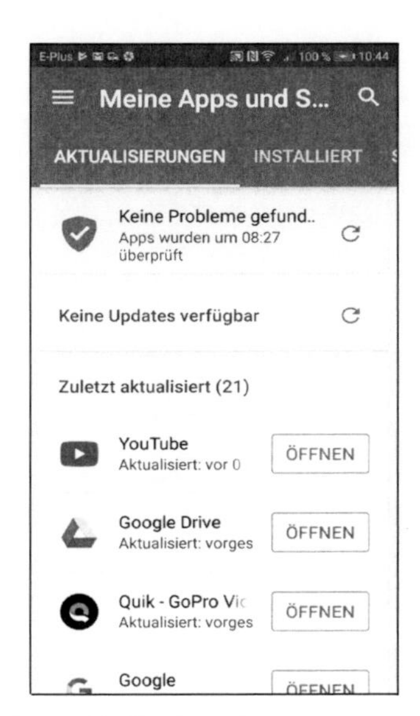

❶❷ Tippen Sie auf *ALLE AKTUALISIEREN*. Das war es auch schon! Verlassen Sie die Play Store nun mit der O-Taste. Der Updatevorgang läuft währenddessen automatisch im Hintergrund ab und Sie werden im Benachrichtigungsfeld über dessen Fortschritt informiert.

Falls Sie die *ALLES AKTUALISIEREN*-Schaltleiste nicht sehen, hat das Handy die Aktualisierungen bereits im Hintergrund vorgenommen und Sie brauchen nichts tun.

4.16 Betriebssystem-Updates

Neben dem im vorherigen Kapitel beschriebenen Programm-Updates, gibt es auch ab und zu Betriebssystem-Updates. Damit korrigiert der Handy-Hersteller Fehler oder fügt neue Funktionen hinzu, welche für den Anwender aber meist nicht ersichtlich sind. Sie brauchen übrigens keine Angst zu haben, dass durch das Update irgendwelche Daten verloren gehen, denn das einzige, was Sie verlieren, ist Zeit, weil das Installieren 5 bis 10 Minuten dauern kann.

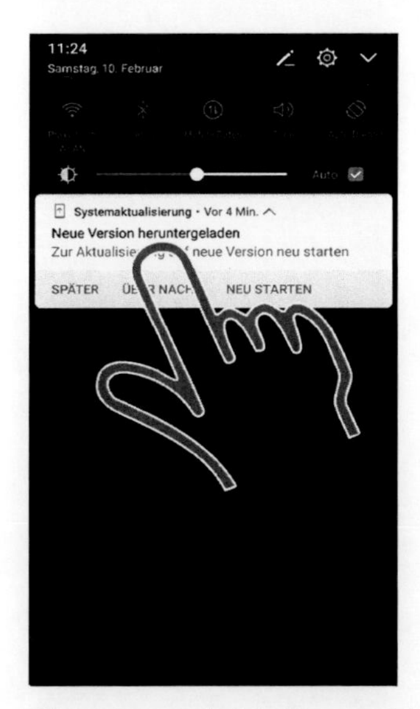

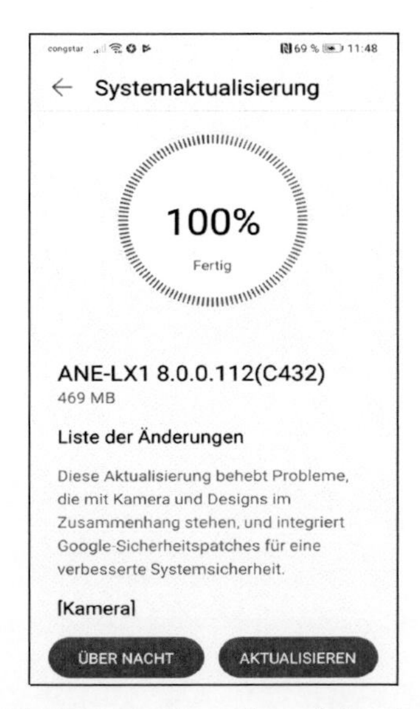

❶ Im Benachrichtigungsfeld erscheint ein Hinweis auf das Update, den Sie antippen.

❷ Betätigen Sie *AKTUALISIEREN*.

4.17 Das Ausklappmenü

Ähnlich wie auf einem Windows PC haben auch auf dem Handy praktisch alle Programme damit zu kämpfen, die verfügbaren Funktionen in einer übersichtlichen Form bereitzustellen. Unter Windows hat sich dafür die Menüleiste eingebürgert. Weil auf dem Handy dagegen nur extrem wenig Bildschirmfläche verfügbar ist, nutzen die Anwendungen hier häufig das sogenannte Ausklappmenü.

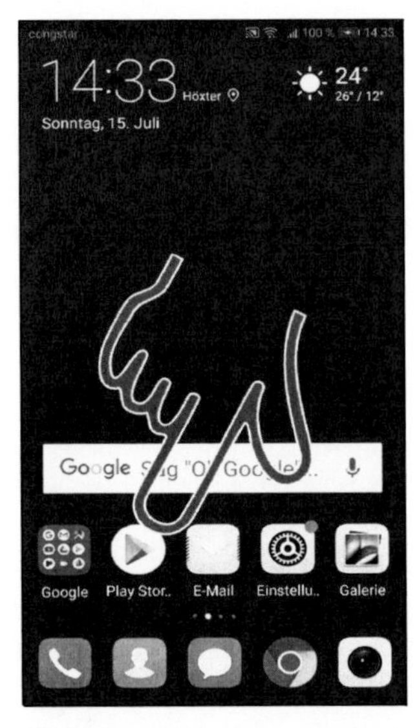

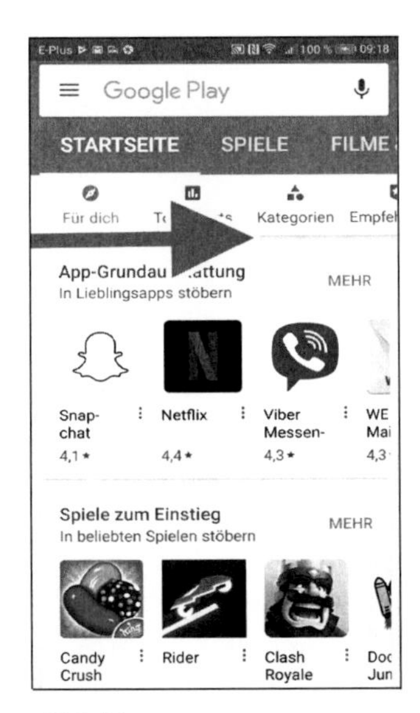

➊ Starten Sie zum Beispiel den *Play Store* aus dem Startbildschirm (Pfeil).

➋ Das Ausklappmenü rufen Sie entweder mit einem Antippen der ≡-Schaltleiste oben links (Pfeil) auf...

➌ ... oder Sie führen mit dem Finger eine Wischgeste von links außerhalb des Displays nach rechts durch.

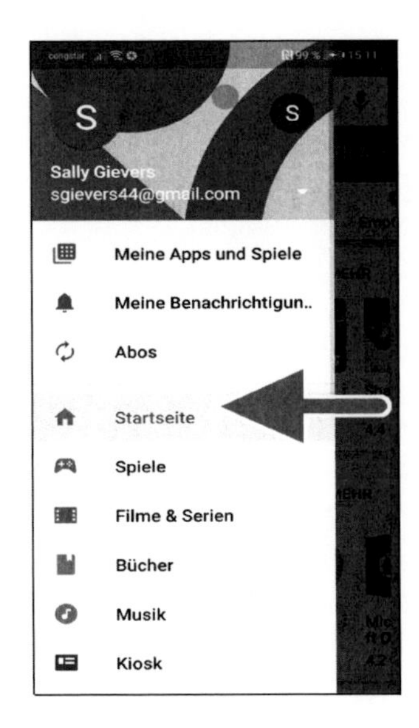

So schließen Sie das Ausklappmenü:

- Wählen Sie einen Menüpunkt aus.
- Wischen Sie von rechts nach links in das Ausklappmenü.
- Betätigen Sie die ◁-Taste unterhalb des Displays.

5. Telefonie

Die Bedienungsführung des Handys ist so aufgebaut, dass Sie mit wenig Aufwand einen Kontakt anrufen können.

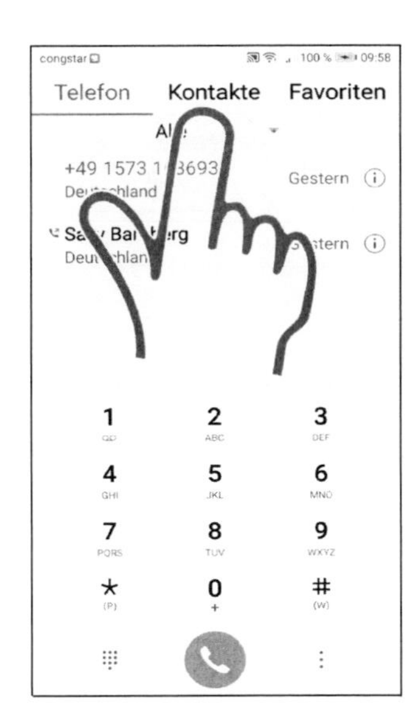

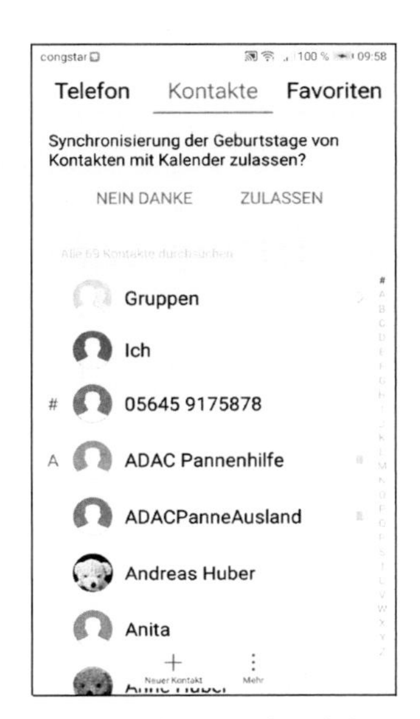

❶ Die Telefonoberfläche starten Sie im Startbildschirm mit der grünen *Telefon*-Schaltleiste am unteren Bildschirmrand (Pfeil).

❷❸ Über die Register am oberen Bildschirmrand (Pfeil) schalten Sie um zwischen:

- *Kontakte*: Startet das Telefonbuch (siehe Kapitel *7 Telefonbuch*).
- *Favoriten*: Häufig genutzte Kontakte verwalten (siehe Kapitel *7.8 Favoriten*).

Die Abfrage *Synchronisierung der Geburtstage von Kontakten mit Kalender zulassen?* Sollten Sie mit *ZULASSEN* beantworten, damit Sie künftig von der im Kapitel *23 Kalender* beschriebenen Anwendung auf Geburtstage aufmerksam gemacht werden.

5.1 Anruf durchführen

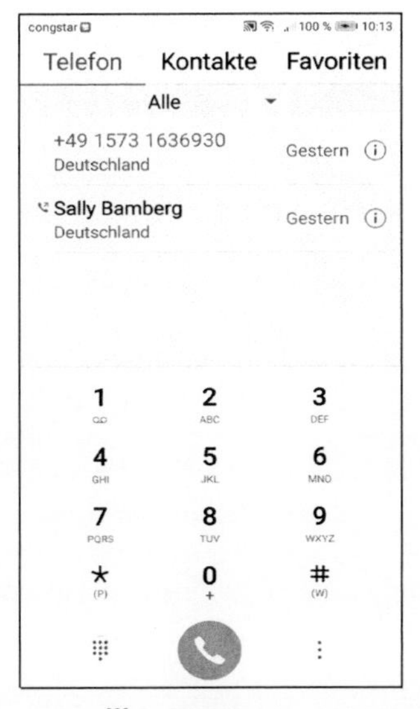

❶❷ Aktivieren Sie zunächst über die ⠿-Schaltleiste das Tastenfeld (erneutes Antippen blendet das Tastenfeld wieder aus).

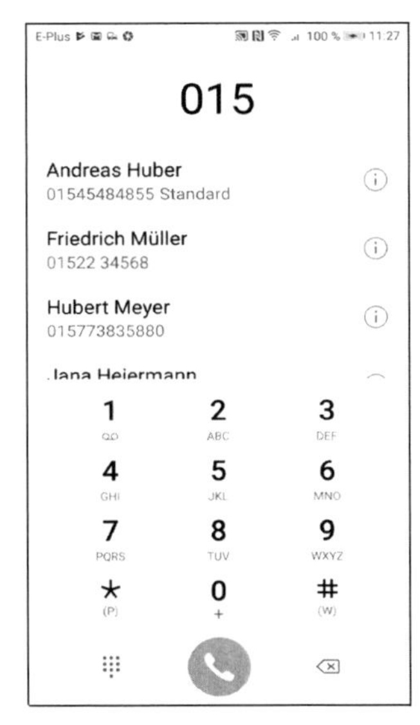

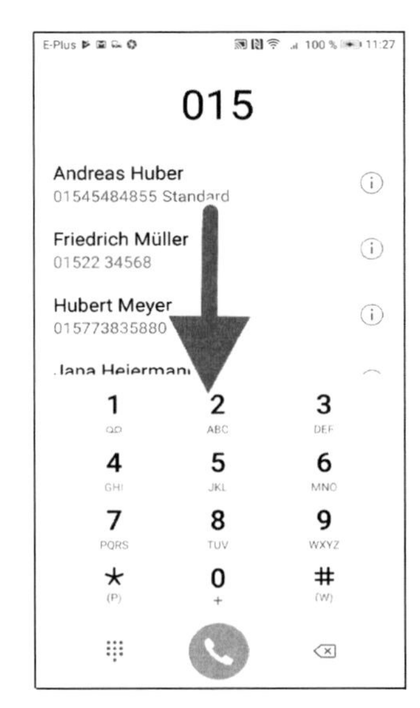

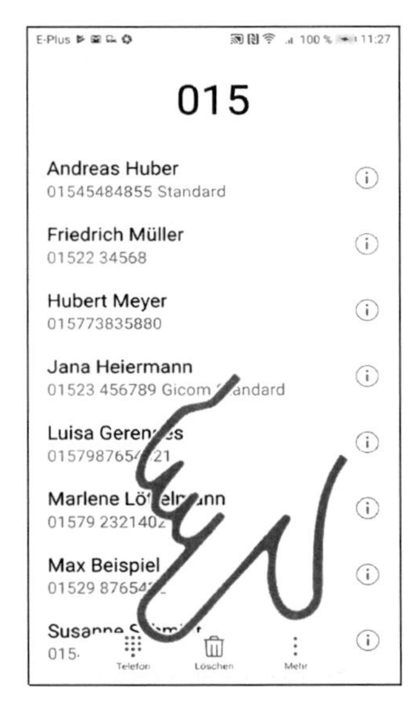

❶ Geben Sie jetzt die anzurufende Nummer über das virtuelle Tastenfeld auf dem Display ein. Mit der 📞-Schaltleiste wählen Sie die Nummer an. Sofern im Telefonbuch bereits Kontakte vorhanden sind, welche die eingegebene Rufnummer enthalten, erscheinen die gefundenen Kontakte oberhalb des Eingabefelds.

❷ In den Fundstellen blättern Sie mit einer vertikalen Wischgeste. Dabei blendet das Handy die Telefontasten aus.

❸ Alternativ blenden Sie mit der ⠿-Schaltleiste das Tastenfeld ein/aus.

Wenn Sie das Handy an Ihr Ohr halten, schaltet sich das Display automatisch aus, damit keine Fehleingaben entstehen können. Dafür zuständig ist ein Näherungssensor, welcher sich oben neben dem Lautsprecher befindet.

5.1.1 Suche

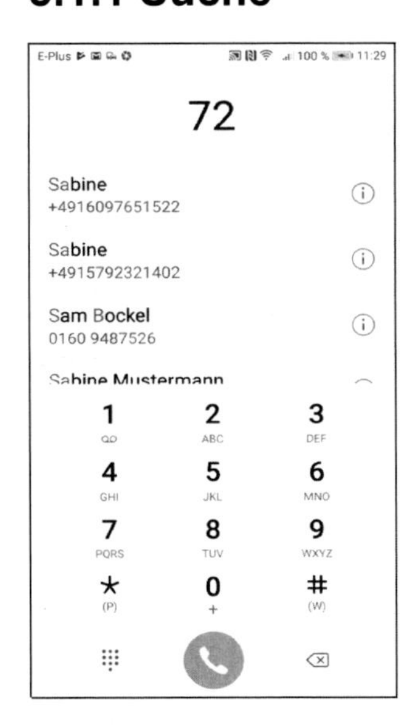

Auch eine direkte Namenssuche ist möglich. Tippen Sie dafür die Nummern ein, die den Buchstaben entsprechen (»2«=a, b, c; »3«=d, e, f; usw.). Betätigen Sie ⌫ im Tastenfeld, um eine Fehleingabe zu löschen.

5.1.2 Letzte Rufnummer wählen

❶❷ Betätigen Sie die 📞-Schaltleiste, um die zuletzt gewählte Nummer in das Rufnummernfeld zu übernehmen.

❷ Alternativ tippen Sie einfach eine Rufnummer im Protokoll an.

5.1.3 Funktionen während eines Gesprächs

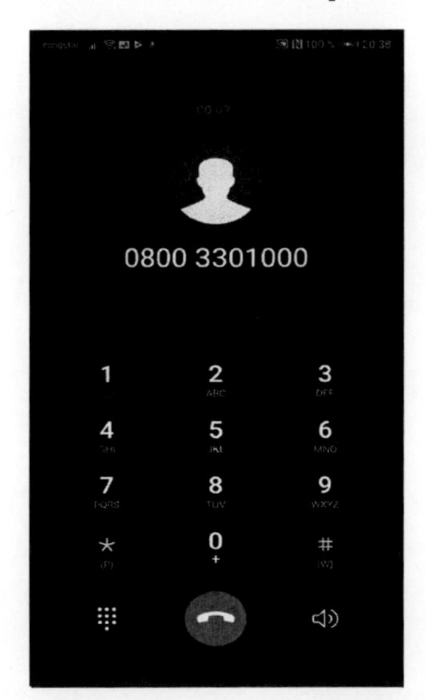

❶❷ Während des Gesprächs zeigt das Handy die angewählte Rufnummer beziehungsweise den Kontakt an. Betätigen Sie die ⠿-Schaltleiste (Pfeil), um das Tastenfeld zu aktivieren, was sinnvoll ist, wenn Sie DTMF (Tonwahl)-Töne benötigen, zum Beispiel für die Bedienung eines Anrufbeantworters oder einer Tonwahl-gesteuerten Service-Hotline. Erneutes Betätigen der Schaltleiste schließt das Tastenfeld später wieder.

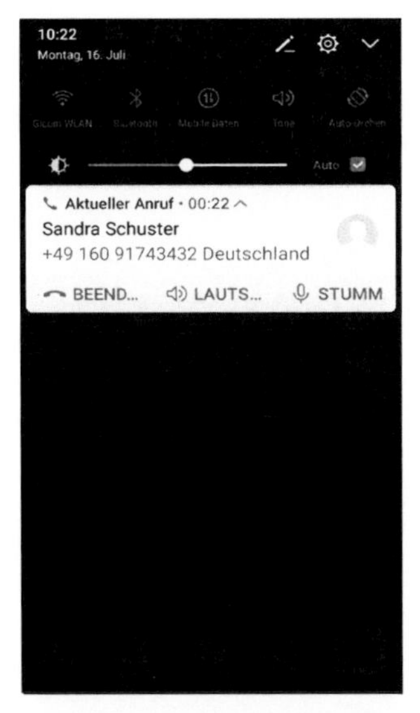

➊ Interessant ist die Möglichkeit jederzeit während eines aktiven Gesprächs eine andere Anwendung zu nutzen. Dazu betätigen Sie die O-Taste für den Startbildschirm. Sie können dann, wie gewohnt, diverse Anwendungen auf dem Huawei starten, während das Gespräch im Hintergrund läuft. Die grün eingefärbte Titelleiste weist auf die bestehende Gesprächsverbindung hin. Tippen Sie sie an, um die Telefonoberfläche wieder anzuzeigen.

➋ Alternativ steuern Sie den aktiven Anruf über das Benachrichtigungsfeld (siehe Kapitel *4.7.6 Titelleiste und Benachrichtigungsfeld*).

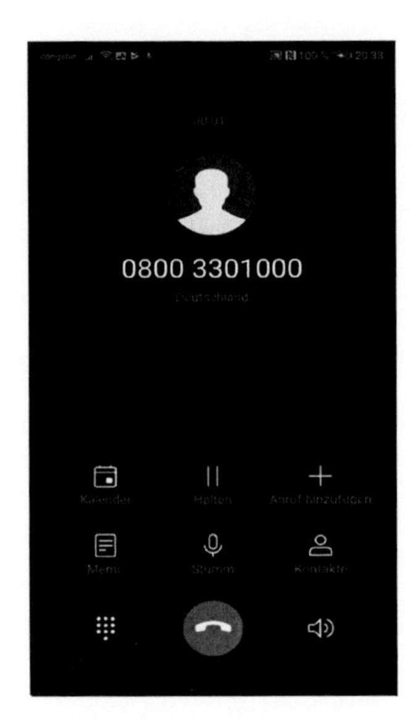

Weitere Funktionen während eines Gesprächs:

- *Kalender*: Kalender aufrufen.
- *Halten:* Gespräch halten.
- *Anruf hinzufügen*: Dem Gespräch einen weiteren Teilnehmer hinzufügen, was aber nur funktioniert, wenn Ihr Vertrag Telefonkonferenzen beinhaltet.
- *Notizblock*: Notizenanwendung aufrufen.
- *Stumm*: Deaktiviert/aktiviert das Mikrofon, wobei man weiter hört, was der Gesprächsteilnehmer von sich gibt.
- *Kontakte*: Telefonbuch aufrufen.
- ⠿: Tastenfeld ein/ausschalten.
- 🔈: Aktiviert/Deaktiviert die Freisprecheinrichtung.

5.1.3.a Hörerlautstärke

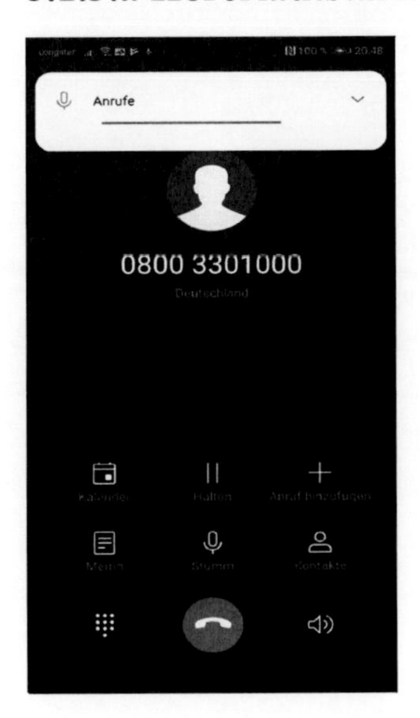

Während eines Gesprächs können Sie die Hörerlautstärke an Ihre Bedürfnisse anpassen. Drücken Sie einfach auf der rechten Geräteseite die Tasten Lautstärke-hoch/runter.

5.1.4 Anruf aus dem Telefonbuch

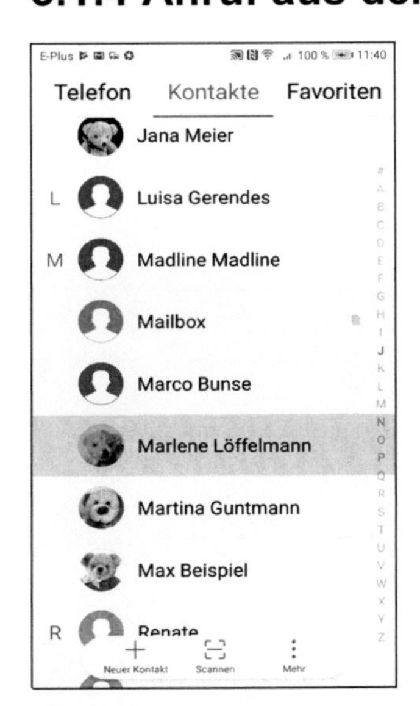

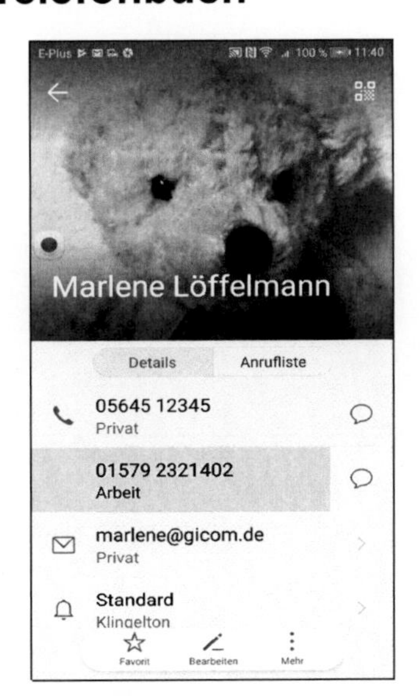

➊ Zum Anwählen eines Kontakts direkt in der Kontaktauflistung des Telefonbuchs tippen Sie den Kontakt an.

➋ Tippen Sie auf die anzuwählende Nummer.

Das Telefonbuch beschreibt bereits Kapitel *7 Telefonbuch.*

5.2 Kurzwahlen

Wenn man bestimmte Rufnummern häufig anwählt, ist es umständlich, sie jeweils immer von Hand einzugeben oder in der Kontaktverwaltung zu suchen. Deshalb gibt es die Kurzwahlen, bei denen man einen Kontakt einer Nummer zuweist. Man braucht zur Anwahl dann nur noch beispielsweise als Kurzwahl die »2« einzugeben.

5.2.1 Kurzwahl erstellen

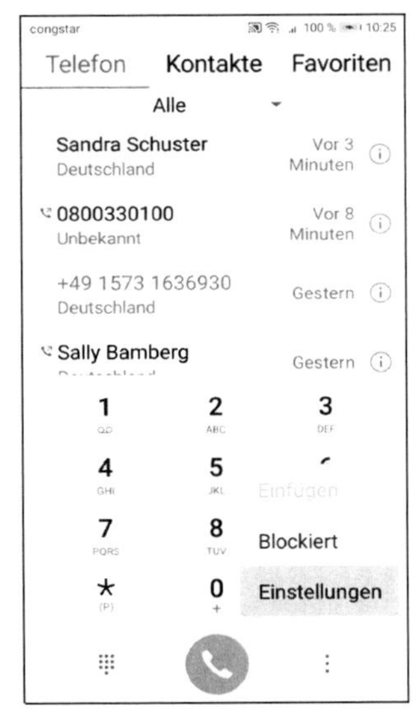

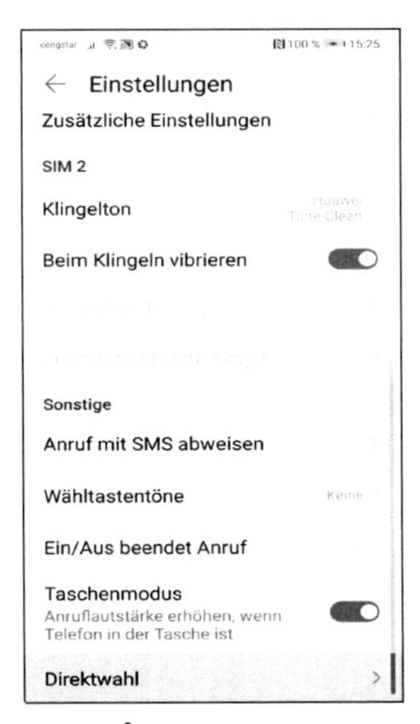

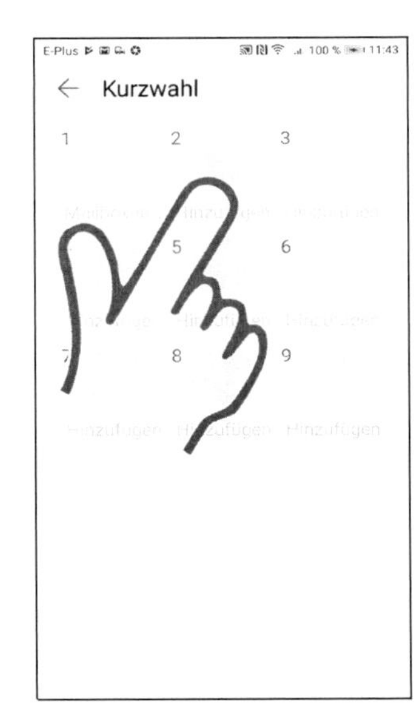

➊➋ Rufen Sie in der Telefonoberfläche ⋮*/Einstellungen/Direktwahl* auf.

➌ Betätigen Sie eine der Schaltleisten von 2 bis 9.

Die Kurzwahl »1« ist bereits für die Mailbox, siehe Kapitel *5.3 Mobilbox abrufen*, reserviert.

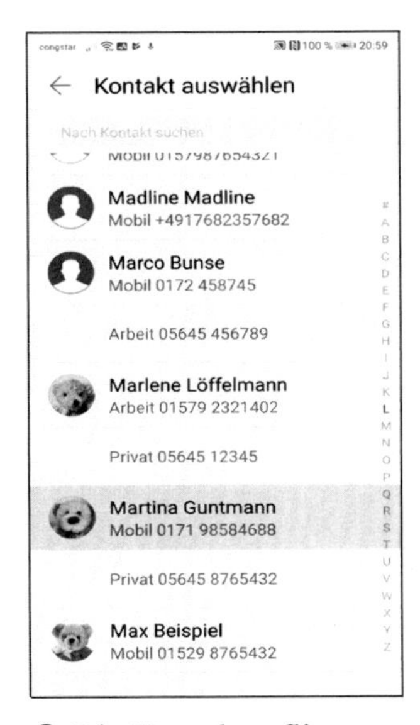

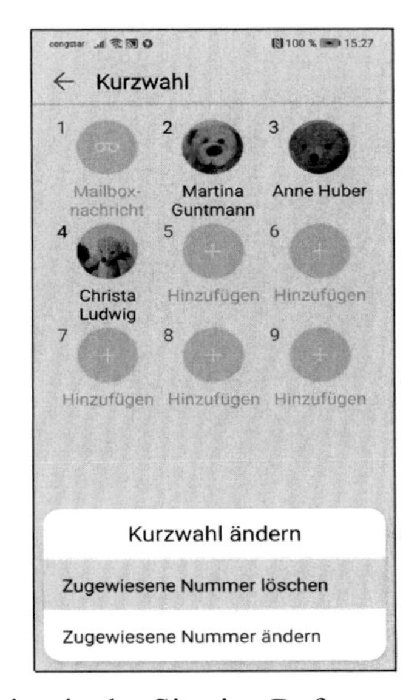

➊ Die Kontaktauflistung erscheint, in der Sie eine Rufnummer auswählen.

➋ Zum Entfernen einer Kurzwahl tippen Sie diese an und gehen im Popup auf *Zugewiesene Nummer löschen*.

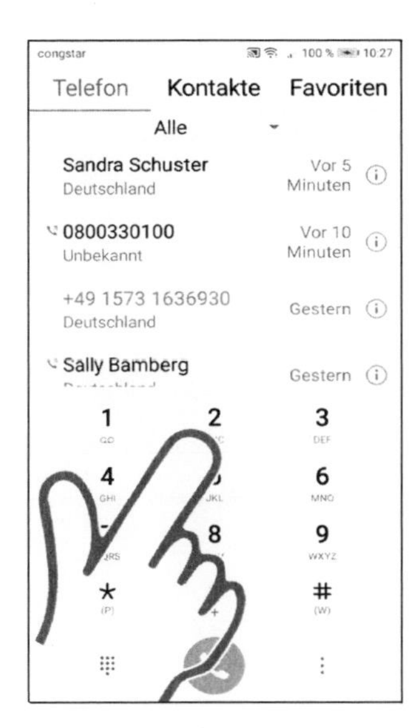

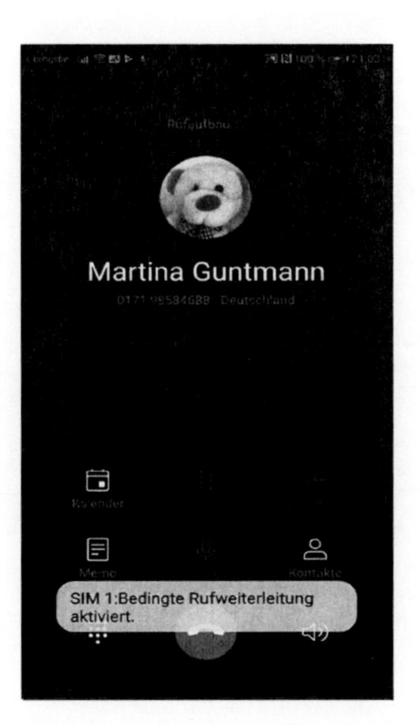

So nutzen Sie die Kurzwahlen: Drücken und halten Sie die betreffende Zahlentaste, worauf sofort die Anwahl startet.

5.3 Mobilbox abrufen

Die Mobilnetzbetreiber bieten jedem Kunden eine »Mailbox« an, in der Anrufer wie auf einem Anrufbeantworter ihre Nachrichten hinterlassen können. Zum Abruf der Nachrichten wählen Sie entweder auf der Telefonoberfläche die Mailboxnummer, oder Sie nutzen die vom Handy angebotene Abruffunktion.

Zum Abruf der Mailbox tippen und halten Sie die »1«-Taste auf dem Telefontastenfeld, bis die Anwahl erfolgt.

Die Mailbox ist auf der Kurzwahl »1« vordefiniert. Normalerweise wird die Mailbox-Rufnummer korrekt eingerichtet, wenn Sie eine neue SIM-Karte einlegen und die automatisch erscheinende Konfigurationsaufforderung bestätigen. Falls Sie dennoch eine andere Mailboxrufnummer eintragen möchten, lesen Sie bitte im Kapitel *5.8.2.c Zusätzliche Einstellungen* weiter.

5.4 Anruf annehmen

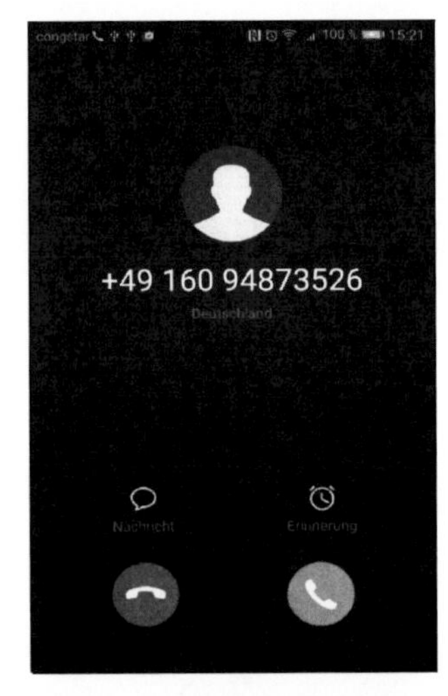

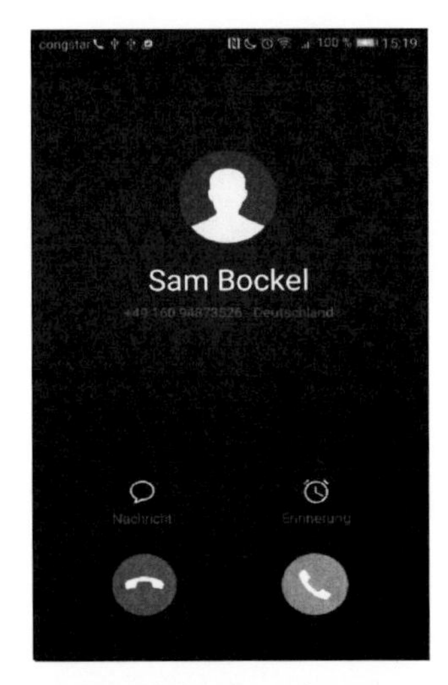

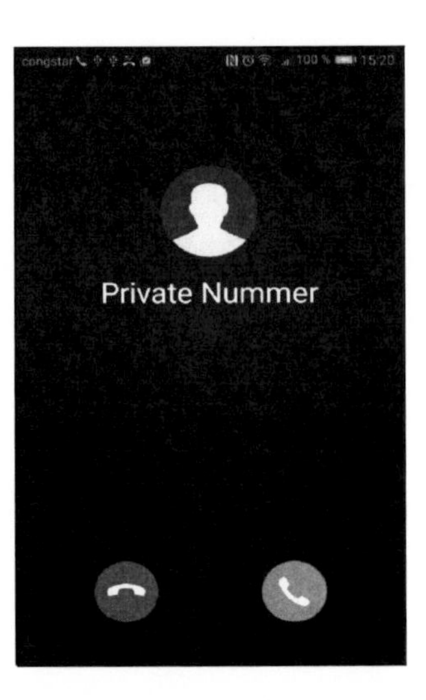

Wenn ein Anruf eingeht, gibt es drei mögliche Anzeigen:

- Rufnummer ist nicht in der Kontaktverwaltung vorhanden: Das Handy zeigt nur die Rufnummer an (➊).
- Rufnummer ist im Telefonbuch vorhanden: Das Handy zeigt den Kontaktnamen und die Rufnummer an (➋).
- Rufnummernübermittlung ist beim Anrufer deaktiviert: Das Handy meldet *»Private Nummer«* (➌).

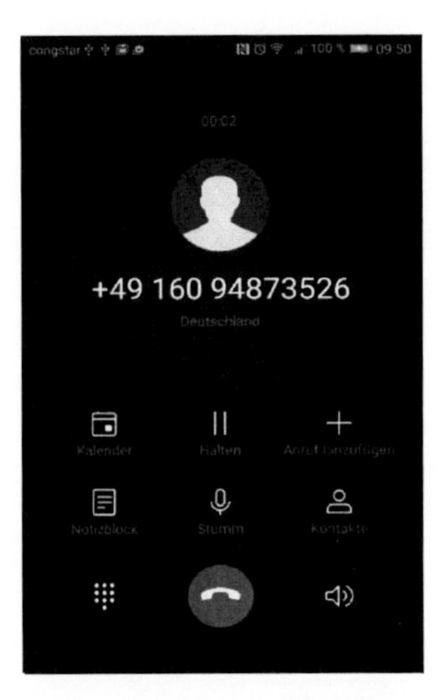

➊➋ Zum Annehmen eines Gesprächs betätigen Sie die grüne Schaltleiste. Während des Gesprächs stehen dann die gleichen Funktionen zur Verfügung, die bereits im Kapitel *5.1.3 Funktionen während eines Gesprächs* vorgestellt wurden.

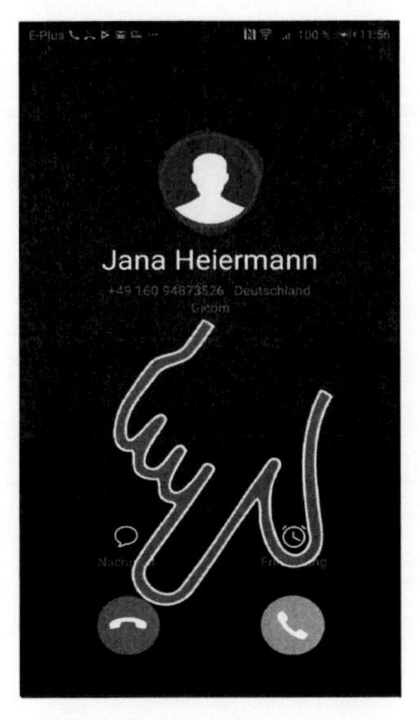

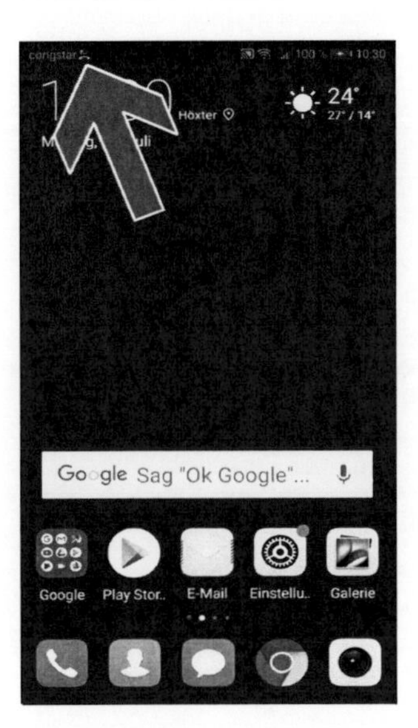

❶ Umgekehrt betätigen Sie die rote Schaltleiste, um einen Anruf zu blocken. Der geblockte Anruf landet trotzdem in der Anrufverlauf-Liste, sodass sie ihn später zurückrufen können. Siehe auch Kapitel *5.5 Anrufliste*.

❷ Wenn Sie mal einen Anruf verpasst haben, erscheint oben in der Titelleiste ein -Symbol (Pfeil). Dieses ist solange dort sichtbar, bis Sie die Anrufliste aufrufen.

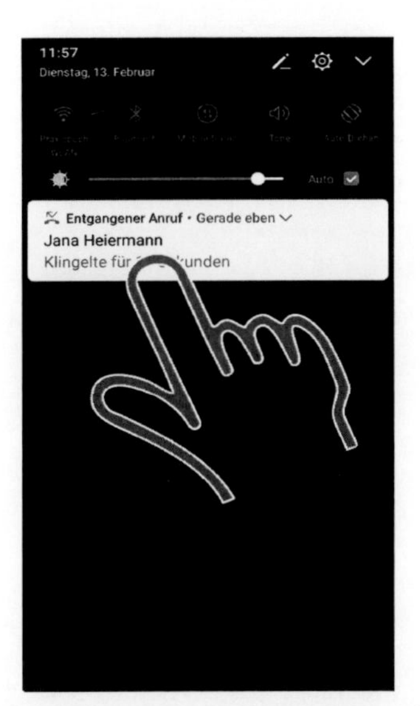

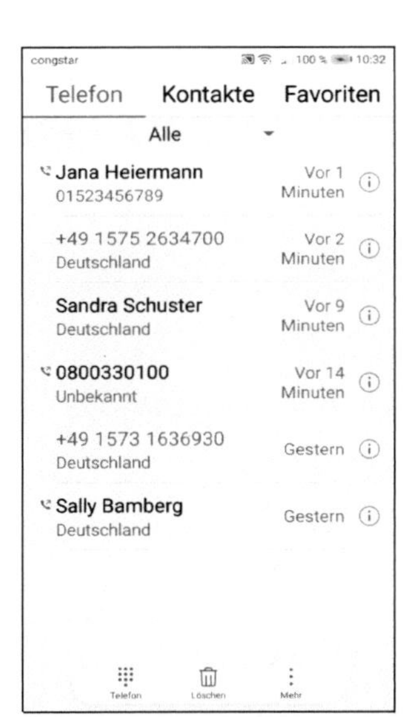

❶❷❸ Weitere Infos zum verpassten Anruf erhalten Sie, indem Sie das Benachrichtigungsfeld öffnen (Siehe Kapitel *4.7.6 Titelleiste und Benachrichtigungsfeld*). Tippen Sie den Listeneintrag an, um die Telefonoberfläche anzuzeigen.

Wenn nur ein Anruf in Ihrer Abwesenheit stattgefunden hat, können Sie direkt aus dem Benachrichtigungsfeld über Schaltleisten zurückrufen oder eine SMS schreiben.

Einen Anruf, den Sie nicht entgegennehmen, beziehungsweise blocken, erscheint trotzdem in der Anrufverlauf-Liste, die Kapitel *5.5 Anrufliste* beschreibt.

Betätigen der Lautstärke-leiser-Taste auf der rechten Geräteseite schaltet einen eingehenden Anruf stumm.

5.4.1 Anruf mit Mitteilung beantworten

Nicht immer ist es möglich, einen eingehenden Anrufer sofort entgegenzunehmen. Für solche Fälle bietet das Handy die Option, dem Anrufer eine SMS zu schicken.

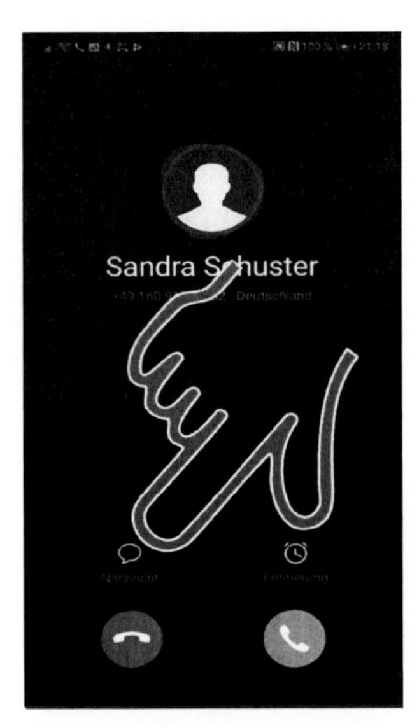

➊ Betätigen Sie *Nachricht.*

➋ Es sind bereits einige Texte vorgegeben, von denen Sie den zu sendenden auswählen. Der Anruf wird nun geblockt und die SMS verschickt. Falls Sie mit einem anderen Text antworten möchten, gehen Sie auf *Benutzerdefinierte SMS.*

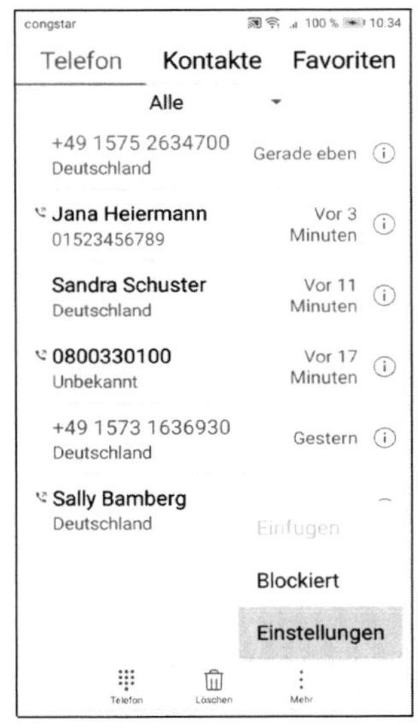

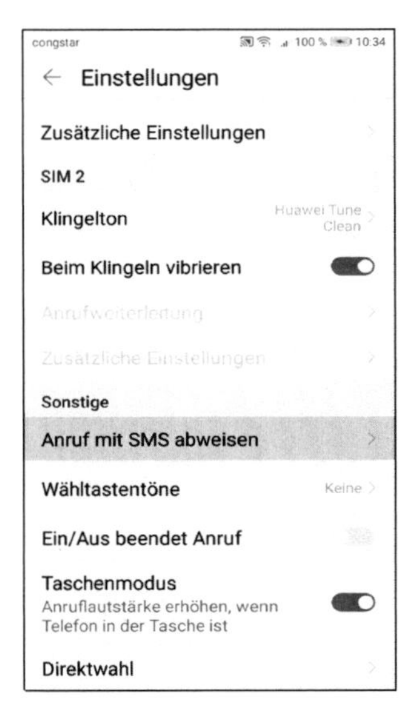

➊ Die Ablehnungsnachrichten verwalten Sie in der Telefonoberfläche im Menü ⁝/*Einstellungen.*

➋ Hier gehen Sie auf *Anruf mit SMS abweisen.*

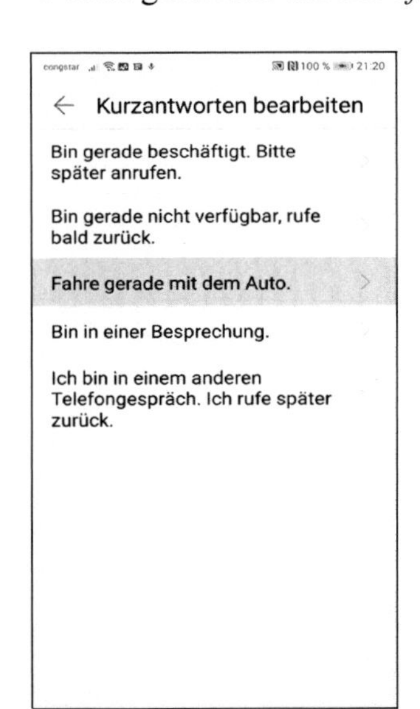

➊➋ Nach Antippen eines Nachrichtentextes können Sie ihn bearbeiten. Schließen Sie mit *OK* ab.

5.4.2 Anruferinnerung

❶❷ Sie können den Anruf gerade nicht entgegennehmen, möchten den Anrufer aber später zurückrufen? Dann betätigen Sie *Erinnerung* und wählen den Rückrufzeitraum aus. Der Anrufer wird geblockt (er hört das Besetztzeichen) und der Kalender (siehe Kapitel *23 Kalender*) erinnert Sie später an den Rückruf.

5.4.3 Klingelton und Klingeltonlautstärke

❶ Die Klingeltonlautstärke ändern Sie ganz einfach über die Lautstärkentasten auf der rechten Geräteseite.

❷ Wenn Sie bereits die niedrigste Lautstärke eingestellt hatten und trotzdem weiter die Lautstärke-runter-Taste drücken, schaltet das Handy zunächst auf Vibration (eingehende Anrufe merken Sie dann am Vibrieren des Geräts) und dann auf lautlos.

Ein Symbol informiert in der Titelleiste über den deaktivierten Klingelton.

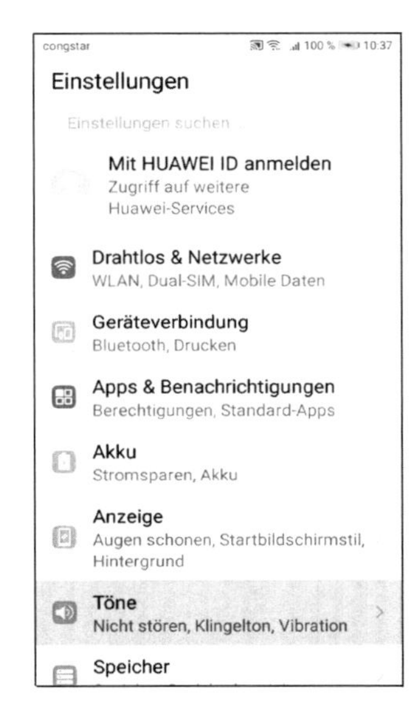

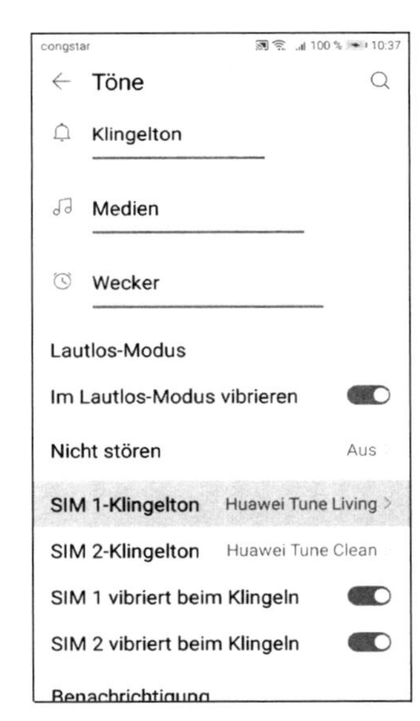

❶❷ Zum Ändern des verwendeten Klingeltons rufen Sie *Einstellungen* aus dem Startbildschirm auf und gehen auf *Töne.*

❸ In diesem Bildschirm richten Sie den *SIM 1 Klingelton* ein (beachten Sie auch Kapitel *4.14 Medienlautstärke und Signaltöne*).

Sie können auch jedem Kontakt einen eigenen Klingelton zuweisen, der dann statt dem Standard-Klingelton vom Handy verwendet wird. Siehe dazu Kapitel *7.5 Kontaktfoto und Klingelton.*

5.5 Anrufliste (Protokoll)

In der Anrufliste legt das Handy alle ein- und ausgegangenen Anrufe, auch die nicht entgegen-genommenen, ab.

5.5.1 Anrufliste in der Telefonoberfläche

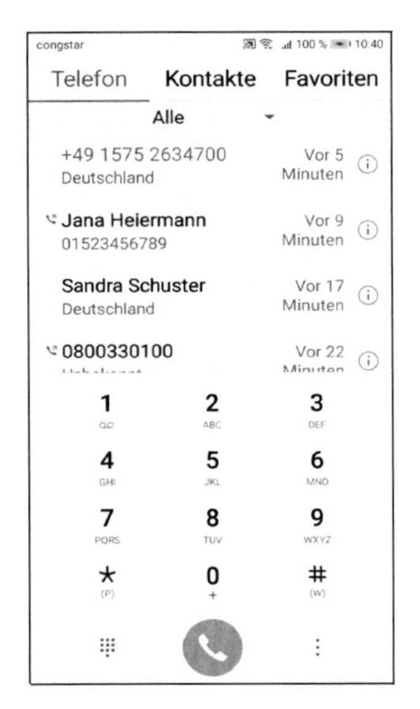

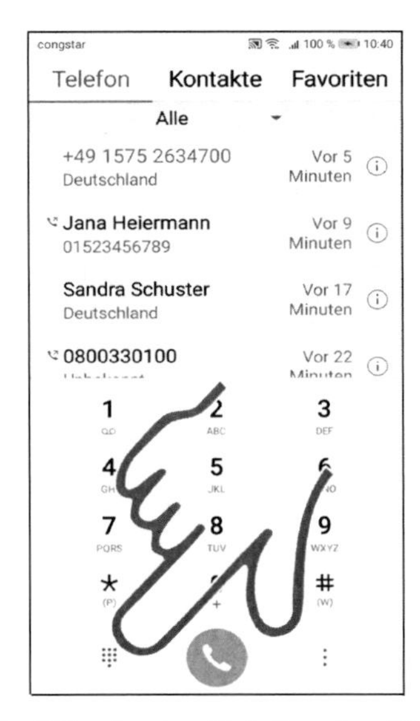

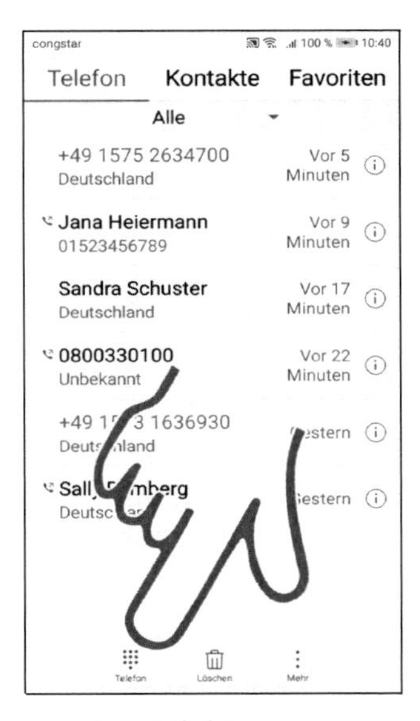

❶ Die Anrufliste wird standardmäßig in der Telefonoberfläche angezeigt. Nicht angenommene Anrufe erkennen Sie an der roten Schrift.

❷❸ Mit der ⠿-Schaltleiste blenden Sie das Tastenfeld ein/aus.

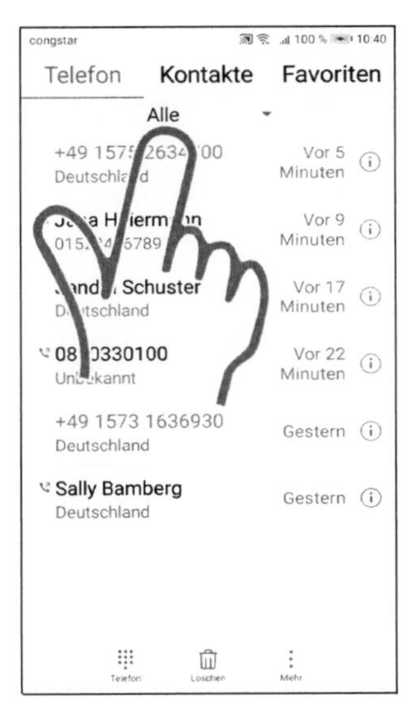

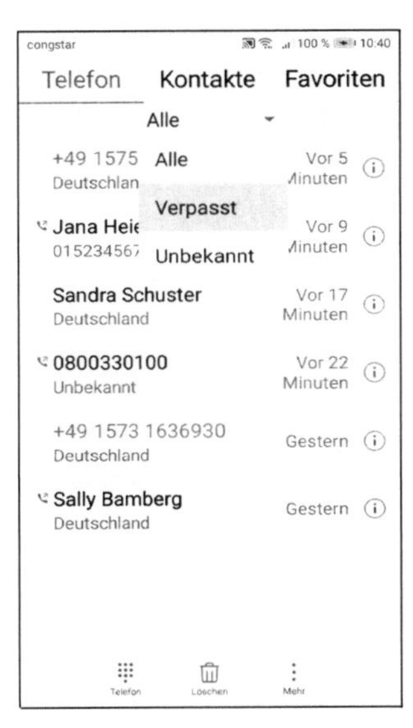

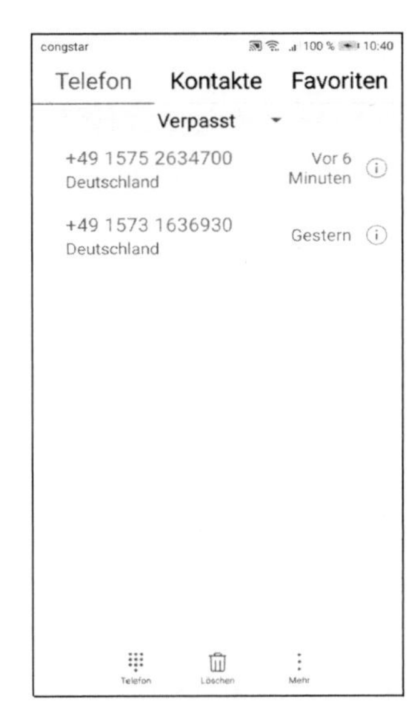

❶❷ Über das Auswahlmenü filtern Sie die ein- und ausgegangenen Anrufe nach:

- *Alle*: Alle Anrufe auflisten.
- *Verpasst* (❸): Nicht von Ihnen angenommene oder von Ihnen geblockte Anrufe.
- *Unbekannt*: Ein- und ausgegangene Anrufe mit Rufnummern, die sich nicht in Ihrem Telefonbuch befinden. Auch Anrufer mit unterdrückter Nummer finden Sie hier.

5.5.2 Anzeige verpasster Anrufe

❶ Über verpasste oder von Ihnen geblockte Anrufe informiert ein [Symbol]-Symbol oben in der Titelleiste (Pfeil). Das Symbol bleibt solange sichtbar, bis Sie die Telefonoberfläche aktivieren.

❷ Weitere Infos über den verpassten Anrufer erhalten Sie, indem Sie das Benachrichtigungsfeld öffnen (siehe Kapitel *4.7.6 Titelleiste und Benachrichtigungsfeld*).

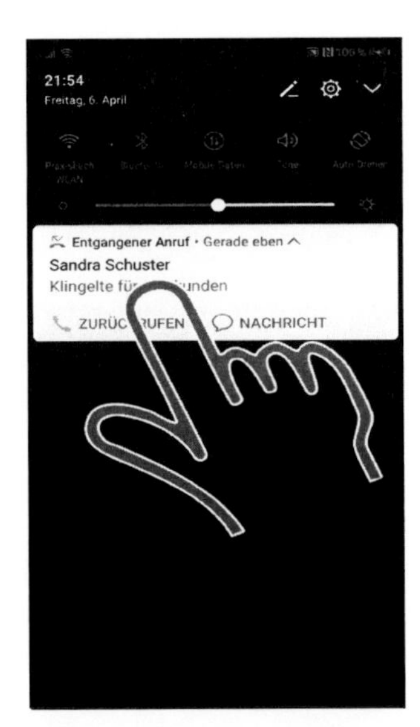

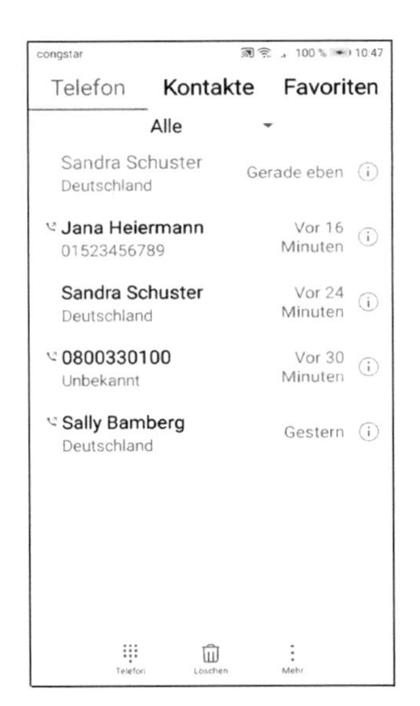

❶❷ Tippen Sie auf den Hinweis, um die Telefonoberfläche anzuzeigen.

5.5.3 Funktionen in der Anrufliste

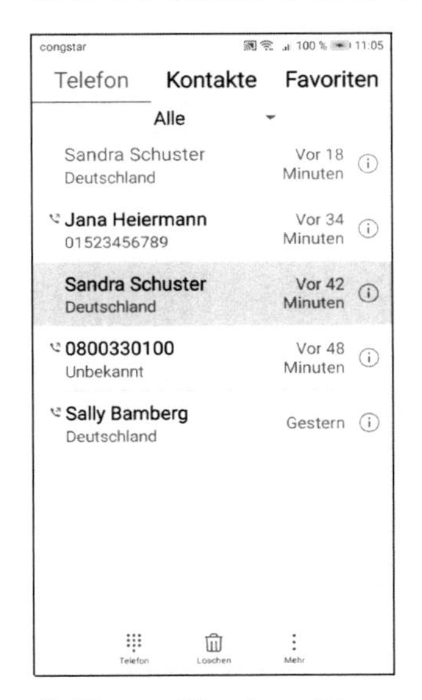

❶ Tippen Sie einen Eintrag in der Anrufliste an, den Sie anrufen möchten.

❷ Weitere Funktionen erhalten Sie, wenn Sie den Finger auf einem Eintrag halten:

- *Nachricht senden*: Erstellt eine SMS (siehe Kapitel *6 Nachrichten (SMS)*).
- *Nummer kopieren*: Rufnummer in die Zwischenablage kopieren, woraus Sie sie später wieder in anderen Anwendungen einfügen können. Siehe auch Kapitel *33.5 Texte kopieren, ausschneiden und einfügen*.
- *Vor dem Anruf bearbeiten*: Übernimmt die Rufnummer in die Telefonoberfläche, wo Sie sie noch bearbeiten können. Nützlich, wenn beispielsweise jemand in einer Firma unter einer Durchwahl nicht erreichbar ist und Sie dann die Zentrale anrufen möchten.
- *Zu blockierte Kontakte hinzufügen*: Die Rufnummer landet in einer Sperrliste, worauf der Anrufer bei einem erneuten Anruf nur ein Besetztzeichen erhält. Siehe Kapitel *5.7 Filter gegen Belästigung (Sperrliste)*.
- *Eintrag löschen*: Eintrag aus der Anrufliste entfernen.

5.5.4 Info-Popup

Die Anzeige des nachfolgend beschriebenen Info-Popups hängt davon ab, ob sich die Rufnummer im Telefonbuch befindet.

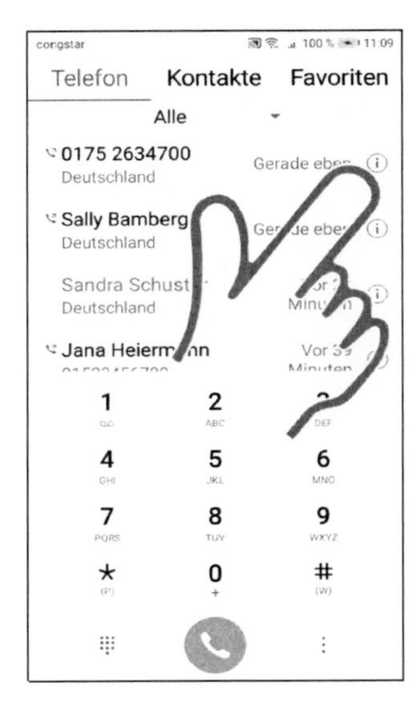

Die Rufnummer befindet sich noch nicht im Telefonbuch:

➊ Betätigen Sie ⓘ hinter dem Listeneintrag für weitere Funktionen.

➋ Das Handy bietet die Optionen:

- 📞 (oder Rufnummer antippen): Anrufen
- 💬: SMS senden

Die Schaltleisten am unteren Rand:

- *Neuer Kontakt*: Mit der Rufnummer einen neuen Kontakt im Telefonbuch anlegen.
- *Bestehenden Kontakt erweitern*: Rufnummer einem bereits vorhandenem Kontakt zuweisen.
- ⋮-*Menü* (➌):
  - *Zu blockierte Kontakte hinzufügen*: Blockiert alle Anrufe mit dieser Rufnummer (siehe Kapitel *5.7 Filter gegen Belästigung (Sperrliste)*).
  - *Nummer senden*: Rufnummer per Bluetooth, E-Mail, usw. an jemand anders senden.
  - *Trace löschen*: Entfernt alle Einträge mit der Rufnummer aus dem Anrufprotokoll, sowie auch alle SMS (Trace = engl. Spuren).
  - *Anrufliste löschen*: Alle Anrufe der Rufnummer aus dem Protokoll entfernen.

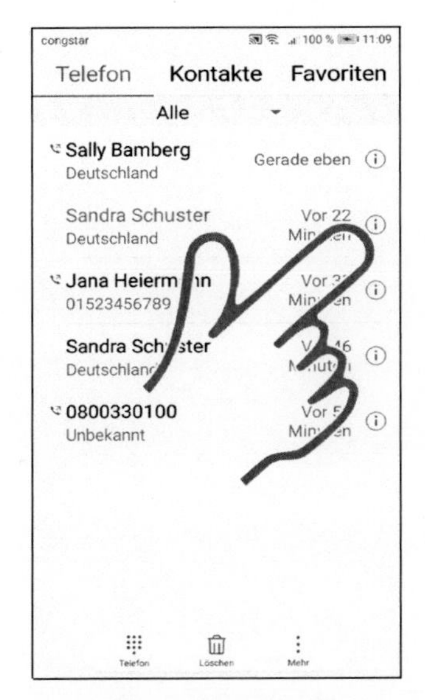

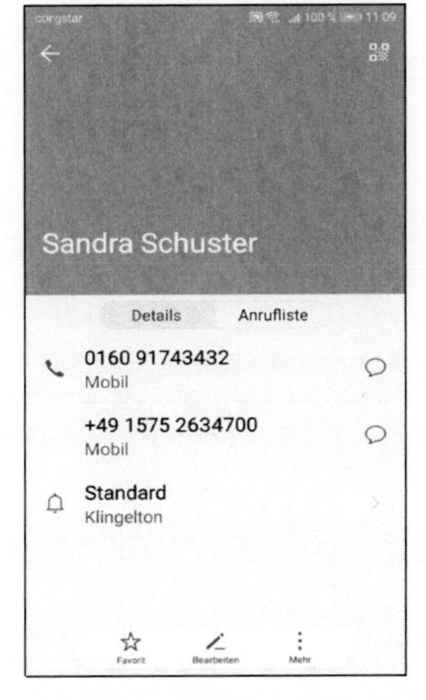

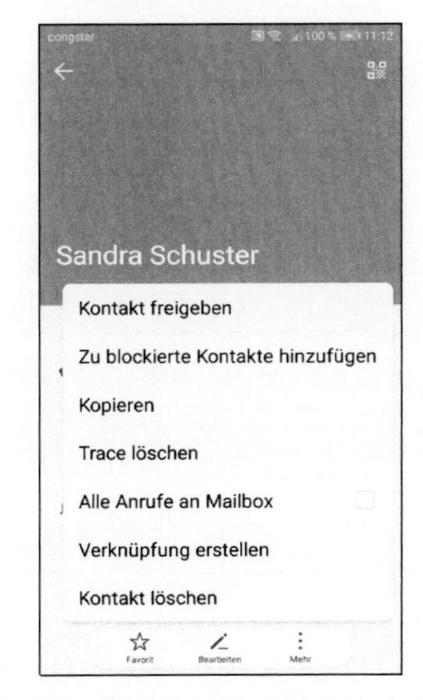

Die Rufnummer befindet sich im Telefonbuch (statt der Rufnummer wird der Kontaktname im Anrufprotokoll angezeigt):

➊ Betätigen Sie ⓘ hinter dem Listeneintrag für weitere Funktionen.

❷ Das Handy schaltet auf die Kontaktanzeige im Telefonbuch um:

Die Schaltleisten am unteren Rand:

- *Favorit*: Kontakt als Favorit markieren (siehe Kapitel *7.8 Favoriten*).
- *Bearbeiten*
- ⋮-Menü (❸):
  - *Kontakt freigeben: Kontaktdaten per SMS, E-Mail, Bluetooth, usw. versenden.*
  - *Zu blockierte Kontakte hinzufügen*: Blockiert alle Anrufe mit dieser Rufnummer (siehe Kapitel *5.7 Filter gegen Belästigung (Sperrliste)*).
  - *Kopieren*: Rufnummer in Zwischenablage übernehmen (siehe Kapitel *33.5 Texte kopieren, ausschneiden und einfügen*).
  - *Trace löschen*: Entfernt alle Einträge mit der Rufnummer aus dem Anrufprotokoll, sowie auch alle SMS (Trace = engl. Spuren).
  - *Alle Anrufe an Mailbox*: Der Anrufer wird immer auf die Mailbox (siehe Kapitel *5.3 Mobilbox abrufen*) umgeleitet.
  - *Verknüpfung erstellen*: Erstellt eine Verknüpfung des Kontakts auf dem Startbildschirm.
  - *Kontakt löschen*: Kontakt aus Telefonbuch entfernen.

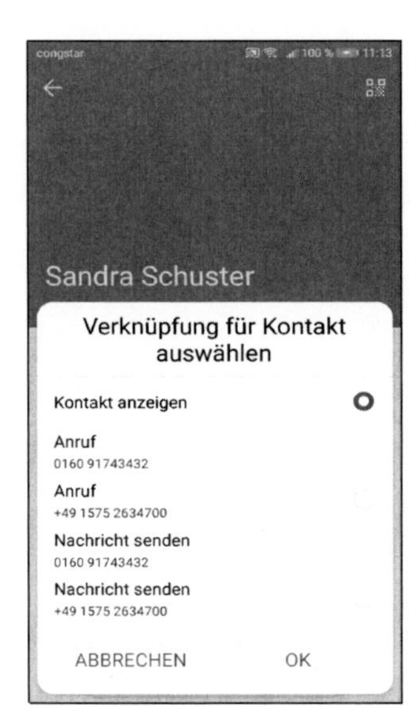

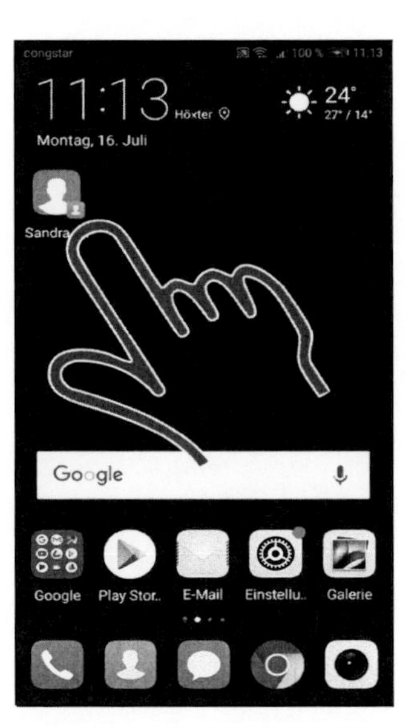

❶❷ Wählen Sie im *Verknüpfung erstellen* aus. Anschließend legen Sie eine Aktion fest, in unserem Beispiel *Kontakt anzeigen*. Schließen Sie den Vorgang mit *OK* und dann *HINZUFÜGEN* ab.

❸ Im Startbildschirm erscheint eine Verknüpfung, über den Sie den Kontakt im Telefonbuch aufrufen.

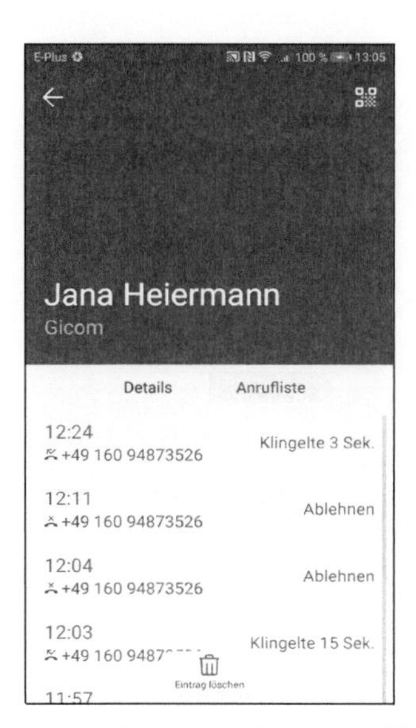

➊ Die Rufnummer befindet sich nicht im Telefonbuch: Wischen Sie, um die Anrufliste durchzurollen.

➋➌ Dagegen aktivieren Sie bei Kontakten aus dem Telefonbuch die *Anrufliste*-Schaltleiste für dessen Anrufe.

5.6 Flugmodus (Offline-Modus)

In manchen Umgebungen, zum Beispiel Flugzeugen und Krankenhäusern, ist der Einsatz eines Handys untersagt. Für diesen Fall können Sie die Telefon-Funktionalität deaktivieren. Im Flugmodus sind neben dem Telefon auch WLAN und Bluetooth deaktiviert.

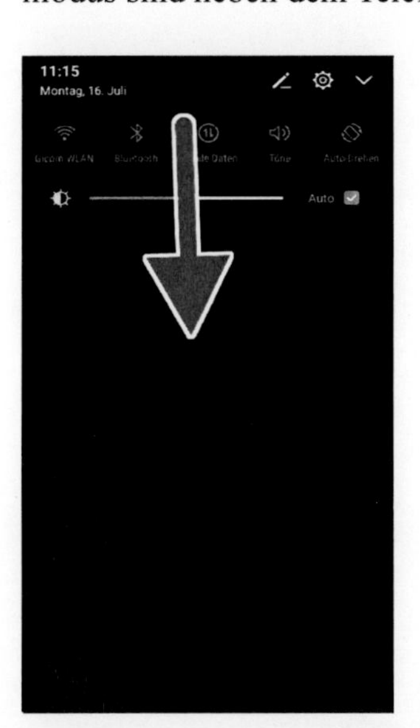

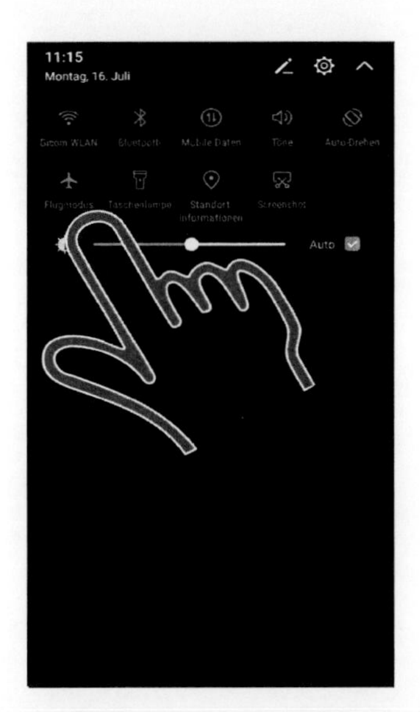

➊ Öffnen Sie das Benachrichtigungsfeld und wischen Sie darin nach unten.

➋ Das Handy zeigt weitere Schaltleisten an, wovon Sie *Flugmodus* antippen. Erneutes Antippen beendet den Flugmodus wieder.

➌ Ein ✈-Symbol macht auf den aktiven Flugzeugmodus in der Titelleiste aufmerksam (Pfeil).

Für den Netzbetreiber erscheint der Flugzeugmodus technisch so, als ob Sie Ihr Handy ausgeschaltet haben.

5.7 Filter gegen Belästigung (Sperrliste)

Wer kennt es nicht? Immer wieder stören gewisse Leute mit ihren Anrufen... Damit Sie dauerhafte Ruhe finden, unterstützt das Huawei eine Anrufer-Sperrliste (»Blacklist«). Neben den Anrufen werden dabei auch eingehende SMS herausgefiltert.

Zusätzlich verwaltet das Handy eine »weiße Liste« mit Rufnummern, die das Handy jederzeit durchlässt.

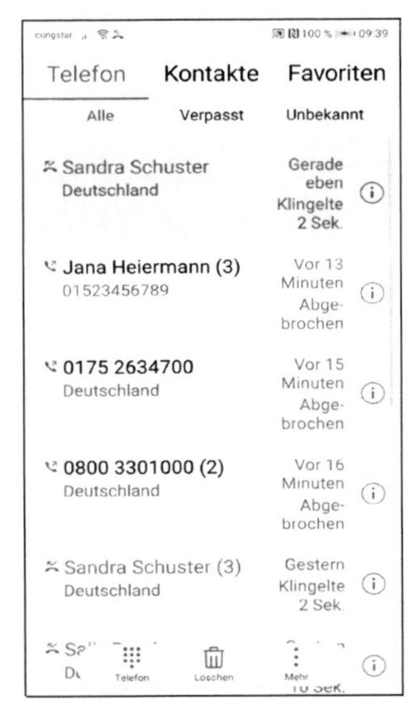

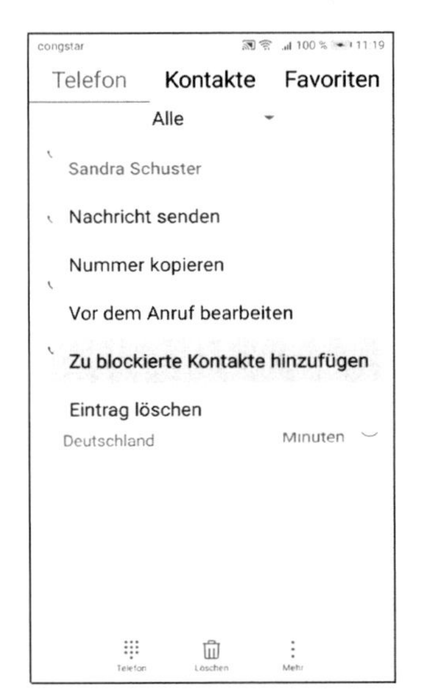

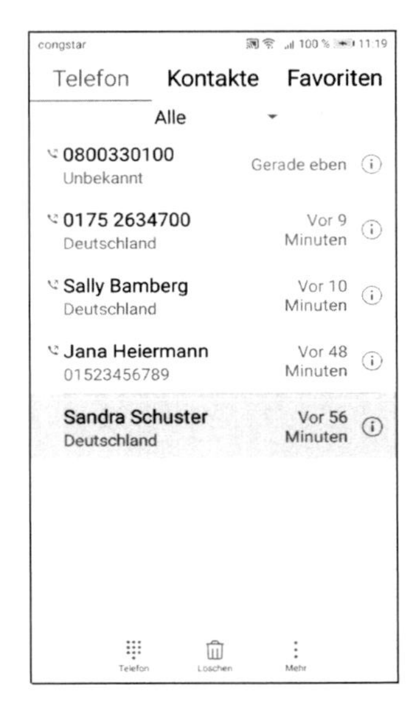

❶❷ Tippen und halten Sie den Finger in der Telefonoberfläche auf der zu blockierenden Nummer und wählen Sie *Zu blockierte Kontakte hinzufügen.*

❸ Auf die gleiche Weise lässt sich eine Rufnummer wieder aus der Sperrliste nehmen, das heißt Sie rufen das Popup auf und gehen diesmal auf *Aus Liste blockierter Kontakte entfernen.*

Geblockte Anrufe erscheinen nicht im Anrufprotokoll und ähnliches gilt auch für SMS, die ebenfalls geblockt werden und nicht in der Nachrichtenanwendung angezeigt werden.

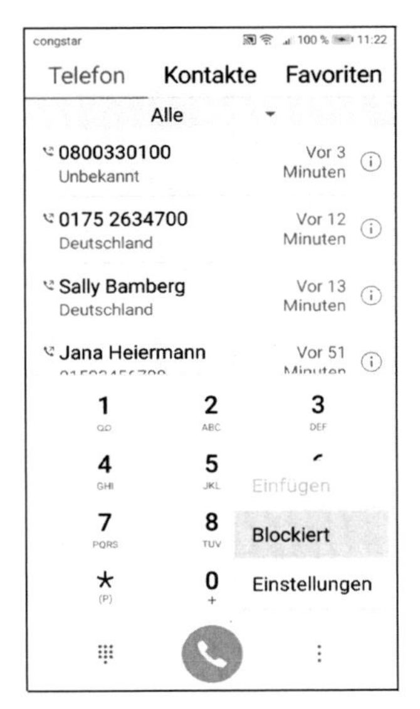

❶ ⋮/*Blockiert* listet die gefilterten Anrufe und SMS auf.

❷❸ Über die Schaltleisten am oberen Bildschirmrand wechseln Sie die Anzeige zwischen *Nachrichten* (SMS) und *Anrufe.* Tippen Sie auf einen Eintrag für das Popup-Menü. Darin können Sie eine Telefonnummer aus der schwarzen Liste nehmen (*ZUR WEISSEN LISTE HINZUFÜGEN)* beziehungsweise den Telefoneintrag entfernen (*LÖSCHEN*).

5.7.1 Weitere Sperrfunktionen

❶ Betätigen Sie ⚙:

❷ Die Optionen:

- *Abfangregeln* (❸):
  - *Verschiedene Einstellungen für jede SIM:* Aktivieren Sie diesen Menüpunkt, sofern Sie mehrere SIM-Karten einsetzen (siehe Kapitel *18 Nutzung von zwei SIM-Karten*). Sie können dann für jede SIM-Karte einzeln die blockierten Nummern festlegen.
  - *Unbekannte/unterdrückte Nummern blockieren*: Anrufer mit unterdrückter Rufnummer filtern.
  - *Fremde blockieren*: Lässt nur Anrufe/SMS von Rufnummern durch, die sich im Telefonbuch befinden. Das heißt, Sie erhalten nur noch Anrufe von Kontakten.
  - *Eingehende Anrufe blockieren*: Blockiert alle Anrufe und SMS. Diese Einstellung macht keinen Sinn.

Unter *SCHWARZE/WEISSE LISTE*:

- *Schwarze Liste*: Fängt alle Anrufe von Rufnummern ab, die sich in der schwarzen Liste befinden.
- *Schlüsselwörter*: Fängt alle SMS von Rufnummern auf der schwarzen Liste ab, welche eines der vorher festgelegten Schlüsselworte enthält.
- *Weiße Liste*: Anrufe und SMS der hier gespeicherten Rufnummern lässt das Handy durch.

Unter *SONSTIGE*:

- *Benachrichtigungen*: Legen Sie fest, ob Sie im Fall einer geblockten SMS oder eines geblockten Anrufs eine Benachrichtigung erhalten.

❶ Gehen Sie auf *Weiße Liste* für die Verwaltung der »erlaubten« Telefonnummern.

❷❸ Mit *Hinzufügen* entnehmen Sie Telefonnummern aus abgefangenen (geblockten) SMS und Anrufen oder fügen diese nachträglich von Hand hinzu (*Manuell hinzufügen*).

In der Regel benötigen Sie die »Weiße Liste« nicht. Interessant wird sie nur unter besonderen Umständen, beispielsweise, wenn Sie in den *Abfangregeln* die Option *Abfangen von Fremden* aktiviert haben (nur Kontakte im Telefonbuch durchlassen), aber dennoch einige nicht im Telefonbuch vorhandene Anrufer erlauben möchten.

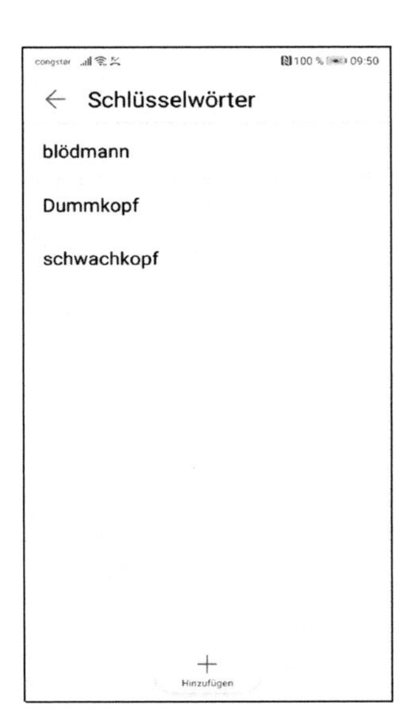

❶❷ Unter *Schlüsselwörter* erfassen Sie Wörter, nach denen in SMS gesucht wird.

5.8 Anrufeinstellungen

In den Anrufeinstellungen finden Sie viele Funktionen, die meist nur selten benötigt werden, trotzdem aber sehr nützlich sein können.

Bitte beachten Sie: Sofern Sie zwei SIM-Karten verwenden, sieht der Einstellungsbildschirm etwas anders aus. Sie können dann einige Anrufeinstellungen separat für jede SIM-Karte festlegen, beispielsweise *Beim Klingeln vibrieren.*

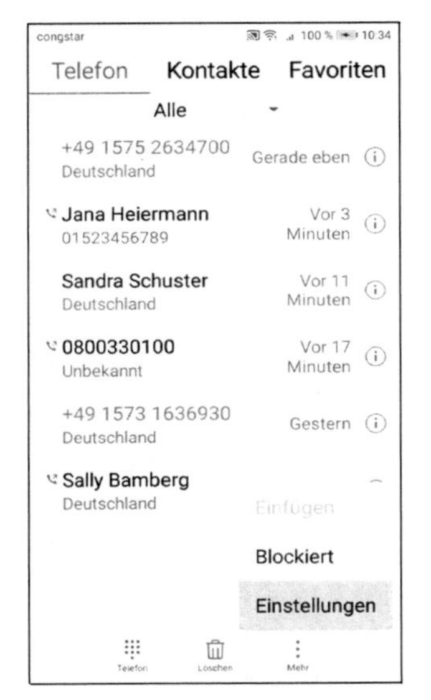

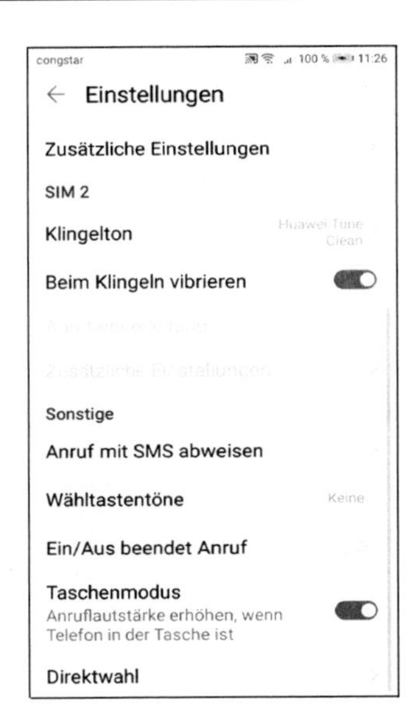

❶❷ Gehen Sie auf ⋮/*Einstellungen*.

5.8.1 Anrufprotokoll zusammenführen

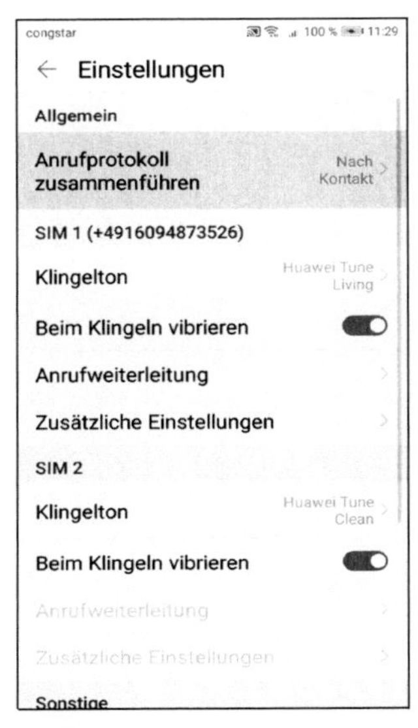

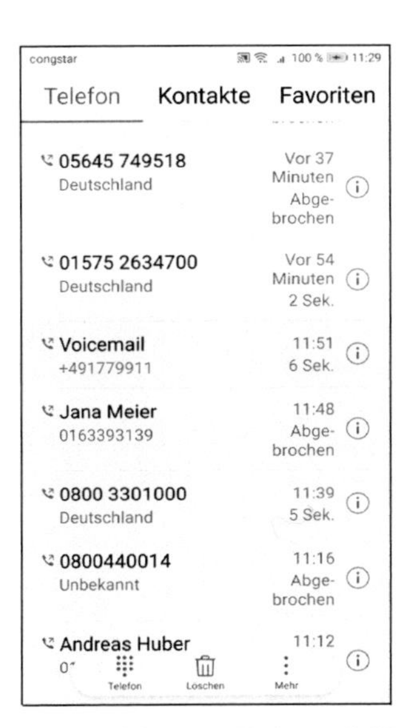

❶❷ Die Anzeige des Anrufprotokolls steuert *Anrufprotokoll zusammenführen.* Während *Nach Zeit* alle Anrufe auflistet, fasst *Nach Kontakt* die Anrufe gleicher Rufnummer zusammen (❸). Sie sehen dann im Anrufprotokoll nur den jeweils letzten Anruf.

5.8.2 SIM-Karten-Funktionen

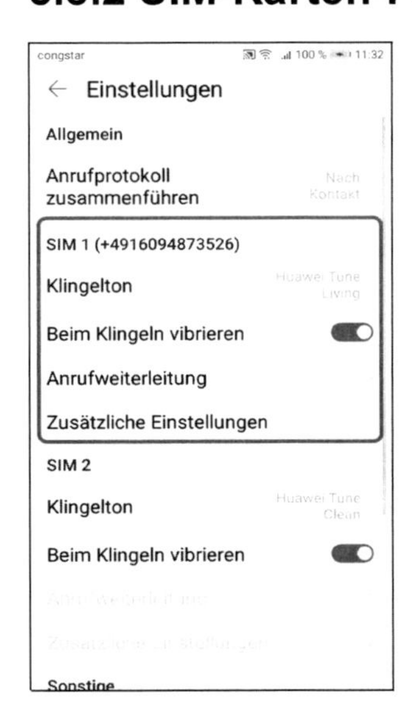

Die Funktionen *Klingelton, Beim Klingeln vibrieren, Anrufweiterleitung* und *Zusätzliche Einstellungen* lassen sich separat für *SIM 1* und *SIM 2* einstellen.

Beispielsweise legen Sie fest, dass das Handy bei Anrufen auf die Rufnummer von SIM-Karte 1 klingelt, während es bei Anrufen auf die SIM-Karte 2 nur vibriert.

5.8.2.a Rufumleitung

Meistens nutzt man die Rufumleitung, um eingehende Anrufe auf die Mobilbox des Netzbetreibers umzuleiten. Sie können natürlich beispielsweise auch Ihre Festnetznummer eingeben. Beachten Sie aber, dass der Anrufer nur die Kosten für den Anruf zu Ihrer Mobilnetznummer, Sie dagegen die Weiterleitung bezahlen müssen. Weiterleitungen auf die Mailbox sind dagegen für Sie kostenlos.

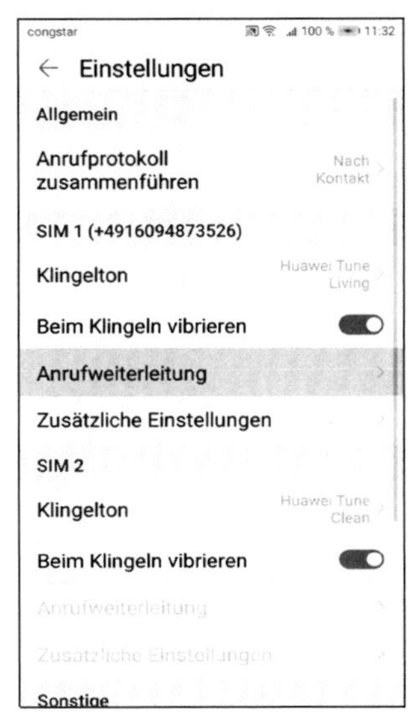

❶ Gehen Sie auf *Anrufweiterleitung.*

❷ Dort finden Sie die Optionen:

- *Immer weiterleiten*: Leitet alle eingehenden Anrufe sofort an eine weitere Rufnummer weiter.
- *Weiterleiten falls besetzt*: Telefonieren Sie gerade, wird der eingehende Anruf weitergeleitet.
- *Weiterleiten falls keine Antwort*: Nach einer vom Netzbetreiber vorgegebenen Zeitspanne werden eingehende Anrufe weitergeleitet.
- *Weiterleiten falls nicht erreichbar*: Befinden Sie sich gerade in einem Funkloch oder haben Sie das Handy nicht eingeschaltet, wird der eingehende Anruf weitergeleitet.

Tippen Sie einen Listeneintrag an, um die Weiterleitungsnummer einzugeben, beziehungsweise zu deaktivieren oder aktivieren.

Voreingestellt sind Weiterleitungen auf die eigene Mailbox (eigene Rufnummer).

5.8.2.b Klingelton und Vibration

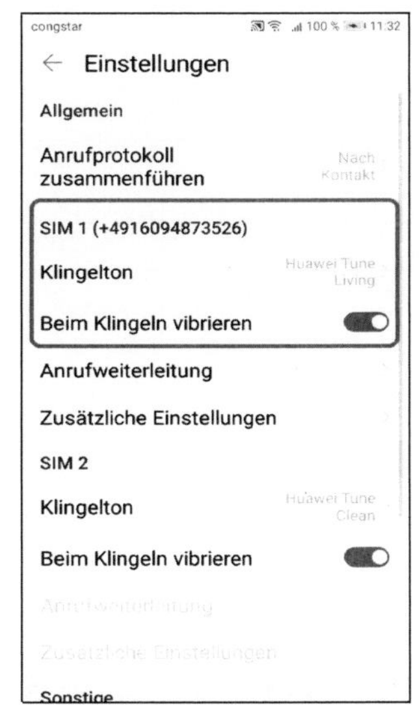

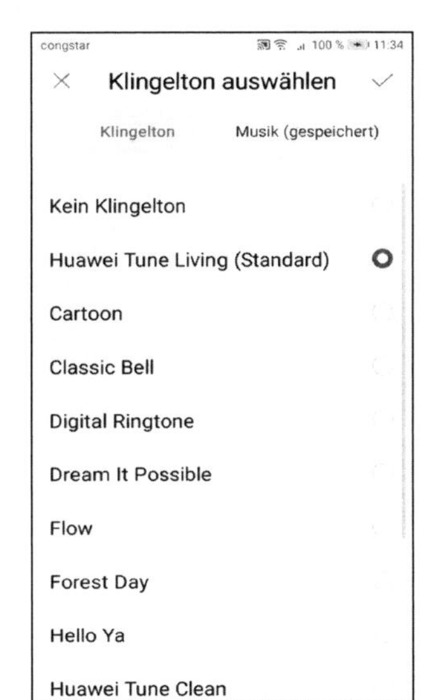

❶ Die Optionen unter *Klingelton*:

- *Klingelton* (❷)
- *Beim Klingeln vibrieren*

5.8.2.c Zusätzliche Einstellungen

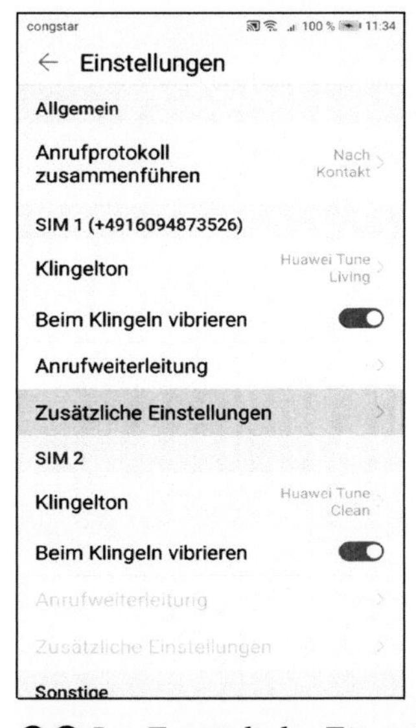

❶❷ Im *Zusätzliche Einstellungen*-Menü finden Sie:

- *Anklopfen*: Damit Sie während eines Gesprächs über einen weiteren eingehenden Ruf informiert werden, gibt es das Anklopfen-Merkmal: Geht, während Sie gerade ein Gespräch führen, ein weiterer Anruf ein, erscheint ein Hinweisdialog. Viele Handyverträge unterstützen leider kein Anklopfen.
- *Anrufer-ID*: stellt ein, ob von Ihnen Angerufene Ihre Rufnummer sehen (»Rufnummern-übermittlung«). Zur Auswahl stehen *Netzwerkstandard* (vorgegebene Einstellung des Mobilnetzbetreibers), *Nummer verbergen* (Rufnummer unterdrücken) und *Nummer anzeigen*.
- *Rufnummernbeschränkung*: Anrufbare Rufnummern einschränken.
- *Mailbox*: Der netzinterne Anrufbeantworter (»Mobilbox«). Jeder Mobilnetzbetreiber bietet eine Mailbox mit Anrufbeantworterfunktion für seine Kunden an. Um die Mailbox anzurufen, müssen Sie je nach Netzbetreiber eine andere Nummer anrufen. Beim Huawei

Y6/Y7 (und fast allen anderen Handys) ist die Kurzwahl »1« bereits auf die Mailbox eingestellt. Sofern Sie eine Mailbox nicht benötigen, oder wenn deren Abruf Geld kostet, können Sie sie auch deaktivieren, was meist über das Sprachmenü in der Mailbox möglich ist. Die Mailboxnummer richtet das Handy normalerweise automatisch nach dem ersten Einschalten korrekt ein, weshalb Sie wahrscheinlich nie irgendwelche Einstellungen daran vornehmen müssen.

- *Anrufsperre; Anrufsperrpasswort ändern*: Auf die Optionen unter *Anrufsperre* geht dieses Buch nicht ein, weil der Mobilfunkanbieter Ihre SIM-Karte für diese Funktion extra freischalten muss.
- *Dienst-Einwahlnummern*: Einige Netzbetreiber unterstützen Spezialdienste wie Telefonkonferenzen, für deren Einleitung man bestimmte Nummern anrufen muss.

5.8.3 Andere Einstellungen

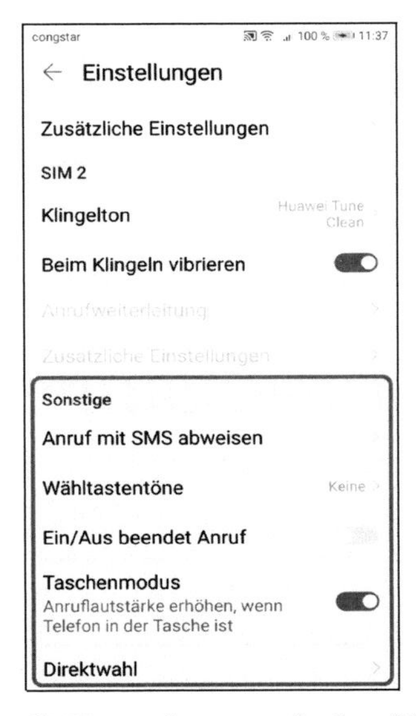

❶ Unter *Sonstige* finden Sie:

- *Anruf mit SMS abweisen*: Darauf geht bereits Kapitel *5.4.1 Anruf mit Mitteilung beantworten* ein.
- *Wähltastentöne* (❷): Stellen Sie ein, ob das Handy jede Tastenbetätigung mit einem Signal quitiert.
- *Ein/Aus beendet Anruf*: Drücken Sie den Ein-/Ausschalter, um ein Gespräch zu beenden.
- *Taschenmodus:* Das Handy erkennt anhand seiner Sensorik, dass es in einer Tasche getragen wird und erhöht daher die Klingeltonlautstärke.
- *Direktwahl*: Beschreibt Kapitel *5.2 Kurzwahlen*.

6. Nachrichten (SMS)

In Nachrichten-Anwendung verwalten Sie Ihre SMS und MMS.

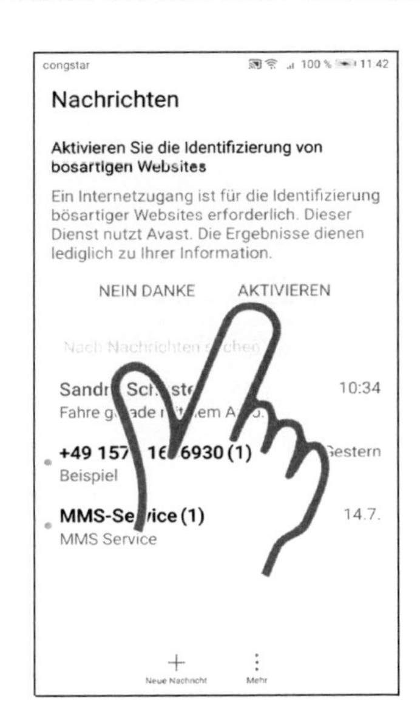

❶ Sie rufen die *Nachrichten*-Anwendung aus dem Startbildschirm auf (Pfeil).

❷ Schließen Sie den Hinweis zur Identifizierung bösartiger Websites mit *AKTIVIEREN*. Künftig erhalten Sie eine Warnung, wenn SMS Links auf Webseiten mit Schadsoftware enthalten.

6.1 Nachrichtenanzeige

Die von älteren Handys gewohnte Aufteilung nach den Ordnern »Posteingang« und »Postausgang« gibt es beim Huawei Mate 10 Pro nicht. Stattdessen werden alle Nachrichten nach Kontakt sortiert abgelegt.

❶❷ Bereits im Hauptbildschirm zeigt die Nachrichten-Anwendung alle Kontakte an, mit denen man geschrieben hat. Wählt man einen Kontakt aus, so zeigt das Handy alle empfangenen und gesendeten Nachrichten des Kontakts als Verlauf an.

> Im weiteren Verlauf der nächsten Kapitel erfahren Sie, wie man die Nachrichtenverläufe verwaltet.
>
> Kontakte beziehungsweise Rufnummern, mit noch ungelesenen Nachrichten sind mit Fettschrift hervorgehoben.

6.2 Nachricht senden

SMS lassen sich beispielsweise aus dem Telefonbuch oder aus der Anrufliste senden.

➊ Gehen Sie in der Nachrichten-Anwendung auf **+**.

➋ Der Eingabebildschirm erscheint, wobei das Handy Rufnummern/Kontakte vorschlägt, mit denen Sie bereits geschrieben haben. Tippen Sie gegebenenfalls einen davon an.

➌ Alternativ tippen Sie in das *An*-Feld und geben Sie dort den Empfängernamen ein. Während der Eingabe listet das Handy alle Kontakte auf, in denen der Name vorkommt. Wählen Sie einen davon aus.

➊ Manchmal ist die Fundstellenliste sehr lang. In solchen Fällen tippen und halten Sie den Finger auf der Liste, danach ziehen Sie den Finger nach oben oder unten zum Durchrollen.

➋ Der von Ihnen in der Liste angetippte Kontakt erscheint im *An*-Feld.

➌ Über die nummerischen Tasten lassen sich auf dem Huawei Y6/Y7 bequem auch Rufnummern direkt eingeben, falls mal ein Kommunikationspartner nicht im Telefonbuch enthalten ist. Schalten Sie vorher über die *123*-Taste unten links auf dem Tastenfeld auf das nummerische Tastenlayout um.

❶❷ Um den Nachrichtentext zu erfassen, müssen Sie zunächst in das *Nachricht schreiben*-Feld tippen. Nach Betätigen der ⊳-Schaltleiste (Pfeil) erfolgt der Versand und die Nachrichten-Anwendung schaltet auf den Nachrichtenverlauf um.

❸ Zweimaliges Antippen der ▽- beziehungsweise ◁-Taste (beim ersten Antippen schließt sich das Tastenfeld) bringt Sie wieder in den Hauptbildschirm der SMS/MMS-Anwendung zurück.

6.2.1 Mehrere Empfänger eingeben

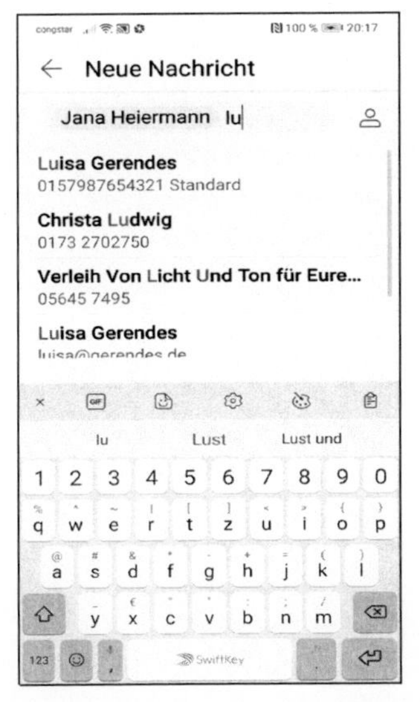

❶ Manchmal kommt es vor, dass eine Nachricht an mehrere Empfänger gehen soll. In diesem Fall tippen Sie einfach erneut in die Adressleiste (Pfeil), sofern der Cursor dort nicht schon steht.

❷❸ Geben Sie nun, wie bereits bei der Eingabe des ersten Kontakts gezeigt, vor.

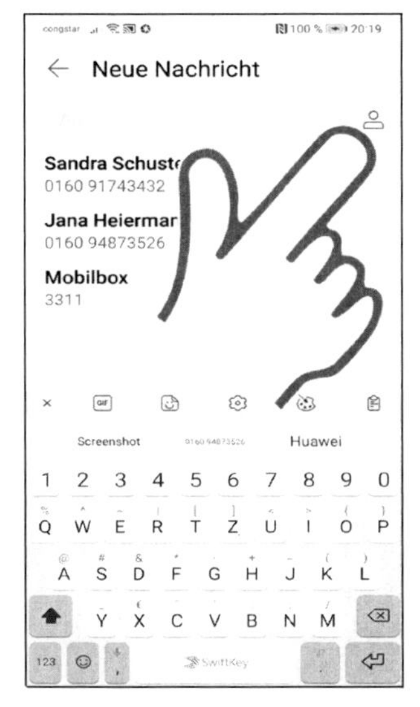

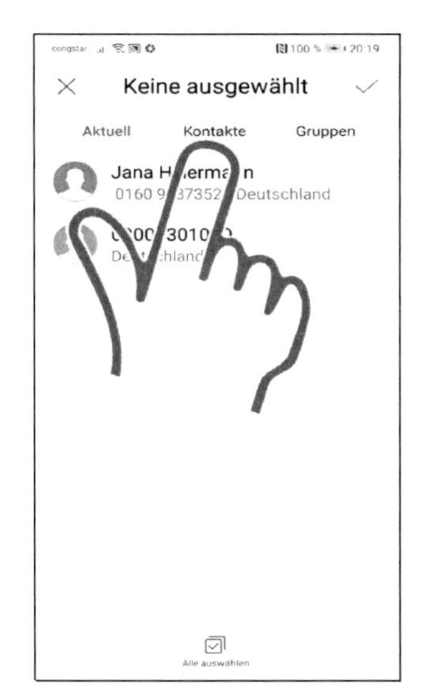

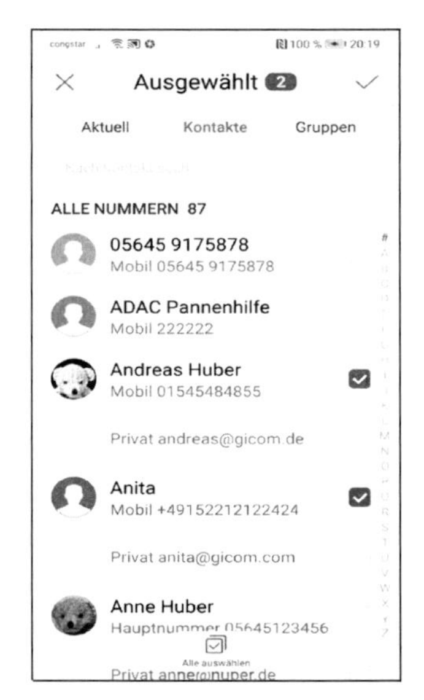

❶ Alternativ betätigen Sie 👤 (Pfeil), um den Empfänger aus dem Telefonbuch zu entnehmen.

❷ Aktivieren Sie das *Kontakte*-Register.

❸ Nun haken Sie ein oder mehrere Kontakte ab, welche die SMS erhalten sollen und schließen Sie den Bildschirm mit ✓ (am oberen rechten Bildschirmrand).

6.2.2 Kontakt aus Telefonbuch

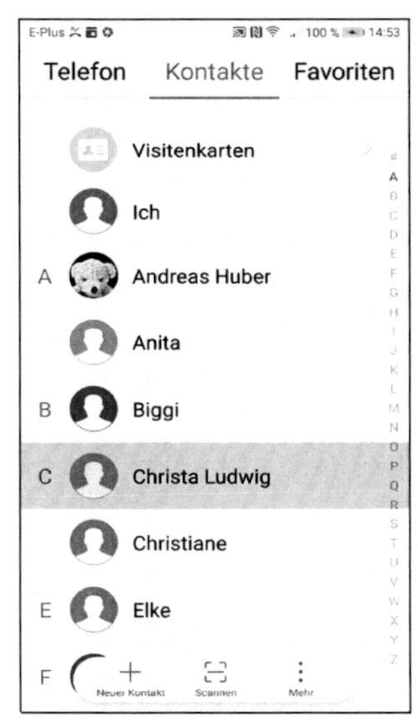

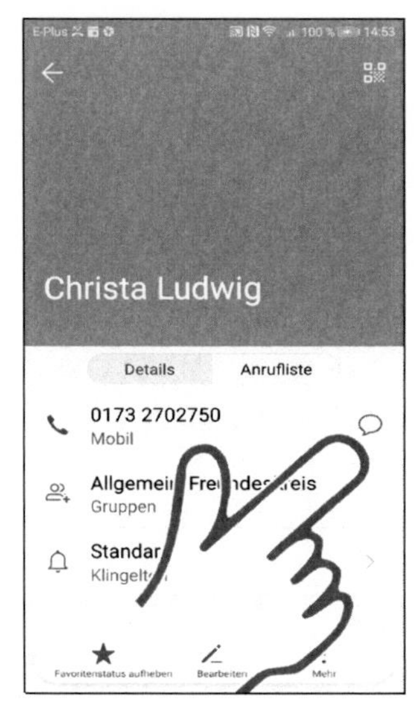

❶❷ Im einfachsten Fall tippen Sie im Telefonbuch (siehe Kapitel *7 Telefonbuch*) auf einen Kontakt, worauf die Kontaktdetails erscheinen. Tippen Sie auf 💬.

6.2.3 Nachricht aus Nachrichtenverlauf

❶ Auch im Nachrichtenverlauf können Sie direkt eine Nachricht eingeben. Dazu tippen Sie den Verlauf an.

❷❸ Tippen Sie gegebenenfalls in das Eingabefeld und erfassen Sie Ihre Nachricht. Betätigen Sie nun ⊳. Damit ist Ihre SMS verschickt und eine weitere Sprechblase mit Ihrer Antwort erscheint im Nachrichtenverlauf.

Ihre SMS sollte nicht länger als 160 Zeichen sein. Wenn Sie dennoch einen längeren Text eingeben, erzeugt das Handy beim Versand automatisch mehrere Nachrichten, die beim Empfänger wieder zusammengesetzt werden. Der Netzbetreiber berechnet davon aber jede SMS einzeln, was zu sehr hohen Kosten führen kann.

6.2.4 Nachricht aus Anrufliste

Es gibt gleich mehrere Möglichkeiten, wie Sie eine SMS aus der Anrufliste (siehe Kapitel *5.5 Anrufliste (Protokoll)*) versenden.

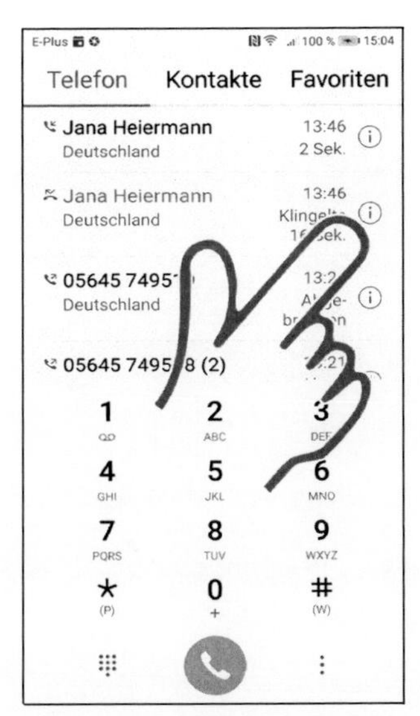

❶❷ Tippen Sie ⓘ hinter einem Eintrag an und betätigen Sie 🗨.

SMS sind nicht nur ins Mobilnetz, sondern auch an Festnetznummern möglich. Wenn ein Festnetzanschluss mit SMS-fähigen Endgeräten (in der Regel DECT-Telefone) ausgestattet ist, lassen sich die Kurznachrichten dort abrufen und beantworten. Bei Festnetzanschlüssen ohne SMS-Unterstützung ruft eine Mailbox des Netzbetreibers an und liest die Kurznachricht vor.

6.3 Entwürfe

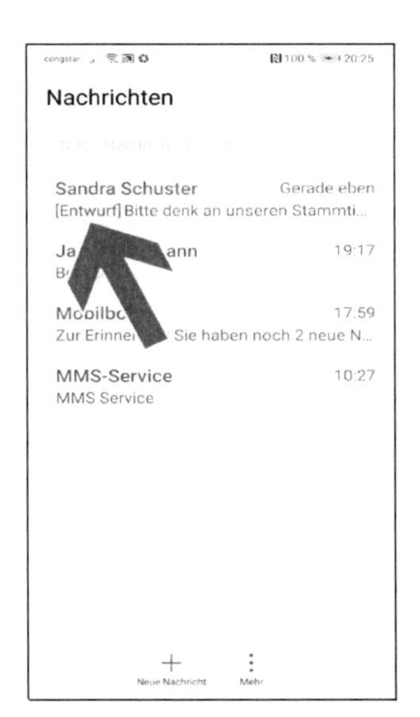

➊ Manchmal ist es notwendig, eine Nachricht, die man erst später absenden möchte, als Entwurf zwischenzuspeichern. In diesem Fall geben Sie die Nachricht wie gewohnt ein, betätigen dann aber die ◁-Taste (sofern das Tastenfeld eingeblendet ist, müssen Sie erst die ▽-Taste betätigen).

➋ Die Nachrichtenanwendung wechselt nun in den Hauptbildschirm zurück. Die zuvor erstellte SMS wurde nicht gesendet und *Entwurf* (Pfeil) weist auf den Entwurfsstatus hin. Zum Versenden tippen Sie den Nachrichtenverlauf erneut an und betätigen dann *Senden.*

6.4 Empfangsbestätigung (Zustellungsbericht)

Nicht immer stellen die Netzbetreiber die SMS sofort zu. Wir haben beispielsweise schon erlebt, dass SMS erst einen Tag später ankamen, obwohl wir sie nicht zu »Stoßzeiten« wie beispielsweise Silvester versandt hatten. Deshalb bieten die Netzbetreiber eine kostenlose Empfangsbestätigung an, die auch als »Zustellungsbericht« oder »Übermittlungsbestätigung« bezeichnet wird. Zu beachten ist allerdings, dass damit noch nicht sicher ist, dass der Empfänger Ihre SMS auch liest!

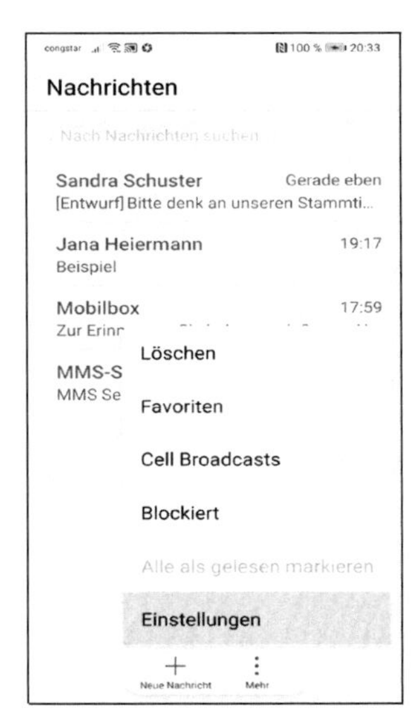

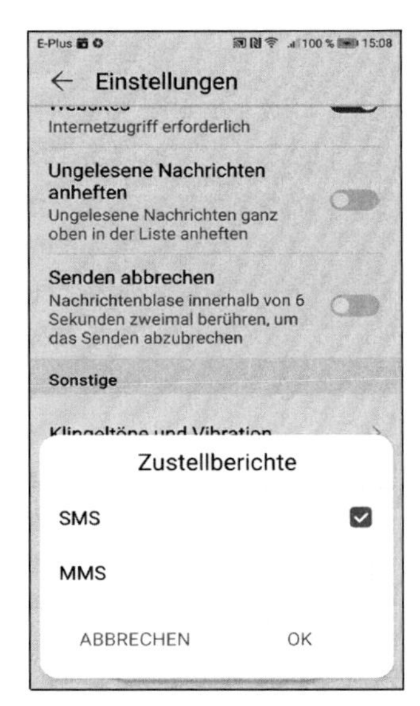

➊ So aktivieren Sie die Empfangsbestätigung: Rufen Sie im Hauptbildschirm der Nachrichten-Anwendung ⁝/*Einstellungen* auf.

➋ Gehen Sie auf *Zustellberichte*.

➌ Aktivieren Sie *SMS* und schließen Sie den Dialog mit *OK* (auf *Multimedia-Nachricht*, der MMS geht dieses Buch nicht ein). Künftig erhalten Sie immer, wenn ein Empfänger Ihre SMS erhält, eine kurze akustische Rückmeldung und einen Hinweis in der Titelleiste.

Die Meldung »*Zugestellt*« erscheint, sobald Ihre SMS den Empfänger erreicht haben.

6.5 Alte Nachrichten löschen

❶❷❸ Einzelne SMS löschen Sie im Nachrichtenverlauf, indem Sie den Finger darauf gedrückt halten, bis oben die Schaltleisten erscheinen. Gehen Sie dann auf ⋮/*Löschen* (Pfeil). Markieren Sie vor dem Löschen gegebenenfalls weitere Nachrichten.

❶❷ Im Hauptmenü lassen sich einzelne oder mehrere Nachrichtenverläufe durch Tippen und Halten markieren und dann löschen.

6.6 Weitere Funktionen

❶ Über die Telefon-Schaltleiste (Pfeil) rufen Sie im Gesprächsverlauf den Kontakt, mit dem Sie geschrieben haben an.

❷ Das ⋮-Menü:

- *Löschen*: Nachrichtenverlauf entfernen.
- *Zeige Kontakt*: Kontakt im Telefonbuch anzeigen (sofern im Telefonbuch vorhanden).
- *Neuen Kontakt erstellen; Unter bestehenden Kontakt speichern:* Sofern die Rufnummer noch nicht im Telefonbuch enthalten ist, können Sie einen neuen Kontakt damit anlegen.
- *Vor dem Anruf bearbeiten*: Rufnummer in das Telefoneingabefeld übernehmen.
- *Blockieren*: Rufnummer blockieren (siehe Kapitel *6.7.1 Schwarze Liste*).

6.7 SMS empfangen

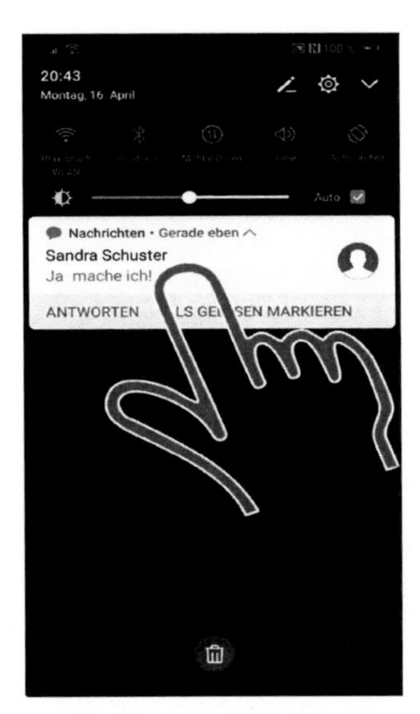

❶ Wenn Sie eine neue SMS erhalten haben, erscheint für einige Sekunden ein Popup, das Sie Antippen, um die Nachricht anzusehen beziehungsweise zu beantworten.

❷ In der Titelleiste zeigt das Handy ein ●-Symbol an (Pfeil) und bei der SMS/MMS-Anwendung erscheint ebenfalls eine Markierung (Pfeil).

❸ Alternativ erhalten Sie auch über das Benachrichtigungsfeld Infos zu den empfangenen Nachrichten. Das Benachrichtigungsfeld erscheint, wenn Sie den Finger auf die Titelleiste setzen und dann herunterziehen. Gehen Sie nun auf die Nachricht, was den zugehörigen Nachrichtenverlauf anzeigt.

6.7.1 Schwarze Liste

Sofern Sie Ihre Handynummer an viele Kontakte weitergeben, wird früher oder später der Zeitpunkt kommen, ab dem Sie SMS von einigen Leuten erhalten, die nur nerven. Solche Personen setzen Sie einfach auf die »schwarze Liste«.

❶ Rufen Sie das ⁝-Menü auf.

❷ Wählen Sie *Zur Liste blockierter Kontakte hinzufügen.* Künftig landen alle SMS des Absenders nicht mehr in der Nachrichten-Anwendung, sondern in der schwarzen Liste.

❸ ⁝/*Aus der Liste blockierter Kontakte entfernen* beendet bei Bedarf wieder die Blockierung.

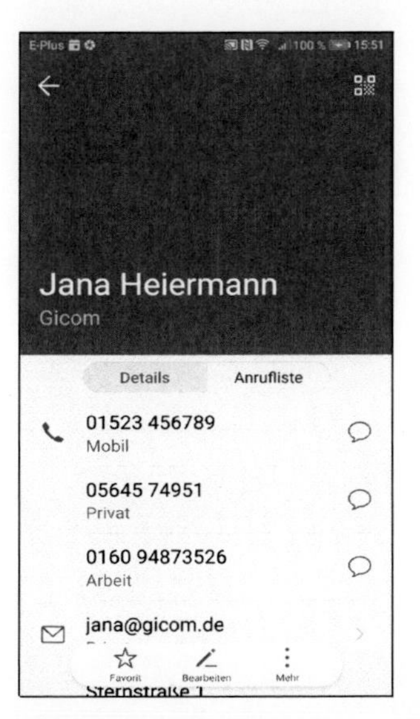

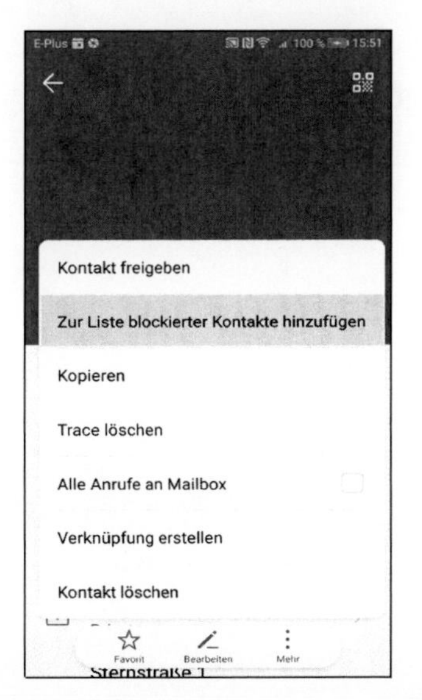

❶❷ Bei Kontakten im Telefonbuch (siehe Kapitel *7 Telefonbuch*) rufen Sie dagegen die Kontaktdetails auf und gehen auf ⁝/*Zur Liste blockierter Kontakte hinzufügen*.

❸ Beim Kontakteintrag erscheint der Hinweis »*Zur Schwarzen Liste hinzugefügt*« (Pfeil).

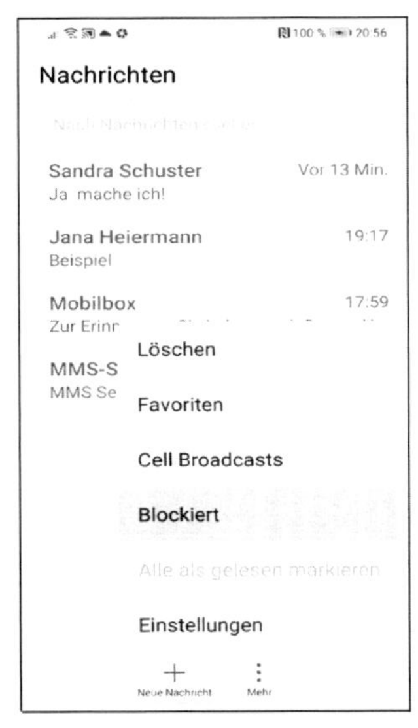

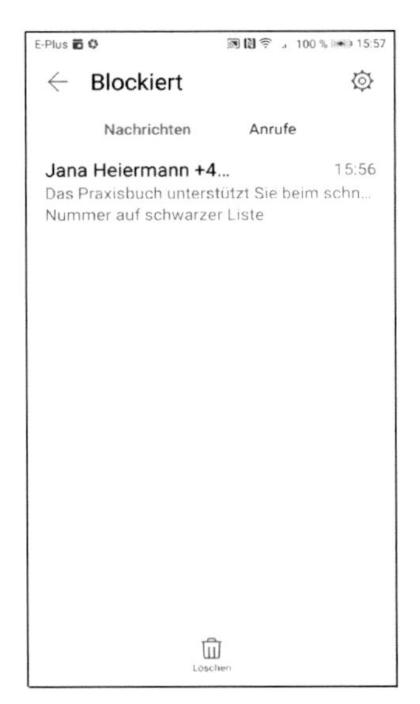

❶❷ Die schwarze Liste verwalten Sie, indem Sie im Hauptmenü der Nachrichten-Anwendung auf ⁝/*Blockiert* gehen.

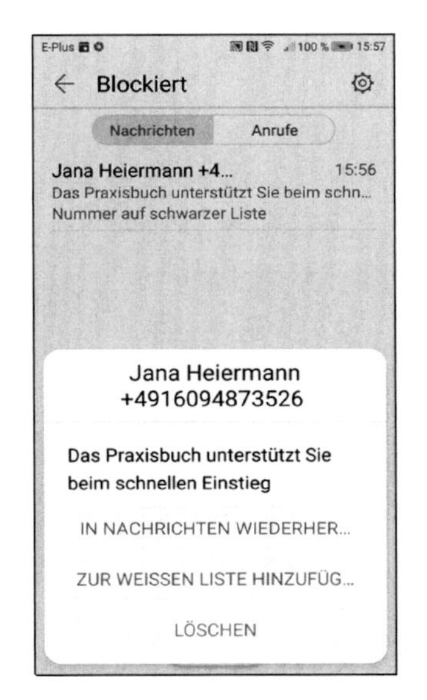

❶❷ Tippen Sie eine Nachricht in der schwarzen Liste für folgende Optionen an:

- *IN DEN NACHRICHTEN WIEDERHERSTELLEN*: Entfernt die Telefonnummer aus der schwarzen Liste und stellt die gefilterte SMS wieder im Hauptmenü her.
- *ZUR WEISSEN LISTE HINZUFÜGEN*: Telefonnummer in die weiße Liste verschieben, welche alle SMS durchlässt. Die weiße Liste werden Sie nur in Ausnahmefällen benötigen.
- *KONTAKT HINZUFÜGEN:* Telefonnummer ins Telefonbuch aufnehmen (falls noch nicht im Telefonbuch vorhanden).
- *LÖSCHEN:* SMS entfernen.

Die Funktion der schwarzen Liste erläutert Kapitel *6.7.1 Schwarze Liste*.

6.8 Konfiguration

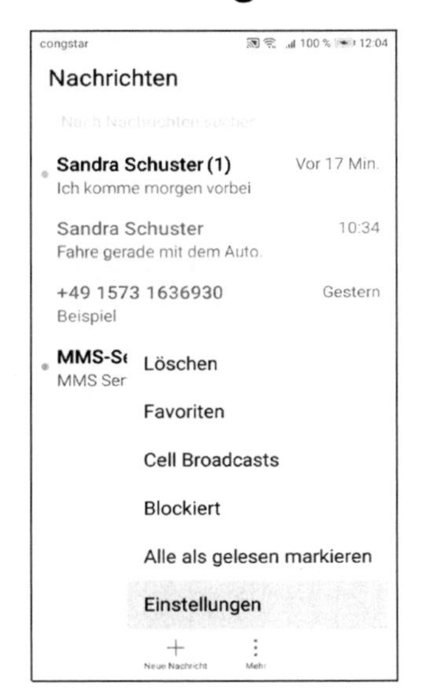

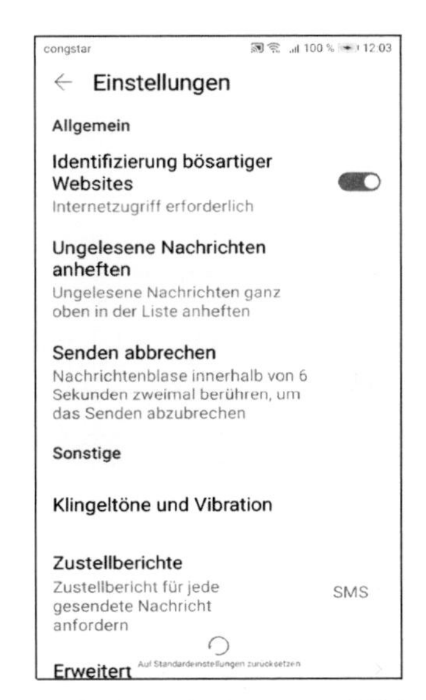

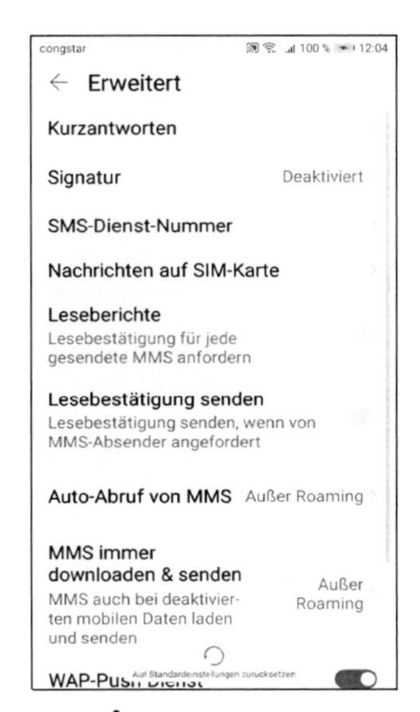

➊➋ Die SMS-bezogenen Optionen finden Sie im Hauptbildschirm unter ⋮/*Einstellungen*:

Unter *Allgemein*:

- *Identifizierung bösartiger Websites*: Wenn in Nachrichten enthaltene Links auf Webseiten mit Schadfunktionen verweisen, erfolgt ein Hinweis.
- *Ungelesene Nachrichten anheften*: Ungelesene SMS listet die Nachrichten-Anwendung als erste im Hauptmenü auf.
- *Senden abbrechen*: Das Senden Ihrer SMS erfolgt zeitverzögert. Tippen Sie mit dem Finger zweimal innerhalb der nächsten 6 Sekunden auf der Nachrichtenblase, um das Senden abzubrechen.

Unter *Sonstige*:

- *Klingeltöne und Vibration*: Benachrichtigungssignal bei eingehenden SMS.
- *Zustellberichte*: Sie erhalten, sobald Ihre SMS beim Empfänger eingetroffen ist, einen Zustellhinweis. Siehe auch Kapitel *6.4 Empfangsbestätigung (Zustellungsbericht)*.
- *Erweitert* (➌):
  - *Kurzantworten*: Verwaltet Floskeln, auf die wir in diesem Buch nicht weiter eingehen.
  - *Signatur*: In Ihren SMS können Sie eine Signatur mitsenden, wovon wir aber abraten, weil Sie dann möglicherweise das SMS-Limit von 160 Zeichen überschreiten – Ihre Nachricht wird dann auf mehrere SMS aufgeteilt, was zusätzliche Kosten verursacht.
  - *SMS-Dienst-Nummer*: Diese Einstellung wird automatisch vorgenommen und sollte nicht geändert werden.
  - *Nachrichten auf SIM-Karte*: Es ist möglich, SMS auf der SIM-Karte abzulegen, wovon wir aber abraten, weil dort nur ein begrenzter Speicherplatz zur Verfügung steht.
  - *Leseberichte; Lesebestätigung senden; Auto-Abruf von MMS, MMS immer downloaden & senden; WAP-Push-Dienst; Erstellungsmodus*: Diese Einstellungen beziehen sich auf MMS, die dieses Buch nicht beschreibt.

6.9 MMS

Der Multimedia Messaging Service (MMS) sollte die Nachfolge der SMS antreten. Im Gegensatz zur SMS dürfen MMS nicht nur Zeichen, sondern auch Bilder, Melodien, Sprachmemos und andere Daten enthalten. In Deutschland spielt die MMS aus verschiedenen Gründen keine große Rolle: Zum einen ist die Handhabung der MMS auf vielen Handys relativ kompliziert und setzt einiges an Einarbeitung voraus, zum anderen stehen der weiteren Verbreitung die hohen Kosten von 39 Cent pro MMS im Wege. Aus den genannten Gründen gehen wir nicht weiter auf die MMS-Funktionen in der Nachrichten-Anwendung ein.

Verwenden Sie für den Dateiversand statt der teuren MMS besser die E-Mail-Anwendung (siehe Kapitel *10.4.3 E-Mail-Anhänge*) oder WhatsApp (siehe Kapitel *14 WhatsApp*).

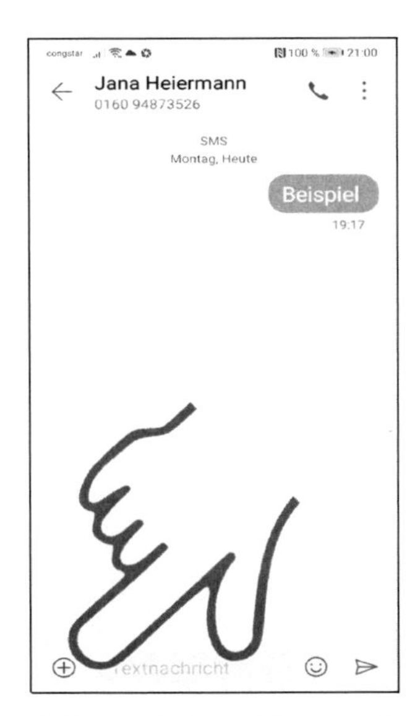

❶❷ **Wichtig:** Wie erwähnt, kosten MMS mit 39 Cent ein Vielfaches der SMS. Verwenden Sie nicht die im Nachrichteneditor über + (Pfeil) angezeigten Einfügeoptionen, weil Sie damit aus der SMS automatisch eine MMS machen.

7. Telefonbuch

Das Telefonbuch speichert, wie der Name schon sagt, alle Kontakte und deren Rufnummern, E-Mail-Adressen und Adressen. Andere Anwendungen, beispielsweise die SMS/MMS-Anwendung und die Telefonoberfläche, greifen auf diese Daten zurück.

Das Huawei zeigt auch SIM-Kontakte (auf der SIM-Karte gespeicherte Rufnummern) im Telefonbuch an. Wir raten allerdings dazu, auf die Telefonkontakte (im Gerätespeicher abgelegte Kontakte) umzusteigen, denn diese bringen zahlreiche Vorteile mit sich. So dürfen Telefonkontakte im Gegensatz zu SIM-Kontakten viele Datenfelder (mehrere Rufnummern, Adresse, Kontaktfoto, Klingelton, usw.) enthalten und man kann ihnen ein Kontaktfoto zuweisen.

Vor der ersten Nutzung des Telefonbuchs sollten Sie das eigene Google-Konto auf dem Huawei Y6/Y7 einrichten (siehe Kapitel *15 Das Google-Konto*). Ihre angelegten Kontakte werden dann nämlich im Google-Konto gesichert und lassen sich nach einem Zurücksetzen beziehungsweise Datenverlust jederzeit wieder herstellen.

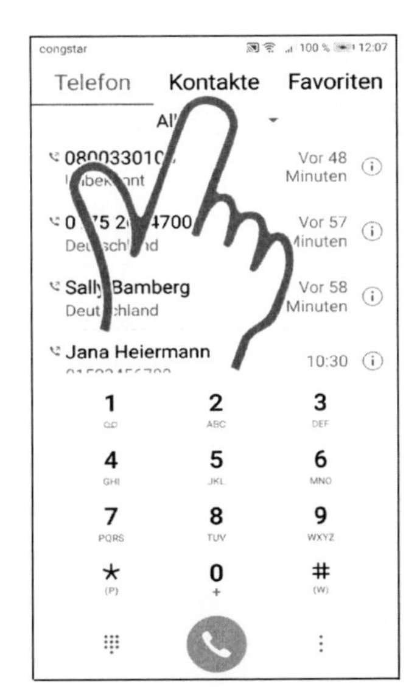

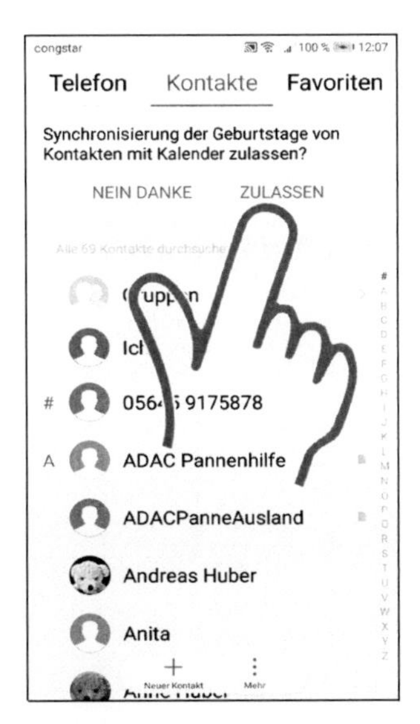

❶ So gelangen Sie ins Telefonbuch: Gehen Sie im Startbildschirm auf *Kontakte* (Pfeil).

❷ Alternativ aktivieren Sie in der Telefonoberfläche (siehe Kapitel *5 Telefonie*) das *Kontakte*-Register (Pfeil).

❸ Den Hinweis auf die Geburtstage schließen Sie gegebenenfalls mit *ZULASSEN*.

7.1 Kontakterfassung

Im Folgenden erfahren Sie, wie Sie Rufnummern im Telefonbuch speichern. Wie Sie dagegen Rufnummern auf der SIM-Karte ablegen erfahren Sie im Kapitel *7.4 Die SIM-Karte*.

7.1.1 Kontakt im Telefonbuch eingeben

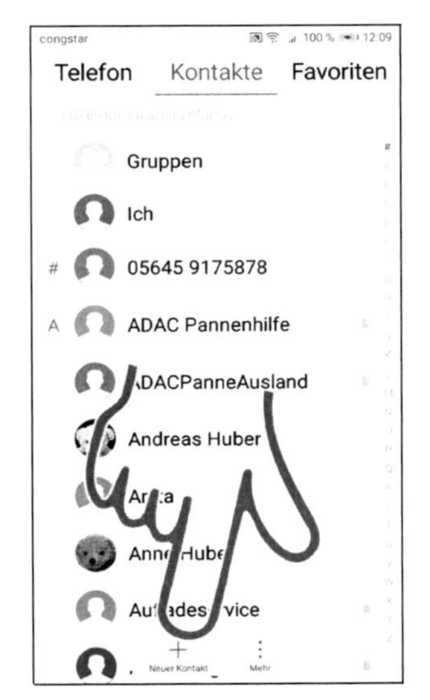

❶ Neue Kontakte werden über + (Pfeil) angelegt.

❷ Beim ersten Mal erscheint eventuell eine Abfrage, worin der Kontakt gespeichert werden soll:

- *Telefon*: Im Gerätespeicher ablegen.
- *Google:* In Ihrem Google-Konto speichern (siehe Kapitel *15 Das Google-Konto*). Dies ist die von uns empfohlene Methode, weil damit eine automatische Datensicherung auf Google-Servern verbunden ist.
- *SIM*: Auf SIM-Karte ablegen. Wir raten davon ab, weil Sie dann nicht die Komfortfunktionen des Handy nutzen können. Außerdem ist die SIM-Kapazität häufig auf ca. 100 SIM-Kontakte begrenzt.
- *Neues Konto hinzufügen*: Google- oder Microsoft Exchange-Konto neu anlegen. Auf Letzteres geht dieses Buch nicht ein.

Wählen Sie dann auf jeden Fall *Google*.

❸ Füllen Sie nun die Eingabefelder aus.

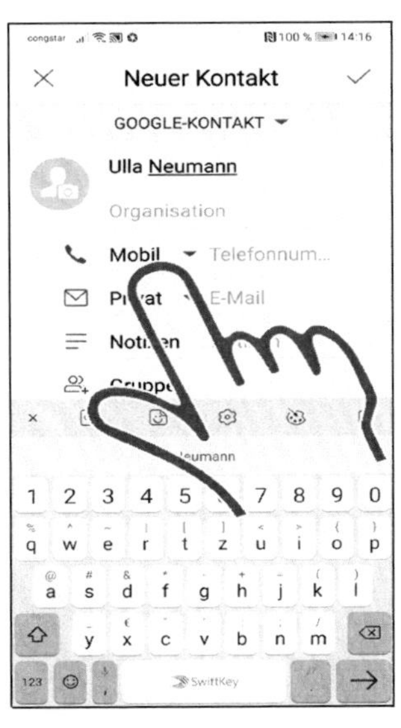

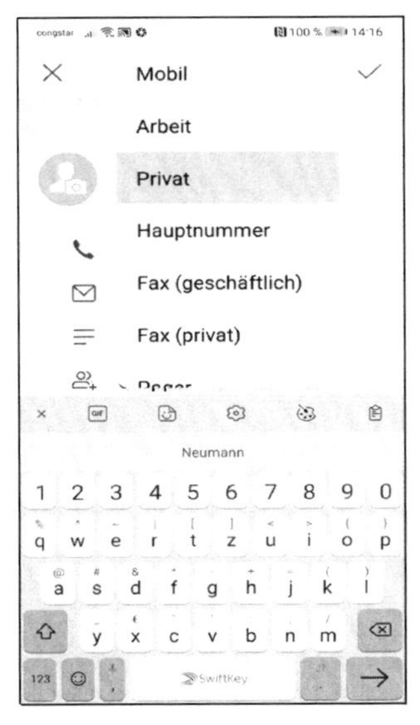

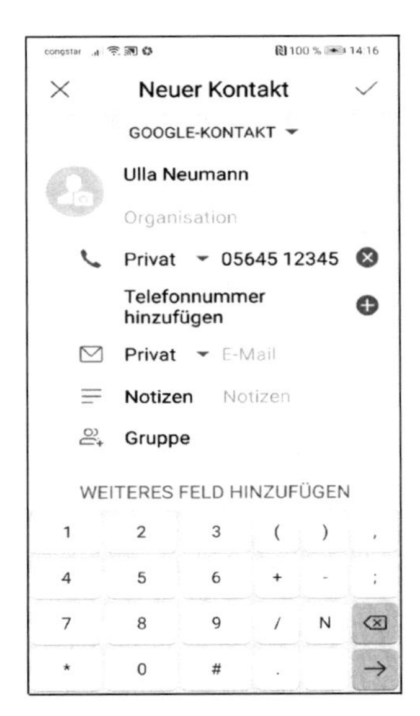

❶ Bevor Sie eine Rufnummer eingeben, tippen Sie auf den Rufnummerntyp (Pfeil).

❷ Stellen Sie die Art der Rufnummer ein, zum Beispiel *Privat*.

❸ Danach geben Sie die Nummer ein. Um das automatisch aufklappende Tastenfeld wieder zu schließen, betätigen Sie die ∇-Schaltleiste.

Betätigen Sie ✓ am oberen rechten Bildschirmrand, was den Kontakt ins Telefonbuch übernimmt.

7.1.2 Weitere Eingabefelder

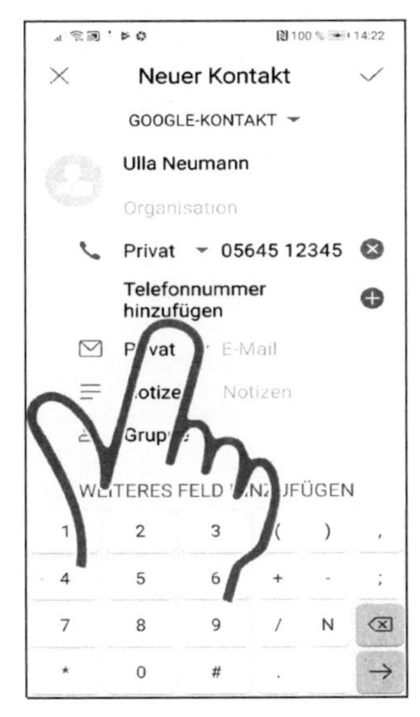

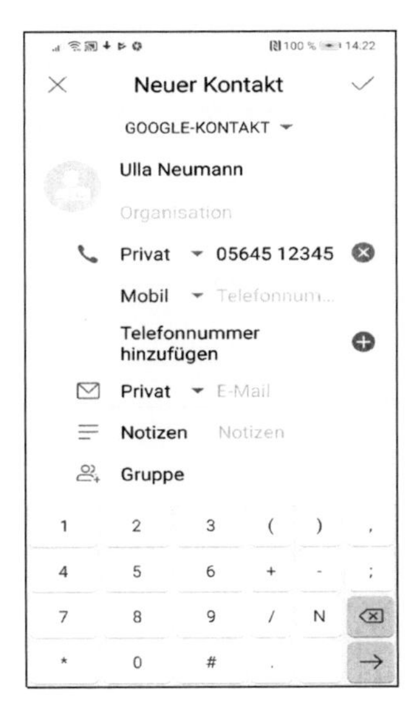

➊➋ Sofern die vorhandenen Eingabefelder nicht ausreichen, betätigen Sie einfach die jeweilige *xxx hinzufügen*-Schaltleiste (Pfeil). Daraufhin erscheint ein neues Feld. Die ⊖-Schaltleiste entfernt das Feld wieder.

➊➋ Über *WEITERES FELD HINZUFÜGEN* stehen bei Bedarf zusätzliche Datenfelder zur Verfügung.

7.1.3 Kontakt aus Telefonoberfläche übernehmen

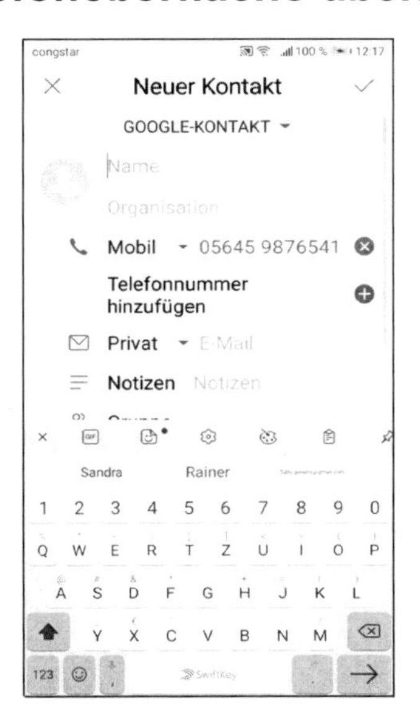

➊➋ Sie können in der Telefonoberfläche eine von Ihnen eingegebene Rufnummer über die *Neuer Kontakt* beziehungsweise *Vorhandenen ändern*-Schaltleiste (Pfeil) ins Telefonbuch übernehmen.

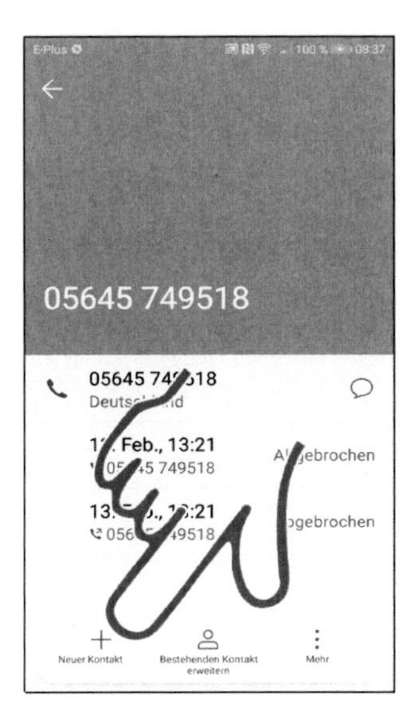

➊ Über die Anrufliste (siehe Kapitel *5.5 Anrufliste (Protokoll)*) der Telefonoberfläche ist es ebenfalls möglich, Rufnummern in die Kontaktverwaltung zu übernehmen. Tippen Sie dafür auf ⓘ neben einem Rufnummerneintrag.

➋ Wählen Sie dann *Neuer Kontakt* oder *Bestehenden Kontakt erweitern* aus.

7.2 Kontakt bearbeiten

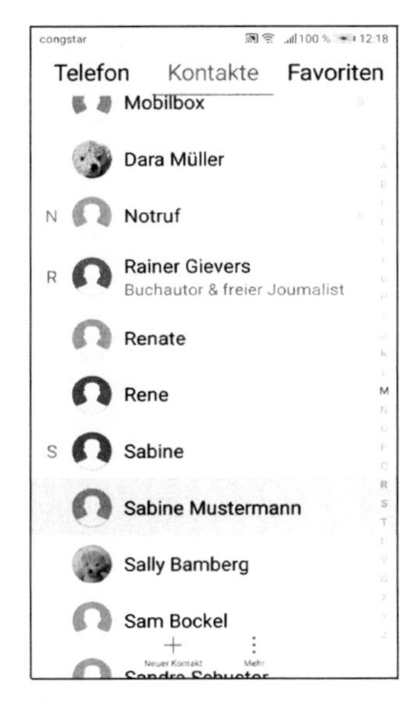

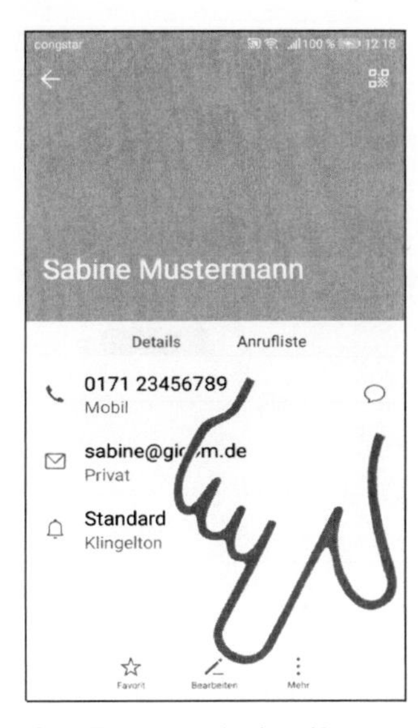

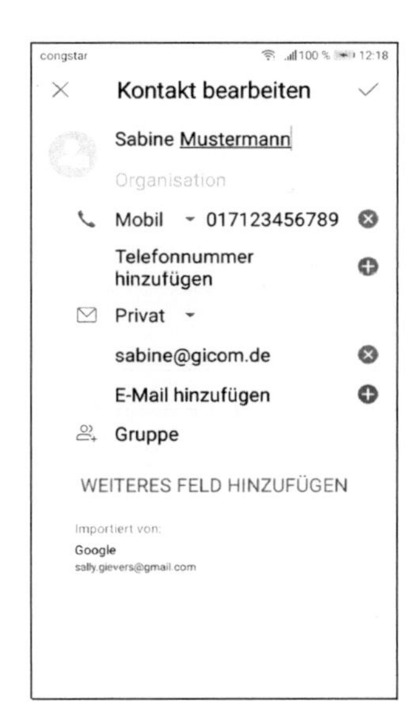

❶ Tippen Sie kurz einen Kontakt für die Kontaktdetails an.

❷❸ Betätigen Sie *Bearbeiten*, um den Kontakt zu ändern.

7.3 Listen- und Detailanzeige

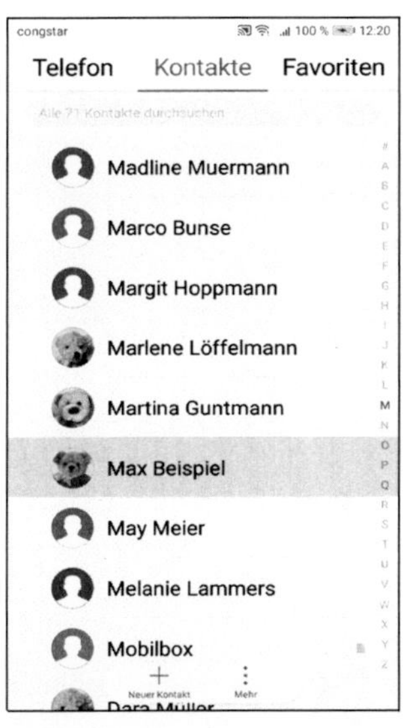

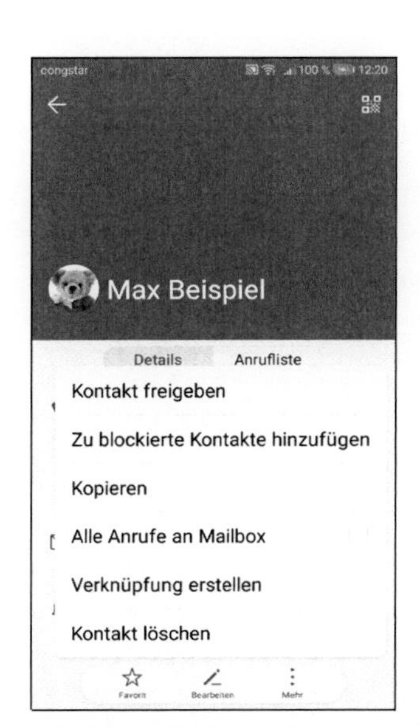

❶ Die Kontakte werden standardmäßig in einer alphabetisch sortierten Liste, nach Namen sortiert, angezeigt. Tippen Sie einen Eintrag an.

❷ Es erscheinen nun die Kontaktdetails. Die Bedeutung der Schaltleisten am unteren Bildschirmrand:

- *Favorit*: Besonders wichtige Kontakte markieren Sie als Favoriten. Siehe Kapitel *7.8 Favoriten*.
- *Bearbeiten*
- ⁝-Menü:
  - *Kontakt freigeben*: Kontakt per E-Mail, Bluetooth, SMS, usw. versenden.
  - *Zu blockierte Kontakte hinzufügen*: Blockiert zukünftige Anrufe und SMS des Kontakts. Siehe Kapitel *5.7 Filter gegen Belästigung (Sperrliste)*.
  - *Kopieren*: Kontakt in den Telefonspeicher oder auf SIM-Karte kopieren.
  - *Alle Anrufe an Mailbox*: Leitet alle Anrufe des Kontakts automatisch auf die Sprachmailbox des Netzbetreibers.

- *Verknüpfung erstellen*: Legt einen Schnellzugriff auf den Kontakt im Startbildschirm an.
- *Kontakt löschen*

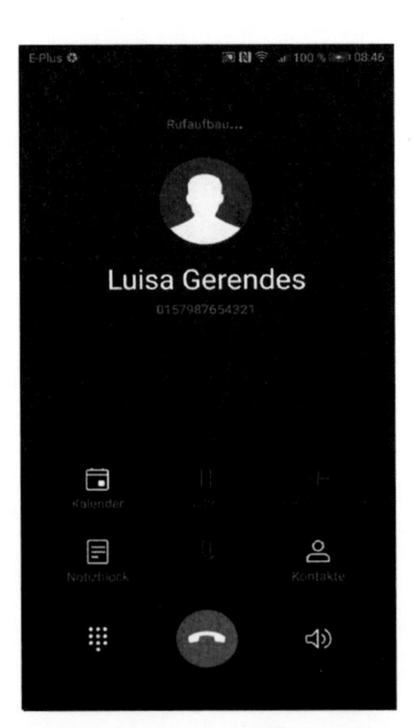

❶❷ Antippen einer Rufnummer (Pfeil) oder von 🗨 ruft den Kontakt an beziehungsweise sendet eine SMS. E-Mails verschicken Sie durch Betätigen der E-Mail-Adresse.

❶❷ Das *Anrufliste*-Register enthält das Anrufprotokoll.

7.3.1 Verknüpfung auf dem Startbildschirm

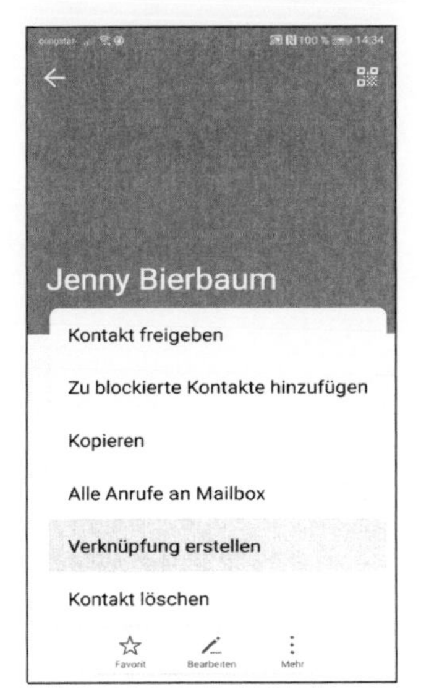

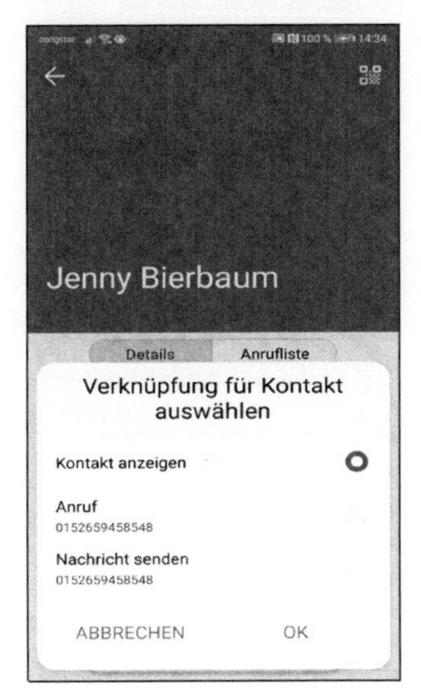

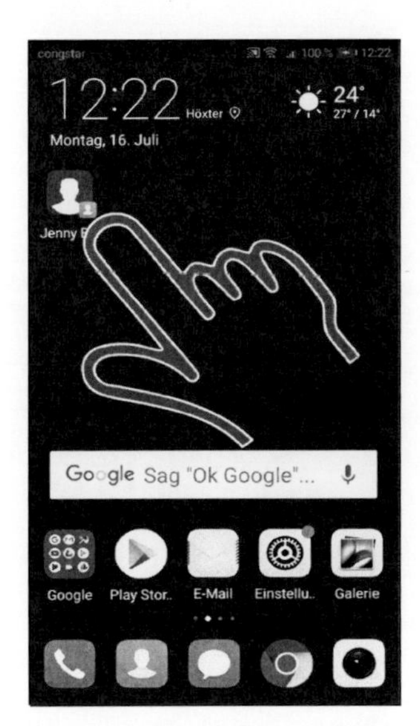

❶❷ Wählen Sie ⁝/*Verknüpfung erstellen* aus. Anschließend legen Sie eine Aktion fest, in unserem Beispiel *Kontakt anzeigen*. Schließen Sie den eventuell folgenden Hinweis mit *HINZUFÜGEN*.

❸ Der über *Verknüpfung erstellen* angelegte Schnellzugriff erscheint im Startbildschirm. Tippen Sie ihn für die Kontaktdetails an.

7.4 Die SIM-Karte

Im Telefonbuch werden die Telefonnummern auf der SIM-Karte (»SIM-Kontakte«) angezeigt.

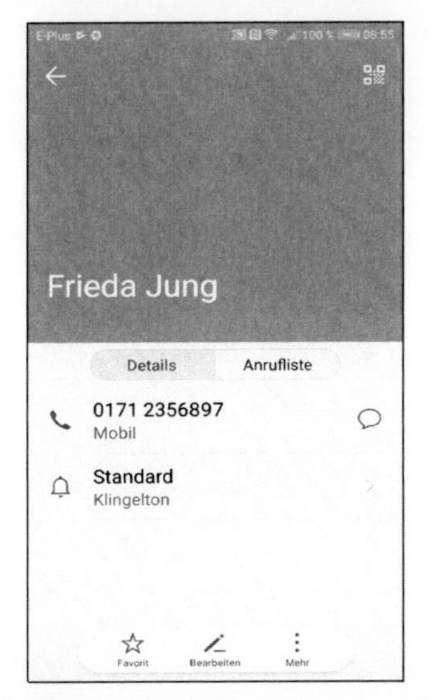

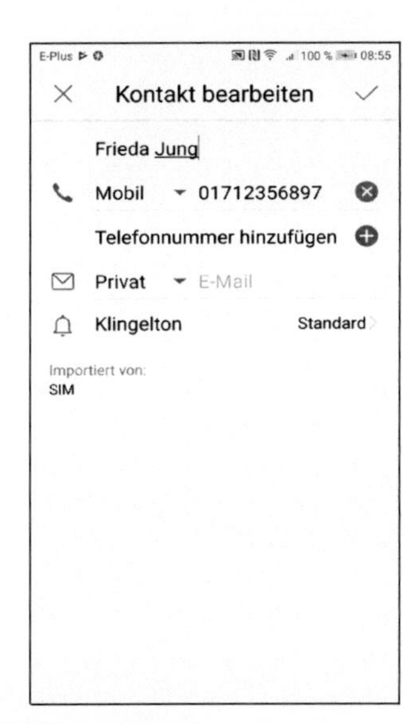

❶ SIM-Kontakte erkennen Sie am ▮-Symbol hinter dem Kontakteintrag (Pfeil).

❷❸ Sie zeigen Sie an und bearbeiten sie wie normale Kontakte, wobei allerdings je nach SIM-Karte nur ein oder zwei Telefonnummernfelder und ein E-Mail-Feld zur Verfügung stehen.

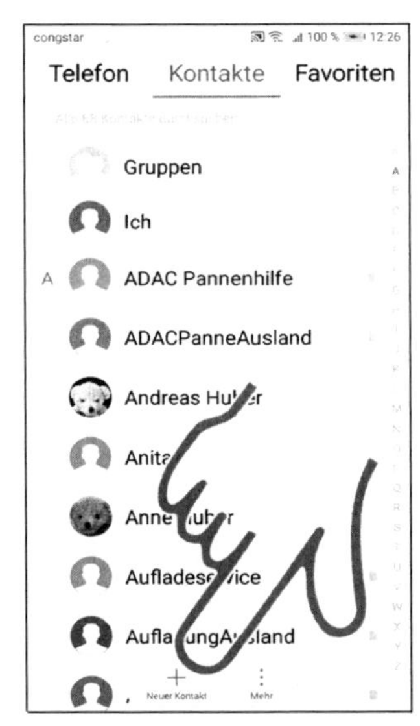

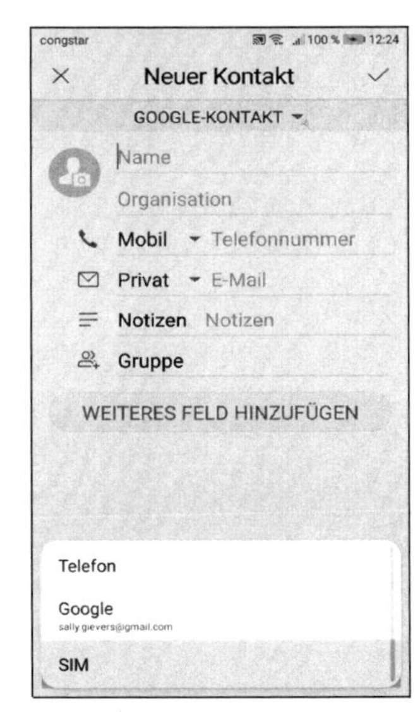

❶ So legen Sie einen neuen SIM-Kontakt an: Gehen Sie wie gewohnt auf +.

❷ Tippen Sie die Voreinstellung *GOOGLE-KONTAKT* an.

❸ Wählen Sie *SIM*.

Wichtig: Wenn Sie später wieder Kontakte im Telefonbuch anlegen möchten, müssen Sie den Speicherort wieder auf *Google* stellen.

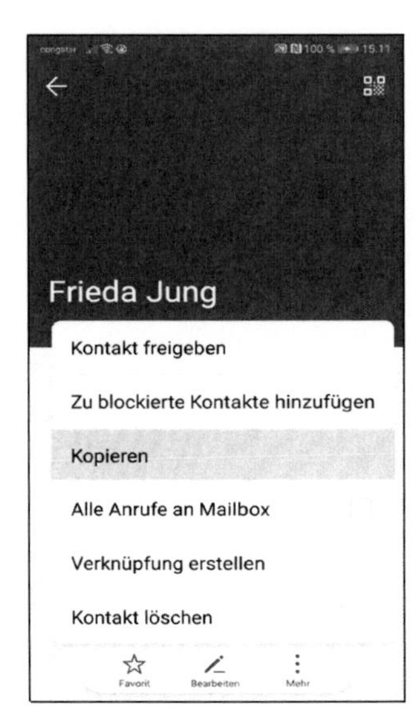

❶ Kontakte lassen sich zwischen SIM-Karte und Telefonspeicher kopieren. Rufen Sie die Kontaktdetails auf und gehen Sie ins ⁝-Menü.

❷ Wählen Sie *Kopieren*.

❸ Zur Auswahl stehen je nachdem, ob es sich um einen SIM-Kontakt, Google- oder Telefonkontakt handelt, die Optionen *SIM* (SIM-Karte), *Telefon* oder *Google* (Google-Konto). Wir empfehlen, das Google-Konto zu verwenden.

7.5 Kontaktfoto und Klingelton

Jedem Kontakt können Sie ein Kontaktfoto und einen Klingelton zuordnen, welche bei eingehenden Anrufen angezeigt, beziehungsweise abgespielt, werden.

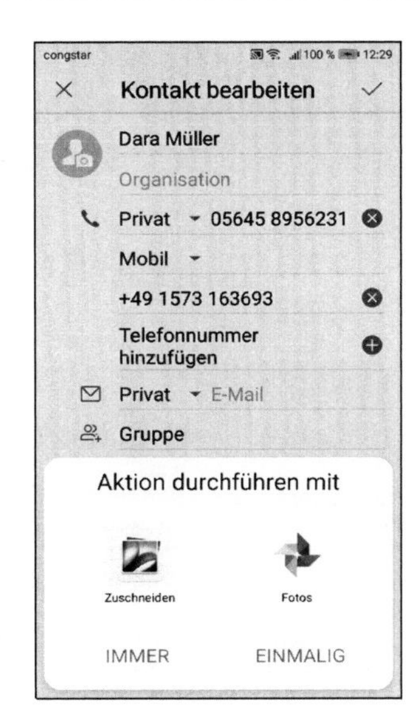

➊ Um ein Kontaktfoto zuzuweisen, tippen Sie im Bearbeitungsbildschirm auf die Silhouette (Pfeil).

➋ Zur Auswahl stehen nun *Foto machen* (Foto mit der Kamera-Anwendung erstellen) und *Aus der Galerie wählen* (Verwenden eines bereits im Gerätespeicher vorhandenen Fotos), wovon wir Letzteres antippen.

➌ Gehen Sie auf *Galerie.*

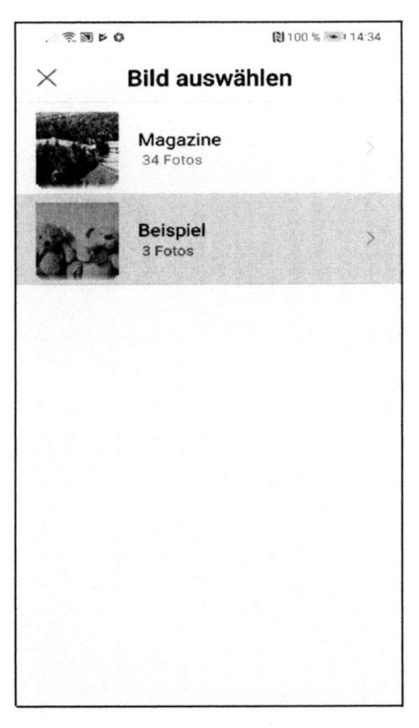

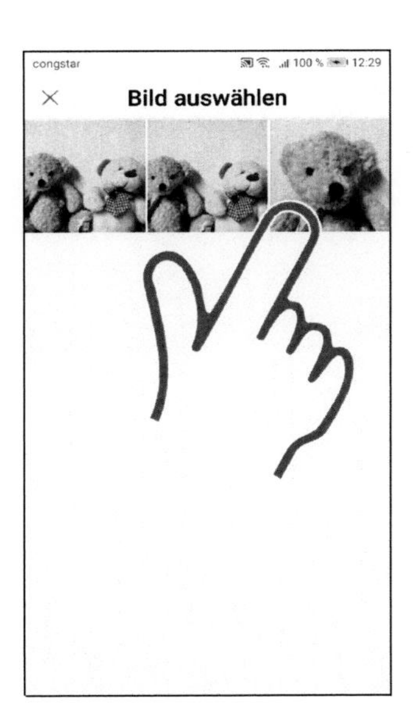

➊ Wählen Sie ein Album aus.

➋ In der Fotoauflistung tippen Sie ein Foto an.

➌ Wählen Sie *Zuschneiden.*

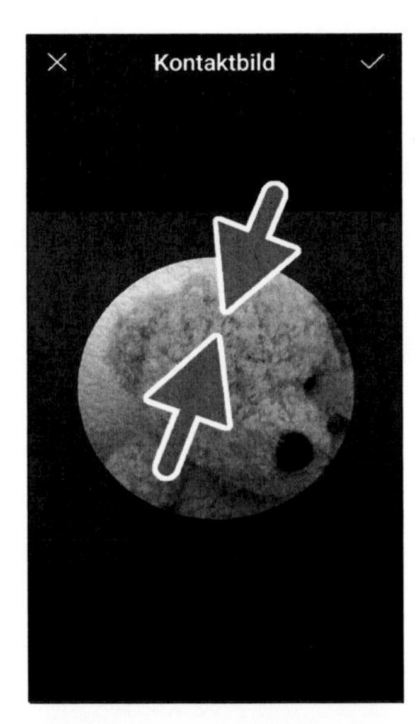

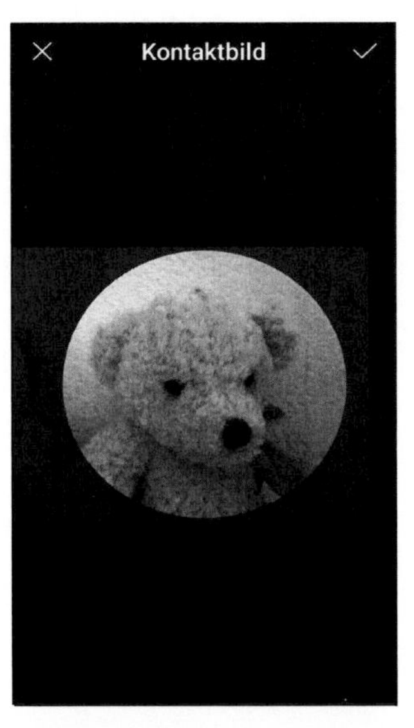

❶❷ Mit dem Finger können Sie nun den Bildausschnitt verschieben, oder falls nötig, mit einer Kneifgeste (zwei Finger auf den Bildschirm setzen und auseinander/zusammenziehen) den Bildausschnitt anpassen. Schließen Sie den Bildschirm mit ✓ (oben rechts).

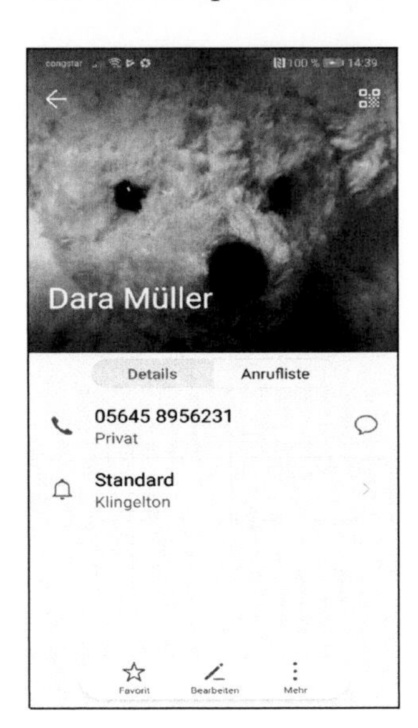

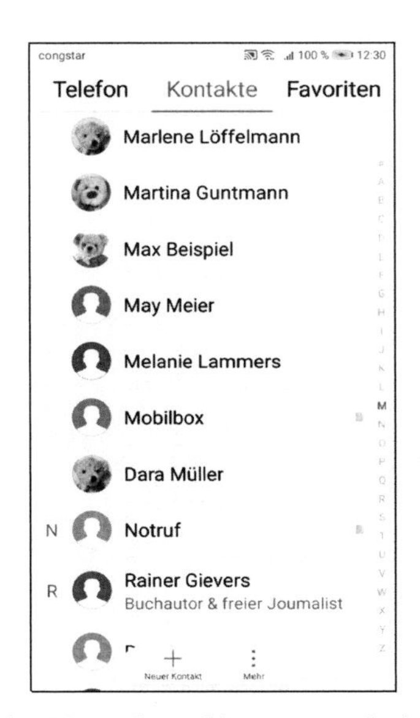

❶❷ In den Kontaktdetails und der Kontaktauflistung erscheint das Kontaktfoto.

Sie können ein Kontaktfoto auch mit der Album-Anwendung erstellen. Siehe Kapitel *21.2.1 Einzelnes Bild bearbeiten*.

Zum späteren Löschen eines Kontaktfotos tippen Sie dieses in den Kontaktdetails oder Bearbeitungsbildschirm an und gehen auf *Foto entfernen.*

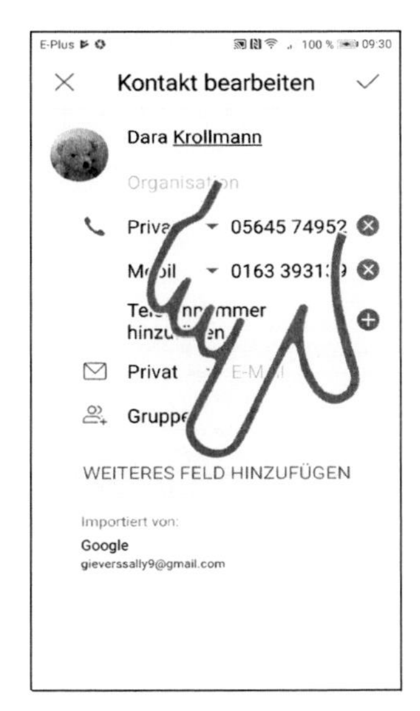

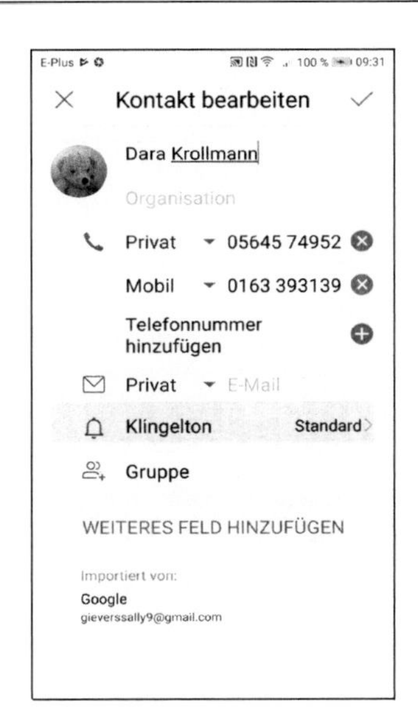

❶ Betätigen Sie *WEITERES FELD HINZUFÜGEN.*

❷ Gehen Sie auf *Klingelton*. Betätigen Sie im folgenden Dialog *ZULASSEN.*

❸ Im Bearbeitungsbildschirm erscheint der neue Eintrag *Klingelton*, den Sie antippen.

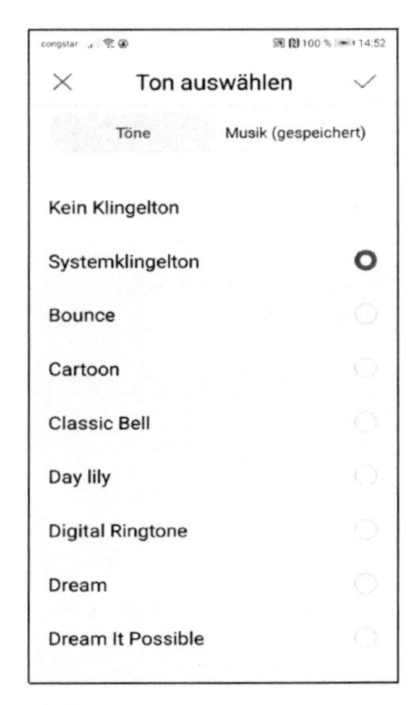

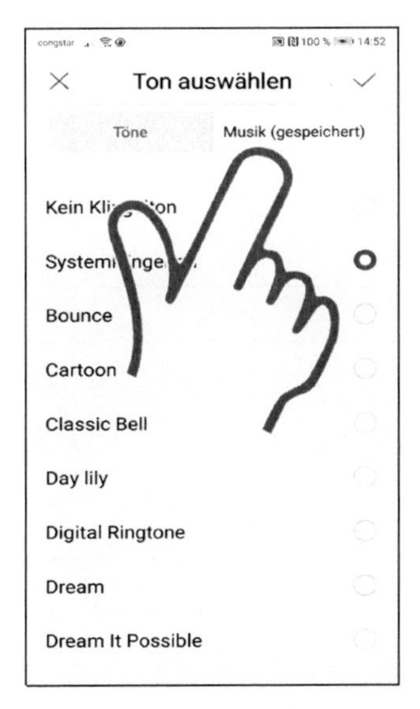

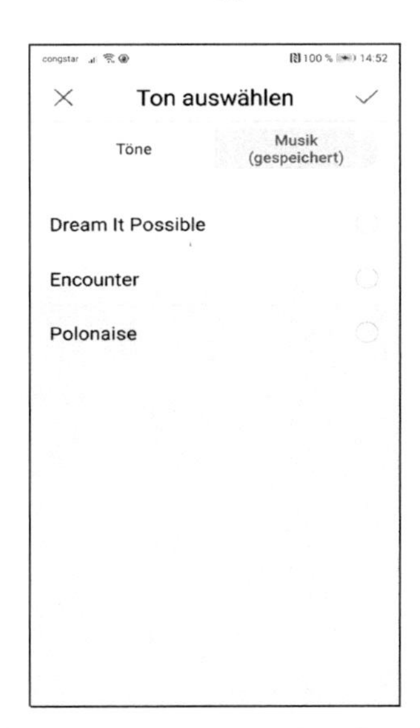

❶ Zur Auswahl stehen dann diverse Klingeltöne. Verwenden Sie *Systemklingelton* um den für alle Anrufe verwendeten Klingelton einzustellen (deaktiviert den kontaktabhängigen Klingelton).

❷ Aktivieren Sie dagegen das *Musik (gespeichert)*-Register, wenn Sie einen Song, den Sie selbst auf das Gerät kopiert haben (siehe Kapitel *17 Gerätespeicher*), verwenden möchten.

❸ Sie können nun den Klingelton auswählen und schließen den Bildschirm mit ✓ (oben rechts).

Der kontaktabhängige Klingelton funktioniert natürlich nur, wenn der Anrufer seine Rufnummer nicht unterdrückt.

Geht ein Anruf ein, wird das Kontaktfoto angezeigt und der zugehörige Klingelton abgespielt.

7.6 Suchen

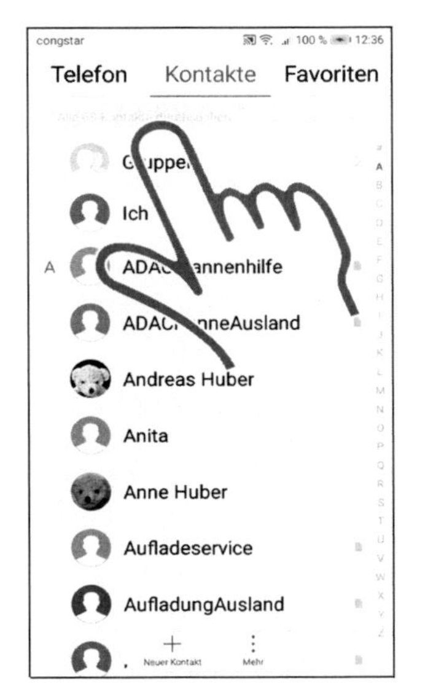

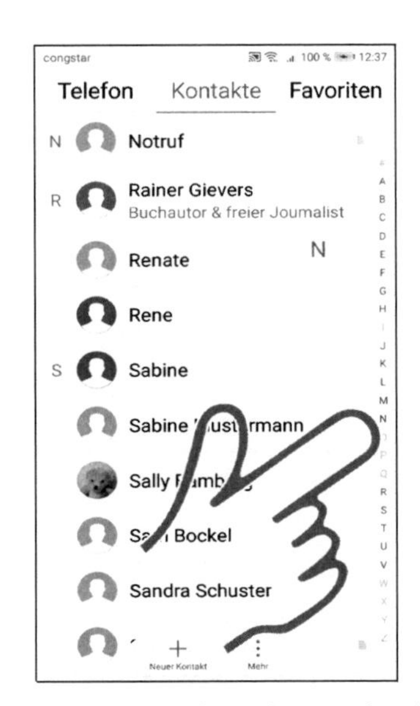

❶ Es ist nicht unbedingt notwendig, umständlich durch Halten und Ziehen des Fingers in der Kontaktauflistung zu blättern. Tippen Sie oben ins Suchfeld (Pfeil) und geben Sie den aufzufindenden Namen ein (falls Sie das Suchfeld nicht sehen, wischen Sie einmal auf dem Bildschirm nach unten).

❷ Zu den eingegebenen Buchstaben, beziehungsweise Namen, zeigt das Handy die passenden Kontakte an. Dabei werden Nach- und Vorname der Kontakte durchsucht. Tippen Sie eine der Fundstellen an, um dessen Details anzuzeigen. Die Suche beenden Sie mit der X-Schaltleiste neben dem Suchfeld.

❸ Für ein schnelles Blättern sorgt die Buchstabenleiste rechts. Halten Sie dort den Finger angedrückt und ziehen Sie nun nach oben oder unten. In der Bildschirmmitte zeigt das Telefonbuch währenddessen den Anfangsbuchstaben an, zu dem Sie nach Loslassen des Fingers springen.

7.7 Gruppen

Das Gruppen-Feature ist sehr nützlich, wenn Sie des öfteren mehreren Personen die gleiche SMS oder E-Mail schicken müssen. Ein Einsatzbeispiel wäre zum Beispiel das Versenden von Rundschreiben an Vereinsmitglieder oder Firmenmitarbeiter. Legen Sie dazu einfach eine Gruppe an, der Sie Kontakte zuweisen. Vor dem Senden einer SMS oder E-Mail wählen Sie die Gruppe als Empfänger aus. Ein Kontakt darf auch mehreren Gruppen gleichzeitig angehören.

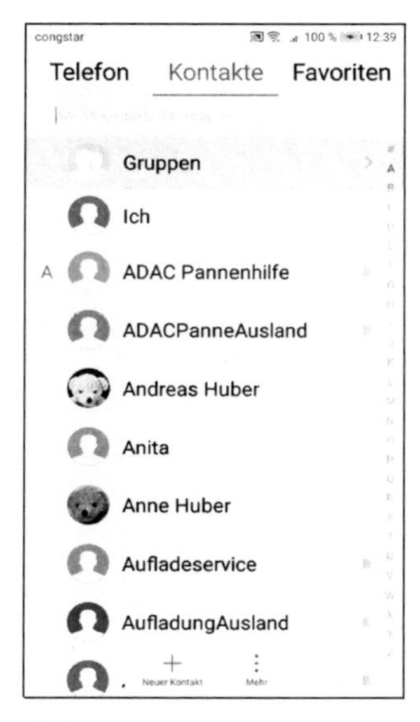

❶❷ In der Kontaktverwaltung schalten Sie über *Gruppen* (erster Eintrag in der Kontaktliste) auf die Gruppen um.

7.7.1 Gruppe anlegen

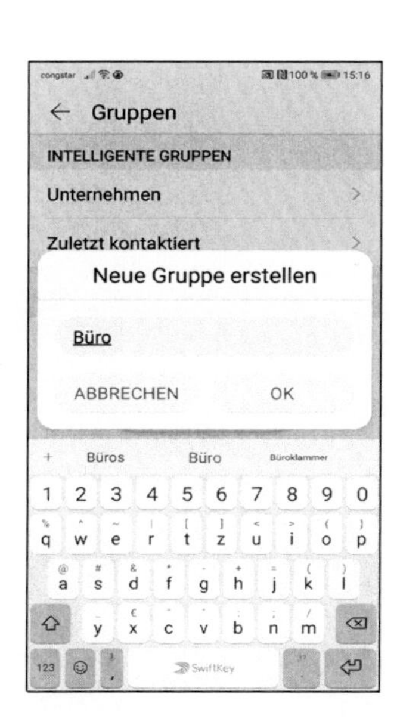

❶ Zur Neuanlage einer Gruppe gehen Sie auf **+**.

❷ Wählen Sie zwischen *Telefon* oder *Google*, wovon wir *Google* empfehlen.

❸ Geben Sie den Gruppennamen ein und betätigen Sie *OK*.

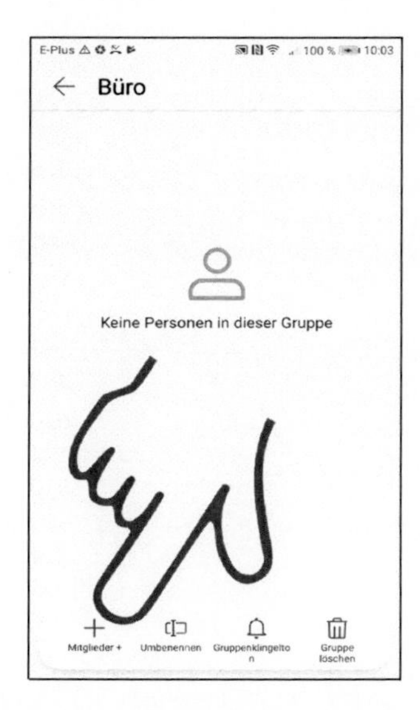

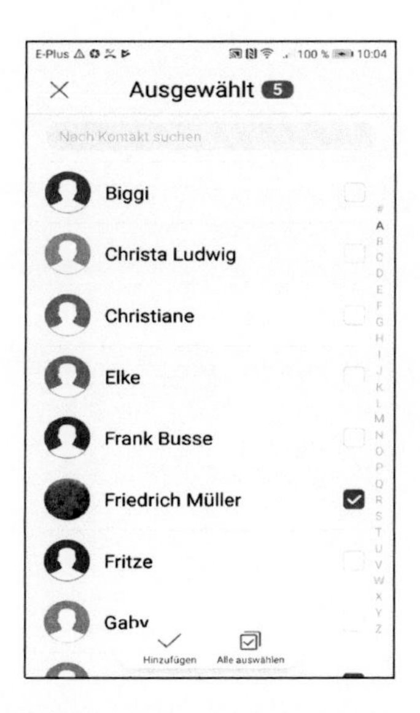

❶ Das Huawei Y6/Y7 schaltet in die Auflistung der Gruppenmitglieder. Über + fügen Sie der Gruppe Kontakte hinzu.

❷ Haken Sie durch Antippen die hinzuzufügenden Kontakte ab und schließen Sie den Bildschirm mit ✓.

❸ Die Kontakte landen in der Gruppe. Über *Nachricht senden* oder *Mail senden* schicken Sie den darin enthaltenen Kontakten eine SMS beziehungsweise E-Mail (Sie dürfen vorher Kontakte abwählen, welche die SMS/E-Mail nicht erhalten sollen). Verlassen Sie den Gruppenbildschirm mit der ◁-Taste.

7.7.2 Gruppe verwalten

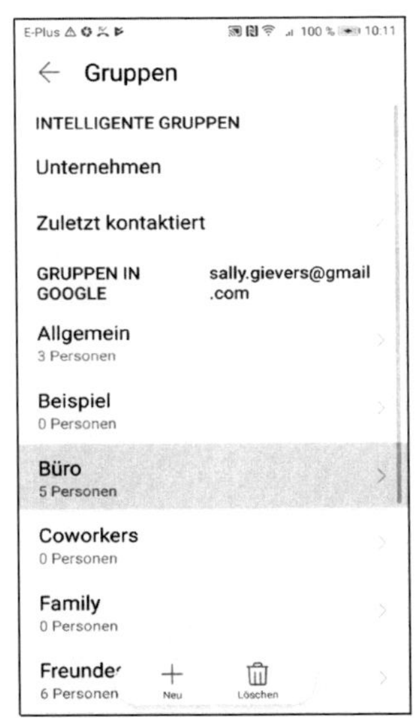

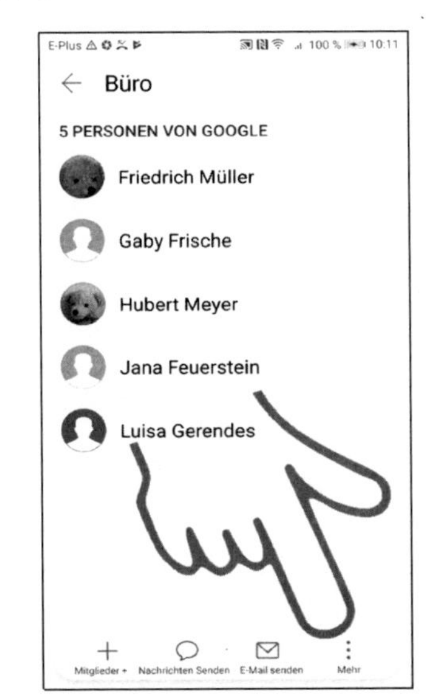

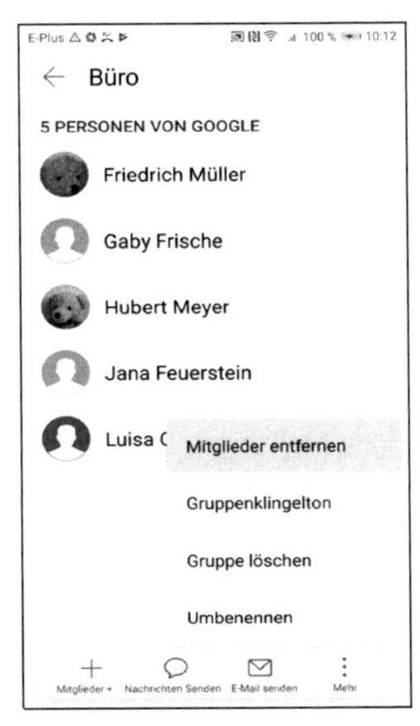

❶ Zum Bearbeiten einer Gruppe wählen Sie diese in der Gruppenauflistung aus.

❷❸ Einzelne Mitglieder entfernen Sie, indem Sie auf ⁝/*Mitglieder entfernen* gehen.

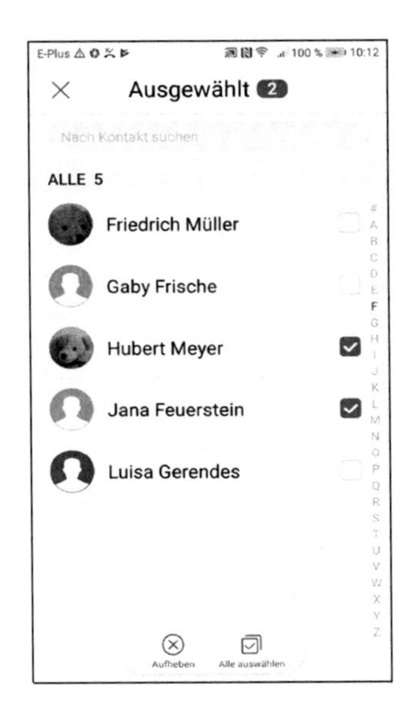

Haken Sie dann die zu löschenden Kontakte ab und betätigen Sie *Aufheben.*

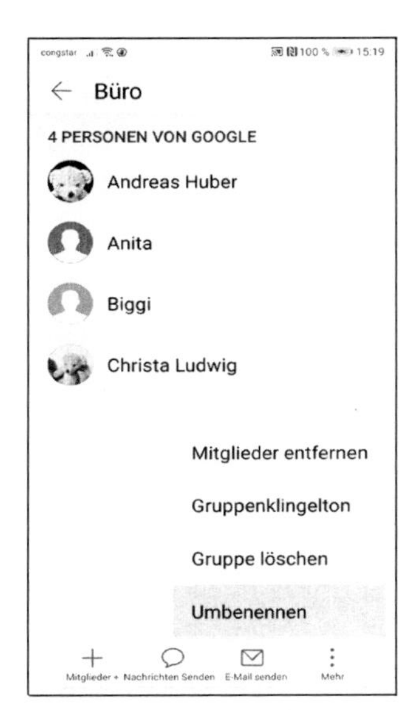

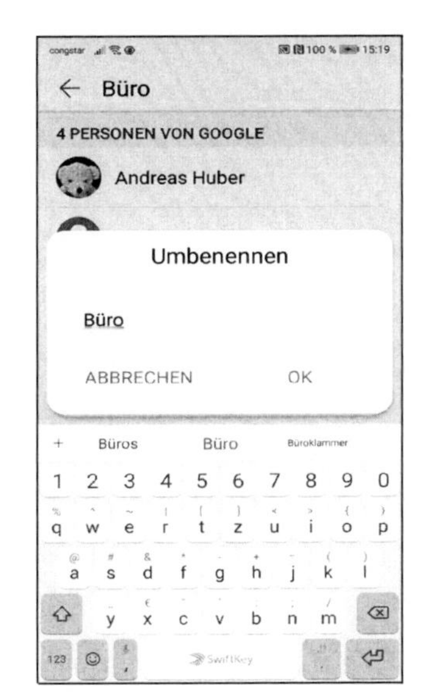

❶❷ Nutzen Sie ⁝/*Umbenennen* zum Ändern des Gruppennamens beziehungsweise *Gruppe löschen* zum Entfernen der Gruppe.

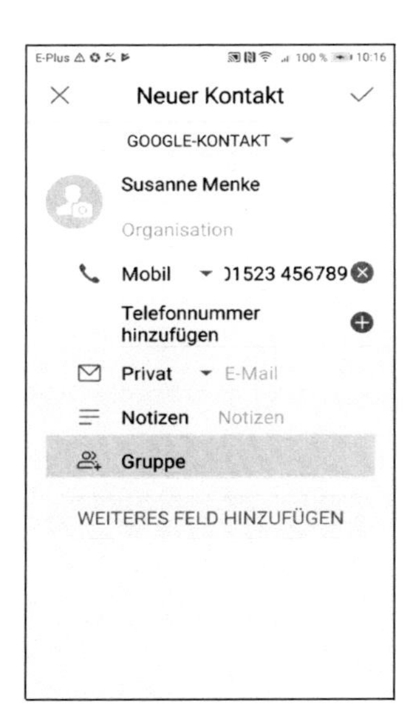

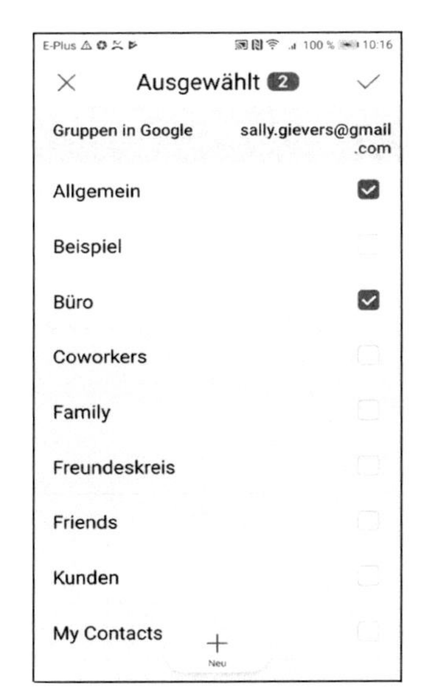

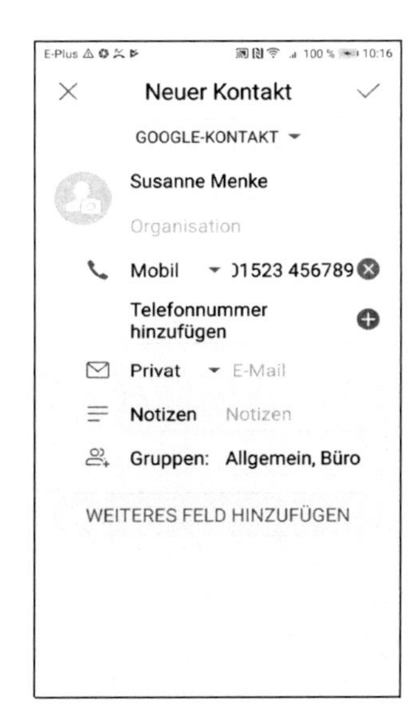

❶ Schon bei der Kontaktanlage und Bearbeitung lassen sich die Gruppen zuweisen: Gehen Sie auf *Gruppe*.

❷❸ Aktivieren Sie die Gruppen und betätigen Sie ✓.

7.8 Favoriten

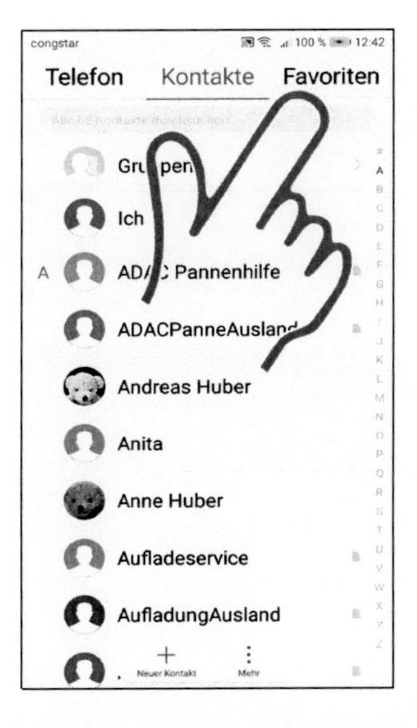

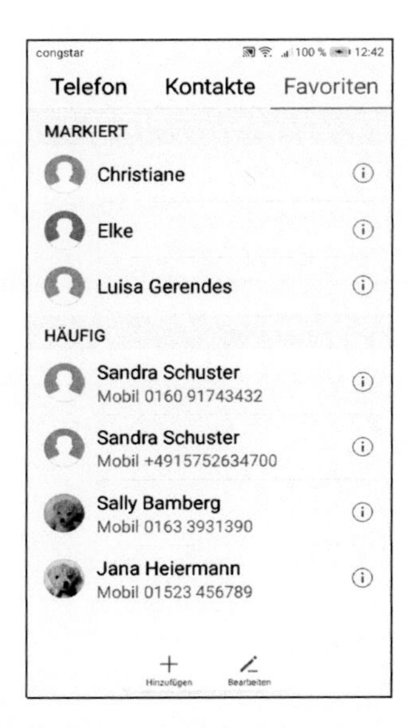

❶ Aktivieren Sie *Favorit* in der Detailansicht (Pfeil). Durch erneutes Antippen von *Favoriten* lässt sich der Kontakt wieder aus der Favoritenliste nehmen.

❷❸ Alle Favoriten listet das Telefonbuch im *Favoriten*-Register.

7.9 Weitere Funktionen

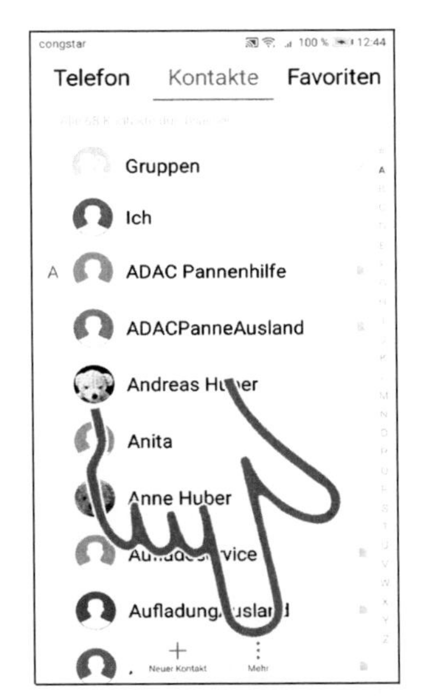

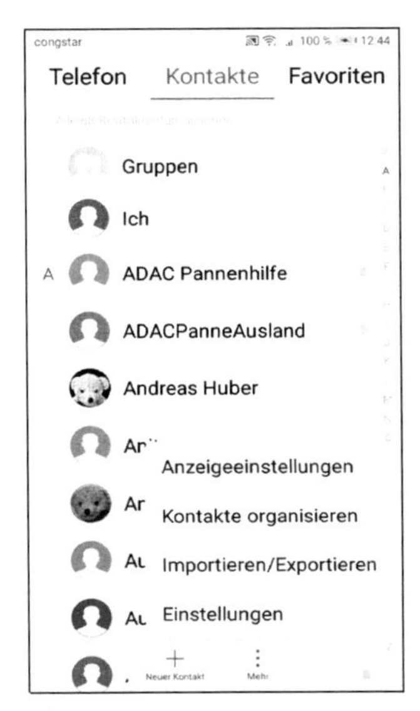

❶❷ Die verfügbaren Optionen im ⋮-Menü:

- *Anzeigeeinstellungen*:
  - *Einfaches Layout*: Blendet alle Kontakte aus, die keine Telefonnummer enthalten.
  - *SIM-Kontakte anzeigen*: Kontakte, die sich auf der SIM-Karte befinden, ausblenden.
  - *Alle Kontakte; Telefon; Google; SIM; Anpassen*: Kontaktanzeige auf alle Kontakte, Telefonkontakte oder Google-Kontakte beschränken. Über *Anpassen* können Sie die Anzeige auf Gruppen beschränken.
- *Kontakte organisieren*: Diverse Funktionen, um doppelte Kontakte zusammenzuführen beziehungsweise zu kopieren oder zu löschen.
- *Importieren/Exportieren*: Alle Kontakte aus dem Telefonbuch in der SIM-Karte speichern, in den Gerätespeicher oder auf der eingelegten SD-Karte als VCF-Datei speichern oder an ein anderes Gerät senden. Alternativ Kontakte auf dem gleichen Wege importieren.
- *Einstellungen*: Darauf gehen wir unten ein.

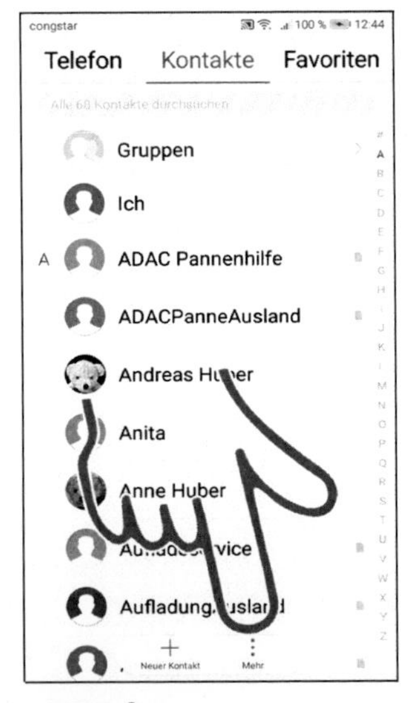

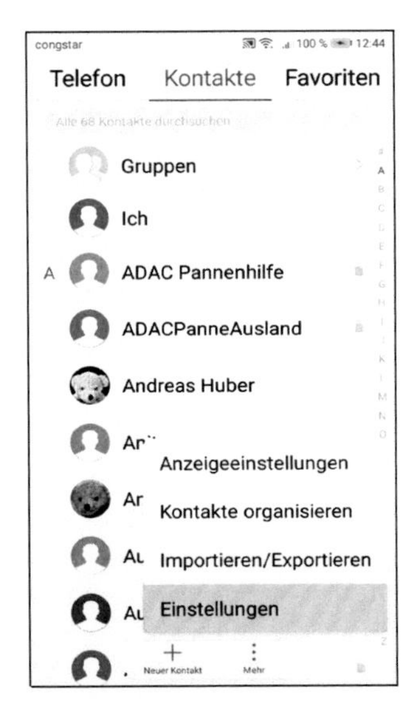

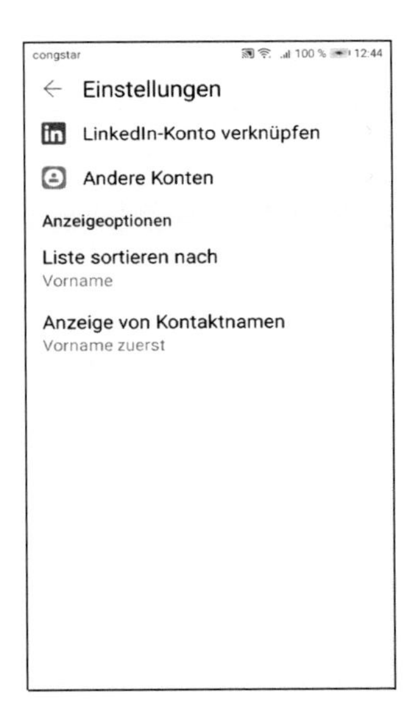

❶❷❸ ⋮/*Einstellungen* konfiguriert:

- *LinkedIn-Konto verknüpfen*: Falls Sie das Karriereportal LinkedIn nutzen, blenden Sie darüber die dort vorhandenen Kontakte ins Telefonbuch ein.
- *Andere Konten*: Listet die genutzten Konten auf und ermöglicht es, weitere anzulegen. Siehe dazu auch Kapitel *15 Das Google-Konto*.

Unter *Anzeigeoptionen*:

- *Liste sortieren nach:* Kontakte nach Vor- oder Nachname sortieren.
- *Anzeige von Kontaktnamen*: Zur Auswahl stehen *Vorname zuerst* und *Nachname zuerst.*

8. Internet einrichten und nutzen

Ihr Huawei Y6/Y7 ist ein wahres Kommunikationsgenie. Sie können damit im Web surfen, E-Mails, SMS und MMS verarbeiten. Um die Konfiguration des Internetzugangs brauchen Sie sich in der Regel nicht zu kümmern, da dies vom Huawei Y6/Y7 automatisch erledigt wird.

Sie brauchen dieses Kapitel nicht durchzuarbeiten, um Internet über Ihren Mobilnetzbetreiber zu nutzen. Lesen Sie aber mindestens Kapitel *8.2 Umschaltung WLAN und Mobilfunk-Internet* durch, wo erklärt wird, wie Sie zwischen WLAN- und Mobilfunk-Internet umschalten.

8.1 Internetzugang einrichten

Alle Mobilfunknetzbetreiber haben heutzutage jeweils einen eigenen Internetzugang im Programm, der sich ohne Grundgebühr und vorherige Anmeldung nutzen lässt.

8.1.1 Tipps zum Internetzugang

Zwar können Sie bei allen Mobilfunkanbietern nach dem Einlegen der SIM-Karte sofort das Internet nutzen, empfehlenswerter ist es aber, sich nach einem geeigneten Mobilfunktarif mit Internetzugang umzusehen.

8.1.1.a Kostenfalle Standardvertrag

In den Standardverträgen wird der Internetzugang zeit- oder datenmengenabhängig abgerechnet, was selbst bei unregelmäßiger Nutzung schnell teuer wird. Besser dran ist man mit Internetpaketen, die teilweise nur 2 Euro pro Monat kosten und 512 Megabyte bis 1 Gigabyte Transfervolumen (»Traffic«) beinhalten. Überschreitet man das inkludierte Transfervolumen, so wird die Übertragungsgeschwindigkeit meist auf ein niedrigeres Niveau gedrosselt. Sie sollten auf jeden Fall die Vertragskonditionen Ihres Netzbetreibers genau studieren, um nicht in die Kostenfalle zu tappen.

Werfen Sie auch einen Blick auf alternative Anbieter wie Simyo, Aldi Talk, usw. Häufig kann man auch einen sogenannten Surf-Stick miterwerben, den man über USB ans Notebook anschließt, sodass man das Internet bequem auch unterwegs nutzen kann.

8.1.1.b Die Alternative: WLAN

Heutzutage gibt es an vielen Orten beispielsweise Flughäfen, Hotels oder Bars, WLAN-Hotspots, über die Sie kostenlos online gehen können. Auch in Innenstädten findet man häufig »offene« WLANs, die kostenlos nutzbar sind, weil einige DSL-Kunden ihr WLAN absichtlich oder unabsichtlich unverschlüsselt zur Verfügung stellen. Im Kapitel *8.2 Umschaltung WLAN und Mobilfunk-Internet* erläutern wir Ihnen daher, wie Sie das Internet zwischen Mobilfunkverbindung und WLAN umschalten.

8.1.1.c Teuer! Teuer! Teuer!

WICHTIG: Das Huawei Y6/Y7 ist wegen seiner Kommunikationsfunktionen auf eine dauerhafte Internetverbindung über das Mobilfunkinternet angewiesen. Sofern Sie ihr Gerät im Handy-Shop erworben haben, wird Sie der Verkäufer mit Sicherheit darauf aufmerksam gemacht haben, dass ein Vertrag mit Internet-Flatrate notwendig ist. Nehmen Sie deshalb das Huawei Y6/Y7 am besten nicht in Betrieb, wenn Sie noch keine Internetflatrate bei Ihrem Mobilnetzbetreiber haben.

Zwar ist es möglich, die Option »*Mobile Daten*« zu deaktivieren (siehe Kapitel *8.2.2 Mobilfunk-Internet aktivieren/deaktivieren*), damit kein Mobilfunk-Internet genutzt wird, damit geht aber ein großer Teil des Charms vom Huawei Y6/Y7 verloren.

8.1.2 Automatische Einrichtung

Sobald Sie das Handy nach dem Einlegen einer neuen SIM-Karte einschalten, werden alle Mobilnetz-abhängigen Einstellungen, darunter Mailbox, SMS-Konfiguration und mobiles Internet automatisch konfiguriert.

8.1.3 Weitere Konfigurationsparameter

Die folgenden Menüs rund um den Internetzugang werden Sie selten benötigen, da bereits vom Handy die optimalen Einstellungen vorgenommen wurden.

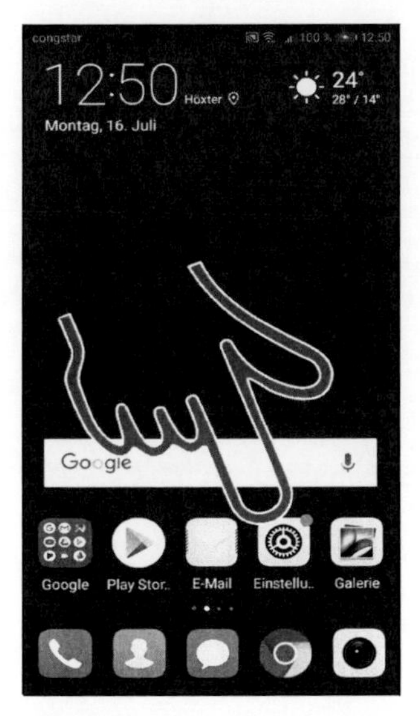

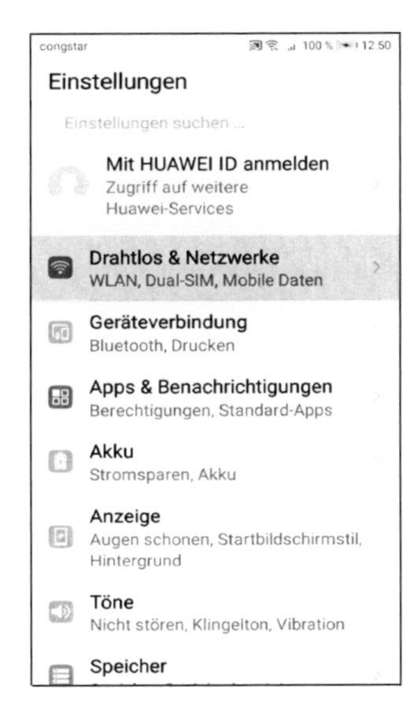

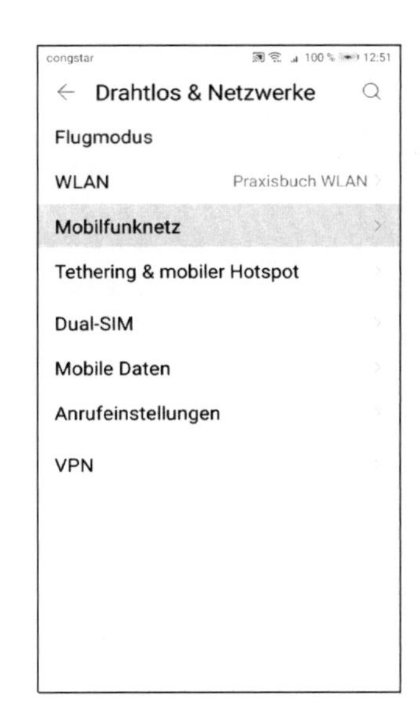

❶ Gehen Sie im Startbildschirm auf *Einstellungen.*

❷❸ Rufen Sie *Drahtlos & Netzwerke/Mobilfunknetz* auf.

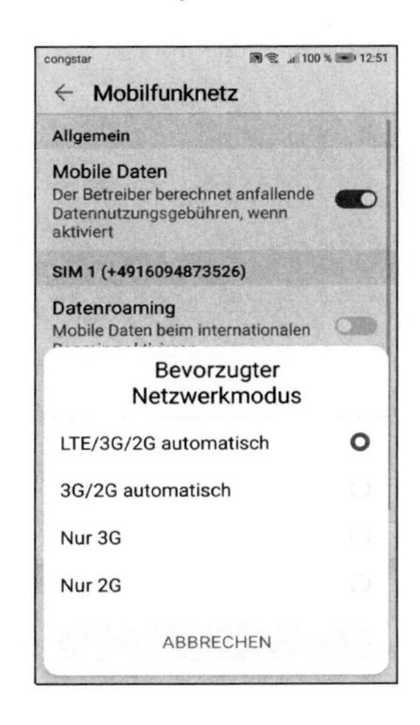

❶ Hier stellen Sie ein:

Unter *ALLGEMEIN*:

- *Mobile Daten*: Wenn Sie *Mobile Daten* deaktivieren, nutzt das Handy nicht mehr das Mobilfunk-Internet. Die Datenübertragung erfolgt dann ausschließlich über WLAN. Siehe auch Kapitel *8.2.2 Mobilfunk-Internet aktivieren/deaktivieren*.

Unter *SIM 1* (damit ist SIM-Karte 1 gemeint, siehe Kapitel *18 Nutzung von zwei SIM-Karten*).

- *Datenroaming*: Wenn Sie sich im Ausland befinden, nutzt das Handy automatisch einen lokalen Netzbetreiber, was man auch als »Roaming« bezeichnet. Die lokalen Netzbetreiber berechnen meist sehr hohe Internetkosten für das »Daten-Roaming«, die Ihr Netzbetreiber Ihnen dann in Rechnung stellt. Damit Sie keine unangenehme Überraschung erleben, sollten Sie auf die Internetnutzung verzichten und deshalb das *Daten-Roaming* deaktiviert lassen.
- *Zugriffspunktname*: Konfiguriert die Datenkonten für den Internetzugang. In der Regel werden diese automatisch nach Einlegen der SIM-Karte korrekt eingerichtet, weshalb Sie hier nichts ändern sollten.

- *Bevorzugter Netzwerktyp* (❷): Sie können für Telefonie und Mobilfunk-Internet verschiedene Netzprotokolle nutzen. Wir empfehlen allerdings, die Vorgabe nicht zu verändern, um die maximale Internetübertragungsgeschwindigkeit zu erhalten.
- *Netzbetreiber*: Diese Funktion ist für Anwender interessant, die häufiger im Ausland unterwegs sind. Standardmäßig bucht sich das Handy im Ausland in eines der Mobilnetze ein, mit denen Ihr Mobilnetzbetreiber eine Roaming-Vereinbarung hat. Recht häufig stehen dabei mehrere Roaming-Netze zur Auswahl, welche unterschiedliche Kosten verursachen. Wenn Sie also wissen, welcher Roaming-Partner am günstigsten ist, können Sie ihn hier fest einstellen. Vorsicht: Die manuelle Auswahl des Netzwerks ist wirklich nur für Profi-Anwender geeignet. Beachten Sie, dass im Ausland viele Netzbetreiber nur regionale Netze betreiben und Sie deshalb eventuell nicht erreichbar sind.

Unter *SIM 2*:

- Sofern Sie eine zweite SIM-Karte im Handy verwenden, stellen Sie hier für diese die bereits unter *SIM 1* beschriebenen Parameter ein. Bitte beachten Sie dazu auch Kapitel *18 Nutzung von zwei SIM-Karten*.

8.2 Umschaltung WLAN und Mobilfunk-Internet

Sie können einstellen, dass alle Internetverbindungen über WLAN oder eine Mobilfunkverbindung ablaufen. Beachten Sie aber, dass Sie unterwegs nur bei einer Mobilfunkverbindung immer das Internet nutzen können, da WLAN nur an bestimmten Orten, beispielsweise in Hotels, Bars, Flughäfen, usw. zur Verfügung steht. Meist finden Sie an den mit WLAN ausgestatteten Orten auch entsprechende Hinweisschilder.

8.2.1 WLAN aktivieren/deaktivieren

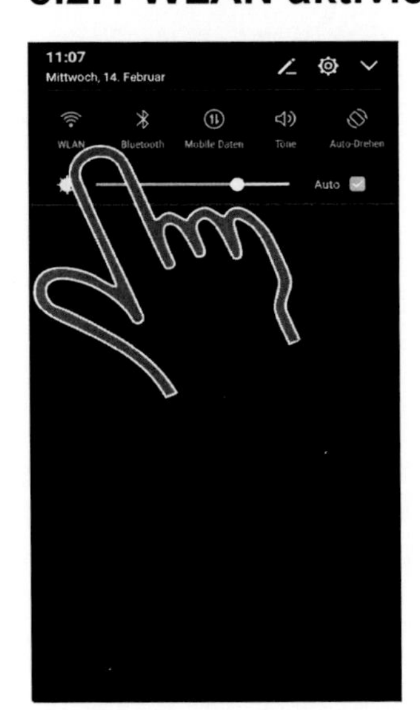

Tippen und halten Sie die *WLAN*-Schaltleiste, worauf das Handy auf den WLAN-Bildschirm umschaltet.

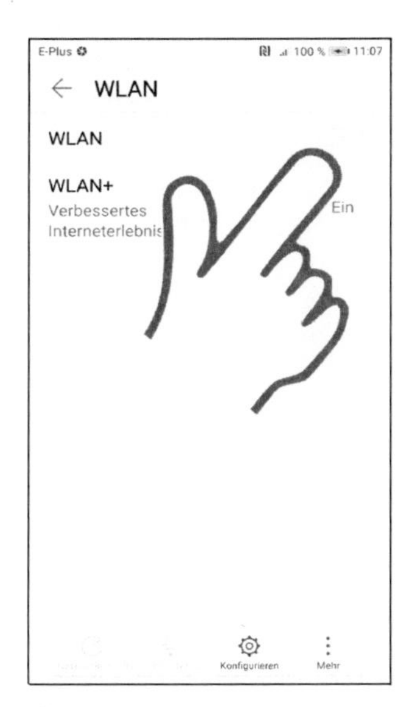

➊ Den Schalter oben rechts aktivieren Sie, was WLAN am Handy aktiviert.

➋ Wählen Sie einen der gefundenen WLAN-Zugangspunkte aus.

➌ Sofern dieser verschlüsselt ist, fragt Sie das Huawei Y6/Y7 nach dem Passwort, das Sie eventuell vom WLAN-Betreiber erfragen müssen. Betätigen Sie *VERBINDEN*.

➊ Beim WLAN-Zugangspunkt erscheint nach einigen Sekunden der Hinweis *Verbunden*. Sie können nun Internet über WLAN nutzen. Über die O-Taste verlassen Sie den WLAN-Bildschirm.

➋ Auf eine genutzte WLAN-Verbindung weist das ᯤ-Symbol in der Titelleiste hin (Pfeil).

Sofern Sie zuhause ein verschlüsseltes WLAN nutzen (was zu empfehlen ist!), haben Sie vielleicht das benötigte Passwort nicht parat. Rufen Sie in dem Fall auf einem PC oder Notebook, das mit dem WLAN verbunden ist, die Weboberfläche des WLAN-Routers auf und lassen Sie sich dort das Passwort anzeigen. Bei einer Fritz-Box müssten Sie beispielsweise *fritz.box* als Webadresse aufrufen und dann auf *WLAN/Sicherheit* gehen.

Weitere Hinweise zur WLAN-Nutzung finden Sie im Kapitel *9 WLAN*.

Wenn Sie WLAN am Huawei Y6/Y7 deaktivieren und dann nochmals eine Verbindung zu einem verschlüsselten WLAN aufbauen, wird das benötigte Passwort nicht erneut abgefragt.

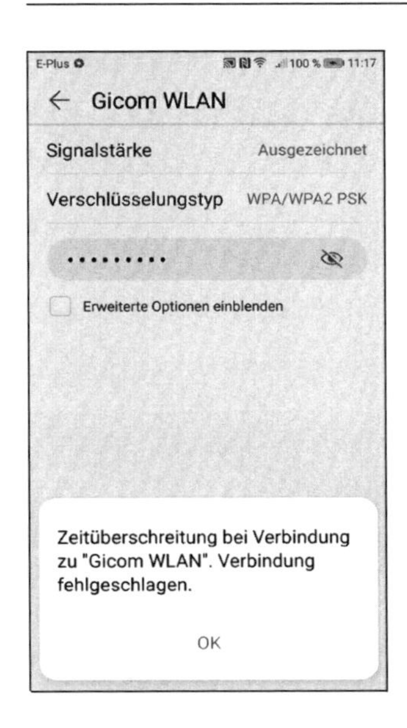

Falls Sie sich bei der Passworteingabe vertan haben, erscheint eine Fehlermeldung, die Sie mit *OK* schließen. Geben Sie dann das korrekte Passwort erneut ein.

8.2.2 Mobilfunk-Internet aktivieren/deaktivieren

Haben Sie keinen Mobilfunkvertrag mit Datenflatrate, dann sollten Sie das Mobilfunk-Internet am Huawei Y6/Y7 ausschalten.

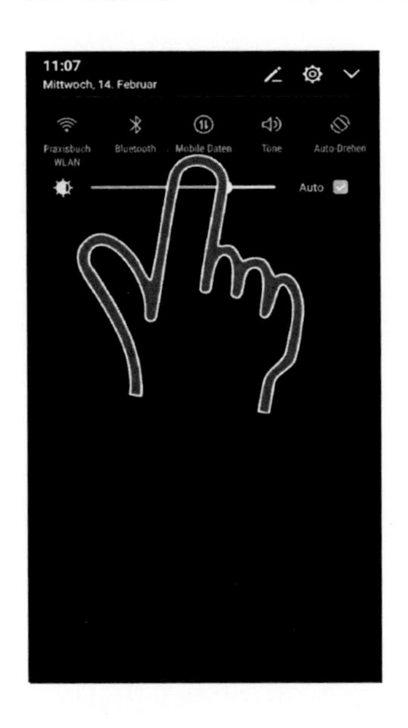

Aktivieren Sie das Benachrichtigungsfeld. Dann betätigen Sie die *Mobile Daten*-Schaltleiste, worauf alle Internetverbindungen über WLAN stattfinden. Erneutes Betätigen der *Mobile Daten*-Schaltleiste aktiviert das Mobilfunk-Internet übrigens wieder.

8.3 Empfangsstärke Mobilfunk und WLAN

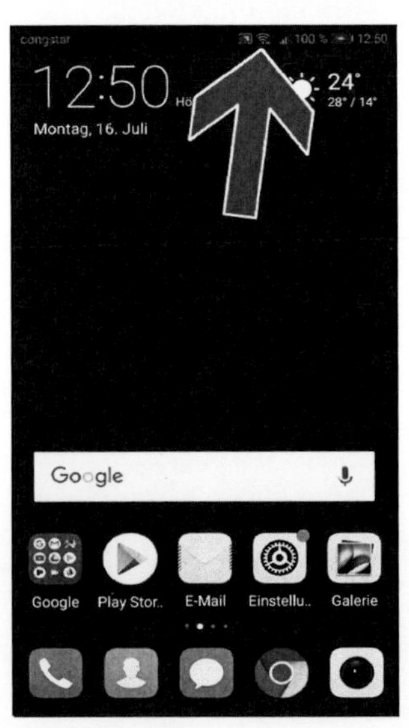

Für eine gute und unterbrechungsfreie Datenübertragung über WLAN oder Mobilfunknetz ist eine hohe Signalstärke jeweils Voraussetzung.

Die Signalstärke erkennen Sie an den Symbolen (für WLAN) und (für Mobilfunknetz) in der Titelleiste (Pfeil). Wenn ein oder mehrere der Balken fehlen, besteht kein optimaler Empfang, das heißt, Sie befinden sich etwas weiter vom WLAN-Zugangspunkt/Mobilfunkmast entfernt oder ein Hindernis wie Berge oder Häuser stehen zwischen Ihnen und dem nächsten Mobilfunkmast. Die Balkenangaben sind naturgemäß recht ungenau, was aber meistens keinen Beinbruch darstellt.

9. WLAN

Schon seit einigen Jahrzehnten bieten verschiedene Hersteller Produkte zur drahtlosen Koppelung von Netzwerken an. War das Einsatzgebiet zuvor auf professionelle Anwender wie Telekommunikationsunternehmen beschränkt, die aus der Portokasse einige zehntausend Euro auf den Tisch legten, um noch teuere Erdleitungen zu vermeiden, so ist die Funkübertragung seit einiger Zeit auch für Privatanwender erschwinglich. Möglich gemacht haben dies die Einführung von weltweit gültigen Funkstandards für WLAN (Wireless Local Area Network) und die behördliche Freigabe von Frequenzen Gigahertz-Bereich. Die verschiedenen Standards zur Computervernetzung bezeichnet man auch als »Wireless Fidelity« oder kurz »Wifi«. WLAN wird im Privatbereich meist ausschließlich dazu genutzt, um PCs, Notebooks, Handhelds, usw. ans Internet anzuschließen. Dazu benötigt man nur einen sogenannten WLAN-DSL-Router, wie er heute schon für weniger als hundert Euro zu haben ist. Unterwegs kann man auch sogenannte WLAN-Zugangspunkte (»WLAN-Hotspots«) nutzen, die man in zahlreichen Hotels, Flughäfen, Bars, usw. findet. In Städten finden Sie zudem häufig »offene« WLAN-Zugangspunkte, bei denen absichtlich oder unabsichtlich Privatleute die Nutzung Ihres WLAN-Routers erlauben. Kommerzielle WLAN-Zugangspunkte sind dagegen häufig nur nach Bezahlung nutzbar. Dazu verwenden die Zugangspunkte eine Verschlüsselung, für die man ein Passwort eingeben muss.

9.1 WLAN-Verbindung aufbauen

In den meisten Haushalten und Büros ist heutzutage bereits ein WLAN anzutreffen, denn heute bekommt man mit der Einrichtung des DSL-Anschlusses auch gleich einen sogenannten WLAN-Router »hinterher geworfen«. Aktuelle Notebooks und fast alle Handys und Tablets wie das Huawei sind schon von Haus aus mit einem WLAN-Modul ausgestattet.

Wenn Sie das erste Mal WLAN nutzen, müssen Sie erst das WLAN-Modul am Huawei einschalten und dann eine Verbindung zum WLAN-Router (WLAN-Zugangspunkt) aufbauen, was in diesem Kapitel beschrieben wird.

Beachten Sie auch Kapitel *8.2 Umschaltung WLAN und Mobilfunk-Internet*, in dem erläutert wird, wie Sie zwischen WLAN- und Mobilfunk-Internet umschalten.

9.1.1 WLAN über die Einstellungen einrichten

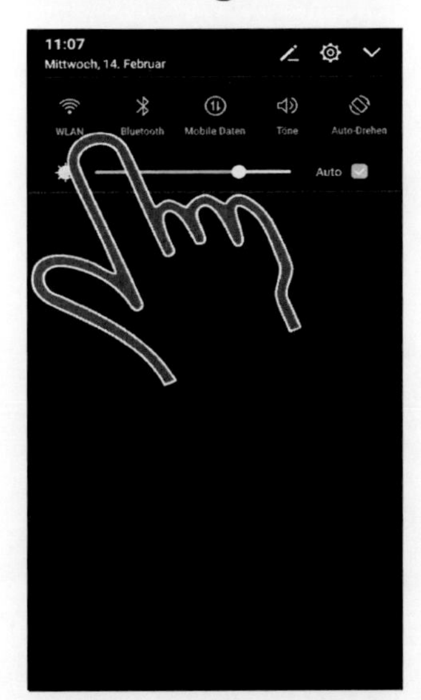

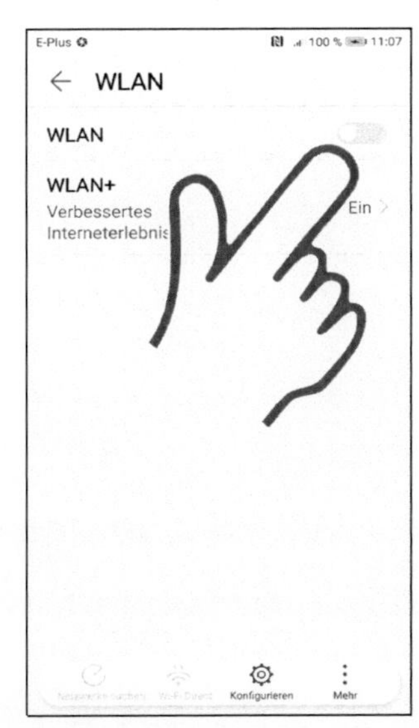

❶❷ Öffnen Sie mit einer Wischgeste das Benachrichtungsfeld. Tippen und halten Sie nun die *WLAN*-Schaltleiste, worauf das Handy auf den WLAN-Bildschirm umschaltet.

❸ Aktivieren Sie den Schalter am oberen rechten Bildschirmrand.

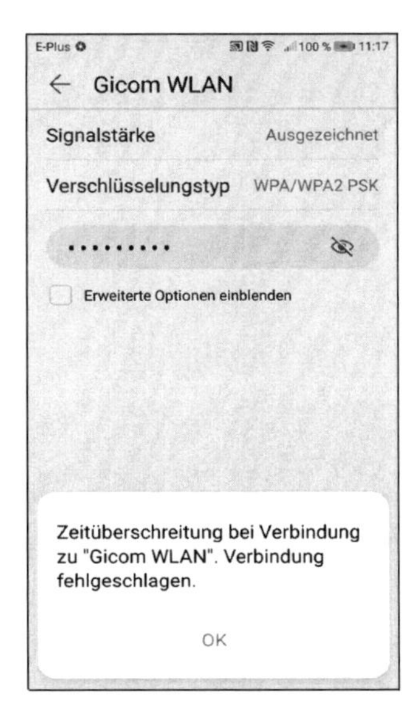

❶ Warten Sie, bis die gefundenen WLAN-Zugangspunkte anzeigt werden, wovon Sie einen auswählen.

❷ Sofern das WLAN verschlüsselt ist, fragt Sie das Huawei nach dem Passwort, das Sie eventuell vom WLAN-Betreiber erfragen müssen. Betätigen Sie dann *VERBINDEN* auf dem Tastenfeld.

❸ Sie haben ein falsches Passwort eingegeben? Dann macht Sie das Handy darauf aufmerksam und gibt Ihnen die Möglichkeit, es nochmal zu versuchen.

❶ Das Huawei schaltet wieder auf die WLAN-Auflistung um und zeigt beim genutzten WLAN *Verbunden* an. Verlassen Sie den Bildschirm mit der O-Taste.

❷ Anhand des ᯤ-Symbols in der Titelleiste (Pfeil) erkennen Sie, dass WLAN aktiv ist.

9.1.2 WPS-Schnellverbindung

Weil viele Anwender beim Aufbau von WLAN-Verbindungen überfordert sind – die wenigsten kennen das bei verschlüsseltem WLAN-Zugangspunkt nötige Passwort – wurde WPS (engl. Wi-Fi Protected Setup) entwickelt. Bei WPS erhält der Nutzer von einem der beteiligten Geräte ein Passwort, das er dann beim Kommunikationspartner eingeben muss.

Überprüfen Sie vorher, ob Ihr WLAN-Router den WPS-Modus unterstützt. Dies geschieht über die Weboberfläche des Routers, welche Sie im Webbrowser auf einem damit verbundenen PC oder Notebook aufrufen. Für weitere Details müssen wir an dieser Stelle auf die jeweilige Anleitung des WLAN-Routers verweisen.

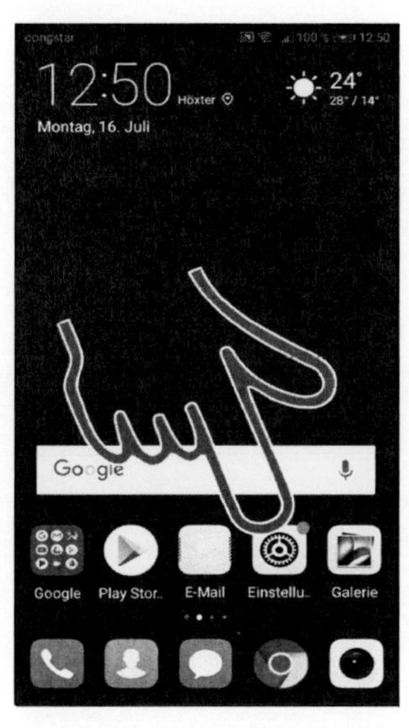

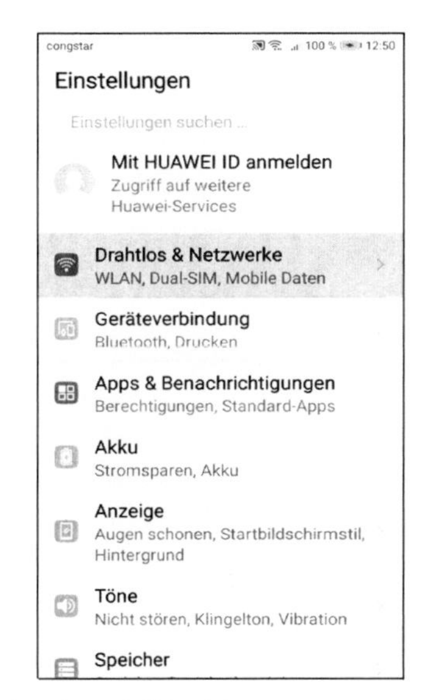

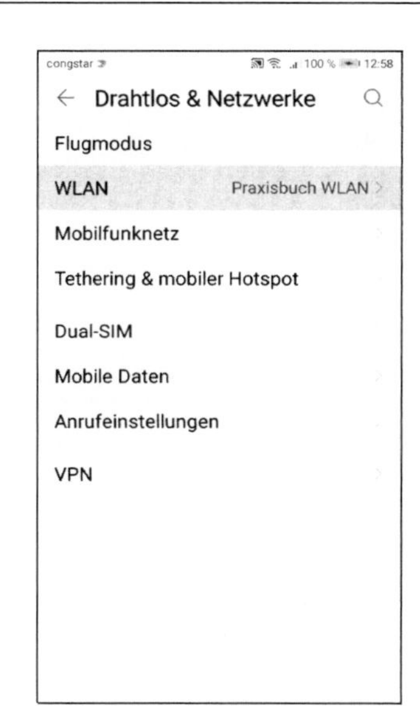

❶ Gehen Sie auf *Einstellungen* im Startbildschirm.

❷❸ Rufen Sie *Drahtlos & Netzwerke/WLAN* auf.

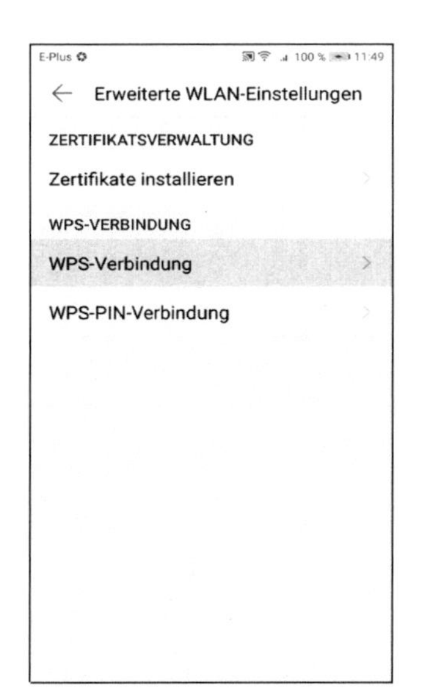

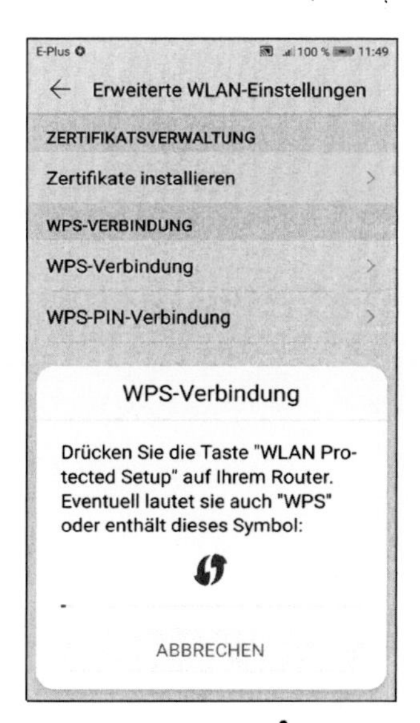

❶❷ Rufen Sie ⁝/*Erweiterte WLAN-Einstellungen/WPS-Verbindung* beziehungsweise ⁝/*Erweiterte WLAN-Einstellungen/WPS-Pin-Verbindung* auf.

❸ Folgende Aktionen müssen Sie durchführen:

- Bei einer *WPS-Pin-Verbindung*: Sie müssen das vom Handy angezeigte Passwort in der (Web-)Benutzeroberfläche des Routers eingeben. Dafür ist es notwendig, auf einem PC oder Notebook, der mit dem WLAN-Router verbunden ist, die Weboberfläche des WLAN-Routers aufzurufen und in das WLAN-Menü zu gehen, worin Sie dann das Huawei freigeben.
- Bei einer *WPS-Verbindung*: Betätigen Sie einen dafür vorgesehen Knopf an Ihrem WLAN-Router.

9.2 WLAN-Zugangspunkte verwalten

Im *WLAN*-Menü wechseln Sie zwischen den genutzten WLAN-Zugangspunkten und stellen Netzbenachrichtigungen und den Funkkanal ein.

❶❷ Sind mehrere WLAN-Zugangspunkte verfügbar, so können Sie sehr einfach zwischen diesen wechseln: Tippen Sie einfach auf einen der Zugangspunkte, worauf entweder nach dem zugehörigen Passwort gefragt oder sofort die Verbindung aufgebaut wird.

❶❷ Rufen Sie, wie bereits in den vorherigen Kapiteln beschrieben, das WLAN-Menü auf.

Das ⋮/*Erweiterte WLAN-Einstellungen*-Menü zeigt weitere Optionen an:

Unter *ZERTIFIKATVERWALTUNG:*

- *Zertifikate installieren*: Einige Programme benötigen spezielle Verschlüsselungszertifikate, beispielsweise in Unternehmensnetzwerken, welche Sie hiermit installieren.

Unter *WPS-VERBINDUNG*:

- *WPS-Verbindung; WPS-PIN-Verbindung*: Darauf gehen wir bereits im Kapitel *9.1.2 WPS-Schnellverbindung* ein.

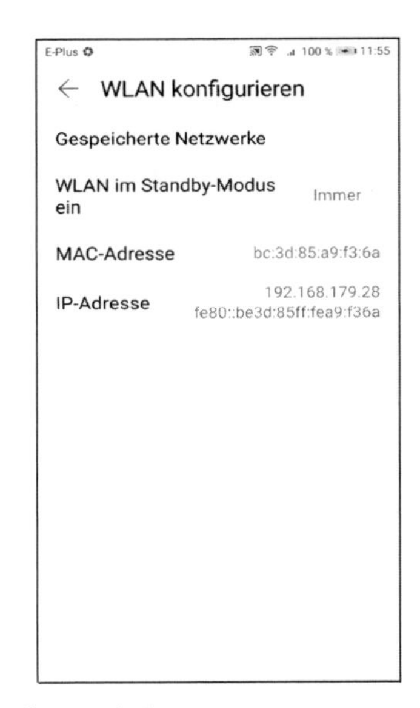

Das *Konfigurieren*-Menü bietet die Funktionen:

- *Gespeicherte Netzwerke*: Listet alle WLAN-Zugangspunkte auf, die Sie bereits mal genutzt haben. Mit diesen baut das Handy automatisch eine Verbindung auf, sobald Sie in deren Nähe kommen.
- *WLAN im Standby-Modus an*: Eine Reihe von Programmen auf dem Huawei nutzen im Standbymodus (wenn das Display ausgeschaltet ist), die Internetverbindung. Beispielsweise werden E-Mails automatisch abgerufen. Deaktivieren Sie die Option, so erfolgt der Datenabruf stattdessen über das Mobilfunk-Internet. Sie sollten deshalb diese Option nicht deaktivieren.
- *MAC-Adresse*: Jedes Gerät mit Netzwerkunterstützung besitzt eine weltweit einmalige Kennung, die unter anderem zur Identifizierung in WLANs eingesetzt wird.
- *IP-Adresse*: Die im WLAN an Ihr Gerät vergebene Netzwerkadresse.

❶❷ WLAN+, welches Sie über das gleichnamige Menü ein/ausschalten, bewertet im Hintergrund die Verbindungsqualität von WLAN und Mobilfunkinternet und schaltet – falls nötig – automatisch zwischen den beiden Übertragungswegen um.

9.3 WLAN unterwegs sicher einsetzen

In vielen Fällen stehen an Orten mit großem Publikumsverkehr (Hotels, Kongresshallen, Bars, Flughäfen, usw.) WLANs, die teilweise sogar unverschlüsselt sind und daher ohne vorherige Kennworteingabe nutzbar sind. Datendiebe machen sich diesen Umstand zunutze, denn unverschlüsselte WLAN-Verbindungen lassen sich mit geringem technischen Aufwand abhören, um Logins und Passwörter der vom arglosen Anwender genutzten Onlinedienste abzufangen.

Andererseits können Hacker selbst ein WLAN aufspannen, was ebenfalls Abhörmöglichkeiten eröffnet. Sofern verschlüsselte Verbindungen (SSL) wie sie zum Beispiel beim Online-Banking inzwischen üblich sind, genutzt werden, ist man natürlich recht sicher. Auch der E-Mail-Abruf lässt sich absichern, was aber wohl nur für Profianwender praktikabel ist. Wir raten deshalb generell von der Nutzung unbekannter WLANs ab. Fragen Sie beispielsweise in einem Hotel an der Rezeption, nach, welche verschlüsselten WLANs das Hotel anbietet und nutzen Sie nur diese. Übrigens sagt der Name eines WLANs noch nichts über dessen Authentizität aus, denn jeder WLAN-Betreiber hat die Möglichkeit, seinem WLAN einen seriös klingenden Namen wie »Telekom WLAN« zu geben.

10. E-Mail

Über die E-Mail-Anwendung verwalten, senden und empfangen Sie E-Mails. Zuvor müssen Sie den Internetzugang, wie im Kapitel *8 Internet einrichten und nutzen* beschrieben, richtig konfiguriert haben. Anwender, die mehrere E-Mail-Konten, zum Beispiel privat und geschäftlich nutzen, können problemlos auch mehrere Konten anlegen.

Hinweis: Falls Sie noch niemals mit E-Mails zu tun hatten, empfehlen wir Ihnen das »**Praxisbuch E-Mail für Einsteiger**« vom gleichen Autor wie dieses Buch.

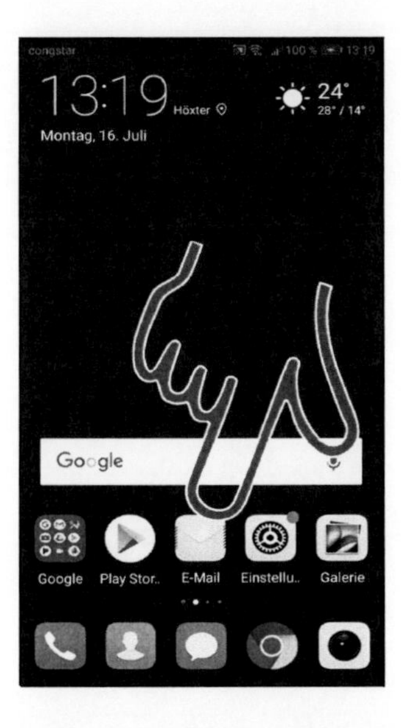

Die *E-Mail*-Anwendung finden Sie im Startbildschirm.

10.1 E-Mail-Einrichtung

Die E-Mail-Anwendung nutzt wahlweise eines der beiden Protokolle POP3/SMTP und IMAP4:

- POP3 (Post Office Protocol Version 3) wird von allen E-Mail-Dienstleistern unterstützt und ermöglicht den Abruf von E-Mails. Es kann dabei festgelegt werden, ob man nur ein Teil, beispielsweise die ersten zwei Kilobyte, oder die komplette E-Mail heruntergeladen haben möchte. Der E-Mail-Empfang erfolgt immer nur in einen Ordner (*Posteingang*). Für den Versand ist SMTP (Simple Mail Transport Protocol) zuständig. Von Ihnen neu erstellte E-Mails werden gespeichert und, erst nachdem der E-Mail-Abruf durchgeführt wurde, versandt.
- IMAP4 (Internet Message Access Protocol Version 4) bietet ähnliche Funktionen wie POP3/SMTP, kann darüber hinaus aber E-Mails und Ordner synchronisieren, sodass auf dem E-Mail-Konto die Ordnerstruktur der E-Mail-Anwendung und umgekehrt gespiegelt wird. Von Ihnen erstellte E-Mails werden sofort versandt.

Für welches der beiden E-Mail-Protokolle Sie sich entscheiden, ist Geschmackssache, da sie sich in der Praxis nicht wesentlich unterscheiden. Allerdings unterstützt nicht jeder E-Mail-Dienst auch das modernere und komplexere IMAP4. Fragen Sie gegebenenfalls bei Ihrem E-Mail-Anbieter nach. Wenn Sie generell POP3 als Kontotyp einstellen, machen Sie allerdings auch nichts falsch.

10.1.1 E-Mail-Konto automatisch einrichten

Die E-Mail-Anwendung kennt bereits einige wichtige E-Mail-Dienste von Google Gmail, Yahoo und GMX. Sie brauchen für diese nur Ihre E-Mail-Adresse und das Passwort eingeben. In unserem Beispiel richten wir ein GMX-Konto ein.

Falls Sie eine eigene Domain-E-Mail-Adresse nutzen (beispielsweise *max.muster@siemens.de*), dann lesen Sie bitte im nächsten Kapitel *10.1.2 E-Mail-Konto manuell einrichten* weiter.

Von einigen E-Mail-Anbietern wird im Google Play Store (siehe Kapitel *19 Play Store*) auch eine spezielle E-Mail-Anwendung angeboten. Suchen Sie im Play Store einfach nach dem Namen des E-Mail-Anbieters.

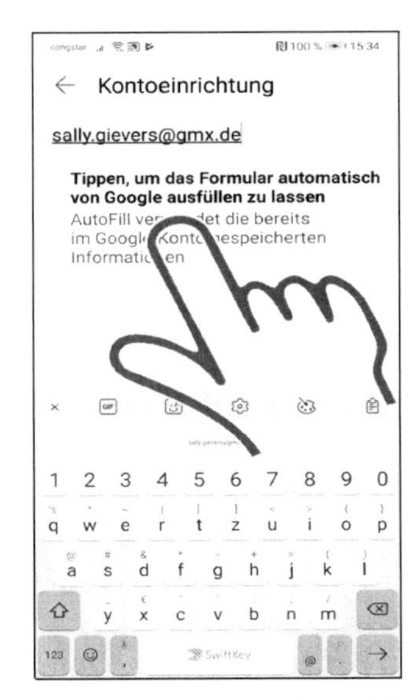

➊ Im Beispiel wird ein E-Mail-Konto für den kostenlosen E-Mail-Anbieter GMX eingerichtet: Gehen Sie dafür auf *Sonstige.*

➋ Geben Sie Ihre E-Mail-Adresse und das Kennwort Ihres E-Mail-Kontos ein. Betätigen Sie *EINLOGGEN.*

➌ Sollte ein Hinweis unterhalb des Eingabefeldes erscheinen, dann tippen Sie ihn an und schließen Sie den folgenden Hinweis mit *WEITER*. Künftig speichert das Handy Ihre Eingaben und schlägt diese beim nächsten Mal in einer ähnlichen Situation vor.

Der Anbieter GMX dient hier als Beispiel. Im Play Store (siehe Kapitel *19 Play Store*) finden Sie zu diesem Anbieter eine entsprechende E-Mail-Anwendung, wenn Sie nach »GMX« suchen.

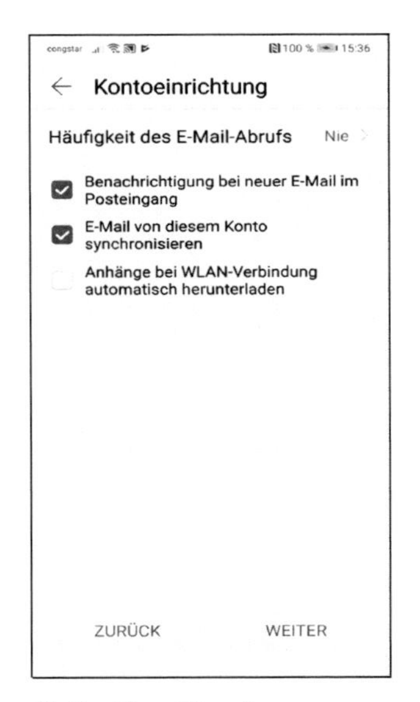

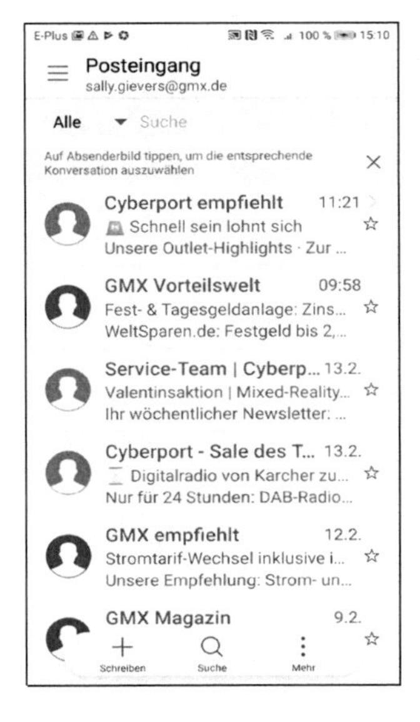

➊ Stellen Sie ein:

- *Häufigkeit des E-Mail-Abrufs*: Das Huawei Mate 10 Pro ruft automatisch neue Nachrichten vom E-Mail-Konto ab, wenn Sie dies entsprechend einstellen. Es ist aber auch möglich, dass Sie selbst manuell einen E-Mail-Abruf durchführen.
- *Benachrichtigungen bei neuer E-Mail im Posteingang*: Sie erhalten bei Vorliegen neuer Nachrichten einen akustischen und Visuellen Hinweis.

- *E-Mail von diesem Konto synchronisieren*: Muss aktiv sein.
- *Anhänge bei WLAN-Verbindung automatisch herunterladen*: In E-Mail enthaltene Dateien lädt das Handy automatisch herunter. Wir raten von der Aktivierung dieser Option ab, denn bei Bedarf können Sie Dateianhänge von Hand herunterladen.

Betätigen Sie *WEITER*.

❷ Sie können nun mit der E-Mail-Anwendung arbeiten.

10.1.2 E-Mail-Konto manuell einrichten

Wenn Sie die E-Mail-Adresse Ihres eigenen privaten Webservers oder den Ihrer Firma einsetzen, dann müssen Sie meist die im Folgenden beschriebene Einrichtigung durchführen.

❶ Gehen Sie auf *Sonstige*.

❷ Geben Sie Ihre E-Mail-Adresse und das Kennwort Ihres E-Mail-Kontos ein. Betätigen Sie *EINLOGGEN*.

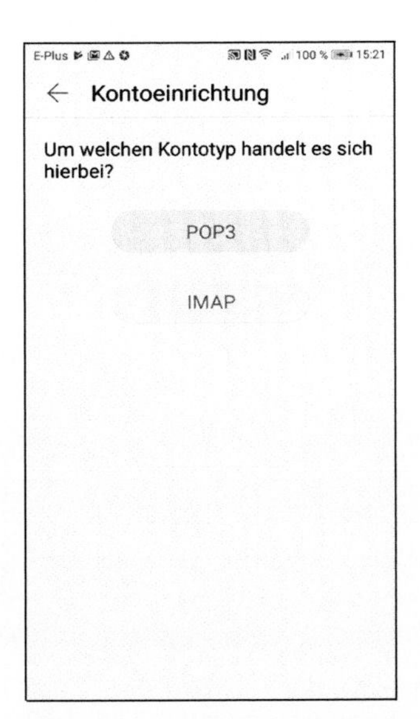

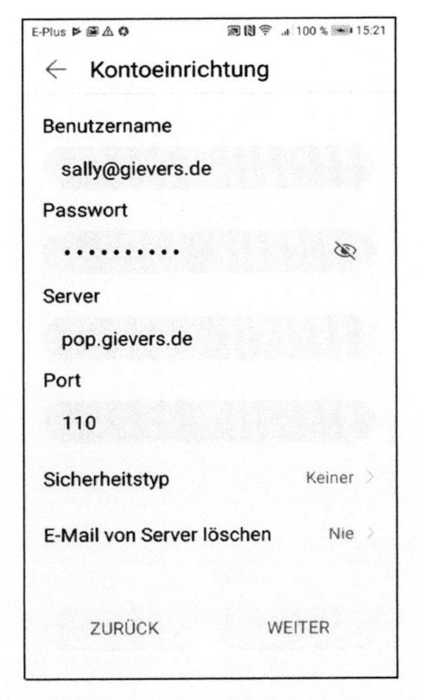

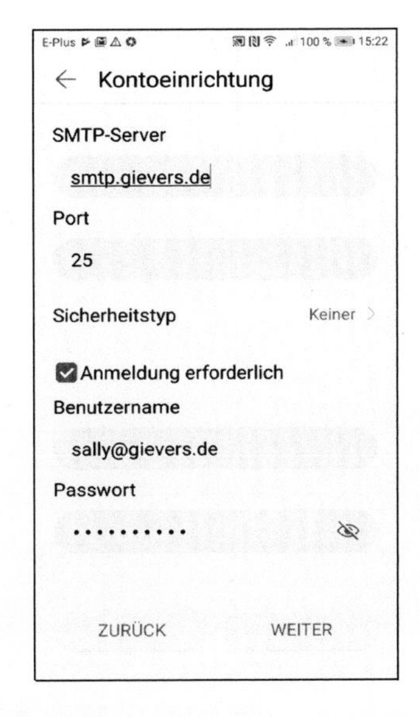

❶ Zur Auswahl stehen nun *POP3* und *IMAP*. Wir wählen *POP3*.

❷ Die E-Mail-Anwendung schlägt nun Einstellungen vor, die Sie für Ihren E-Mail-Anbieter abändern müssen:

- *Benutzername*: Der Name (»Login«), mit dem Sie sich beim E-Mail-Anbieter einloggen. Meistens handelt es sich dabei um Ihre E-Mail-Adresse.
- *Passwort*: Das Passwort zum E-Mail-Konto.

- *Server*: Der POP3-Server, über den die E-Mails abgerufen werden. Häufig verwenden die E-Mail-Dienste dazu einen Namen im Format »*pop.xxxx.de*«.
- *Port*: Über den Server-Port läuft die E-Mail-Kommunikation ab. Sofern der E-Mail-Anbieter keine Vorgaben macht, sollten Sie ihn ebenfalls nicht ändern.
- *Sicherheitstyp*: Zur Auswahl stehen *Keine, SSL* und *TLS.* **Viele Anbieter verschlüsseln die Verbindung, weshalb Sie meistens *SSL/TLS* einstellen müssen!**
- *E-Mail von Server löschen*: Standardmäßig bleiben alle E-Mails auch nach dem Abruf durch das Huawei Mate 10 Pro auf dem Konto beim E-Mail-Anbieter erhalten. Sie können die E-Mails dann später erneut auf dem PC mit einem E-Mail-Programm herunterladen, beziehungsweise über die Weboberfläche des E-Mail-Anbieters ansehen und löschen. Nutzen Sie dagegen ausschließlich das Huawei Mate 10 Pro für den E-Mail-Abruf, setzen Sie die Option auf *Wenn E-Mail aus dem Posteingang gelöscht.*

Betätigen Sie *WEITER.*

❸ Geben Sie nun ein:

- *SMTP-Server*: Tragen Sie den SMTP-Server ein, der zum E-Mail-Versand genutzt wird. Meist lautet er »*smtp.xxxx.de*«.
- *Port*: Über den Server-Port läuft die Kommunikation mit dem Mail-Server. Sie sollten die Vorgabe unverändert lassen.
- *Sicherheitstyp*: Zur Auswahl stehen wie beim POP-Server die Vorgaben *Ohne*, *SSL* und *TLS.* **Meistens muss hier *SSL/TSL* eingestellt werden!**
- *Anmeldung erforderlich*: Die meisten E-Mail-Anbieter verlangen vor dem Nachrichtensenden eine vorherige Anmeldung. Lassen Sie daher die Voreinstellung unverändert.
- *Benutzername; Passwort*: Sofern für das Senden von Nachrichten ein anderes Login benötigt wird als für den Nachrichtenempfang, müssen Sie hier etwas anderes eingegeben. Ansonsten sollte die Vorgabe unverändert bleiben.

Betätigen Sie *WEITER.*

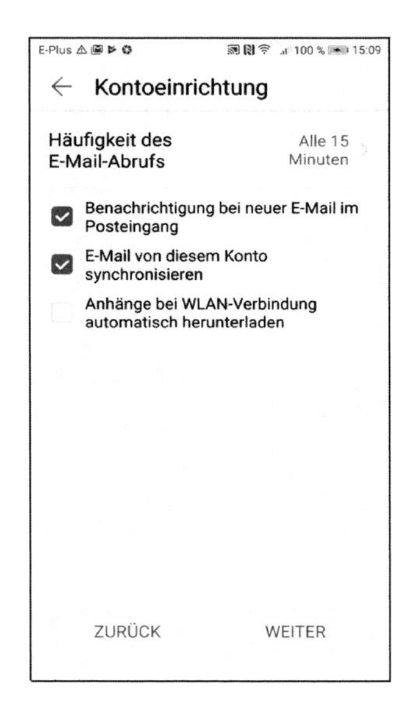

❶ Stellen Sie ein:

- *Häufigkeit des E-Mail-Abrufs*: Das Huawei Mate 10 Pro ruft automatisch neue Nachrichten vom E-Mail-Konto ab, wenn Sie dies entsprechend einstellen. Es ist aber auch möglich, dass Sie selbst manuell einen E-Mail-Abruf durchführen.
- *Benachrichtigungen bei neuer E-Mail im Posteingang*: Sie erhalten bei Vorliegen neuer Nachrichten einen akustischen und Visuellen Hinweis.
- *E-Mail von diesem Konto synchronisieren*: Muss aktiv sein.

Betätigen Sie *WEITER.*

❷ Sie können nun mit der E-Mail-Anwendung arbeiten.

10.1.3 Mehrere E-Mail-Konten verwalten

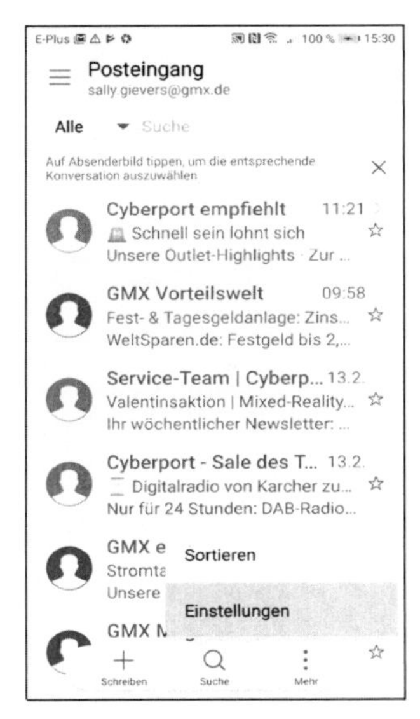

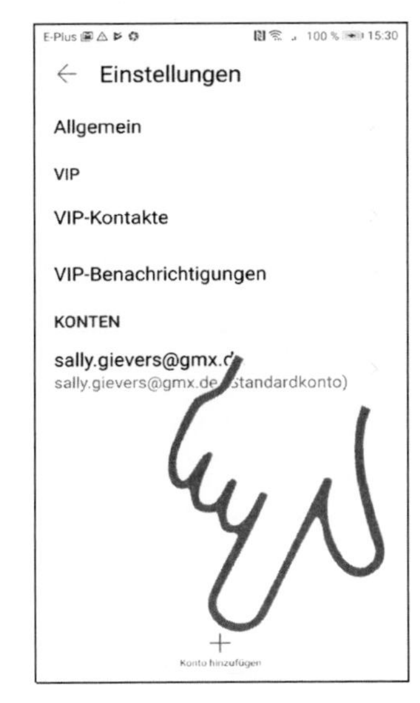

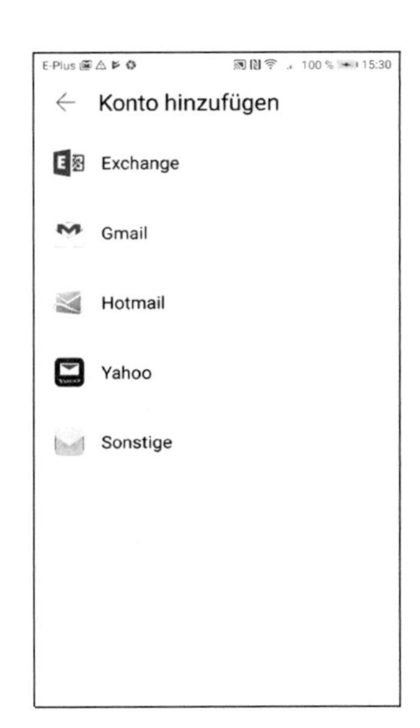

❶ Auf dem Huawei Mate 10 Pro dürfen Sie mehrere E-Mail-Konten verwenden. Gehen Sie dafür auf ⋮/*Einstellungen*.

❷❸ Rufen Sie + auf und erfassen Sie, wie bereits im vorherigen Kapitel beschrieben, die Kontodaten.

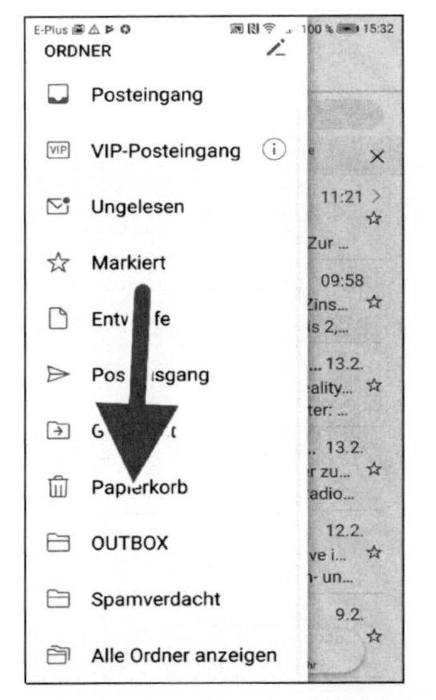

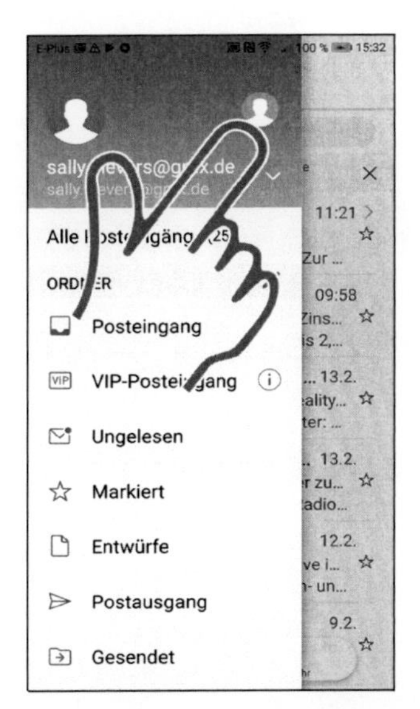

❶❷❸ So schalten Sie später zwischen den Konten um: Aktivieren Sie das Ausklappmenü (oben links tippen), wischen Sie darin nach unten und tippen Sie ein Kontosymbol an.

❶❷ Eine Besonderheit ist *Alle Posteingänge*, welche Sie ebenfalls im Ausklappmenü aktivieren können. Die E-Mails aus allen Konten werden dann zusammen angezeigt.

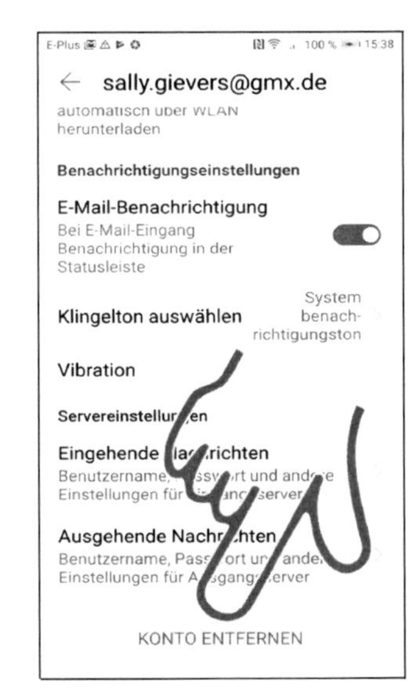

❶❷ Zum Entfernen eines Kontos rufen Sie ⋮/*Einstellungen* auf und gehen auf das zu löschende Konto.

❸ Rollen Sie bis zum Bildschirmende mit einer Wischgeste durch und betätigen Sie *KONTO ENTFERNEN.*

10.2 E-Mail-Konto bearbeiten

10.2.1 Allgemeine Einstellungen

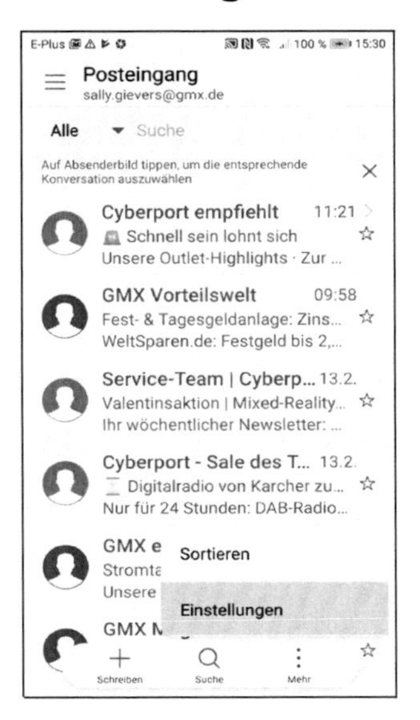

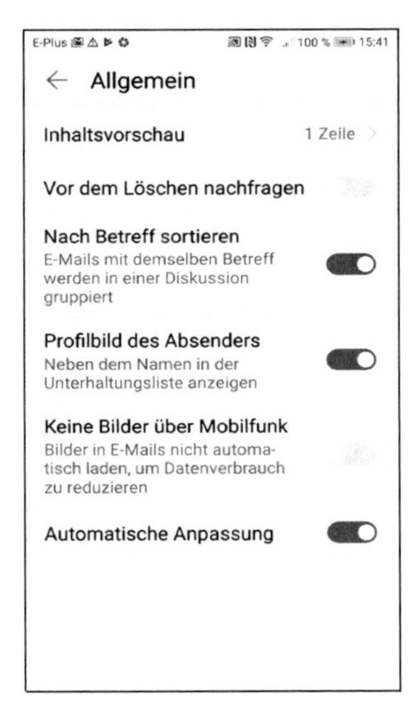

❶❷ Die für **alle** Konten verwendeten Voreinstellungen finden Sie unter ⋮/*Einstellungen/Allgemein*:

- *Inhaltsvorschau*: In der Nachrichtenauflistung zeigt die E-Mail-Anwendung normalerweise nur eine Zeile des jeweiligen E-Mail-Inhalts an.
- *Vor dem Löschen nachfragen*: Legen Sie fest, ob jede Nachrichtenlöschung erst eine Bestätigung benötigt.
- *Nach Betreff sortieren*: Gruppiert alle E-Mails, die Sie mit jemand geschrieben und erhalten haben, in einem Nachrichteneintrag.
- *Profilbild des Absenders*: Zeigt von Kontakten, die sich im Telefonbuch befinden, das zugewiesene Kontakt-Foto (siehe Kapitel *7.5 Kontaktfoto und Klingelton*) an.

- *Keine Bilder über Mobilfunk*: In den Nachrichten eingebettete Bilder werden nicht heruntergeladen, wenn die Internetverbindung über das Mobilfunknetz erfolgt.
- *Automatische Anpassung*: Viele E-Mails sind für die Anzeige auf Desktop-PCs optimiert. Die E-Mail-Anwendung verkleinert deshalb gegebenenfalls die Darstellung auf das Handy-Display.

10.2.2 Konto-Einstellungen

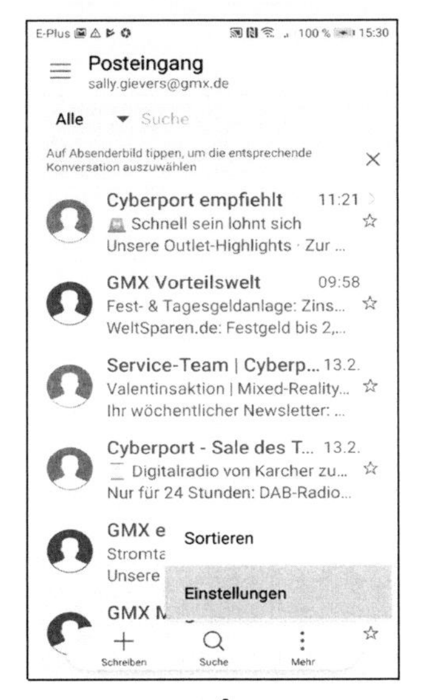

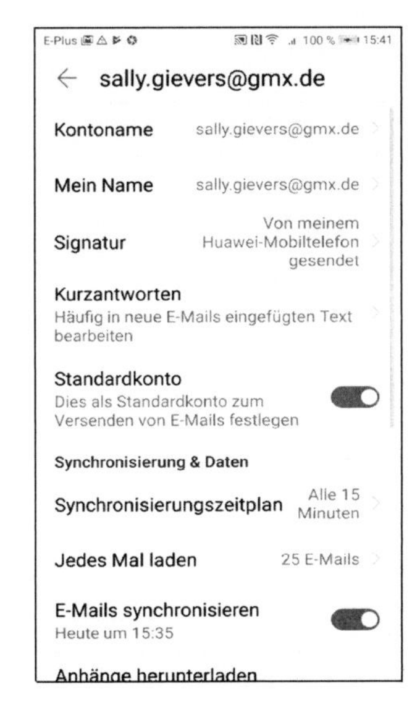

❶❷❸ Unter ⋮/*Einstellungen/(Ihr E-Mail-Konto)* bearbeiten Sie ein E-Mail-Konto:

- *Kontoname*: Unter diesem Namen erscheint das Konto in der E-Mail-Anwendung.
- *Mein Name*: Erscheint als Absendername in Ihren E-Mails.
- *Signatur*: Die Signatur erscheint unter allen Ihren versendeten E-Mails. Verwenden Sie sie, um beispielsweise alternative Kontaktmöglichkeiten anzugeben.
- *Kurzantworten*: Verwaltet häufig genutzte Antworttexte.
- *Standardkonto*: Falls Sie mehrere E-Mail-Konten auf dem Handy nutzen, wählen Sie hier aus, über welches Ihre Nachrichten verschickt werden.

Unter *Synchronisierung & Daten*:

- *Synchronisationszeitplan*: Legt fest, wie häufig der automatische E-Mail-Abruf erfolgt.
- *Jedes Mal laden*: Anzahl der maximal im Posteingang angezeigten E-Mails, wenn Sie das E-Mail-Programm aufrufen.
- *E-Mails synchronisieren:* Lassen Sie diese Option aktiv, damit der automatische, zeitgesteuerte Abruf erfolgt. Wenn Sie sie dagegen deaktivieren, müssen Sie neuen die Nachrichten von Hand herunterladen (indem Sie im Posteingang eine Wischgeste von oben nach unten durchführen).
- *Anhänge herunterladen*: Legt fest, ob in Nachrichten mitversandte Dateianhänge automatisch heruntergeladen werden.

Unter *Benachrichtigungseinstellungen:*

- *E-Mail-Benachrichtigung*: Beim Vorliegen neu abgerufener Nachrichten erscheint ein Hinweis in der Titelleiste.
- *Klingelton auswählen; Vibration*: Akustischer und haptischer Hinweis bei neuen Nachrichten.

Unter *Servereinstellungen*:

- *Eingehende Nachrichten; Ausgehende Nachrichten*: Konfiguriert die Abruf- beziehungsweise Sendeeinstellungen. Hier sollten Sie nichts ändern.

KONTO ENTFERNEN: Löscht das E-Mail-Konto.

10.3 E-Mail-Anwendung in der Praxis

10.3.1 E-Mail-Ordner

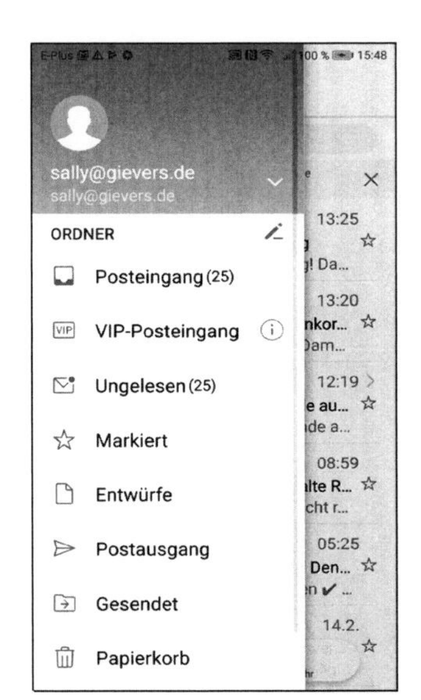

➊ Die Nachrichten verwaltet die E-Mail-Anwendung in Ordnern, zwischen denen man über das Ausklappmenü (Pfeil) umschaltet.

➋ Das Menü ist unterteilt in:

- *Posteingang*: Empfangene E-Mails
- *VIP-Posteingang*: Sammelt Nachrichten von Absendern, die Sie als wichtig markiert haben (siehe Kapitel *10.3.4 VIP*).
- *Ungelesen*: Empfangene E-Mails, die Sie noch nicht geöffnet haben.
- *Markiert*: Von Ihnen mit einem Stern markierte Nachrichten.
- *Entwürfe*: E-Mails, die Sie für späteren Versand erstellt haben.
- *Postausgang:* E-Mails, die auf den Versand warten.
- *Gesendet*: Verschickte E-Mails
- *Papierkorb*: Gelöschte E-Mails.

10.3.2 E-Mails abrufen

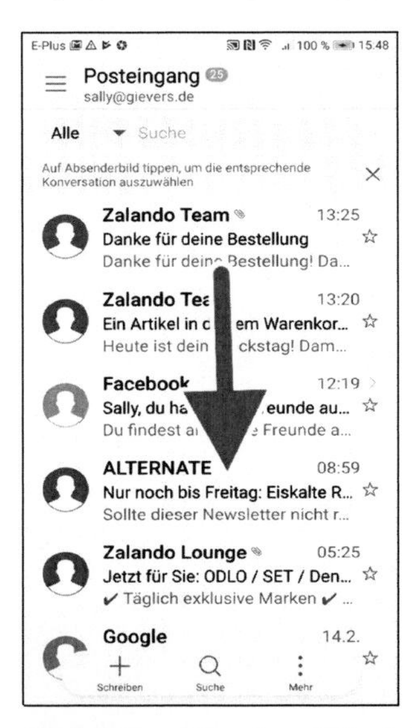

➊ Führen Sie eine Wischgeste nach unten durch für den E-Mail-Abruf. Alternativ können Sie auch in den Einstellungen (siehe Kapitel *10.2.2 Konto-Einstellungen*) festlegen, wie häufig der automatische Mail-Abruf erfolgt.

❷ Hat der Abruf geklappt, dürfte es im Fenster ungefähr so wie hier aussehen. Alle Nachrichten werden mit Absender, Empfangsdatum und Betreff anzeigt. Bereits gelesene Nachrichten erscheinen in grauer statt schwarzer Schrift. Tippen Sie eine Nachricht an, so wird sie angezeigt.

10.3.3 E-Mails lesen und beantworten

❶❷ Gehen Sie auf eine E-Mail, die Sie ansehen möchten.

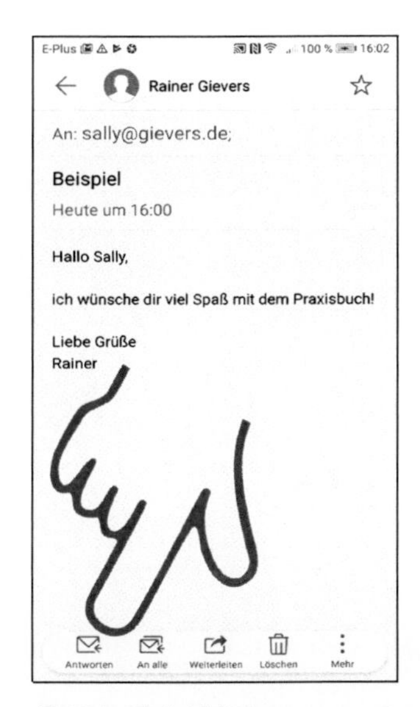

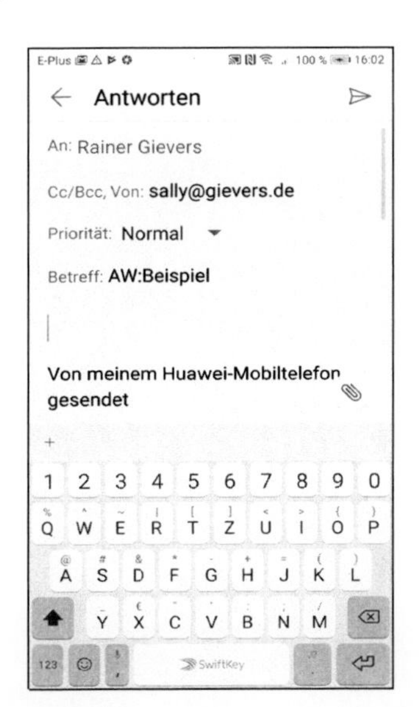

❶ Die Schaltleisten am unteren Bildschirmrand:

- *Antworten*: Nachricht an den Absender schreiben (❷).
- *An Alle*: Allen Antworten, deren E-Mail-Adresse in der Nachricht enthalten ist. Wir raten von dieser Funktion ab, da die Gefahr besteht, dass unbeabsichtigt Dritte Ihre Antwort erhalten.
- *Weiterleiten*: E-Mail an einen weiteren Empfänger weiterleiten.
- *Löschen*: E-Mail entfernen.

❶❷ Die E-Mail-Anwendung fasst standardmäßig alle Nachrichten, die Sie mit einem Kommunikationspartner ausgetauscht haben, in einem sogenannten Gesprächsverlauf zusammen. Wenn Sie also eine E-Mail im Posteingang antippen, schaltet das Handy auf den Gesprächsverlauf um.

Manche E-Mails sind sehr groß. In diesen Fällen zeigt das Handy nicht die vollständige Nachricht an. *Weitere laden* (Pfeil) lädt dann den Rest der E-Mail herunter.

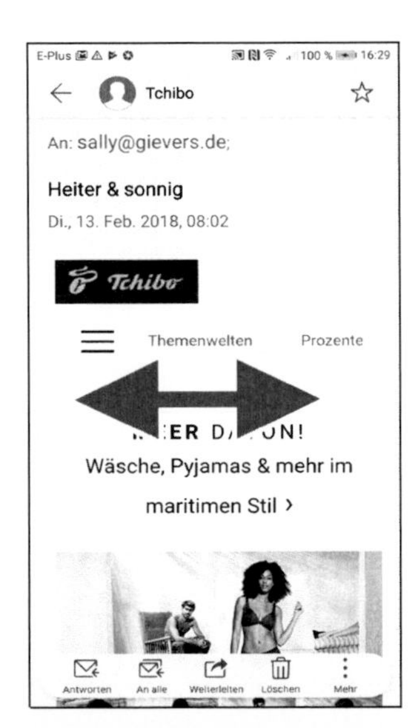

❶ Zur nächsten/vorherigen Nachricht wechseln Sie mit einer Wischgeste.

❷ Ziehen Sie zwei gleichzeitig auf dem Display gedrückte Finger auseinander, beziehungsweise zusammen, so vergrößert/verkleinert das Handy die Nachrichtenanzeige. Mit einem Finger ändern Sie dann den angezeigten Bildausschnitt.

10.3.4 VIP

Wenn Sie beruflich oder privat sehr viele Nachrichten erhalten, dürften Sie vielleicht schon mal eine wichtige übersehen haben. Damit Ihnen das nicht mehr passiert, können Sie mit der Hauptsender-Funktion bestimmte Absender als »wichtig« festlegen. Nachrichten von den wichtigen Absendern landen dann nicht nur im Posteingang, sondern auch in einem eigenen Ordner.

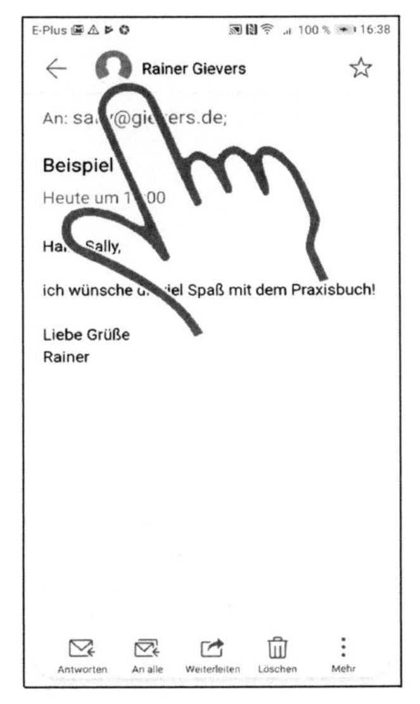

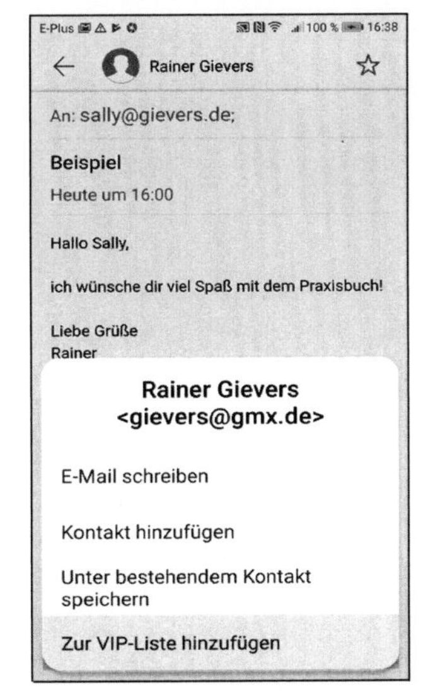

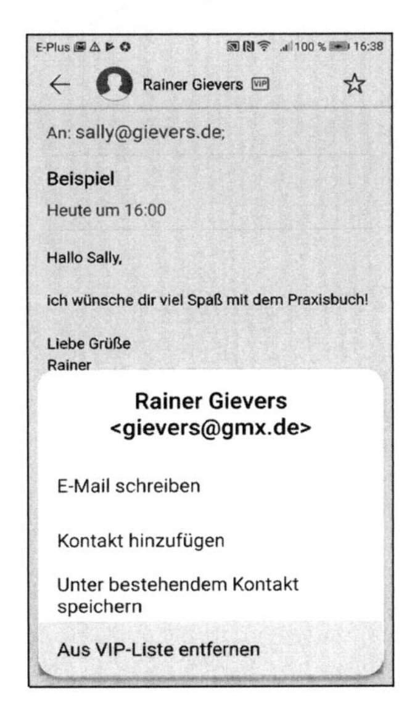

❶❷ So legen Sie einen Absender (genauer gesagt, seine E-Mail-Adresse) als wichtig fest: Tippen Sie auf das Kontaktfoto beziehungsweise Kontaktsymbol (Pfeil) und gehen Sie auf *Zur VIP-Liste hinzufügen.*

❸ Umgekehrt entfernen Sie bei einem erneuten Aufruf des Menüs über *Aus VIP-Liste entfernen* den Absender wieder von der VIP-Liste.

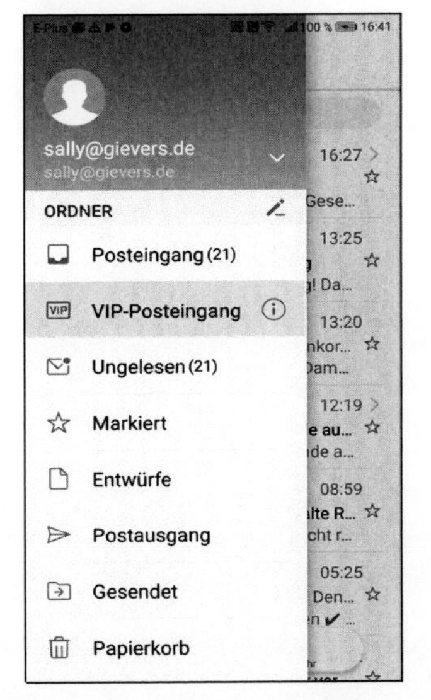

❶❷❸ Rufen Sie das Ausklappmenü auf und wählen Sie *VIP-Posteingang*. Es werden nun alle Nachrichten von allen als wichtig eingestuften Absendern anzeigt.

In den normalen Posteingang kehren Sie entweder über *Posteingang* im Ausklappmenü zurück, oder Sie betätigen in der Nachrichtenauflistung einmal die ◁-Taste.

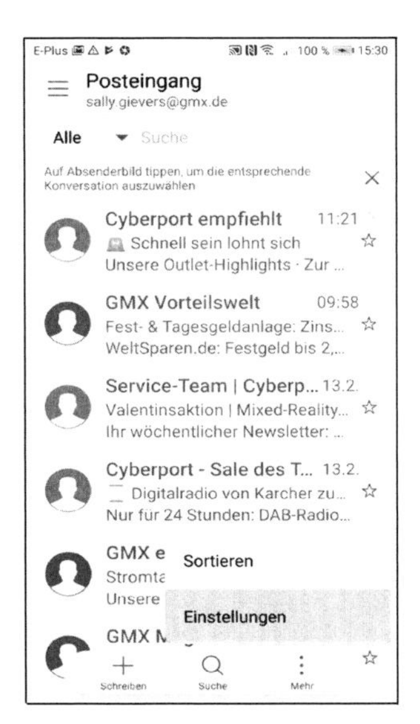

❶❷ Die VIPs verwalten Sie unter ⁝/*Einstellungen/VIP-Kontakte.*

❸ Sie können hier über *Hinzufügen* weitere VIPs anlegen beziehungsweise mit *Löschen* entfernen.

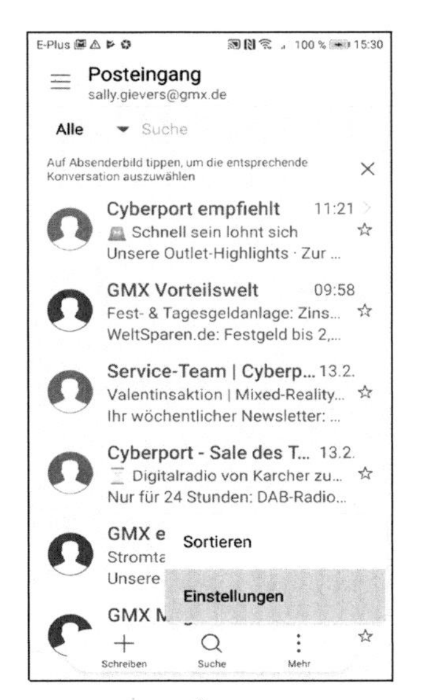

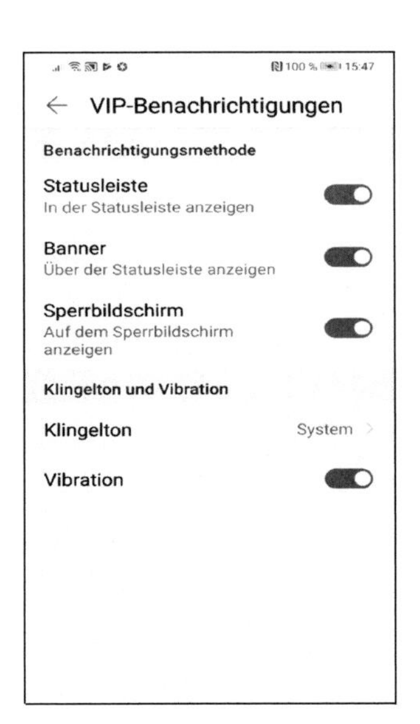

❶❷ Unter ⁝/*Einstellungen/VIP-Benachrichtigungen* legen Sie fest, in welcher Form Sie über neue E-Mails von Ihren VIPs informiert werden:

Unter *Benachrichtigungsmethode*:

- *Statusleiste*: Es erscheint ein Hinweis in der Titelleiste.
- *Banner*: Der Betreff wird in der Titelleiste angezeigt.
- *Sperrbildschirm*: Nachrichtenanzeige auch während der aktiven Displaysperre.

Unter *Klingelton und Vibration*:

- *Klingelton*: Benachrichtigungston.
- *Vibration*

10.3.5 E-Mails löschen

Die Lösch-Funktion in der E-Mail-Anwendung ist eine Philosophie für sich... Empfangene E-Mails werden standardmäßig nämlich nicht vom Internet-E-Mail-Konto gelöscht und lassen sich somit erneut mit dem E-Mail-Programm auf dem Desktop-PC abrufen oder auf der Weboberfläche des E-Mail-Anbieters anzeigen.

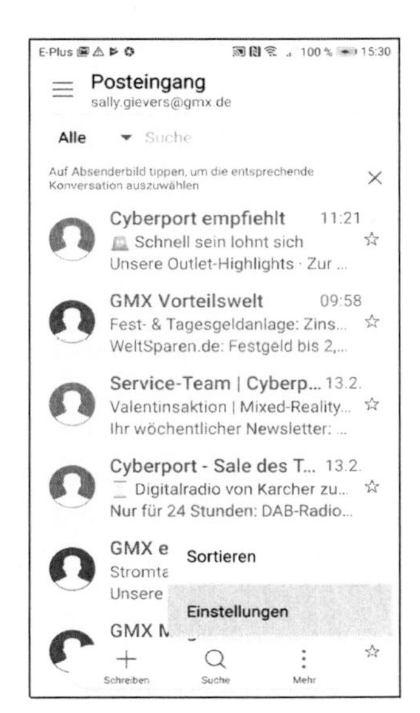

❶❷❸ Wie die Nachrichtenlöschung auf Ihrem Internet-E-Mail-Konto gehandhabt wird, bestimmt die Option *E-Mail von Server löschen* (Sie finden die Option in ⋮*/Einstellungen/(Ihr Konto)/Eingehende Nachrichten*). Zur Auswahl stehen dabei *Nie* und *Wenn E-Mail aus dem Posteingang gelöscht wird*. Voreingestellt ist *Nie*. Gelöschte E-Mails bleiben also im Internet-E-Mail-Konto erhalten.

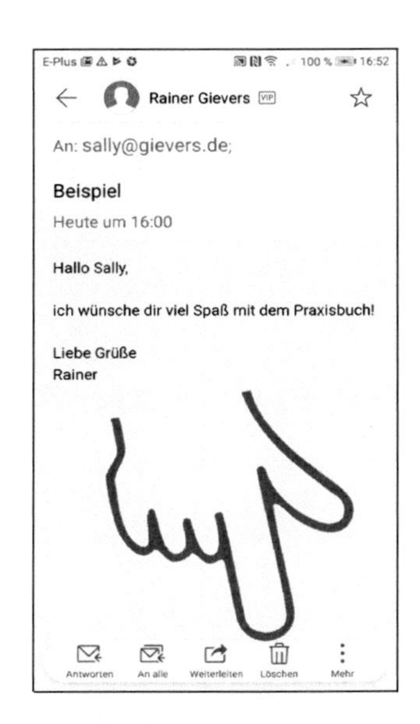

Löschen Sie eine E-Mail, beispielsweise mit *Löschen* in der Nachrichtenansicht, so verschwindet die E-Mail zudem nicht sofort aus der Nachrichten-Anwendung, sondern landet im *Papierkorb*-Ordner.

❶❷❸ Sie können sich davon auch selbst überzeugen, indem Sie das Aufklappmenü aktivieren und dann auf *Papierkorb* gehen.

Viele E-Mail-Programme auf dem PC löschen standardmäßig alle empfangenen Mails vom Internet-E-Mail-Konto. Die E-Mail-Anwendung auf dem Huawei Mate 10 Pro erkennt das und entfernt bei sich die gelöschten Nachrichten ebenfalls. Wundern Sie sich also nicht, wenn auf dem Huawei Mate 10 Pro nach dem E-Mail-Abruf plötzlich Mails verschwunden sind!

10.3.6 Dateianlagen

In E-Mails enthaltene Dateianlagen kann man anzeigen und weiterverarbeiten.

➊ Über Dateianlagen informiert 📎 (Pfeil) in der Nachrichtenauflistung.

➋ Betätigen Sie in der E-Mail-Ansicht *Weitere laden* (Pfeil).

➌ Tippen Sie *x ANHÄNGE* in der Nachrichtenansicht an.

➊ Betätigen Sie bei jeder Datei 🖫 (Datei im *Download*-Verzeichnis auf dem Handy ablegen) beziehungsweise tippen Sie sie an für die Anzeige in der Galerie-Anwendung (➋).

10.3.7 Absender ins Telefonbuch aufnehmen

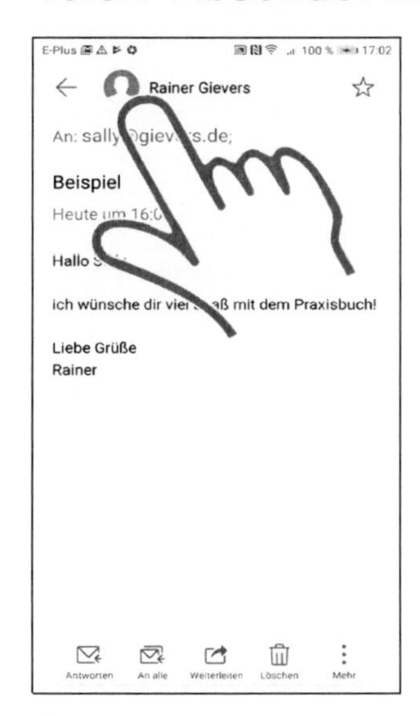

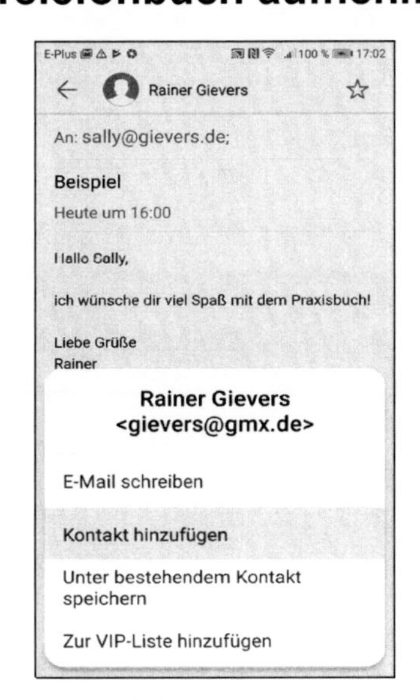

❶ Tippen Sie das Kontakt-Symbol an (Pfeil).

❷ Soll die E-Mail-Adresse einem bereits vorhandenen Kontakt hinzugefügt werden, dann betätigen Sie *Unter bestehendem Kontakt speichern,* ansonsten legen Sie mit *Kontakt hinzufügen* einen weiteren Kontakt an.

10.4 E-Mail erstellen und senden

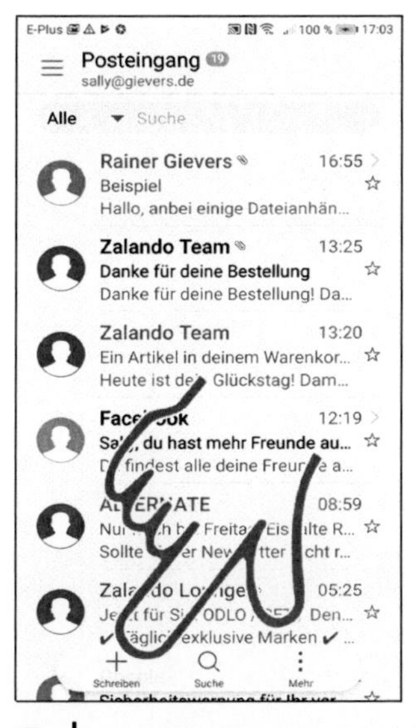

❶ + erstellt eine neue Nachricht.

❷ Hier sind der Betreff, der Empfänger, sowie der Nachrichtentext einzugeben.

❸ Sobald Sie einige Buchstaben in das *An*-Feld eingetippt haben, öffnet sich die Empfängerliste. Sofern Sie keinen Kontakt aus dem Telefonbuch verwenden möchten, geben Sie die E-Mail-Adresse von Hand komplett selbst ein.

Die Signatur »*Von meinem Huawei-Mobiltelefon gesendet*« im Nachrichtentext können sie, wie im Kapitel *10.2.2 Konto-Einstellungen* beschrieben, ändern.

❶ Geben Sie noch Betreff und Nachrichtentext ein. Betätigen Sie nun ⊳ (oben rechts). Die neue E-Mail wird sofort verschickt.

❷❸ Weitere Empfänger lassen sich bei Bedarf übrigens hinzufügen, indem Sie in das *An*-Eingabefeld (Pfeil) tippen und dann einfach die Mail-Adresse, beziehungsweise den Kontaktnamen eingeben, worauf wiederum die Kontaktauswahl erscheint.

❶❷ Bitte beachten Sie, dass die E-Mail-Anwendung, wie bereits erwähnt, Nachrichten, die Sie mit einem Konversationspartner geschrieben haben, zusammenfasst. Tippen Sie also in der Nachrichtenauflistung einen Eintrag an, so werden die zugehörigen Nachrichten aufgelistet.

10.4.1 Cc/Bcc

❶❷ Eine Besonderheit sind die *Cc/Bcc*-Eingabefelder, die Sie über ein Tippen in das *Cc/Bcc*-Eingabefeld (Pfeil) aktivieren:

- *Cc*: Der Begriff Cc steht für »Carbon Copy«, zu deutsch »Fotokopie«. Der ursprüngliche Adressat (im *An*-Eingabefeld) sieht später die unter *CC* eingetragenen weiteren Empfänger. Die *CC*-Funktion ist beispielsweise interessant, wenn Sie ein Problem mit jemandem per E-Mail abklären, gleichzeitig aber auch eine zweite Person von Ihrer Nachricht Kenntnis erhalten soll.
- *Bcc*: Im Bcc (»Blind Carbon Copy«)-Eingabefeld erfassen Sie weitere Empfänger, wobei der ursprüngliche Adressat im *An*-Feld nicht mitbekommt, dass auch noch andere Personen die Nachricht erhalten.

10.4.2 Entwürfe

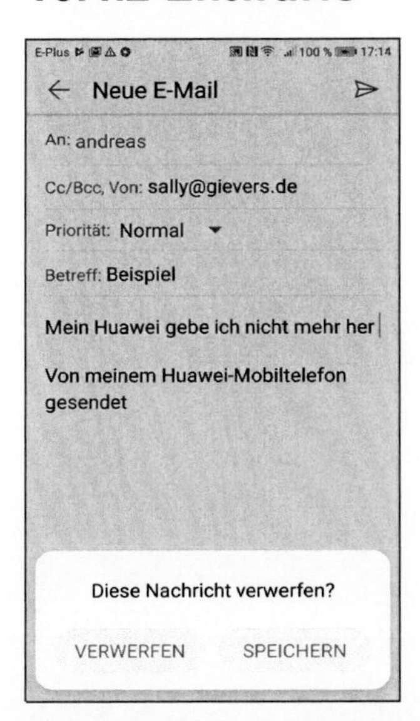

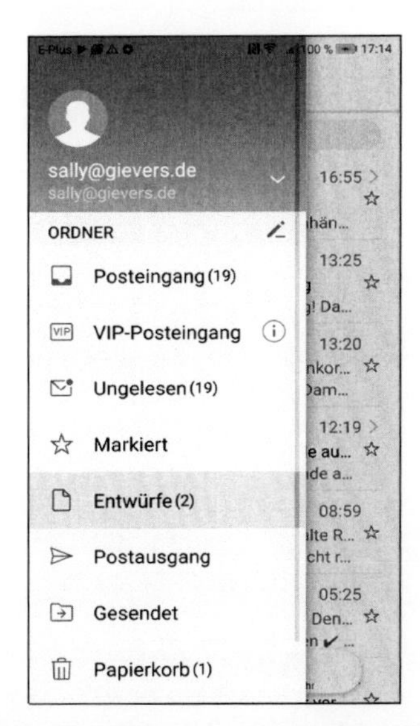

❶ Betätigen Sie während der Nachrichtenerstellung statt ▷ zweimal die ▽- beziehungsweise ◁-Taste (beim ersten Mal wird nur das Tastenfeld ausgeblendet), worauf das Handy nachfragt, ob Sie die Mail als Entwurf speichern möchten. Bestätigen Sie mit *Speichern*, die E-Mail wird gespeichert und der Posteingang angezeigt.

❷ Möchten Sie den Entwurf später senden, rufen Sie das Ausklappmenü auf.

❸ Dann gehen Sie in den *Entwürfe*-Ordner. Die hier abgelegten Nachrichtenentwürfe können Sie nach dem Antippen wie gewohnt bearbeiten und dann verschicken.

10.4.3 E-Mail-Anhänge

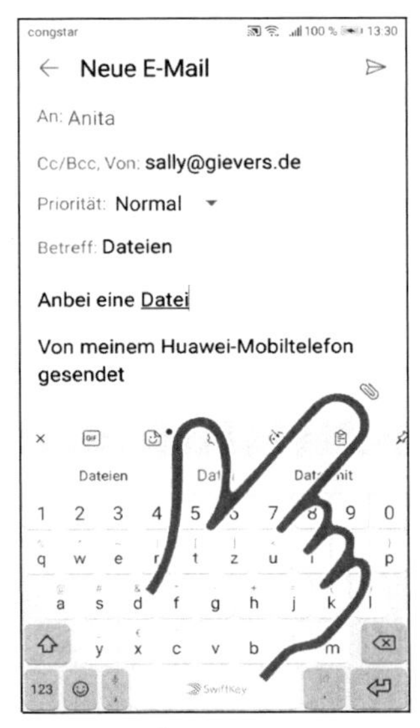

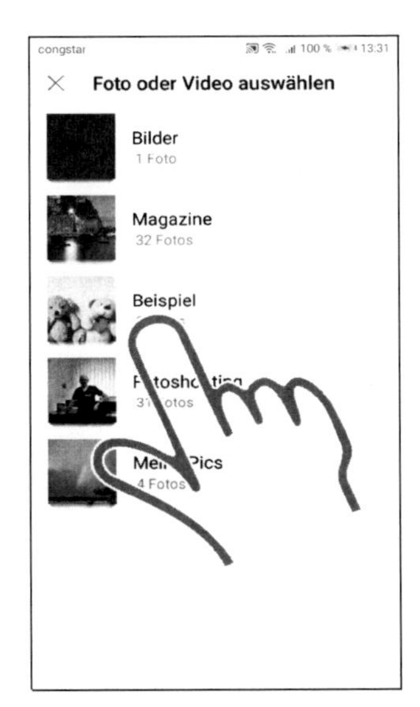

❶ Über 📎 fügen Sie eine Datei als Anhang hinzu. Schließen Sie den eventuell folgenden Hinweis mit *AKTIVIEREN*.

❷❸ Im Beispiel sollen Fotos verschickt werden, weshalb wir auf *Galerie* gehen und anschließend ein Fotoalbum auswählen. Falls nach einer Berechtigung gefragt wird, betätigen Sie *AKTIVIEREN*.

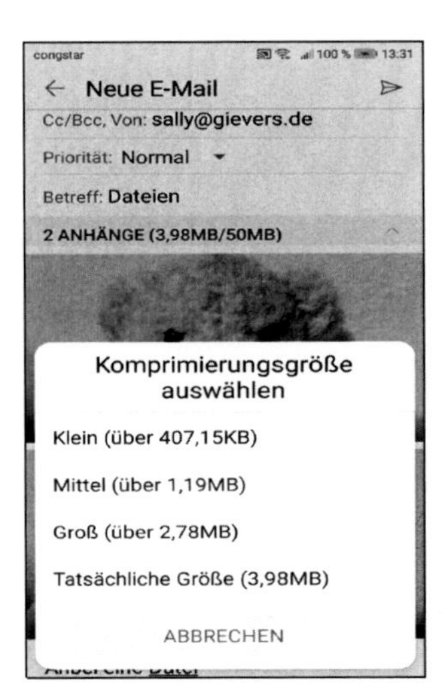

❶ Markieren Sie die Dateien, die Sie senden möchten, indem Sie sie jeweils unten rechts antippen. Dann schließen Sie den Vorgang mit ✓ ab.

❷ Die Bilder landen als Anhang in der E-Mail und lässt sich nun versenden. Bei Bildern, die meist eine sehr viel Speicherplatz und damit Übertragungszeit benötigen, besteht die Möglichkeit, kurz vor dem Senden eine Größenänderung durchzuführen.

10.5 Favoriten

Sie können Nachrichten, die in irgendeiner Weise wichtig sind, als »Favoriten« markieren, um sie später schneller wiederzufinden.

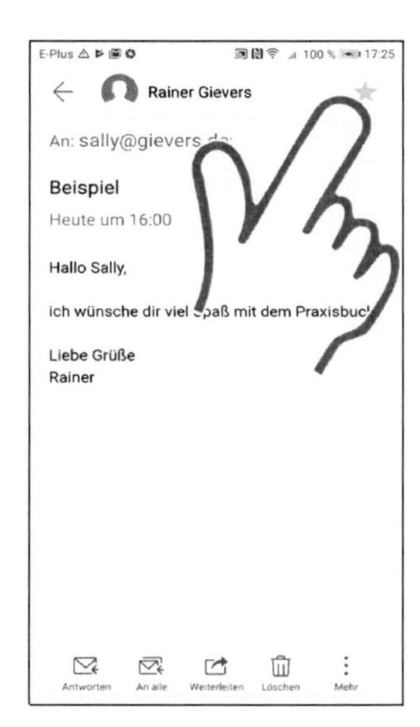

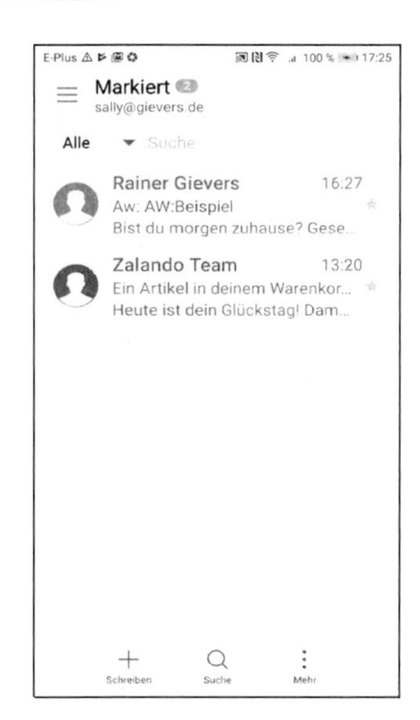

❶ Tippen Sie in der Nachrichtenansicht den Stern an (Pfeil), um die jeweilige Nachricht als Favorit zu markieren. Erneutes Antippen löscht den Stern wieder.

❷❸ Die Favoriten zeigen Sie an, indem Sie im Ausklappmenü auf *Markiert* gehen.

10.6 Stapelvorgänge

Wenn eine Aktion wie Löschen, Markierung hinzufügen, usw. auf mehrere Nachrichten anzuwenden ist, verwenden Sie die Stapelvorgänge.

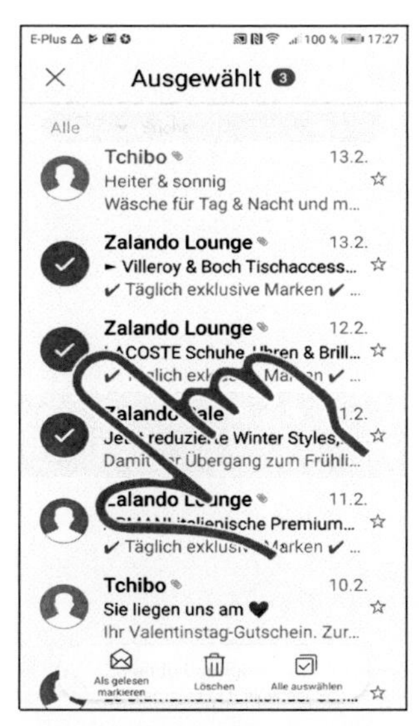

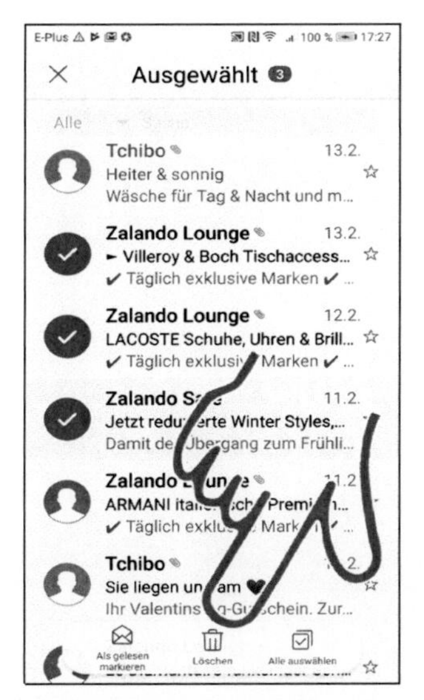

❶ Zum Markieren tippen Sie jeweils einfach das Kontaktfoto beziehungsweise das Symbol vor der E-Mail an.

❷ Über die Schaltleisten am unteren Bildschirmrand setzen Sie die markierten Nachrichten auf Gelesen beziehungsweise löschen sie.

10.7 E-Mail-Ansichten

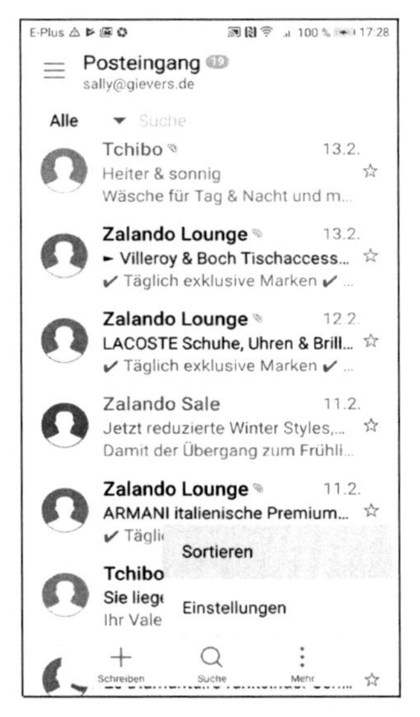

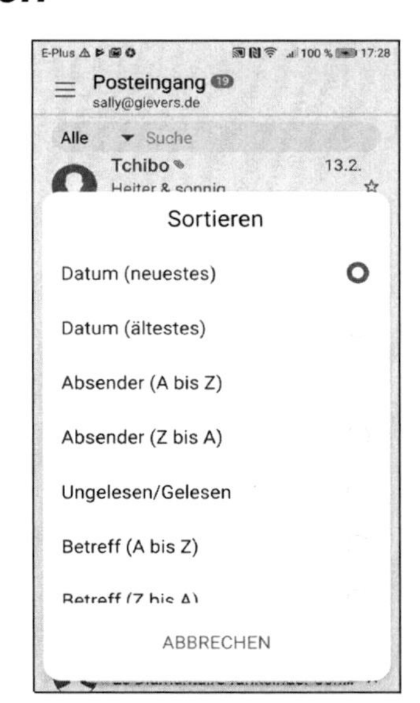

❶❷ Passen Sie die E-Mail-Auflistung über ⋮/*Sortieren* an. Beispielsweise können Sie mit *Ungelesen/Gelesen* alle noch nicht gelesenen Nachrichten als erste anzeigen lassen.

10.8 Suche

❶❷ Tippen Sie ins das *Suche*-Feld und geben Sie den Suchbegriff ein, worauf die E-Mail-Anwendung bereits bei der Eingabe die Fundstellen auflistet.

❸ Über die *Alle*-Schaltleiste neben dem Suche-Eingabefeld stellen Sie den Suchort ein.

10.9 E-Mails auf dem Startbildschirm

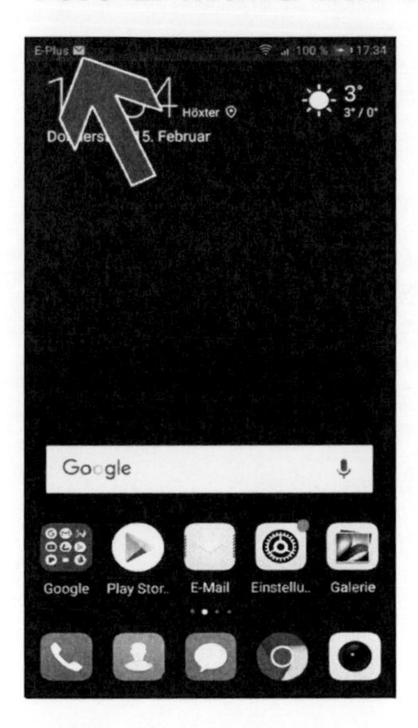

Über neu vorhandene E-Mails informiert die Titelleiste (Pfeil).

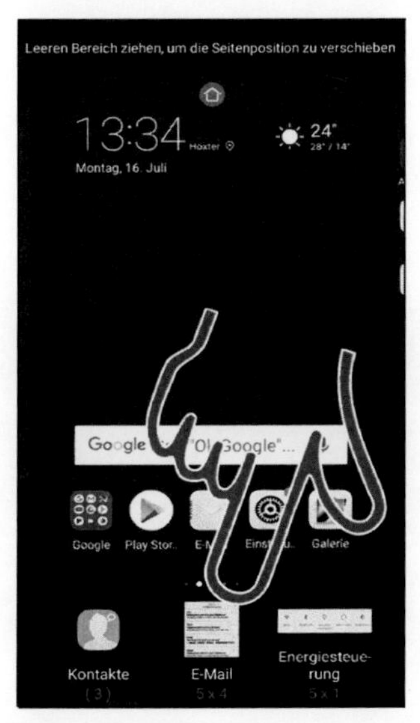

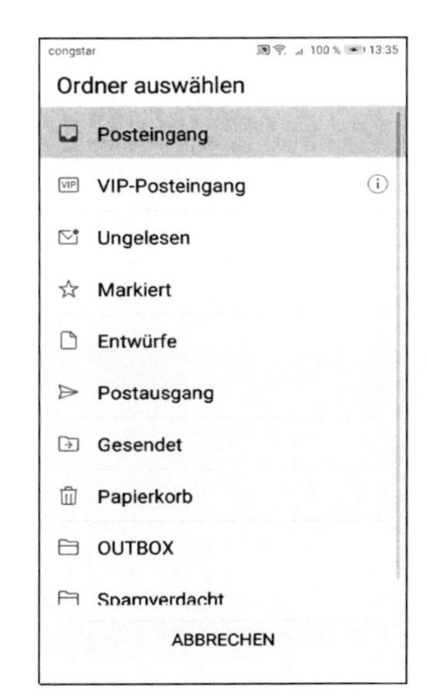

➊ Verwenden Sie das *E-Mail*-Widget aus den *Widgets* (siehe Kapitel *4.7.2 Widgets*), um den Posteingang direkt im Startbildschirm anzuzeigen.

➋ Danach wählen Sie *Posteingang* aus.

➌ Sie haben nun direkt vom Startbildschirm aus Zugriff auf Ihre E-Mails.

11. Gmail

Wie bereits im Kapitel *2.1 Das ist bei Android anders* erläutert, dient das von Ihnen angelegte Google-Konto – im Format *(Ihr Name)@gmail.com* auch als E-Mail-Adresse. Mit der in diesem Kapitel vorgestellten Gmail-Anwendung können Sie E-Mails senden, empfangen und verwalten.

Weil die Gmail-Anwendung vergleichsweise komplex ist, empfehlen wir stattdessen die im Kapitel *10 E-Mail* vorgestellte Huawei-E-Mail-Anwendung zu verwenden. Die Gmail-Anwendung dürfte nur für Nutzer interessant sein, die Gmail bereits auf ihrem vorherigen Handy im Einsatz hatten.

Bevor die Gmail-Anwendung genutzt werden kann, muss der Internetzugang, wie im Kapitel *8.1 Internetzugang einrichten* beschrieben, konfiguriert sein. Für Gmail müssen Sie auf dem Gerät erst ein Google-Konto einrichten, was Kapitel *15 Das Google-Konto* erläutert.

Google experimentiert laufend mit neuen Funktionen, die aber immer nur einem Teil der Nutzer zugute kommt. Bei Ihnen könnte daher die Benutzeroberfläche geringfügig anders aus-sehen.

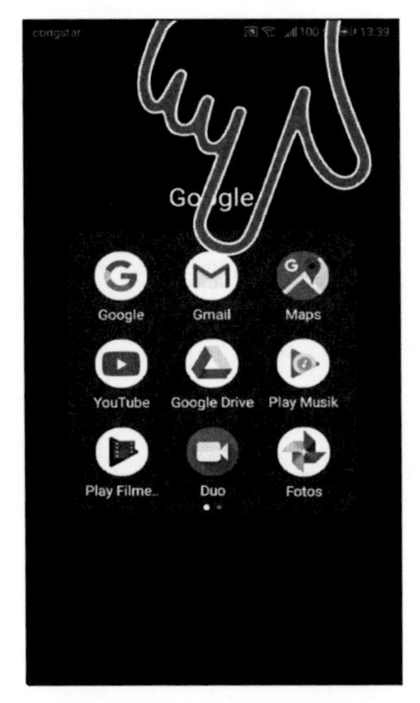

❶❷ *Gmail* finden Sie im *Google*-Ordner des Startbildschirms (Pfeil).

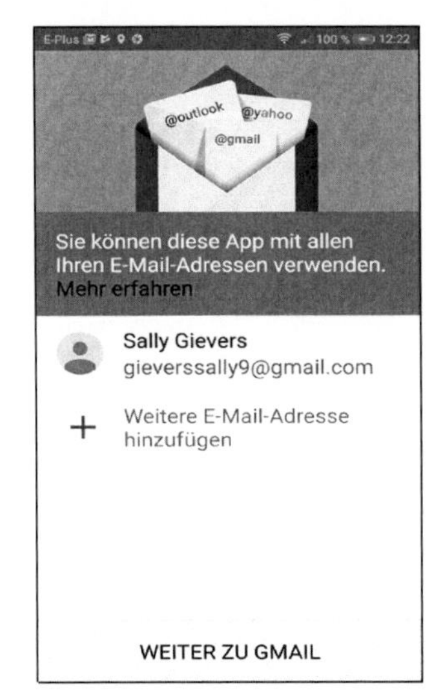

❶❷ Betätigen Sie beim ersten Start *ÜBERSPRINGEN* und dann *WEITER ZU GMAIL*.

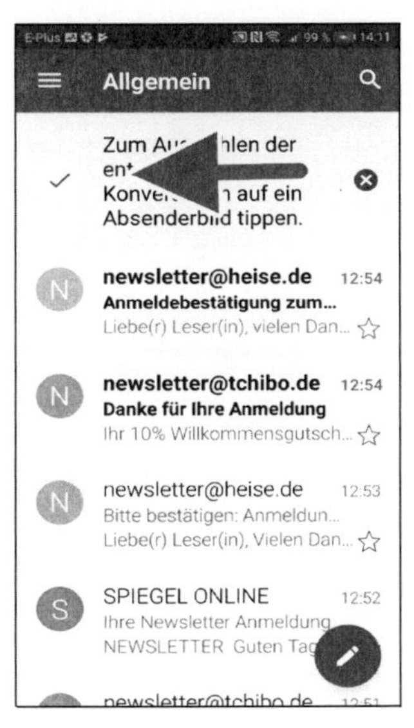

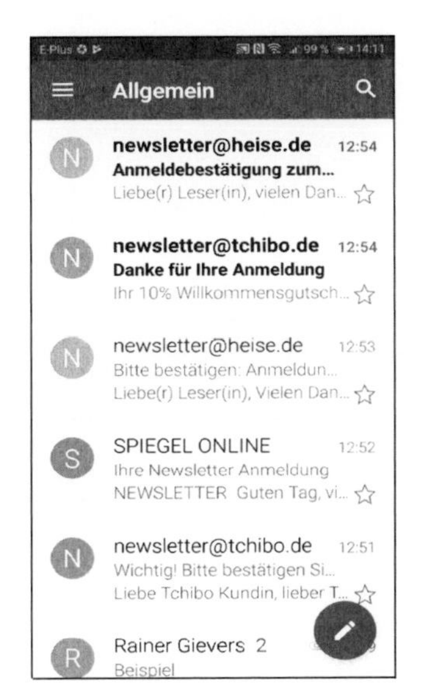

❶ Beim ersten Start erscheinen eventuell einige Hinweise, welche Sie mit einer horizontalen Wischgeste beziehungsweise der X-Schaltleiste entfernen.

❷ Die großen bunten Symbole vor den einzelnen Nachrichten enthalten jeweils den ersten Buchstaben des Absenders, im Beispiel also »G« für Google, usw.

Sie sollten Ihren Bekanntenkreis bitten, Ihnen E-Mails an Ihr Gmail-E-Mail-Adresse (= Ihr Google-Konto) zu senden. Auf diesem Wege können Sie die folgenden Bedienungsweisungen direkt nachvollziehen.

11.1.1 E-Mails abrufen

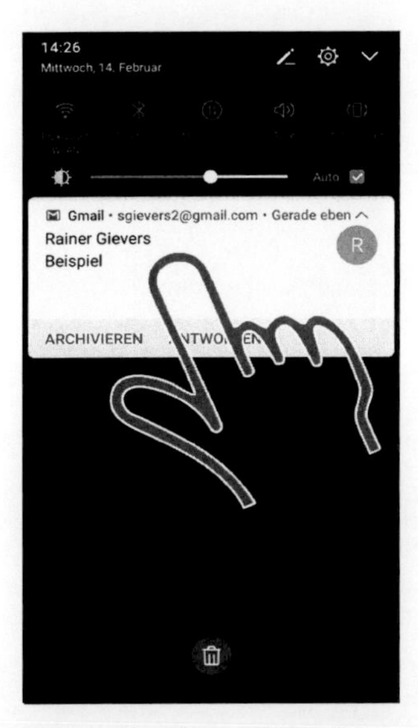

❶ Für die Synchronisierung der E-Mails in der Gmail-Anwendung mit dem E-Mail-Konto führen Sie eine Wischgeste von oben nach unten in der E-Mail-Oberfläche durch (es erfolgt im Hintergrund allerdings ohnehin ein automatischer Nachrichtenabruf).

❷❸ Alternativ können Sie sich die neuen E-Mails auch auf einem weiteren Wege anzeigen: Wenn neue Nachrichten vorliegen, erscheint in der Titelleiste ein Symbol (Pfeil). Öffnen Sie das Benachrichtigungsfeld (siehe Kapitel *4.7.6 Titelleiste und Benachrichtigungsfeld*) und tippen Sie auf *x neue Nachrichten*, worauf der Gmail-Posteingang angezeigt wird. Sofern nur eine neue Nachricht empfangen wurde, zeigt Gmail diese statt des Posteingangs an. Auch das Archivieren (siehe Kapitel *11.2.3 Archivieren*) und Beantworten einer Nachricht ist direkt über zwei Schaltleisten im Benachrichtigungsfeld möglich.

Die Gmail-Anwendung arbeitet speicheroptimiert, das heißt beim Blättern in der Nachrichtenauflistung lädt sie automatisch die als nächstes anzuzeigenden Mails nach. Dies kann bei einer langsamen Mobilfunkverbindung manchmal einige Sekunden dauern. Sie sehen dann »*Konversationen werden geladen*«.

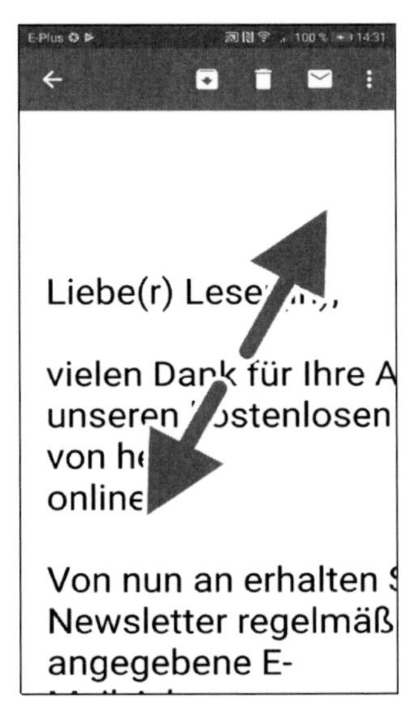

❶ Alle noch ungelesenen Nachrichten erscheinen in Fettschrift. Tippen Sie nun eine Nachricht an, die Sie lesen möchten.

❷ Die Bedeutung der Schaltleisten am oberen Bildschirmrand:

- (Archivieren): Entfernt eine Nachricht aus dem Posteingang, ohne sie zu löschen. Siehe auch Kapitel *11.2.3 Archivieren*.
- : Nachricht löschen.
- (Ungelesen): Setzt den Nachrichtenstatus auf »ungelesen« und schaltet wieder auf den Posteingang um.

❸ Über eine Kneifgeste (zwei Finger, beispielsweise Daumen und Zeigefinger, gleichzeitig auf das Display drücken), können Sie die Ansicht vergrößern/verkleinern. Verschieben Sie bei Bedarf dann mit dem Finger den angezeigten Bildschirmausschnitt. Alternativ tippen Sie zweimal schnell hintereinander auf den Nachrichtentext.

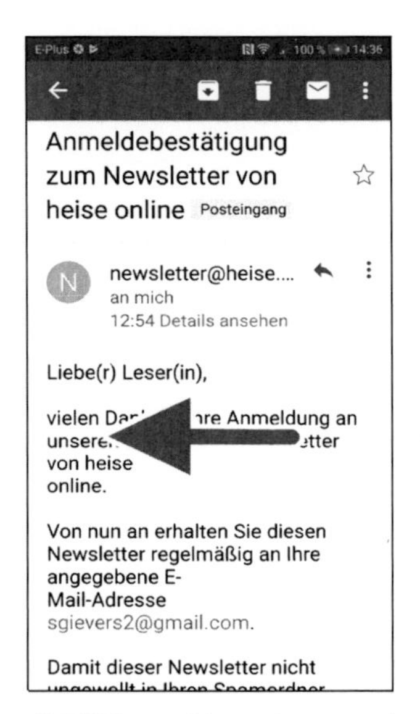

❶ Ziehen Sie mit angedrücktem Finger nach links/rechts, um zur nächsten älteren/neueren Nachricht zu blättern.

❷ Die -Schaltleiste erstellt eine Antwort-Nachricht an den Absender.

❸ Das ⋮-Menü:

- *Allen antworten*: Sofern die E-Mail mehrere Empfänger enthält, können Sie Ihre Antwort-Nachricht an alle Empfänger senden. Wir raten davon aber ab, weil dies unter Umständen zu peinlichen Situationen führen kann, beispielsweise, wenn ein Kunde die interne Kommunikation eines Unternehmens zugesandt bekommt.
- *Weiterleiten*: Erstellt eine neue Nachricht mit dem Nachrichtentext.
- *Markieren; Markierung entfernten*: Markiert eine Nachricht als Favoriten beziehungsweise entfernt die Markierung wieder. Siehe Kapitel *11.2.6 Markierungen*.
- *Drucken*: Auf die Druckausgabe geht dieses Buch nicht ein.
- *xxx blockieren*: Künftig landen alle E-Mails des Absenders im *Spam*-Ordner.

Die Funktionen zum Antworten und Weiterleiten finden Sie auch am Ende der E-Mail.

11.1.2 Absender ins Telefonbuch aufnehmen

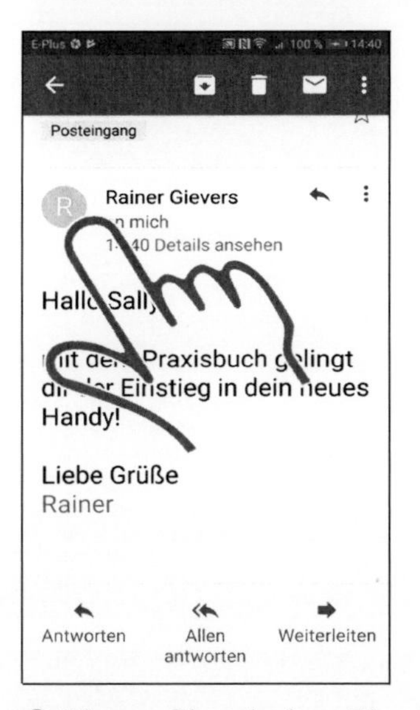

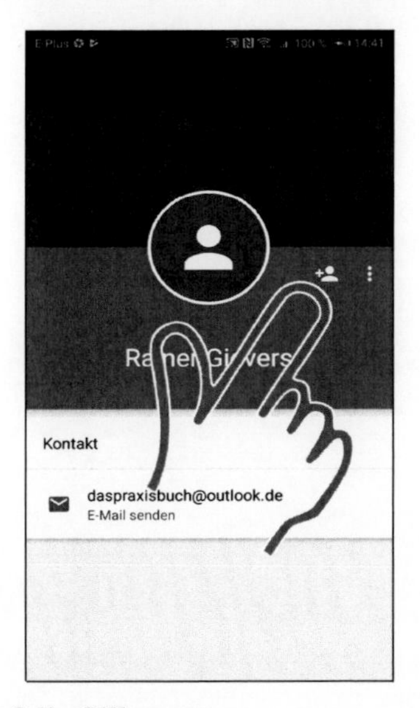

❶ Tippen Sie mit dem Finger auf die Silhouette.

❷ Gehen Sie auf +👤 (Pfeil). Wenn Sie diese Schaltleiste nicht sehen, verwenden Sie stattdessen ⋮/ *Zu Kontakten hinzufügen*.

❸ Entweder wählen Sie nun einen Kontakt aus, dem Sie die E-Mail-Adresse zuweisen oder Sie gehen unten auf +, um einen neuen Kontakt anzulegen.

11.1.3 Dateianlagen

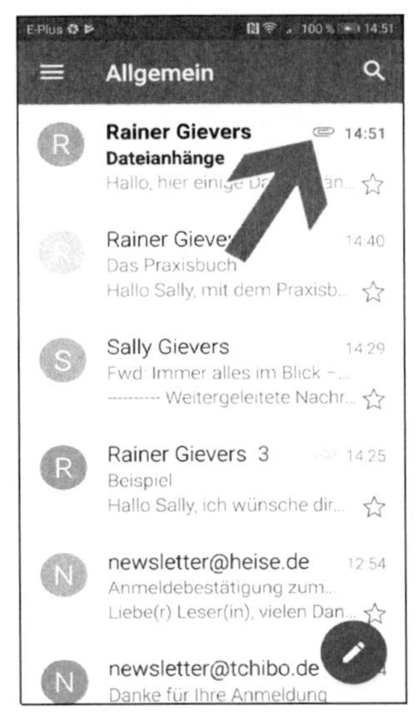

❶ Nachrichten mit Dateianlagen erkennen Sie am ⊂⊃-Symbol (Pfeil) in der Nachrichtenauflistung.

❷❸ Bild-Dateianlagen zeigt Gmail in einer Vorschau. Tippen Sie sie jeweils für eine Vollbildanzeige an. Über ⁝/*Speichern* beziehungsweise ⁝/*Alle speichern* landen die Dateien im Gerätespeicher.

Heruntergeladene Dateianlagen werden im Verzeichnis *Download* abgelegt.

11.1.4 Labels

Labels haben bei Gmail die gleiche Funktion wie Ordner. Deshalb werden auch die klassischen E-Mail-Ordner *Postausgang*, *Entwürfe*, *Gesendet*, usw. bei Gmail als »Label« bezeichnet. Man darf einer Mail mehrere Labels gleichzeitig zuweisen.

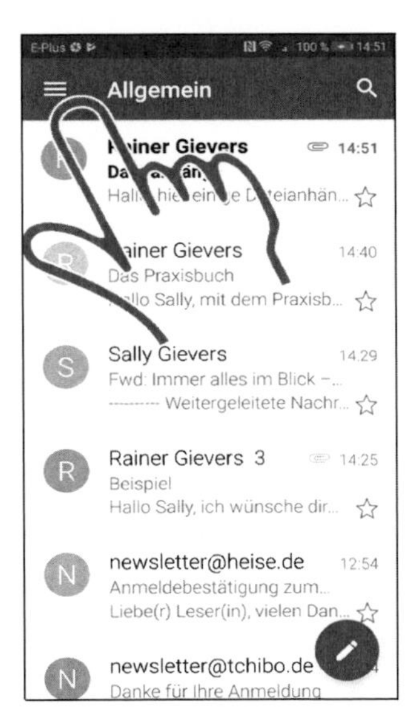

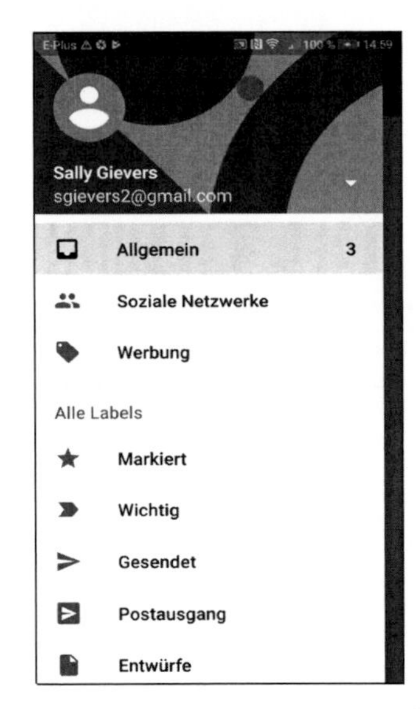

❶❷ Zur Anzeige der E-Mails eines Labels tippen Sie oben links (Pfeil) für das Ausklappmenü:

Die Nachrichten sind eingeteilt nach (diese Informationen wurden der Gmail-Hilfe unter *support.google.com/mail/answer/3055016* entnommen):

- *Allgemein:* Nachrichten von Freunden und Verwandten sowie sonstige Nachrichten, die nicht in einem der anderen Labels angezeigt werden.
- *Soziale Netzwerke*: E-Mails aus sozialen Netzwerken, Plattformen zum Teilen von Inhalten, Online-Partnervermittlungen, Spieleplattformen oder anderen sozialen Websites.

- *Werbung*: Werbeaktionen, Angebote und sonstige Werbe-E-Mails.
- *Benachrichtigungen:* Benachrichtigungen wie Bestätigungen, Belege, Rechnungen und Kontoauszüge (dieses Label wird nur angezeigt, wenn entsprechende E-Mails vorliegen).
- *Foren:* E-Mails aus Online-Gruppen, Diskussionsforen und Mailinglisten (dieses Label wird nur angezeigt, wenn entsprechende E-Mails vorliegen).

Unter *Alle Labels* finden Sie:

- *Markiert*: Der »Markiert«-Status kann Nachrichten oder Konversationen zugewiesen werden. Siehe dazu auch Kapitel *11.2.6 Markierungen*.
- *Wichtig*: Gmail erkennt automatisch Nachrichten, die für Sie interessant oder wichtig sind und ordnet sie unter *Wichtig* ein. Siehe auch Kapitel *11.2.5 Wichtig-Label und der sortierte Eingang*.
- *Gesendet*: Versandte Nachrichten.
- *Postausgang*: Zum Versand bereitstehende Nachrichten.
- *Entwürfe*: Nachrichten, die bereits vorbereitet, aber noch nicht versandt wurden.
- *Alle E-Mails*: Zeigt alle Mails sortiert als sogenannte Konversationen an.
- *Spam*: Als Spam erkannte Mails.
- *Papierkorb*: Von Ihnen gelöschte Mails.

Tippen Sie ein Label, deren zugeordneten E-Mails Sie ansehen möchten, an.

❸ Am oberen Bildschirmrand (Pfeil) sehen Sie, in welchem Ordner Sie sich gerade befinden.

> Auf die Funktion der einzelnen Label gehen die folgenden Kapitel ein. Nicht genutzte Label blendet die Gmail-Anwendung aus.
>
> Befinden Sie sich in einem anderen Ordner als *Allgemein*, dann kehren Sie mit der ◁-Taste wieder zu *Allgemein* zurück.

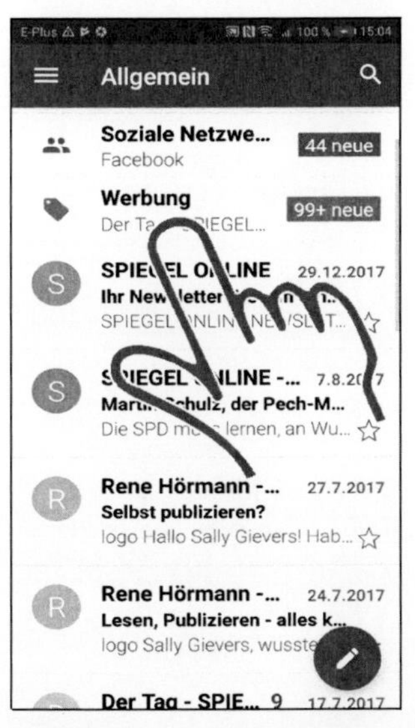

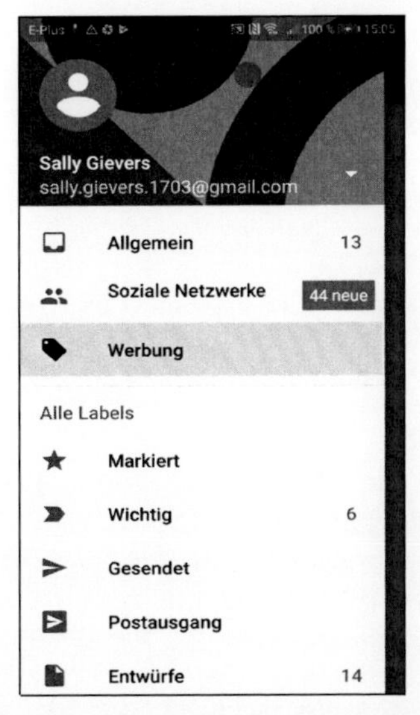

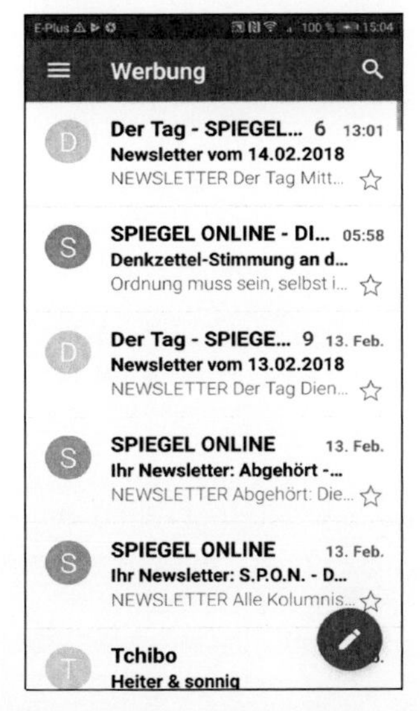

❶ Mails mit Werbung oder von sozialen Netzwerken (Facebook, Twitter, Instagram, usw.) sortiert Gmail automatisch in die Label-Ordner *Soziale Netzwerke* beziehungsweise *Werbung* ein. Sie erhalten dann einen Hinweis in der Nachrichtenauflistung. Tippen Sie ihn an, wenn Sie den entsprechenden Label-Ordner öffnen möchten.

❷❸ Alternativ gehen Sie im Ausklappmenü auf das Label.

11.1.5 E-Mails beantworten

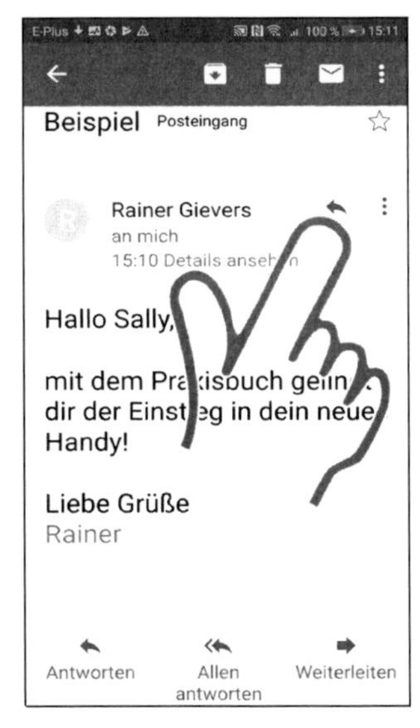

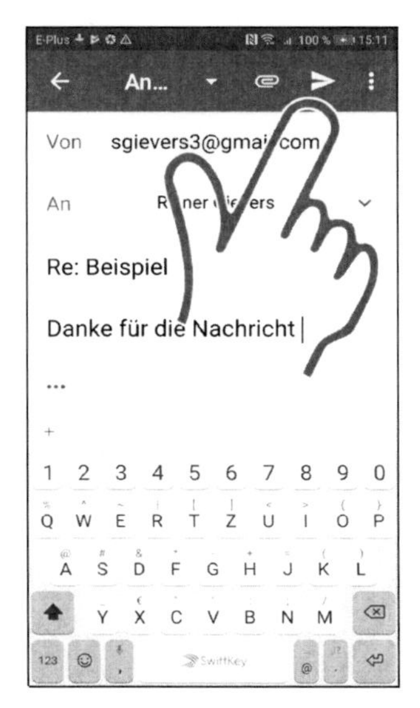

❶ Zum Beantworten einer gerade angezeigten E-Mail betätigen Sie einfach die ↩-Schaltleiste (Pfeil).

❷ Geben Sie nun den Nachrichtentext ein und betätigen Sie ➤. Es erscheint dann für einige Sekunden der Hinweis »*Nachricht wird gesendet*«, während die Nachricht verschickt wird.

❸ Die von Ihnen verschickte E-Mail erscheint unter der beantworteten. Verlassen Sie den Bildschirm mit der ◁-Taste.

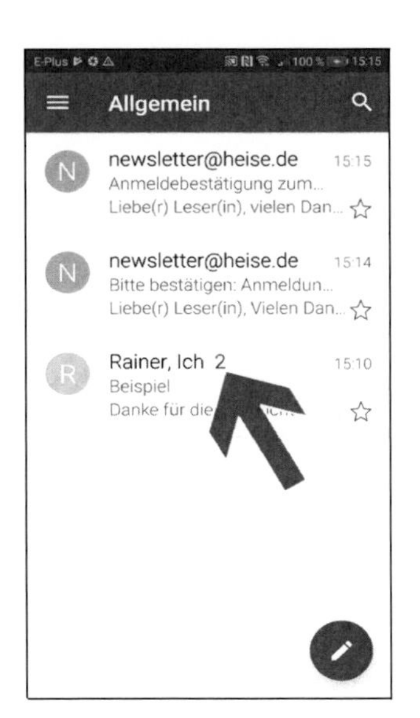

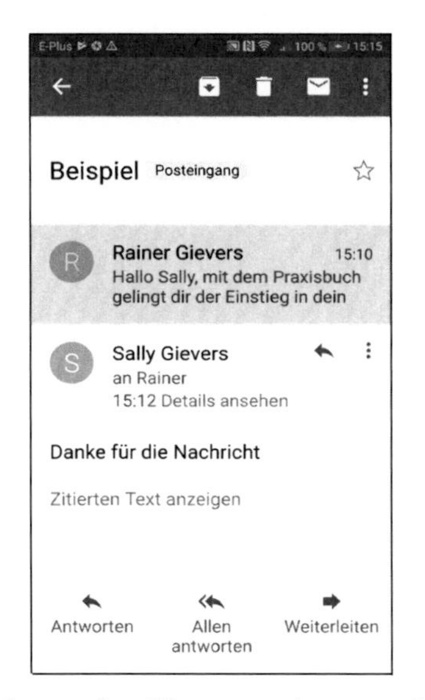

❶ Gmail verwaltet die Nachrichten als »Konversationen«, das heißt, alle Nachrichten, die Sie mit einem Kommunikationspartner austauschen, werden unter einem Eintrag zusammengefasst. Sie erkennen die Konversationen daran, dass beim Betreff ein »*Ich*« und die Zahl der ausgetauschten Nachrichten erscheint. Tippen Sie den Betreff an, um die Konversation anzuzeigen.

❷❸ Es erscheinen Karteireiter mit den Nachrichten, die Sie mit dem Kommunikationspartner ausgetauscht haben. Tippen Sie einen Karteireiter an, um die zugehörige Nachricht auszufalten. Erneutes Antippen eines Karteireiters blendet die Nachricht wieder aus. Mit einer vertikalen Wischgeste können Sie zudem durch die aufgeklappten Nachrichten rollen.

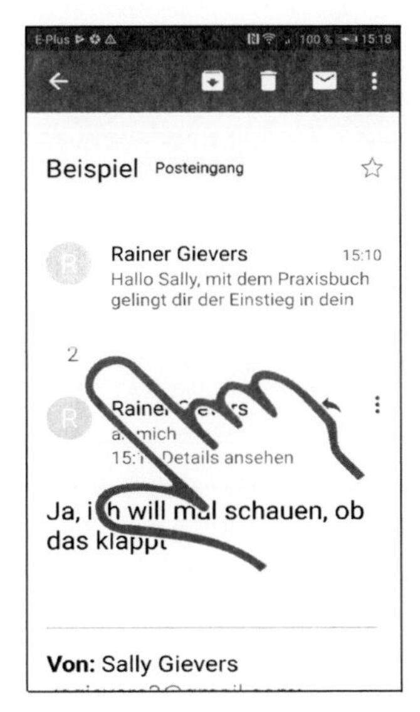

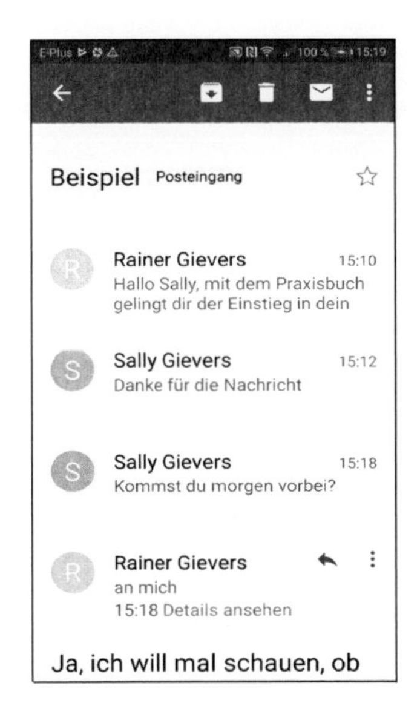

❶❷ Mitunter sind in einer Konversation sehr viele Nachrichten enthalten, die Gmail dann hinter einem Kreis-Symbol verbirgt (Pfeil). Tippen Sie darauf, um die Nachrichten einzublenden.

11.1.6 E-Mail neu schreiben

❶ Betätigen Sie die rote Schaltleiste (Pfeil).

❷ Im *An*-Feld erfassen Sie nun den Empfänger.

❸ Damit auch Vorschläge aus dem Telefonbuch erfolgen, müssen Sie *KONTAKTVORSCHLÄGE ZULASSEN* betätigen. Schließen Sie den folgenden Hinweis mit *ZULASSEN*.

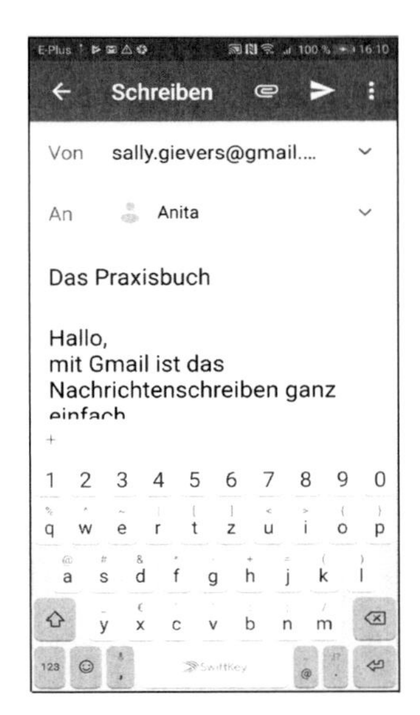

➊ Gmail sucht bereits bei der Eingabe des Kontaktnamens passende E-Mail-Adressen und listet diese auf. Tippen Sie einfach die Gewünschte an.

➋ Die E-Mail-Adresse landet im Empfängerfeld. Falls Sie einen weiteren Empfänger hinzufügen möchten, geben Sie diesen einfach dahinter ein. Geben Sie nun Betreff und Nachrichtentext ein und betätigen Sie ➤ (oben rechts) zum Senden.

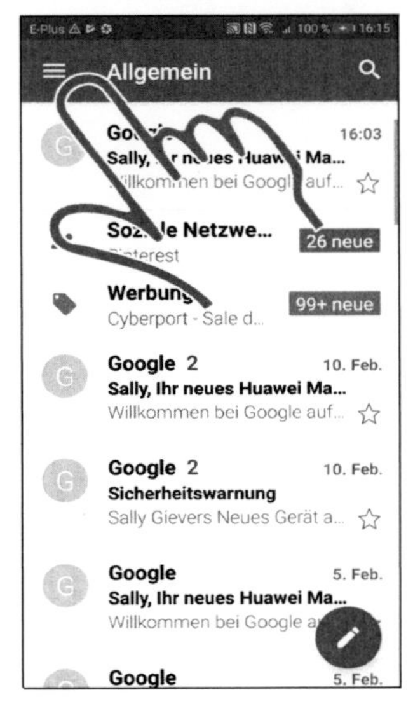

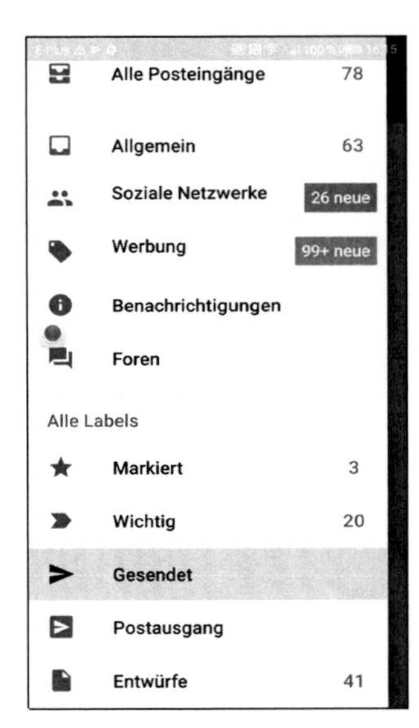

➊ Die versandte Mail finden Sie im *Gesendet*-Ordner. Aktivieren Sie dafür das Ausklappmenü (Pfeil).

➋➌ Wählen Sie *Gesendet* aus, worauf die versandten Nachrichten aufgelistet werden.

11.1.7 Weitere Funktionen bei der E-Mail-Erstellung

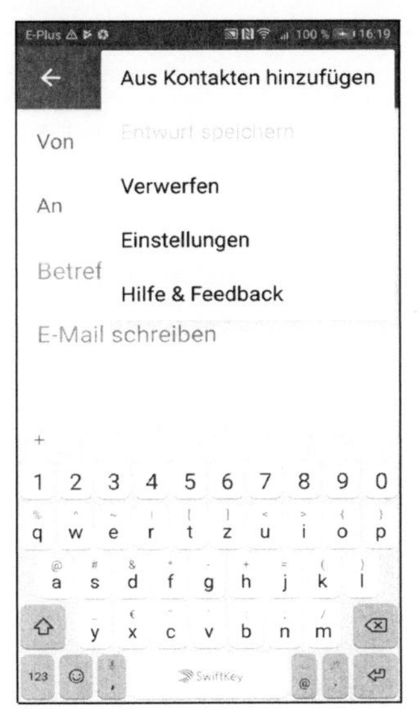

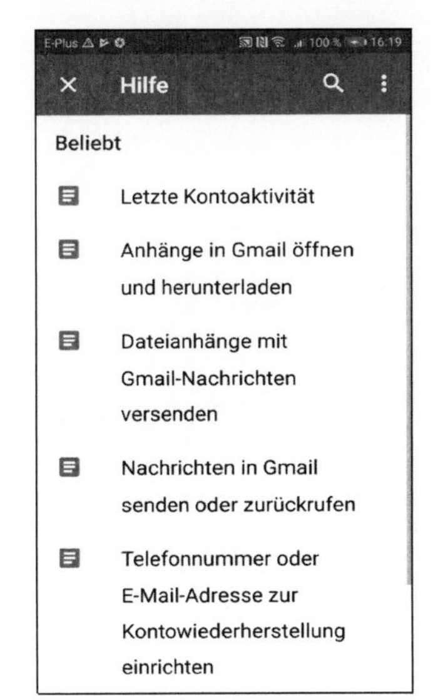

❶ Im E-Mail-Editor finden im ⋮-Menü folgende Optionen:

- *Aus Kontakten hinzufügen*: Weiteren Empfänger hinzufügen.
- *Entwurf speichern*: Speichert die E-Mail als Entwurf. Siehe Kapitel *11.1.8 Entwürfe.*
- *Verwerfen*: Nachricht ohne zu senden verwerfen.
- *Einstellungen*: Die Einstellungen beschreibt bereits Kapitel *11.3 Einstellungen.*
- *Hilfe & Feedback* (❷): Ausführliche Hilfeseiten. Falls Ihnen etwas an Gmail auffällt, das Ihnen nicht gefällt, oder Sie Verbesserungsvorschläge haben, können Sie diese außerdem an Google senden.

11.1.7.a Cc/Bcc

❶❷ Über ⌄ (Pfeil) hinter dem *An*-Eingabefeld aktivieren Sie zusätzliche Eingabefelder. Deren Bedeutung:

- *Cc*: Der Begriff Cc steht für »Carbon Copy«, zu deutsch »Fotokopie«. Der ursprüngliche Adressat (im *An*-Eingabefeld) sieht später die unter *Cc* eingetragenen weiteren Empfänger. Die *Cc*-Funktion ist beispielsweise interessant, wenn Sie ein Problem mit jemandem per E-Mail abklären, gleichzeitig aber auch eine zweite Person von Ihrer Nachricht Kenntnis erhalten soll.
- *Bcc*: Im *Bcc* (»Blind Carbon Copy«)-Eingabefeld erfassen Sie weitere Empfänger, wobei der ursprüngliche Adressat im *An*-Feld nicht mitbekommt, dass auch noch andere Personen die Nachricht erhalten.

11.1.7.b Dateianlage

❶ Mit (Pfeil) fügen Sie Ihrer E-Mail eine Datei als Anhang hinzu.

❷ Wählen Sie dann aus:

- *Datei anhängen*: Eine Beliebige Datei (zum Beispiel ein Word-Dokument).
- *Aus Drive anhängen*: Eine Datei aus dem Online-Speicherdienst Google Drive (auf diesen Dienst geht Kapitel *26.5 Google Drive* ein) übernehmen.

In unserem Beispiel gehen wir auf *Datei anhängen.*

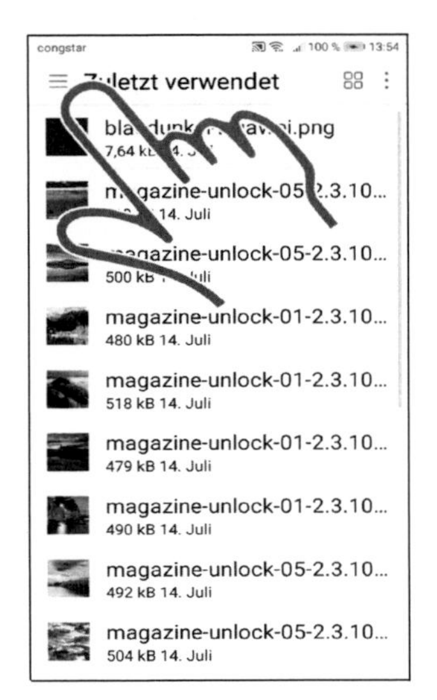

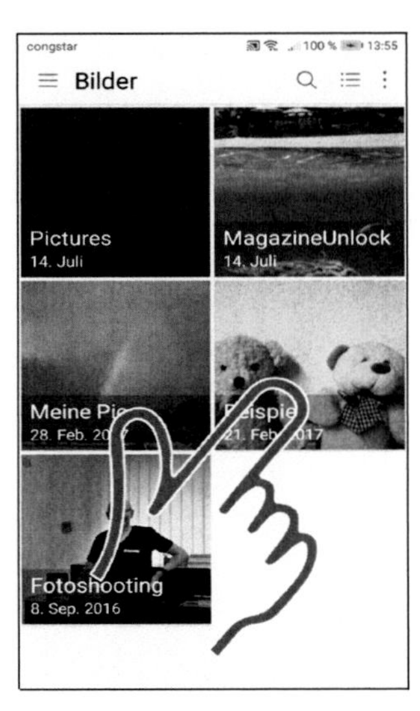

❶❷❸ Gmail listet die zuletzt auf das Gerät kopierten beziehungsweise genutzten Dateien auf, wovon Sie die gewünschte antippen. Alternativ öffnen Sie das Ausklappmenü und gehen dort auf *Bilder* oder *Downloads*. Wählen Sie dann gegebenenfalls das Bildverzeichnis und dann das Foto aus.

Sie können den Hinzufügen-Vorgang auch wiederholen, falls Sie mehrere Dateien verschicken möchten.

Zum Entfernen der Bilddatei tippen Sie auf die ✕-Schaltleiste (Pfeil).

11.1.8 Entwürfe

Manchmal kommt es vor, dass man eine fertige Nachricht erst später verschicken möchte. Dafür bietet sich die Entwürfe-Funktion an.

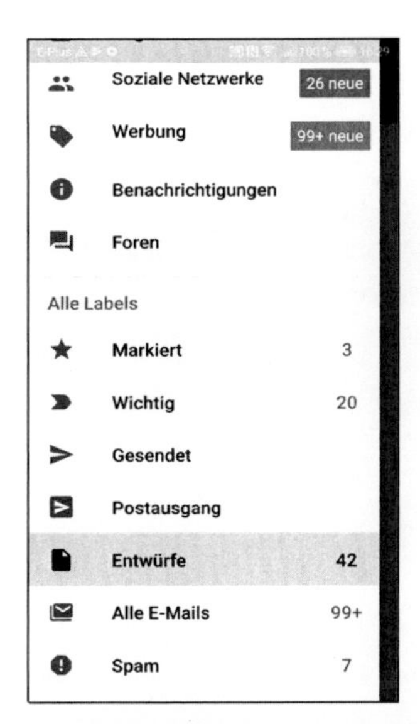

❶ Geben Sie die Nachricht wie gewohnt ein. Danach betätigen Sie zweimal die ∇ beziehungsweise ◁-Taste, worauf die Meldung »*Nachricht als Entwurf gespeichert*« erscheint und Gmail zur Nachrichtenübersicht zurückkehrt.

❷❸ Aktivieren Sie das Ausklappmenü und rufen Sie darin *Entwürfe* auf.

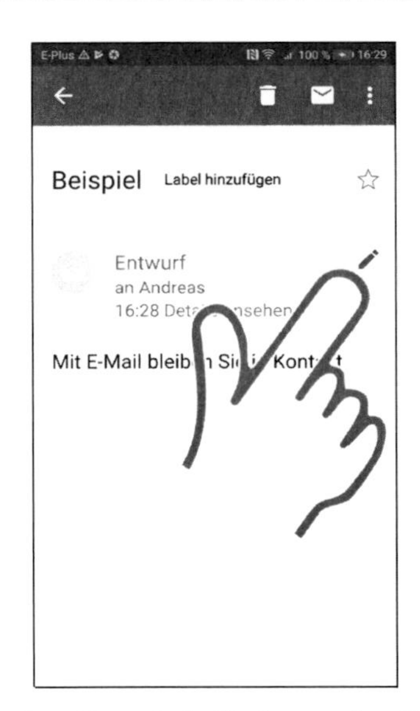

➊ Tippen Sie in der Auflistung des *Entwürfe*-Ordners eine Nachricht an, die Sie bearbeiten und später verschicken möchten.

➋ Eine Besonderheit gibt es bei Nachrichten, die man als Antwort geschrieben hat und dann als Entwurf speichert: In diesem Fall wird der Entwurf in die Konversation eingebettet und es erscheint dort der Hinweis »*Entwurf*«. Zum Bearbeiten und späteren Senden des Entwurfs tippen Sie ✎ an.

11.1.9 E-Mails löschen

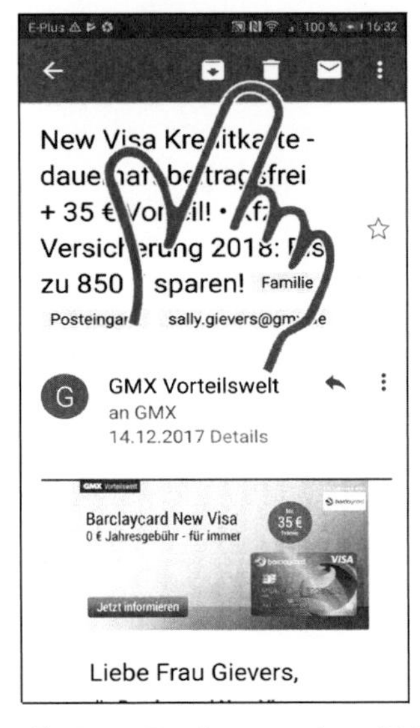

➊ Zum Entfernen einer E-Mail oder Konversation verwenden Sie in der E-Mail-Detailansicht 🗑.

➋ Die Nachricht ist dann entfernt und Gmail schaltet in den Posteingang um. Falls Sie sich mit dem Löschen vertan haben, ist es noch möglich, den Löschvorgang durch Antippen von *RÜCKGÄNGIG MACHEN* am unteren Bildschirmrand rückgängig zu machen. Dieser Hinweis verschwindet allerdings, wenn Sie im E-Mail-Programm weiterarbeiten, also beispielsweise eine Nachricht öffnen oder den E-Mail-Ordner wechseln.

Wenn Sie zum ersten Mal eine Nachricht löschen, fragt Sie das Handy, wie nach dem Löschen verfahren werden soll. Tippen Sie *Konversationsliste* an, damit Gmail dann in die Nachrichtenansicht zurückkehrt.

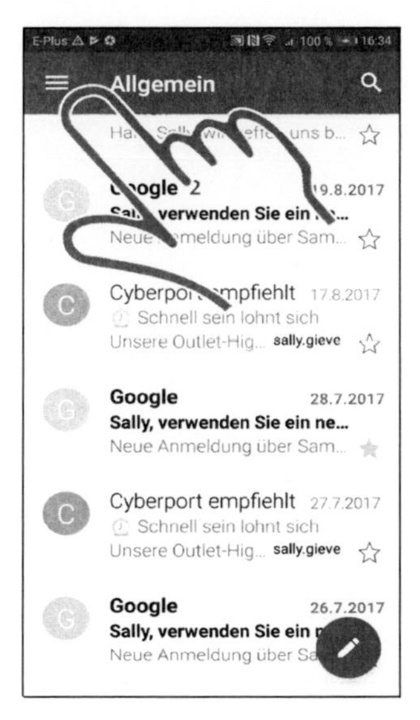

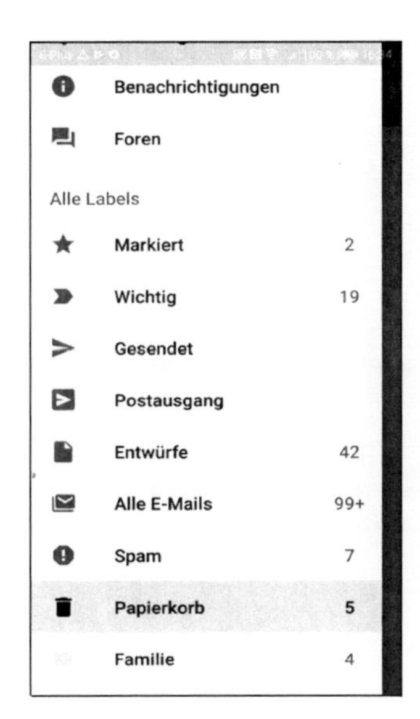

❶❷ Die gelöschten Mails sind aber noch nicht verloren, sondern werden im *Papierkorb*-Ordner zwischengespeichert. Diesen erreichen Sie, indem Sie ins Ausklappmenü gehen (Pfeil), dann das *Papierkorb*-Label auswählen.

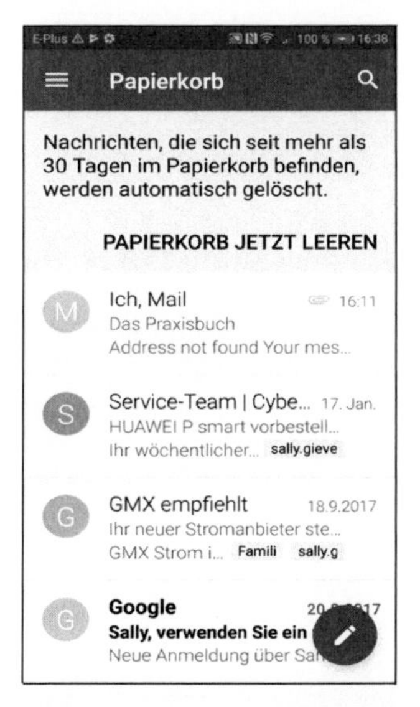

❶ Im Prinzip verhält sich der *Papierkorb*-Ordner ähnlich wie der *Posteingang,* das heißt sie können hier die Nachrichten noch einmal ansehen. Die gelöschten Nachrichten werden im Papierkorb für 60 Tage vorgehalten.

❷❸ Zum »Retten« einer Nachricht aus dem Papierkorb verschieben Sie sie einfach wieder in den Posteingang. Gehen Sie in der Nachrichtenansicht auf ⋮/*Verschieben nach* und aktivieren Sie *Allgemein.* Sie finden die Nachricht im *Allgemein*-Ordner wieder.

11.2 Weitere Funktionen

11.2.1 Nachrichten durchsuchen

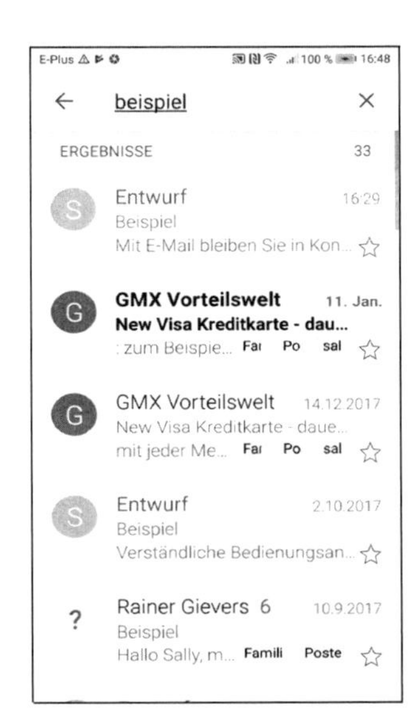

➊ Betätigen Sie die 🔍-Schaltleiste, wenn Sie die Nachrichten eines Ordners durchsuchen möchten.

➋ Die 🔍-Taste (Pfeil) im Tastenfeld führt dann die Suche durch. Alternativ wählen Sie einen der Suchvorschläge aus.

➌ Tippen Sie eine Nachricht an, die Sie lesen möchten. Die ◁-Taste bringt Sie wieder in die Nachrichtenauflistung zurück.

11.2.2 Zurückstellen

Sie kennen das Szenario, dass Sie häufig Nachrichten erhalten, die zum aktuellen Zeitpunkt nicht relevant sind. Damit Sie nicht den Überblick verlieren, können Sie zurückstellen. Die jeweilige Nachricht verschwindet dann für einen einstellbaren Zeitraum aus dem Posteingang.

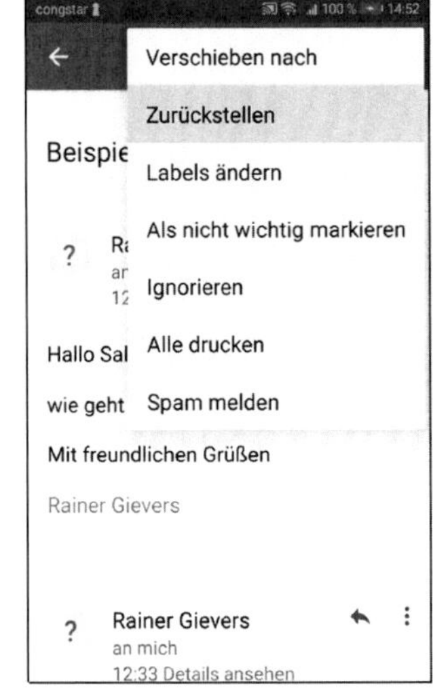

➊➋ In der Nachricht gehen Sie auf ⋮/*Zurückstellen.*

➌ Wählen Sie den Zeitraum aus. Die Nachricht verschwindet aus dem Posteingang und wird nach einiger Zeit wieder eingeblendet.

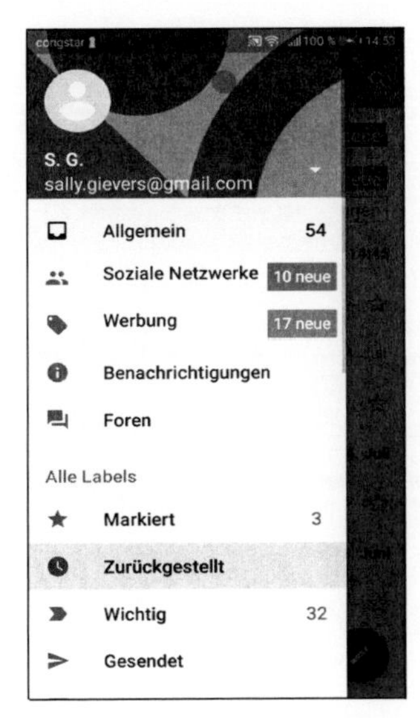

❶❷ Die zurückgestellten Nachrichten finden Sie im Ausklappmenü unter *Zurückgestellt.* Dort können Sie sie auch bearbeiten beziehungsweise beantworten.

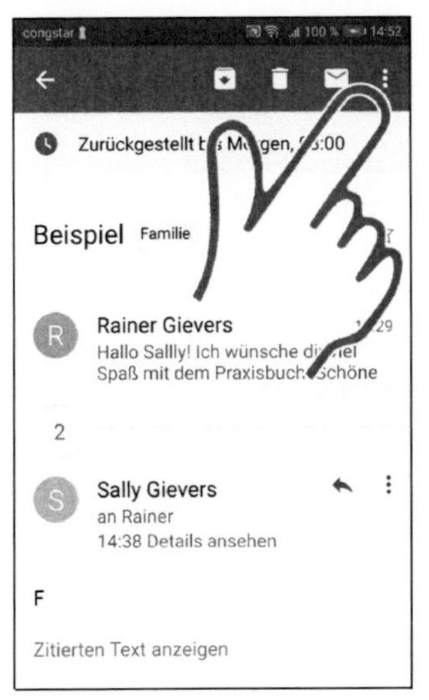

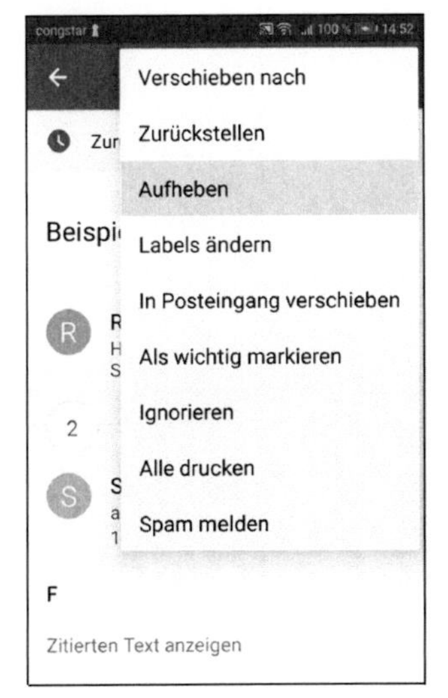

❶❷ Eine zurückgestellte Nachricht können Sie jederzeit über ⁝/*Aufheben* vorzeitig wieder in den Posteingang zurückbefördern. Alternativ verändern Sie mit ⁝/*Zurückstellen* den Zurückstellungszeitpunkt.

11.2.3 Archivieren

Obwohl Gmail Nachrichten, die mit dem gleichen Empfänger ausgetauscht wurden als »Konversationen« in einem Eintrag zusammenfasst, kann der Posteingang unübersichtlich werden. Unwichtige Nachrichten/Konversationen lassen sich deshalb im Posteingang ausblenden, was mit der Archivieren-Funktion geschieht.

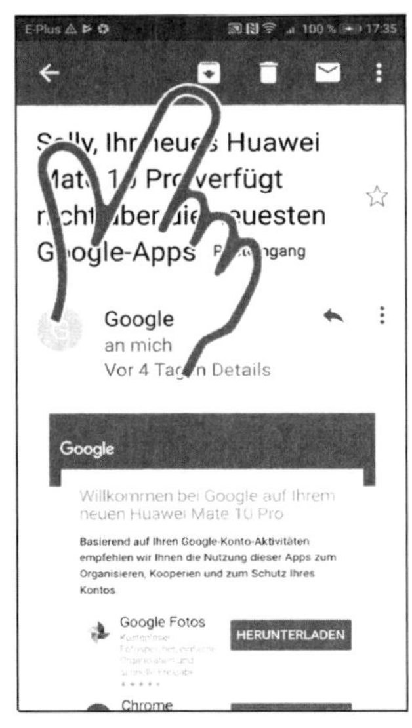

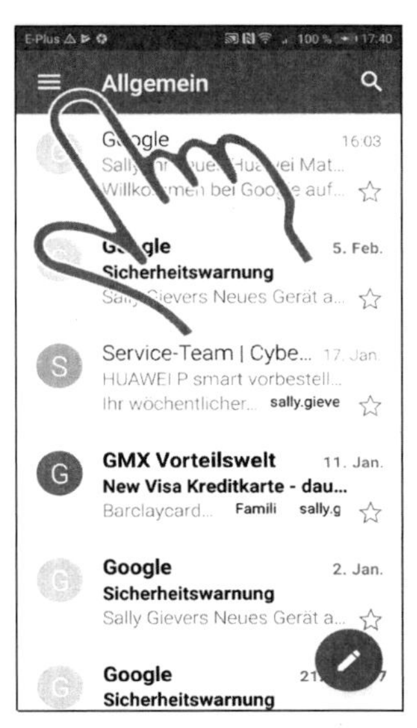

➊ Betätigen Sie in der E-Mail-Detailansicht ◼ (Pfeil). Die Nachricht ist nun »archiviert« und Gmail schaltet wieder auf den Posteingang um.

➋ Zum Anzeigen der archivierten Nachrichten aktivieren Sie das Ausklappmenü.

➌ Wählen Sie *Alle E-Mails* aus.

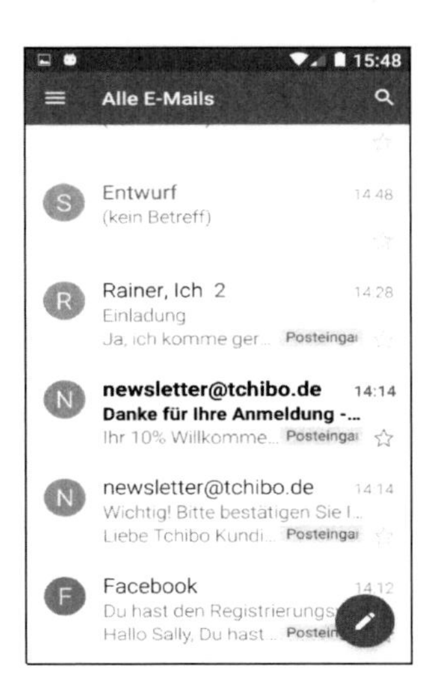

Gmail zeigt nun alle Nachrichten, das heißt, neben den archivierten auch die aus *Entwürfe*, *Gesendet*, usw. an.

Alle Nachrichten, die im Posteingang vorhanden sind, sind mit einem grauen *»Posteingang«* markiert.

Über zweimaliges Betätigen der ◁-Taste oder erneutes Aktivieren des Ausklappmenüs und Auswahl von *Posteingang* beziehungsweise *Allgemein* bringt Sie wieder in den Posteingang zurück.

Antwortet jemand auf eine archivierte Nachricht/Konversation, so verschiebt Gmail diese automatisch wieder in den Posteingang.

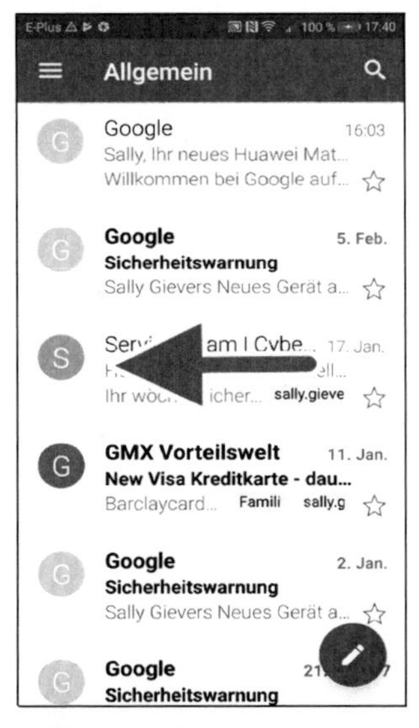

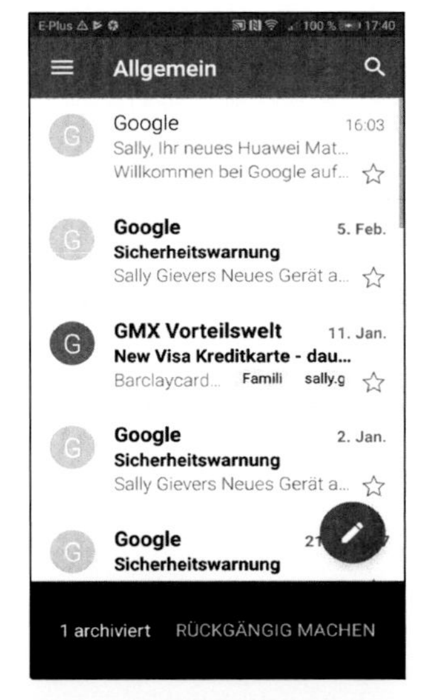

➊➋ Das Archivieren ist auch über eine Wischgeste in der Nachrichtenauflistung möglich. Wischen Sie dort einfach über einem E-Mail-Eintrag von rechts nach links beziehungsweise umgekehrt.

11.2.4 Unterdrücken

Die zuvor erwähnte Archivieren-Funktion mag zwar sehr praktisch sein, wenn Sie aber laufend Nachrichten einer Konversation (beispielsweise auf einer Mailing-Liste) erhalten, die Sie überhaupt nicht interessieren, ist es sehr lästig, immer wieder erneut die einzelnen Nachrichten zu archivieren.

Mit der Unterdrücken-Funktion lassen sich dagegen alle Nachrichten einer Konversation automatisch archivieren, das heißt, wenn neue Nachrichten in einer unterdrückten Konversation eingehen, werden diese automatisch ebenfalls archiviert. Sie sollten die Unterdrücken-Funktion aber vorsichtig einsetzen, weil Sie ja von neuen Nachrichten einer unterdrückten Konversation nichts mitbekommen. Dies ist aber meist nicht weiter schlimm, denn ist Ihre E-Mail-Adresse im Feld »*An*« oder »*Cc*« enthalten, wird die Konversation wieder in Ihren Posteingang eingeordnet. Sie verpassen also keine Nachrichten, die direkt an Sie adressiert sind.

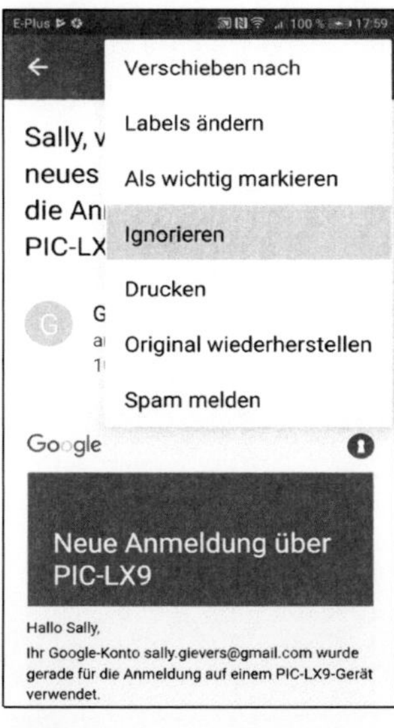

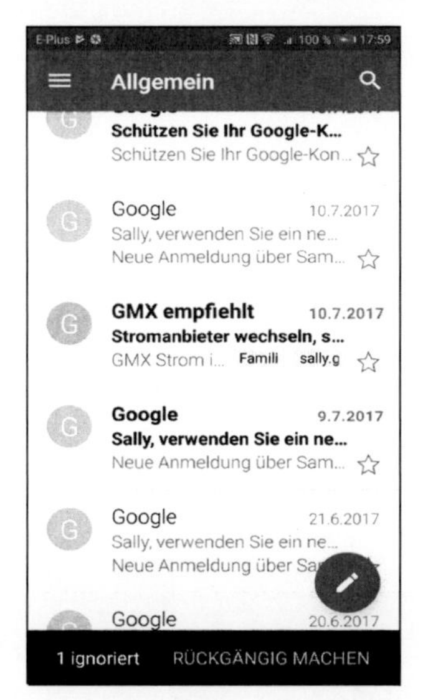

❶❷ In der Nachrichtenansicht rufen Sie ⁝/*Ignorieren* auf. Die Nachricht/Konversation verschwindet aus dem Posteingang.

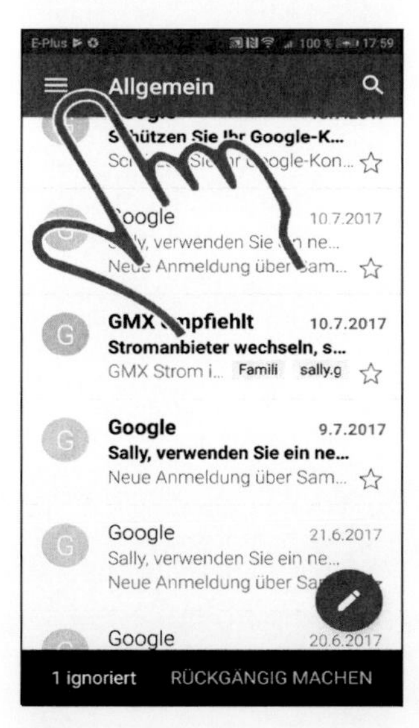

❶ Zum Anzeigen der ignorierten Nachrichten aktivieren Sie das Ausklappmenü (Pfeil).

❷ Wählen Sie *Alle E-Mails* aus.

❸ Unterdrückte Nachrichten sind mit dem Label *Ignoriert* markiert (Pfeil).

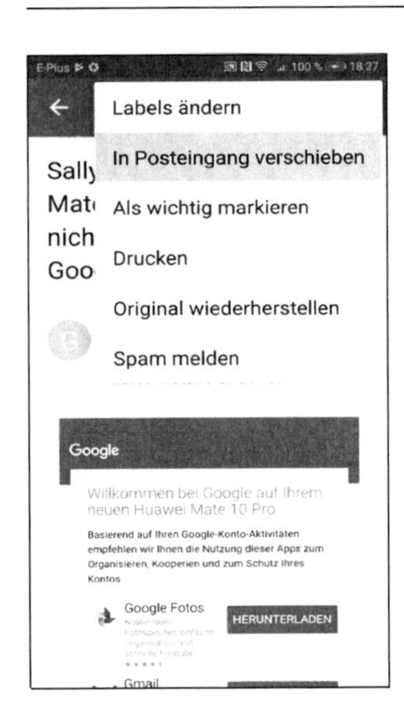

So verschieben Sie unterdrückte Nachrichten wieder in den Posteingang: Gehen Sie in die Nachrichtenansicht und rufen Sie ⋮/*In Posteingang verschieben* auf.

11.2.5 Wichtig-Label und der sortierte Eingang

Erhalten Sie extrem viele Nachrichten, unterstützt Sie Gmail dabei, die lesenswerten von den weniger lesenswerten Nachrichten zu unterscheiden. Die Lesenswerten landen dann im *Sortierten Eingang*-Ordner. Aber wie funktioniert diese Filterung genau? Dazu schreibt Google in seiner Online-Hilfe (*support.google.com/mail/answer/186543*):

Gmail berücksichtigt automatisch eine Reihe von Signalen, um festzustellen, welche eingehenden Nachrichten wichtig sind, unter anderem:

- *An wen Sie E-Mails senden: Falls Sie viele E-Mails an Thomas senden, sind E-Mails von Thomas höchstwahrscheinlich wichtig.*
- *Welche Nachrichten Sie öffnen: Nachrichten, die Sie öffnen, sind höchstwahrscheinlich wichtiger als ungeöffnete Nachrichten.*
- *Welche Themen Ihre Aufmerksamkeit wecken: Falls Sie Nachrichten über Fußball immer lesen, ist eine E-Mail zum Thema Fußball höchstwahrscheinlich wichtig.*
- *Welche E-Mails Sie beantworten: Falls Sie Nachrichten von Ihrer Mutter immer beantworten, sind ihre Nachrichten an Sie höchstwahrscheinlich wichtig.*
- Wie Sie die Funktionen "Markieren", "Archivieren" und "Löschen" verwenden: Nachrichten, die Sie markieren, sind höchstwahrscheinlich wichtiger als Nachrichten, die Sie ungeöffnet archivieren.

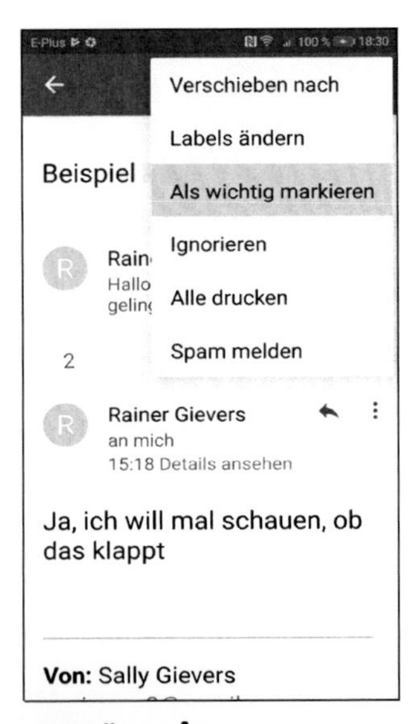

❶❷ Über ⋮/*Als wichtig markieren*, beziehungsweise ⋮/*Als nicht wichtig markieren* in der Nachrichtenansicht nehmen Sie Einfluss auf die automatische Einordnung weiterer E-Mails vom gleichen Absender.

Wenn Sie, wie im nächsten Kapitel beschrieben, die *Art des Posteingangs* auf *Sortierter Eingang* umschalten, so zeigt Gmail beim Programmstart automatisch den sortierten Eingang mit den als wichtig eingestuften Nachrichten an.

11.2.5.a Benachrichtigung

Normalerweise erhalten Sie ja bei jeder empfangenen E-Mail eine akustische und visuelle Benachrichtigung, was schnell lästig wird. Über die Funktion »sortierter Eingang« können Sie die Benachrichtigung so einschränken, sodass Sie nur bei den von Gmail als »wichtig« eingestuften Mails einen Hinweis erhalten. Im Folgenden erfahren Sie, wie Sie den sortierten Eingang konfigurieren.

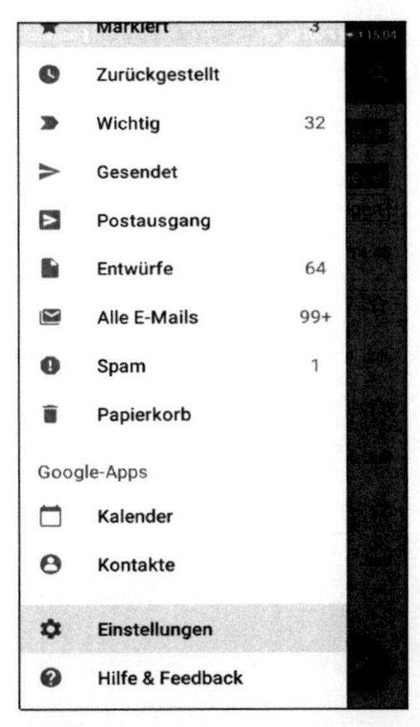

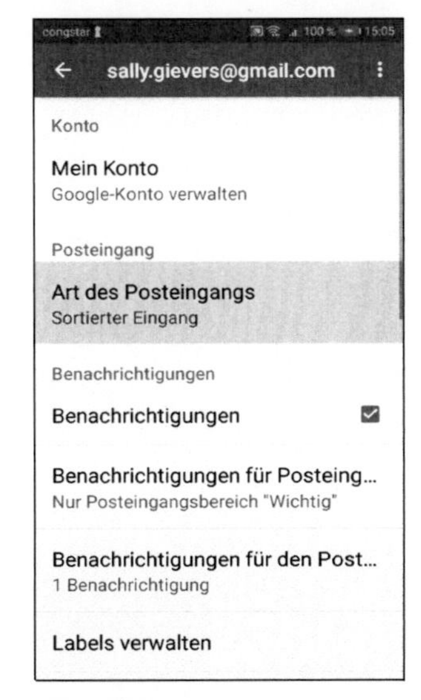

❶❷ Gehen Sie im Ausklappmenü auf *Einstellungen* und wählen Sie dann Ihr Google-Konto aus.

❸ Tippen Sie *Art des Posteingangs* an und aktivieren Sie *Sortierter Eingang.*

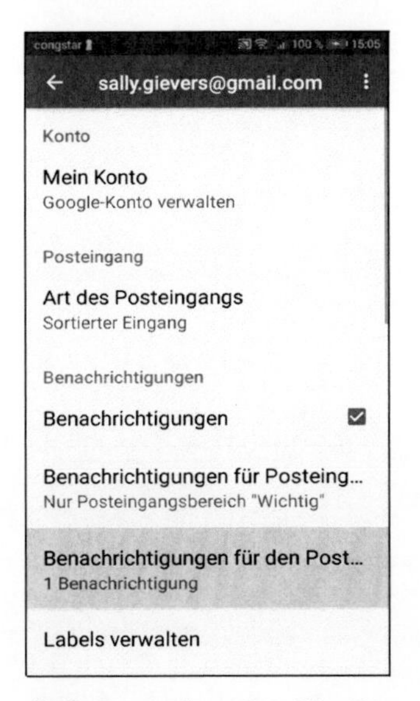

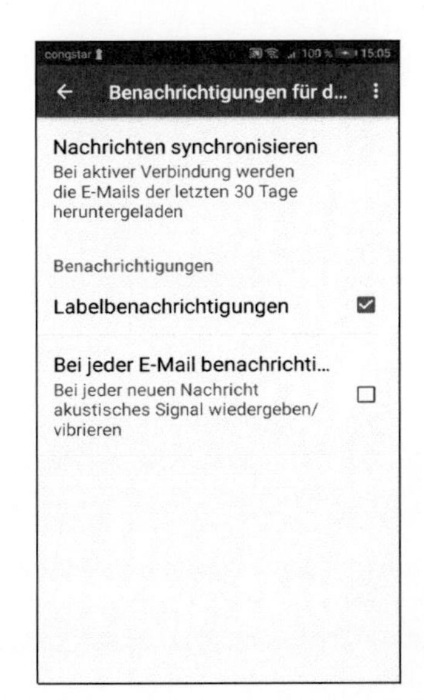

❶❷ Danach rufen Sie *Benachrichtigungen für den Posteingang* auf.

❸ Hier stellen Sie ein:

- *Labelbenachrichtigungen*: Wenn aktiv, informiert Sie Gmail in der Titelleiste über neue Mails.
- *Bei jeder E-Mail benachrichtigen*: Konfiguriert, ob beim Abruf von mehreren neuen E-Mails bei jeder E-Mail einzeln die Benachrichtigung erfolgt.

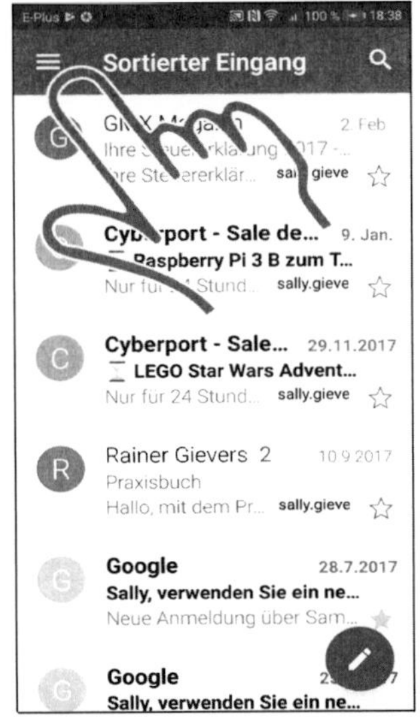

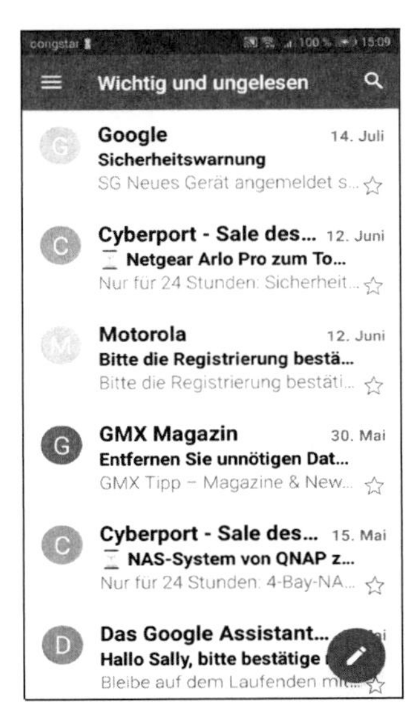

❶❷❸ Möchten Sie, dass Gmail nur die als wichtig eingestuften Nachrichten auflistet, dann rufen Sie das Ausklappmenü auf und wählen *Wichtig und ungelesen*. Umgekehrt zeigen Sie mit *Posteingang* wieder alle Nachrichten an.

11.2.6 Markierungen

Nachrichten, die für Sie wichtig sind, heben Sie einfach durch Markierung mit einem »Stern« hervor.

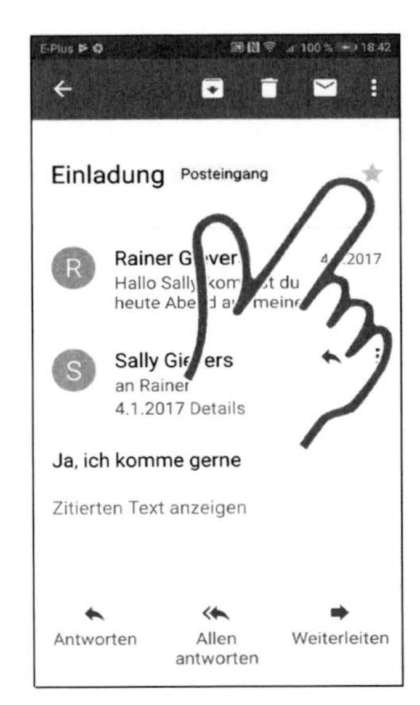

❶ Um einen Stern zu setzen, tippen Sie einfach den ausgeblendeten Stern hinter einer Nachricht an. Ein zweites Antippen deaktiviert den Stern wieder.

❷ Auch in der Nachrichtenanzeige können Sie den Stern setzen/entfernen (Pfeil).

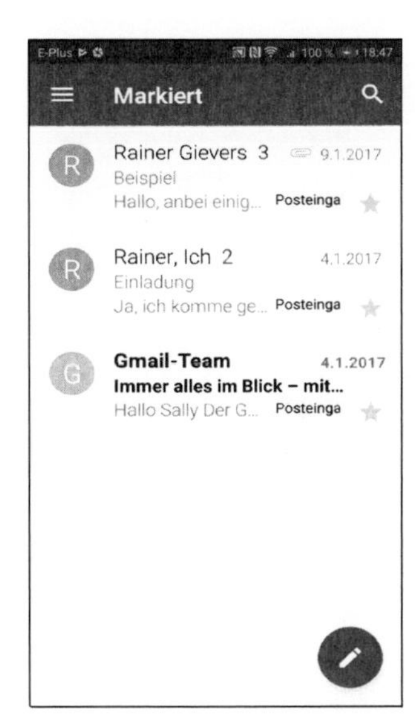

❶❷❸ Die Anzeige beschränken Sie mit *Markiert* im Label-Ausklappmenü auf die markierten Nachrichten.

11.2.7 Spam

Unter Spam versteht man unerwünschte Werbemails. Abhängig davon, ob Sie Ihre E-Mail-Adresse irgendwo mal auf einer Website hinterlassen haben oder durch Zufall ein Spam-Versender Ihre Gmail-Adresse mit Ausprobieren erraten hat, können pro Tag einige dutzend oder hundert Werbemails in Ihrem E-Mail-Konto auflaufen. Damit Ihre wichtige Kommunikation nicht im ganzen Spam untergeht, verfügt Ihr Gmail-Konto über einen automatischen Spam-Filter. Alle Spam-Mails landen dabei im *Spam*-Ordner.

Damit Google weiß, was für Sie Spam ist, müssen sie die unerwünschten Mails einzeln als Spam markieren.

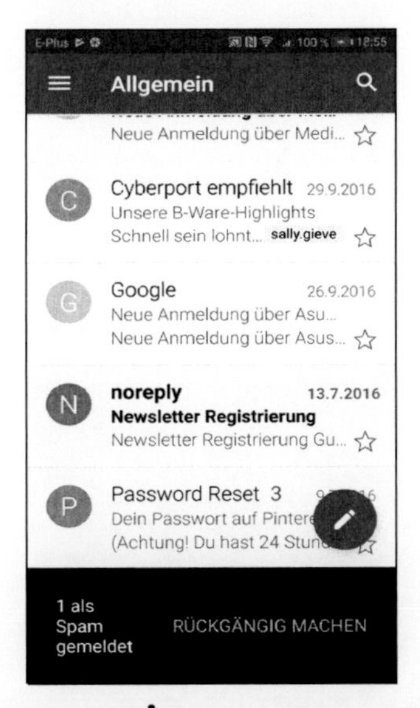

❶❷ Rufen Sie in der Nachrichtenansicht ⁝/*Spam melden* auf. Die betreffende Nachricht wird aus dem *Posteingang* entfernt und landet im *Spam*-Ordner.

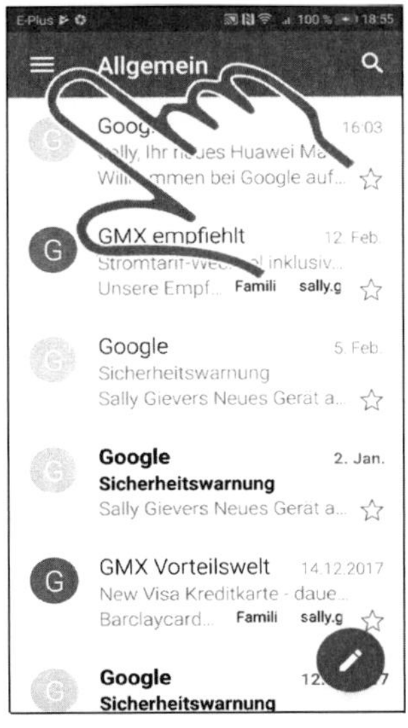

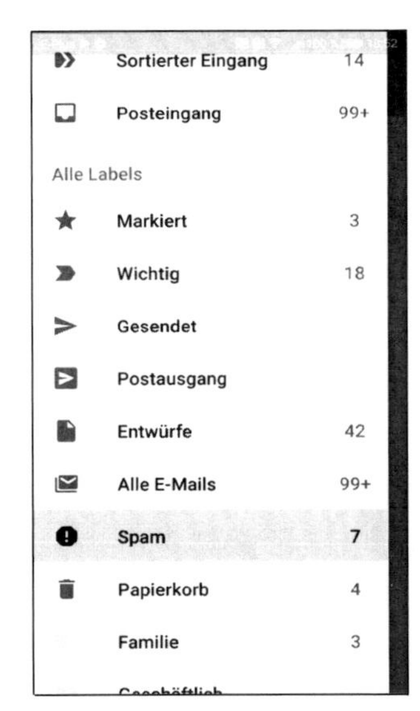

❶❷❸ So zeigen Sie den *Spam*-Ordner an: Aktivieren Sie das Label-Ausklappmenü, worin Sie *Spam* auswählen.

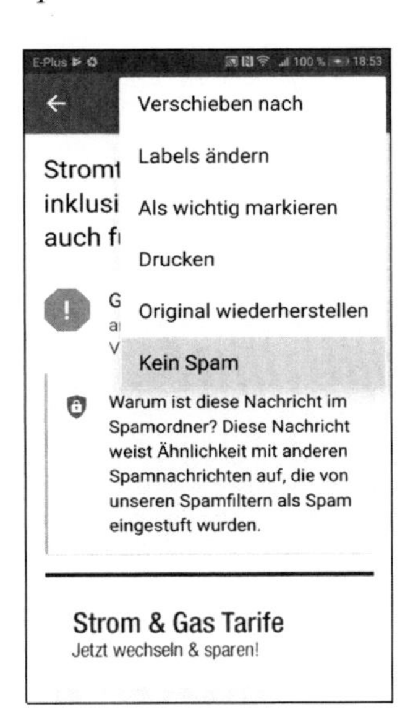

Wenn Sie meinen, dass eine Nachricht doch kein Spam ist, dann rufen gehen Sie in die Nachricht und rufen ⋮/*Kein Spam* auf.

Es ist sehr **wichtig**, dass im *Spam*-Ordner wirklich nur unerwünschte Mails enthalten sind. Gmail vergleicht nämlich eingehende Nachrichten mit denen im Spam-Ordner und ordnet sie als Spam ein, wenn eine große Ähnlichkeit besteht. Schauen Sie deshalb ab und zu mal in Ihren *Spam*-Ordner, um falsche Einordnungen wieder rückgängig zu machen.

11.2.8 Stapelvorgänge

Wenn eine Aktion, wie Label ändern, Löschen, Markierung hinzufügen, usw. auf mehrere Nachrichten anzuwenden ist, verwenden Sie die Stapelvorgänge.

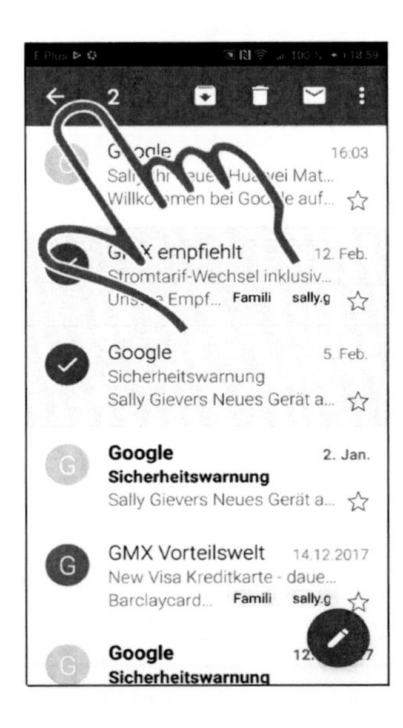

❶ Zum Markieren tippen Sie auf die bunten Kästchen vor den Nachrichten. Über die Schaltleisten am oberen Bildschirmrand können Sie dann die Nachrichten archivieren, löschen, einem Label zuweisen, auf gelesen/ungelesen setzen oder als Favoriten markieren.

❷Den Markierungsmodus verlassen Sie gegebenenfalls mit der ←-Schaltleiste (Pfeil). Alternativ betätigen Sie die ◁-Taste.

11.2.9 Wischgeste zum Archivieren

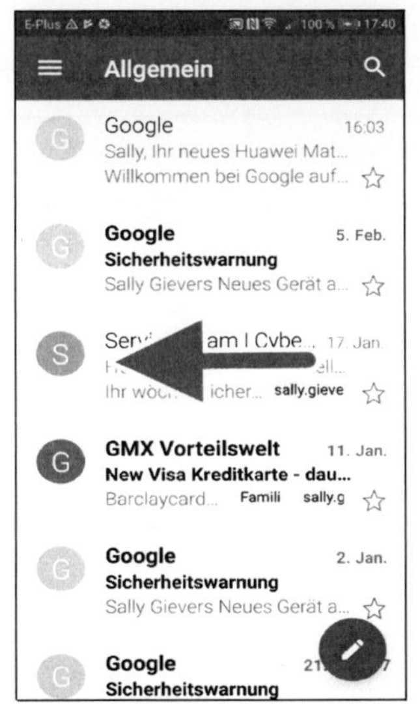

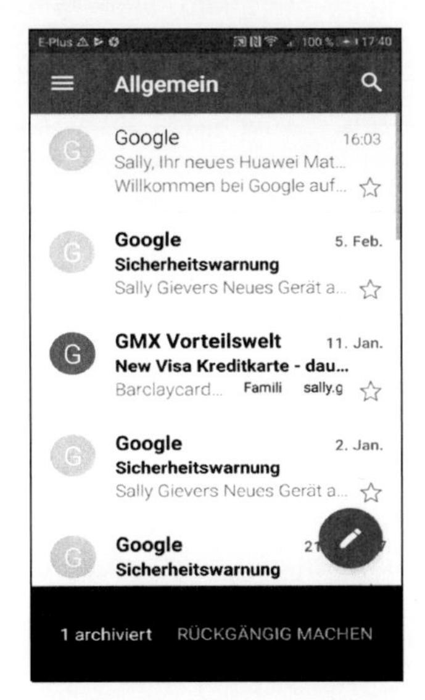

❶ Mit einer Wischgeste nach links oder rechts über einer Nachricht archivieren Sie diese.

❷ Über die *RÜCKGÄNGIG MACHEN*-Schaltleiste können Sie den Vorgang wieder zurücksetzen.

Welche Aktion die Wischgeste durchführt, legen Sie in ⋮*/Einstellungen/Allgemeine Einstellungen* fest. Gehen Sie dort auf *Gmail-Standardaktion,* bei der Sie die Wahl zwischen *Löschen* und *Archivieren* haben.

11.3 Einstellungen

11.3.1 Allgemeine Einstellungen

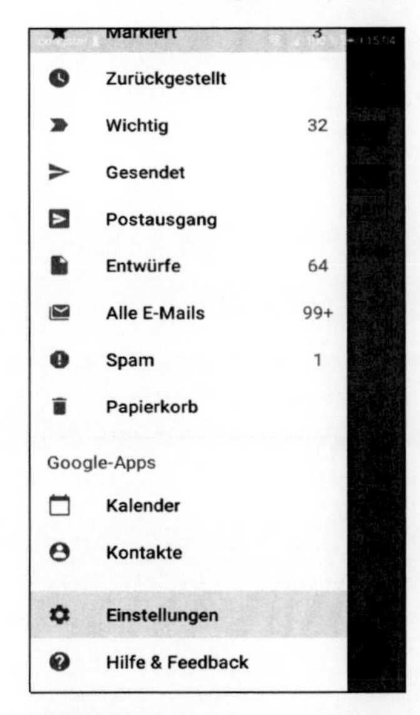

❶❷❸ Rufen Sie zunächst *Einstellungen* im Ausklappmenü auf und gehen dann auf *Allgemeine Einstellungen.*

- *Standardaktion für Benachrichtigungen:* Nicht von Google dokumentiert.

- *Benachrichtigungen verwalten*: Hier können Sie einstellen, ob bei eingegangenen Nachrichten ein Signalton ertönt und ein Hinweis in der Titelleiste erscheint. Wir raten davon ab, Änderungen an den Voreinstellungen vozunehmen.
- *Konversationsansicht*: Wenn Sie E-Mails beantworten beziehungsweise jemand auf Ihre E-Mails antwortet, so fasst Gmail diese in einer sogenannten Konversation zusammen.
- *Aktionen beim Wischen*: Konfiguriert die Wischgeste (siehe *11.2.9 Wischgeste zum Archivieren*). Wählen Sie aus, was passiert, wenn Sie in der Nachrichtenauflistung auf einem Eintrag nach links oder rechts wischen. Standardmäßig ist *Archivieren* aktiv.
- *Bild des Absenders*: Zeigt Kontaktfotos in der Konversationsliste an.
- *Standardaktion beim Antworten*: Sofern in einer beantworteten Nachricht mehrere weitere Empfänger enthalten sind, können Sie diesen mit der *Allen-Antworten*-Option neben dem ursprünglichen Empfänger ebenfalls Ihre Antwort-Mail zukommen lassen. Wir raten allerdings davon ab, *Allen Antworten* zu aktivieren, da sonst Außenstehende Ihre E-Mails erhalten könnten, die nicht für sie bestimmt sind.
- *Nachrichten automatisch anpassen*: Normalerweise zeigt die Gmail-Anwendung alle Nachrichten in Originalgröße an, sodass Sie im Nachrichtentext mit dem Finger rollen müssen. Aktivieren Sie *Nachrichten autom. anpassen*, wenn stattdessen die Nachrichten auf Bildschirmbreite verkleinert werden sollen.
- *Automatisch weiter*: Konfiguriert, wie sich Gmail verhält, wenn Sie eine Nachricht archivieren oder löschen. Standardmäßig landen Sie dann wieder in der Nachrichtenauflistung (*Konversationsliste*).
- *Weblinks in Gmail öffnen*: Öffnet in E-Mails angetippte Links direkt in der Gmail-Anwendung statt im Chrome-Browser.
- *Automatisch weiter*: Konfiguriert, wie sich Gmail verhält, wenn Sie eine Nachricht archivieren oder löschen. Standardmäßig landen Sie dann wieder in der Nachrichtenauflistung (*Konversationsliste*).

Unter *Aktionsbestätigungen:*

- *Vor dem Löschen bestätigen; Vor dem Archivieren bestätigen; Vor dem Senden bestätigen*: Die Aktionen Archivieren, Löschen und Senden erfolgen bei Gmail ohne Rückfrage. Falls Sie das stört, aktivieren Sie hierüber die Sicherheitsabfrage.

11.3.2 Konto-Einstellungen

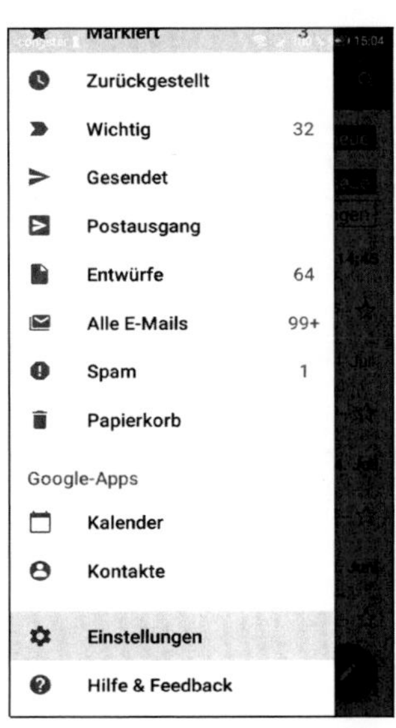

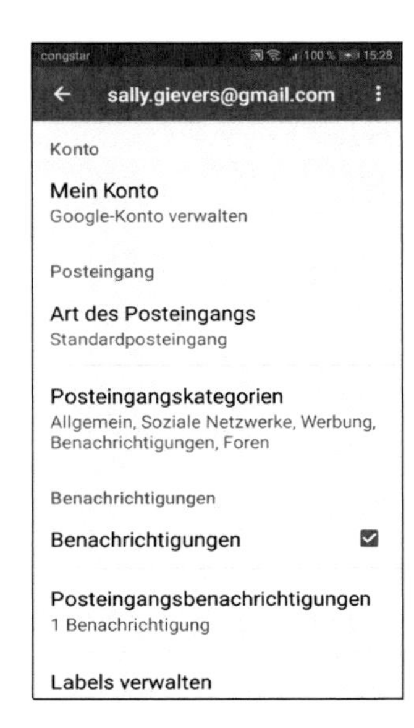

❶ Aktivieren Sie das Ausklappmenü und wählen Sie *Einstellungen*.

❷❸ Über *(Ihr Google-Konto)* konfigurieren Sie:

Unter *Konto*:

- *Mein Konto*: Diverse Sicherheitseinstellungen, die nichts mit der Gmail-Anwendung zu tun haben.

Unter *Posteingang:*

- *Art des Posteingangs*: Wählen Sie darin *Sortierter Eingang*, dann zeigt Gmail nicht mehr alle erhaltenen Nachrichten an, sondern nur solche, die als *Wichtig* markiert sind (siehe dazu Kapitel *11.2.5 Wichtig-Label und der sortierte Eingang*).
- *Posteingangskategorien:* Gmail sortiert Werbung, Nachrichten sozialer Netzwerke, usw. automatisch unter bestimmte Label ein. Siehe auch Kapitel *11.3.2.b Automatisch zugewiesene Labels*.

Unter *Benachrichtigungen*:

- *Benachrichtigungen*: Wenn neue Nachrichten empfangen wurden, meldet Gmail dies in der Titelleiste. Deaktivieren Sie *E-Mail-Benachrichtigung*, um diese Benachrichtigungen auszuschalten.
- *Posteingangsbenachrichtigungen*: Benachrichtigungseinstellungen für Gmail.
  - *Labelbenachrichtigungen*: Muss aktiv sein, damit Sie Gmail über neue Nachrichten informiert.
  - *Bei jeder E-Mail benachrichtigen*: Nicht von Google dokumentiert.
- *Labels verwalten*: Legen Sie fest, welche Label mit Ihrem Gmail-Konto synchronisiert werden. Normalerweise brauchen Sie hier nichts zu ändern.
- *Benachrichtigungen verwalten*: Verzweigt auf das im Kapitel *16.4.1 Benachrichtigungsmanager* vorgestellte Menü, worin Sie einstellen, auf welche Art Sie Gmail über neu vorliegende Nachrichten informiert. Wir raten davon ab, etwas zu ändern.

Unter *Allgemein*:

- *Standardaktion beim Antworten*: Die Voreinstellung *Antworten* sollten Sie nicht ändern. In E-Mails können mehrere Empfänger enthalten sein, die ihre Antwort, ebenfalls erhalten, wenn Sie *Allen antworten* einstellen. Dies kann den unerwünschten Effekt haben, dass Außenstehende Ihre Nachricht erhalten.
- *Mobile Signatur*: Die Signatur ist ein Text, den Gmail automatisch beim Erstellen einer neuen Nachricht einfügt. Nutzen Sie sie, um den Empfängern Ihrer E-Mails auf weitere Kontaktmöglichkeiten per Telefon, oder ähnlich hinzuweisen.
- *Intelligente Antwort*: Wenn Sie eine Nachricht anzeigen, schlägt Gmail automatisch drei mögliche Antworten vor. Diese sind vom Nachrichtenkontext abhängig. Derzeit funktioniert diese Funktion nur in englischer Sprache.
- *Abwesenheitsnotiz*: Ein sehr nützliches Feature, wenn Sie mal nicht erreichbar sind und Personen, die Ihnen geschrieben haben, automatisch über Ihre Abwesenheit informieren möchten.

Unter *Tipps im Posteingang:*

- *Einstellungen für Tipps im Posteingang*: Bei einigen Massen-E-Mail-Sendungen blendet Gmail eine Schaltleiste ein, über die Sie sich aus dem E-Mail-Verteiler abmelden.

Unter *Datenverbrauch*:

- *Gmail synchronisieren*: Diese Schaltleiste führt Sie in die Kontenverwaltung, welche Kapitel *15.2 Weitere Kontenfunktionen* beschreibt, worin Sie unter anderem den Datenabgleich mit dem Google-Konto steuern. Für die meisten Nutzer dürfte es aber keinen Sinn machen, dort den E-Mail-Abruf vom Google-Mail-Konto zu deaktivieren.
- *E-Mails: Zu synchronisierende Tage*: Legt fest, wie lange empfangene Nachrichten von der Gmail-Anwendung aufbewahrt werden. Ältere Nachrichten werden natürlich nicht gelöscht, sondern sind weiterhin über die Weboberfläche von Gmail (*mail.google.com*) im Webbrowser anzeigbar.
- *Anhänge herunterladen*: Dateianhänge sind häufig mehrere Megabyte groß, weshalb diese nur automatisch heruntergeladen werden, wenn eine WLAN-Verbindung besteht.

Lassen Sie diese Option am Besten aktiviert, da sonst beim Öffnen von Dateianhängen längere Wartezeiten entstehen.

- *Bilder*: Standardmäßig lädt Gmail immer alle eingebetteten Bilder aus dem Posteingang herunter und zeigt diese an. Dies betrifft vor allem Werbe-E-Mails von Unternehmen (Newsletter, u.ä.). Sie können aber auch diese Einstellung auf *Vor dem Anzeigen erst fragen* stellen, sodass Sie die Bilderanzeige in jeder betroffenen E-Mail erst bestätigen müssen.

11.3.2.a Abwesenheitsnotiz

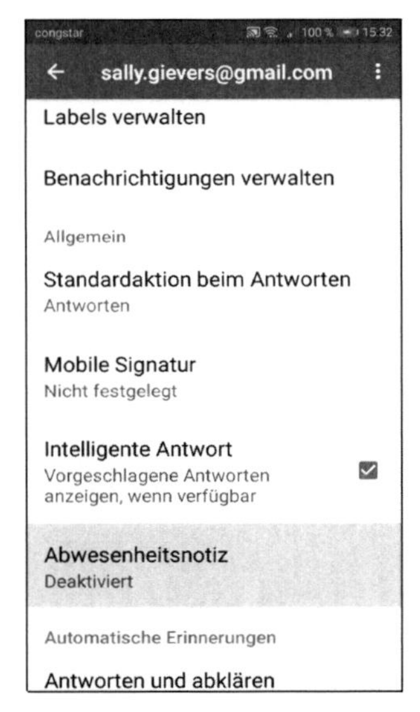

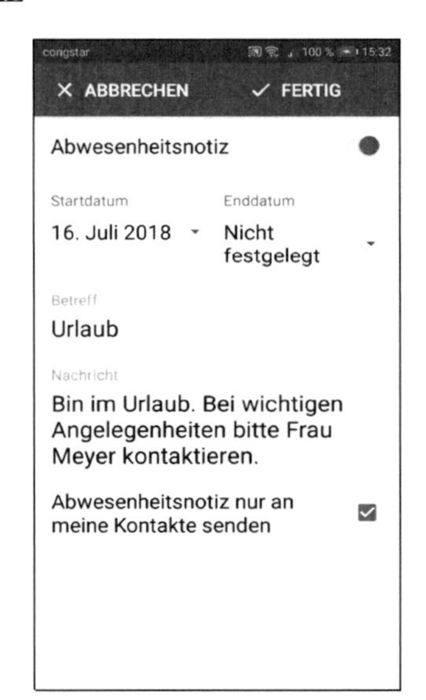

❶❷ Unter *Abwesenheitsnotiz* geben Sie einen Text ein, der während des eingestellten Zeitraums an alle E-Mail-Sender geschickt wird. Aktivieren Sie *Nur an meinen Kontakte senden*, damit nur Ihnen bekannte (im Telefonbuch gespeicherte) Kontakte die Abwesenheitsnotiz erhalten. Vergessen Sie nicht, zum Schluss die Abwesenheitsnotiz über den Schalter oben rechts zu aktivieren!

11.3.2.b Automatisch zugewiesene Labels

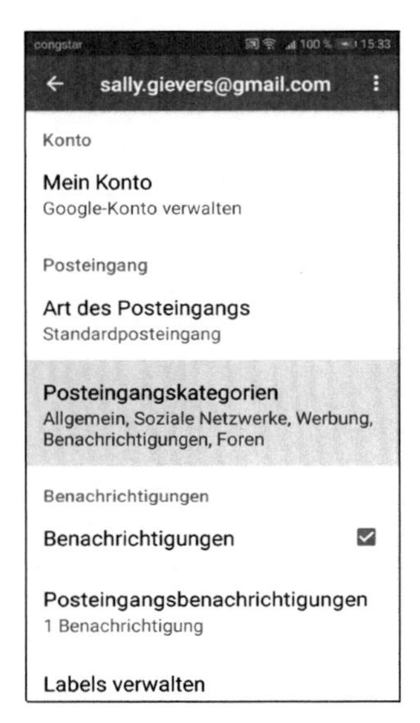

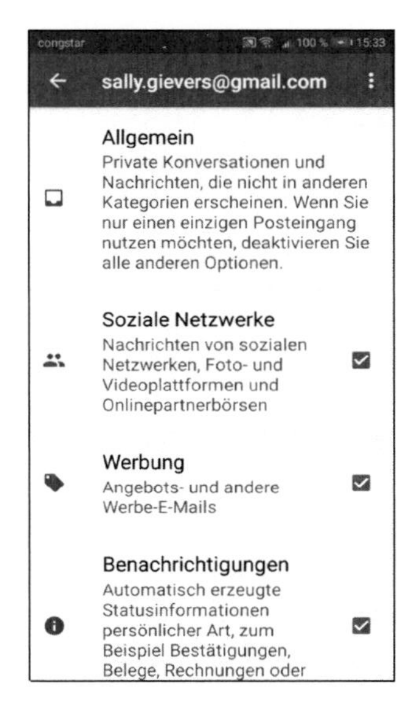

❶❷ Gmail weist Nachrichten, die von einem bestimmten Typ sind, automatisch Labeln zu. Dazu zählen laut Google (*support.google.com/mail/answer/3055016?hl=de*):

- *Allgemein*: Nachrichten von Freunden und Verwandten sowie sonstige Nachrichten, die nicht in einem der anderen Tabs angezeigt werden
- *Soziale Netzwerke*: E-Mails aus sozialen Netzwerken, Plattformen zum Teilen von Inhalten, Online-Partnervermittlungen, Spieleplattformen oder anderen sozialen Websites
- *Werbung*: Werbeaktionen, Angebote und sonstige Werbe-E-Mails
- *Benachrichtigungen*: Benachrichtigungen wie Bestätigungen, Belege, Rechnungen und

Kontoauszüge

- *Foren*: E-Mails aus Online-Gruppen, Diskussionsforen und Mailinglisten

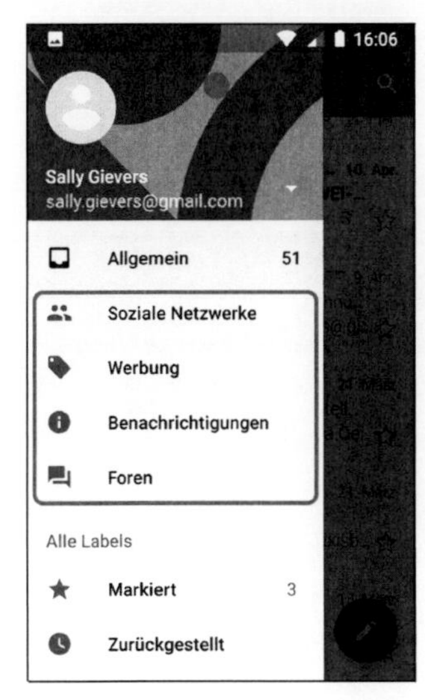

❶ Die automatisch zugewiesenen Labels listet Gmail als erstes im Ausklappmenü auf. Labels, die keine Nachrichten enthalten, werden ausgeblendet.

❷ Haben Sie dagegen alle automatisch zugewiesenen Labels deaktiviert, ordnet Gmail die empfangenen Nachrichten dem Label *Posteingang* beziehungsweise *Sortierter Eingang* (siehe Kapitel *11.2.5 Wichtig-Label und der sortierte Eingang*) zu.

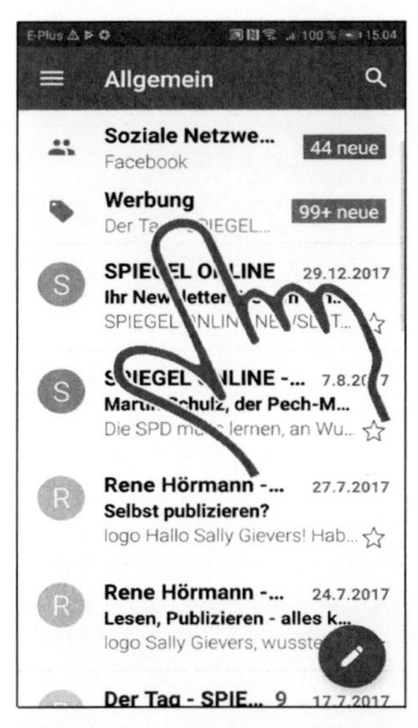

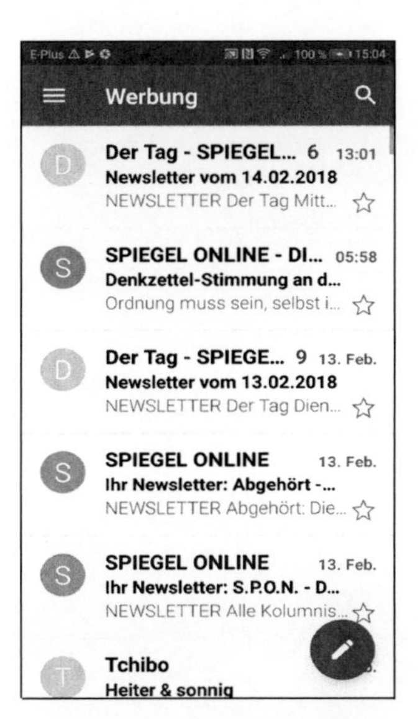

❶❷ Der *Allgemein*-Ordner erscheint sehr aufgeräumt, wenn die automatisch zugewiesenen Labels aktiv sind. Schaltflächen weisen dann im *Allgemein*-Ordner auf neu vorhandene Nachrichten in den Labels hin. Wählen Sie ein Label aus, um die zugewiesenen Nachrichten anzuzeigen.

11.4 Zugriff auf Gmail vom Startbildschirm

Auf dem Huawei Y6/Y7 lässt sich ein direkter Zugriff auf die Gmail-Ordner/Labels vom Startbildschirm aus einrichten.

Beachten Sie zu den Widgets auch Kapitel *4.7.2 Widgets*.

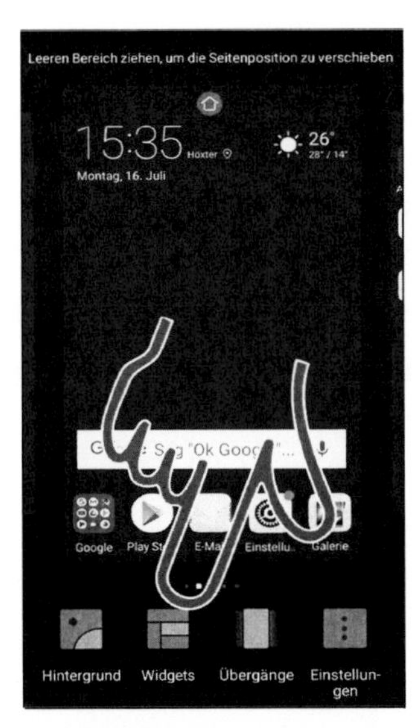

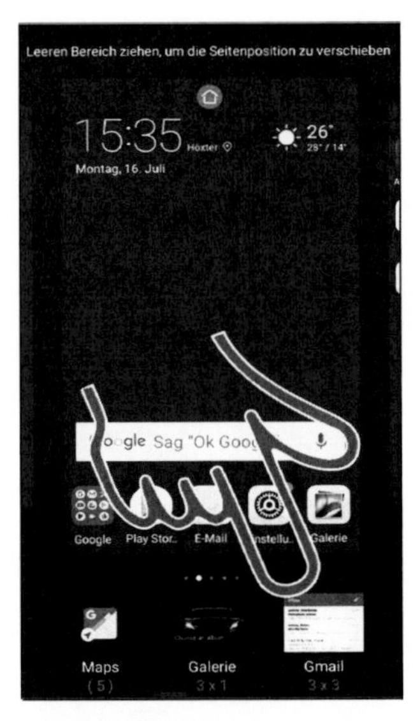

❶ Blättern Sie mit einer Wischgeste nach links oder rechts im Startbildschirm zu einem noch freien Bildschirm beziehungsweise entfernen Sie nicht benötigte Widgets (siehe auch Kapitel *4.7.2 Widgets*). Rufen Sie mit einer Kneifen-Geste (zwei Finger auf das Display halten und zusammen ziehen) den Bearbeitungsbildschirm auf.

❷ Betätigen Sie *Widgets* (Pfeil).

❸ Zur Auswahl stehen *Gmail* und *Gmail-Label* (Sie müssen Sie vorher mit einer Wischgeste nach links mehrmals durch die aufgelisteten Widgets blättern). Während *Gmail* die empfangenen E-Mails im Startbildschirm anzeigt, können Sie über das *Gmail-Label* direkt Gmail starten und dort den Posteingang anzeigen lassen. Wählen Sie *Gmail* aus. Positionieren Sie das Widget und lassen Sie den Finger anschließend los.

❶ Wählen Sie einen Ordner, empfohlenerweise *Allgemein*, aus.

❷❸ Zum Schluss sollten Sie noch die Widget-Größe anpassen: Tippen Sie das Widget zwei Sekunden lang an, lassen Sie den Finger los und danach ziehen Sie die blauen Ränder nach außen. Schließen Sie mit der ◁-Taste den Vorgang ab.

Auch nachträglich ist jederzeit eine Größenänderung des Gmail-Widgets möglich, indem Sie den Finger auf dem Widget halten, bis es hervorgehoben ist und dann loslassen.

➊➋➌ Tipp: Weil der Platz auf dem Startbildschirm sehr beschränkt ist, können Sie das Widget auf einer weiteren Startbildschirmseite verschieben. Dazu tippen und halten Sie den Finger auf dem Widget und ziehen es dann zum rechten Rand. Lassen Sie nun den Finger los. Das Handy hat damit eine neue Bildschirmseite erstellt. Sie können dann noch die Widget-Größe, wie bereits oben erläutert, anpassen.

Die hier beschriebene Methode funktioniert natürlich auch mit allen anderen Widgets und sogar Verknüpfungen.

11.5 Nutzung mehrerer E-Mail-Konten

Viele Anwender nutzen mehrere Gmail-Konten, zum Beispiel für private und berufliche Zwecke. Deshalb lassen sich mehrere Mail-Konten auf dem Huawei Y6/Y7 verwalten.

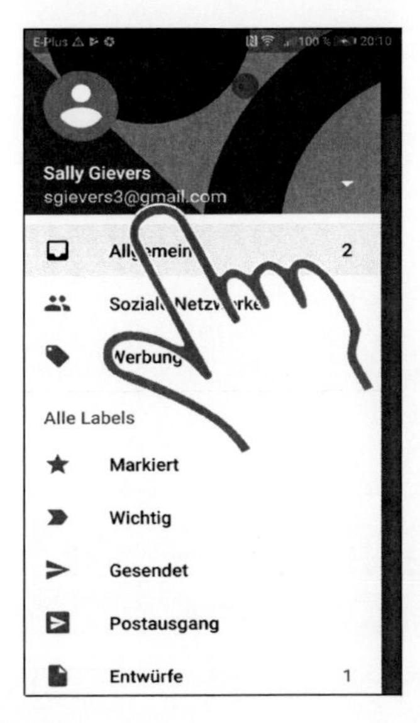

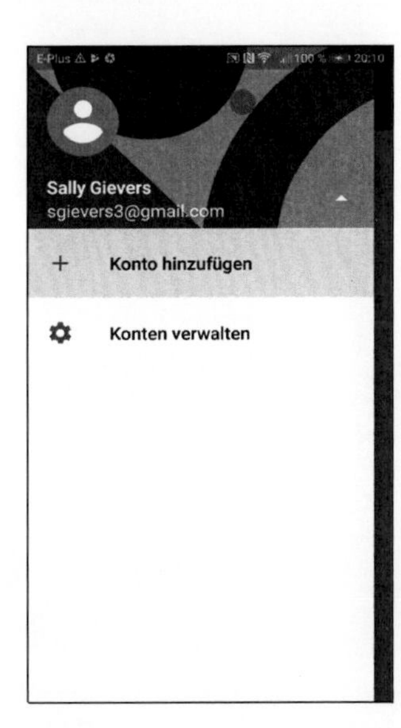

➊ Aktivieren Sie das Ausklappmenü.

➋➌ Tippen Sie auf den Kontonamen und gehen Sie auf *Konto hinzufügen*.

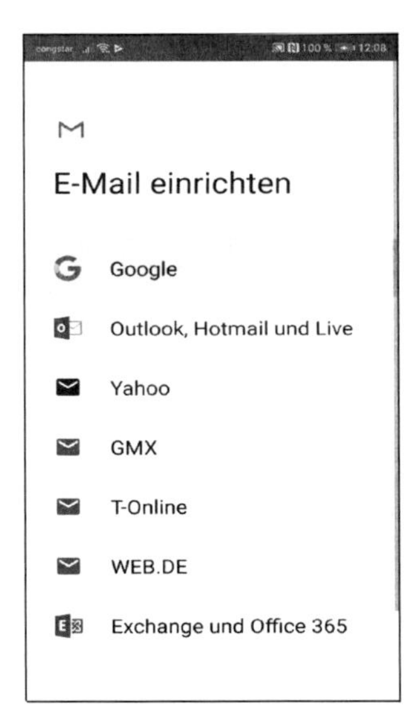

➊ In unserem Fall wählen wir *Google* für ein Gmail-Konto aus.

➋ Sie können nun *E-Mail oder Telefonnummer* antippen, um ein bereits bestehendes Google-Konto anzugeben. Alternativ betätigen Sie die Schaltleiste darunter für die Erstellung eines neues Kontos. In unserem Fall gehen Sie auf *E-Mail-Adresse oder Telefonnummer.*

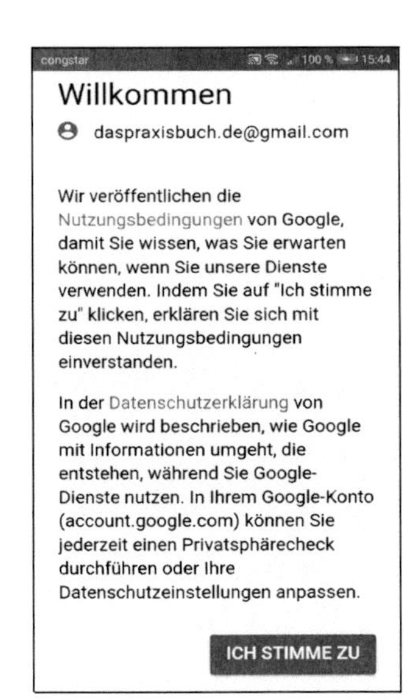

➊ Geben Sie Ihren Kontonamen ein (es reicht, nur den Namen vor dem »*@gmail.com*« einzugeben, denn der Rest wird ergänzt) und betätigen Sie *WEITER.*

➋ Erfassen Sie das Kennwort zu Ihrem Google-Konto und gehen Sie auf *WEITER.*

➌ Anschließend bestätigen Sie die Datenschutz- und Nutzungsbedingungen.

Zur Google-Kontenverwaltung siehe auch Kapitel *15 Das Google-Konto.*

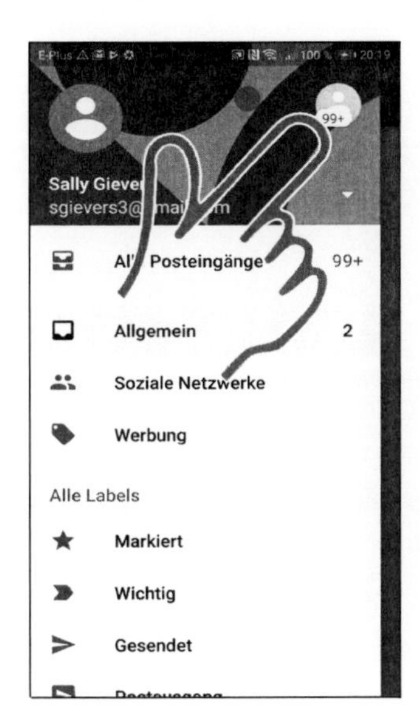

➊ Damit ist die Kontenanlage abgeschlossen und Sie befinden sich wieder im Ausklappmenü, das Sie mit der ◁-Taste verlassen.

➋ Zwischen den Konten schalten Sie nun immer über die Schaltleisten im Ausklappmenü um.

11.6 Andere E-Mail-Konten mit Gmail

Die Gmail-Anwendung wurde ursprünglich nur für den Einsatz mit dem Google-Konto und der damit verbundenen E-Mail-Adresse entwickelt.

Viele Anwender haben aber bereits eine E-Mail-Adresse, sei es von einem freien E-Mail-Anbieter wie GMX, Web.de, T-Online.de oder Outlook.de oder eine Firmen-E-Mail-Adresse. Deshalb liefern Gerätehersteller wie Huawei zusätzlich neben Gmail eine weitere E-Mail-Anwendung (siehe Kapitel *10 E-Mail*) mit.

11.6.1 E-Mail einrichten

Leider ist es uns aus Platzgründen hier nicht möglich, auf die Einrichtung aller möglichen E-Mail-Adressen einzugehen, weshalb wir uns hier beispielhaft auf einen kostenlosen Anbieter (Outlook.com) beschränken. Bei anderen Anbietern wie T-Online, GMX, usw. läuft es aber im Prinzip genauso ab.

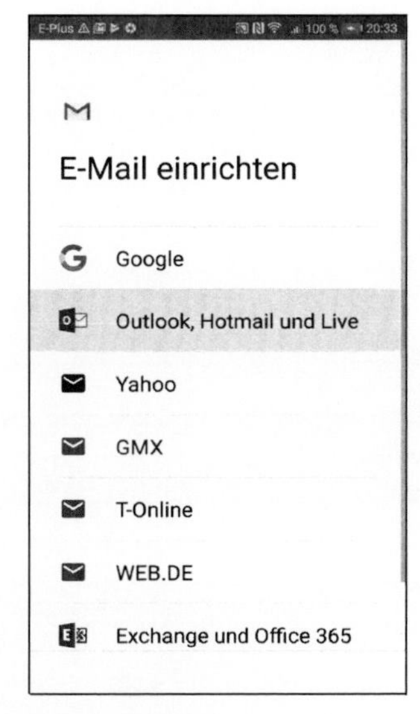

➊ Aktivieren Sie das Ausklappmenü, in dem Sie auf Ihren Kontennamen tippen.

➋➌ Gehen Sie auf *Konto hinzufügen.* Wählen Sie einen geeigneten E-Mail-Anbieter aus, beispielsweise *GMX*, wenn Sie eine E-Mail-Adresse von GMX verwenden. In unserem Beispiel nutzen wir Outlook.com und gehen deshalb auf *Outlook, Hotmail und Live*.

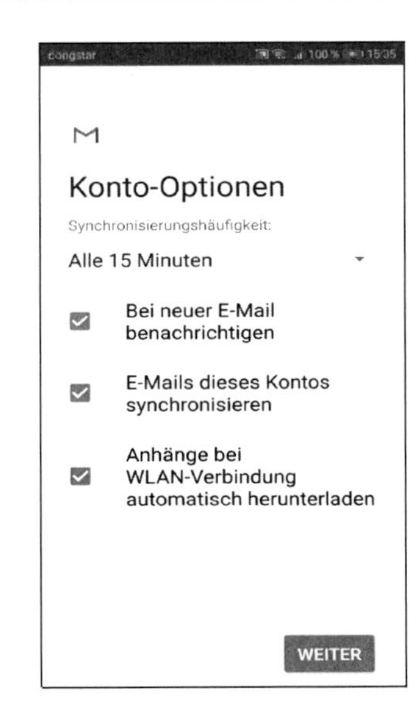

➊ Geben Sie Ihre E-Mail-Adresse und das Kennwort Ihres E-Mail-Kontos ein. Betätigen Sie *Weiter*.

➋ Erfassen Sie das Kennwort Ihres E-Mail-Kontos, aktivieren Sie das Abhakkästchen bei *Angemeldet bleiben* und betätigen Sie *Anmelden*. Die Einstellungen werden aus dem Internet geladen.

➌ Sie können nun unter *Synchronisierungshäufigkeit* den automatischen Abrufintervall einstellen. 15 Minuten reichen normalerweise aus, es ist aber später jederzeit möglich, einen manuellen Abruf per Tastendruck durchzuführen.

Weitere Einstellungen:

- *Bei neuer E-Mail benachrichtigen*: Akustisches und optisches Signal bei neu empfangenen Nachrichten.
- *E-Mails dieses Kontos synchronisieren*: Muss aktiv sein, damit das Handy den Abruf durchführt.
- *Anhänge bei WLAN-Verbindung automatisch herunterladen*: Die E-Mail-Anwendung lädt E-Mail-Anhänge herunter, sofern eine WLAN-Verbindung besteht. Ansonsten können Sie E-Mail-Anhänge von Hand herunterladen. Diese Option steht nur für Nutzer eines Outlook.com-E-Mail-Kontos zur Verfügung.

Betätigen Sie *WEITER*.

Zum Schluss können Sie noch den Kontonamen ändern, sowie den Namen, als dessen Empfänger Sie in den E-Mails erscheinen. Betätigen Sie *WEITER*, womit die Einrichtung abgeschlossen ist.

Auf dem gleichen Wege, wie Sie das E-Mail-Konto gerade angelegt haben, dürfen Sie auch weitere Konten anlegen.

11.6.2 E-Mail in der Praxis

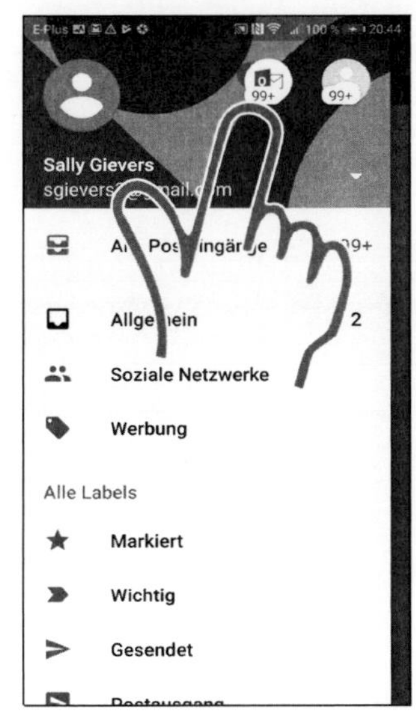

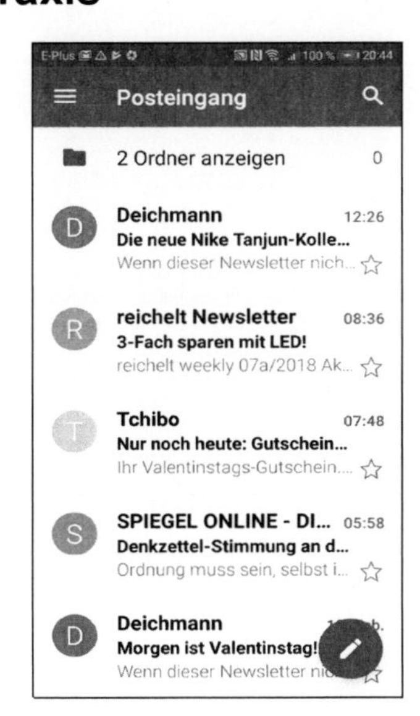

❶ So schalten Sie zwischen mehreren E-Mail-Konten um: Aktivieren Sie das Ausklappmenü und betätigen Sie eine der runden Schaltleisten am oberen Rand (Pfeil).

❷ Viele Funktionen, die Sie bereits im Zusammenhang mit Ihrem Google-Konto kennen gelernt haben, sind auch mit Ihrem eigenen E-Mail-Konto möglich, weshalb wir hier nicht noch einmal darauf eingehen.

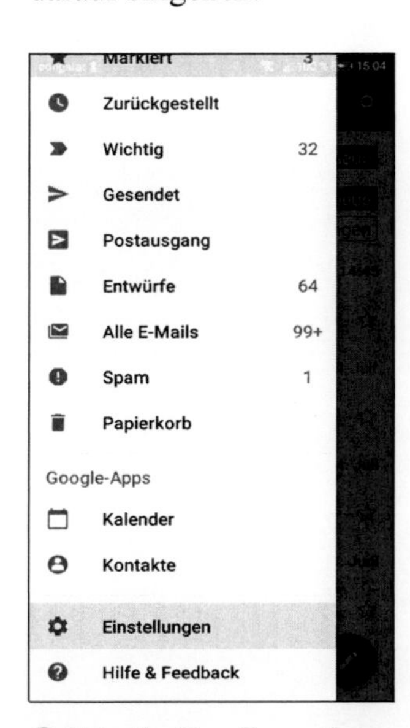

❶ Für die Konfiguration rufen Sie das Ausklappmenü auf und gehen auf *Einstellungen.*

❷ Wählen Sie das E-Mail-Konto aus.

❸ Die Parameter:

- *Kontoname*: Unter diesem Namen erscheint das Konto in der E-Mail-Anwendung.
- *Mein Name*: Erscheint als Absendername in Ihren E-Mails.
- *Signatur*: Die Signatur erscheint unter allen Ihren E-Mails. Geben Sie dort zum Beispiel Ihre Kontaktdaten ein, damit Sie E-Mail-Empfänger auch auf anderen Wegen als über E-Mail erreichen können.
- *Konto verknüpfen*: Wenn Sie das E-Mail-Konto mit Ihrem Google-Konto verknüpfen, behandelt Gmail es nicht mehr als separates Konto. Alle Nachrichten werden dann im Gmail-Konto angezeigt. In diesem Buch gehen wir nicht weiter darauf ein.
- *Kurzantworten*: Nicht von Google dokumentiert.

Unter *Datenverbrauch*:

- *Bilder:* Stellen Sie ein, ob im Nachrichtentext enthaltene Bilder sofort geladen und angezeigt werden, oder erst auf Nachfrage.

- *Synchronisationshäufigkeit*: Die Vorgabe *15 Minuten* dürfte für die meisten Nutzer ausreichend sein, zumal auch der manuelle Abruf (auf dem Bildschirm nach unten Wischen) jederzeit möglich ist.
- *E-Mails synchronisieren*: Diese Option sollten Sie nicht deaktivieren, weil sonst kein E-Mail-Abruf erfolgt.
- *Anhänge herunterladen*: Sofern eine WLAN-Verbindung besteht, lädt Gmail auch Nachrichten mit E-Mail-Anhängen komplett herunter – steht nur eine Mobilfunkverbindung zur Verfügung, so können Sie das Herunterladen aber auch manuell anstoßen.

Unter *Benachrichtigungseinstellungen:*

- *E-Mail-Benachrichtigung*: In der Titelleiste erfolgt bei neu empfangenen Nachrichten ein Hinweis.
- *Klingelton auswählen; Vibration*: Benachrichtigungston für empfangene Nachrichten.

Unter *Servereinstellungen*:

- *Einstellungen des Eingangsservers; Einstellungen des Ausgangsservers*: Konfiguriert die Abruf- beziehungsweise Sendeeinstellungen. Hier sollten Sie nichts ändern.

12. Chrome-Webbrowser

Der Chrome-Webbrowser bietet alle Funktionen, die Sie auch vom Webbrowser Ihres PCs her kennen. Sofern Sie darauf schon die PC-Version des Chrome-Browsers einsetzen, dürften Ihnen viele Abläufe bekannt vorkommen.

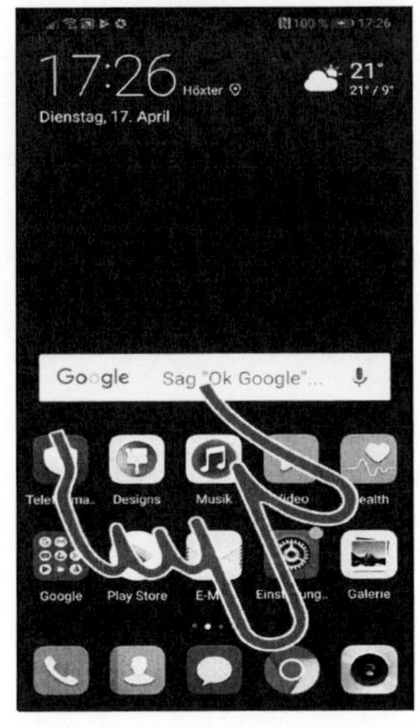

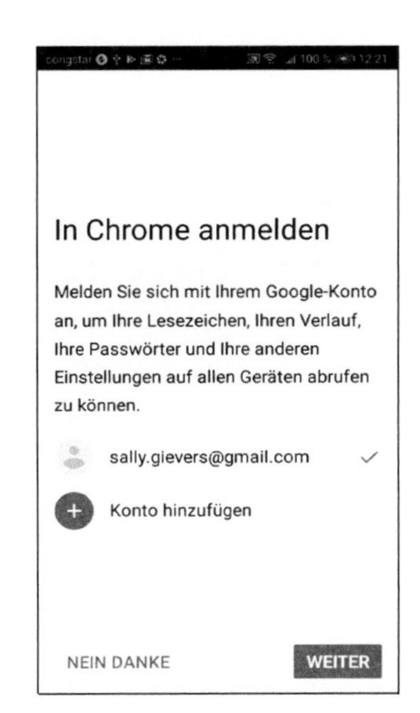

➊ Sie starten den Webbrowser über *Chrome* aus dem Startbildschirm.

➋ Beim ersten Aufruf müssen Sie die Nutzungsbedingungen akzeptieren, indem Sie *AKZEPTIEREN & WEITER* betätigen.

➌ Betätigen Sie *WEITER*.

➊ Führen Sie auf dem Bildschirm eine Wischgeste nach oben durch.

➋ Schließen sie den Bildschirm mit *OK*.

➌ Eventuell weist Sie der Chrome-Browser auf den sogenannten Datensparmodus hin. Wenn Sie ihn aktivieren reduzieren Sie die über das Internet übertragene Datenmenge und der Browser baut Webseiten schneller auf. Einziger Nachteil: Der Datenverkehr läuft dann über Google-Server, was nicht jedem Anwender gefallen dürfte. Deshalb sollten Sie als Mitarbeiter in einem Unternehmen vorher mit Ihrem IT-Zuständigen sprechen.

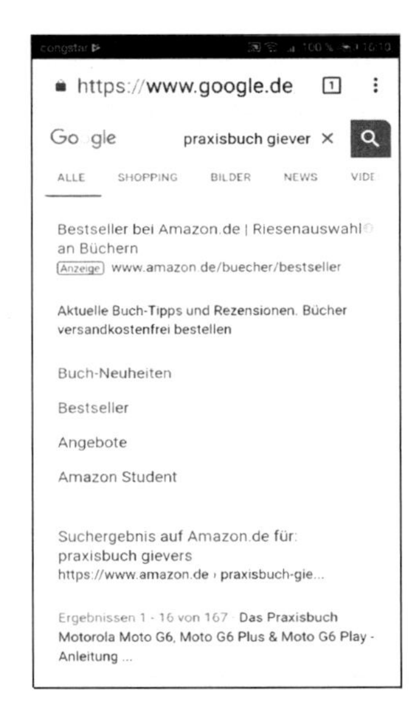

➊ Beim ersten Start tippen Sie auf *Suchbegriff oder Webadresse eingeben,* um eine Webseite aufzurufen.

➋ in unserem Beispiel geben wir mal den Suchbegriff »praxisbuch gievers« ein (Klein- und Großschreibung spielt für die Google-Suche keine Rolle). Betätigen Sie dann die ✓-Taste (Pfeil).

➌ Die Suchergebnisse werden angezeigt.

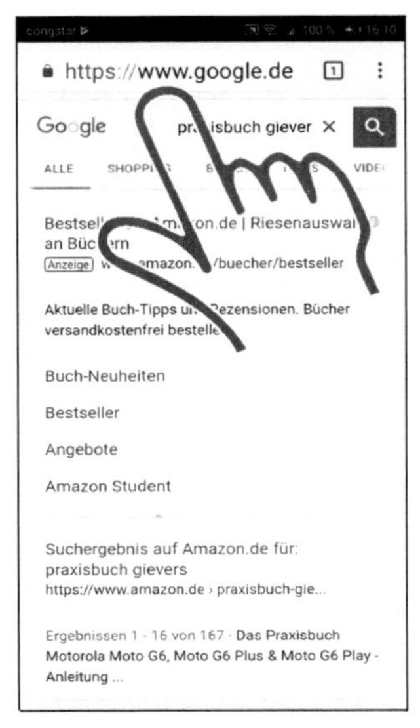

➊ Das Adressfeld steht Ihnen künftig am oberen Bildschirmrand zur Verfügung. Tippen Sie einfach dort hinein, wenn Sie eine andere Webseite aufrufen möchten.

➋➌ Wird eine umfangreichere Webseite angezeigt, müssen Sie später eventuell erst mit dem Finger auf dem Bildschirm nach unten ziehen (Wischgeste), um die Adressleiste anzuzeigen. Tippen Sie dann in das Eingabefeld.

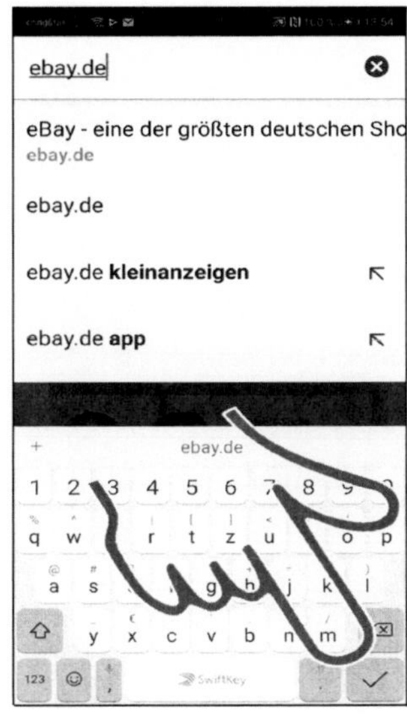

➊ Nach Eingabe der Webadresse im Adressfeld betätigen Sie die ✓-Taste (Pfeil) auf dem Tastenfeld. Bereits während der Eingabe macht der Browser, wie bereits gezeigt, Vorschläge. Wählen Sie in der Liste einfach die anzuzeigende Webseite aus.

➋ Die Webadresse wird geladen und angezeigt. Bei manchen Webseiten, die für PC-Bildschirme optimiert sind, sehen Sie nur einen Teilausschnitt, den Sie einfach ändern, indem Sie mit dem Finger auf den Bildschirm drücken und dann in die gewünschte Richtung ziehen (»Wischgeste«).

Bei der Webseitenanzeige kann eine horizontale Bildschirmorientierung optimaler sein. Halten Sie dafür einfach das Handy waagerecht statt senkrecht.

➊➋ Die ⇖-Schaltleiste bei den Vorschlägen verzweigt auf weitere Vorschläge.

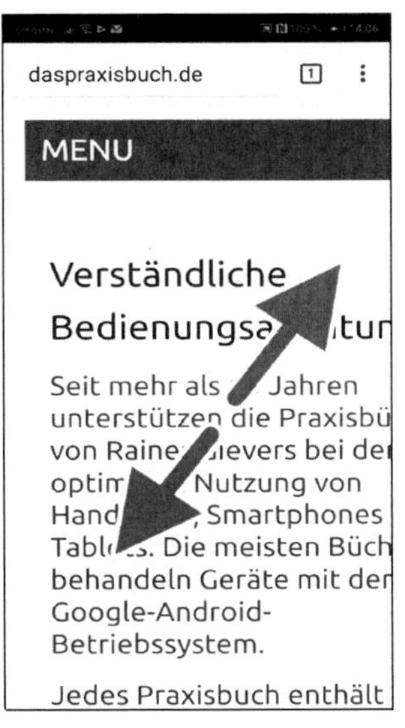

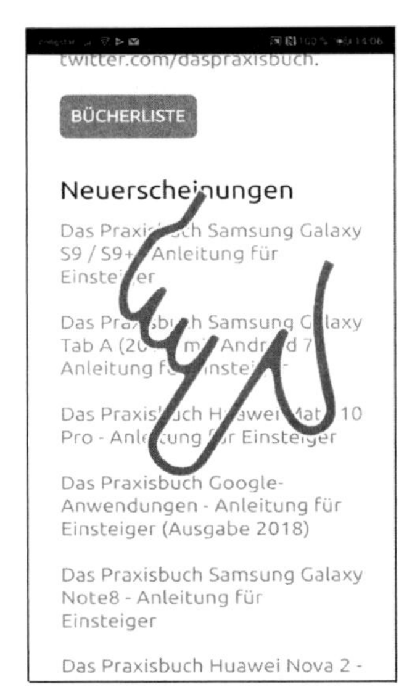

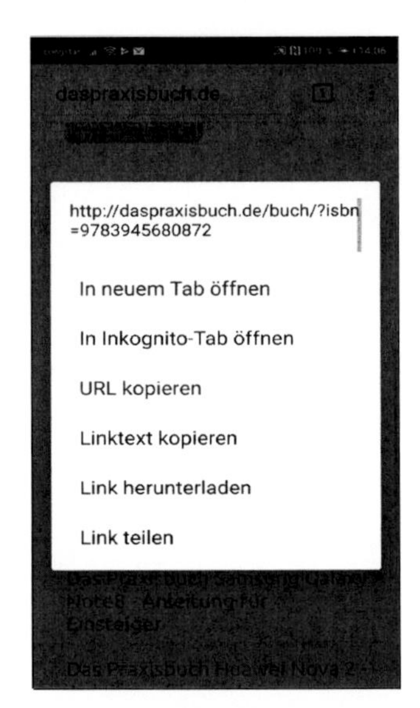

❶ Durch »Kneifen« ändern Sie die Anzeige: Tippen und halten Sie Mittelfinger und Daumen gleichzeitig auf dem Bildschirm und ziehen Sie beide auseinander, was in die Webseite hereinzoomt. Ziehen Sie dagegen die beiden Finger zusammen, zoomen Sie wieder heraus. Es ist egal, ob Sie nun vertikal oder waagerecht »kneifen«.

❷ Einem Link folgen Sie, indem Sie ihn antippen.

❸ Tippen und halten Sie den Finger über einem Link für weitere Funktionen:

- *Im neuem Tab öffnen*: Öffnet den Link in einem neuen Browser-Tab.
- *In Inkognito-Tab öffnen*: Öffnet den Link im privaten Modus, bei der alle Cookies oder andere Daten wieder gelöscht werden, wenn man den Tab später schließt.
- *URL kopieren; Linktext kopieren*: Kopiert die Webadresse beziehungsweise den Linktext in die Zwischenablage, von wo man sie später in andere Anwendungen wieder einfügen kann.
- *Link herunterladen*: Speichert die Webseite im Gerätespeicher im Verzeichnis *download.*
- *Link teilen*: Webadresse an einen Dritten per E-Mail, Bluetooth, SMS, usw. senden.

Verwenden Sie die ◁-Taste, um zur letzten angezeigten Seite zurückzukehren. Beachten Sie aber, dass der Browser verlassen wird, wenn Sie die ◁-Taste drücken, während die zuerst aufgerufene Seite angezeigt wird.

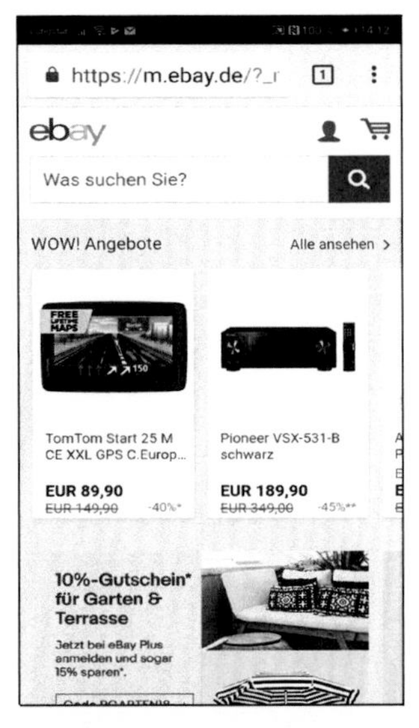

❶ Viele Websites werten den verwendeten Browser aus und optimieren dann die Webseiten für die Besucher entsprechend. Ein gutes Beispiel ist Ebay, wo man mit Smartphones und Tablets nur eine vereinfachte und funktionsbeschränkte Weboberfläche zu sehen bekommt.

❷❸ Eine vollwertige Anzeige erhalten Sie im Browser, wenn Sie ⋮/*Desktopwebsite* aktivieren.

Beachten Sie, dass sich dann die Ladezeiten erhöhen.

12.1 Tabs

Heutzutage bietet jeder PC-Webbrowser die Möglichkeit, mehrere Webseiten gleichzeitig anzuzeigen, wobei die sogenannten Tabs zum Einsatz kommen. Sofern Sie bereits Tabs auf dem PC-Webbrowser genutzt haben, dürften Sie also vieles wiedererkennen.

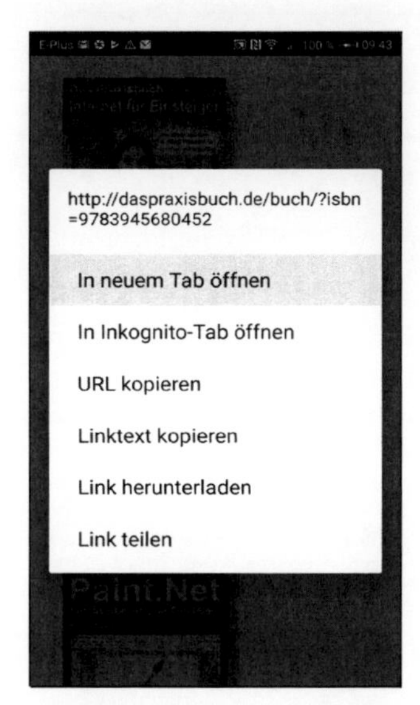

❶❷ Tippen und halten Sie einen Finger über dem Link, bis das Popup-Menü erscheint. Wählen Sie dann *In neuem Tab öffnen*. Der Browser-Tab wird im Hintergrund geöffnet.

Einen leeren Tab öffnen Sie mit ⋮/*Neuer Tab*.

❶ Die geöffneten Tabs zeigt dann die 2-Schaltleiste (Pfeil) an.

❷ Eine Wischgeste blättert durch die Tabs. Tippen Sie einen Tab an, den Sie wieder im Browser anzeigen möchten.

❸ Wischen nach links oder rechts schließt einen Tab.

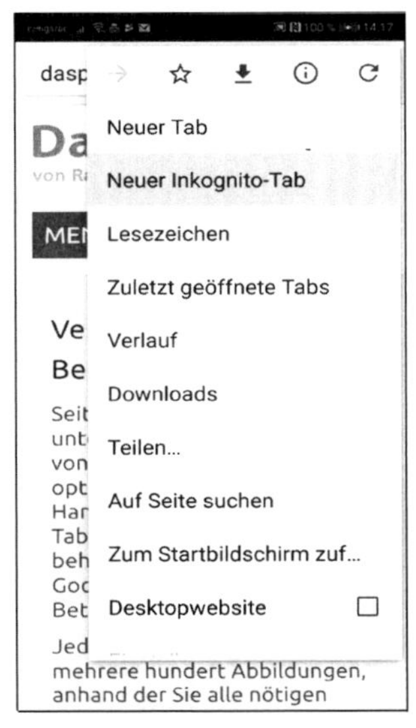

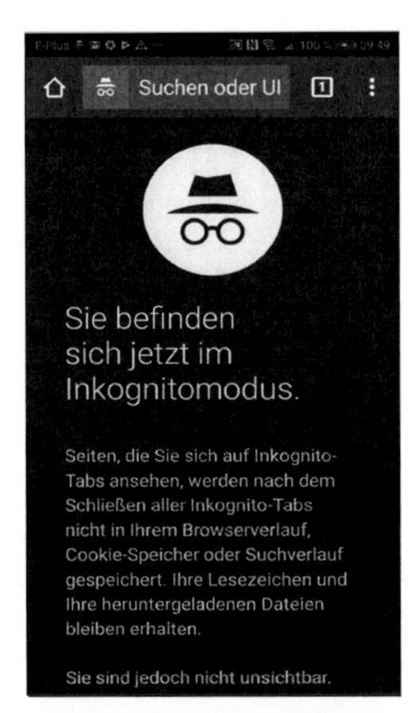

❶❷ Eine Besonderheit ist der Inkognito-Modus, den Sie über ⋮*/Neuer Inkognito-Tab* aktivieren: In diesem Tab surfen Sie anonym, das heißt, der Browser speichert nach Verlassen des Inkognito-Tabs keine Daten und löscht von Websites angelegte Cookies.

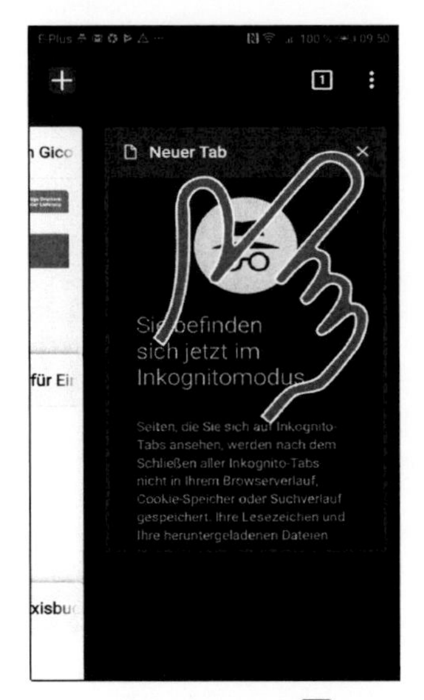

❶❷ Den Inkognito-Modus verlässt man, indem Sie [2]-Schaltleiste (Pfeil) antippen und dann die X-Schaltleiste betätigen.

12.2 Lesezeichen

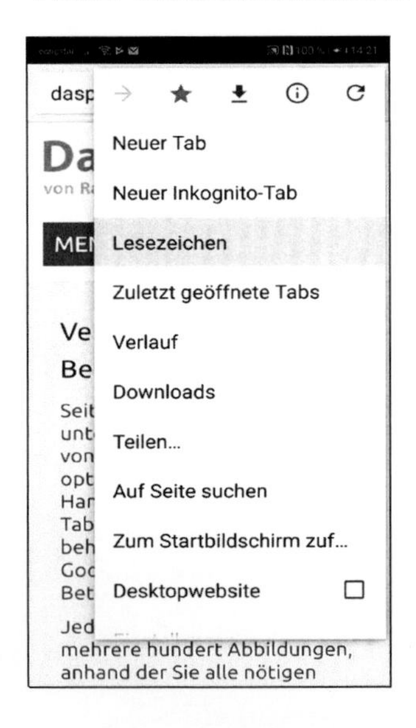

❶ Mit ⁝/*Lesezeichen* öffnen Sie die Lesezeichenverwaltung.

❷ Gehen Sie gegebenenfalls auf *Mobile Lesezeichen* (falls diese nicht schon angezeigt werden).

❸ Tippen Sie einfach auf ein Lesezeichen, das Sie öffnen möchten.

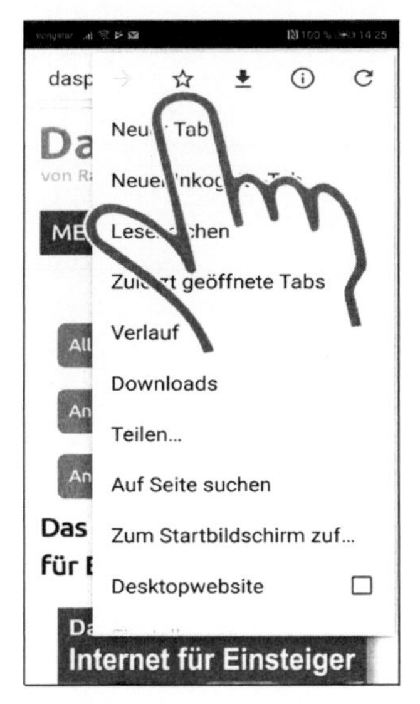

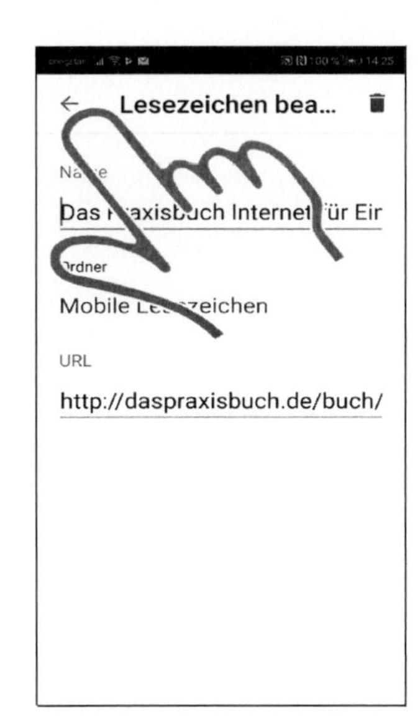

❶ So speichern sie ein Lesezeichen: Aktivieren Sie das ⁝-Menü und tippen Sie darin ★ an.

❷❸ Das Lesezeichen wird angelegt. Falls Sie es noch bearbeiten möchten (zum Beispiel einen anderen Namen geben) dann betätigen Sie *BEARBEITEN*. Schließen Sie den Bildschirm anschließend über die ←-Schaltleiste oben links.

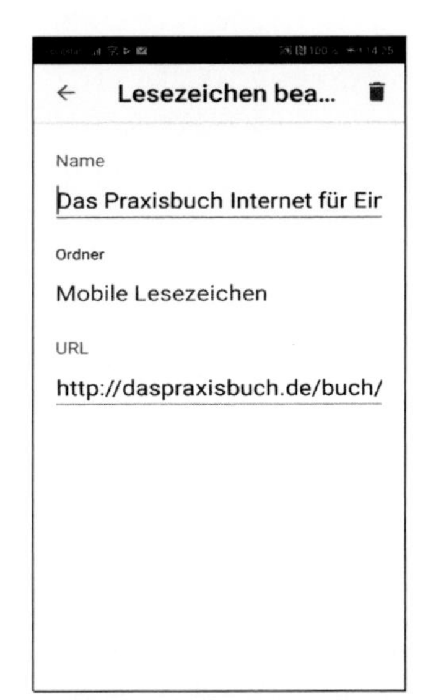

❶❷ Das Bearbeiten des Lesezeichens ist alternativ auch über das ⁝-Menü möglich. Tippen Sie darin ★ an.

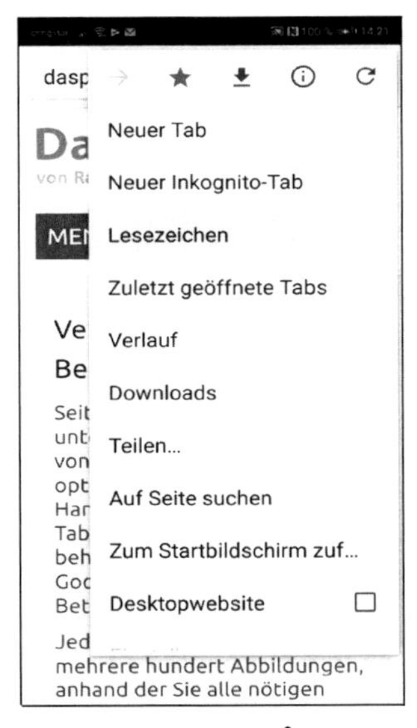

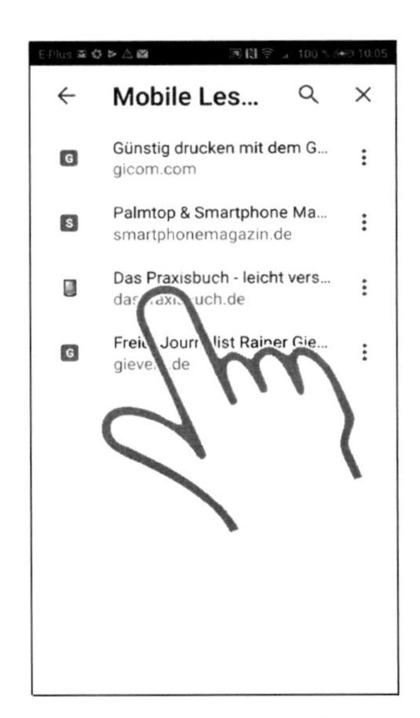

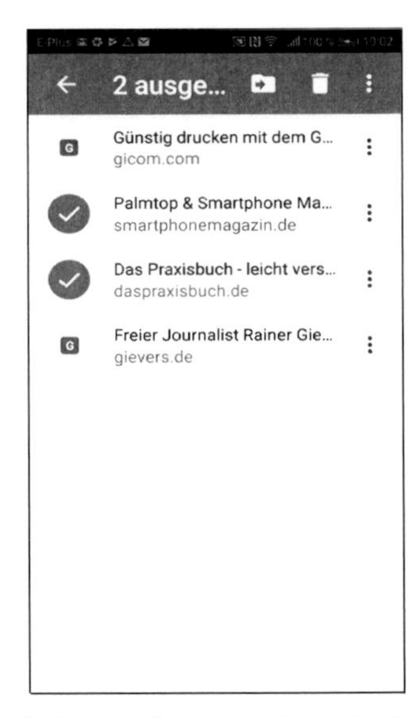

❶ Rufen Sie mit ⋮/*Lesezeichen* die Lesezeichenverwaltung auf und tippen Sie den *Mobile Lesezeichen*-Ordner an.

❷ Tippen Sie in der Lesezeichenverwaltung ein Lesezeichen an, damit die zugehörige Webadresse im Browser geladen wird.

❸ Halten Sie den Finger über einem Lesezeichen für diese Funktionen gedrückt. Das Handy schaltet in den Markierungsmodus und bei Bedarf können Sie weitere Lesezeichen durch kurzes Antippen markieren. Die Bedeutung der Schaltleisten:

- ✎: Lesezeichen bearbeiten (es darf nur ein Lesezeichen markiert sein).
- ➡: Lesezeichen in einen anderen Ordner verschieben. Auf die Ordner-Funktion geht dieses Buch nicht ein.
- 🗑: Lesezeichen löschen.

Die ◁-Taste beendet den Markierungsmodus.

Die Lesezeichen werden mit Ihrem Google-Konto synchronisiert, das heißt, wenn Sie sich auf einem anderen Android-Gerät bei Ihrem Google-Konto anmelden, sind dort im Browser Ihre Lesezeichen verfügbar. Wenn Sie dies nicht möchten, müssen Sie in Ihrem Google Konto (siehe Kapitel *15 Das Google-Konto*) die Lesezeichen-Synchronisierung (*Chrome synchronisieren*) deaktivieren.

12.3 Dateien herunterladen

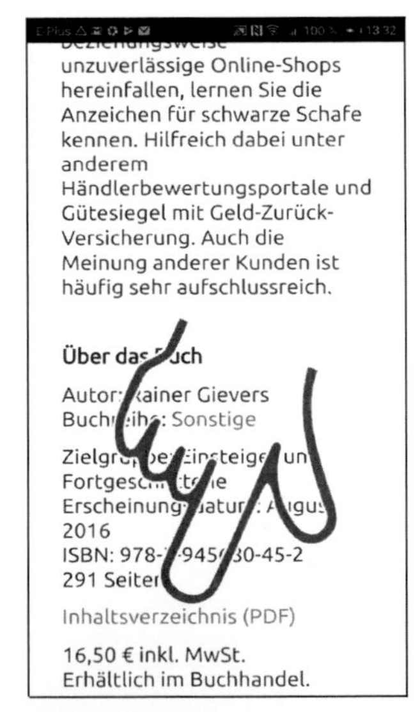

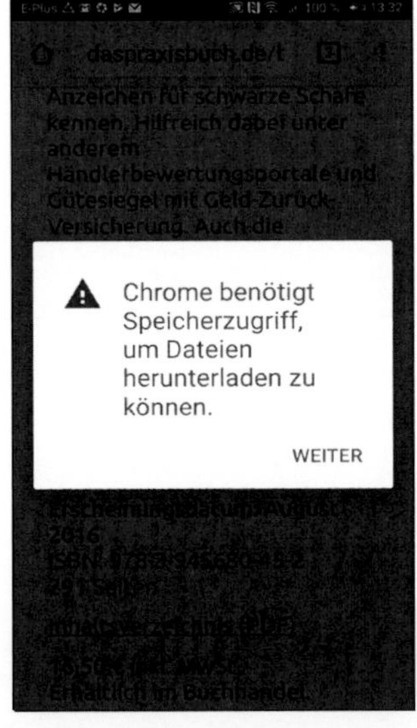

❶ Wenn Sie einen Link antippen, der auf eine Datei verweist, lädt der Browser diese automatisch herunter.

❷ Beim ersten Mal müssen Sie zwei Popups mit *WEITER* beziehungsweise *ZULASSEN* schließen.

❸ Die Anzeige erfolgt.

Alle heruntergeladenen Dateien landen im Verzeichnis *Download* im Gerätespeicher.

12.4 Einstellungen

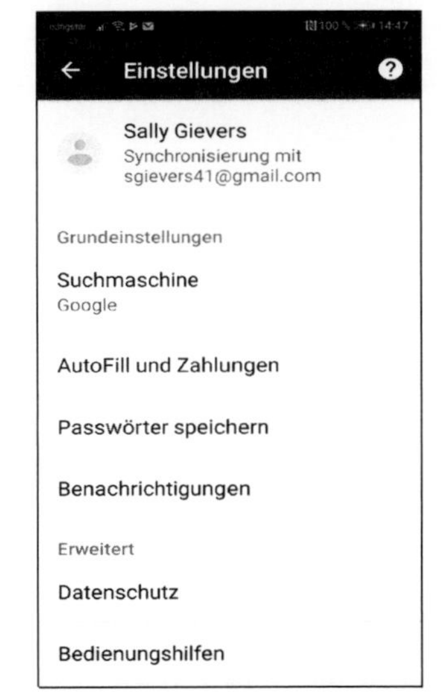

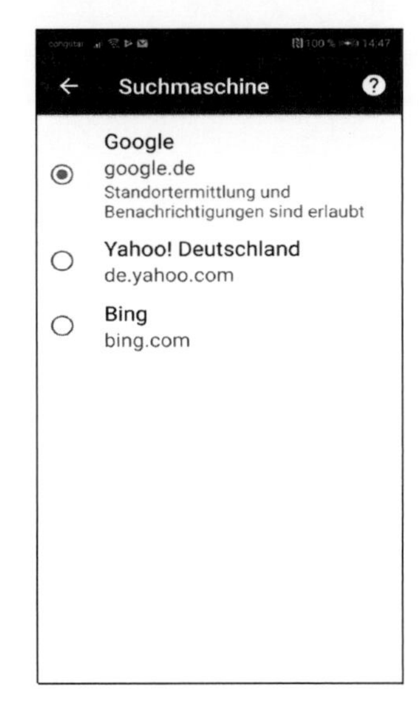

❶ Für die Browserkonfiguration gehen Sie auf ⋮/*Einstellungen.*

❷ Die hier angebotenen Optionen:

- *(Ihr Konto)@gmail.com*: Verwaltet die Synchronisation der Lesezeichen mit Ihrem Google-Konto.

Unter *Grundeinstellungen:*

- *Suchmaschine* (❸): Stellt die zu verwendende Suchmaschine ein (die Suche erfolgt automatisch, wenn Sie einen Begriff in der Browser-Adresszeile eingeben).
- *AutoFill und Zahlungen*: Die hier erfassten Texte mit Ihren Adressdaten schlägt der Browser automatisch vor, wenn Sie in ein passendes Eingabefeld tippen (zum Beispiel Adressfelder in einem Online-Shop).
- *Passwörter speichern*: Verwaltet alle Passwörter, die zwischengespeichert und das nächste Mal automatisch eingefügt werden. Sofern das Huawei Y6/Y7 von mehreren Personen genutzt wird, sollten Sie diese Option deaktivieren.
- *Benachrichtigungen*: Nicht von Google dokumentiert.

Unter *Erweitert:*

- *Datenschutz*: Löschen Sie hier vom Chrome-Browser gespeicherte Daten und stellen Sie ein, ob der Browser bei der Adresseingabe Vorschläge macht.
- *Bedienungshilfen*: Standardschriftgröße bei den angezeigten Webseiten.
- *Website-Einstellungen*: Cookies, Übermittlung des Standorts, JavaScript, usw. zulassen.
- *Sprachen*: Einige Websites werten die Sprache des Browsers aus und zeigen die Webseiten dann in der passenden Sprache an. Beim Chrome-Browser ist *Deutsch* vorgegeben.
- *Datensparmodus*: Beschleunigt die Datenübertragung, indem aufgerufene Webseiten zuerst von Google selbst eingeladen, komprimiert und dann im Chrome geladen werden. Dies ist nicht möglich für verschlüsselte Websites (beispielsweise beim Online-Banking). Sofern Sie auf Ihren Datenschutz Wert legen, sollten sie auf diese Funktion verzichten.

12.4.1 Datenschutz

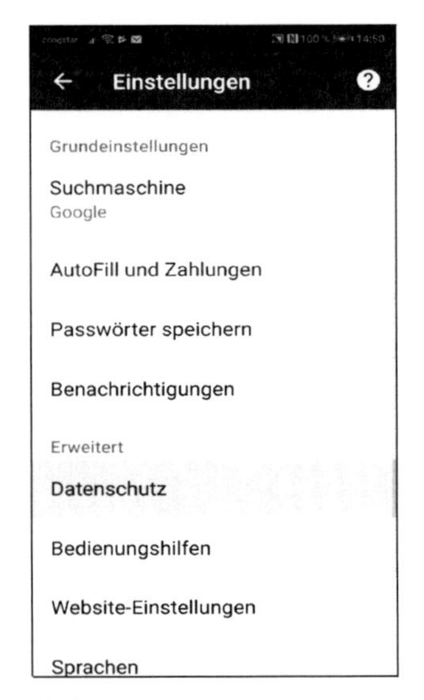

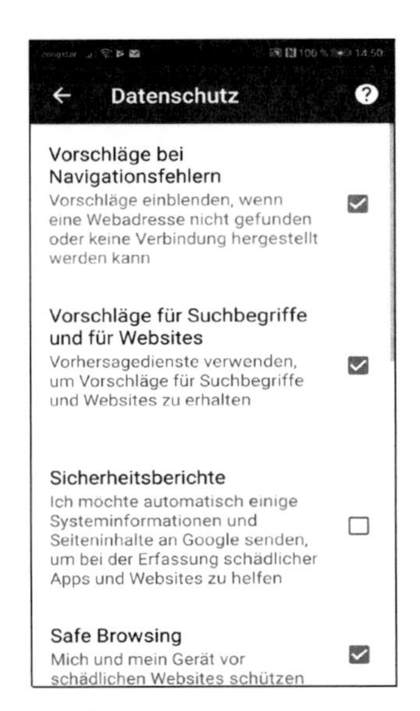

❶❷ Das *Datenschutz*-Menü konfiguriert:

- *Vorschläge bei Navigationsfehlern*: Wenn Sie eine Webadresse falsch eingeben, sodass sie nicht geladen werden kann, erscheint normalerweise die Meldung »Diese Webseite ist nicht verfügbar«. Aktivieren Sie *Vorschläge bei Navigationsfehlern*, so macht der Chrome-Browser Vorschläge wie die Webadresse korrekt lauten könnte.
- *Vorschläge für Suchbegriffe und für Websites*: Schon während der Eingabe einer Webadresse, beziehungsweise von Suchbegriffen macht der Browser Vorschläge zu den möglicherweise gesuchten Webseiten, die man dann direkt anzeigen lassen kann.
- *Sicherheitsberichte*: Google wird automatisch informiert, wenn Websites versuchen, sicherheitsrelevante Sperren des Browsers zu überwinden.
- *Safe Browsing*: Der Browser blockiert automatisch den Zugriff auf Webseiten, die Google als gefährlich identifiziert hat.
- *Vervollständigungen für Seiten verwenden*: Ermittelt in einer aufgerufenen Webseite die vorhandenen Links auf weitere Seiten und lädt diese bereits vorab.
- *Nutzungs- und Absturzberichte*: Legt fest, ob der Chrome-Browser anonyme Nutzungsberichte an Google senden darf, die Google dann für Optimierungen verwendet.
- *"Do Not Track"*: Der Browser sendet an aufgerufene Webseiten einen Befehl, dass diese keine Benutzerdaten auswerten darf (beispielsweise für Werbung). Siehe auch *de.wikipedia.org/wiki/Do_Not_Track*.
- *Zum Suchen tippen*: Zu einem von Ihnen markierten Stichwort zeigt Google Definitionen und Suchergebnisse.
- *Browserdaten löschen*: Verzweigt auf das Löschmenü, welches wir unten vorstellen.

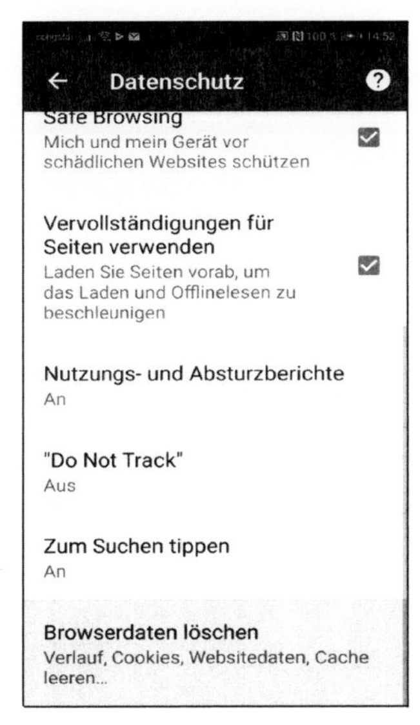

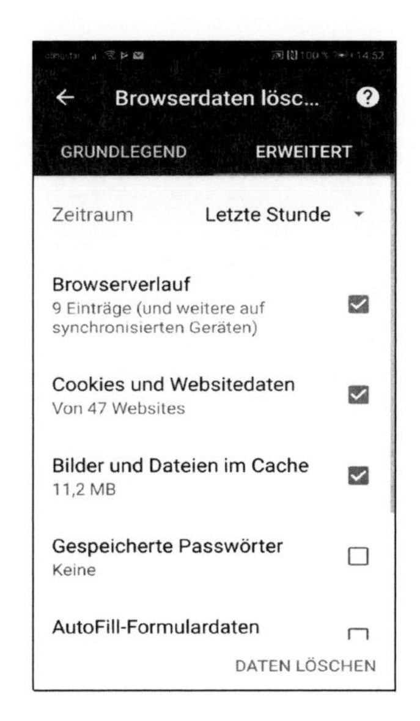

❶❷ Rufen Sie *Browserdaten löschen* auf für das Auswahlmenü:

- *Browserverlauf*: Die Adressen einmal besuchter Seiten speichert der Browser zwischen und zeigt sie dann als Auswahl an, wenn Sie eine ähnliche Webadresse in der Adresszeile angeben.
- *Cookies und Websitedaten*: Cookies sind Daten, die von Webseiten auf Ihrem Gerät abgelegt werden, um Sie bei einem späteren Besuch wiedererkennen zu können. Es dürfte nur sehr selten Sinn machen, die vom Browser angelegten Cookies zu löschen.
- *Bilder und Dateien im Cache*: Alle besuchten Webseiten speichert der Browser im sogenannten Cache auf dem Gerät, damit sie bei einem weiteren Webseitenaufruf nicht aus dem Internet geladen werden müssen.

Nachdem Sie die gewünschten Optionen eingestellt haben, betätigen Sie *DATEN LÖSCHEN.*

❸ Im *ERWEITERT*-Register erhalten Sie einen Überblick über die angesammelten Daten und können Sie ebenfalls löschen.

Wir raten von der Verwendung von *Browserdaten löschen ab*, weil sonst eventuell einige Webseiten nicht mehr wie gewohnt funktionieren. Beispielsweise müssen Sie sich auf einigen Websites, auf denen Sie mit einem Benutzerkonto angemeldet waren, erneut anmelden.

12.4.2 Bedienungshilfen

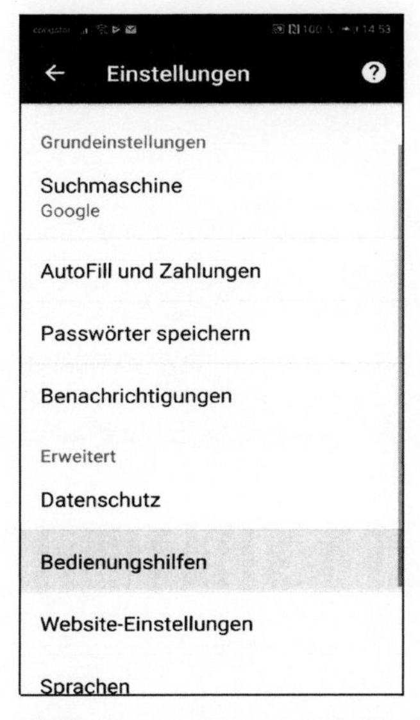

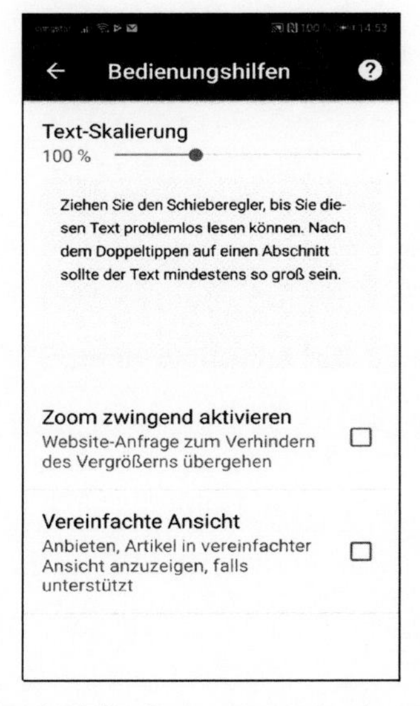

❶❷ Das *Bedienungshilfen*-Menü sind für Personen mit eingeschränkter Sehkraft gedacht:

- *Text-Skalierung*: Vergrößert die Textdarstellung.

- *Zoom zwingend aktivieren*: Manche für Handys optimierte Webseiten lassen sich nicht durch eine Kneifgeste vergößern. Wenn Sie das stört, aktivieren Sie diese Option.

12.4.3 Website-Einstellungen

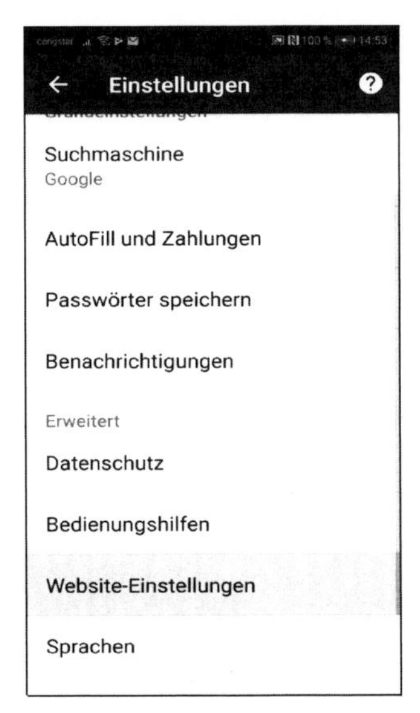

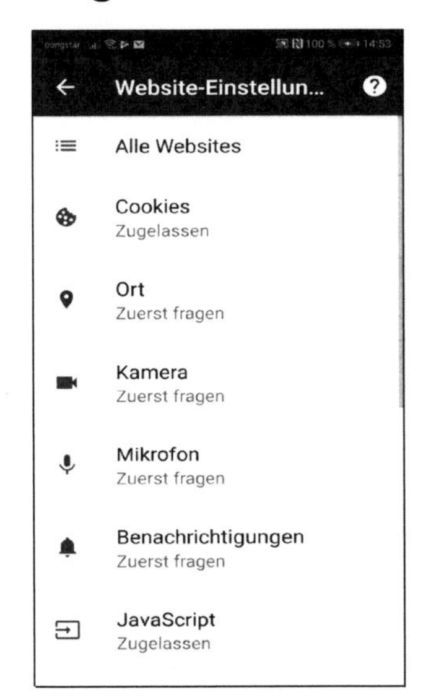

➊➋ In den *Website-Einstellungen* legen Sie fest, welche Daten oder Funktionen von Ihnen besuchte Websites nutzen dürfen. Sofern Sie nicht genau wissen, was Sie tun, sollten Sie die Voreinstellungen nicht verändern:

- *Cookies*: Wie bereits oben erwähnt, sind Cookies wichtig, damit man von Webseiten eindeutig zugeordnet werden kann. Insbesondere Websites, in die man sich über Login und Passwort einloggen kann, sowie Webshops, sind häufig auf Cookies angewiesen. Sie sollten also die Option *Cookies* nicht deaktivieren.
- *Ort*: Google kann für Suchanfragen Ihren aktuellen (GPS-)Standort auswerten, genauso verwenden manche Websites Ihren Standort, um für Ihre Standort optimierte Angebote bereitzustellen. Ein Beispiel dafür ist die Google-Suchmaschine selbst.
- *Kamera; Mikrofon*: Nur wenige Websites dürften den Zugriff auf Ihre Kamera oder das Mikrofon benötigen. Uns fällt jedenfalls kein Grund dafür ein.
- *Benachrichtigungen*: Auch wenn die angezeigte Webseite sich gerade im Hintergrund befindet (in einem anderen Browser-Tab), kann sie auf Ereignisse aufmerksam machen.
- *JavaScript*: JavaScript ist eine Programmiersprache, die in Webseiten eingebettet sein kann, um dort interaktive Funktionen zu realisieren. Dazu gehören zum Beispiel Eingabefeldprüfungen. Weil sonst viele Webseiten nicht mehr funktionieren, sollten Sie JavaScript immer aktiviert haben.
- *Pop-ups*: Viele Websites öffnen Popup-Fenster (Tabs), beispielsweise mit Werbung, wenn man sie besucht. Deshalb werden Popup-Fenster standardmäßig blockiert.
- *Werbung*: Von Google als »aufdringlich« eingestufte Werbung wird auf den Webseiten blockiert.
- *Hintergrundsync:* Auch wenn sich eine angezeigte Webseite im Hintergrund befindet, kann sie die Anzeige aktualisieren.
- *Medien*: Wählen Sie aus, ob kopiergeschützte Videos abgespielt werden dürfen und ob Videos per Autoplay sofort bei Seitenaufrauf abgespielt werden.
- *Ton*: Audiowiedergabe auf Webseiten gestatten.
- *Google Übersetzer*: Auf fremdsprachlichen Webseiten bietet der Chrome-Browser eine Übersetzung ins Deutsche an.
- *Speicher*: Listet die von den bisher besuchten Websites angelegten Cookies auf.
- *USB*: Listet die Dateien auf einem angeschlossenem USB-Stick auf.

- *Zwischenablage*: Texte in die Zwischenablage kopieren (siehe Kapitel *33.5 Texte kopieren, ausschneiden und einfügen*).

12.5 Lesezeichen auf dem Startbildschirm

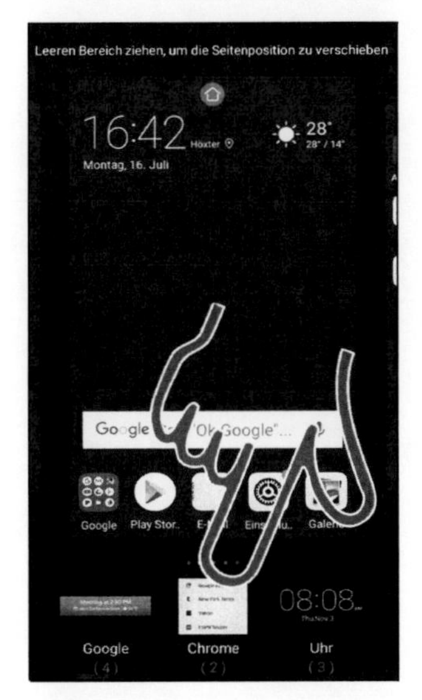

❶❷ Häufig genutzte Lesezeichen können Sie über *Chrome-Lesezeichen* als Widget (siehe Kapitel *4.7.2 Widgets*) im Startbildschirm einrichten.

❶❷ Alternativ rufen Sie im Chrome-Browser ⋮/*Zum Startbildschirm zufügen* auf, während eine Webseite angezeigt wird. Ändern Sie im folgenden Dialog gegebenenfalls den Namen und betätigen Sie *HINZUFÜGEN*.

❸ Die Webseite können Sie nun direkt über den Schnellzugriff aufrufen.

12.6 Zum Suchen tippen

Die »Zum Suchen tippen«-Funktion liefert zu von Ihnen in Webseiten markierten Wörtern Suchergebnisse.

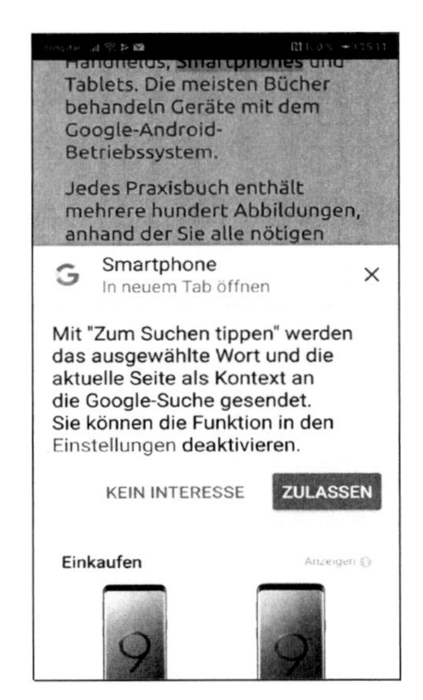

❶ Tippen und halten Sie den Finger auf einer Webseite über einen Begriff, zu dem Sie mehr wissen möchten.

❷ Am unteren Bildschirmrand gehen Sie dann auf den Begriff.

❸ Betätigen Sie *ZULASSEN*.

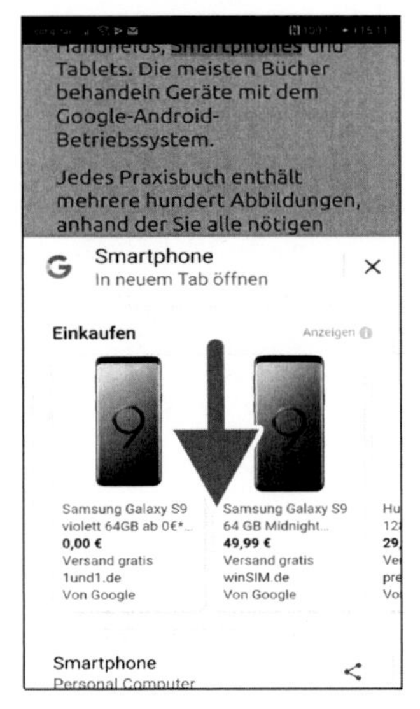

❶ Das Handy zeigt die die Google-Suchergebnisse an. Ziehen Sie diese mit einer Wischgeste nach unten, um sie zu schließen.

❷❸ Wischen nach oben öffnet dagegen die Vollbildschirmansicht. Die ◁-Taste bringt Sie wieder zurück zum Chrome-Browser.

13. Google Maps

Google Maps zeigt nicht nur Straßenkarten, sondern auch Satellitenansichten an und dient als mobiles Navigationsgerät. Beachten Sie, dass Google Maps die Kartenausschnitte jeweils aus dem Internet lädt, also eine WLAN- oder Mobilfunkverbindung bestehen muss.

Google Maps können Sie auch auf dem Desktop-PC im Webbrowser nutzen: Geben Sie dort *maps.google.de* als Webadresse ein.

13.1 Google Maps nutzen

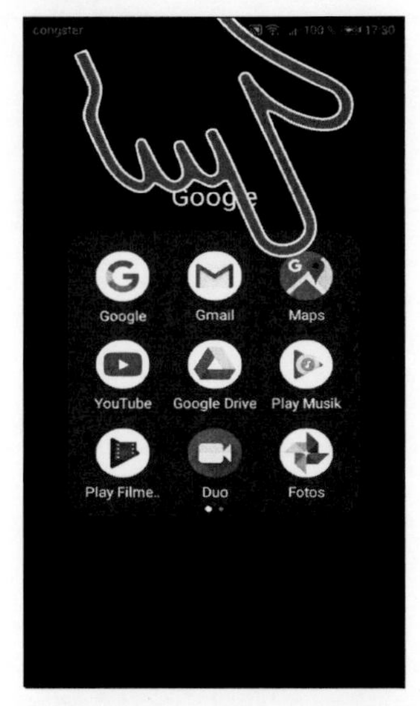

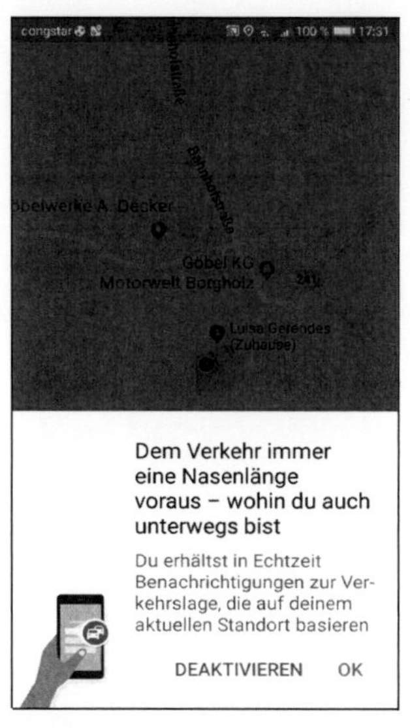

❶❷ Sie starten das Programm unter *Maps* aus dem *Google*-Ordner im Startbildschirm oder im Hauptmenü.

❸ Schließen Sie den einmaligen Hinweis mit *OK*.

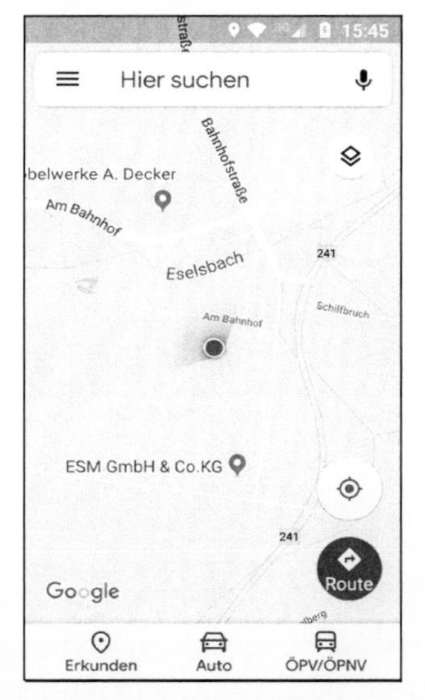

❶❷ Das Schnellmenü am unteren Bildschirmrand sollten Sie mit einer Wischgeste nach unten schließen, denn wir kommen darauf noch später zurück.

Hinweis: Sollte das Schnellmenü nicht angezeigt werden, dann wurde Google Maps nicht korrekt installiert. Wir haben die Erfahrung gemacht, dass in diesem Fall meistens ein Neustart des Handys hilft: Halten Sie dafür den Ein-/Ausschalter auf der rechten Geräteseite gedrückt, bis das Popup erscheint, in dem Sie *Neu starten* auswählen.

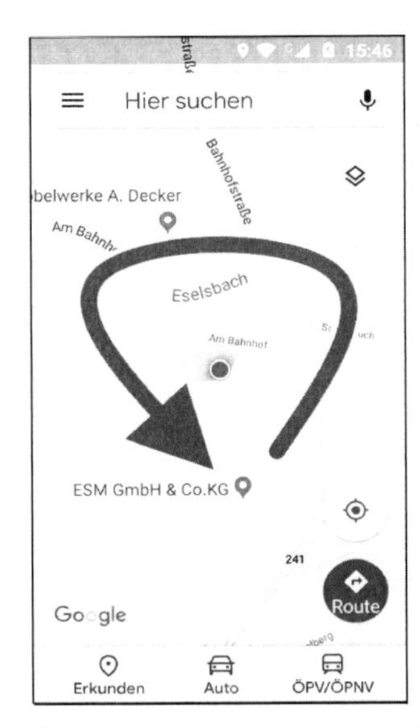

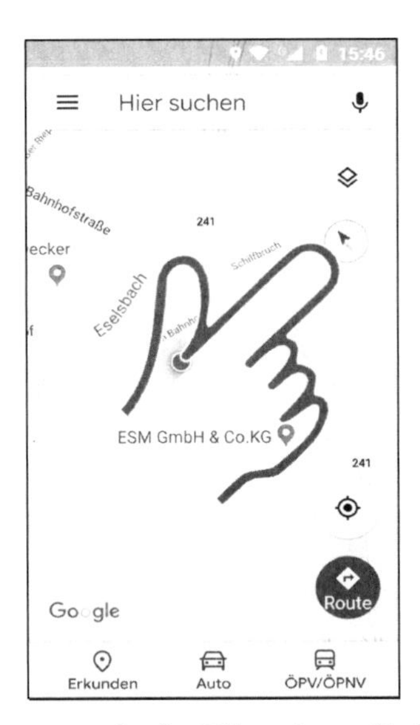

❶ Bei Google Maps ist Norden standardmäßig oben. Fußgänger dürften deshalb die Drehfunktion begrüßen: Tippen Sie mit zwei Fingern, zum Beispiel Daumen und Zeigefinger, auf das Display und drehen Sie beide Finger dann um sich selbst. Der Kartenausschnitt dreht sich mit. Als Fußgänger richten Sie so den Kartenausschnitt genau in Gehrichtung aus.

❷ Eine Kompassnadel oben rechts zeigt nun die Nord/Süd-Achse an. Tippen Sie darauf, richtet sich der Kartenausschnitt wieder nach Norden aus.

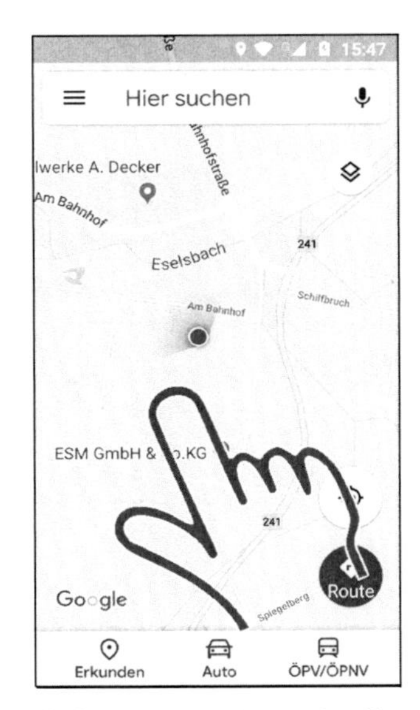

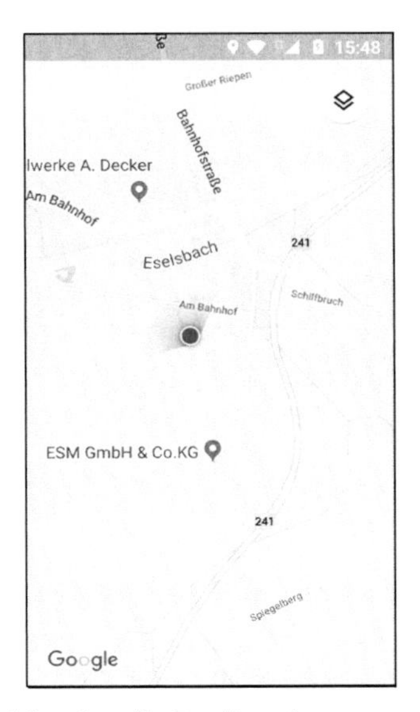

❶❷ Kurzes Tippen in die Karte blendet die Bedienelemente ein/aus.

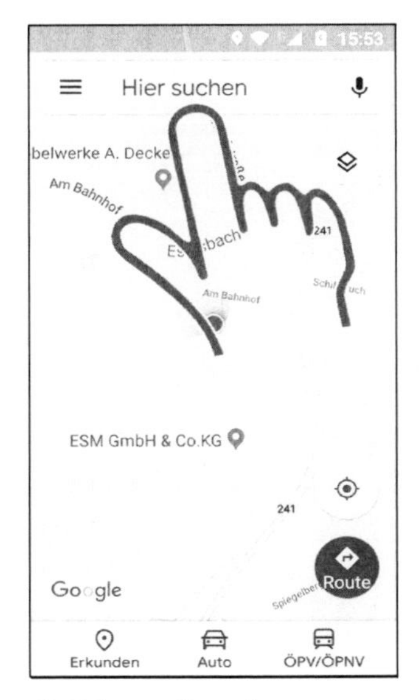

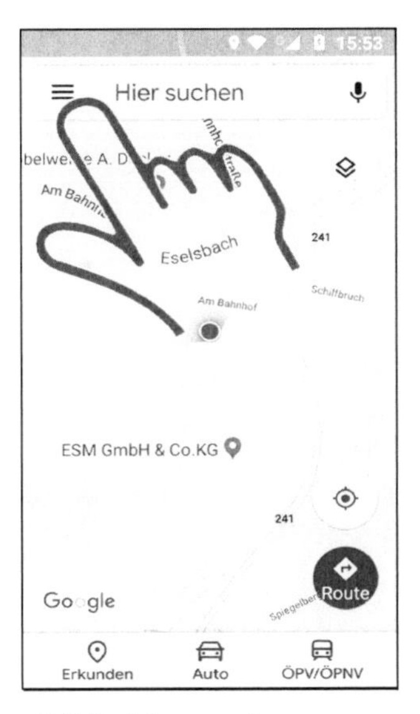

❶ Die Bedienelemente am oberen Bildschirmrand:

- Suchfeld (Pfeil): Nach Orten, Firmen, Adressen oder Sehenswürdigkeiten suchen.
- 🎙 (Sprachsteuerung): Sprechen Sie einen Ort oder einen Point of Interest, nach dem Google Maps suchen soll.
- ◆ (»Route«): Plant eine Route und gibt Ihnen eine Wegbeschreibung.
- ◉ (»Mein Standort«, unten rechts im Bildschirm): Zeigt nach Antippen Ihre vom GPS-Empfänger ermittelte Position auf der Karte an. Dazu muss allerdings der GPS-Empfang (siehe nächstes Kapitel) aktiviert sein.

❷ Das Ausklappmenü:

- *Meine Orte* verwaltet die von Ihnen als Favoriten markierten Points of Interest, worauf Kapitel *13.9.1 Markierungen* noch eingeht.
- *Meine Zeitachse*: Ordnet Fotos, die Sie unterwegs mit der Kamera-Anwendung gemacht haben in einer Zeitachse ein. In der Praxis werden Sie diese Funktion selten verwenden.
- *Meine Beiträge*: Zu den von Ihnen besuchten Sehenswürdigkeiten, Restaurants, Museen, usw. (sogenannte Points of Interest) können Sie Bewertungen abgeben.
- *Standortfreigabe*: Anderen Personen automatisch Ihren Standort mitteilen.
- *Losfahren*: Startet die im Kapitel *13.7 Navigation* beschriebene Navigationsfunktion.
- *Nur WLAN*: Verhindert, dass die Kartendaten über die Internet-Mobilfunkverbindung heruntergeladen werden. Stattdessen verwendet Google Maps ausschließlich die WLAN-Verbindung.
- *Offlinekarten:* Google Maps benötigt normalerweise eine permanente Internetverbindung. Damit Sie auch unterwegs die Navigation funktioniert, bietet Google das vorherige Herunterladen der Kartendaten an. Darauf geht noch Kapitel *13.5 Kartenausschnitt auf dem Gerät speichern* ein.

13.2 Eigene Position

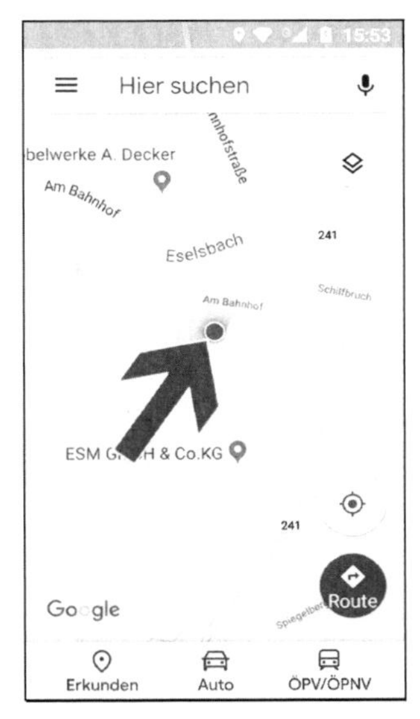

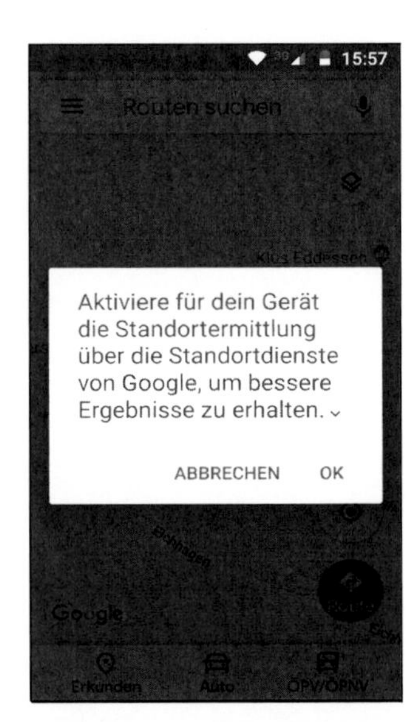

❶ Vielleicht ist Ihnen schon der kleine blaue Punkt aufgefallen, der Ihren aktuellen Standort anzeigt. Ein blauer Schweif informiert zudem darüber, in welche Richtung Sie gerade schauen (genauer: das Handy halten).

❷ Sie haben mit Wischgesten die Kartenansicht geändert? Dann bringt Sie einmaliges Antippen von ⌖ wieder zum aktuellen Standort zurück.

❸ Beim ersten Mal wird Sie das Handy auffordern, erst auffordern, die Standortermittlung zu aktivieren, was Sie mit *OK* beantworten. Danach müssen Sie den Kompass kalibrieren, indem Sie das Handy mehrfach im Kreis und um die eigene Achse drehen.

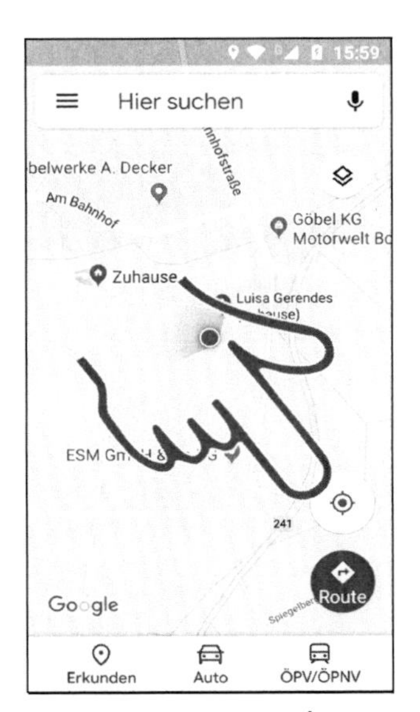

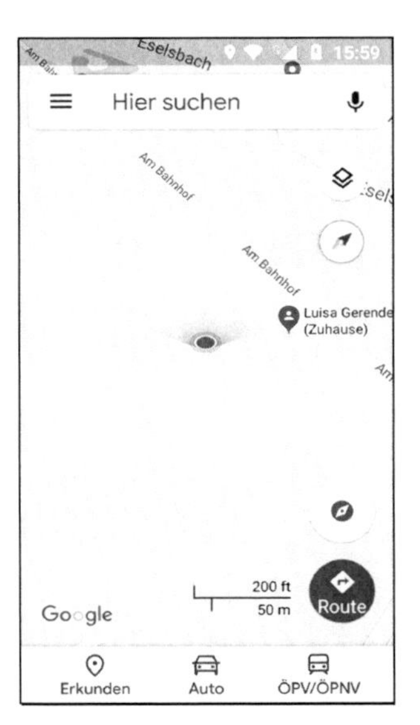

❶❷ Antippen der ⌖-Schaltleiste wechselt in eine isometrische Ansicht, bei der sich die Kartendarstellung nach der Geräteorientierung richtet. Erneutes Antippen schaltet wieder auf die Standardansicht zurück.

13.3 Parken

Falls Sie häufiger an verschiedenen Orten mit Ihrem Auto parken müssen, dürften Sie manchmal nach Ihrem Gefährt später länger gesucht haben. Abhilfe schafft die Parken-Funktion von Google Maps.

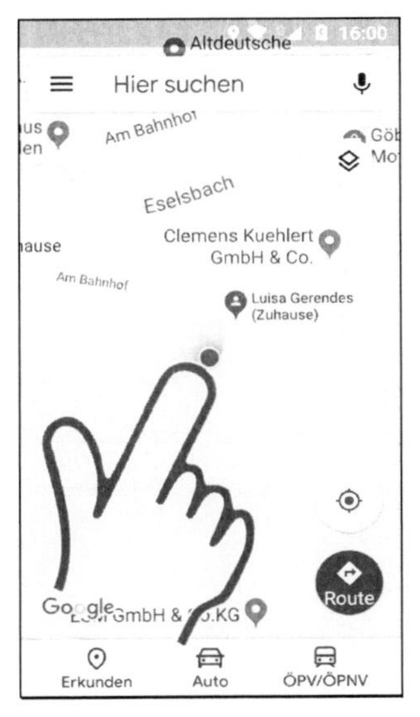

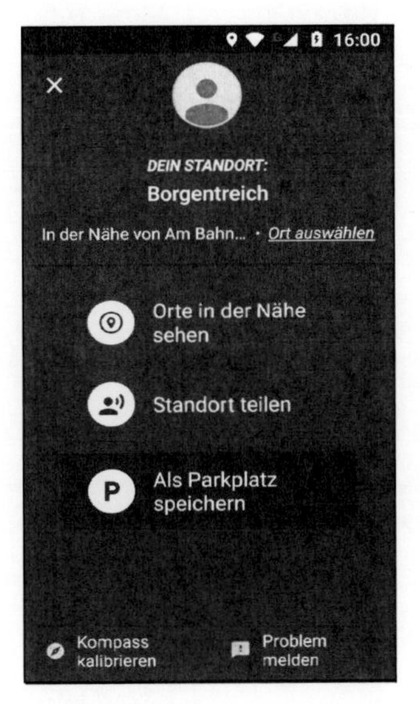

➊ Tippen Sie auf die blaue Standortanzeige.

➋ Im folgenden Bildschirm können Sie:

- *Orte in der Nähe suchen*: Listet alle Sehenswürdigkeiten, Unternehmen, Restaurants, usw. in der Nähe auf.
- *Standort teilen*: Senden Sie Ihre Position an andere Personen, damit sie Sie finden.
- *Als Parkplatz speichern*: Markiert die aktuelle Position als Ihren Parkplatz.

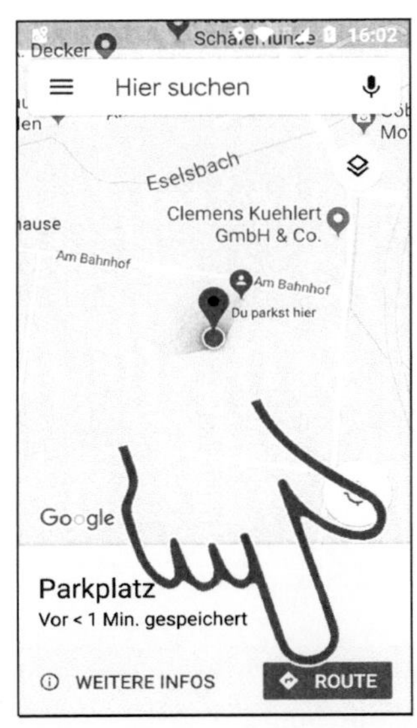

➊ Google Maps informiert mit einer Markierung in der Karte über Ihren Parkplatz. *ROUTE* am unteren rechten Bildschirmrand führt Sie später wieder zu Ihrem Gefährt zurück.

➋➌ Antippen von *Parkplatz* öffnet das Menü, in dem Sie unter *Verbleibende Zeit* einen nützlichen »Wecker« einstellen, damit Sie kein Strafticket erhalten. *LÖSCHEN* beendet die Parkplatz-Funktion.

13.4 Das Schnellmenü

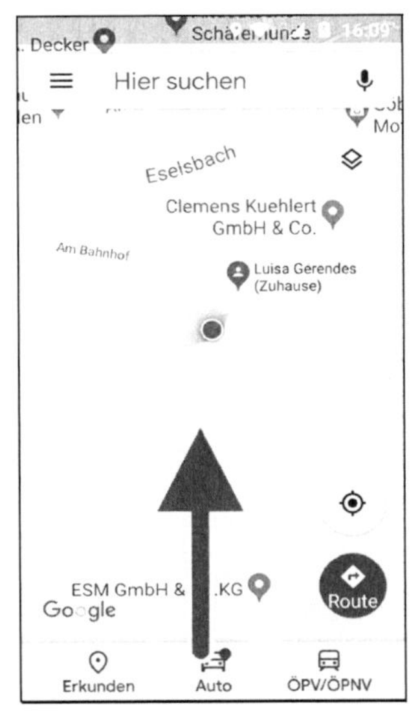

❶ Das Schnellmenü am unteren Bildschirmrand öffnen Sie mit einer Wischgeste nach oben.

❷ Wischen nach unten schließt es wieder.

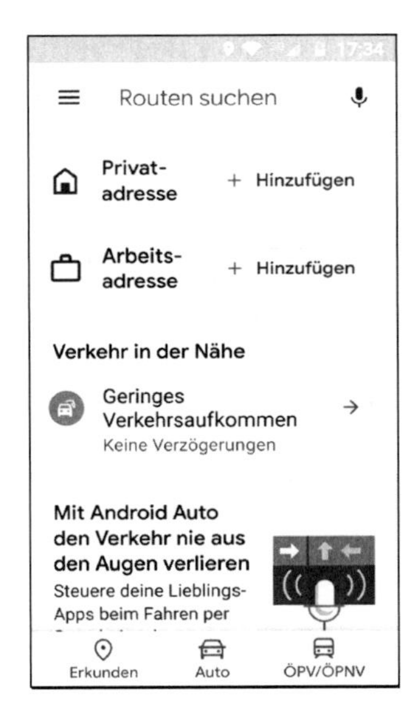

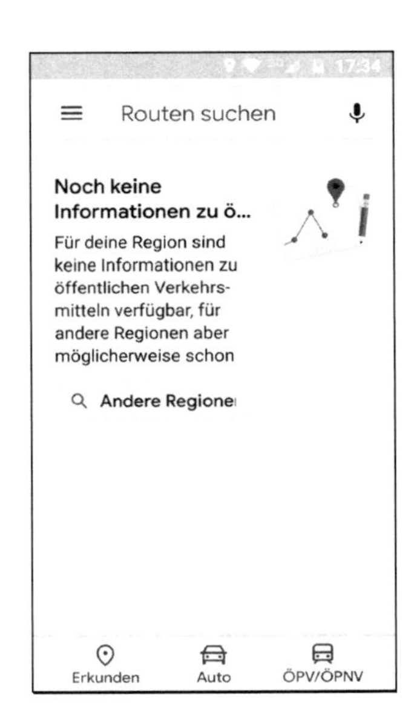

❶ Die Optionen:

- (❶): Vorschläge für Geschäfte, Sehenswürdigkeiten, Bars, usw. Tippen Sie einen Vorschlag an, um ihn auf der Karte anzuzeigen. Wir gehen darauf im Kapitel *13.9 Google Local* noch ein.
- (❷): Zeigt das aktuelle Verkehrsgeschehen in Ihrer Umgebung beziehungsweise auf den von Ihnen genutzten Straßen an. Siehe auch Kapitel *13.7 Navigation*.
- (❸): Informiert in einigen Regionen über die Routen des öffentlichen Nahverkehrs. In unserem Beispiel ist das Register leer.

13.5 Kartenausschnitt auf dem Gerät speichern

Google Maps hat gegenüber normalen Navis den Vorteil, immer tagesaktuelle Karten bereitzustellen, welche aus dem Internet nachgeladen werden. Problematisch wird es nur, wenn man das Handy unterwegs nutzt, da dann ja das Fehlen des WLAN-Empfangs die Kartenaktualisierung verlangsamt, denn häufig steht dann nur eine langsame Mobilfunkverbindung zur Verfügung, mit der Google Maps kaum Spaß macht. Deshalb unterstützt Google Maps die lokale Speicherung der Kartendaten auf dem Gerät.

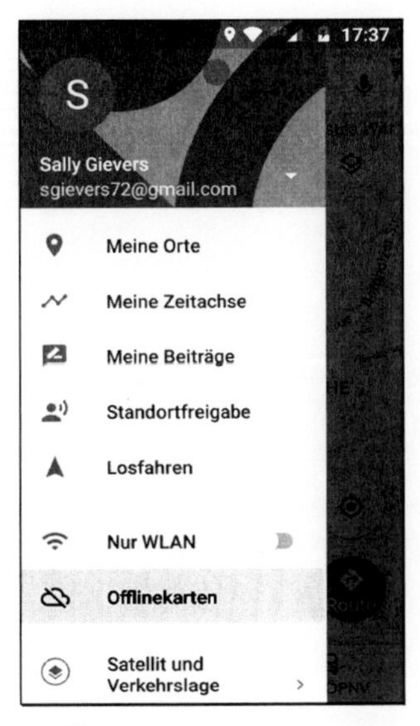

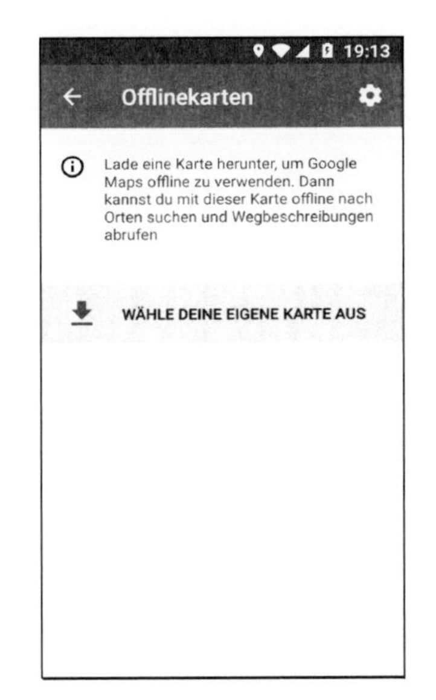

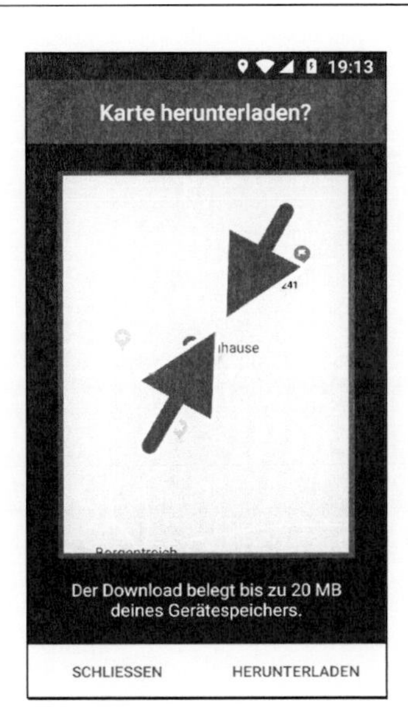

❶ Öffnen Sie das Ausklappmenü und gehen Sie auf *Offlinekarten.*

❷ Tippen Sie auf *WÄHLE DEINE EIGENE KARTE AUS.*

❸ Die Größe des lokal gespeicherten Kartenausschnitts stellen Sie ein, indem Sie den Kartenausschnitt vergrößern, beziehungsweise verkleinern (mit zwei Fingern auf das Display halten und dann beide auseinander-/zusammenziehen). Betätigen Sie dann *HERUNTERLADEN.* Schließen Sie den Bildschirm mit der ◁-Taste. Während des Herunterladens können Sie ganz normal mit Ihrem Handy weiterarbeiten.

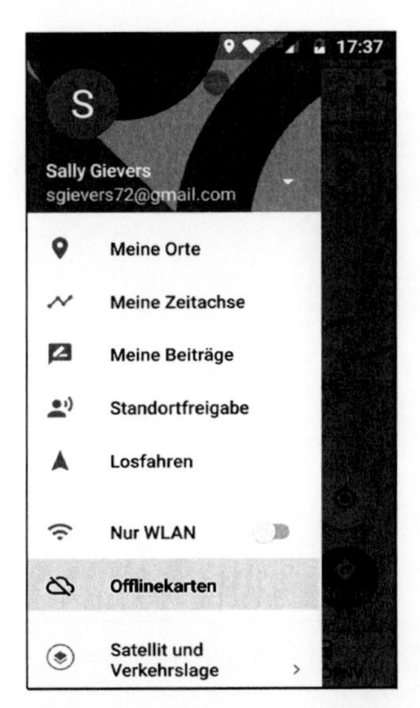

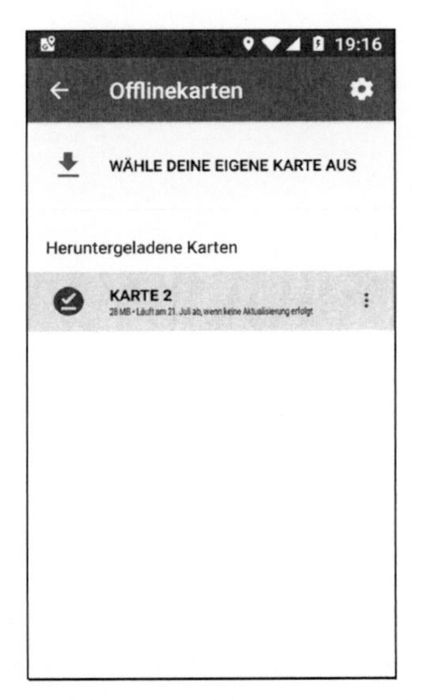

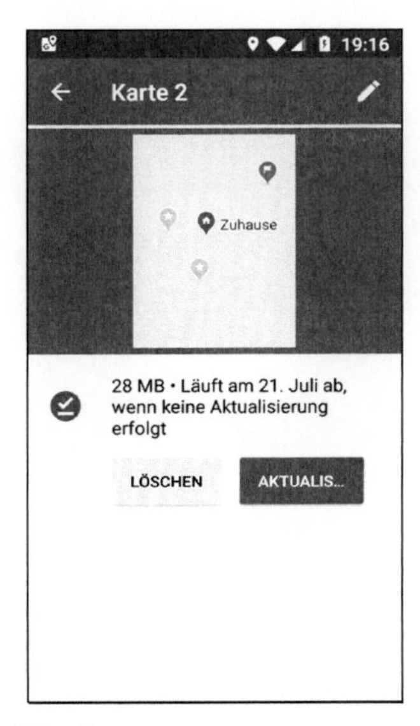

❶ Die gespeicherten Karten finden Sie im Ausklappmenü unter *Offlinekarten.*

❷ Tippen Sie den Karteneintrag an, um ihn zu bearbeiten.

❸ Sie können die Kartendaten nun löschen oder bearbeiten.

13.6 Suche

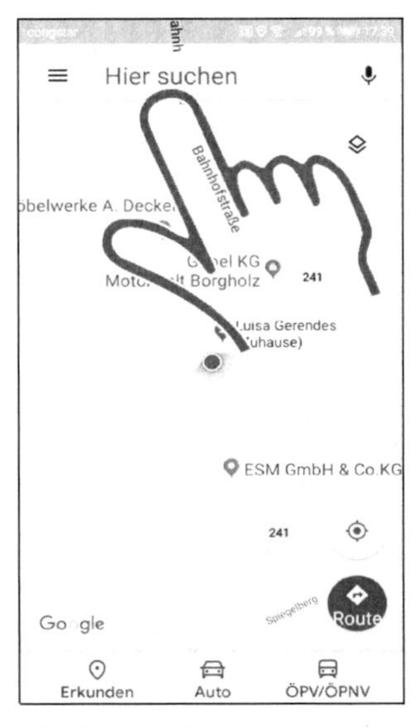

➊ Gehen Sie ins Suchfeld (Pfeil), um Adressen oder Sehenswürdigkeiten (Points of Interest) aufzufinden.

➋ Geben Sie eine Adresse ein und bestätigen Sie mit 🔍 im Tastenfeld. Google Maps macht hier während der Eingabe auch Vorschläge, die Sie direkt auswählen können.

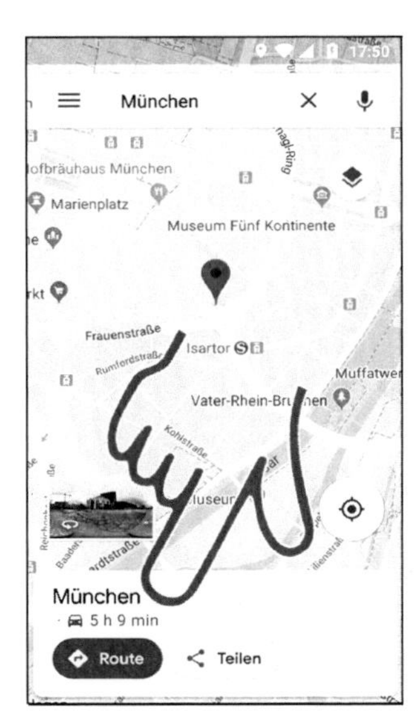

➊ Google Maps zeigt die Adresse mit einer Markierung in der Karte an. Am unteren Bildschirmrand erscheint ein Ortshinweis, daneben die Fahrtzeit mit dem Auto. Tippen Sie auf den Ortshinweis (Pfeil).

➋ Es öffnet sich ein Dialog mit weiteren Bedienelementen:

- *SPEICHERN*: Den Ort als Favorit speichern. Siehe Kapitel *13.9.1 Markierungen*.
- *TEILEN*: GPS-Position als Web-Link per Bluetooth, SMS oder E-Mail versenden.
- *HERUNTERLADEN*: Karte offline verfügbar machen (siehe Kapitel *13.5 Kartenausschnitt auf dem Gerät speichern*).

➊ Häufig findet Google Maps auch mehrere Orte oder Points of Interest, die dann aufgelistet werden. Führen Sie in der Liste eine Wischgeste von unten nach oben durch, um die Listeneinträge zu durchblättern. Tippen Sie einen Eintrag für weitere Infos an.

➋➌ Umgekehrt schließen Sie die Liste, indem Sie (gegebenenfalls mehrfach) von oben nach unten wischen, worauf Sie wieder zur Kartenansicht gelangen. Hier stellt Google Maps alle Fundstellen mit Symbolen dar. Wenn Sie weitere Infos über einen Point of Interest haben möchten, tippen Sie ihn an.

Tipp 1: Geben Sie im Suchfeld auch die Postleitzahl ein, wenn zu vermuten ist, dass eine gesuchte Stadt mehrfach vorkommt.

Tipp 2: Möchten Sie beispielsweise wissen, welche Sehenswürdigkeiten es in einer bestimmten Region/Stadt gibt, dann wechseln Sie zuerst den entsprechenden Kartenausschnitt (Sie können auch die Stadt suchen) und geben dann im Suchfeld einen allgemeinen Begriff wie »Museum« ein.

Zum Löschen der Suchergebnisse in der Karte tippen Sie oben rechts neben dem Suchfeld die ✕-Schaltleiste an.

➊ Tippen Sie den Dialog am unteren Bildschirmrand für weitere Infos zum Standort, Öffnungszeiten, Bewertungen, usw. an.

➋➌ Weitere Infos stehen Ihnen mit einer Wischgeste von unten nach oben zur Verfügung.

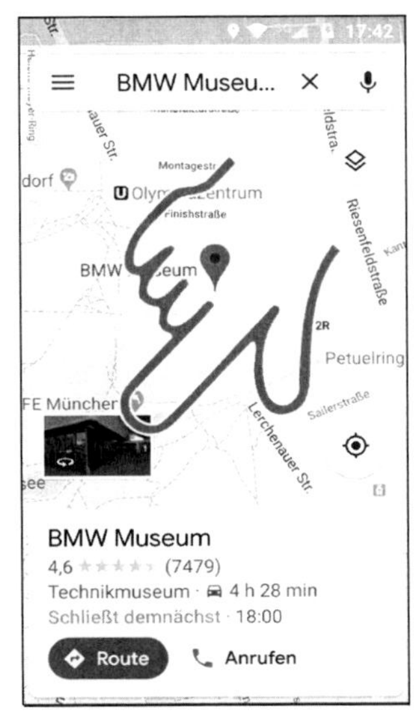

❶ Zu vielen Sehenswürdigkeiten beziehungsweise Standorten existieren Panoramafotos, die Sie über das Foto (Pfeil) aktivieren.

❷ Mit einer Wischgeste ändern Sie die Ansicht. Die ◁-Taste beendet die Fotoansicht und kehrt in Google Maps zurück.

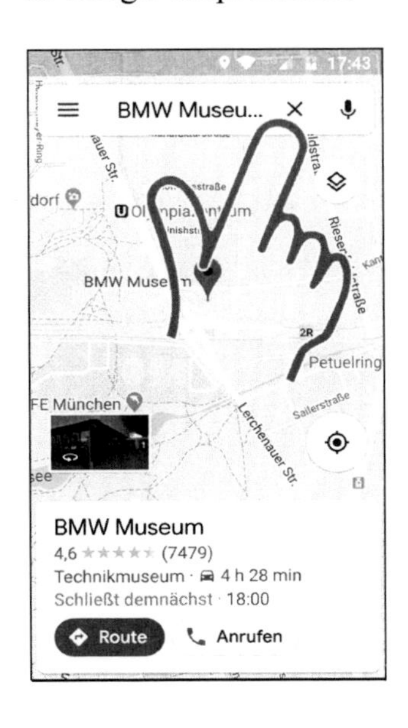

X (Pfeil) beendet die Suche.

13.7 Navigation

Google Maps Navigation stellt eine vollwertige Alternative zu normalen Autonavigationsgeräten dar, wobei man allerdings den Nachteil in Kauf nehmen muss, dass laufend Kartenmaterial aus dem Internet nachgeladen wird. Man kommt also um einen Datenvertrag, den viele Netzbetreiber bereits ab rund 5 Euro pro Monat anbieten, nicht vorbei. Dafür ist allerdings das Kartenmaterial immer auf dem aktuellsten Stand. Für den Praxiseinsatz empfiehlt sich der Kauf einer Universal-Halterung für das Auto.

Als Alternative zu Google Maps empfehlen wir das kostenlose »HERE WeGo«, das Sie aus dem Google Play Store (siehe Kapitel *19 Play Store*) installieren können.

13.7.1 Routenplaner

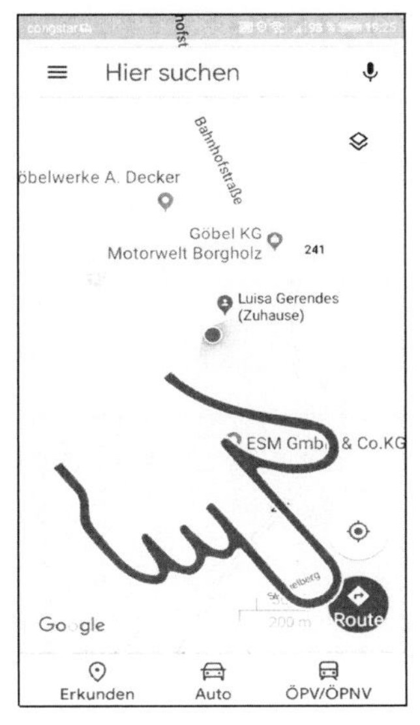

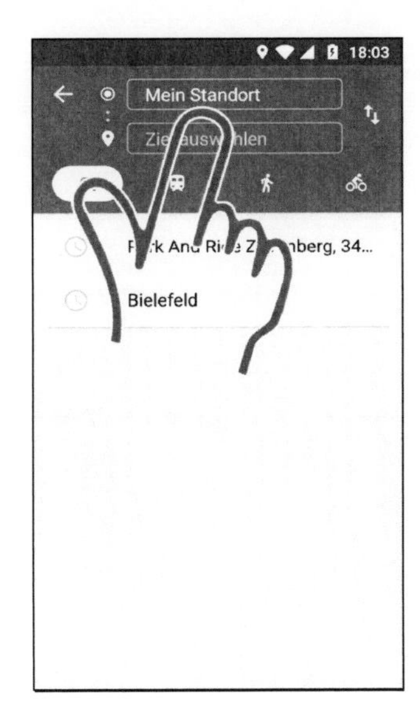

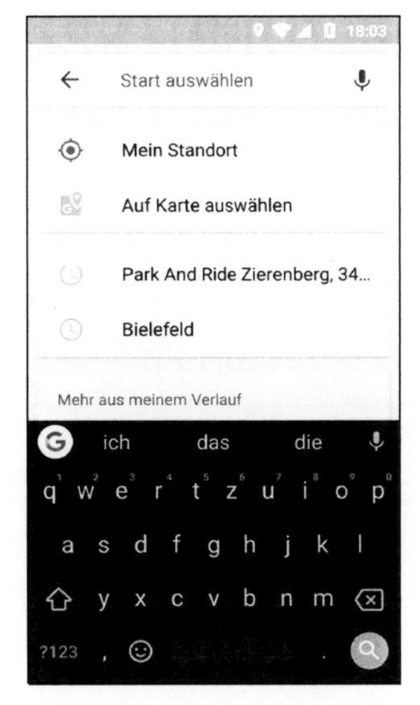

❶ ⮞ (Pfeil) berechnet den optimalen Fahrtweg zwischen zwei Orten.

❷❸ Tippen Sie auf das erste Eingabefeld *Mein Standort*. **Achtung:** Dies ist nur nötig, wenn Sie nicht Ihren aktuellen Standort (der per GPS ermittelt wird), als Ausgangspunkt verwenden möchten. Geben Sie anschließend den Startort ein. Betätigen Sie 🔍 auf dem Tastenfeld oder wählen Sie einen der Vorschläge unter dem Eingabefeld aus.

Wichtig: Wenn Sie tatsächlich anschließend navigieren möchten, müssen Sie ***Mein Standort* leer lassen**, weil sonst nur eine Routenvorschau möglich ist.

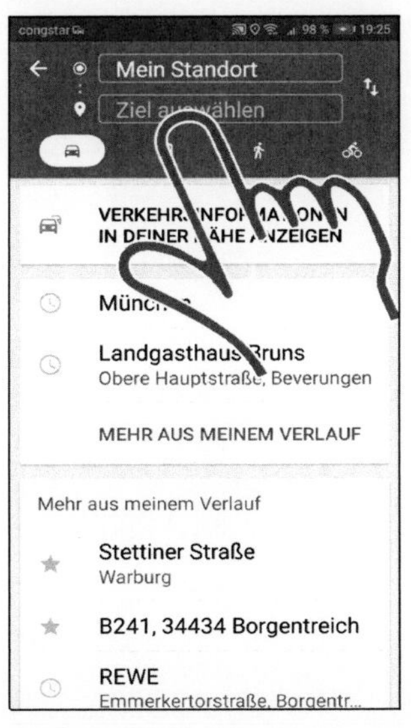

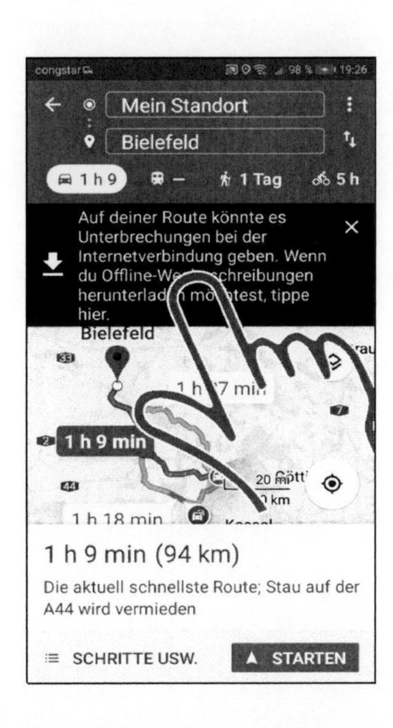

❶ Danach tippen Sie auf *Ziel auswählen.*

❷ Geben Sie auch hier eine Adresse beziehungsweise eine Stadt ein und schließen mit 🔍 auf dem Tastenfeld ab.

❸ Normalerweise lädt Google Maps das benötigte Kartenmaterial während der Navigation automatisch im Hintergrund aus dem Internet. Für den Fall, dass mal keine Internetverbindung besteht, sollten Sie aber die Kartendaten vor dem Fahrtbeginn herunterladen. Dazu tippen Sie auf den Hinweis am oberen Bildschirmrand. Sollte dieser nicht erscheinen, dann liegen die Kartendaten bereits auf dem Gerät vor.

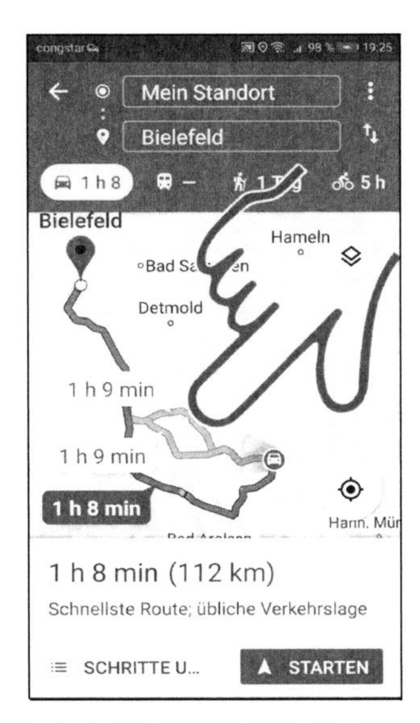

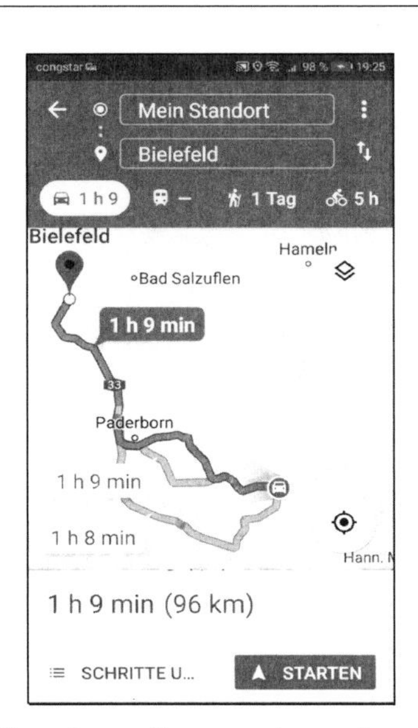

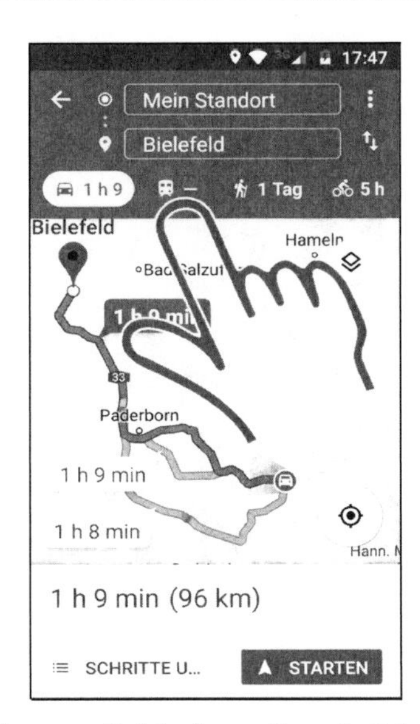

❶❷ Insbesondere bei längeren Strecken gibt es meist mehrere Fahrtmöglichkeiten. Google Maps blendet dann in der Kartenansicht mögliche Routen ein. Tippen Sie darin einfach einen der grauen Routenvorschläge an.

❸ Über die Pictogramme am oberen Bildschirmrand (Pfeil) wählen Sie die Art Ihres Fahrzeugs (Auto, öffentliche Verkehrsmittel, Fußgänger oder Fahrrad), was direkte Auswirkungen auf die empfohlenen Routen hat.

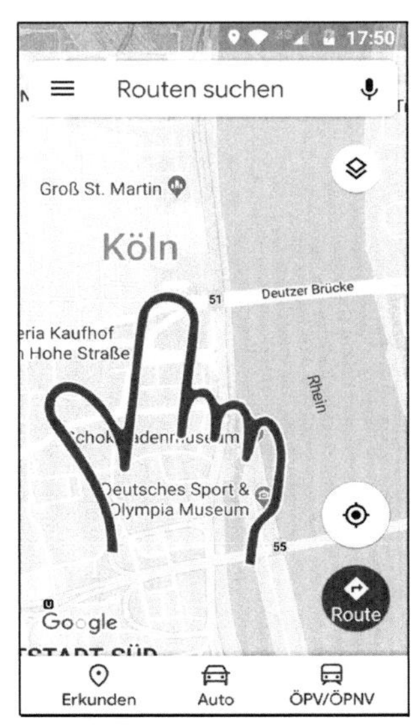

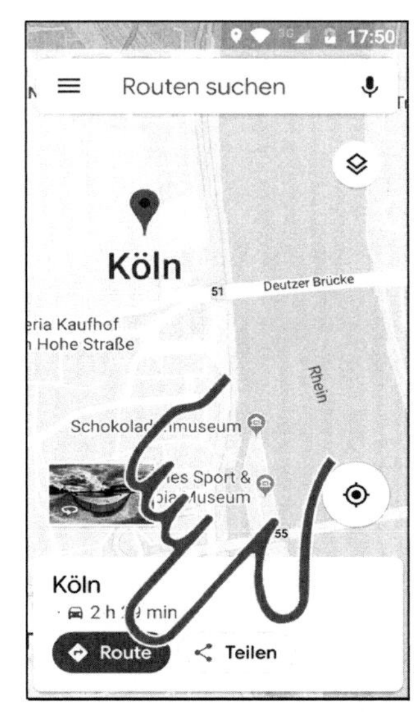

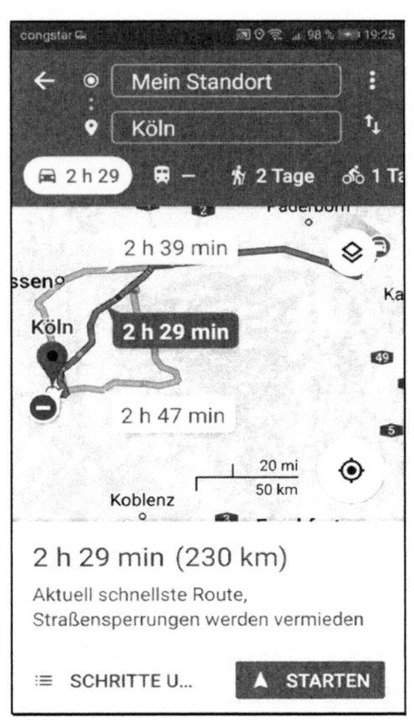

❶ Alternativ tippen und halten Sie den Finger auf einem Point of Interest beziehungsweise Kartenbereich, bis am unteren Bildschirmrand das Popup erscheint.

❷ Danach gehen Sie auf *ROUTE*, worauf der zuvor im Popup angezeigte Ort als Zielort übernommen wird.

❸ Wählen Sie, falls nötig wie zuvor bereits beschrieben, einen der Routenvorschläge aus.

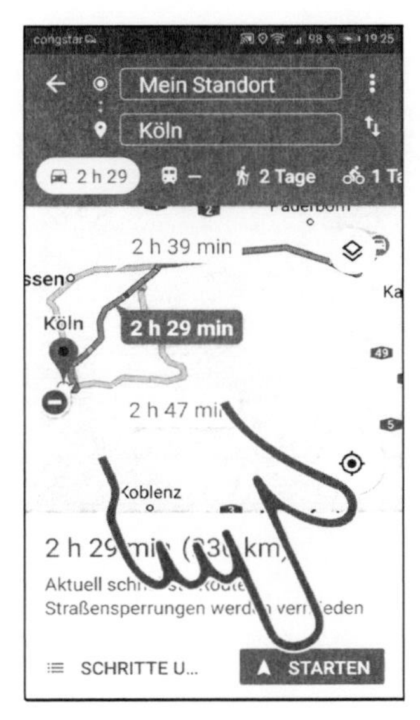

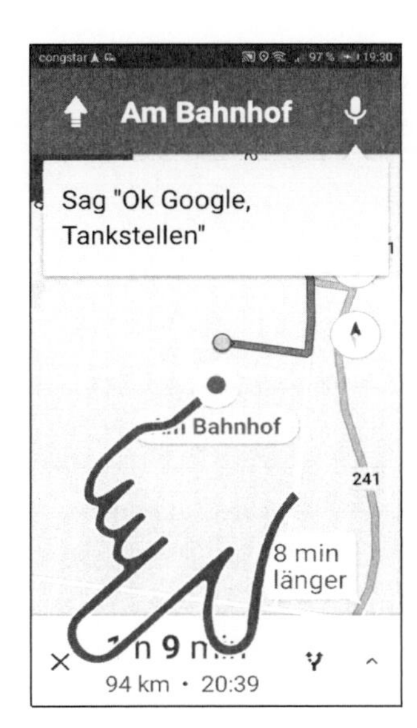

❶ Betätigen Sie *STARTEN*, worauf Google Maps in den Navigationsmodus wechselt.

❷ Schließen Sie den Hinweis gegebenenfalls mit *OK*.

❸ ✕ (unten links) beendet den Routenplaner.

Da die Navigation innerhalb von Google Maps abläuft, stehen dort viele der bereits ab Kapitel *13 Google Maps* beschriebenen Funktionen zur Verfügung. Zum Beispiel können Sie mit angedrücktem Finger den Kartenausschnitt verschieben, oder durch »Kneifen« mit zwei Fingern im Kartenmaterial heraus- und hineinzoomen.

Praktisch: Ist ein Unternehmen, Restaurant oder eine Freizeitattraktion zur Ankunftszeit bereits geschlossen, erfolgt ein entsprechender Hinweis.

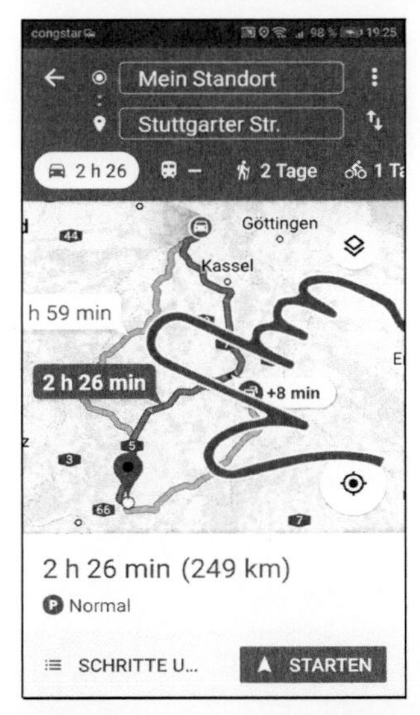

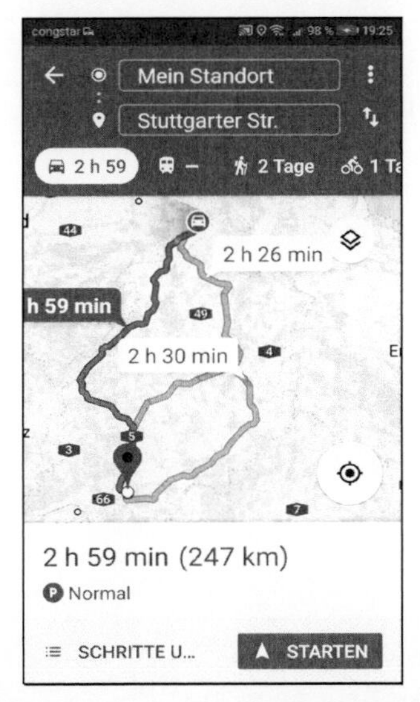

❶❷ Fast immer existieren alternative Routen. Zwischen den Navigationsvorschlägen schalten Sie mit Antippen der Zeitkästchen um (um den Routenverlauf zu kontrollieren, ist es hier zudem möglich, mit einer Kneifgeste beziehungsweise Doppeltippen den Kartenausschnitt zu verkleinern/vergrößern).

Hinweis: Die farbigen Strecken (schwarz, rot, orange oder grün) weisen auf die aktuelle Verkehrslage hin. Die Daten stammen von Android-Handys/Tablets, welche in anonymer Form ihre Position an Google-Server übermitteln, woraus Google den Verkehrsfluss ermittelt. Es sind nur Strecken eingefärbt, für die genügend Daten vorliegen.

Eine Streckenänderung während der Navigation ist nicht möglich. Sie müssen für diesen Fall den Navigationsmodus mit der ✕-Taste unten links beenden und dann die Routenplanung erneut aufrufen.

13.7.2 Navigation in der Praxis

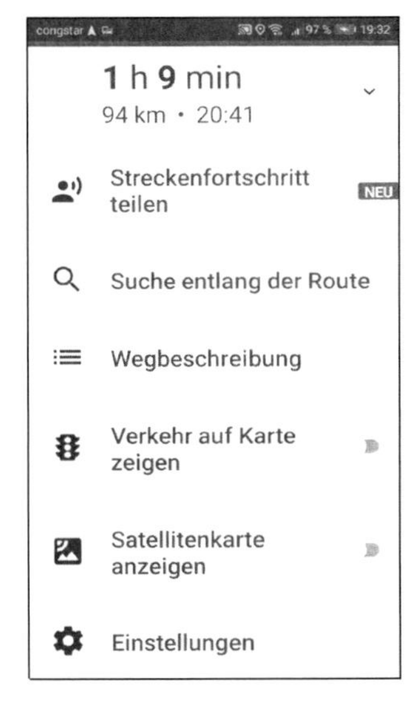

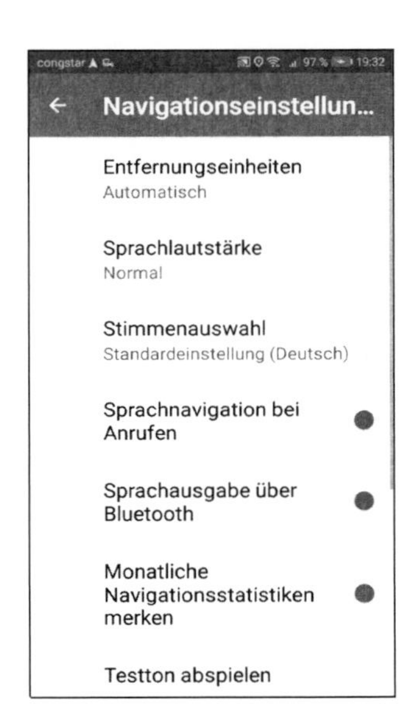

❶❷ Betätigen Sie ∧ für weitere Optionen:

- *Streckenfortschritt teilen*: Ausgewählte Personen sehen Ihre aktuelle Position.
- *Suche entlang der Route*: Lassen Sie sich Tankstellen, Restaurants, usw. in Routennähe auf der Karte anzeigen.
- *Wegbeschreibung*: Auflistung der Fahrtanweisungen
- *Verkehr auf Karte anzeigen*: Google Maps informiert in der Karte mit Symbolen über das Verkehrsgeschehen.
- *Satellitenkarte anzeigen*: Satellitenbild einblenden. Beachten Sie, dass dabei das aus dem Internet übertragene Datenvolumen stark ansteigt!
- *Einstellungen* (❸):
  - *Entfernungseinheiten:* Entfernungsangaben in der Sprachausgabe beziehungsweise in den Bildschirmanzeigen richten sich nach dem Land, in dem Sie sich befinden. Bei Bedarf können Sie aber auch *Kilometer* oder *Meilen* fest einstellen.
  - *Sprachlautstärke*: Die Sprachlautstärke lässt sich zwischen *Lauter*, *Normal* und *Leiser* umschalten.
  - *Stimmenauswahl*: Stellt die verwendete Sprache ein
  - *Sprachnavigation bei Anrufen*: Auch während Sie Telefonieren erfolgen Sprachanweisungen durch Google Maps.
  - *Sprachausgabe über Bluetooth*: Die Navigationsanweisungen werden über ein angeschlossenes Bluetooth-Gerät abgespielt (siehe Kapitel *28.3 Bluetooth-Headset/Freisprecheinrichtung verwenden*).
  - *Monatliche Navigationsstatistiken merken*: Google Maps wertet Fahrten in der Vergangenheit für Routenempfehlungen aus.
  - *Testton abspielen*: Prüfen Sie die Lautstärke der Sprachanweisungen.
  - *"Ok Google"-Erkennung*: Auf die Spracherkennung geht noch Kapitel *22 Google Assistant* ein.
  - *Norden immer oben*: Kartenansicht folgt nicht Richtungsänderungen. Wir raten von dieser Einstellung ab.
  - *Benachrichtigungen beim Fahren*: Nicht von Google dokumentiert.
  - *Verknüpfung mit Fahrmodus erstellen*: Legt im Startbildschirm eine Verknüpfung auf die aktuelle Route an.

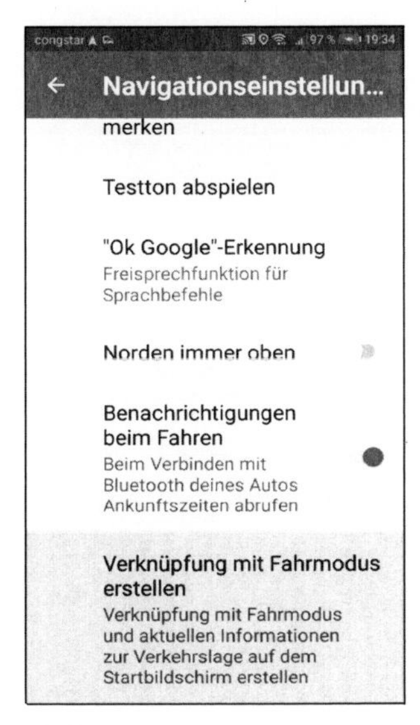

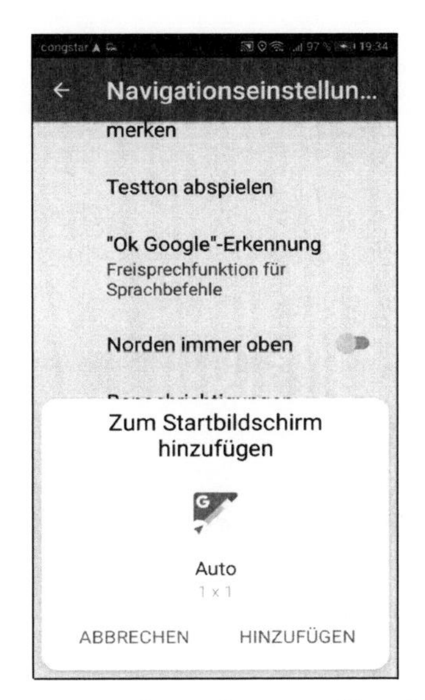

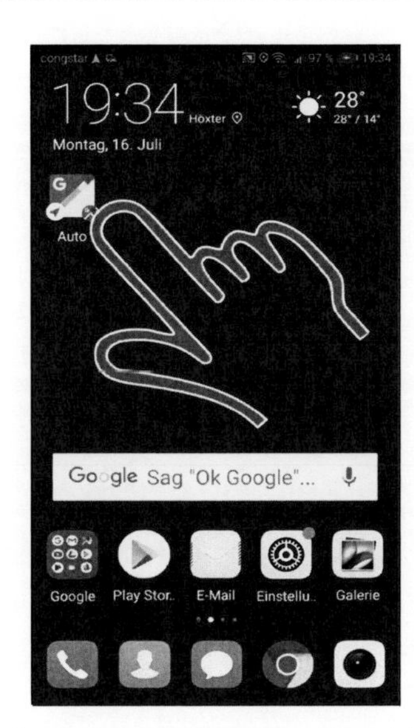

❶❷ Betätigen von *Verknüpfung mit Fahrmodus erstellen* legt eine Verknüpfung im Startbildschirm an. Schließen Sie den folgenden Hinweis mit *AUTOMATISCH HINZUFÜGEN*.

❸ Antippen der Verknüpfung im Startbildschirm startet sofort die Navigation. Die Verknüpfungen sind besonders für Routen interessant, die Sie häufiger abfahren.

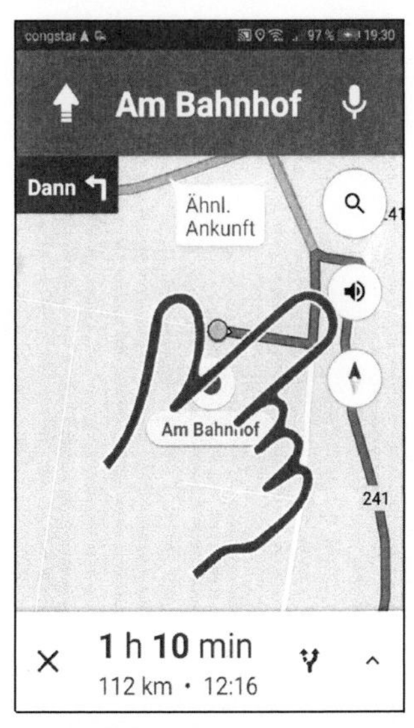

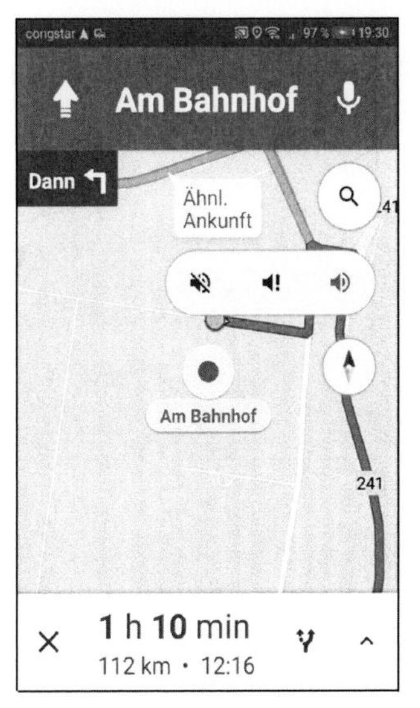

❶❷ 🔊 (Pfeil) klappt zwei Schaltleisten aus, mit denen Sie die Sprachausgabe abschalten oder nur Benachrichtigungen zulassen (beispielsweise »*Kein Empfang*«) oder alle Ansagen wieder erlauben.

13.7.3 Schnelle Navigation

Die Strecke zwischen Wohnort und Arbeit dürften die meisten Anwender am häufigsten fahren. Während Pendler, die nur wenige Kilometer zur Arbeitsstelle zurücklegen, dafür kein Navi brauchen, sieht es für längere Strecken anders aus. Häufig lohnt es sich dann Google Maps, weil es das aktuelle Verkehrsgeschehen berücksichtigt.

❶ Den Wohnort und die Adresse des Arbeitsplatzes sollten Sie zunächst abspeichern. Aktivieren Sie das Ausklappmenü und wählen Sie *Meine Orte.*

❷ Gehen Sie nun auf *Zuhause* beziehungsweise *Arbeit* und geben Sie die Adressen ein.

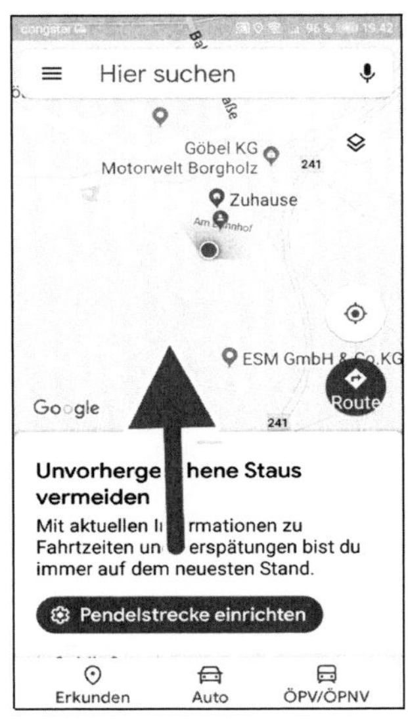

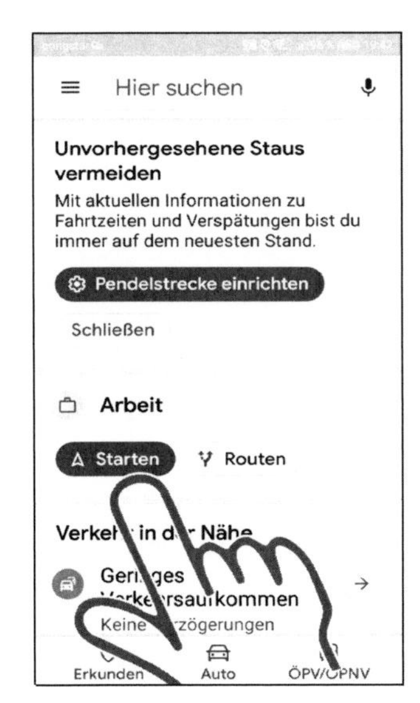

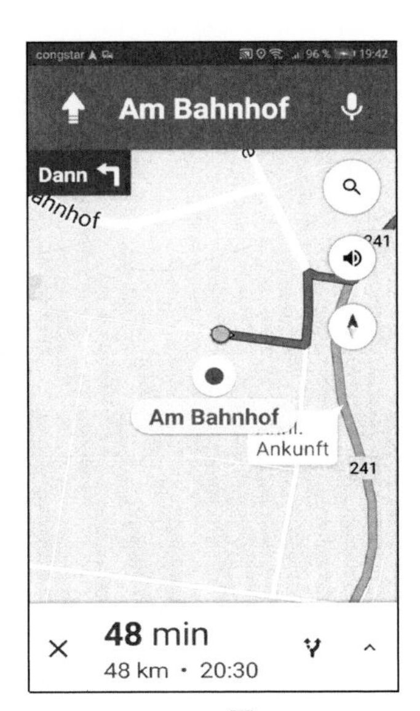

❶❷ Zum Navigieren rufen Sie das Schnellmenü auf, aktivieren Sie darin das -Register und wählen dann *Starten* aus.

❸ Die Navigation startet.

13.8 Ansichten

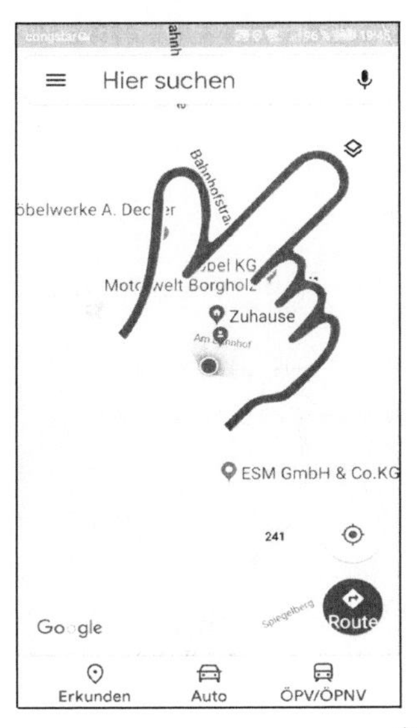

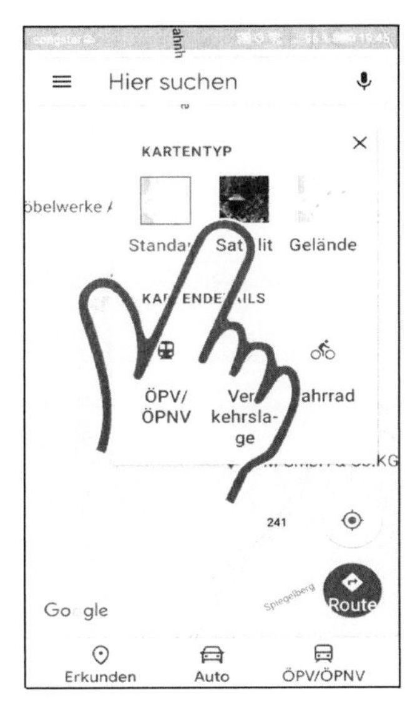

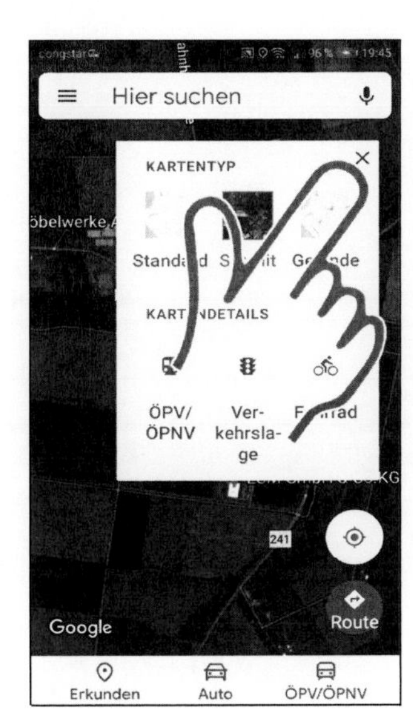

❶❷ Aktivieren Sie über ◇ (Pfeil) das Menü, worin Sie auf *Satellit* gehen.

❸ Schließen Sie dem Dialog mit der X-Schaltleiste. Die Satellitenansicht ist insbesondere dann praktisch, wenn man sich genau orientieren will, weil die normale Kartenansicht kaum Hinweise auf die Bebauung und markante Geländemerkmale gibt.

Um die eingestellten Ansichten wieder auszuschalten, tippen Sie einfach im Dialog erneut darauf.

Beachten Sie, dass je nach Region, die Satellitenansicht auf einige Jahre alten Luftbildern basieren. Sensible Zonen und Gebäude, darunter Militär- und Regierungsgebäude sind teilweise digital verfälscht, damit potenzielle Angreifer keine Planungsgrundlage erhalten.

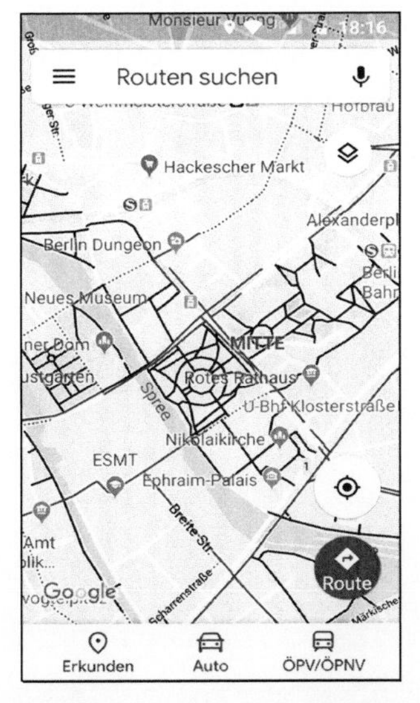

❶ *Verkehrslage* aus dem Dialog blendet die aktuelle Straßenlage in der Kartenanzeige ein, wobei das Verkehrsgeschehen mit orange/rot (zähflüssig/Stau) oder grün (freie Fahrt) bewertet wird. Für die Staudaten, welche Google Maps im Minutentakt aktualisiert, wertet Google das Bewegungsprofil von Android-Handys und Tablets aus. Jedes Android-Gerät sendet ja in anonymisierter Form im Minutenabstand seine aktuelle, per GPS ermittelte Position an die Google-Server, woraus sich dann ein Bewegungsmuster errechnen lässt. Leider müssen dafür genügend Handys/Tablets auf einer Strecke vorhanden sein, weshalb der Staudienst in manchen Regionen unzuverlässig ist.

❷ Verwenden Sie *Fahrrad* aus dem Dialog, um Fahrradtouren anhand der ausgewiesenen Fahrradwege zu planen.

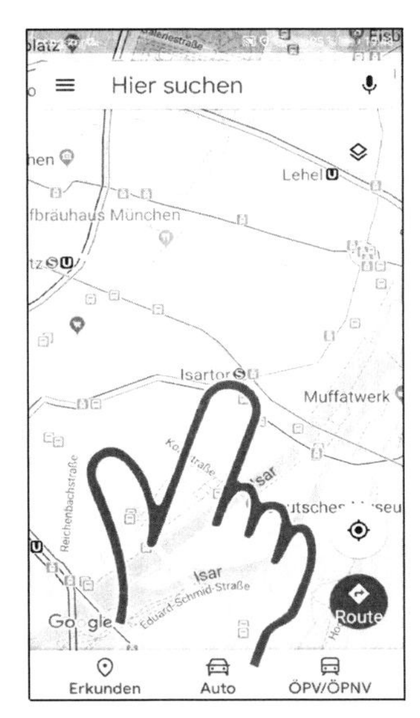

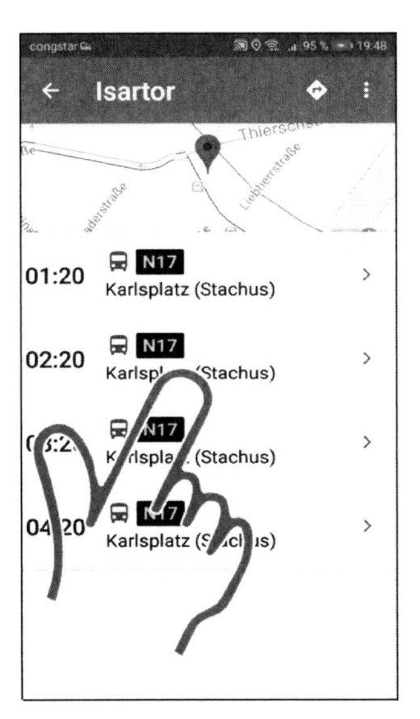

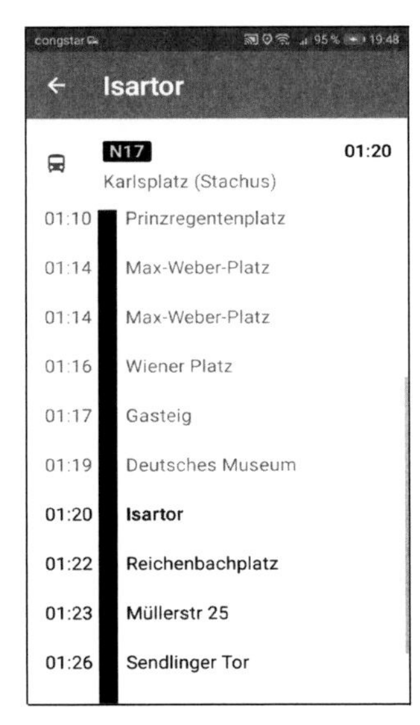

❶ Ebenfalls praktisch ist die Ansicht *ÖPV/ÖPNV*. Google Maps zeichnet dann alle Routen und Haltestellen öffentlicher Verkehrsmittel ein. Tippen Sie auf eine Haltestelle in der Kartenansicht.

❷❸ Tippen Sie eine Linie an, zu der Sie die Route erfahren möchten.

13.9 Google Local

Der Suchmaschinenbetreiber Google führt eine riesige Datenbank mit den Standorten von »Points of Interest« (POIs), darunter Unternehmen, Sehenswürdigkeiten, Restaurants, usw. Wenn Sie eine Suche, beispielsweise nach »Restaurant«, in Google Maps durchführen, greift Google Maps auf diese Datenbank zurück und listet die Fundstellen auf. Mit einem Fingerdruck kann man sich dann die Position eines Restaurants in der Karte, sowie weitere Infos, darunter auch Kundenbewertungen, Öffnungszeiten und Telefonnummern anzeigen. Diese Suche beschreibt bereits Kapitel *13.6 Suche*. Google Local vereinfacht die Suche und arbeitet mit Google Maps zusammen, um die Kartenposition anzuzeigen.

Tipp: Sofern Sie eine Firma betreiben und noch nicht bei Google Local gelistet werden, sollten Sie sich unter der Webadresse *www.google.de/local/add* kostenlos registrieren und Ihre Daten hinterlegen. Alternativ gehen Sie im Ausklappmenü von Google Maps auf *Fehlenden Ort hinzufügen.*

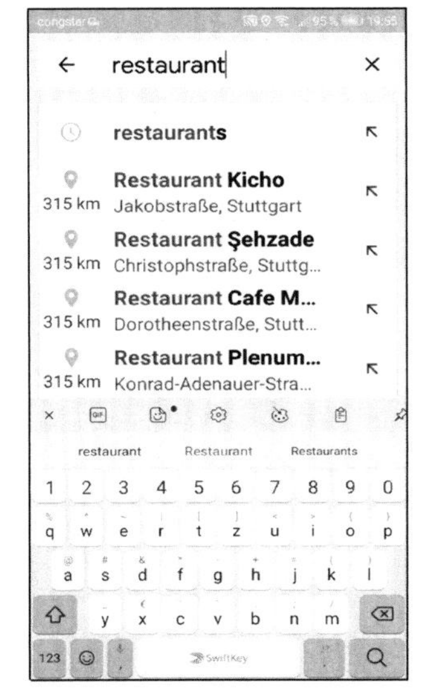

❶ Die Funktionen von Google Local stehen automatisch nach Antippen der Suchleiste zur Verfügung.

❷ Sie haben nun zwei Möglichkeiten; Entweder geben Sie einen Suchbegriff ein oder Sie wählen Sie eine der vorgegebenen Kategorien aus.

❸ Blättern Sie mit einer Wischgeste und wählen Sie einen Eintrag aus, zu dem Sie mehr Infos wünschen. Alternativ beschränken Sie über die Filter am oberen Bildschirmrand jeweils die Anzeige auf eine bestimmte Kategorie, beispielsweise *Jetzt geöffnet* oder *Top bewertet*.

Etwas simpler ist die Option, einfach in den Kartenbereich zu wechseln, für den Sie Points of Interest suchen (zum Beispiel mit der im Kapitel *13.6 Suche* beschriebenen Suchfunktion), die Suche mit X beenden, die Suchleiste erneut antippen und dann eine der Schaltleisten, beispielsweise für Restaurants zu betätigen.

Alle Points of Interest erscheinen zudem direkt in der Karte, wenn Sie tief genug hereinzoomen.

13.9.1 Markierungen

Points of Interest, die Sie häufiger benötigen, können Sie für spätere Verwendung markieren. Die Markierungen werden dann in Ihrem Google-Konto und nicht nur lokal auf Ihrem Motorola gespeichert.

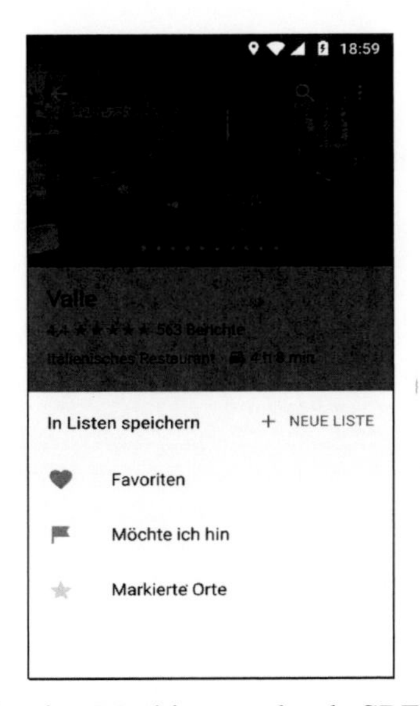

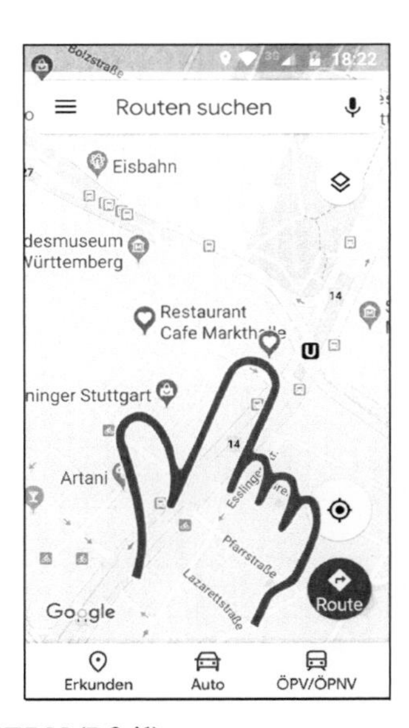

❶ In der Detailansicht setzen Sie eine Markierung durch *SPEICHERN* (Pfeil).

❷ Anschließend wählen Sie die Favoriten-Art aus.

❸ In der Kartenansicht von Google Maps sind die markierten Orte mit einem Symbol hervorgehoben. Tippen sie darauf für weitere Infos.

❶❷ Die von Ihnen gespeicherten Orte finden Sie im Ausklappmenü unter *Meine Orte*.

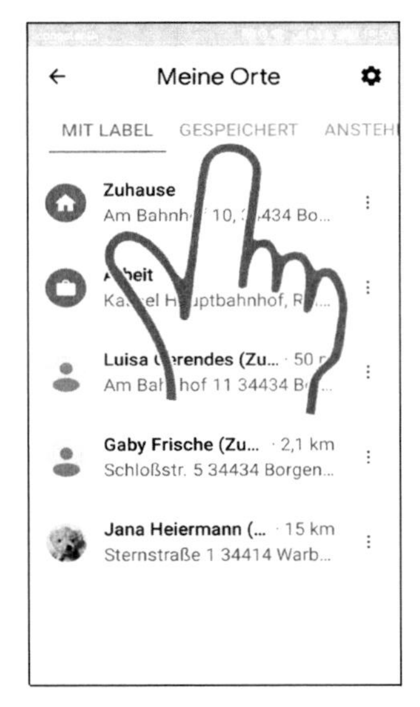

➊ Aktivieren Sie das *GESPEICHERT*-Register.

➋➌ Wählen Sie einen Favoritentyp aus, worauf Sie die Favoritenauflistung erhalten.

13.10 Adressen aus dem Telefonbuch

Google verknüpft alle von Ihnen auf dem Handy verarbeiteten Daten. Dies trifft auch auf Ihre Kontakte zu, die in Google Maps angezeigt werden.

➊➋ Haben Sie zu einem Kontakt im Telefonbuch eine Adresse hinterlegt (Markierung), dann können Sie direkt dahin navigieren, indem Sie diese antippen.

❶❷ Die Kontakte mit hinterlegten Adressen zeigt Google Maps als an. Tippen Sie darauf für weitere Infos. *ROUTE* navigiert Sie zur Adresse.

13.11 Einstellungen

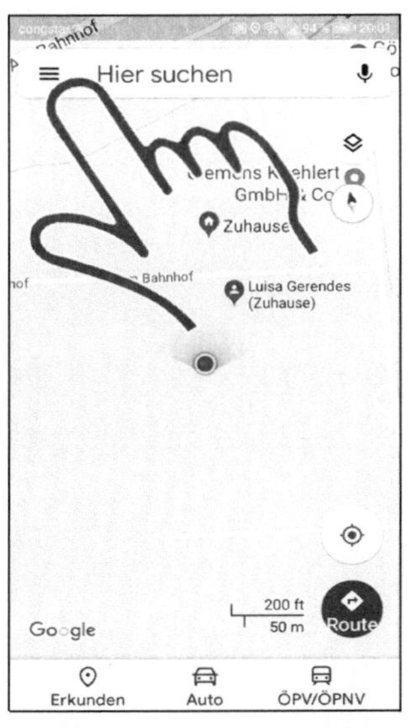

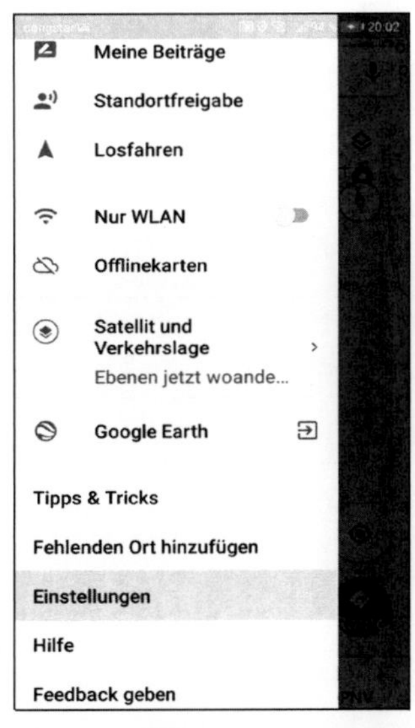

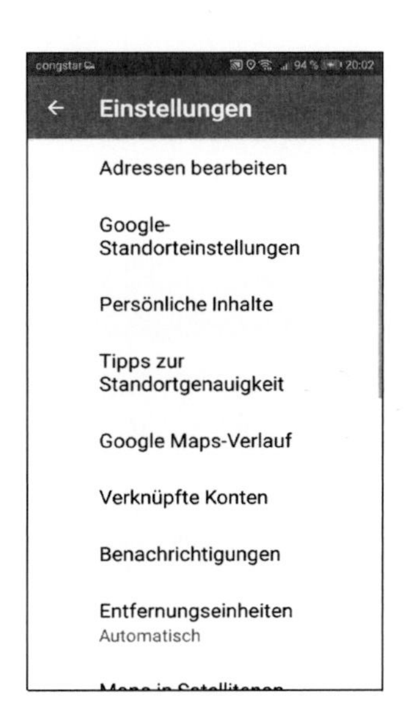

❶ Öffnen Sie das Ausklappmenü über die ☰-Schaltleiste.

❷ Gehen Sie auf *Einstellungen*.

❸ Die verfügbaren Optionen:

- *Adressen bearbeiten*: Legen Sie für die einfachere Routenberechnung (siehe Kapitel *13.7 Navigation*) Heim- und Arbeitsadresse fest. Diese werden dann bei der Routeneingabe vorgeschlagen.
- *Google-Standorteinstellungen*: Diverse Einstellungen für Google Local, auf die Kapitel *13.9 Google Local* eingeht.
- *Persönliche Inhalte*: Darauf gehen wir weiter unten ein.
- *Tipps zur Standortgenauigkeit*: Sofern das Handy Ihre Position nicht exakt orten kann, gibt das Gerät hier Hinweise.
- *Google Maps-Verlauf*: Listet alle Orte auf, nach denen Sie gesucht beziehungsweise zu denen Sie navigiert haben. Auch als Favoriten markierte Orte (siehe Kapitel *13.9.1 Markierungen*) werden hier aufgelistet.
- *Verknüpfte Konten*: Es besteht die Möglichkeit, mehere Google-Konten in einem Konto zusammenzufassen, die dann hier aufgelistet werden.
- *Benachrichtigungen*: Informiert über Veranstaltungen (zum Beispiel Sportereignisse),

welche die Verkehrssituation in Ihrer Nähe beeinflussen.

- *Entfernungseinheiten*: Sie können die Anzeige zwischen Meilen und Kilometer umschalten.
- *Maps in Satellitenansicht starten*: Die Satellitenansicht benötigt eine schnelle Internetverbindung und verbraucht in kurzer Zeit ein hohes Datenvolumen, weshalb wir von deren Nutzung abraten.
- *Maßstab auf der Karte anzeigen*: Informiert beim Zoomen in der Karte über den gerade aktiven Kartenmaßstab.
- *Navigationseinstellungen:* Hier können Sie nur über *Karte neigen* festlegen, dass während der Navigation (siehe Kapitel *13.7 Navigation*) die Karte leicht geneigt dargestellt wird.
- *Einstellungen für Offline-Karten*: Google Maps hält sein Kartenmaterial nicht auf dem Handyspeicher vor, sondern lädt es aus dem Internet. Damit das Kartenmaterial auch zur Verfügung stehet, wenn Sie mal keinen Internetzugang haben (zum Beispiel bei der Navigation wichtig), sollten Sie die Offline-Einstellungen aktiviert haben.
    - *Offlinekarten automatisch aktualisieren*: Durch die Aktualisierung berücksichtigt Google auch das aktuelle Verkehrsgeschehen und gesperrte Straßen in der Navigation.
    - *Offline-Karten automatisch herunterladen*: Lädt Kartendaten automatisch bei Bedarf herunter. Dies geschieht, sobald Sie sich einen Kartenausschnitt ansehen oder die Navigationsfunktion verwenden.
    - *Über die Offlinefunktion von Maps*: Weitere Informationen anzeigen.
- *Schütteln, um Feedback zu senden*: Falls Sie Verbesserungsvorschläge haben oder auf einen Programmfehler stoßen, können Sie ihn den Entwicklern melden.
- *Info, Datenschutz & Bedingungen*
- *Anmelden*: Über das Menü wechseln Sie das Google-Konto, in denen Google Maps angefallene Daten von Ihnen ablegt.

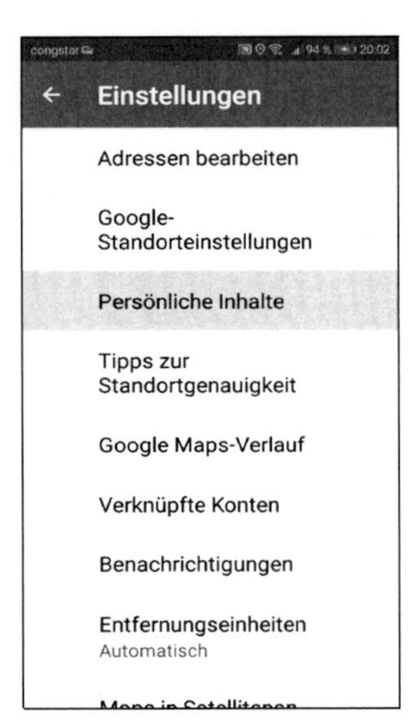

❶❷ Die Optionen in *Persönliche Inhalte* beziehen sich zum großen Teil auf die sogenannte Zeitachse. Dies ist eine Funktion, die genau auflistet, wo Sie sich zu bestimmten Zeitpunkten befunden haben. Wegen des damit verbundenen Eingriffs in Ihre Privatsphäre müssen Sie die Zeitachse erst im Ausklappmenü unter *Meine Zeitachse* aktivieren, bevor Sie sie nutzen können.

Unter *Meine Karte*:

- *Google-Kontakte*: Sofern Sie bei Ihren Kontakten im Telefonbuch (siehe Kapitel *7 Telefonbuch*) eine Adresse eingegeben haben, erscheinen diese in Google Maps.

Unter *Meine Zeitachse:*

- *Google Fotos*: Fotos, die Sie mit der Kamera erstellt haben, werden in der Zeitachse eingeblendet.
- *E-Mails zu Stationen auf der Zeitachse*: Falls es neues zu Standorten gibt, die Sie mal besucht haben, erhalten Sie eine E-Mail.

Unter *App-Verlauf:*

- *Web- und App-Aktivitäten sind aktiviert*: Steuert, welche Aktivitäten in der Zeitachse verzeichnet werden.

Unter *Standorteinstellungen:*

- *Standortberichtigungen sind aktiviert; Standortverlauf ist aktiviert*: Erlaubt die Speicherung Ihres Standorts in der Zeitachse.
- *Standortverlauf löschen; Zeitraum zum Löschen des Standortverlaufs*: Verwaltet Ihren Standortverlauf, der in der Zeitachse erscheint.

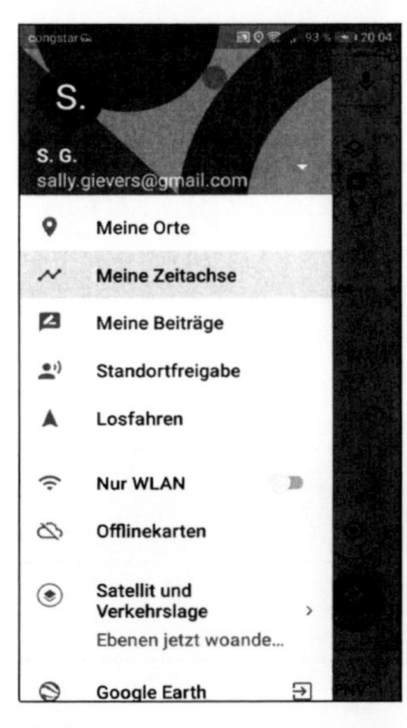

❶❷ Die oben erwähnte Zeitachse finden Sie unter *Meine Zeitachse* im Ausklappmenü.

14. WhatsApp

WhatsApp ist ein sogenannter Messenger, über den Sie Nachrichten an andere Personen senden und von diesen empfangen können. Im Prinzip ähnelt die WhatsApp-Funktionsweise dem SMS-Versand, wobei allerdings für die Kommunikation eine Internetverbindung benötigt wird und keine zusätzlichen Kosten anfallen.

Nutzer von WhatsApp müssen sich nicht mit einem Login und Passwort bei WhatsApp anmelden, sondern identifizieren sich durch ihre Handynummer. Dies bringt leider den Nachteil mit sich, dass eine Nutzung nur über Handys und Tablets mit SIM-Karte möglich ist. Deshalb war es lange Zeit unmöglich, auf einem PC WhatsApp zu verwenden. Mit einem Trick, bei dem von der Handykamera ein Code auf dem Bildschirm eingelesen wird, umgehen die WhatsApp-Entwickler inzwischen dieses Problem. Ein Tablet oder Handy mit SIM-Karte wird aber weiterhin benötigt.

14.1 Erster Start

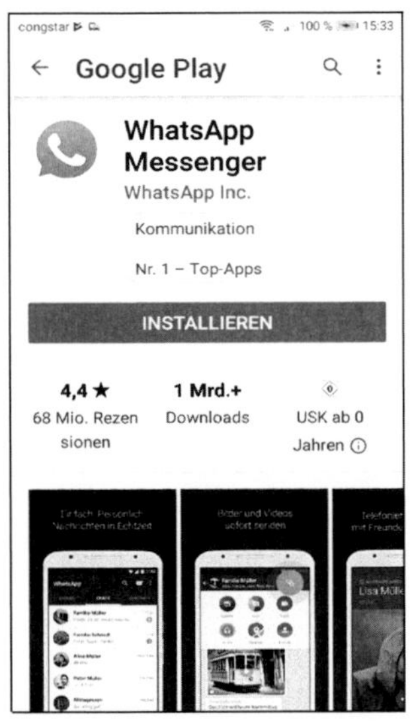

➊ Suchen und installieren Sie *WhatsApp Messenger* aus dem Google Play Store (siehe Kapitel *14 WhatsApp*).

➋ Künftig rufen Sie *WhatsApp* im Startbildschirm (Pfeil) auf.

➊➋ Beim ersten Start des Programms betätigen Sie *ZUSTIMMEN UND FORTFAHREN* und schließen die folgenden Sicherheitsabfragen mit *WEITER* beziehungsweise *ZULASSEN*.

➊ Beim ersten Start des Programms müssen Sie sich erst beim WhatsApp-Netzwerk identifizieren, was über eine SMS geschieht. Geben Sie Ihre Handynummer ein und schließen Sie den Vorgang mit der grünen Schaltleiste neben dem Eingabefeld ab.

➋ Betätigen Sie die Sicherheitsabfrage mit *OK*.

➌ Gehen Sie auf *WEITER* und dann *ZULASSEN*. Danach warten Sie, während der Bestätigungsvorgang durchläuft.

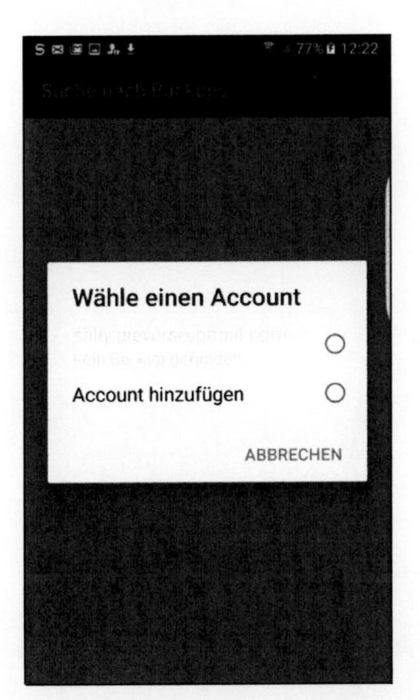

➊ Schließen Sie den Dialog mit *BERECHTIGUNG GEWÄHREN*. Eventuell müssen Sie danach noch Ihr Google-Konto auswählen. Anschließend betätigen Sie *ZULASSEN*.

➋ Sofern Sie WhatsApp bereits mal genutzt haben, erhalten Sie die Möglichkeit, alle WhatsApp-Nachrichten wiederherzustellen. Dazu wählen Sie Ihr Google-Konto aus. Andernfalls gehen Sie auf *ABBRECHEN* beziehungsweise *ÜBERSPRINGEN*.

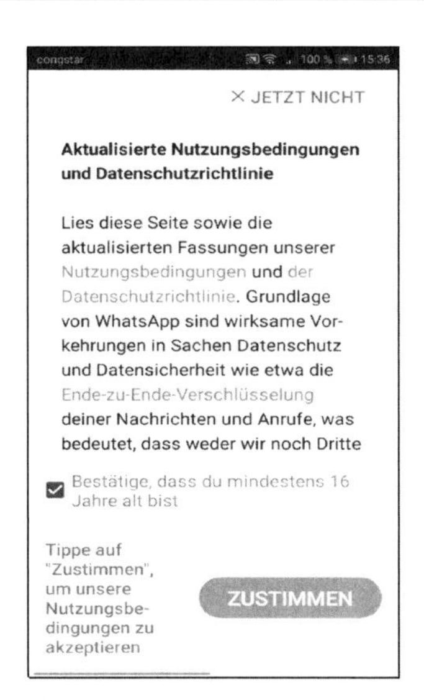

❶ Noch während der Einrichtung wird Sie WhatsApp auf die neuen Datenschutzrichtlinien aufmerksam machen. Betätigen Sie *WEITER*.

❷ Aktivieren Sie das Abhakkästchen bei *Bestätige, dass du mindestens 16 Jahre alt bist* und gehen Sie auf *ZUSTIMMEN*.

❶ Erfassen Sie Ihren Namen und tippen Sie auf *WEITER*.

❷ Der WhatsApp-Hauptbildschirm erscheint.

❶ Die Register am oberen Bildschirmrand schalten um zwischen:

- 📷: Foto/Video erstellen/versenden.
- *CHATS*: Schreiben Sie mit anderen WhatsApp-Nutzern. Dabei ist es auch möglich, Sprachaufnahmen und Dateien zu versenden.
- *STATUS* (❷): Stellen Sie ein Foto beziehungsweise einen Text ein, den andere für eine bestimmte Zeitspanne zu Gesicht bekommen. Falls Sie die Snapchat-Anwendung kennen, dürfte Ihnen diese Funktion bekannt vorkommen.
- *ANRUFE*: Sie können mit anderen WhatsApp-Nutzern telefonieren. Dabei baut das Handy keine Sprachverbindung über das Mobilfunknetz auf, sondern die Sprachübertragung erfolgt über das Internet. Deshalb fallen keine Telefonkosten an.

14.2 Nachrichten schreiben

Damit Sie einer anderen Person per WhatsApp schreiben können, muss er sich mit seiner Handynummer in Ihrem Telefonbuch (siehe Kapitel 7 *Telefonbuch*) befinden. Außerdem muss auf seinem Handy oder Tablet ebenfalls WhatsApp installiert sein.

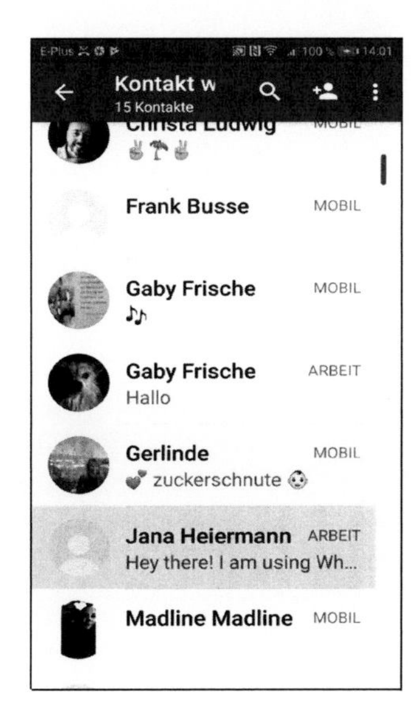

❶ Betätigen Sie ▤.

❷ WhatsApp listet alle Kontakte auf, die das soziale Netzwerk nutzen, aus denen Sie einen auswählen.

❸ Nach Eingabe eines Textes versenden Sie ihn mit ➤.

❶ Ein Haken hinter jeder Ihrer Nachrichten informiert über den Versandstatus:

- ✓: Nachricht wurde erfolgreich versandt, aber noch nicht dem Empfänger zugestellt (beispielsweise weil er sich in einem Funkloch befindet oder sein Handy abgestellt hat).

- ✓✓: Der Doppelhaken erscheint zunächst grau, sobald die Nachricht den Empfänger erreicht. Hat der Empfänger sie gelesen, wir der Doppelhaken blau eingefärbt.

❷ Der Hinweis »online« beziehungsweise das Datum (Pfeil) informiert am oberen Bildschirmrand darüber, ob und wann der Empfänger zuletzt online war.

14.3 Nachrichten empfangen

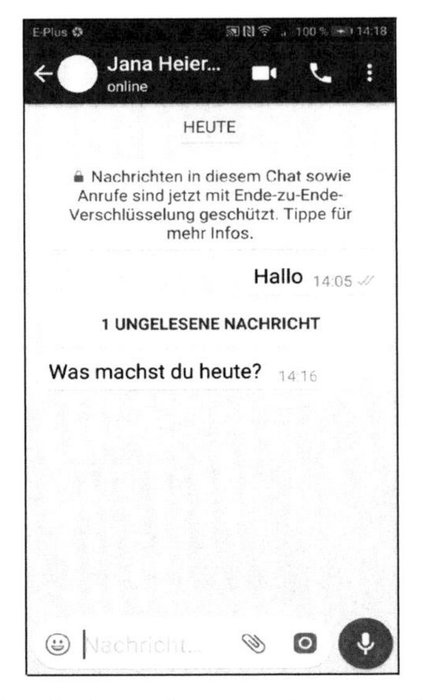

❶ Sie müssen die WhatsApp-Anwendung nicht permanent geöffnet haben, denn auch wenn Sie gerade nicht damit arbeiten, informiert Sie das Huawei mit akustischem Signal und Hinweis in der Titelleiste (Pfeil) über neu vorliegende Nachrichten.

❷❸ Starten Sie dann entweder die WhatsApp-Anwendung oder gehen Sie im Benachrichtigungsfeld auf den WhatsApp-Eintrag.

14.4 Weitere Funktionen

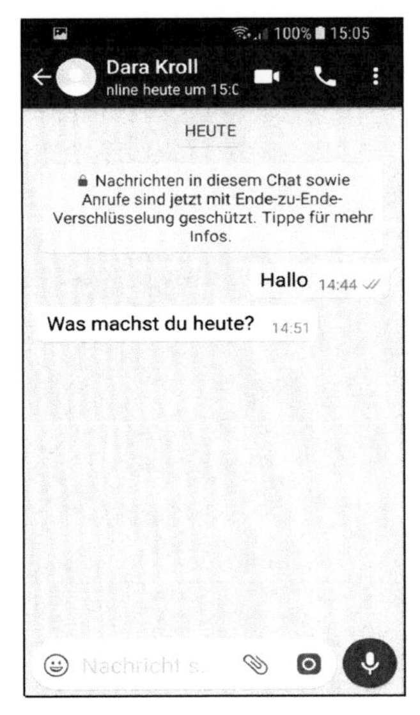

❶❷ Auf die Konversationen mit Ihren Kontakten greifen Sie über die Auflistung im Hauptmenü zu.

➊ Besonders beliebt ist die Option, Fotos oder Sprachaufnahmen zu verschicken, was über die Schaltleisten am unteren Bildschirmrand (Pfeil) erfolgt.

➋➌ Beim Fotoversand knipsen Sie zunächst mit der blauen Schaltleiste (Pfeil) ein Bild, danach erfolgt mit ✓ der Versand.

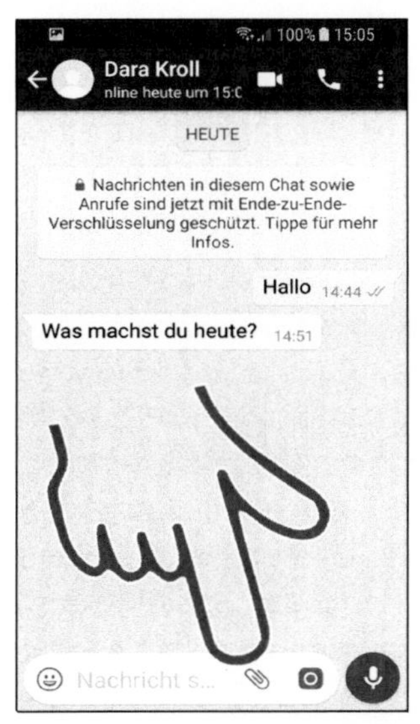

➊➋ Andere Dateien, darunter auch bereits auf dem Handy vorhandene Fotos, verschicken Sie dagegen über die 📎-Schaltleiste.

14.5 Telefonie über WhatsApp

Wie bereits erwähnt, bietet WhatsApp eine Telefonie-Funktion, welche über das Internet statt über eine Mobilfunk-Sprachverbindung erfolgt und deshalb kostenlos ist.

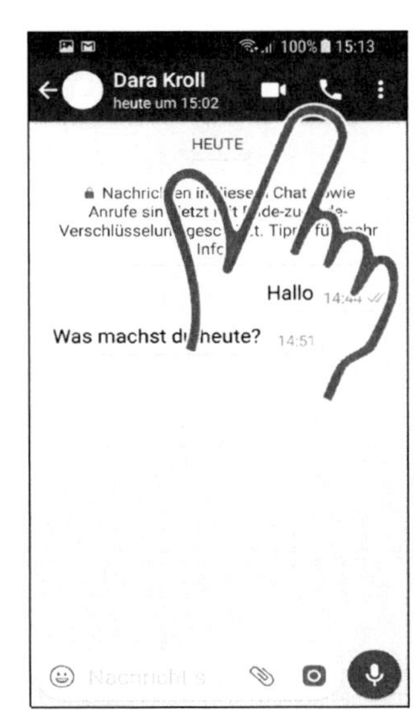

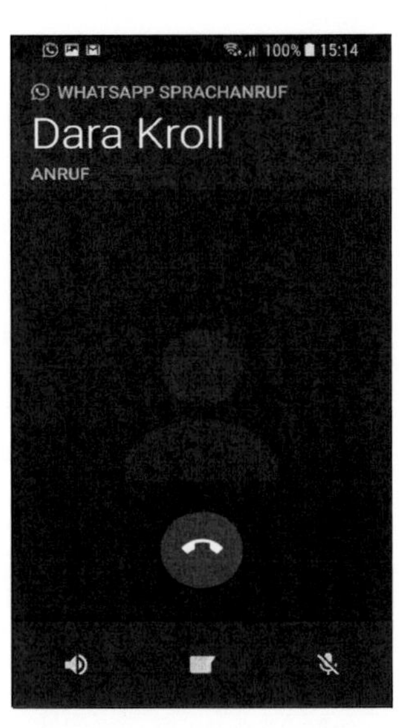

❶❷❸ Anrufe führen Sie jederzeit in einem Chat über die 📞-Schaltleiste (Pfeil) durch (die Schaltleiste daneben dient Videoanrufen). Schließen Sie die folgenden Popups mit *ANRUF* beziehungsweise *ZULASSEN*.

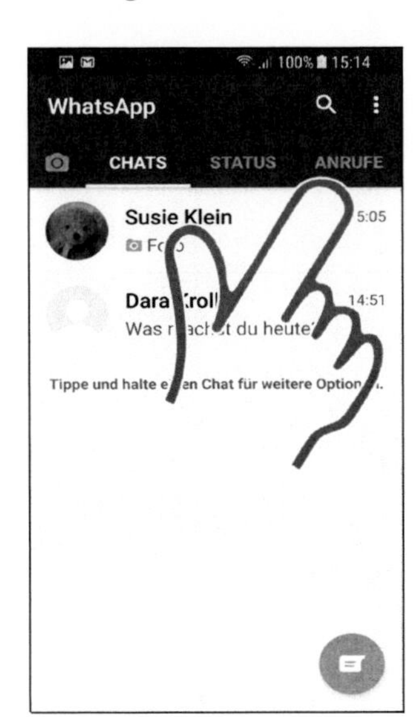

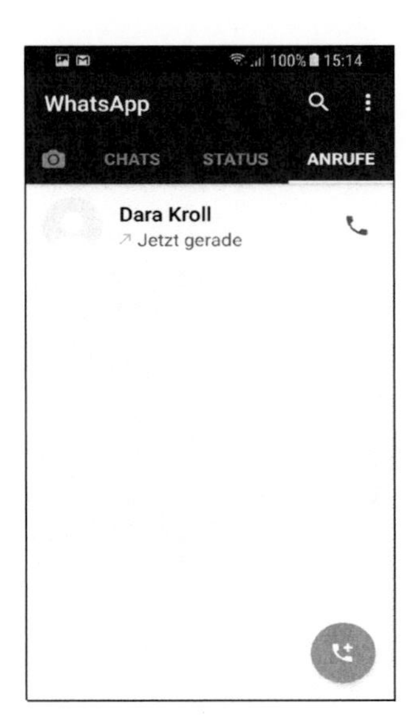

❶❷ Die durchgeführten Anrufe listet das *ANRUFE*-Register (Pfeil) auf.

15. Das Google-Konto

Google betreibt im Internet zahlreiche kostenlose Online-Dienste, wovon natürlich die Google-Suchmaschine die bekannteste ist. Weitere Web-Anwendungen sind unter anderem Gmail (E-Mail), Google Maps (Karten und Navigation), YouTube (Videos) und Google Fotos (Bilder und Videos). Android bietet mit den gleichnamigen Anwendungen die Möglichkeit, Googles Web-Anwendungen direkt auf dem Handy oder Tablet zu nutzen.

Damit Sie Fotos, Dokumente, Kontakte, Termine, usw. auf verschiedenen Geräten (PC-Webbrowser, Android-Handy und Android-Tablet) nutzen können, hat Google das sogenannte **Google-Konto** ersonnen: Sie sind dabei permanent mit Ihrem Google-Konto auf dem Tablet/Handy angemeldet. Legen Sie beispielsweise auf dem Handy einen neuen Kontakt oder einen neuen Termin an, so wird dieser im Google-Konto gespeichert und steht auch auf allen anderen Android-Geräten und dem PC-Webbrowser zur Verfügung. Der dazu nötige Datenabgleich erfolgt automatisch über Googles Internetserver im Hintergrund. Einzige Voraussetzung ist, dass Sie auf den anderen Geräten ebenfalls mit Ihrem Google-Konto angemeldet sind.

Ein anderes Beispiel: Sie können tagsüber während der Arbeit auf dem Handy E-Mails mit der Gmail-Anwendung verarbeiten, am Abend loggen Sie sich auf dem Desktop-PC-Webbrowser in die Gmail-Oberfläche ein und sehen den gleichen Nachrichtenstand wie auf dem Handy.

Auch wenn Sie kein Fan von Google sind, kommen Sie nicht darum herum, ein Google-Konto zu eröffnen, denn Sie benötigen es spätestens, wenn Sie über den Google Play Store (siehe Kapitel *19 Play Store*) weitere Spiele oder Anwendungen auf dem Gerät installieren wollen.

15.1 Einrichtung in einer Google-Anwendung

Wenn Sie eine Google-Anwendung wie Gmail, Play Store, usw. starten, werden Sie aufgefordert, sich mit Ihrem Google-E-Mail-Konto anzumelden, sofern Sie dies nicht schon vorher getan hatten. Die Anmeldung mit der Gmail-Adresse ist nur einmalig notwendig. Danach können sie Gmail, Google Play Store, usw. ohne erneute Anmeldung nutzen.

Starten Sie jetzt eine Anwendung, die ein Google-Konto benötigt, im Beispiel *Play Store,* aus dem Startbildschirm.

Falls direkt die Benutzeroberfläche des Programms angezeigt wird, ohne dass Ihre Login-Daten abgefragt werden, dann haben Sie bereits die nur einmalig notwendige Anmeldung durchgeführt, beispielsweise bei der Inbetriebnahme (siehe Kapitel *3 Erster Start*).

Sie brauchen nur den ersten Teil Ihrer Google-Mail-Adresse vor dem »@« einzugeben, denn »@gmail.com« wird automatisch ergänzt, wenn Sie ins Passwortfeld wechseln.

Die Anmeldung mit der Gmail-Adresse ist nur einmalig notwendig. Danach können sie Gmail, Google Play Store, usw. ohne erneute Anmeldung nutzen.

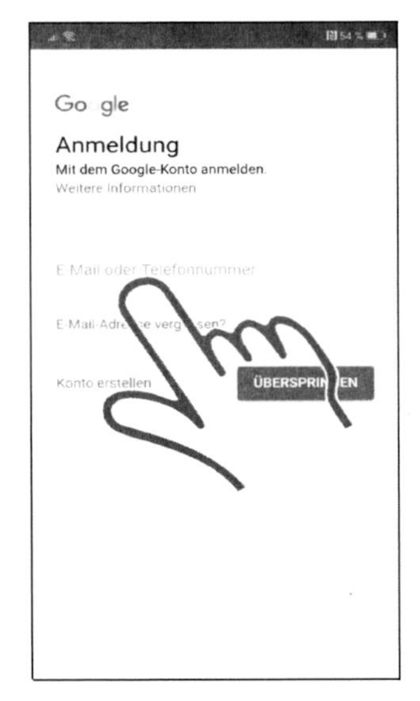

❶ Tippen Sie auf *E-Mail oder Telefonnummer*.

❷ Geben Sie Ihren Google-Konto-Namen (Eingabe des Namens vor *@gmail.com* reicht aus) ein. Wischen Sie dann kurz auf dem Bildschirm (Finger auf einem freien Bildschirmbereich setzen, sofort nach oben wischen und Finger anheben).

❸ Die WEITER-Schaltleiste ist nun sichtbar, welche Sie betätigen.

❶❷ Gehen Sie genauso mit dem nächsten Eingabefeld vor, in dem Sie das Passwort Ihres Google-Kontos eingeben. Dann führen Sie die bereits erwähnte Wischgeste erneut durch, und betätigen *WEITER.*

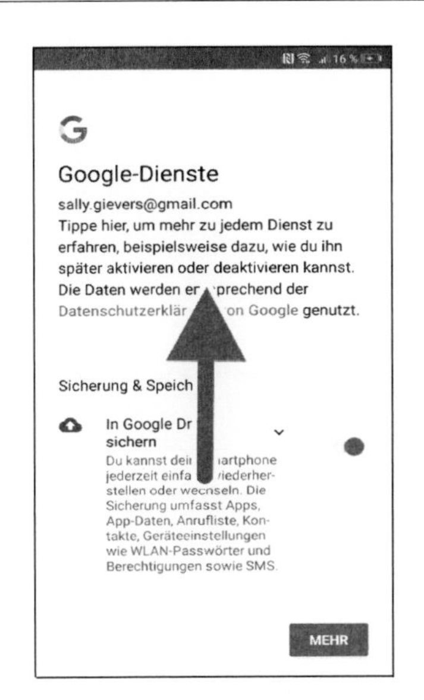

➊ Gehen Sie auf *ICH STIMME ZU.*

➋➌ Wischen Sie mit dem Finger auf dem Bildschirm mehrmals nach oben (beliebigen Finger auf das Display setzen und nach oben ziehen, danach den Finger anheben), bis die *ZUSTIMMEN*-Schaltleiste erscheint, welche Sie betätigen.

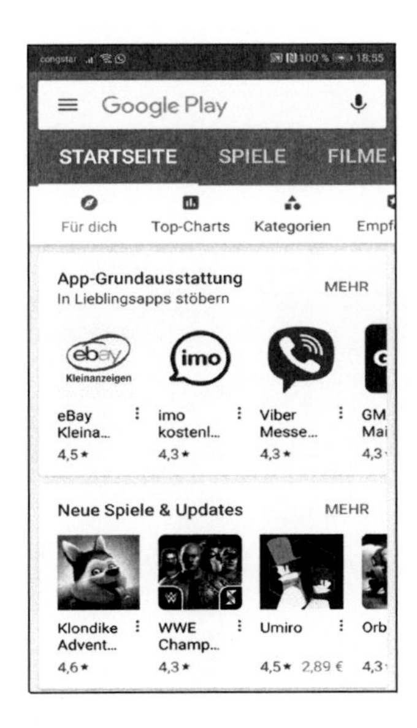

Die Play Store-Anwendung (siehe Kapitel *19 Play Store*) startet und lässt sich jetzt nutzen.

15.2 Weitere Kontenfunktionen

Ihre zuvor angelegtes Google-Konto verwalten Sie bequem über die *Einstellen*-Anwendung.

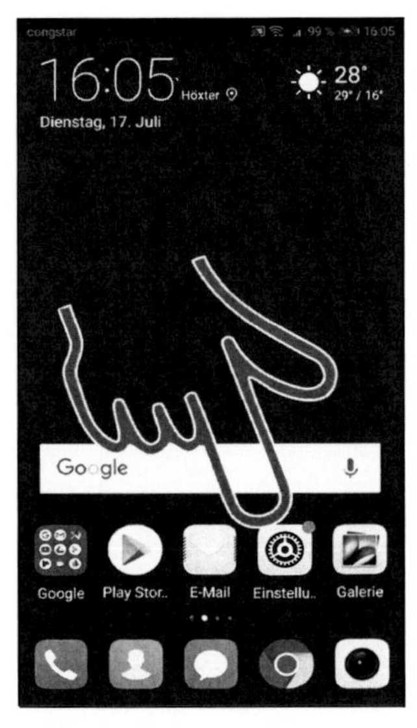

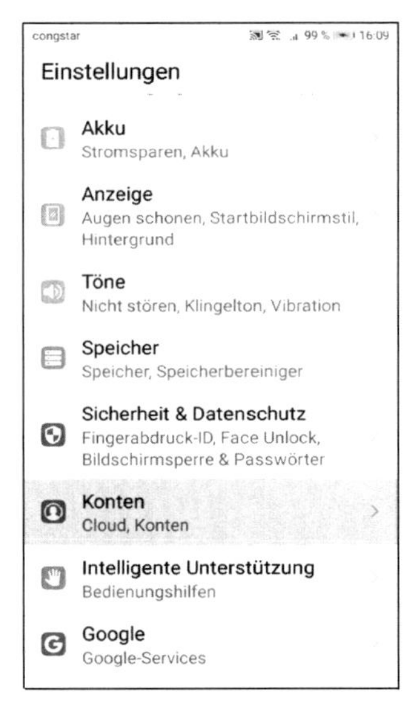

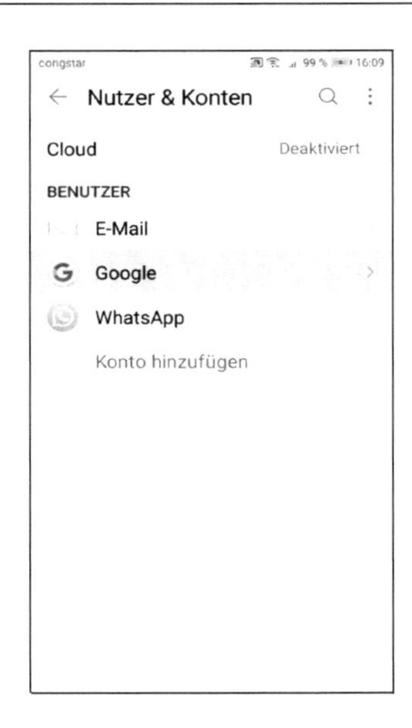

➊ Starten Sie *Einstellungen* im Startbildschirm.

➋➌ Gehen Sie auf *Konten/Google.*

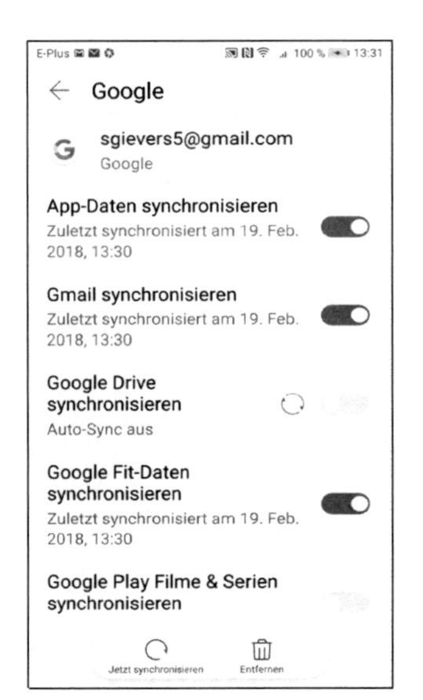

➊ Wählen Sie Ihr Google-Konto aus (nur sofern Sie mehrere Google-Konten auf dem Handy verwenden).

➋ Sie können nun den Datenabgleich konfigurieren:

- *App-Daten synchronisieren*: Fast alle Programme legen wichtige Daten im Gerätespeicher ab, beispielsweise Spielstände bei vielen Spielen, die dann beim nächsten Programmstart wieder zur Verfügung stehen. Das Huawei kann diese Daten auch im Google-Konto ablegen, was den Vorteil hat, dass sie auch auf anderen Android-Handys und Tablets zur Verfügung stehen, wenn man dort das gleiche Programm installiert hat. Beachten Sie, dass zur Zeit davon noch kaum ein Programm Gebrauch macht.
- *Chrome synchronisieren:* Lesezeichen im Chrome-Webbrowser (siehe Kapitel *12 Chrome-Webbrowser*).
- *Google Drive synchronisieren:* Dateien mit Google Drive abgleichen (siehe Kapitel *26.5 Google Drive*)
- *Gmail synchronisieren*: Nachrichten in Gmail (siehe Kapitel *11 Gmail*).
- *Google Play Bücher synchronisieren*: Ebooks, die Sie im Google Play Store heruntergeladen haben.
- *Google Play Kiosk synchronisieren*: Die Anwendung Google Kiosk zeigt aktuelle Nachrichten aus verschiedenen Zeitschriften an.
- *Google Play Filme synchronisieren:* Spielfilme für die »Videothek« (siehe Kapitel *26.1*

Google Play Filme).

- *Google Play Kiosk synchronisieren*: Die Anwendung Google Kiosk zeigt aktuelle Nachrichten aus verschiedenen Zeitschriften an.
- *Kalender synchronisieren*: Kalendertermine (siehe Kapitel *23 Kalender*).
- *Kontakte synchronisieren*: Kontakte aus dem Google-Konto (siehe Kapitel *15 Das Google-Konto*).
- *Personendetails synchronisieren:* Diese Option dient der Synchronisation Ihrer Google-Kontakte mit Google+. Sie haben dann auch in Google+ Zugriff auf Ihre Google-Kontakte, die sonst separat von Google+ im Telefonbuch verwaltet werden.
- *Google Play Musik synchronisieren*: Musik aus dem Google-Konto synchronisieren (siehe Kapitel *25.4 Der Google Play Musik-Dienst*).
- *Google Fit-Daten*: *synchronisieren* Von mit dem Handy verbundenen Fitnessgeräten erfasste Daten im Google-Konto sichern. Wir gehen in diesem Buch nicht weiter darauf ein.
- *Google Fotos synchronisieren*: Gesicherte Fotos (siehe Kapitel *24 Google Fotos*).

Die Schaltleisten am unteren Bildschirmrand:

- *Jetzt synchronisieren*: Alle im Bildschirm abgehakten Datentypen zwischen Google-Konto und Huawei Y6/Y7 synchronisieren.
- *Entfernen*: Das Google-Konto löschen. Im Internet-Google-Konto vorhandene Daten bleiben dabei natürlich erhalten. Führen Sie eine Anmeldung beim nächsten Mal bei Ihrem Google-Konto auf dem Huawei Y6/Y7 oder einem anderen Android-Gerät durch, stehen alle Daten wieder nach der Synchronisation zur Verfügung.

Wichtig: Auf Ihrem Huawei werden eventuell nicht alle hier aufgeführten Einträge aufgelistet. Dies liegt daran, dass Android den Datenabgleich erst zulässt, wenn Sie das entsprechende Programm mindestens einmal zuvor gestartet haben. Beispielsweise fehlt der *Chrome*-Eintrag, wenn Sie den Chrome-Webbrowser bisher noch nicht genutzt haben.

Die Reihenfolge der Einträge ist zufällig und wird deshalb bei Ihrem Gerät abweichen.

Android-Geräte wie das Huawei Y6/Y7 sind auf die Kommunikation mit den Internetservern von Google angewiesen. Dies hat den Vorteil, dass Ihre Daten, darunter Kontakte, Kalendertermine, Browser-Lesezeichen, usw. automatisch bei Google unter Ihrem Google-Konto gespiegelt werden.

Beachten Sie, dass Programme von Drittanbietern, die Sie aus dem Google Play Store installiert haben, häufig nicht die Datensicherung im Google-Konto nutzen. In den Programmen vorgenommene Einstellungen und angelegte Daten gehen deshalb meist bei einem Zurücksetzen des Geräts verloren. Die zuvor von Ihnen installierten Programme werden Ihnen dagegen im Play Store nach dem Zurücksetzen zur erneuten Installation angeboten.

Haben Sie keinen Zugriff auf Ihr Handy, beispielsweise weil Sie es verloren haben, oder es defekt ist, dann können Sie jederzeit dessen Daten auf einem anderen Android-Handy (es muss noch nicht mal das gleiche Modell sein) wiederherstellen.

16. Benutzeroberfläche optimal nutzen

In diesem Kapitel werfen wir einen Blick auf die zahlreichen Optionen, mit denen Sie das Huawei Y6/Y7 an Ihre Bedienweise anpassen.

16.1 Bildschirmanzeige anpassen

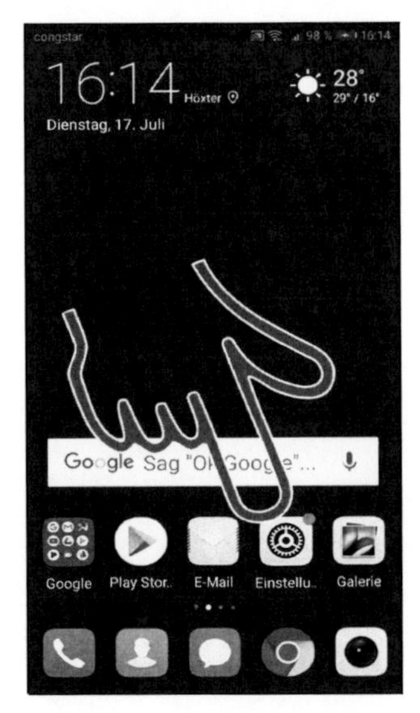

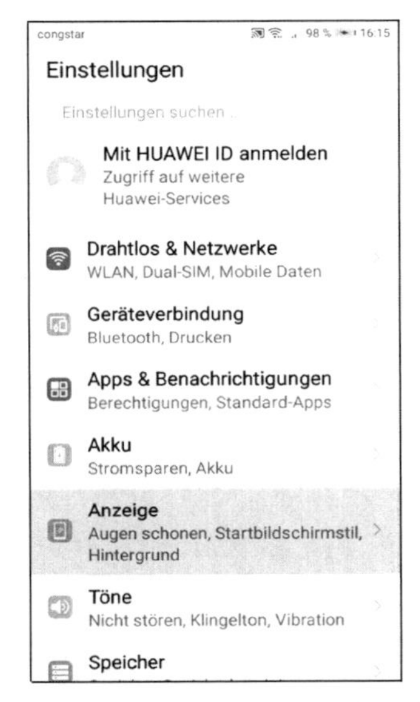

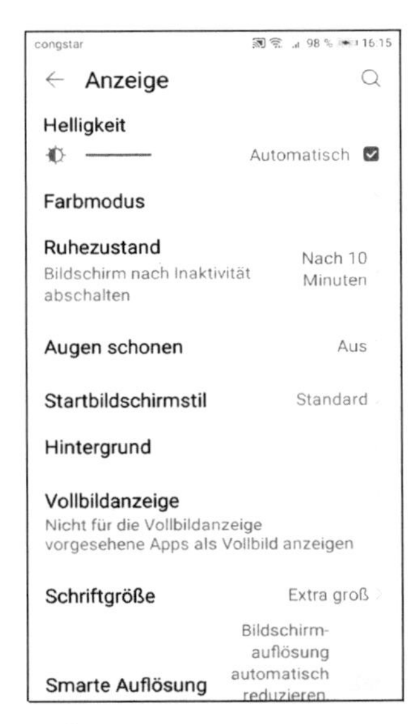

❶❷❸ In *Einstellungen/Anzeige* konfigurieren Sie die Bildschirmanzeige:

- *Helligkeit*: Diese können Sie einfacher über den Helligkeitsregler im Benachrichtigungsfeld anpassen.
- *Farbmodus*: Regelt die Bildschirmdarstellung zwischen warm (rötlich) und kalt (bläulich).
- *Ruhezustand*: Nach der eingestellten Zeitspanne schaltet sich das Display aus. Alternativ betätigen Sie dafür den Ein/Ausschalter.
- *Augen schonen*: Blaues Licht wird von vielen Personen als unangenehm empfunden, weshalb man das Handy veranlassen kann, einen Teil des blauen Farbspektrums herauszufiltern. Das Display sieht dann leicht gelbstichig aus.
- *Startbildschirmstil*: Schaltet den Startbildschirm zwischen *Standard* und *Drawer* (Drawer = engl. »Schublade«) um. Im *Drawer*-Modus zeigt das Handy alle Programme auf einer Bildschirmseite an. Siehe Kapitel *29.7 Startbildschirmstil*.
- *Hintergrund*: Legt das Hintergrundbild für Displaysperre und Startbildschirm fest. Siehe Kapitel *4.7.5 Hintergrundbild*.
- *Vollbildanzeige*: Viele Anwendungen und Spiele sind inzwischen so optimiert, dass sie auch den unteren Bildschirmrand (wo sich die Navigationstasten befinden) und die Titelleiste für Bildschirmausgaben verwenden. Im *Vollbildanzeige*-Menü erzwingen Sie auch für Programme, die dafür nicht optimiert sind, die vollständige Bildschirmausnutzung. Wir raten davon ab.
- *Schriftgröße*: Wählen Sie zwischen fünf verschiedenen Schriftgrößen, die in den Menüs und Anwendungen zum Einsatz kommen.
- *Smarte Auflösung*: Reduziert automatisch die Bildschirmauflösung, sobald der Akkuladezustand niedrig ist. Dies soll Energie sparen. Von der Funktion *Smarte Auflösung* raten wir ab, weil sie mit dem Auflösungswechsel gerade laufende Programme beendet.
- *Display automatisch drehen*: Bewegungssensoren erkennen, wann Sie das Handy gedreht halten und passen die Bildschirmanzeige an. Diese Einstellung können Sie einfacher über das Benachrichtigungsfeld vornehmen (siehe Kapitel *4.7.7 Schaltleisten im Benachrichtigungsfeld*).

Die *Ruhezustand*-Option hat großen Einfluss auf die Akkubetriebsdauer, weshalb Sie sie nicht zu hoch einstellen sollten. Beachten Sie, dass die Displayhelligkeit, die Sie über den Regler im Benachrichtigungsfeld einstellen, ebenfalls enormen Einfluss auf die Akkubetriebsdauer hat.

16.2 Ruhemodus (Bitte nicht stören)

In bestimmten Fällen, beispielsweise, wenn man außerhalb seiner Arbeitszeit keine Anrufe annimmt, ist es sinnvoll, die Signaltöne des Huawei Y6/Y7 zu deaktivieren. Damit Sie nicht am nächsten Morgen vergessen, die Signaltöne wieder einzuschalten, besitzt das Handy dafür eine Zeitsteuerung.

In diesem Zusammenhang verstehen wir unter »Benachrichtigungen« alle eingehenden Anrufe, empfangenen SMS und den Wecker.

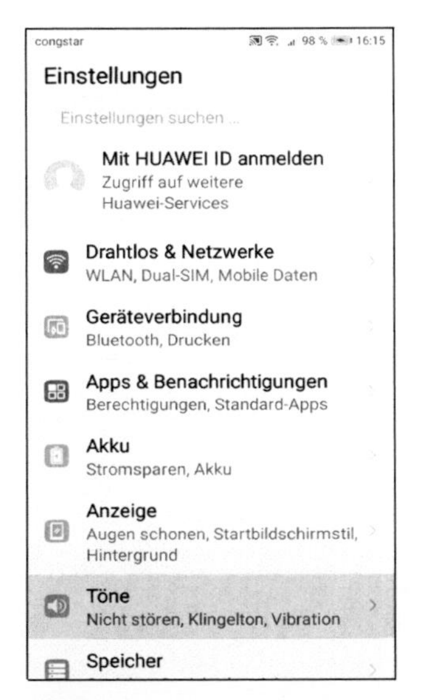

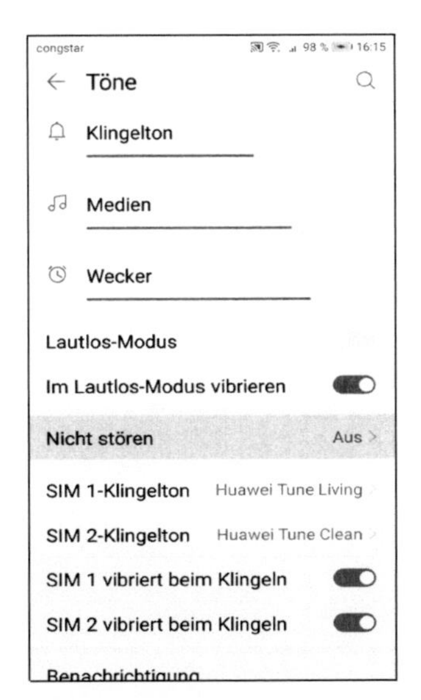

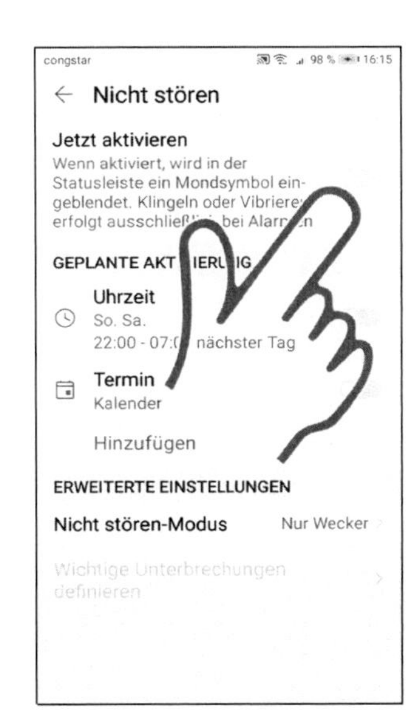

❶❷ Rufen Sie *Töne/Nicht stören* in der Einstellungen-Anwendung auf.

❸ Aktivieren Sie *Jetzt aktivieren*.

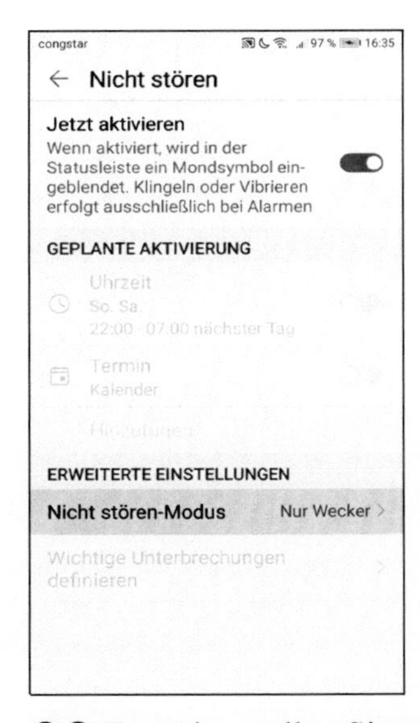

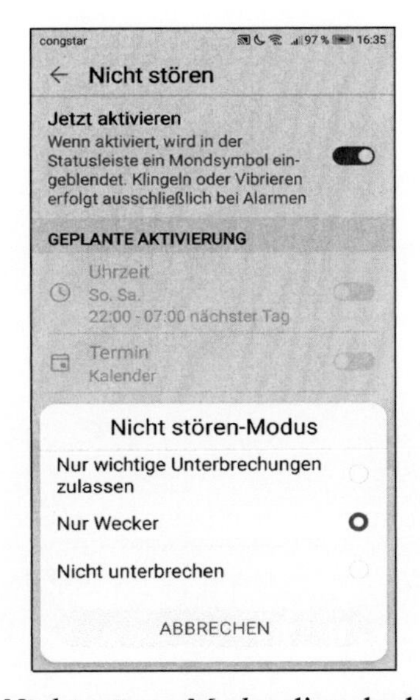

❶❷ Zunächst stellen Sie unter *Nicht stören-Modus* die erlaubten Unterbrechungen ein:

- *Nur wichtige Unterbrechungen zulassen*: Lässt nur die weiter unten festgelegten Benachrichtigungen zu.
- *Nur Wecker*: Erlaubt nur den im Kapitel *26.7 Uhr und Alarm* vorgestellten Alarm.
- *Nicht unterbrechen*: Das Handy blockiert alle Benachrichtigungen.

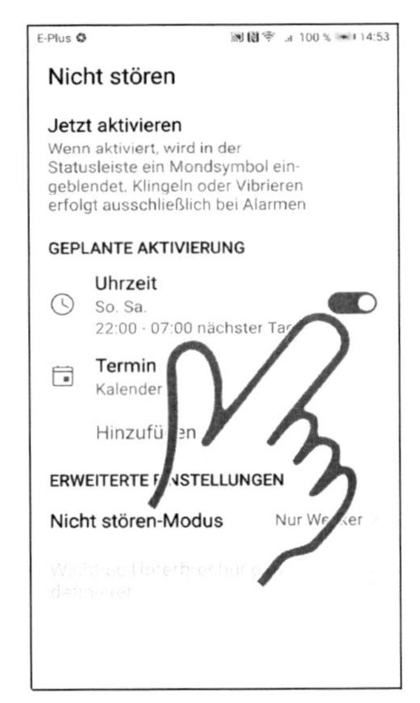

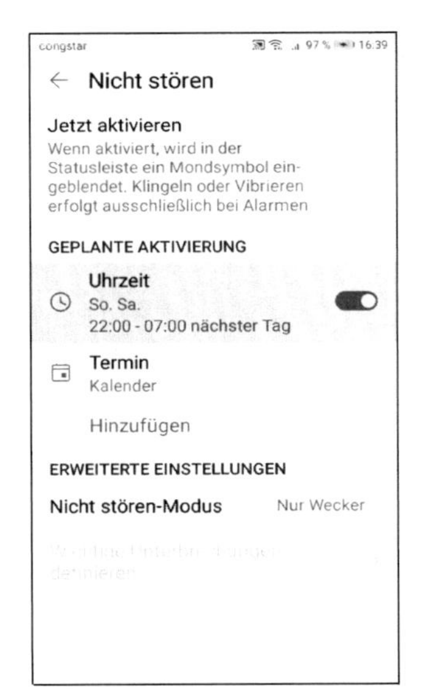

❶ Wenn Sie nur zu bestimmten Uhrzeiten oder Tagen ungestört sein möchten, dann aktivieren Sie unter *GEPLANTE AKTIVIERUNG* die *Uhrzeit* (Pfeil).

❷❸ Im Uhrzeit-Menü stellen Sie unter *Tage, Startzeit* und *Endzeit* die Bedingungen ein.

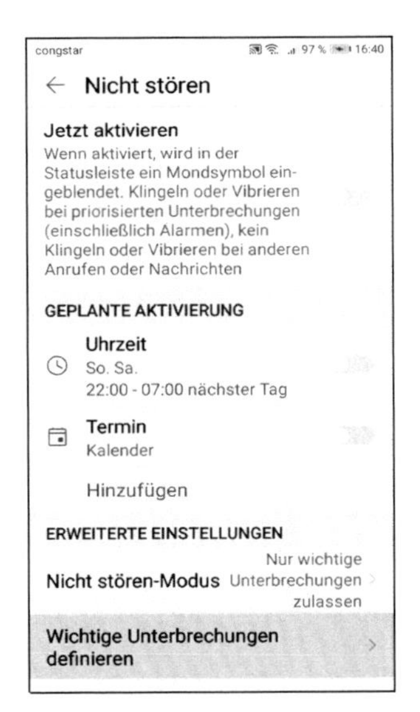

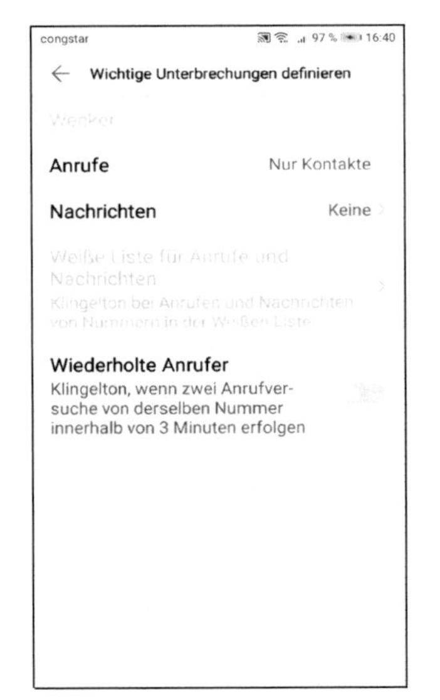

❶ Die weiteren Einstellungen können Sie unter *Wichtige Unterbrechungen definieren* festlegen (nur möglich, wenn Sie im Menü *Nicht stören-Modus* vorher auf *Nur wichtige Unterbrechungen zulassen* eingestellt haben):

- *Wecker*: Der Alarm (siehe Kapitel *26.7 Uhr und Alarm*).
- *Anrufe; Nachrichten* (❸): Anrufe und SMS erreichen Sie auch bei aktivem Ruhemodus:
  - *Alle*
  - *Nur Kontakte*: Nur Rufnummern, die sich im Telefonbuch befinden.
  - *Nur weiße Liste*: Nur Rufnummern aus der sogenannten weißen Liste.
  - *Nur Favoriten-Kontakte*: Nur Kontakte, die als Favoriten markiert wurden (siehe Kapitel *7.8 Favoriten*).
  - *Keine*
- *Weiße Liste für Anrufe und Nachrichten*: Legen Sie Kontakte aus dem Telefonbuch fest, für die Sie erreichbar bleiben möchten. Es ist dann nötig, unter *Anrufe* beziehungsweise *Nachrichten* die Option *Nur weiße Liste* einzustellen.
- *Wiederholte Anrufer*: Ruft Sie jemand innerhalb von 15 Minuten erneut an, so wird der Anrufer durchgelassen.

Wenn der Ruhemodus aktiv ist, erscheint in der Titelleiste das ⏾-Symbol.

16.3 Intelligente Unterstützung

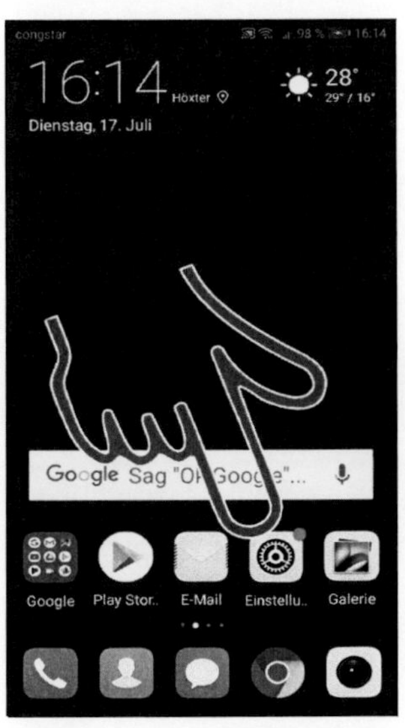

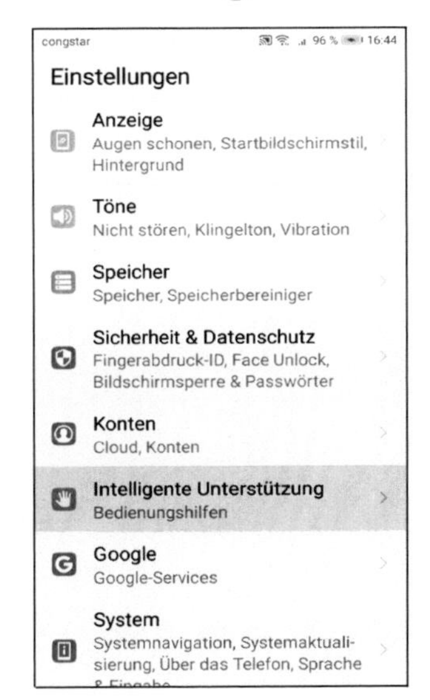

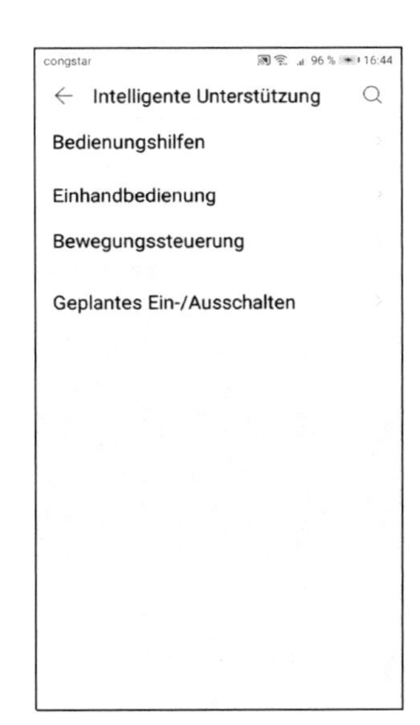

❶❷ Im Menü *Intelligente Unterstützung* in den *Einstellungen* fasst das Huawei Y6/Y7 alle Funktionen zusammen, die mit der Bewegungssteuerung beziehungsweise Bedienung zu tun haben:

- *Bedienungshilfen*: Fasst zahlreiche Funktionen für Menschen mit eingeschränktem Bewegungsvermögen beziehungsweise Sehschwäche zusammen.
  - *Talkback*: Das Handy »spricht« alle Bildschirmanzeigen aus. Weil die permanente Sprachausgabe mit der Zeit doch ziemlich nervig wird, raten wir davon ab.
  - *Vorlesen*: Von Ihnen auf dem Bildschirm angetippte Elemente liest das Handy vor.
  - *Schalterzugriff*: Zusätzliche Schaltleisten erleichtern Menschen mit starken motorischen Einschränkungen die Bedienung.
  - *Bildunterschriften*: Nicht von Huawei dokumentiert.
  - *Vergrößerungsgesten*: Dreimaliges Antippen des Bildschirms vergrößert die Anzeige. Anschließend verwenden Sie eine Wisch- beziehungsweise Kneifgeste zur Änderung des Bildschirmausschnitts.
  - *Tippen, wenn Zeiger stillsteht*: Einige Geräteaktionen setzen mehrmaliges Antippen eines Bildschirmelements voraus. Die benötigte Zeitspanne zwischen jedem Tippen stellen Sie hier ein.
  - *Text mit hohem Kontrast*: Texte, die sich farblich kaum vom Hintergrund abheben, werden schwarz umrandet.

- *Ein/Aus beendet Anruf*: Statt mit einer Wischgeste beenden Sie Anrufe oder nehmen Anrufe an, indem Sie die grüne/rote Schaltleiste antippen statt darüber wischen (siehe Kapitel *5.4 Anruf annehmen*).
- *Passwörter aussprechen*
- *Großer Mauszeiger*: Das Handy zeigt einen großen Mauszeiger an, wenn Sie über Bluetooth (siehe Kapitel *28 Bluetooth*) eine Maus mit dem Huawei koppeln.
- *Mono-Audio*: Fasst beide Stereokanäle zusammen, was manchmal die Verständlichkeit bei der Audioausgabe sorgt, beispielsweise in der Play Musik-Anwendung (siehe Kapitel *25 Play Musik*) oder bei YouTube-Videos (siehe Kapitel *26.4 YouTube*).
- *Bedienungshilfen-Verknüpfung*: Halten Sie drei Sekunden lang beide Lautstärketasten gedrückt, damit das Handy Talkback (siehe oben) aktiviert.
- *Text-zu-Sprache Ausgabe*: Das Menü steuert die Wiedergabegeschwindigkeit und Tonhöhe der Sprachausgabe.
- *Reaktionszeit beim Gedrückthalten*: Nicht von Huawei dokumentiert.
- *Farbumkehr*: Invertiert die Bildschirmanzeige.
- *Farbkorrektur*: Das Handy passt die Farbanzeige an verschiedene Farbsehschwächen an.

- *Einhandbedienung*: Bildschirmanzeige für Bedienung mit einer Hand anpassen.
- *Bewegungssteuerung:* Gesten, mit denen bestimmte Funktionen aktiviert werden.
- *Geplantes Ein-/Ausschalten*: Sofern Sie Ihr Handy zu bestimmten Tageszeiten nicht nutzen – beispielsweise Nachts – bietet es sich an, es dann automatisch auszuschalten. Dabei können Sie nicht nur die Uhrzeit, sondern auch die Wochentage festlegen. Sie erhöhen auf diesem Wege die Akkulaufzeit erheblich.

16.3.1 Einhandbedienung

Anwender, die ihr Handy gerne mit einer Hand bedienen, stoßen wegen der Displaygröße auf Schwierigkeiten. Deshalb lässt sich die Bildschirmdarstellung verkleinern.

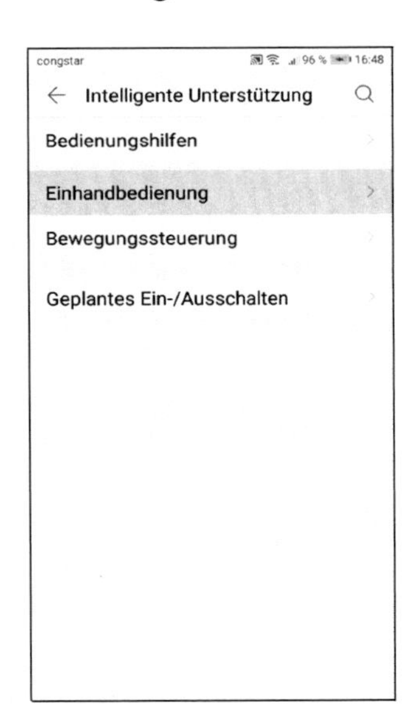

❶ Gehen Sie auf *Einhandbedienung*.

❷❸ Im *Bildschirmansicht verkleinern*-Menü aktivieren Sie *Bildschirmansicht verkleinern*.

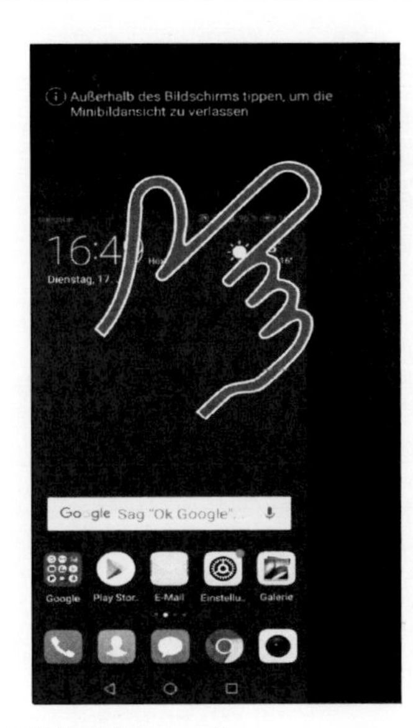

❶ Wischen Sie nach links oder rechts über die Tasten am unteren Bildschirmrand.

❷ Je nachdem, in welche Richtung Sie gewischt haben, blendet das Handy eine verkleinerte Bildschirmdarstellung am linken oder rechten Bildschirmrand ein.

❸ Die Miniaturansicht beenden Sie mit einer erneuten Wischgeste über die Tasten am unteren Bildschirmrand oder Sie tippen in einen Bereich außerhalb des verkleinerten Bildschirms.

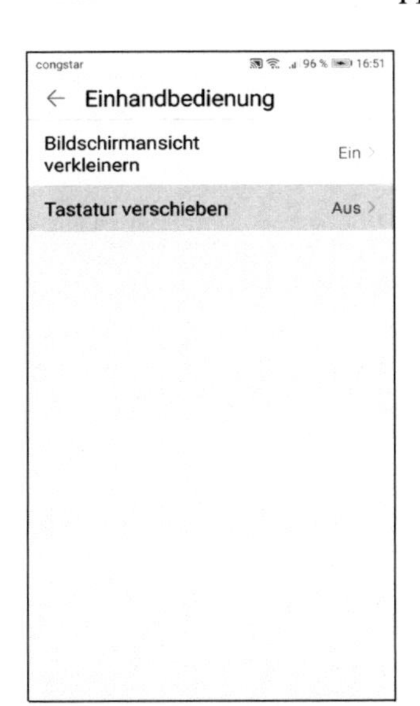

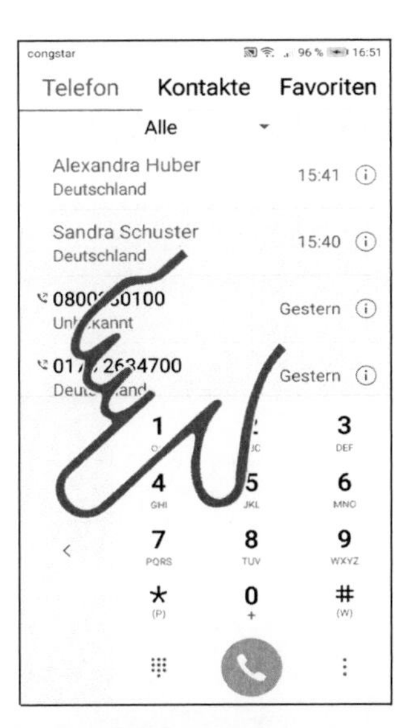

❶❷ Rufen Sie *Tastatur verschieben* auf und aktivieren Sie *Tastatur verschieben*.

❸ Künftig erscheint das das Tastenfeld in der Telefonie-Anwendung in verkleinerter Form. Antippen der Schaltfläche auf der linken beziehungsweise rechten Seite (Pfeil) verschiebt das Tastenfeld. Im Gegensatz zu den Herstellerangaben hat *Tastatur verschieben* keinen Einfluss auf das Standard-Tastenfeld.

16.3.2 Bewegungssteuerung

Der Bewegungssensor und ausgefuchste Software versetzen das Huawei Y6/Y7 in die Lage, bestimmte Gesten in Aktionen umzusetzen.

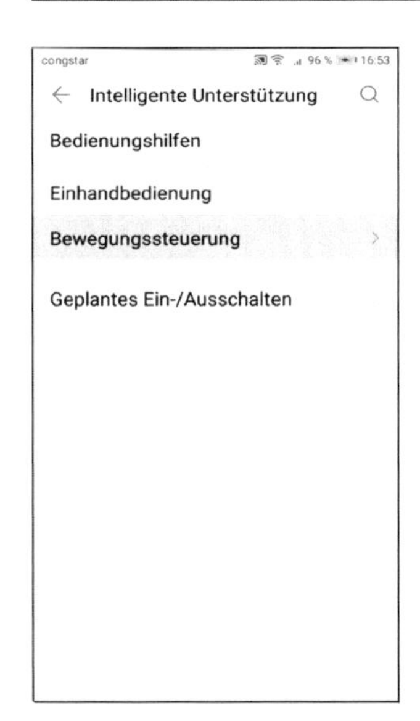

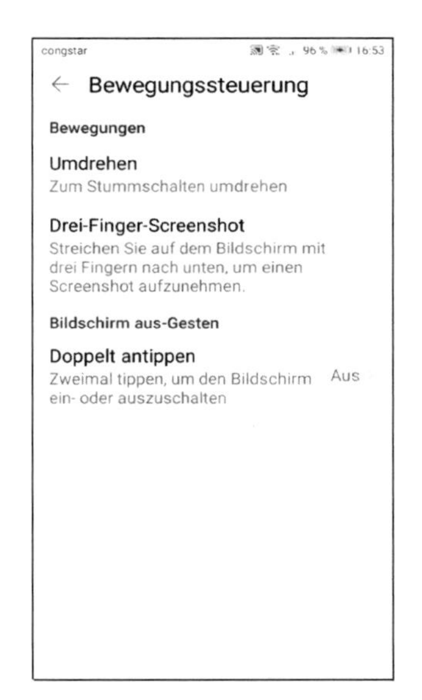

❶❷ Die Funktionen im *Bewegungssteuerung*-Menü:

Unter *Bewegungen*:

- *Umdrehen* (❸): Legen Sie das Handy mit dem Display zuerst auf den Tisch, was eingehende Anrufe beziehungsweise den Wecker/Timer (siehe Kapitel *26.7 Uhr und Alarm*) stumm schaltet. Anstatt das Gerät umzudrehen, können Sie auch einfach die Lautstärke-runter-Taste drücken, was ebenfalls den Anruferklingelton abstellt.
- *Drei-Finger-Screenshot*: Wischen Sie mit drei Fingern gleichzeitig nach unten, worauf das Handy einen Screenshot (siehe Kapitel *29.6 Screenshots (Bildschirmkopien)*) erstellt.

Unter *Bildschirm aus-Gesten*:

- *Doppelt antippen*: Zweimaliges schnelles Antippen des ausgeschalteten Bildschirms schaltet ihn ein. Doppeltes Tippen auf den Sperrbildschirm schaltet das Gerät aus.

16.4 Funktionen in Benachrichtigungsfeld und Titelleiste

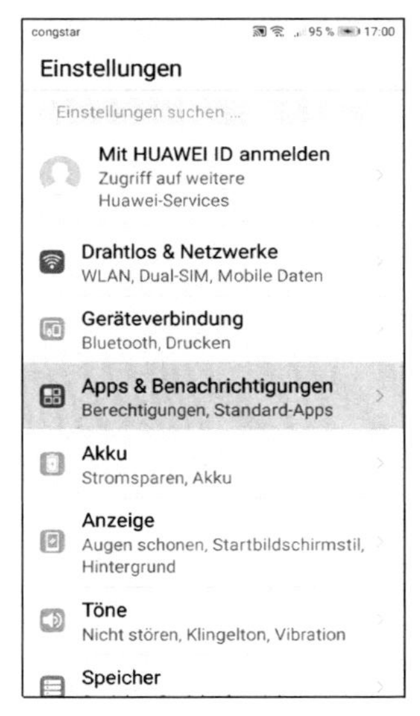

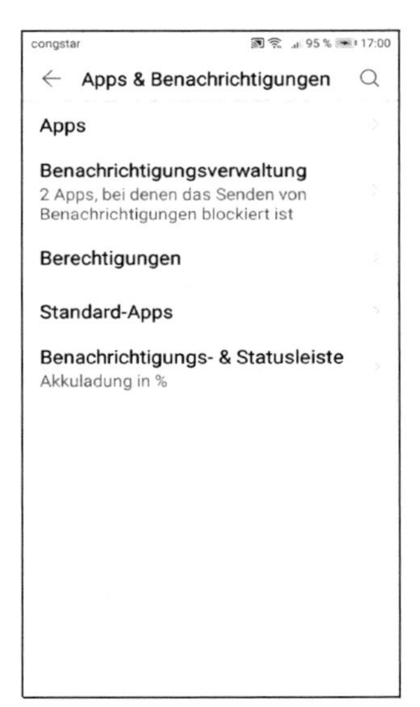

❶❷ Rufen Sie in den *Einstellungen* das Menü *Apps & Benachrichtigungen* auf.

Die Funktionen:

- *Apps*: Listet alle auf dem Huawei installierten Programme mit deren Speicherverbrauch auf.
- *Benachrichtigungsverwaltung*: Legen Sie fest, welche Anwendungen im Benachrichtigungsfeld beziehungsweise der Titelleiste (=Statusleiste) Infos einblenden dürfen.
- *Berechtigungen:* Die auf dem Handy installierten Programme dürfen aus Sicherheits-

gründen nur bestimmte Aktionen ausführen. Hier können Sie kontrollieren, welche Berechtigungen die Programme jeweils haben.

- *Standard-Apps*: In dem Menü erfahren Sie, welche der installierten Anwendungen für Telefonie, SMS, usw. verwendet werden.
- *Benachrichtigungs- & Statusleiste*:
  - *Aktivierung bei Benachrichtigung*: Schaltet das Display automatisch ein, wenn eine Benachrichtigung vorliegt. Bitte beachten Sie, dass dies unter Umständen die Akkubetriebsdauer Ihres Handys erheblich reduziert.
  - *Benachrichtigungslicht*: Die LED über dem Display blinkt, wenn Benachrichtigungen (beispielsweise neu empfangene SMS oder E-Mails) vorliegen.
  - *Netzbetreibernamen anzeigen*: Blendet oben links in der Titelleiste den Mobilnetznamen ein.
  - *Benachrichtigungsmethode*: Alle Info-Symbole in der Titelleiste einblenden.
  - *Netzwerkgeschwindigkeit anzeigen*: Blendet eine Geschwindigkeitsanzeige der aktuellen Internetübertragungsgeschwindigkeit in der Titelleiste ein.
  - *Akkuladung in %*: Akkuladezustand in Prozent im Akkusymbol anzeigen.

16.4.1 Benachrichtigungsmanager

Damit Sie nichts Wichtiges verpassen, können die Programme auf dem Huawei Y6/Y7 verschiedene Benachrichtigungsformen nutzen.

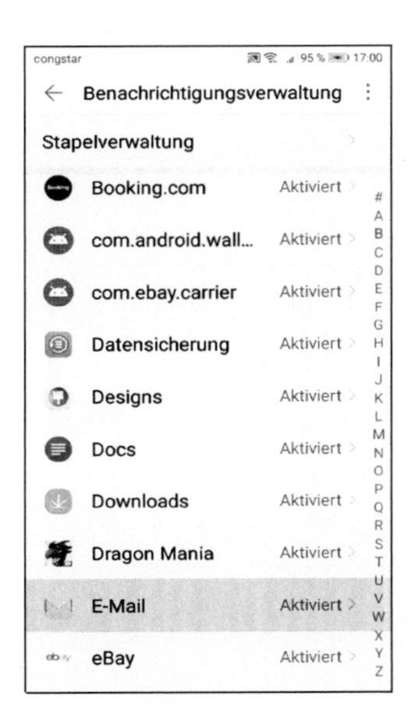

❶ Gehen Sie auf *Benachrichtigungsverwaltung*.

❷ Wählen Sie einen der Einträge, in unserem Beispiel *E-Mail* (siehe Kapitel *10 E-Mail*), aus.

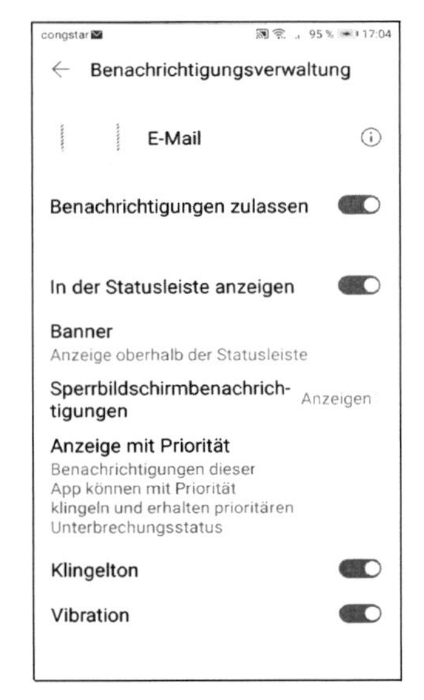

❶ Die verfügbaren Optionen:

- *Benachrichtigungen zulassen*: Deaktivieren Sie den Eintrag, wenn Sie keine Benachrichtigungen des jeweiligen Programms wünschen.
- *In der Statusleiste anzeigen*: Benachrichtigungssymbol in der Titelleiste anzeigen.
- *Banner*: Einen kurzen Benachrichtigungstext für einige Sekunden in der Titelleiste anzeigen. Bei einer SMS erscheint zum Beispiel der Nachrichtentext.
- *Sperrbildschirmbenachrichtigungen*: Die Benachrichtigung erscheint auch während der aktiven Displaysperre (siehe Kapitel *4.2 Displaysperre*).
- *Anzeige mit Priorität*: Im Benachrichtigungsfeld erscheint die Benachrichtigung an oberster Stelle, sofern mehrere Benachrichtigungen vorliegen.
- *Klingelton; Vibration*: Die Anwendung darf akustisch und durch Vibration auf sich aufmerksam machen.

❷ Beispiel für Benachrichtigungssymbole (Pfeil) in der Titelleiste (Statusleiste) und bei der Anwendung (zweiter Pfeil).

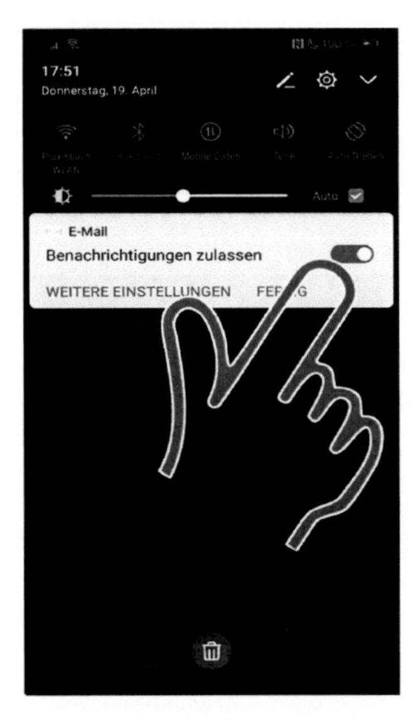

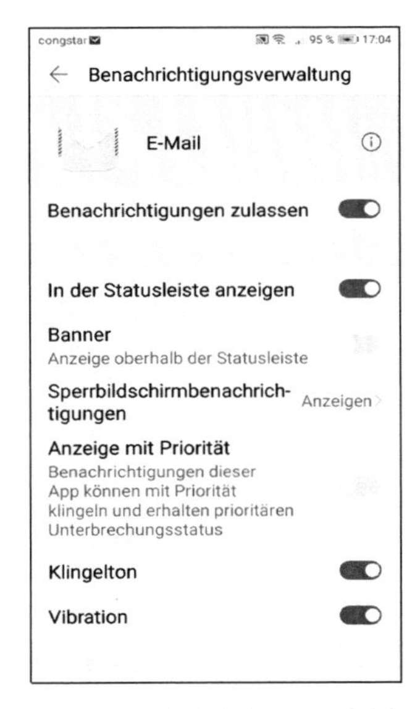

❶❷ Tipp: Sie können einzelne Benachrichtigungen auch direkt im Benachrichtigungsfeld abschalten. Tippen und halten Sie dafür den Finger über der Benachrichtigung, dann deaktivieren Sie den Schalter. *WEITERE EINSTELLUNGEN* öffnet dagegen den oben beschriebenen Bildschirm (❸).

16.5 Schnellmenü

Sie haben bereits die automatische Abschaltung des Displays kennengelernt. Drücken Sie den Ein/Ausschalter, so erscheint zunächst die Displaysperre.

❶❷ Das Huawei Y6/Y7 zeigt – wie alle anderen Handys auch – in der Displaysperre ein Hintergrundbild an. Im Kapitel *4.7.5 Hintergrundbild* haben wir bereits gezeigt, wie Sie Ihr eigenes Hintergrundbild festlegen. Mit einer Wischgeste im unteren Bildschirmbereich bei aktiver Displaysperre rufen Sie das Schnellmenü auf:

- Sprachaufnahme
- Rechner
- Taschenlampe
- Stoppuhr

16.6 Schnellaufruf

Einige vorinstallierte Anwendungen unterstützen ein Menü, über das Sie sehr einfach häufig benötigte Funktionen erreichen. Probieren Sie einfach, wie unten beschrieben, aus, ob die von Ihnen verwendeten Anwendungen das Menü besitzen.

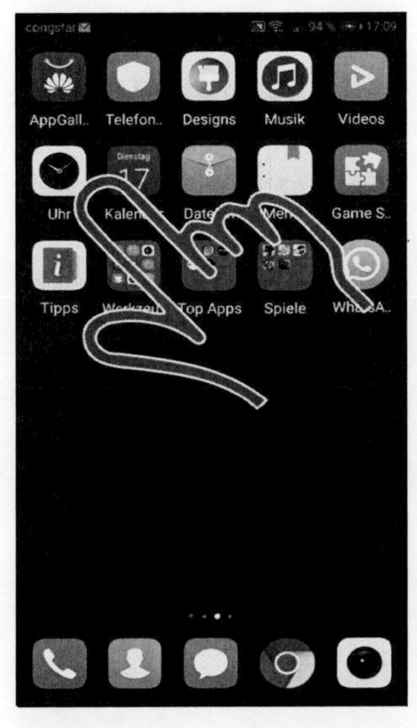

❶❷ Beispiel *Uhr*-Anwendung: Tippen und halten Sie den Finger auf dem Programmsymbol im Startbildschirm, worauf das Schnellmenü erscheint.

16.7 Geteilter Bildschirm

Aufgrund des vergleichsweise kleinen Displays zeigt das Handy normalerweise immer nur ein Programm an – starten Sie ein weiteres Programm, dann wird das zuvor aktive im Hintergrund »geparkt«. Der sogenannte geteilte Bildschirm ermöglicht es aber, zwei Programme gleichzeitig zu nutzen, auch wenn das nur sehr selten Sinn machen dürfte.

➊ Rufen Sie mit der ☐-Taste den Programmwechsler (siehe Kapitel *4.11 Zuletzt genutzte Anwendungen* auf). Mit einer Wischgeste nach oben/unten blättern Sie dann – wie gewohnt – durch die Programme. Alle Anwendungen, die ein ⊟ (Pfeil) enthalten, unterstützten den »geteilten Bildschirm«. Tippen Sie nun mal ein ⊟ an.

➋ Die Anwendung belegt nun den halben Bildschirm und darunter listet das Handy weitere Programme auf, die den »geteilten Bildschirm« unterstützten.

➌ Blättern Sie mit einer Wischgeste durch die Auflistung.

➊ Nun wählen Sie die zweite Anwendung aus, welche anschließend den unteren Bildschirmbereich belegt.

➌ Die Fenstergröße stellen Sie über die »Lasche« ein, den Sie nach oben oder unten ziehen.

❶❷ Wenn Sie den Fenstermodus beenden möchten, tippen Sie auf die Lasche (Pfeil) und dann auf X (Pfeil). Die zuletzt genutzte Anwendung wird geschlossen.

❶ Sobald Sie die O-Taste für den Startbildschirm betätigen, wird das untere Fenster geschlossen und das obere minimiert.

❷ Die ☰-Taste (Pfeil) maximiert das Fenster wieder. Alternativ rufen Sie eine weitere Anwendung im Startbildschirm auf.

❸ Antippen der »Lasche« und Betätigen der X-Schaltleiste schaltet das minimierte Fenster auf die Vollbildschirmansicht um.

17. Gerätespeicher

Schon vor Jahren hat sich die Erweiterbarkeit des Handys durch Speicherkarten eingebürgert. Für den Hersteller hatte dies damals den Vorteil, dass sie ihre Geräte nur mit dem gerade notwendigsten Speicherausbau ausliefern konnten, was Produktionskosten sparte. Weil Fotos, Videos und MP3-Dateien viel Speicherplatz benötigen, musste dann der Kunde für eine nachträglich erworbene Speicherkarte tief in die Tasche greifen.

Heute sieht es glücklicherweise anders aus: Handy-Hersteller packen die inzwischen sehr günstigen Speicherchips gleich im Gigabyte-Pack in ihre Handys. Beim Huawei Y6/Y7 werden Sie deshalb eine SD-Speicherkarte nicht unbedingt benötigen.

Der Speicher des Huawei Y6/Y7 ist in drei Bereiche unterteilt:

- *Telefonspeicher*: Hier speichert das Gerät beispielsweise Kontaktdaten, Termine, Programme und sonstige Verwaltungsinformationen.
- *Gerätespeicher*: Freier Speicherbereich von 64 Gigabyte für MP3-Dateien, Videos, Fotos, usw. Dieser Speicher ist fest im Gerät enthalten und lässt sich nicht austauschen.
- SD-Karte:

17.1 Optionen nach PC-Anschluss

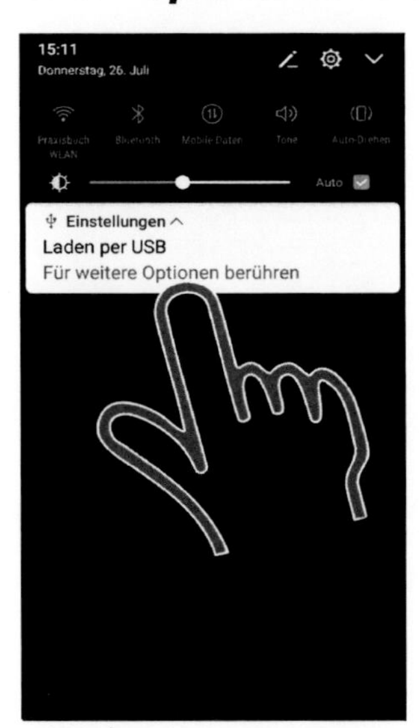

❶❷ Nach dem PC-Anschluss erscheint im Benachrichtigungsfeld der Hinweis *Laden per USB*. Tippen Sie darauf für die Einstellungen:

- *Fotos übertragen*: Meldet das Handy als Digitalkamera am PC an. Sie haben vom PC aus nur Zugriff auf die Fotos/Videos, die Sie mit der Kamera-Anwendung des Handys erstellt hatten.
- *Dateien übertragen*: In der Standardeinstellung haben Sie Zugriff auf alle Dateien, die sich auf dem Handy befinden.
- *Nur laden*: Der Handy-Akku wird geladen. Vom PC aus haben Sie keinerlei Zugriff auf das Handy.
- *MIDI*: Das Huawei als Musikgerät über die MIDI-Schnittstelle nutzen. Dafür benötigen entsprechende Software.

❸ **Damit Sie auf alle Dateien im Gerätespeicher des Handys zugreifen können, müssen Sie** die **Option *Dateien übertragen* aktiviert haben!**

17.2 Speicherzugriff unter Windows

Unter Windows 8 klicken Sie in der Kacheloberfläche auf das Ordner-Symbol (Pfeil).

Im Desktop von Windows 8 oder Windows 10 klicken Sie dagegen auf die Ordner-Schaltleiste am unteren Bildschirmrand.

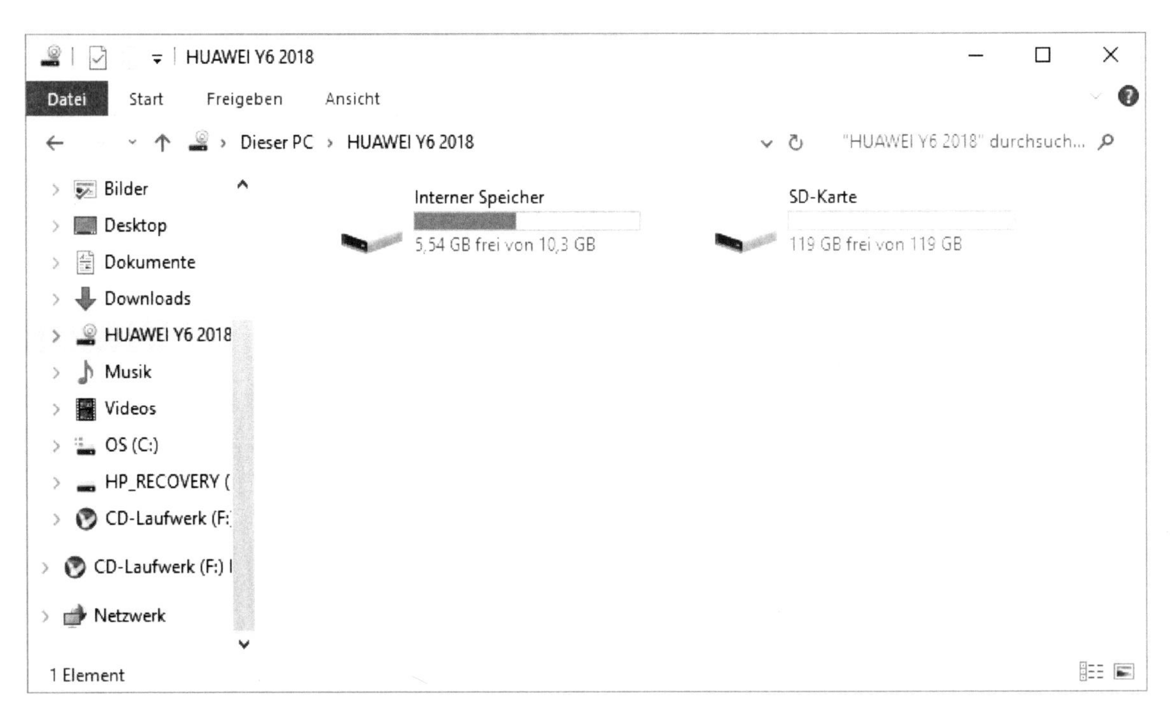

Gehen Sie dort links im Verzeichnisbaum unter *Dieser PC* auf den Gerätenamen des Huawei Y6/ Y7. Der Gerätespeicher erscheint unter *Interner Speicher*, die eingelegte Speicherkarte als *SD-Karte*.

Falls zwar das Huawei im Verzeichnisbaum auftaucht, aber nur ein leeres Verzeichnis enthält, dann haben Sie vergessen, den PC auf dem Handy freizugeben. Wie die PC-Freigabe funktioniert, haben wir bereits zu Kapitelanfang beschrieben.

17.3 Allgemeine Hinweise

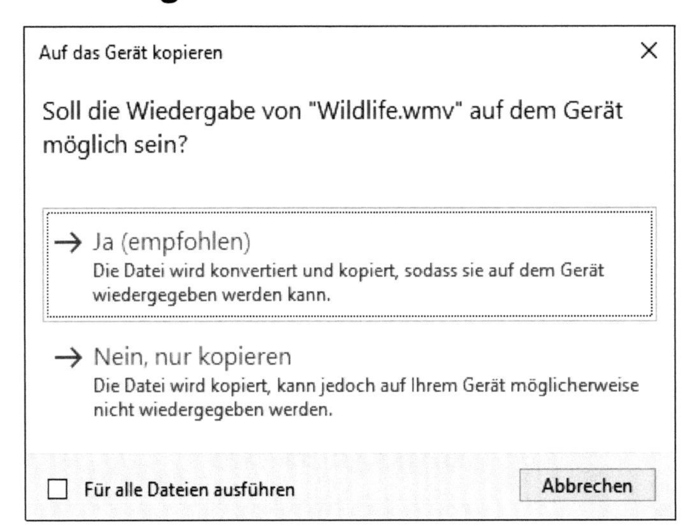

Wenn Sie Videos vom PC auf das Huawei Y6/Y7 kopieren, die das Handy möglicherweise nicht abspielen kann, erscheint ein Warnhinweis. Betätigen Sie *Ja*, wenn die Datei dennoch kopiert werden soll. Über eine Konvertierungssoftware (suchen Sie einfach auf dem PC in Google nach »Videokonverter«) können Sie Videos gegebenenfalls dem PC in ein auf dem Handy abspielbares Format zu bringen. Alternativ suchen und installieren Sie einfach einen passenden Videoplayer aus dem Google Play Store (zum Beispiel den *BS Player*).

Tipp: Ziehen Sie auf dem PC einfach die markierten Dateien mit der Maus aus dem Fenster auf das Huawei. Das Handy speichert die Dateien dann automatisch im richtigen Verzeichnis. Bilder landen beispielsweise in *Pictures*.

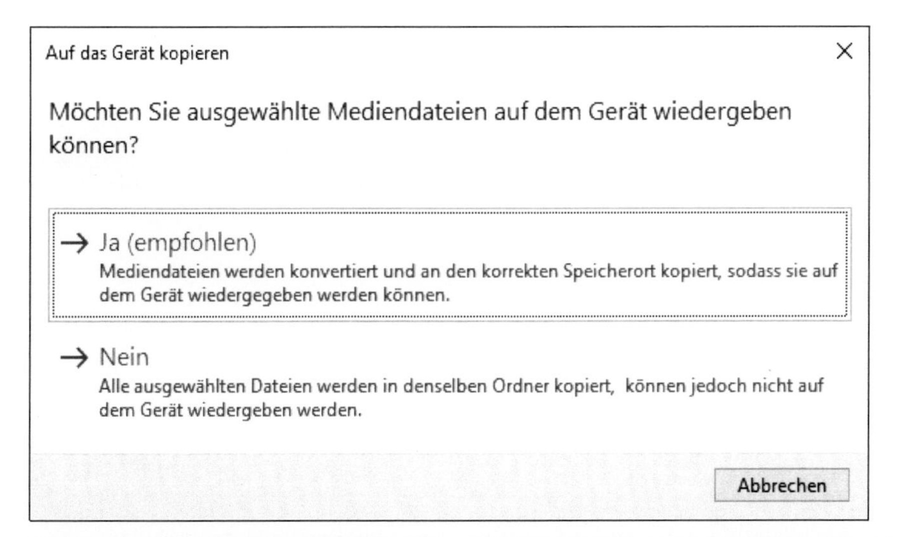

Sofern Sie auf dem PC mehrere verschiedene Dateiarten (beispielsweise PDF- und Bilddateien) gleichzeitig auf das Huawei Y6/Y7 ziehen, stellt Sie ein Dialog zur Wahl:

- *Ja (empfohlen)*: Die Dateien werden auf dem Huawei Y6/Y7 an den korrekten Ort kopiert, beispielsweise landen PDF-Dateien im Hauptverzeichnis, Fotos im *Pictures*-Verzeichnis und Musikdateien im *Music*-Verzeichnis.
- *Nein*: Alle Dateien landen auf dem Huawei Y6/Y7 im Hauptverzeichnis.

Auch wenn der Hinweis-Dialog anderes suggeriert, macht es keinen Unterschied, wohin auf dem Huawei Y6/Y7 Sie Ihre Bild- und MP3-Dateien kopieren. Die Album-Anwendung und die Play Musik-Anwendung durchsuchen alle Verzeichnisse auf dem Gerät und zeigen diese an beziehungsweise spielen sie ab.

17.4 PC-Anwendung

Der Hersteller Huawei bietet eine kostenlose PC-Anwendung namens »HiSuite« an, mit der Sie die Kontakte, Fotos und SMS des Handys direkt auf dem PC verwalten. Falls Sie Ihren PC kaum nutzen, können Sie aber auf die PC-Anwendung verzichten, denn auf die Dateien Ihres Handys haben Sie auch so Zugriff, wenn Sie es am PC anschließen.

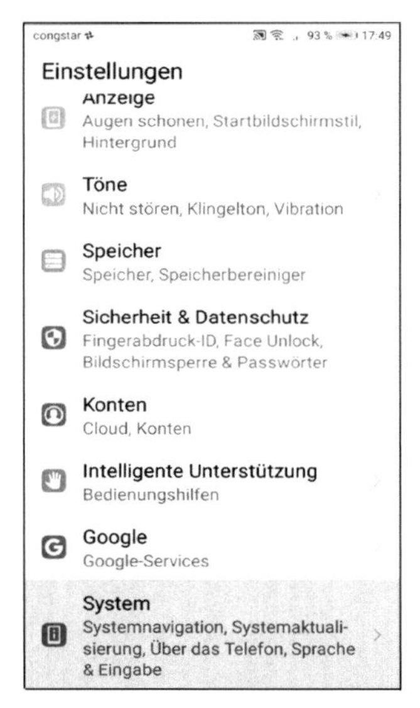

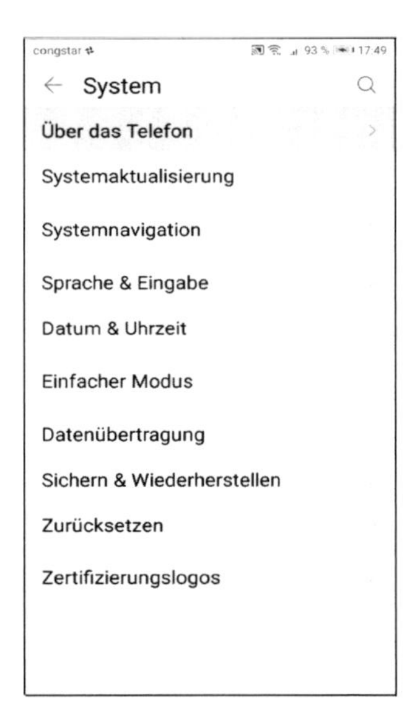

❶❷❸ Sie müssen erst den Debug-Modus auf Ihrem Gerät aktivieren. Rufen Sie deshalb im Startbildschirm die *Einstellungen* auf und gehen Sie auf *System/Über das Telefon.*

Tippen Sie mehrfach hintereinander auf *Build-Nummer*, bis die Meldung »Sie sind jetzt ein Entwickler« erscheint. Verlassen Sie den Bildschirm dann mit der ◁-Taste.

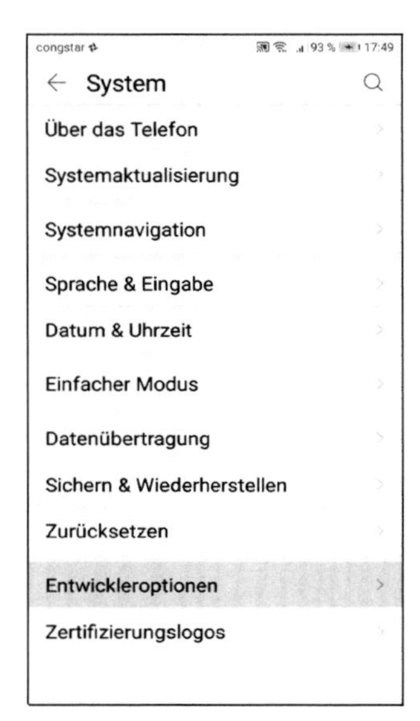

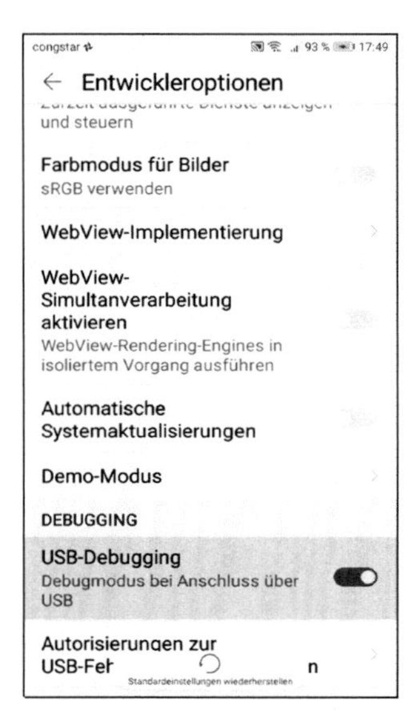

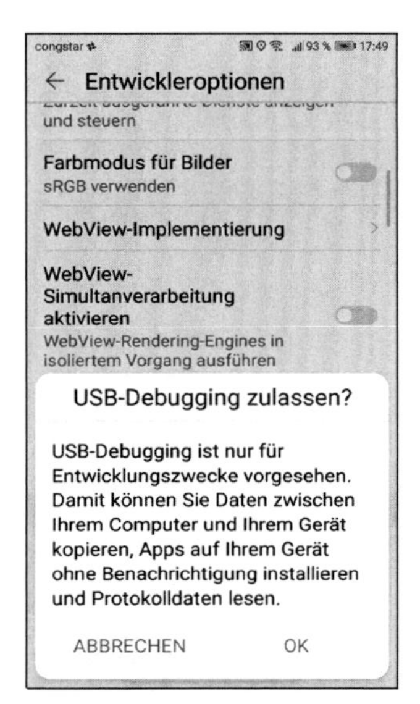

❶❷ Sie finden ein neues Menü *Entwickleroptionen* vor, das Sie aufrufen. Aktivieren Sie hier *USB-Debugging.*

❸ Schließen Sie den Hinweis mit *OK.*

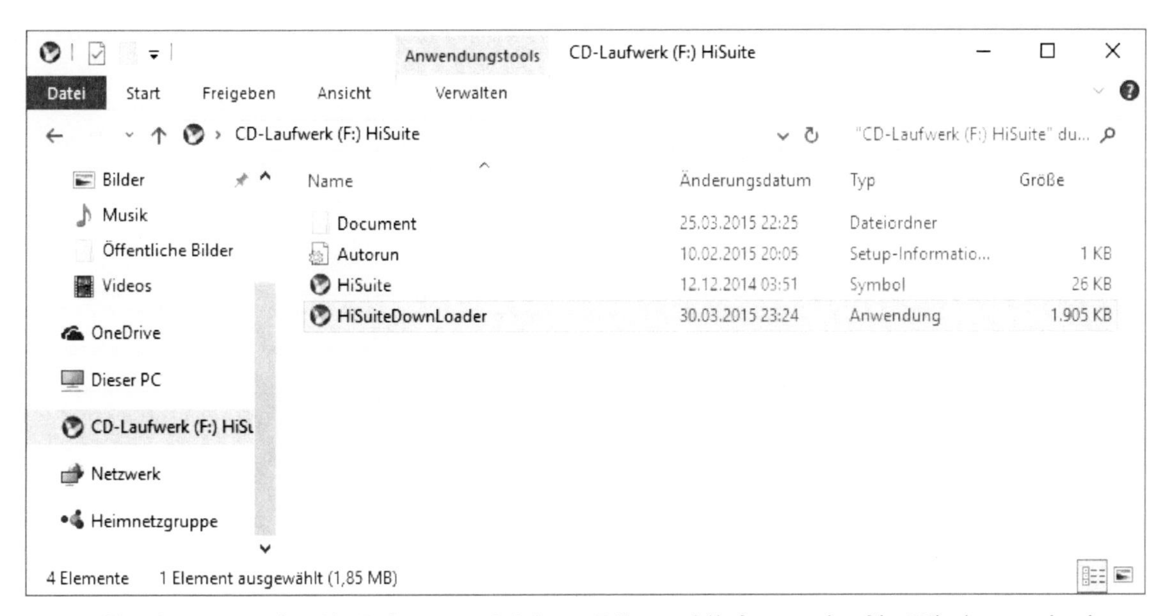

Wenn Sie das Huawei Y6/Y7 das erste Mal am PC anschließen, weist Sie Windows mit einem Popup auf das Vorhandensein einer Autostart-CD hin (wird vom Handy simuliert), was Sie bestätigen sollten.

Alternativ klicken Sie das »simulierte« CD-Laufwerk in der Laufwerksauflistung Ihres PCs an und rufen mit einem Klick *autorun* auf.

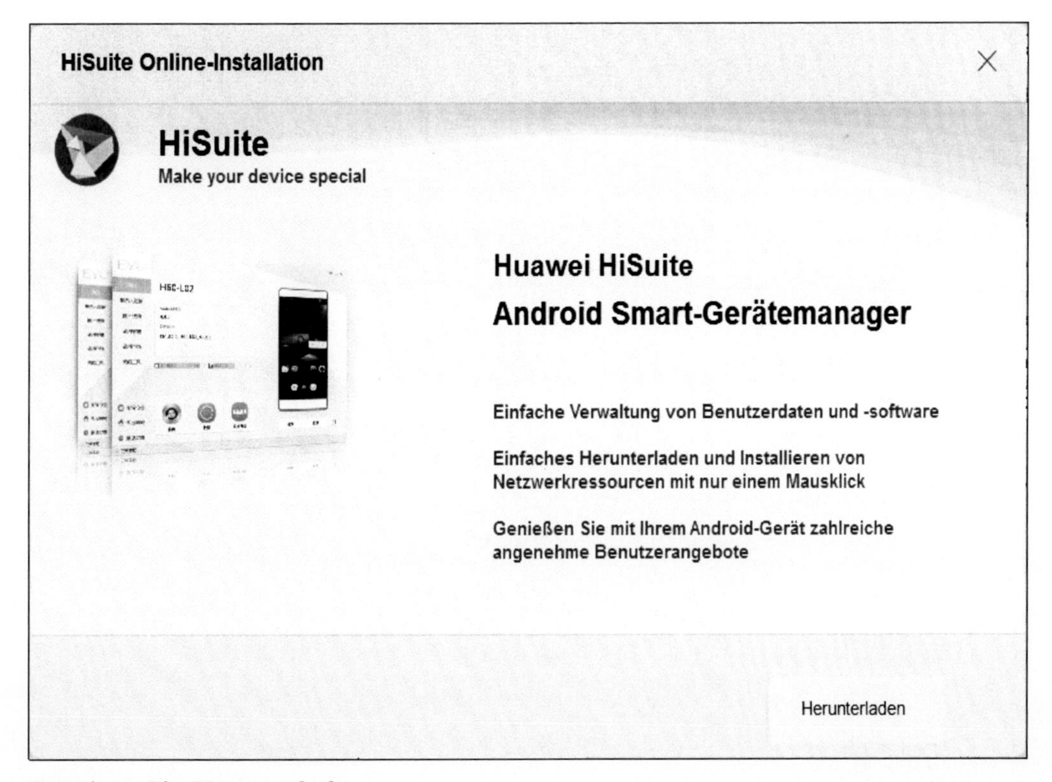

Betätigen Sie *Herunterladen.*

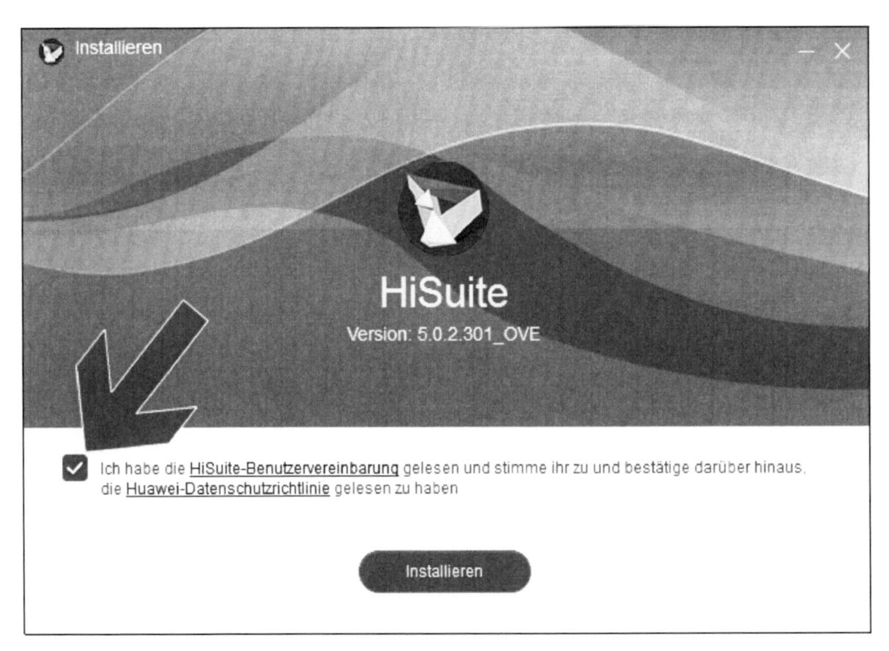

Aktivieren Sie das Abhakkästchen (Pfeil) und klicken Sie auf *Installieren* und danach auf *Starten.*

Sie werden nun aufgefordert, das USB-Debugging auf dem Handy freizugeben...

... indem Sie dort das Abhakkästchen aktivieren und den Dialog mit *OK* schließen.

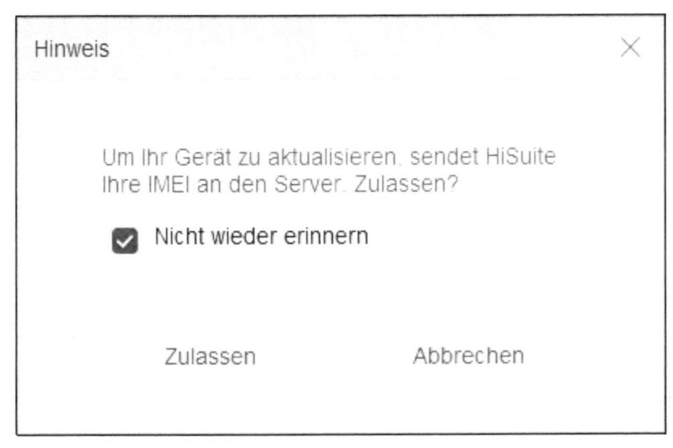

Die folgenden Hinweise auf dem PC schließen Sie mit *OK* beziehungsweise *ZULASSEN*.

Sobald das mit dem mitgelieferten USB-Kabel angeschlossene Handy vom PC erkannt wurde, erscheint dieser Bildschirm.

Über die Schaltleisten *Kontakte*, *Nachricht, Bilder, Videos* und *Apps* verwalten Sie die auf dem Handy vorhandenen Daten.

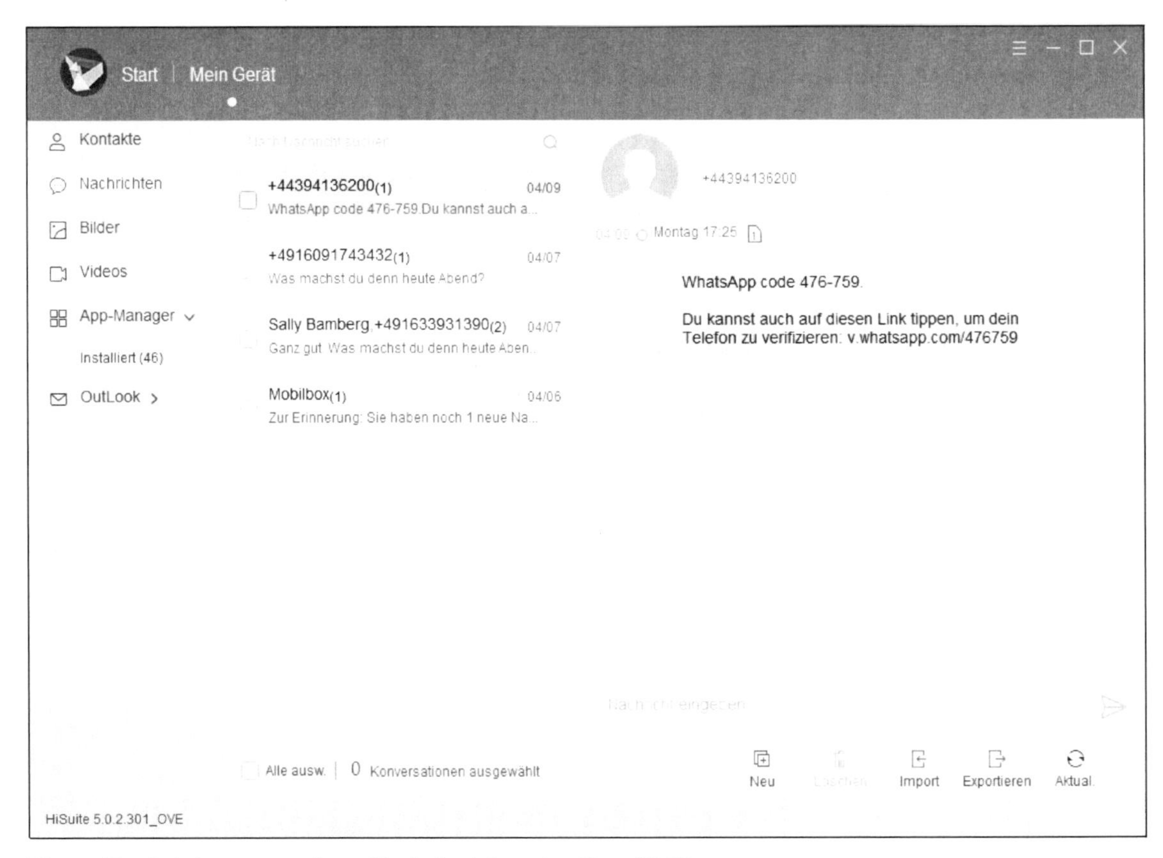

Unter *Nachrichten* verwalten Sie beispielsweise Ihre SMS.

17.5 Speicherverwaltung

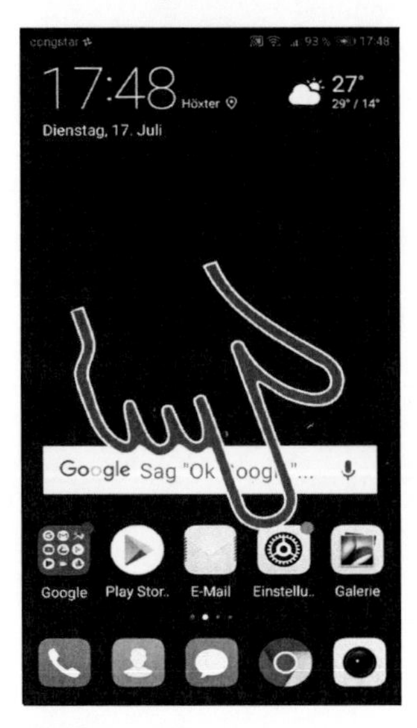

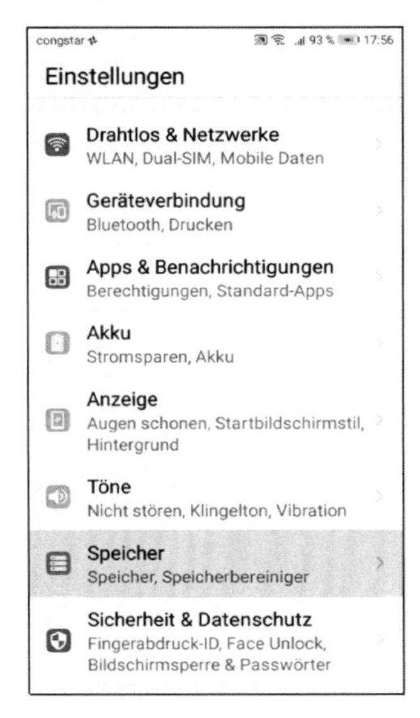

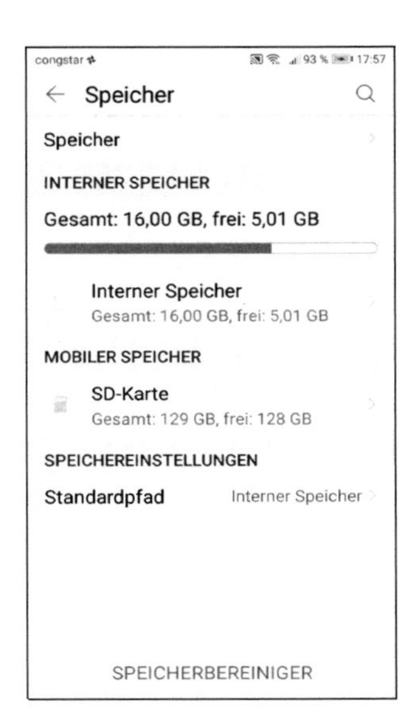

➊➋ Für die Speicherverwaltung rufen Sie den Startbildschirm auf, gehen auf *Einstellungen* und wählen *Speicher*.

➊ Der Bildschirm informiert Sie über:

- *Arbeitsspeicher*: Durchschnittliche Belegung des Arbeitsspeichers. In der Praxis nicht relevant.

Unter *INTERNER SPEICHER*:

- *Gesamt*: Vorhandener und verfügbarer Speicher.
- *Interner Speicher* (➋): Informiert über die Speicherbelegung der verschiedenen Dateiarten.

Unter *MOBILER SPEICHER* verwalten Sie die eingelegte SD-Karte. Wir gehen unten darauf ein.

Unter *SPEICHEREINSTELLUNGEN*:

- *Standardpfad*: In einigen Anwendungen, beispielsweise E-Mail (siehe Kapitel *10 E-Mail*) können Sie Dateien speichern. Wählen Sie hier aus, ob die Dateien im Gerätespeicher oder auf Speicherkarte abgelegt werden.

SPEICHERBEREINIGER entfernt nicht mehr benötigte Dateien vom Gerät.

17.5.1 SD-Karte

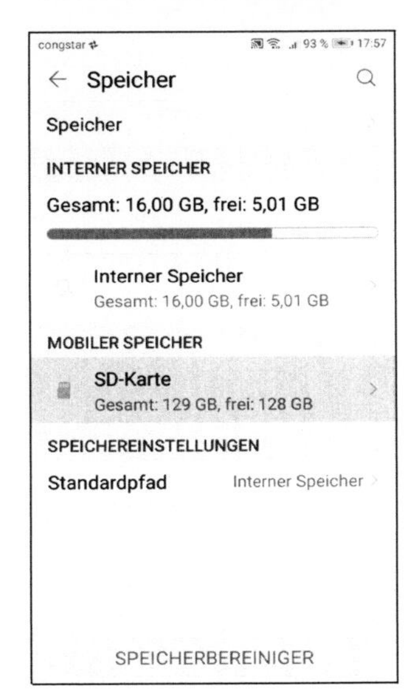

❶ Gehen Sie auf *SD-Karte.*

❷ Das Menü informiert über den freien und belegten Speicher. Generell wird empfohlen, dass Sie vor dem Herausnehmen der SD-Karte aus dem Handy *Auswerfen* aufrufen. *Formatieren* entfernt alle Dateien auf der SD-Karte.

17.5.2 Speicher bereinigen

❶ Rufen Sie *SPEICHERBEREINIGER* auf.

❷ Wir empfehlen, ab und zu die automatische Speicherbereinigung zu nutzen, die Sie über die blaue *BEREINIGEN*-Schaltleiste aufrufen.

17.6 Verzeichnisse

Die Anwendungen auf dem Huawei Y6/Y7 legen bei Bedarf die von ihnen benötigten Verzeichnisse selbst an. Wir weisen in diesem Buch in den jeweiligen Kapiteln darauf hin, falls Sie selbst mal ein Verzeichnis anlegen müssen. Beachten Sie bitte, dass Android bei Verzeichnis- und

Dateinamen – im Gegensatz zu Windows auf dem PC – zwischen Groß- und Kleinschreibung unterscheidet.

Die wichtigsten Verzeichnisse:

- *DCIM*: Enthält die mit der Kamera (Kapitel *20 Kamera*) aufgenommenen Fotos und Videos.
- *Bluetooth*: Per Bluetooth (Kapitel *28 Bluetooth*) empfangene Dateien.
- *Download*: Aus E-Mails (siehe Kapitel *11.1.3 Dateianlagen*) gespeicherte Dateien; im Webbrowser (siehe Kapitel *12.3 Dateien herunterladen*) gespeicherte Dateien.
- *Ringtones; Notifications; Alarms*: In diesen Verzeichnissen legt man zusätzliche Klingel- und Benachrichtigungstöne ab (siehe Kapitel *4.14.1 Signaltöne*).

18. Nutzung von zwei SIM-Karten

Den Mobilfunkanbietern geht es vor allem darum, aus dem Kundenstamm möglichst hohe Umsätze zu generieren. Besonders beliebt ist der Trick mit Verträgen, die besonders günstige Telefonie bieten, dafür aber an anderer Stelle, beispielsweise bei SMS oder Internetverbindungen, hohe Kosten verursachen. Die Handyhersteller bieten deshalb in Deutschland inzwischen Geräte mit zwei SIM-Kartensteckplätzen an (sogenannte Dual-SIM-Handys). So können die Anwender die Vorteile aus zwei verschiedenen Mobilfunkverträgen (die auch von verschiedenen Anbietern stammen dürfen!) kombinieren.

Beispiel: Sie telefonieren viel und nutzen das Internet unterwegs sehr intensiv. Sie telefonieren dann über die erste SIM-Karte und verwenden die zweite SIM-Karte nur für das Internet.

Leider reduzieren zwei gleichzeitig genutzte SIM-Karten die Akkubetriebsdauer, weil zwei Mobilfunkverbindungen gleichzeitig aufrechterhalten werden.

Beim Huawei Y6/Y7 stehen zwei Steckplätze für Nano-SIM-Karten zur Verfügung. Ein dritter Steckplatz nimmt die Micro-SD-Karte auf.

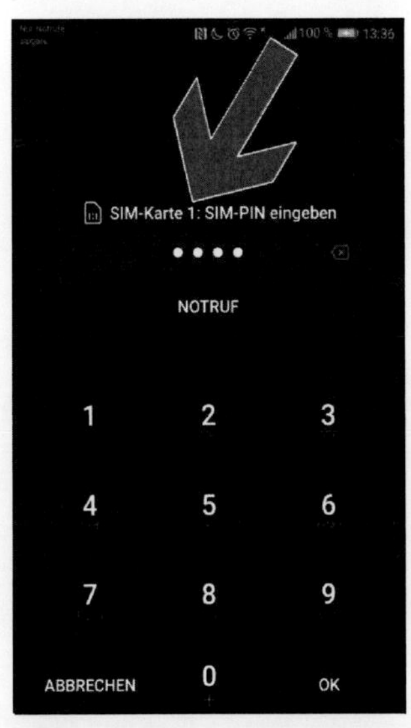

❶ Nach dem Einschalten des Handys müssen Sie nacheinander die PIN für die beiden SIM-Karten eingeben. Anhand der Nummer (Pfeil) erkennen Sie, welche PIN benötigt wird.

❷ Der folgende *Dual-SIM*-Bildschirm erscheint einmalig. Wir gehen darauf gleich noch ein, weshalb Sie es mit der O-Taste schließen können.

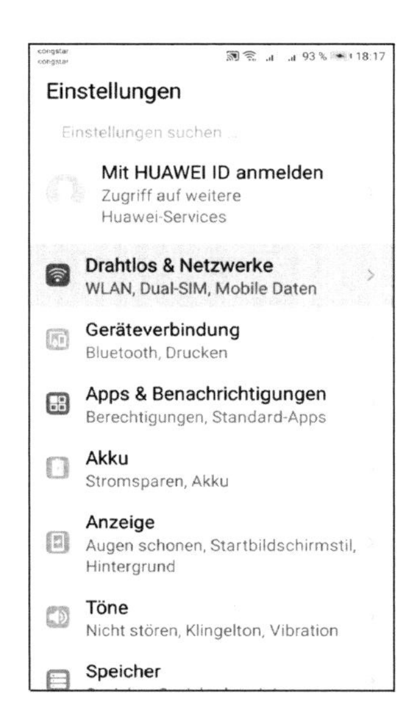

❶❷ So passen Sie die Einstellungen an: Betätigen Sie *Einstellungen* im Startbildschirm und gehen Sie auf *Drahtlos & Netzwerke.*

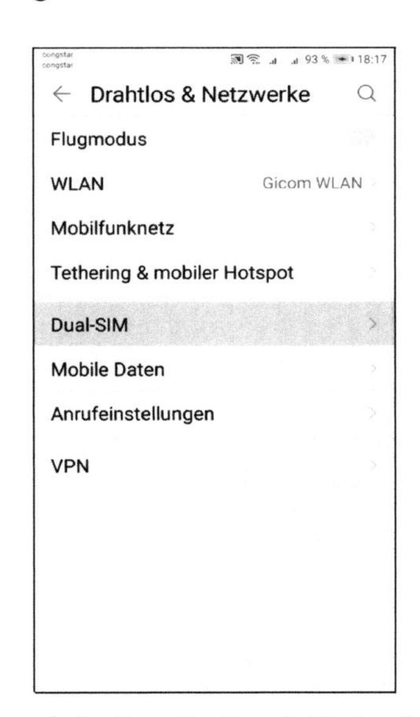

❶ Rufen Sie *Dual-SIM* auf.

❷ Im oberen Bildschirmbereich können Sie bei Bedarf die SIM-Karten aktivieren/deaktivieren. Sie ersparen sich damit das Entnehmen einer nicht benötigten SIM-Karte.

- *Standard-Mobildaten*: Sie sollten hier die SIM-Karte einstellen, die für die Internetverbindung verwendet wird. Dies darf die gleiche sein wie *4G/3G-Steckplatz*, sodass die andere SIM-Karte nur bei eingehenden Anrufen Anwendung findet.
- *Standard-Anrufe-SIM*: Zur Auswahl stehen *Nicht festgelegt* (Standardeinstellung), *Karte 1* oder *Karte 2*. Wenn Sie *Nicht festgelegt verwenden* müssen Sie jeweils die verwendete SIM-Karte in den Anwendungen auswählen.
- *Rufweiterleitung*: Stellen Sie ein, ob eingehende Anrufe bei belegtem Anschluss an die Rufnummer der anderen SIM-Karte weitergeleitet werden. Wegen der dabei entstehenden Kosten raten wir davon ab.

18.1 Dual-SIM in der Praxis

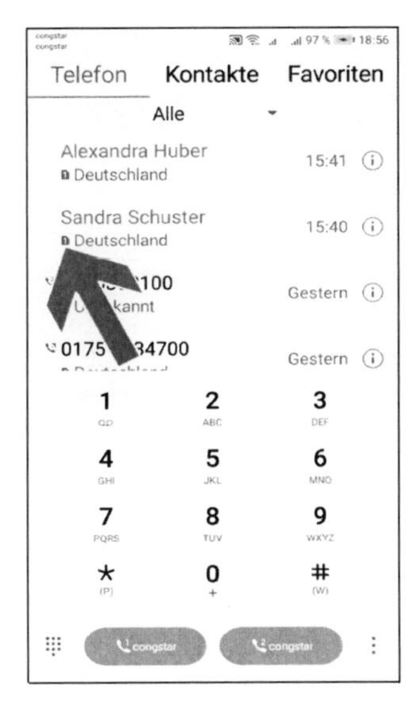

❶ Bei eingehenden Gesprächen sehen Sie anhand der Zahl (Pfeil), auf welcher SIM-Karte beziehungsweise Telefonnummer der Anruf erfolgt.

❷ Die SIM-Kartennummer erscheint auch im Anrufprotokoll (Pfeil).

❸ Betätigen Sie eine der grünen Anruftasten, um einen Anruf in der Telefonoberfläche durchzuführen.

❶❷ In der SMS-Anwendung (siehe Kapitel *6 Nachrichten (SMS)*) wählen Sie mit der kleinen Schaltleiste vor dem Texteingabefeld die verwendete SIM-Karte aus, bevor Sie eine Nachricht versenden.

19. Play Store

Die mitgelieferten Programme auf Ihrem Handy decken bereits die wichtigsten Anwendungsfälle ab. Weitere Anwendungen und natürlich Spiele können Sie bei Bedarf über den sogenannten Play Store nachinstallieren, der mehr als 3,5 Millionen Programme enthält. Sie finden wirklich zu jedem noch so exotischen Anwendungsfall ein passendes Programm. Neudeutsch spricht man statt von Programmen auch von **Apps**, es ist damit aber das selbe gemeint.

Etwa Zweidrittel aller Programme sind kostenlos beziehungsweise finanzieren sich über eingeblendete Werbung. Im Vergleich zu PC-Software sind die kostenpflichtigen Android-Programme in der Regel mit Preisen von unter 5 Euro recht günstig.

Der Play Store ist leider sehr unübersichtlich, weil Sie dort neben Programmen auch Ebooks , Filme (siehe *26.1 Google Play Filme*), Zeitschriften und Musik (siehe Kapitel *25.4.2 Kauf von Songs oder Alben*) erwerben können.

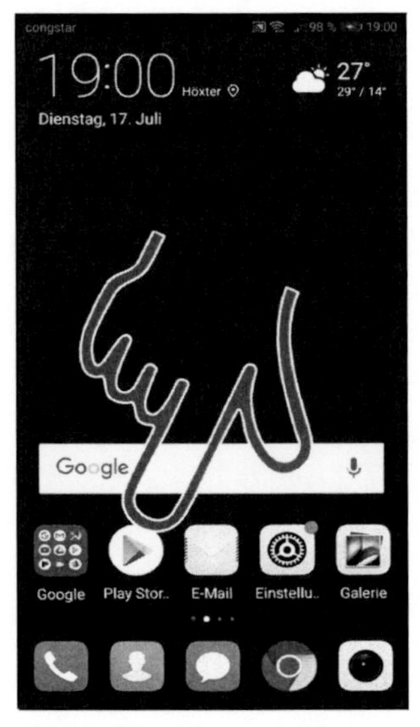

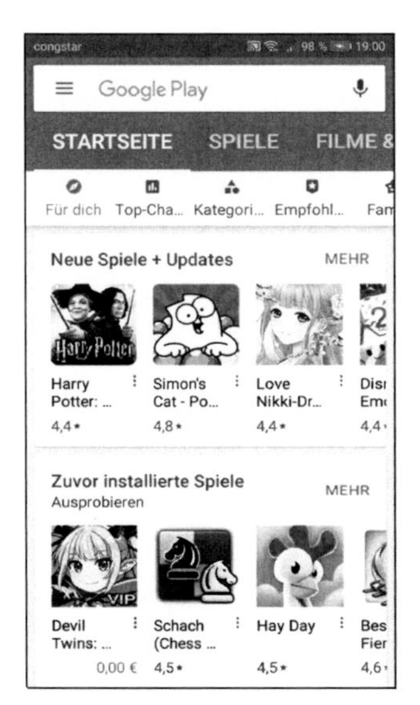

➊ Sie finden den *Play Store* im Startbildschirm.

➋ Das allgemeine Softwareangebot wird standardmäßig im Hauptbildschirm aufgelistet.

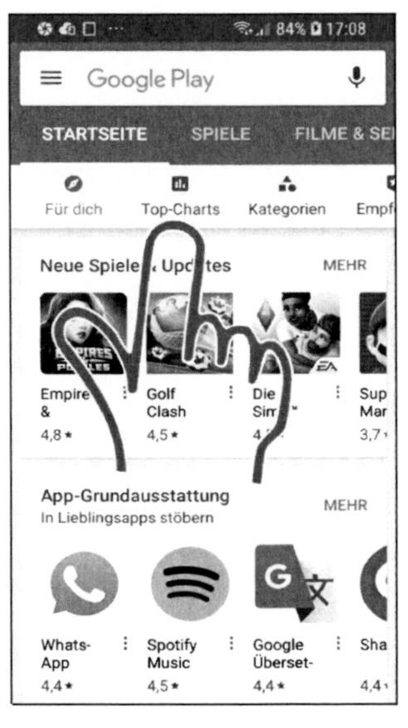

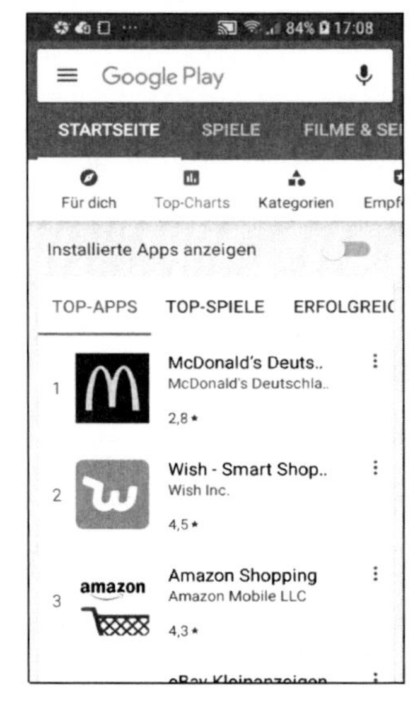

➊ Die Benutzeroberfläche besitzt mehrere Register, über die Sie mit den Schaltleisten (Pfeil) wechseln:

- *Für dich*: Von Google zusammengestellte Empfehlungen.
- *Top-Charts* (➋): Verschiedene Bestenlisten:
  - *TOP APPS*: Die von Nutzern am besten bewerteten Anwendungen.

- ○ *TOP-SPIELE*: Die höchstbewerteten Spiele.
- ○ *ERFOLGREICHSTE*: Die am häufigsten heruntergeladenen Programme.
- ○ *TRENDS*: Programme, die aktuell häufig heruntergeladen werden, beispielsweise, weil die Medien darüber berichtet haben.
- ○ *BESTSELLER-APPS:* In den letzten Wochen häufig verkaufte Anwendungen.
- ○ *BESTSELLER-SPIELE*: In den letzten Wochen häufig verkaufte Spiele.

- *Kategorien* (❸): Alle Programme sind im Play Store nach Kategorien sortiert, die Sie einfach nach interessanten Anwendungen oder Spielen durchblättern können. Bitte beachten Sie, dass in den Kategorien auch viele Programme zu finden sind, welche keinerlei Nutzwert haben.
- *Empfohlen*: Von einer Redaktion ausgewählte Programme.
- *Familie*: Wählen Sie die zu installierenden Anwendungen und Spiele nach empfohlener Altersstufe aus.
- *Vorabzugriff*: Einige Entwickler stellen Ihre Programme kostenlos für einen gewissen Zeitraum als sogenannte Beta-Version kostenlos zur Verfügung.

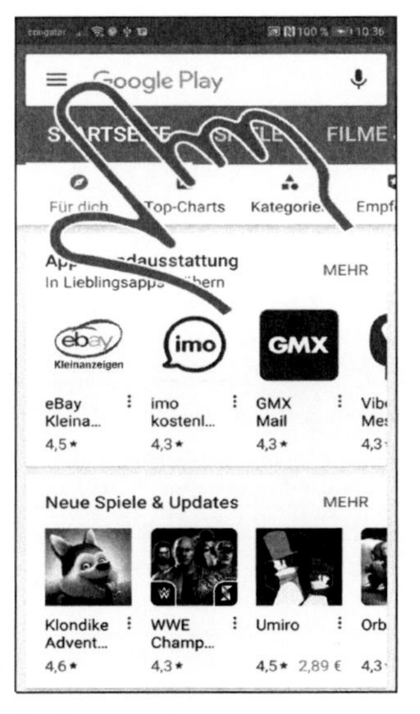

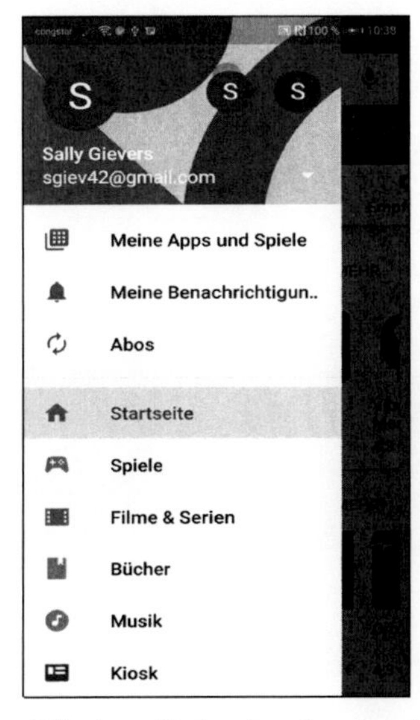

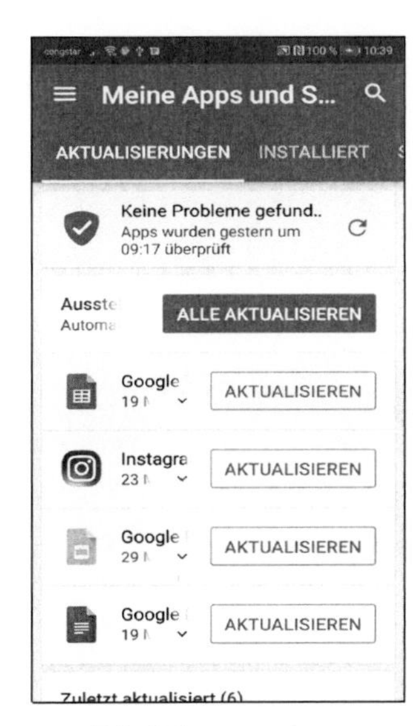

❶❷ Betätigen Sie im Hauptmenü ☰ oben links für das Ausklappmenü. Die Menüpunkte:

- *(Ihr Konto)@gmail.com*: Das Google-Konto, mit dem Sie angemeldet sind.
- *Meine* Apps *und Spiele*: Zeigt die von Ihnen installierten Programme an und ermöglicht diese wieder zu deinstallieren. Außerdem sehen Sie hier, ob Updates zu installierten Programmen im Play Store vorliegen (❸).
- *Meine Benachrichtigungen*: Sofern Updates der von Ihnen installierten Programme vorliegen, erhalten Sie jeweils Benachrichtigungen, die *Meine Benachrichtigungen* zusammengefasst auflistet.
- *Abos*: Der Play Store listet alle abonnierten Inhalte aus dem Kiosk, Play Musik (siehe Kapitel *25 Play Musik*) und anderen Google-Diensten auf. Abos lassen sich hier auch kündigen.
- *Startseite*: Bringt Sie wieder in den Hauptbildschirm zurück.
- *Spiele*: Programmauflistung auf Spiele beschränken.
- *Filme & Serien*: Spielfilme und Serien kaufen. Siehe Kapitel *26.1 Google Play Filme*.
- *Musik:* Musik anhören und kaufen. Siehe Kapitel *25.4 Der Google Play Musik-Dienst*.
- *Bücher*: Ebooks lesen und kaufen.
- *Kiosk*: Zeitschriftenabos.
- *Konto*: Verwaltet die Zahlungsmittel, welche Sie für Ihre Play Store-Käufe einsetzen und listet Ihre letzten Käufe auf.

- *Einlösen*: Google vertreibt über Supermärkte und Tankstellen Gutscheine, die Sie in diesem Menü einlösen. Das Guthaben lässt sich dann für den Kauf von Filmen, Ebooks,
- *Wunschliste*: Eine Art Erinnerungsliste, auf die Sie Programme setzen können, die Sie irgendwann mal ausprobieren, beziehungsweise kaufen möchten.
- *Play Protect*: Google überprüft regelmäßig alle von Ihnen auf dem Gerät installierten Programme auf Schadsoftware, um Datendiebstahl zu verhindern. Die Voreinstellungen sollten Sie nicht ändern.
- *Einstellungen*: Auf die Einstellungen geht Kapitel *19.6 Einstellungen* ein.

19.1 Konten

Welche Programme Sie aus dem Play Store installiert beziehungsweise gekauft haben, speichert der Play Store in Ihrem Google-Konto ab. Es ist möglich, auf dem Handy mehrere Google-Konten gleichzeitig zu nutzen (beispielsweise privat und geschäftlich). Wenn Sie ein Anwender mit mehreren Google-Konten sind, müssen Sie jeweils darauf achten, welches Konto Sie gerade verwenden, denn gekaufte Programme lassen sich nicht zwischen den Google-Konten übertragen.

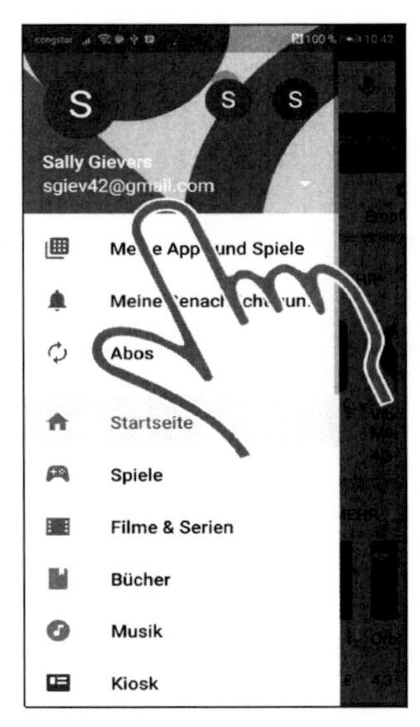

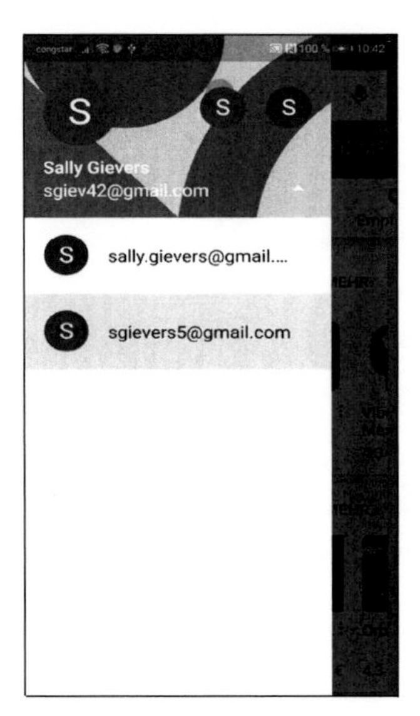

❶❷ Aktivieren Sie das Ausklappmenü, indem Sie im Hauptmenü die ≡-Schaltleiste oben links betätigen. Wählen Sie nun das im Play Store zu nutzende Google-Konto aus.

19.2 Programme installieren

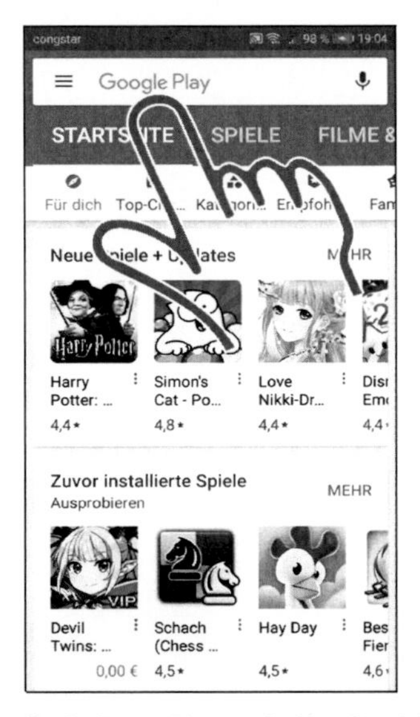

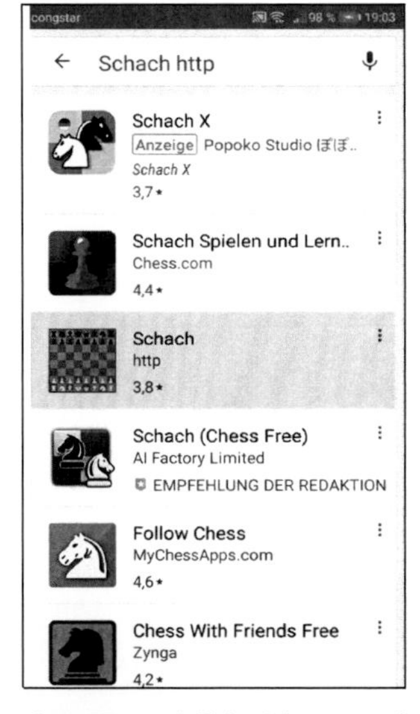

❶ Gehen Sie auf die Suchleiste im Hauptbildschirm und geben Sie den Suchbegriff ein. Bestätigen Sie mit 🔍 im Tastenfeld. Es werden der Name und die Beschreibung aller Programme durchsucht.

❷ Die Fundstellen werden mit Namen, Bewertung und Preis aufgelistet. Tippen Sie eines der angebotenen Programme an.

❸ Neben einer ausführlichen Beschreibung finden Sie hier die Bewertungen von anderen Benutzern, Infos zum Entwickler mit der Möglichkeit, seine weiteren Programme im Play Store anzuzeigen, sowie Kontaktmöglichkeiten zum Entwickler. Betätigen Sie zuerst *INSTALLIEREN*, dann *AKZEPTIEREN*, um das Programm auf dem Handy zu installieren. Der Download erfolgt anschließend im Hintergrund.

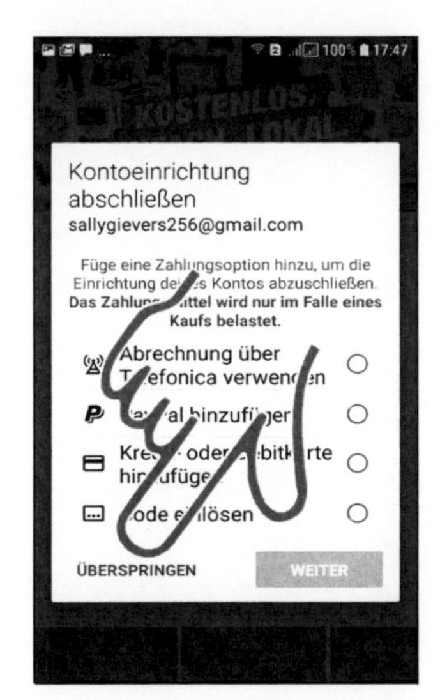

❶❷ Wenn Sie das erste Mal ein Programm installieren, erscheint einmalig der Hinweis *Kontoeinrichtung abschließen*. Betätigen Sie dann *WEITER* und schließen Sie den Hinweis mit *ÜBERSPRINGEN*. Wie Sie kostenpflichtige Programme installieren, erläutert noch Kapitel *19.8 Softwarekauf im Google Play Store*.

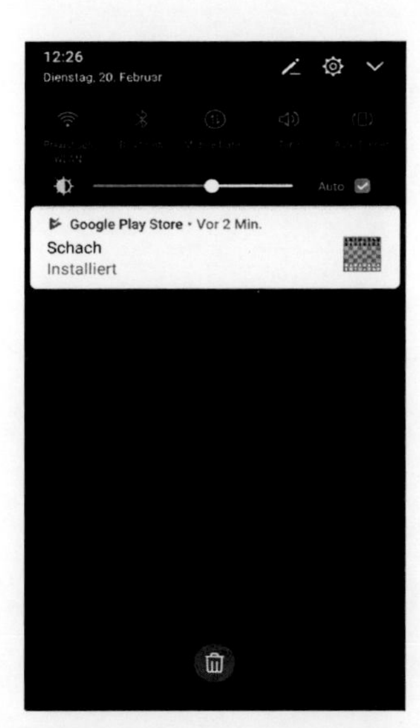

❶ Ein Symbol (Pfeil) informiert in der Titelleiste über den durchgeführten Download und dort erscheint auch nach der automatisch erfolgten Installation ein Erfolgshinweis.

❷ Öffnen Sie das Benachrichtigungsfeld für weitere Informationen. Von dort lässt sich das Programm starten.

❸ Alternativ betätigen Sie nach der Installation in der Programmanzeige die *Öffnen*-Schaltleiste.

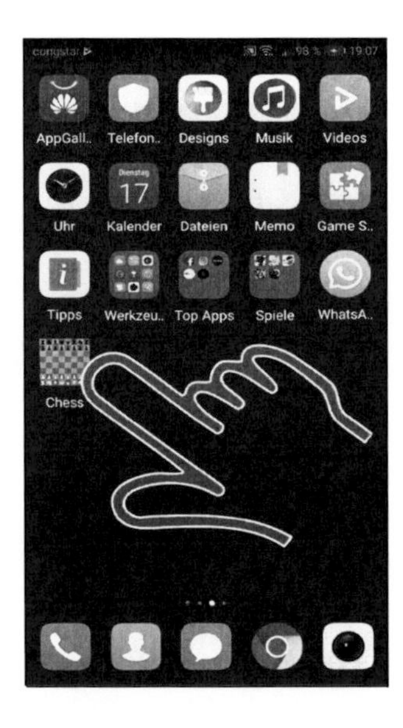

Sie finden das neu installierte Programm natürlich auch im Startbildschirm.

19.3 Programme deinstallieren

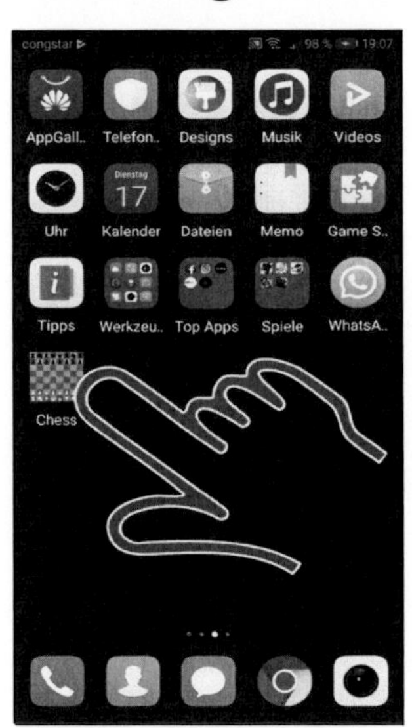

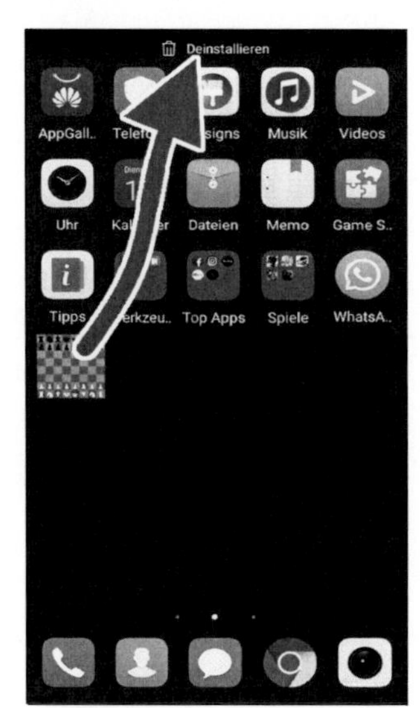

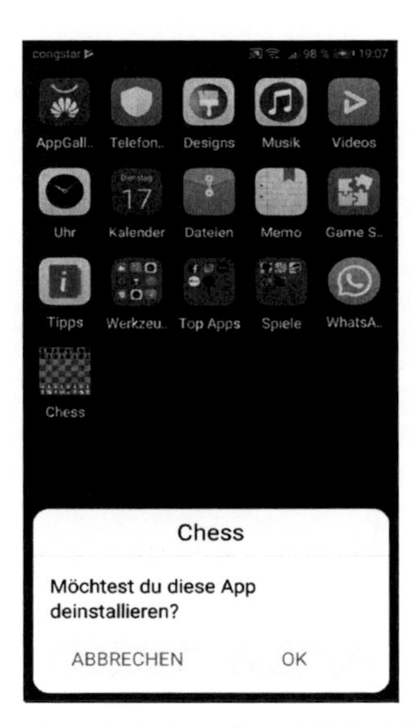

❶❷ Tippen und halten Sie den Finger auf einem Programm-Symbol im Startbildschirm gedrückt, anschließend ziehen Sie das Symbol *Deinstallieren* am oberen Bildschirmrand.

❸ Beantworten Sie die Sicherheitsabfrage mit *OK*.

19.4 Wunschliste

Auf die »Wunschliste« setzen Sie Programme, die Sie interessieren und vielleicht später mal ausprobieren oder kaufen möchten.

➊ Wenn Sie mal auf ein interessantes Programm stoßen, betätigen Sie einfach die ⊞-Schaltleiste. Erneutes Betätigen entfernt das Programm wieder von der Wunschliste.

➋ Alternativ rufen Sie in einer Auflistung ⋮/*Auf die Wunschliste* auf.

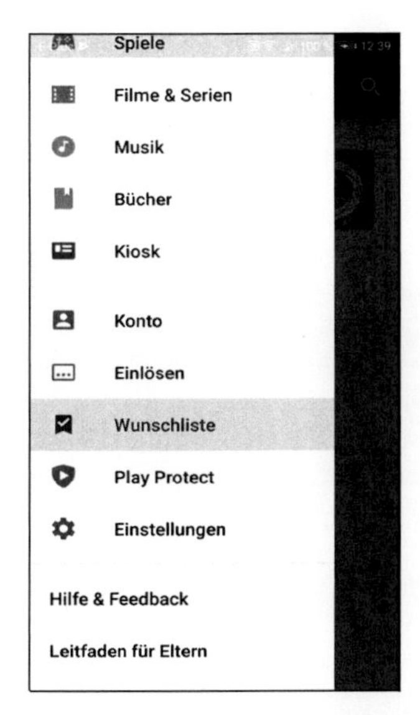

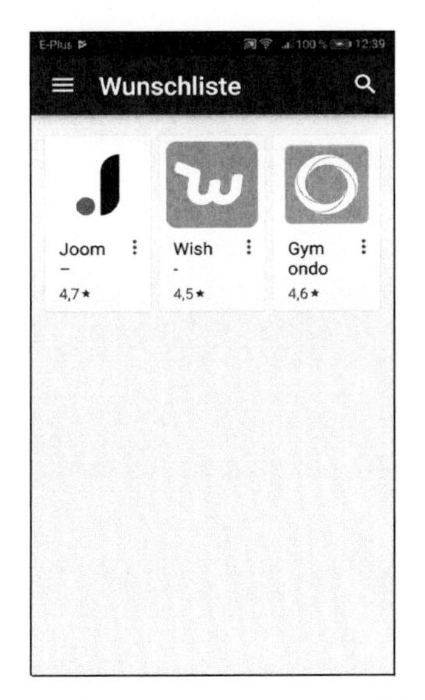

➊➋ Ihre Wunschliste finden Sie im Ausklappmenü unter *Wunschliste*.

➌ Das Installieren oder Entfernen von der Wunschliste erfolgt jeweils über das ⋮-Menü.

19.5 Gute von schlechter Software unterscheiden

- Häufig geladene (und damit meist gute) Software findet in den Kategorien *BEST-SELLER, TOPP-APPS, ERFOLGREICHSTE*, usw. Eingang.
- Auch wenn Sie die Suchfunktion nutzen, erscheinen in der Auflistung zuerst die am häufigsten heruntergeladenen Programme.
- Zusätzlich finden Sie bei jedem Programm eine Sterne-Bewertung sowie Kommentare der Nutzer. Insbesondere bei Kaufprogrammen (die Sie ja nicht vorab testen können) sollten Sie sich die Nutzerbewertungen durchlesen.
- Manche Kaufprogramme sind auch in funktionsbeschränkter Form kostenlos (als sogenannte »Freeware«) im Play Store erhältlich, sodass man zumindest einen groben Überblick über deren Tauglichkeit erhält. Es gibt übrigens häufig auch Programme, die sowohl kostenlos, als auch als Kaufversion erhältlich sind. Die kostenlose Version finanziert sich dann meistens durch Werbebanner. Werbebanner haben allerdings den Nachteil, häufig aus dem Internet Daten nachzuladen (irgendwoher müssen die Werbebanner ja kommen) und teilweise den GPS-Empfänger zu aktivieren. Letzteres dient dazu, dem Nutzer für sein Land optimierte Werbung anzuzeigen. Leider reduziert sich

dadurch die Handy-Akkulaufzeit...

- Die Softwareentwickler bestimmen selbst ob ihre Programme für bestimmte Handys und Handys geeignet sind. Programme, die nicht auf Ihrem Handy funktionieren, werden erst gar nicht im Play Store anzeigt. Trotzdem werden Sie ab und zu auf Programme, insbesondere Spiele stoßen, die nicht gut angepasst sind, was sich u.a. in pixeliger Darstellung, verschobenen Schaltleisten, überstehenden Texten, usw. bemerkbar macht. Falls Ihnen ein Programm trotzdem gefällt, sollten Sie einfach das Programm installiert lassen. Der Play Store meldet zu jeder installierten Software automatisch im Benachrichtigungsfeld, wenn ein Update vorliegt, das vielleicht die Probleme beseitigt.

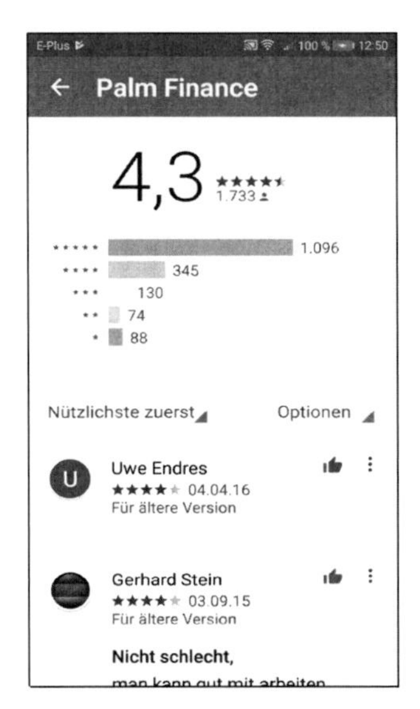

➊ Die Bewertungen erhalten Sie angezeigt, wenn Sie die Bewertungszahl (Pfeil) antippen. Alternativ führen Sie auf dem Display eine Wischgeste von unten nach oben durch.

➋ Hohe Stern-Bewertungen und große Downloadzahlen führen manchmal auch in die Irre: Der Play Store fasst die weltweit auflaufenden Nutzerbewertungen zusammen. Beispielsweise wird ein Buchhaltungsprogramm, das in den USA entwickelt wurde, dort von den Anwendern hochgelobt und entsprechend bewertet werden, während es für deutsche Anwender nicht geeignet ist.

Einige Programme werden zudem nicht weiterentwickelt, weshalb unter Umständen eine hohe Bewertung heute nicht mehr gerechtfertigt wäre.

> Der Play Store zeigt nur deutsche Bewertungstexte an. Es kann deshalb vorkommen, dass Sie bei einem international angebotenen Programm zwar viele Bewertungen, aber kaum Bewertungstexte sehen.

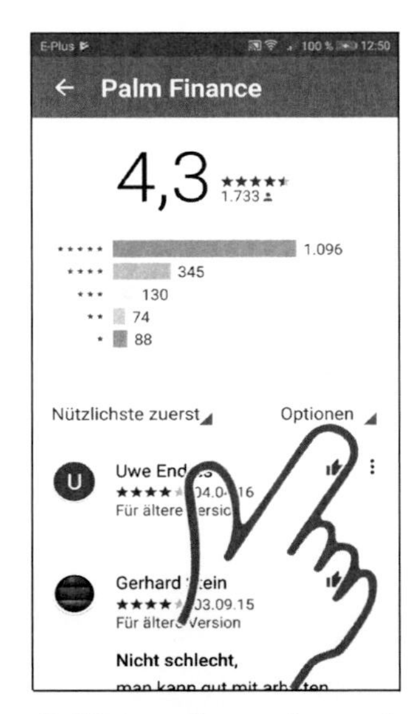

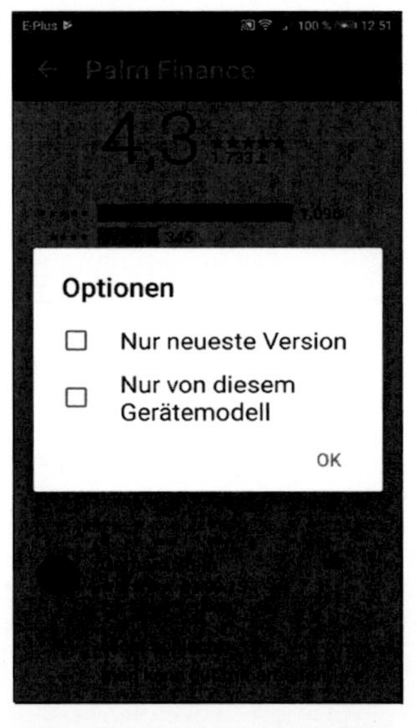

➊ Während man kostenlose Programme einfach installiert und bei Nichtgefallen wieder vom

Gerät wirft, ist es bei Kaufprogrammen besser, vorher die Nutzerbewertungen anzuschauen. Tippen Sie daher auf *Optionen*.

❷ Sie können nun mit *Nur neueste Version*, beziehungsweise *Nur von diesem Gerätemodell* die Bewertungstexte einschränken (*Nur von diesem Gerätemodell* führt allerdings meistens dazu, dass der Play Store keine Bewertungen mehr anzeigt, weil es nicht besonders viele Nutzer eines Geräts gibt).

Tipp: Von vielen höherwertigen Programmen wird im Play Store eine kostenlose Version mit beschnittenen Funktionsumfang angeboten, Sie können so das jeweilige Programm schon vorab auf Herz und Nieren testen und anschließend die Vollversion erwerben.

❶❷ Alternativen zum gerade angezeigten Programm listet die *Ähnlich*-Schaltleiste auf.

19.6 Einstellungen

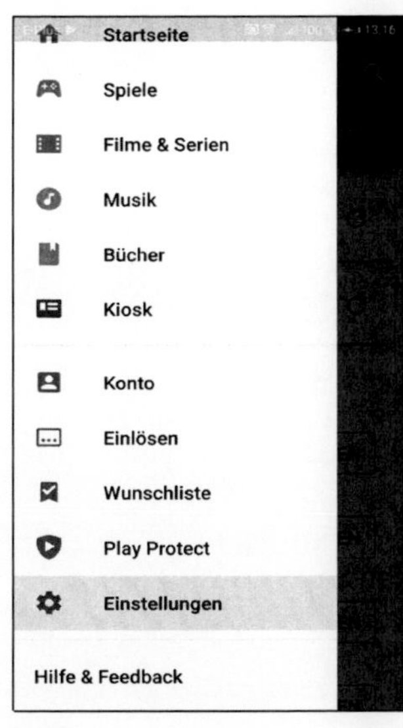

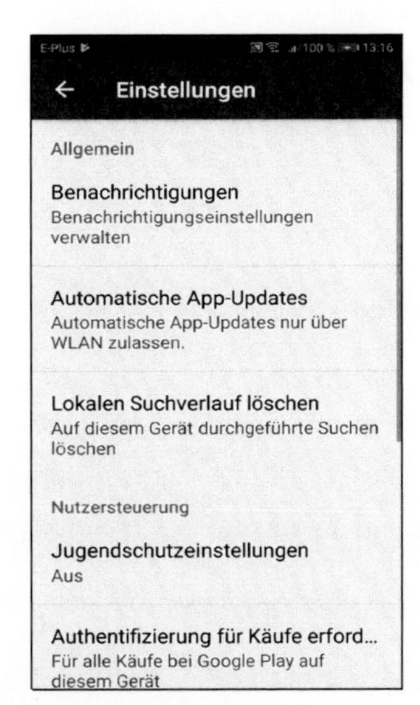

❶❷ *Einstellungen* im Ausklappmenü konfiguriert:

Unter *Allgemein*:

- *Benachrichtigungen*:
  - *Updates*: Wenn zu einem aus dem Play Store installiertem Programm Updates vorliegen, erhalten Sie eine Benachrichtigung.
  - *Automatische Updates*: Sie erhalten einen Benachrichtigung, sobald ein Update im Hintergrund installiert wurde.

  - *Vorregistrierung; Angebote und Werbeaktionen*: Sie erhalten eine Benachrichtigung, wenn Entwickler neue Programme auf den Markt bringen, die für Sie interessant sein könnten.
  - *Angebote und Werbeaktionen*: Wenn im dem Play Store Programme günstiger angebotenen werden, die für Sie interessant sein könnten, erhalten Sie eine Benachrichtigung.
- *Automatische App-Updates*: Installierte Programme werden automatisch im Hintergrund aktualisiert, wenn eine neue Version im Play Store vorhanden ist.
- *Lokalen Suchverlauf löschen*: Die Suchfunktion speichert alle eingegebenen Begriffe und schlägt sie beim nächsten Mal vor.

Unter *Nutzersteuerung*:

- *Jugendschutzeinstellungen*: Für Eltern: Blockieren Sie die Installation und Nutzung von Programmen und Medien, die nicht altersgerecht sind.
- *Authentifizierung für Käufe erforderlich*: Sie können die Programminstallation von einer vorher einzugebenden PIN abhängig machen.
- *Apps ohne Installation verwenden*: Legen Sie fest, welchem Google-Konto die sogenannten Instant Apps zugeordnet werden. Instant Apps sind auf dem Handy installierte Programme, die sich auch über einem Link im Webbrowser aufrufen lassen. Derzeit haben Instant Apps noch keine große Bedeutung, zumal sie nicht alle Handys unterstützen.

19.6.1 Erweiterte Verwaltung

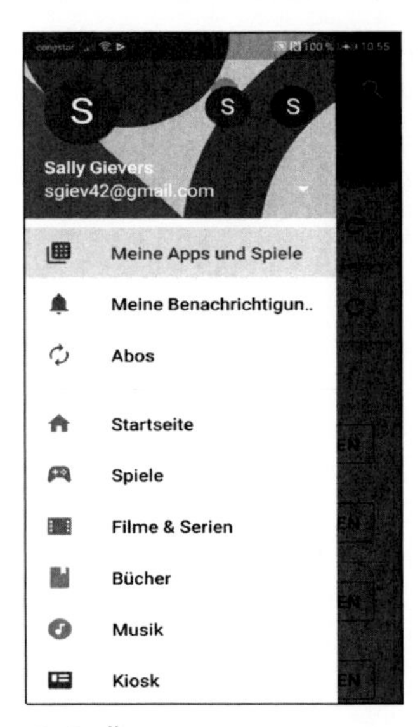

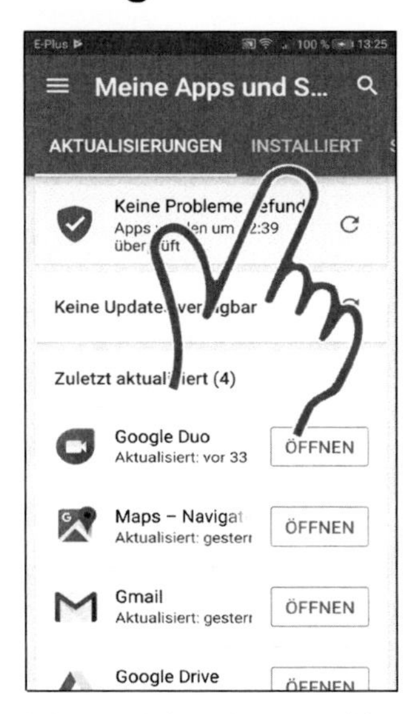

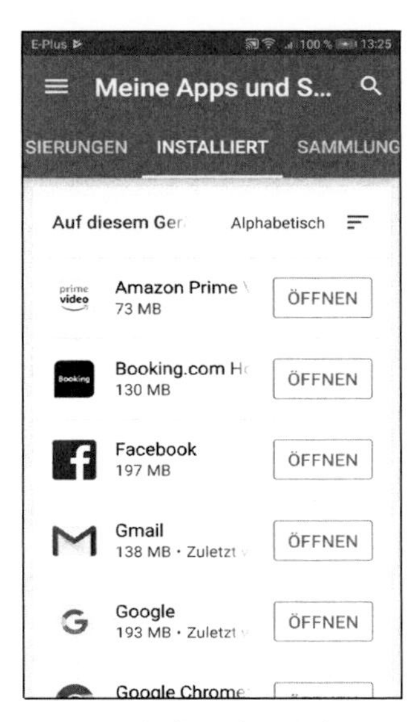

❶❷ Über den Installationsfortschritt und bereits installierte Programme informiert Sie *Meine Apps und Spiele* aus dem Ausklappmenü.

❸ Gehen Sie in das *INSTALLIERT*-Register für eine Auflistung aller auf Ihrem Gerät installierter Programme.

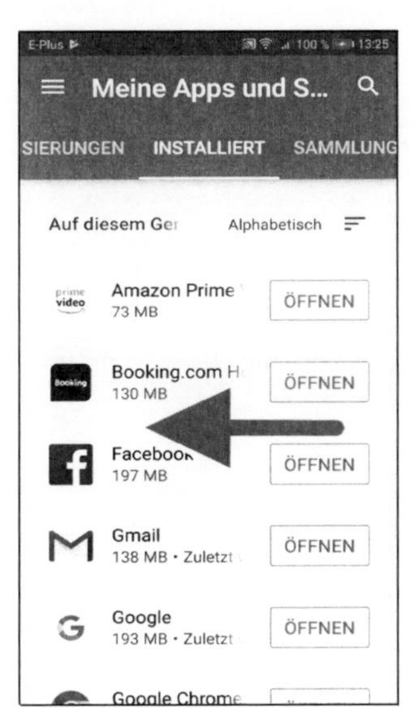

❶❷ Google Play »merkt« sich auch alle früher mal von Ihnen installierten Programme (zum Beispiel auf einem anderen Android-Gerät oder die Sie inzwischen wieder deinstalliert haben). Mit einer »Wischgeste« nach links zeigen Sie sie im *SAMMLUNG*-Register an.

❸ Tippen Sie auf *INSTALLIEREN*, wenn Sie eines der aufgelisteten Programme auch auf dem Huawei nutzen möchten.

19.7 Ausgeblendete Navigationstasten

In einigen Fällen, insbesondere bei Spielen, stören die Navigationstasten. Das Handy blendet diese daher aus.

19.7.1 Für Vollbildmodus optimierte Programme

Bei Programmen, die den sogenannten Vollbildmodus unterstützen, werden die Navigationstasten automatisch deaktiviert.

❶❷ Bei diesem Spiel blendet das Handy die Navigationstasten aus. Wischen Sie von unten außerhalb des Displays nach oben, worauf die Navigationstasten wieder eingeblendet werden.

19.7.2 Programme ohne Vollbildmodus-Optimierung

Knifflig wird es, wenn ein Programm den Vollbildmodus nicht unterstützt, was meistens bei Spielen mit Querformatanzeige der Fall ist. Das Huawei lässt Ihnen dann die Wahl, ob Sie auf Vollbild umschalten oder nicht.

➊➋ Mit der *Vollbildanzeige*-Schaltleiste wechseln Sie zur Vollbildansicht. Den Hinweis schließen Sie mit *OK.*

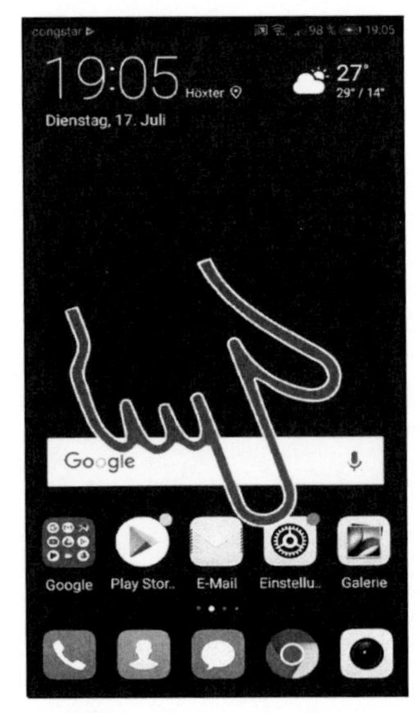

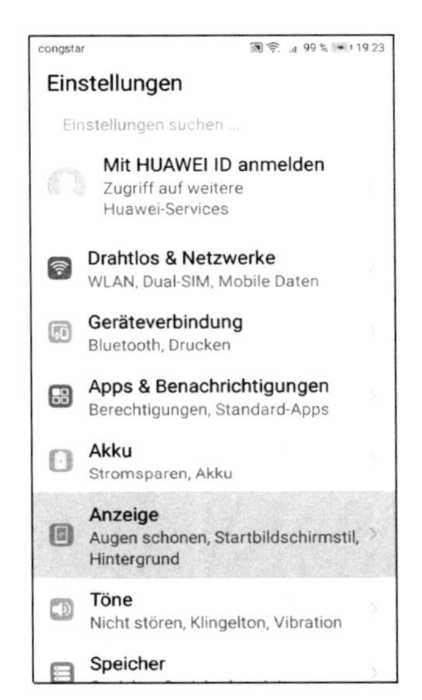

➊➋ So verwalten Sie die Programme mit Vollbildunterstützung: Rufen Sie im Startbildschirm die *Einstellungen* auf und gehen Sie auf *Anzeige.*

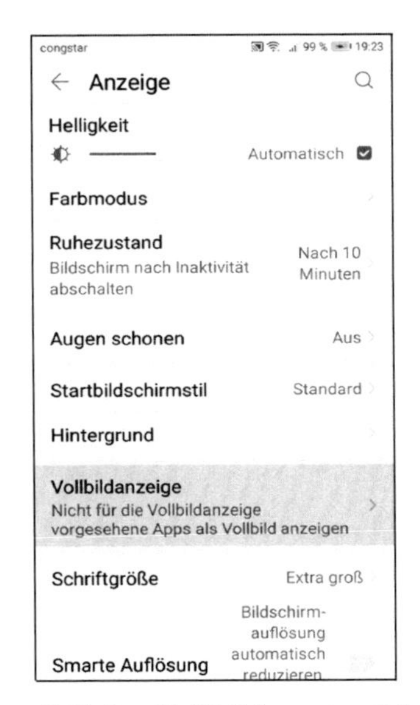

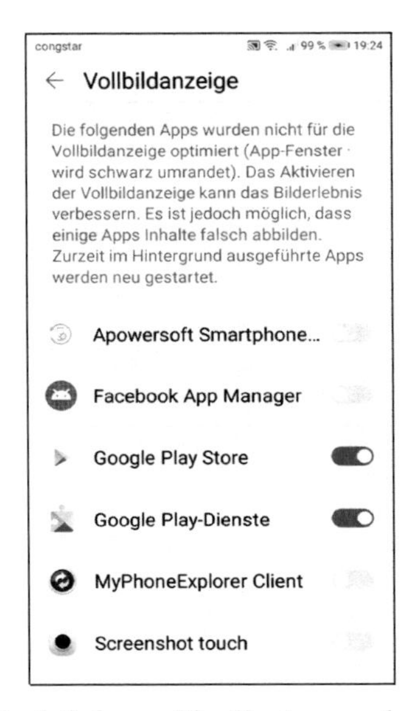

➊➋ Im *Vollbildanzeige*-Menü deaktivieren Sie die Anwendung, welche Probleme bereitet.

19.8 Softwarekauf im Google Play Store

Viele Programme im Play Store sind kostenpflichtig, wobei als Zahlungsmethode neben einer Kreditkarte auch Paypal (ein Zahlungsdienstleister), die Handyrechnung (nicht bei allen Netzbetreibern möglich) und Gutscheine akzeptiert werden (auf Letztere geht Kapitel *19.9 Google-Gutscheine* noch genauer ein). Damit Sie nicht die »Katze im Sack« kaufen, lassen sich Käufe innerhalb von 2 Stunden rückgängig machen. Eine Rückgabe ist beim erneuten Kauf dann aber nicht mehr möglich. Die erworbenen Programme werden mit Ihrem Google-Konto verknüpft und lassen sich beim Gerätewechsel ohne erneuten Kauf herunterladen und installieren.

Gekaufte Software lässt sich immer nur auf einem Gerät gleichzeitig nutzen.

Beachten Sie bitte, dass manche Software nur für bestimmte Geräte angeboten wird. Insbesondere Spiele unterstützten nicht alle Android-Handys und Tablets. Problematisch sind auch Programme, deren Entwicklung eingestellt wurde und daher nicht für neue Geräte freigegebenen sind, obwohl sie darauf laufen könnten.

❶ Betätigen Sie bei einem Kaufprogramm die Preisschaltleiste (Pfeil).

❷ Tippen Sie jetzt auf *WEITER* (Pfeil).

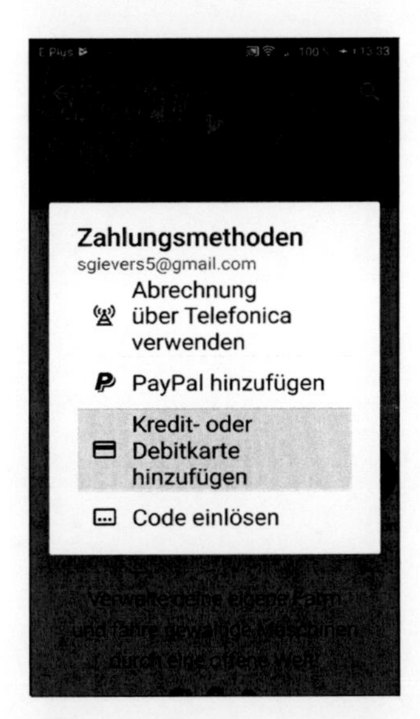

❶❷ Wählen Sie nun eine der Zahlungsmethoden aus:

- *Abrechnung über xxx verwenden*: Die Zahlung erfolgt über Ihren Mobilnetzbetreiber und taucht dann auf Ihrer nächsten Mobilfunkrechnung auf. Beachten Sie bitte, dass nicht jeder Netzbetreiber mobile Zahlungen akzeptiert. Haben Sie beim Netzbetreiber »Inkasso von Dritten« deaktivieren lassen, ist ebenfalls kein Kauf über die Mobilfunkrechnung möglich.
- *PayPal hinzufügen*: Zahlungsabwicklung über PayPal. Dieser Zahlungsabwickler wird von Ebay betrieben und bucht Rechnungen entweder von Ihrem Bankkonto oder Ihrer Kreditkarte ab. Siehe auch die PayPal-Website unter *www.paypal.com*.
- *Kredit- oder Debitkarte hinzufügen*: Zahlung über Ihre Kreditkarte.
- *Code einlösen*: Gutschein verwenden. Falls Ihnen die anderen Zahlungsmethoden unbekannt sind oder zu unsicher erscheinen, ist die Nutzung eines Guthabens die beste

Bezahlmethode. Wir gehen darauf im Kapitel *19.9 Google-Gutscheine* genauer ein.

In diesem Beispiel wählen wir *Kredit- oder Debitkarte hinzufügen.*

Folgen Sie einfach den Anweisungen, das heißt, zuerst erfassen Sie die Kreditkartennummer, das Ablaufdatum und den Sicherheitscode (CCV), danach Ihre persönlichen Daten. Betätigen Sie dann *SPEICHERN.*

❸ Betätigen Sie *KAUFEN.*

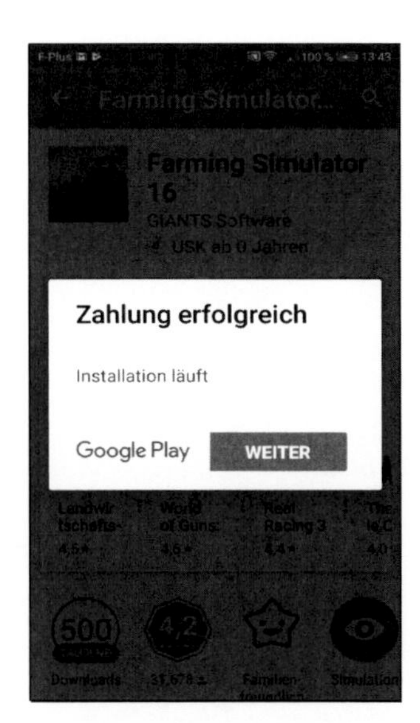

❶ Einmalig erfolgt die Nachfrage, ob Sie jeden Kauf im Play Store mit Ihrem Passwort bestätigen möchten. Wir empfehlen aus Sicherheitsgründen *JEDES MAL.*

❷ Schließen Sie den Hinweis mit *WEITER.*

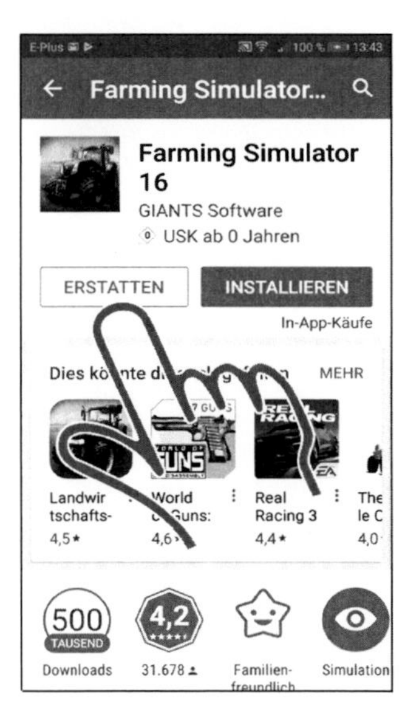

❶ Wenn Sie das nächste Mal ein Programm kaufen, müssen Sie das Passwort Ihres Google-Kontos eingeben und schließen Sie mit *BESTÄTIGEN* ab.

❷ Wenn Sie das Programm nicht so funktioniert wie es soll, betätigen Sie *ERSTATTEN* in den Programmdetails (beachten Sie, dass Sie dazu nur 2 Stunden Zeit haben!).

19.9 Google-Gutscheine

Es sind Gutscheine für den Google Play Store in Stückelungen von 15 und 25 Euro bei diversen Tankstellen, in Supermärkten und Elektronikketten erhältlich. Da die Karten schwarz sind, sollten sie nicht zu übersehen sein.

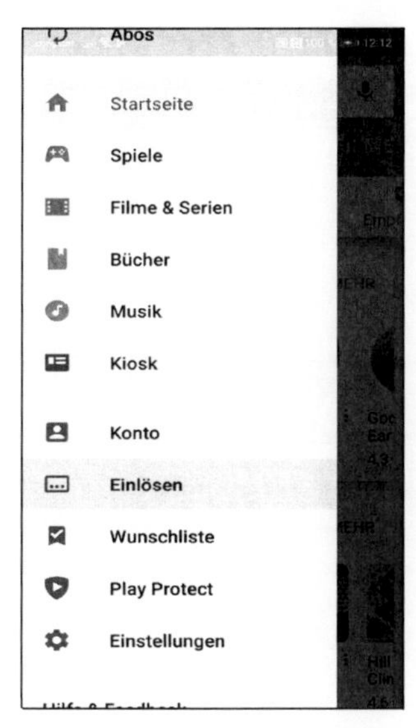

❶❷ Zum Einlösen aktivieren Sie einfach im Play Store das Ausklappmenü und gehen auf *Einlösen.* Geben Sie dann den Code von der Karte ein.

❸ Wählen Sie gegebenenfalls während des Kaufvorgangs über *Zahlungsoptionen* das *Google Play*-Guthaben aus.

19.10 In-App-Käufe

Programmentwickler können sich grundsätzlich auf drei Arten finanzieren: Durch den Verkauf ihrer Programme, die Einblendung von Werbung oder durch ein Freemium-Modell (Wortspiel aus engl. Free = Frei und engl. Premium = kostenpflichtig). Freemium-Modelle kommen vorwiegend bei Computerspielen vor. Freemium heißt, dass das Programm kostenlos ist, Sie aber zusätzliche Inhalte oder Funktionen jederzeit erwerben dürfen. Dies können in einem Ballerspiel beispielsweise leistungsfähigere Waffen sein oder bei einem Fitness-Programm weitere Trainings. Für Kinder sind solche Programme ungeeignet, da sie die dadurch entstehenden Kosten nicht einschätzen können.

Damit wir uns nicht missverstehen: Grundsätzlich sind Freemium-Programme nicht immer schlecht, denn insbesondere bei Spielen leidet der Spaß nur geringfügig, wenn man auf In-App-Käufe verzichtet.

Gegenüber dem »normalen« Kauf im Play Store haben In-App-Käufe einige Nachteile (wörtlich übernommen von *support.google.com/googleplay/answer/1061913*):

- Es gibt kein zweistündiges Erstattungsfenster.
- Erstattungen werden im Allgemeinen nach dem Ermessen des App-Entwicklers gewährt.
- Für die Bereitstellung von In-App-Käufen sind die Entwickler zuständig.

Im Play Store erkennen Sie In-App-Käufe anhand der Berechtigungen, die **vor** der Installation aufgelistet werden (siehe Kapitel *19.2 Programme installieren*).

Bei jedem In-App-Kauf müssen Sie zur Sicherheit das Passwort zu Ihrem Google-Konto eingeben.

19.11 Spiele

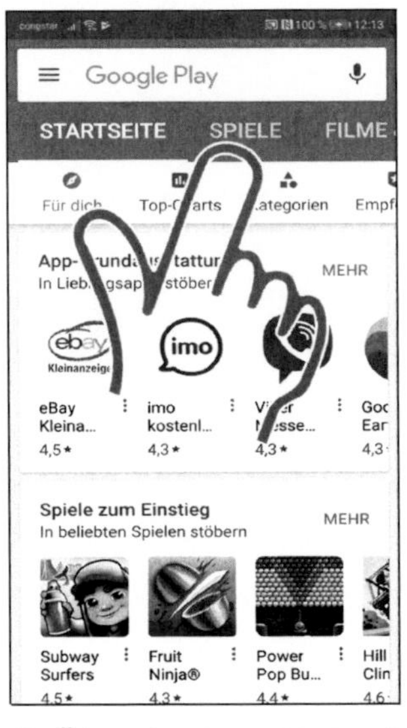

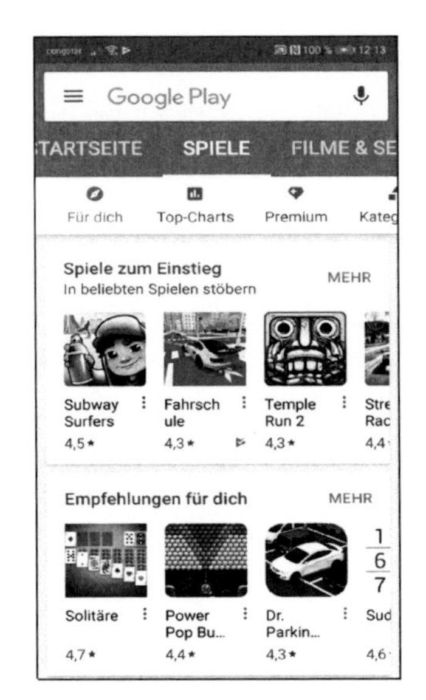

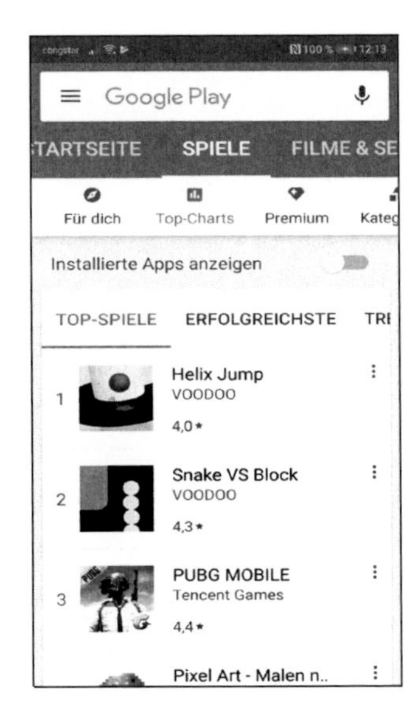

➊ Über das *SPIELE*-Register schalten Sie die Anzeige auf Computerspiele um.

➋➌ Die Register *TOP-CHARTS, KATEGORIEN,* usw. beziehen sich nun ausschließlich auf Unterhaltungsprogramme.Berechtigungen

Die meisten Handynutzer dürften wohl zustimmen, dass sich auf ihrem Gerät wichtige Daten befinden, seien es Kontakte oder Dokumente, die auf keinen Fall in fremde Hände fallen dürfen. Wenn Sie ein Programm aus dem Play Store installieren, möchten Sie natürlich nicht, dass es beispielsweise Ihre Kontaktdaten ausliest und dann über das Internet nach Russland oder China überträgt. Aus diesem Grund muss jedes Programm entsprechende Berechtigungen anfordern, die der Anwender bei der Installation bestätigt.

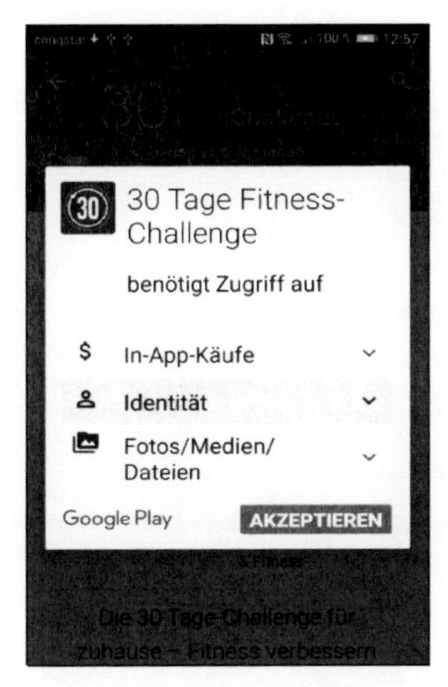

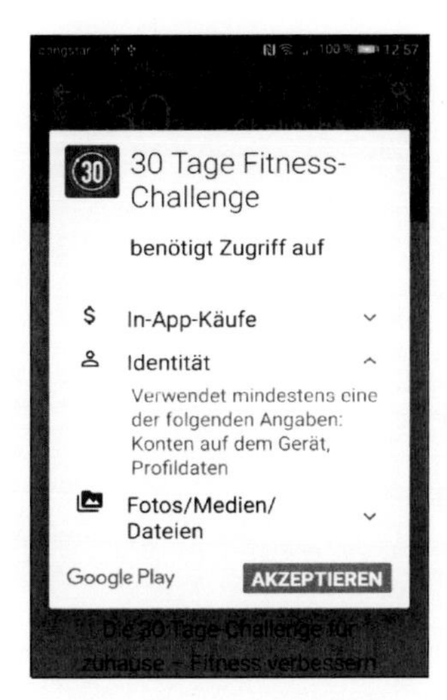

❶ Beispiel: Diese Anwendung listet nach dem Antippen von *INSTALLIEREN* zahlreiche Berechtigungen auf.

❷❸ Tippen Sie eine Berechtigung für kurze Erläuterungen an.

Die wichtigsten Berechtigungen sind: Kamera, Kontakte, Körpersensoren, Mikrofon, SMS senden/empfangen, Speicher, Telefonie.

Grundsätzlich sollten die angeforderten Berechtigungen immer im Zusammenhang mit dem jeweiligen Programm stehen. Zum Beispiel bräuchte ein Spiel keine Berechtigung, Ihre Kontakte auszulesen, SMS zu senden oder Telefonate durchzuführen. Sollte Ihnen etwas suspekt vorkommen, dann verzichten Sie besser auf die Installation.

Google untersucht alle im Play Store vorgehaltenen Programme aktiv auf Schadensfunktionen, weshalb Sie nur sehr selten mit Schadprogrammen konfrontiert werden.

Weil die Programme viele Berechtigungen wie den Internetzugriff automatisch erhalten, wird Sie der Play Store nur selten bei der Installation die Berechtigungen abfragen.

19.11.1 Berechtigungen verwalten

Die von einem Programm während der Installation angeforderten Berechtigungen können Sie auch noch nachträglich entziehen. Bitte beachten Sie, dass Sie damit manchmal gegen die Nutzungsbedingungen des Entwicklers verstoßen und einige Programme anschließend nicht mehr vernünftig funktionieren.

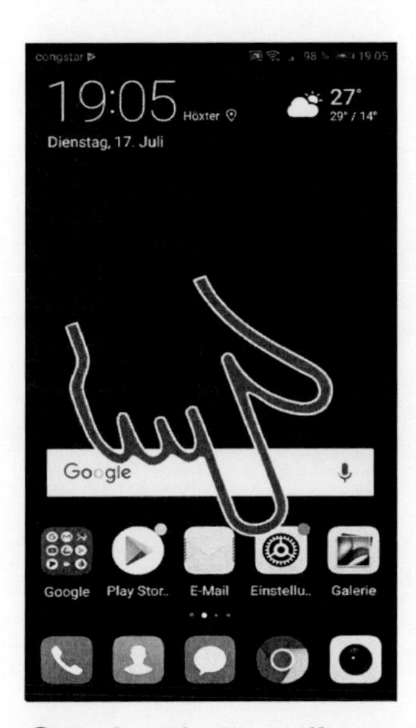

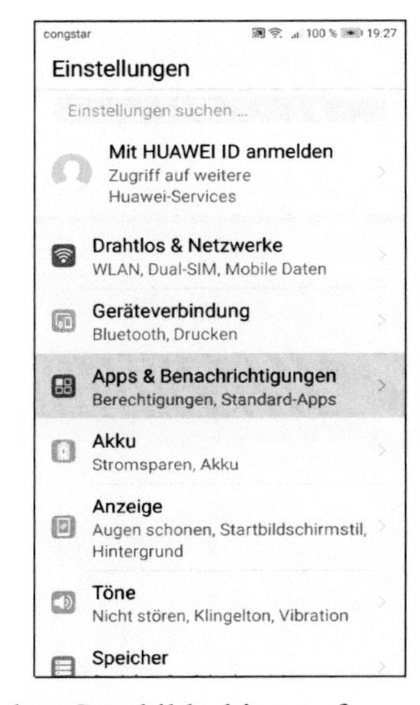

❶ Rufen Sie *Einstellungen* aus dem Startbildschirm auf.

❷❸ Gehen Sie auf *Apps & Benachrichtigungen/Berechtigungen*.

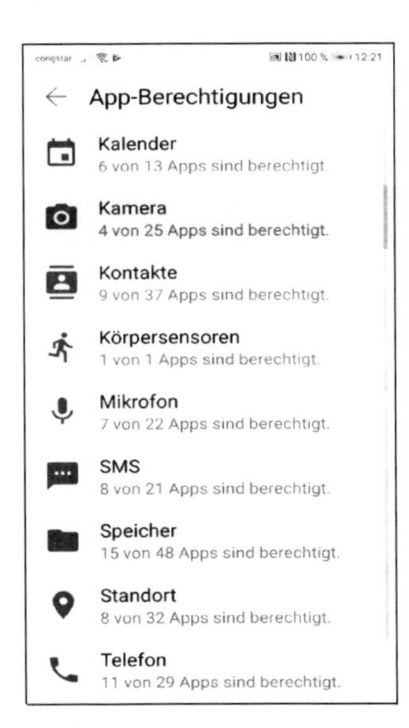

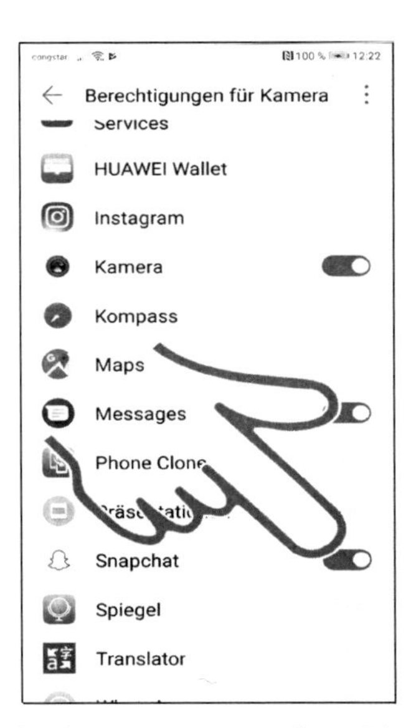

❶❷ In unserem Fall möchten wir einer zuvor aus dem Play Store installierten Anwendung die Zugriffsberechtigung für die Kamera entziehen. Wir gehen daher auf *Kamera* und deaktivieren den Schalter beim Programm.

Bitte testen Sie anschließend alle Programme, denen Sie Berechtigungen entzogen haben. Sollte ein Programm nicht mehr funktionieren, dann müssen Sie die Berechtigungen wieder aktivieren oder suchen im Play Store ein Programm, das weniger Berechtigungen benötigt.

20. Kamera

Die eingebaute Kamera erstellt Fotos bis zur Auflösung von 16 Megapixeln, Videos mit bis zu 1920 × 1080 Pixeln (HD-Auflösung).

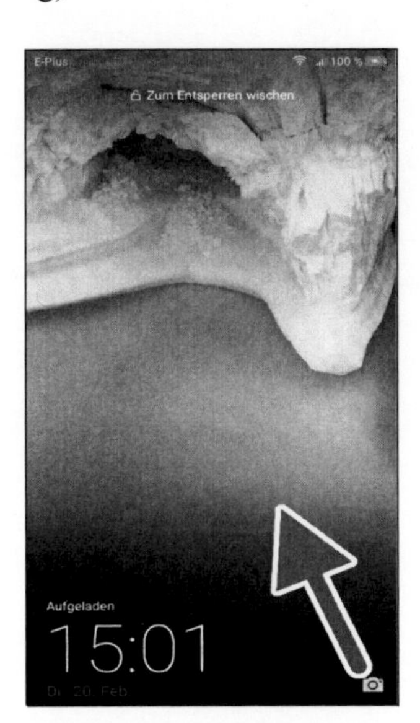

❶ Sie rufen die *Kamera*-Anwendung aus dem Startbildschirm auf.

❷ Auch aus dem Sperrbildschirm ist ein Kamera-Aufruf möglich. Ziehen Sie einfach mit dem Finger vom 📷-Symbol nach oben.

Die Kamera legt die Fotos und Videos auf dem Gerät im Verzeichnis *DCIM\Camera* ab.

Beim Fotografieren gibt es angesichts der vollautomatischen Aufnahmesteuerung moderner Digitalkameras eigentlich nicht viel zu beachten. Trotzdem ruinieren viele Anwender ihre Aufnahmen. Unsere Tipps: Wischen Sie vor jedem Fotografieren die Kameralinse mit einem fuselfreien Tuch ab, damit Ihre Aufnahmen nicht durch »Nebel« entstellt werden. Zum Zweiten sollten Sie nach Möglichkeit Ihre Motive immer so fotografieren, dass die Sonne in Ihrem Rücken steht. Sie überfordern sonst die Belichtungssteuerung.

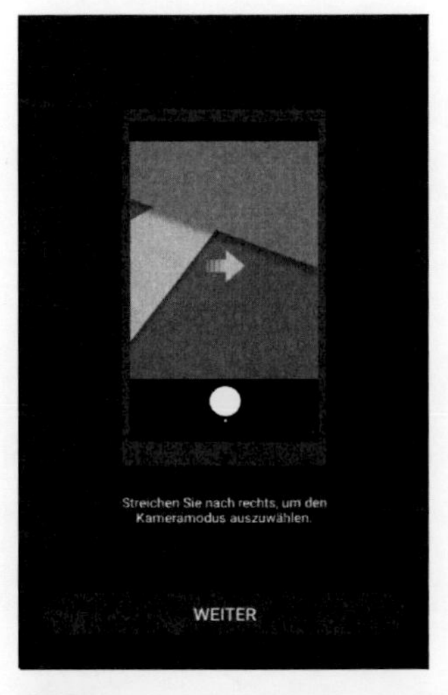

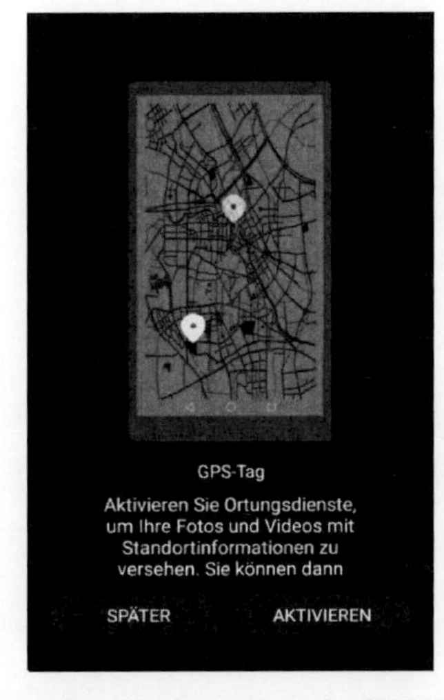

❶❷ Beim ersten Start müssen Sie erst einige Hinweise durchlaufen, die Sie jeweils mit *WEITER* schließen.

❸ Gehen Sie im *GPS-Tag*-Bildschirm auf *AKTIVIEREN* und schließen Sie den Hinweis mit *ZULASSEN*.

Die Schaltleisten links:

- : Zwischen Standardkamera und Frontkamera (für Selfies = Eigenportraits) umschalten.
- : Portrait-Modus für die Optimierung von Gesichtern: Auf der rechten oberen Seite erscheint ein -Symbol, das Sie antippen. Stellen Sie im Schieberegler anschließend den Optimierungsgrad ein.
- : Fotolicht (LED-Blitz) aus/einschalten, automatisches Fotolicht.

Die Schaltleisten rechts:

- : Zwischen Video- und Fotomodus umschalten.
- : Foto aufnehmen.
- (Vorschaufoto): Tippen Sie das Vorschaufoto an, um die letzte Aufnahme im Bildanzeiger zu öffnen.

Die Kameraelektronik benötigt relativ viel Strom, weshalb sich die Kamera-Anwendung bei Nichtnutzung automatisch beendet.

20.1 Foto erstellen

➊ Tippen Sie zuerst auf den scharf zu stellenden Bereich im Sucher.

➋ Anschließend betätigen Sie die -Schaltleiste auf der rechten Seite. Die Kamera speichert das Foto und kehrt sofort in den Fotomodus zurück.

Sie können auch die Sprachbefehle nutzen (vorher, wie im Kapitel *20.3 Einstellungen* beschrieben, in den Einstellungen aktivieren): Sagen Sie dann einfach »Cheese«, um das Foto zu machen. Alternativ verwenden Sie eine der beiden Lautstärketasten auf der rechten Geräteseite.

❶ Das erstellte Foto erscheint unten rechts als Vorschau. Tippen Sie es für die Vollbildschirmansicht an.

❷ Tippen Sie auf das Foto, um die Bedienelemente zu aktivieren:

- (links oben): Auf Fotoauflistung umschalten.
- i: Infos zu den Aufnahmeparametern.
- : Foto versenden per Bluetooth, als E-Mail, usw.
- : Foto als Favorit markieren.
- : Foto löschen.
- : Foto bearbeiten.
- : Menü mit weiteren Funktionen.

Ältere/Neuere Fotos zeigen Sie mit einer Wischgeste nach links/rechts an.

Die ◁-Taste bringt Sie wieder in die Kamera-Anwendung zurück.

20.2 Bild-Modi

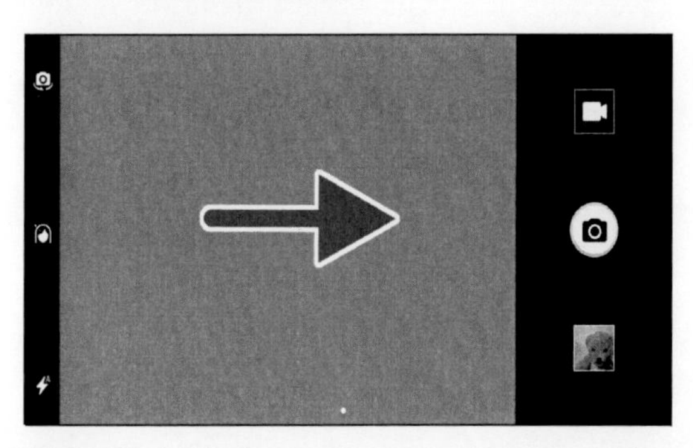

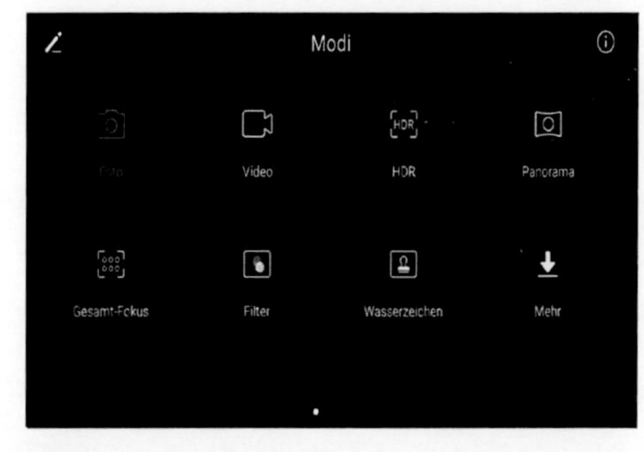

❶❷ Eine Wischgeste nach rechts öffnet die Bild-Modi:

- *Foto*: Der Standard-Modus.
- *Video*: Video-Modus.
- *HDR*: Erstellt ein sehr kontrastreiches Foto. Nur möglich, wenn die Lichtverhältnisse gut sind und sich das Motiv nicht bewegt.
- *Panorama*: Aus mehreren Einzelfotos ein Panorama erstellen.
- *Gesamt-Fokus*: Nimmt zwei Fotos hintereinander auf. Es ist dann später jederzeit ein Fokuswechsel (Scharfstellen von Vorder- oder Hintergrund) möglich.
- *Filter*: Verfremdet ihre Fotos.
- *Wasserzeichen*: Fügt in die Fotos den per GPS ermittelten Aufnahmestandort und das aktuelle Wetter ein. Das Wasserzeichen erscheint in weißer Schrift am unteren rechten Rand des Fotos.
- *Mehr*: Weitere Bildeffekte aus dem Internet installieren:
  - *Lebensmittel*: Intensive Farben bei der Essensfotografie.
  - *Scanner*: Nimmt an die Wand geworfene Präsentationen oder auf einem Tisch lie-

gende Dokumente auf und schneidet das Bild passend zu.

20.3 Einstellungen

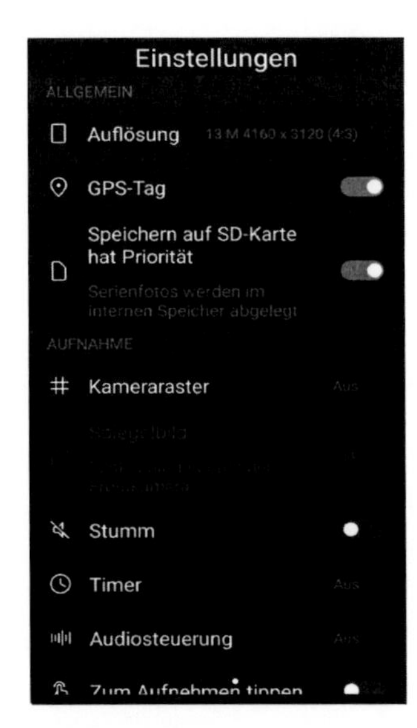

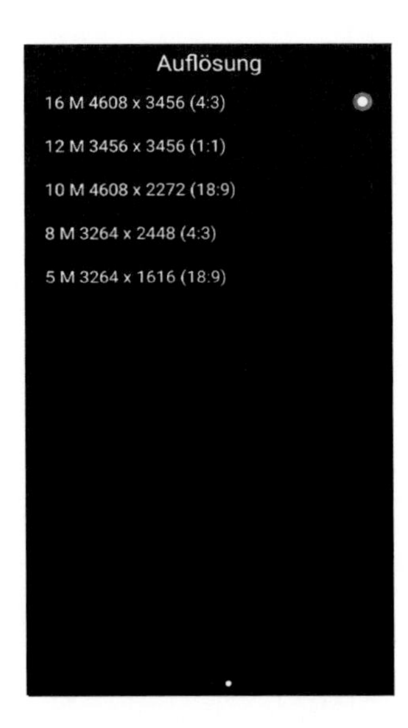

❶❷ Wischen nach rechts öffnet die Einstellungen:

Unter *ALLGEMEIN*:

- *Auflösung:* Fotoauflösung zwischen *13M* (M = Megapixel) und *5M* einstellen.
- *GPS-Tag*: Wenn eingeschaltet, werden in jedem Foto die GPS-Koordinaten Ihrer aktuellen Position mitgespeichert. Später können Sie sich in der Galerie-Anwendung die Aufnahmeorte anzeigen lassen.
- *Speichern auf SD-Karte hat Priorität*: Alle Fotos und Videos auf der eingelegten Speicherkarte ablegen.

Unter *AUFNAHME:*

- *Kameraraster*: Blendet Gitterlinien im Sucher ein, was bei einigen Motiven, zum Beispiel Architektur, die optimale Kamerapositionierung erleichtert.
- *Spiegelbild*: Spiegelt das Kamerabild, wenn Sie die Frontkamera verwenden.
- *Stumm*: Knippsgeräusch deaktivieren.
- *Timer*: Zeitverzögerte Aufnahme nach 2, 5 oder 10 Sekunden.
- *Audiosteuerung*: Das Foto wird wahlweise automatisch erstellt, sobald Sie »Cheese« (engl. »Käse«) sagen oder eine bestimmte Lautstärke erreicht wird.
- *Auslöser berühren und halten*: Wahlweise erstellt ein Halten des Auslösers Serienbilder (bis Sie den Auslöser loslassen) oder fokusiert das Motiv. Letztere Funktion dürfte Ihnen von konventionellen Kameras bekannt sein, wo Sie den Auslöser erst leicht drücken zum Scharf stellen und dann für das Foto durchdrücken.
- *Funktion der Lautstärketasten*: Legt die Funktion der Lautstärketasten auf der rechten Geräteseite fest:
  - *Auslöser*: Foto erstellen.
  - *Zoom*: Bildausschnitt vergrößern/verkleinern. Wir raten von der Nutzung des Zooms ab, weil er digital erfolgt und damit die Bildqualität verschlechtert.
  - *Fokus*: Manuelle Fokussierung (die automatische Fokusierung ist weiterhin möglich).
- *Funktion der Leiser-Taste:* Stellt ein, was passiert, wenn Sie die Lautstärke-leiser-Taste außerhalb der Kamera-Anwendung zweimal schnell hintereinander betätigen:
  - *Foto*: Foto aufnehmen

- ○ *Kamera*: Kamera-Anwendung öffnen
- ○ *Aus*

Mit *ZURÜCKSETZEN* setzen Sie die von Ihnen vorgenommenen Einstellungen wieder in den Auslieferungszustand zurück.,

> Die Foto- und Videoauflösung für die Frontkamera stellen Sie ein, indem Sie vor dem Aufruf der Einstellungen mit der -Schaltleiste auf die Frontkamera umschalten. Danach ändern Sie Sie die *Auflösung*.

20.4 Zoom

Zoomen Sie mit einer Kneifgeste (zwei Finger gleichzeitig auf das Display halten und auseinander/zusammenziehen). Der Bildausschnitt wird elektronisch vergrößert, was mit einem hohen Qualitätsverlust verbunden ist. Es wird nämlich nur der Bildausschnitt hochgerechnet. Sie sollten deshalb den Zoom in der hohen Auflösungsstufe 13M am besten überhaupt nicht einsetzen.

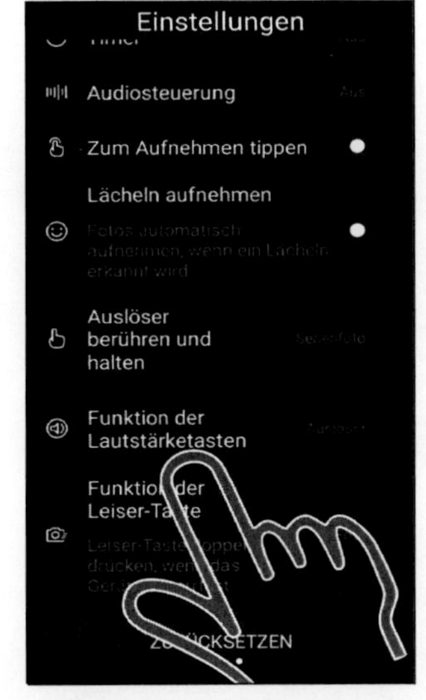

❶❷❸ Alternativ wischen Sie auf dem Bildschirm nach rechts für die Einstellungen und setzen *Funktion der Lautstärketasten* auf *Zoom*.

20.5 Spezialfunktionen

- Es ergeben sich häufig Situationen, in denen man möglichst schnell ein Foto erstellen möchte. Für diesen Fall betätigen Sie bei ausgeschaltetem Display zweimal schnell hintereinander die Lautstärke-runter-Taste. Die Funktion aktivieren/deaktivieren Sie mit *Funktion der Leisertaste* aus den Einstellungen (siehe Kapitel *20.3 Einstellungen*).
- Motive, die sich schnell bewegen, lassen sich meistens nur schwer einfangen. Abhilfe schafft die Serienbild-Funktion, für die Sie einfach den Auslöser () gedrückt halten. In den Einstellungen muss dafür *Auslöser berühren und halten* auf *Serienfoto* gestellt sein.

20.6 Video-Funktion

❶ Aktivieren Sie (Pfeil).

❷ Über die -Schaltleiste (Pfeil) starten und stoppen Sie die Videoaufnahme. Dagegen bringt Sie die -Schaltleiste darüber wieder in den Foto-Modus zurück.

Über können Sie jederzeit während der Videoaufnahme ein Foto erstellen.

Viele Funktionen im Videomodus sind identisch zur Kamerafunktion, auf die bereits die vorhergehenden Kapitel eingehen.

20.6.1 Video-Einstellungen

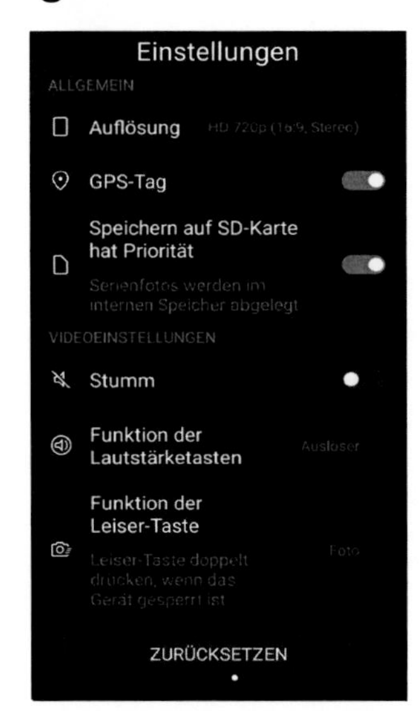

❶❷ Im Video-Modus wischen Sie auf dem Bildschirm nach links für die Einstellungen. Die Menüpunkte haben wir bereits im Kapitel *20.3 Einstellungen* erläutert. Einzig die Option *Stumm,* womit Sie die Audioaufnahme deaktivieren, gibt es nur im Video-Modus.

21. Galerie

Mit der Galerie-Anwendung zeigen Sie Bilder und Videos auf dem Handy an.

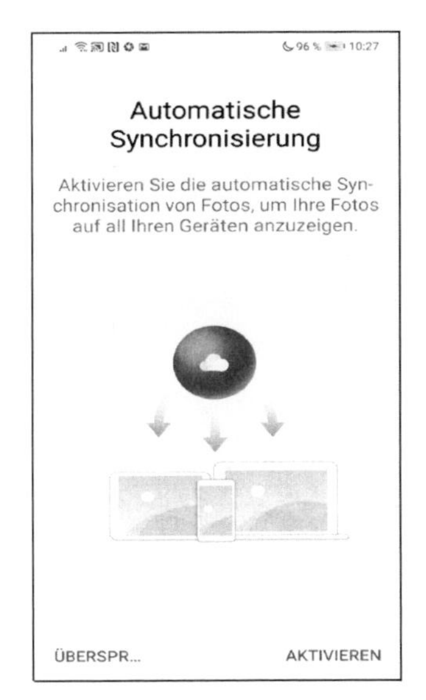

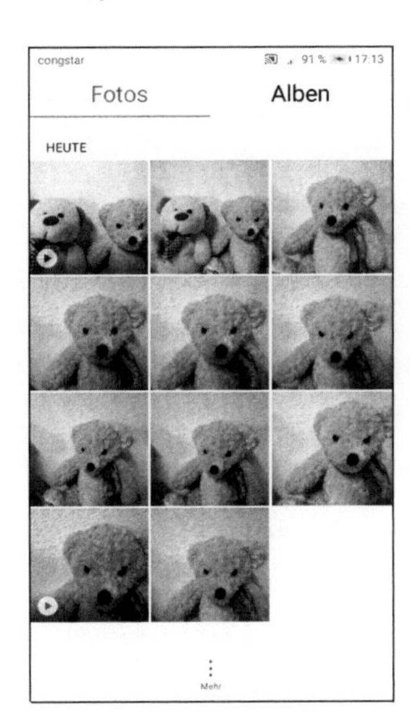

➊ Sie starten die *Galerie*-Anwendung aus dem Startbildschirm.

➋ Den Hinweis auf die automatische Synchronisierung schließen Sie mit *ÜBERSPRINGEN.*

➌ Es dauert nun mitunter einige Sekunden, bis eine Vorschau der gefundenen Bilder erscheint.

21.1 Ansichten

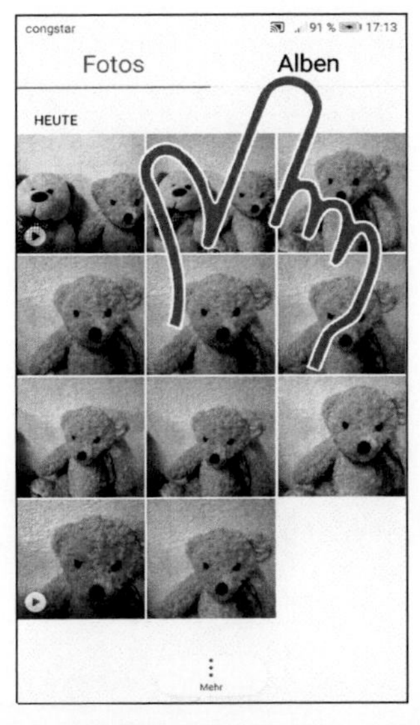

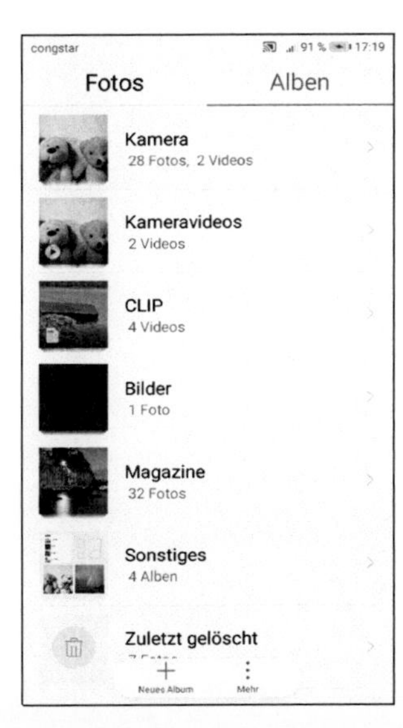

➊ Standardmäßig listet das Huawei die Bilder und Videos nach Aufnahmedatum sortiert an. Beachten Sie bitte, dass dabei nur Fotos/Videos erscheinen, die Sie mit der Kamera-Anwendung erstellt haben. Blättern Sie mit einer Wischgeste in der Bilderauflistung.

➋➌ Über die Register am oberen Bildschirmrand (Pfeil) schalten Sie um zwischen einer *Alben-* und *Entdecken*-Ansicht.

- *Alben*: Listet die Fotos/Videos nach Verzeichnis sortiert auf.
- *Entdecken*: Ordnet alle Fotos nach deren Aufnahmeort.

21.1.1 Albensortierung

Die Albenansicht macht vor allem Sinn, wenn Sie selbst Bilder auf das Huawei Y6/Y7 kopiert haben (siehe Kapitel *17 Gerätespeicher*).

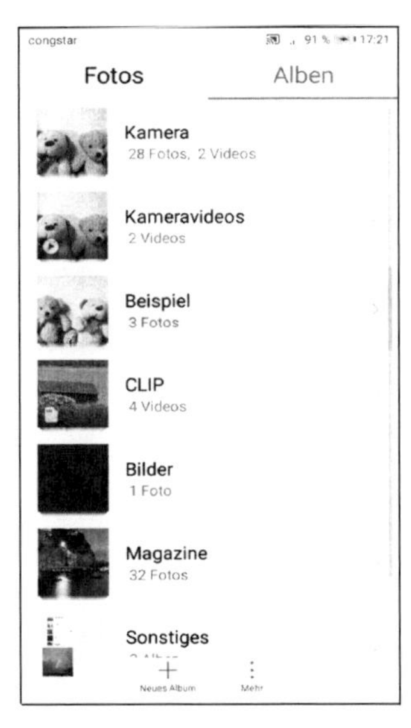

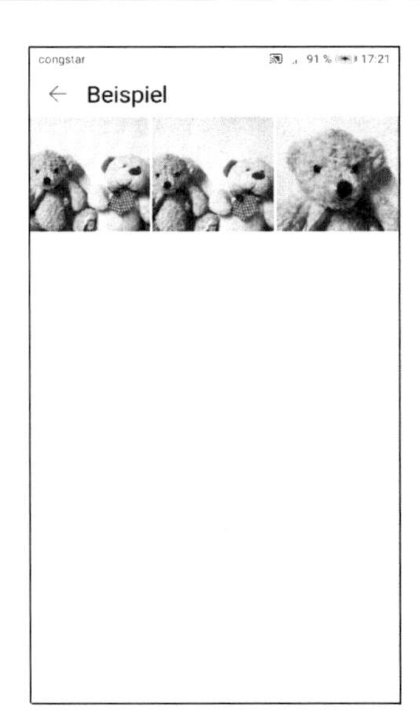

❶❷ Vorhanden sind häufig die Verzeichnisse:

- *Kamera*: Fotos im Gerätespeicher.
- *Videos*: Videos im Gerätespeicher.
- *Downloads*: Im Browser oder aus E-Mails gespeicherte Fotos/Videos.

... weitere Ordner, die Sie angelegt haben, welche Fotos oder Videos enthalten.

Öffnen Sie ein Album, indem Sie es antippen. In der Bildervorschau können Sie mit einer Wischgeste des Fingers blättern. Verlassen Sie das Album mit der ◁-Taste, worauf Sie in die Albenübersicht zurückkehren.

Bei den Alben handelt es sich um Verzeichnisse. Sie brauchen also nur auf dem Gerät eine Bild- oder Videodatei in ein Verzeichnis kopieren, worauf dieses in der Galerie-Anwendung als Album erscheint. Wie Sie Dateien auf das Huawei Y6/Y7 kopieren, erfahren Sie im Kapitel *17 Gerätespeicher*.

21.2 Vollbildansicht

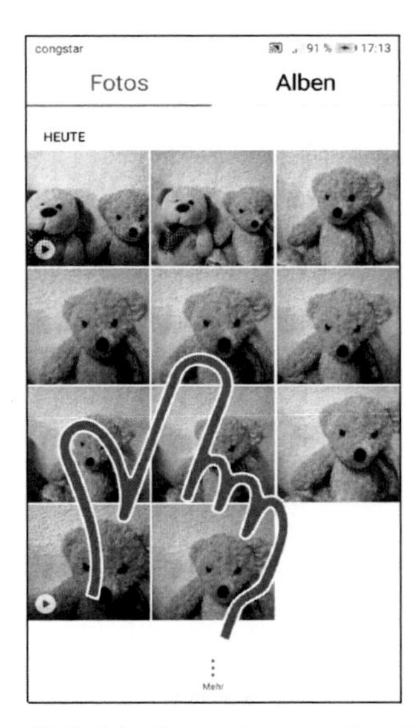

❶❷ Nach Antippen des Vorschaubilds (Pfeil) erscheint das Foto in der Vollbildansicht. Die Funktionen:

- Ziehen des angedrückten Fingers auf dem Foto nach links/rechts (»Wischgeste«): Vorheriges/nächstes Foto anzeigen.
- Zweimaliges schnelles Antippen auf dem Foto: Vergrößert/Verkleinert die Darstellung.

Halten Sie das Handy um 90 Grad gedreht, um gegebenenfalls ein querformatiges Foto auf dem gesamten Bildschirm anzuzeigen.

Die zusätzlichen Schaltleisten verschwinden nach einigen Sekunden. Antippen des Bildschirms schaltet sie wieder ein.

❶❷ Das Huawei Y6/Y7 unterstützt die »Kneifen«-Geste, um in Fotos herein- oder heraus zu zoomen: Tippen und halten Sie dazu gleichzeitig den Mittelfinger und Daumen einer Hand auf das Display und ziehen dann die beiden Finger auseinander, beziehungsweise zusammen. Übrigens spielt es keine Rolle, ob Sie nun vertikal oder waagrecht »kneifen«.

Alternativ halten Sie zwei Finger gleichzeitig auf dem Bildschirm gedrückt und kippen das Huawei Y6/Y7 nach vorne oder nach hinten oder Sie tippen einfach mit einem Finger zweimal schnell hintereinander an die gleiche Stelle auf dem Bildschirm.

21.2.1 Einzelnes Bild bearbeiten

❶ Die Schaltleisten am unteren Bildschirmrand:

- *Teilen*: Fotos per E-Mail, Bluetooth, usw. versenden.
- *Favorit:* Als Favorit markieren.
- *Löschen*: Fotos aus dem Gerätespeicher/von Speicherkarte entfernen.
- *Bearbeiten*: Zuschneiden, Farbton ändern oder rotieren.

❷ Das ⋮-Menü:

- *Hinweise hinzufügen:* Speichert einen von Ihnen eingegebenen Text in der Bilddatei, welcher später in der Galerie zum Bild angezeigt wird.

- *Erweiterte Bearbeitung*: Zuschneiden, Farbton ändern oder rotieren.
- *Slideshow:* Albumfotos nacheinander anzeigen.
- *Drucken oder als PDF exportieren*: Auf die Druckausgabe geht dieses Buch nicht ein.
- *Umbenennen*: Vergeben Sie dem Foto einen anderen Dateinamen.
- *Festlegen als* (❸): Foto als Kontaktfoto (siehe Kapitel *7.5 Kontaktfoto und Klingelton*) oder als Hintergrund für Displaysperre, Startbildschirm oder beides verwenden (siehe Kapitel *4.7.5 Hintergrundbild*).
- *Drehen*: Bildorientierung ändern.

21.3 Bilder verarbeiten

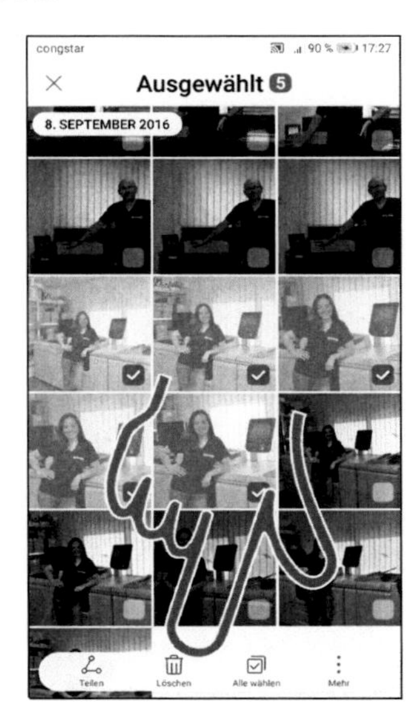

❶ Tippen und halten Sie den Finger über einem Foto, bis es markiert ist. Markieren sie nun weitere Fotos durch kurzes Antippen der Abhakkästchen (Pfeil) – falls Sie daneben tippen, rufen Sie die dagegen die Vollbildansicht auf, die Sie mit der ◁-Taste verlassen.

❷ Über die Schaltleisten am unteren Bildschirmrand können Sie:

- *Teilen*: Fotos per E-Mail, Bluetooth, usw. versenden.
- *Verschieben*: Fotos in einen anderen Ordner verschieben.
- *Löschen*: Fotos aus dem Gerätespeicher entfernen.
- *Alle auswählen*

Das ⋮-Menü:

- *Drucken oder als PDF exportieren*
- *Details*: Anzahl und Gesamtgröße der markierten Dateien.

Den Markierungsmodus verlassen Sie mit der ◁-Taste.

21.4 Videos

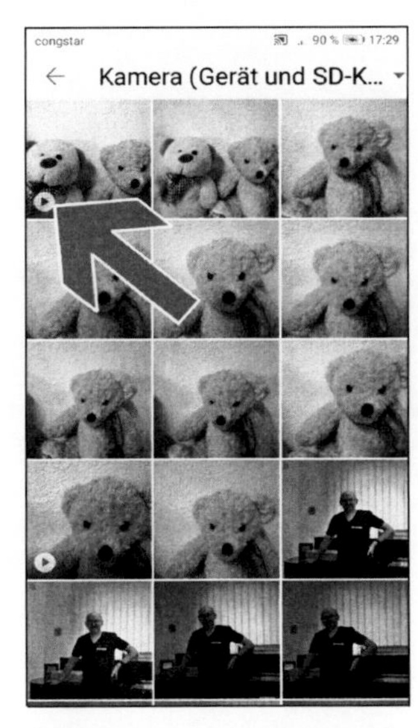

❶❷ Fotos und Videos listet die Galerie-Anwendung zusammen auf. Dabei erkennen Sie Videos anhand des ▶-Symbols (Pfeil). Nach zweimaligem Antippen startet die Video-Wiedergabe.

22. Google Assistant

Der Google Assistant (engl. für »Assistent«) ist eine intelligente Sprachsteuerung. Sie können darüber beispielsweise Termine anlegen, Kontakte anrufen oder im Internet suchen. Mittels künstlicher Intelligenz soll der Google Assistant nach und nach Ihre Vorlieben kennen lernen und entsprechend reagieren.

Sie dürfen den Google Assistant nicht mit dem im Kapitel *4.13 Google-Suche* und *4.13 Google-Suche* vorgestelltem Programm verwechseln, das ähnliche Funktionen anbietet, aber auf manche Sprachbefehle anders reagiert.

22.1 Einrichtung

Abhängig davon, ob Sie den Google Assistant bereits bei der Geräteersteinrichtung (siehe Kapitel *3 Erster Start*) aktiviert haben, ist er bei Ihnen vielleicht schon installiert. Dies können Sie recht einfach über den Play Store (siehe Kapitel *19 Play Store*) überprüfen.

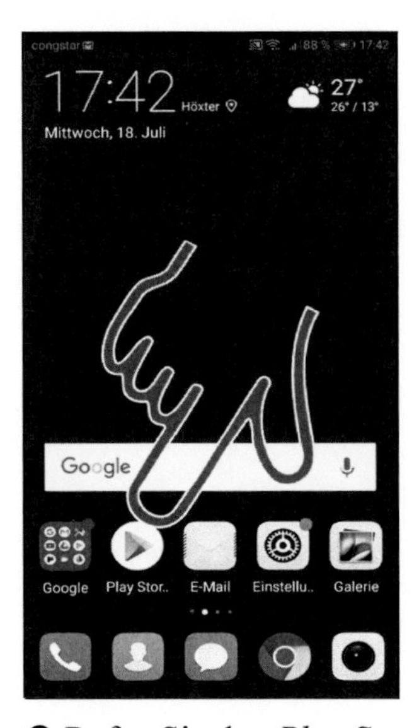

❶ Rufen Sie den *Play Store* im Startbildschirm oder Hauptmenü auf.

❷ Tippen Sie oben ins Suchfeld und geben Sie »google assistant« (Groß- und Kleinschreibung spielt keine Rolle) ein.

❸ Wählen Sie das Suchergebnis *Google Assistant* aus und gehen Sie auf *INSTALLIEREN*. Warten Sie, bis die Installation abgeschlossen ist und schließen Sie den Play Store mit der ◁-Taste.

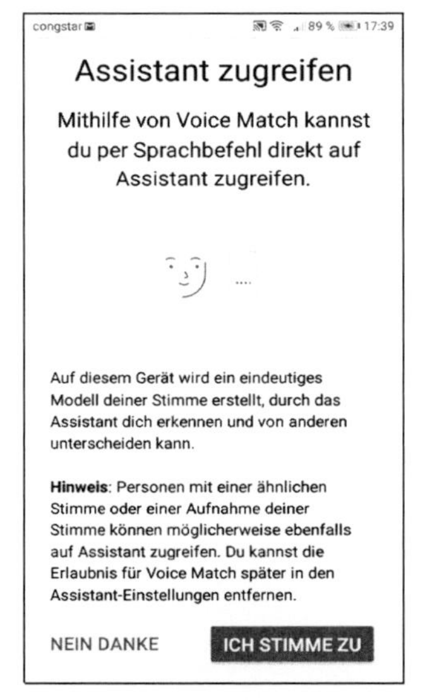

Tippen und halten Sie die O-Taste unterhalb des Displays, bis die einmalig notwendige Einrichtung startet.

➊➋ Betätigen Sie *WEITER* und dann *MEHR*.

➌ Schließen Sie den Vorgang mit *ICH STIMME ZU* ab.

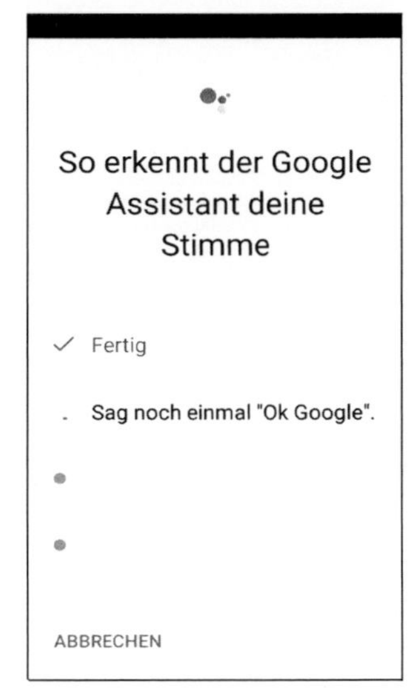

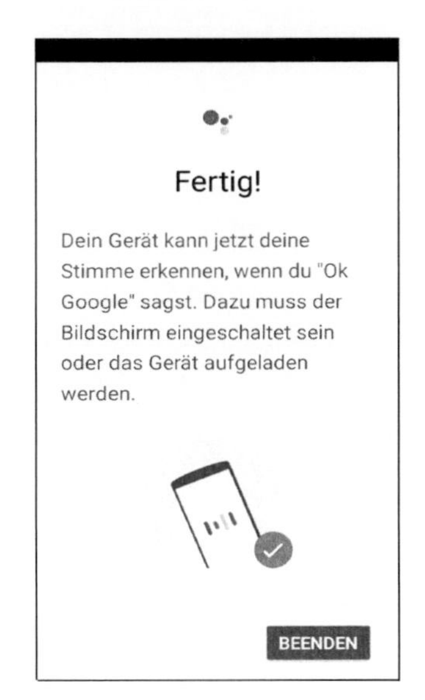

➊ Sprechen Sie dreimal hintereinander »*Ok Google*«, damit die Spracherkennung optimal funktioniert.

➋ Gehen Sie auf *BEENDEN*.

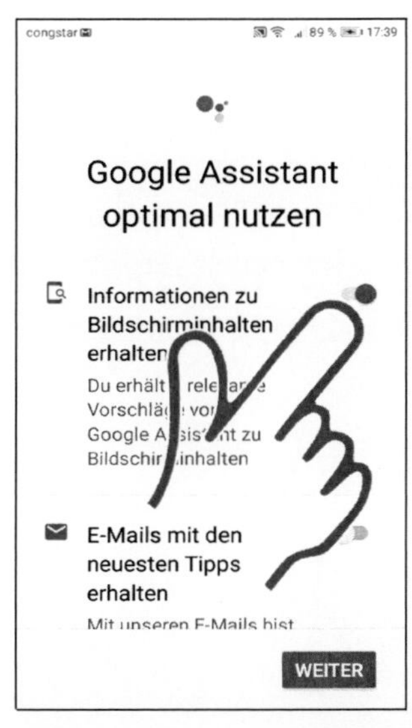

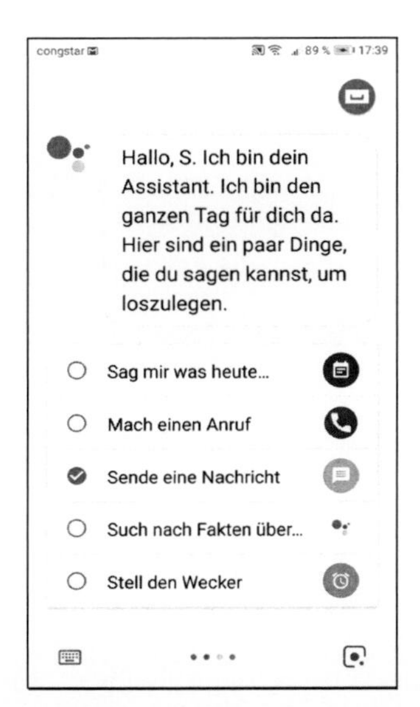

➊ Aktivieren Sie *Informationen zu Bildschirminhalten erhalten* und *E-Mails mit den neuesten Tipps erhalten* (Google schickt ab und zu einen Newsletter an Ihre Google-E-Mail-Adresse). Schließen Sie die Einrichtung mit *WEITER* ab.

➋ Fertig! Der Google Assistant steht bereit.

Künftig rufen Sie den Google Assistant auf zwei Wegen auf:

- **Sie halten die O-Taste gedrückt.**
- **Sie sprechen »Ok Google«.**

Die ◁-Taste beendet den Assistenten.

22.2 Funktionen des Huawei steuern

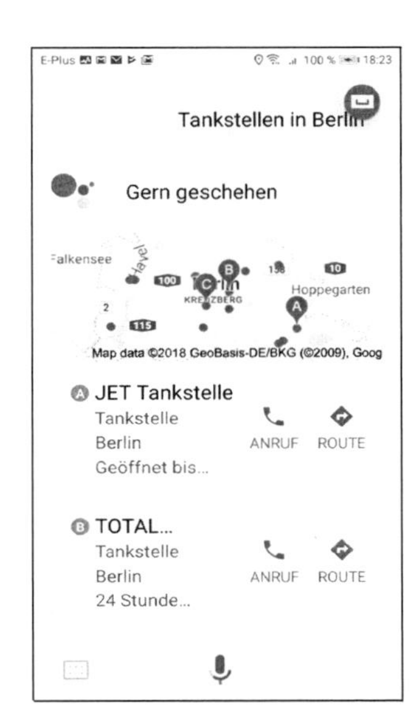

Über den Google Assistant lassen sich auch Dinge erledigen, für die Sie sonst erst umständlich auf dem Bildschirm eine Anwendung starten müssten. Einige Beispiele sollen die Möglichkeiten verdeutlichen. Rufen Sie mit »Ok Google« den Assistenten auf und sprechen Sie einen Befehl (**fett** jeweils die Schlüsselwörter):

- »**E-Mail an** Dara«: E-Mail-Editor starten, die E-Mail-Adresse des Kontakts *Dara* aus dem Telefonbuch als Empfänger übernehmen.
- »**E-Mail an** Laura Muster Hallo wie geht es dir«: Aktiviert Den E-Mail-Editor, sucht den Kontakt *Laura Muster* im Telefonbuch und übernimmt dessen E-Mail-Adresse ins Empfängerfeld. Der Text *Hallo wie geht es dir* wird in das Eingabefeld übernommen (❶).
- »Antonia **mobil anrufen**«: Kontakt auf Handynummer aus dem Telefonbuch anrufen.
- »Hamburg **ansteuern**«, »**Weg zu** Hamburg«, »**Weg zu** Brandenburger Tor«: Startet die Navigation in Google Maps, berechnet die Route zum Zielort und startet die Routenführung (❷).
- »**Karte von** Berlin«: Den genannten Ort in Google Maps anzeigen.
- »Restaurants/Tankstellen/Museen/... **in** Berlin«: Points auf Interest in der Karte anzeigen (❸).
- »**Spiele** Beatles«: YouTube oder MP3-Player starten und dort nach den Interpreten/Song suchen.
- »**Zeige** Beatles Yesterday **in YouTube**«: Bestimmten Song von Band/Interpret in der YouTube-Anwendung suchen und sofort abspielen.
- **Abbrechen**: Die gerade laufende Aktion vorzeitig beenden (alternativ betätigen Sie die ◁-Taste oder Wischen auf dem Bildschirm einmal nach unten).
- **Was steht heute an**: Liefert die Uhrzeit, die Wettervorhersage und listet die anstehenden Termine auf.
- **Spiel Musik**: Öffnet die Play Musik-Anwendung (siehe Kapitel *25 Play Musik*) und startet die Wiedergabe.
- **Öffne Kontakte**: Telefonbuch anzeigen.

Die Spracherkennung beantwortet auch Ihre Fragen, die Sie am Besten möglichst kurz halten, da Google nur die Schlüsselworte und keine langen Sätze auswertet.

- »Wer ist Bundeskanzler in Deutschland«
- »Wetter in Berlin«
- »Wo ist der nächste Burger King«

Sollte die Spracherkennung mal ein Wort oder einen Satz nicht erkennen, führt das Handy eine Google-Websuche durch.

Google gibt auf seiner Website selbst einige weitere Beispiele zu den Sprachbefehlen (hier wörtlich von der Webadresse *support.google.com/websearch/answer/2940021* übernommen). Wir geben hier nur diejenigen Sprachbefehle an, die bei uns im Test auch funktionierten:

- Wecker einstellen: "Wecker auf 7 Uhr einstellen"
- Erinnerung einrichten: "Erinnern an: um 18.00 Uhr Max anrufen" oder "Erinnern an: Eisdiele am Marienplatz testen"
- Termin im Google Kalender erstellen: "Erstelle einen Termin in meinem Kalender: Abendessen in München, Samstag um 19.30 Uhr"
- Freund anrufen: "Martina Müller anrufen" oder "Mama anrufen"
- SMS an einen Freund: "SMS an Stefan: Komme 5 Minuten später"
- E-Mail senden: "E-Mail senden an Kerstin: Betreff: neue Schuhe, Nachricht: Ich muss dir unbedingt meine neuen Schuhe zeigen"
- Routen abrufen: "Navigieren von Berlin nach Köln" oder "Wegbeschreibung von Berlin nach Frankfurt am Main"
- Orte in der Nähe finden: "Wo ist das nächste Café?"
- Nach der Uhrzeit fragen: "Wie spät ist es in London?"
- Nach dem Wetter fragen: "Wie ist das Wetter morgen Früh?"
- Interessante Antworten auf Fragen: "Wo wurde Albert Einstein geboren?" oder "Wie alt ist Beyonce?"
- Worte oder Sätze übersetzen: "Was heißt Gurke auf Spanisch?"
- Wort definieren: "Was bedeutet Adipositas?"
- Einheiten umrechnen: "Was sind 12 Zoll in Zentimeter?"
- Mathematische Gleichungen lösen: "Was ist die Wurzel aus 2209?"

Auch die Systemeinstellungen ändert die Sprachsteuerung:

- **Taschenlampe einschalten; Taschenlampe aussschalten**: Die Kamera-LED ein/ausschalten.
- **Bildschirm dunkler; Bildschirm heller**: Displayhelligkeit ändern.
- **Musik lauter/leiser**; **Klingelton lauter/leiser**: Lautstärke ändern.

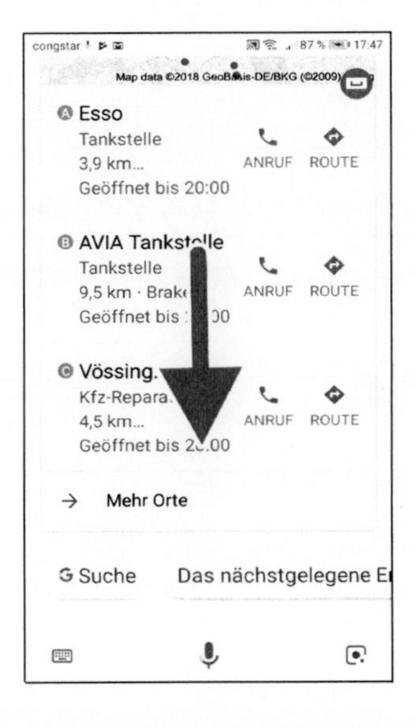

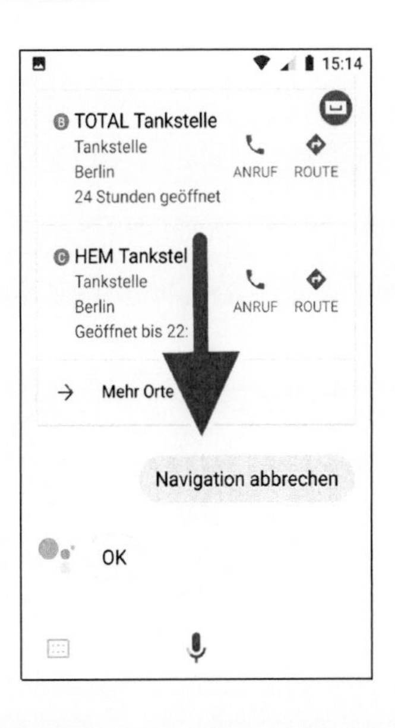

❶ Eine Wischgeste nach unten zeigt die zuletzt durchgeführten Befehle an.

❷❸ Befehle dürfen Sie auch über ein Tastenfeld erfassen, das Sie mit der Schaltleiste unten links aktivieren.

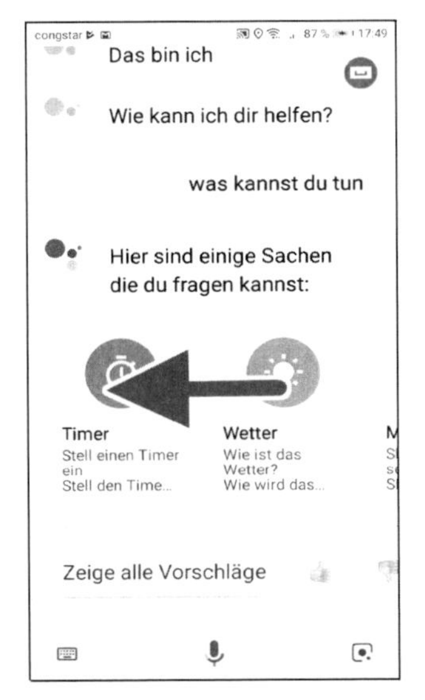

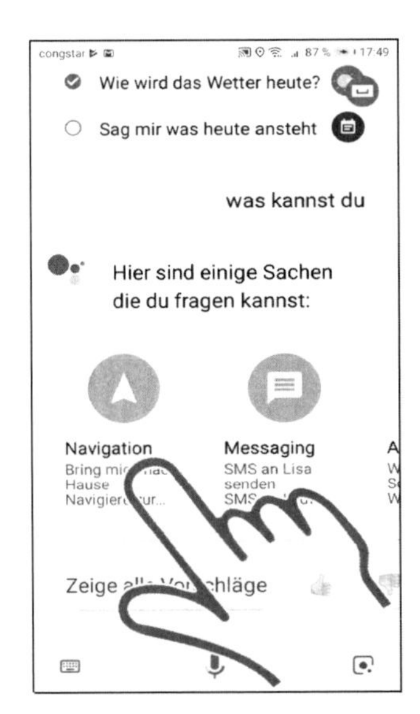

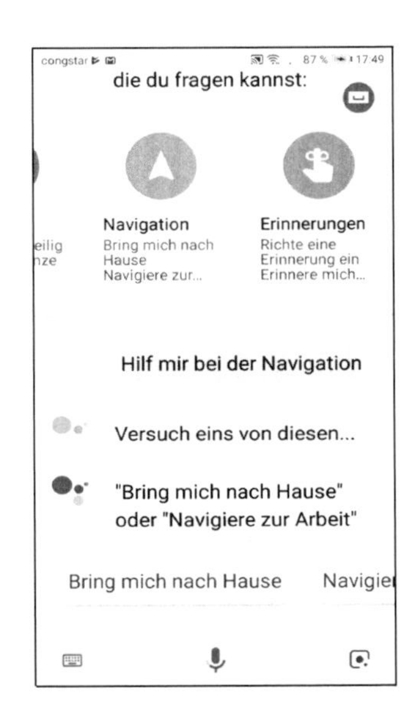

❶ Sie möchten wissen, was der Assistent alles an Befehlen drauf hat? Dann sprechen Sie »*Was kannst du*«. Wischen Sie in den Beispielen nach links, um weitere anzuzeigen.

❷❸ Tippen Sie einen Vorschlag an.

22.3 Weitere Funktionen

Im Google Assistant sind zusätzliche Assistenten verfügbar, die von Drittanbietern entwickelt und betrieben werden.

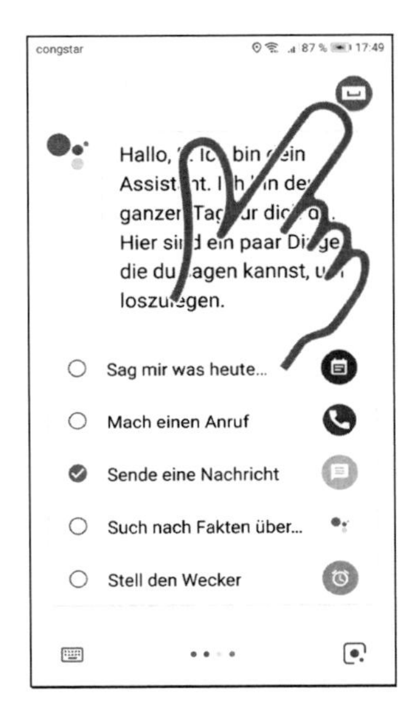

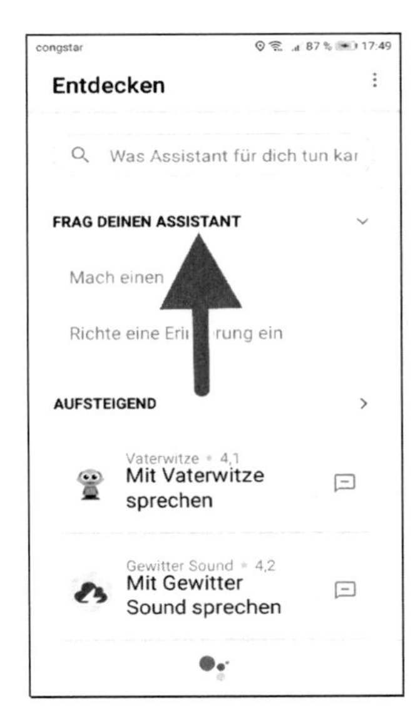

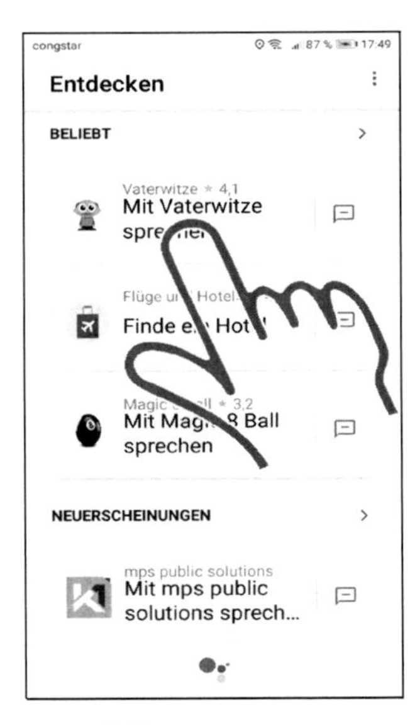

❶ Eine Liste der verfügbaren Assistenten liefert die blaue Schaltleiste (Pfeil).

❷❸ Wischen Sie durch die Beispiele und tippen Sie einen Vorschlag an.

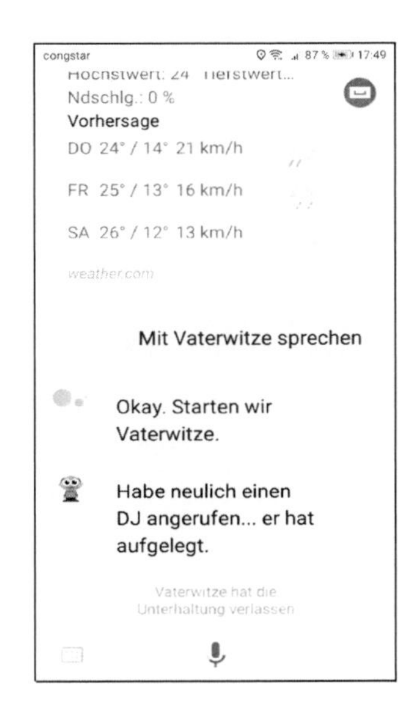

❶ Der Bildschirm informiert Sie über den Entwickler und darüber, wie Sie die Funktion aktivieren. Merken Sie sich einen der Befehle, im Beispiel *Mit Vaterwitze sprechen* oder *Vaterwitze sprechen*. Sie können nun den Bildschirm mit der ◁-Taste verlassen.

❷ Künftig rufen Sie den Google Assistant per Sprachbefehl auf und sprechen dann den Befehl *Mit Vaterwitze sprechen* auf.

22.4 Einstellungen

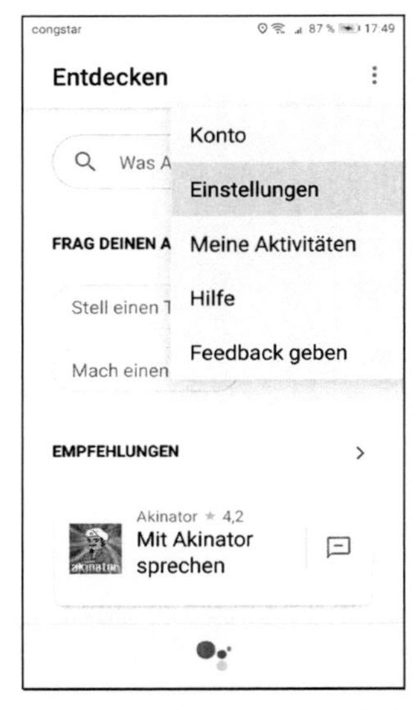

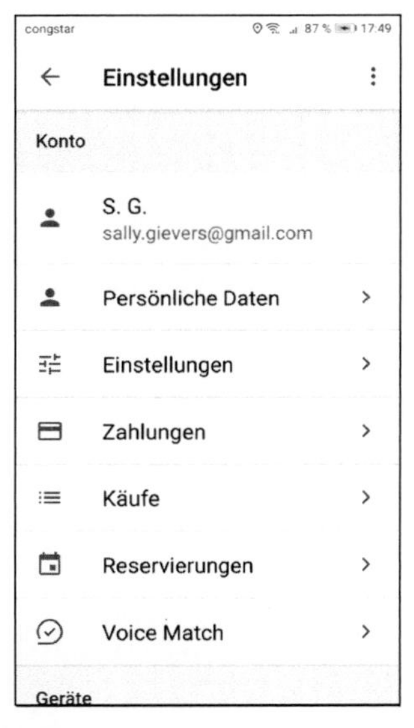

❶ Für die Konfiguration tippen Sie oben rechts auf die blaue Schaltleiste.

❷ Rufen Sie ⁝/*Einstellungen* auf.

❸ Das Menü:

Unter *Konto*:

- *(Ihr Google-Konto)*: Auf die Daten in Ihrem Google-Konto (siehe Kapitel *15 Das Google-Konto*) greift der Assistent bei der Beantwortung Ihrer Fragen zu.
- *Persönliche Daten*:
    - *Privat- und Geschäftsadressen*: Diese Adressen sollten Sie anlegen, damit Sie die Befehle »Navigiere mich nach Hause« oder »Navigiere mich zur Arbeit« verwenden können.
    - *Spitzname*: Standardmäßig spricht Sie der Assistent mit dem Namen an, den Sie bei der Ersteinrichtung Ihres Geräts eingegeben haben. Sie ändern ihn in diesem Menü.
    - *E-Mail-Benachrichtigungen*: Google informiert Sie per E-Mail über Neuerungen beim Assistenten.

- *Einstellungen*:
  - Legen Sie unter *Wetter* die Art der Temperaturangaben (Celsius oder Fahrenheit) fest.
  - *Fortbewegung*: Stellen Sie ein, mit welchem Verkehrsmittel Sie zur Arbeit und zu Freizeitaktivitäten fahren.
  - *Durchgängige Unterhaltung*: Das Handy lässt nach Ihrem Sprachbefehl das Mikrofon offen, falls Sie mit einer Frage nachfassen. Wir raten davon aus Datenschutzgründen ab.
- *Zahlungen*: Google betreibt mit »Google Payments« eine Zahlungsabwicklung, die aber in Deutschland nicht verfügbar ist. Sie können daher dieses Menü ignorieren.
- *Käufe*: Listet alle Softwarekäufe im Play Store (siehe Kapitel *19 Play Store*) auf.
- *Reservierungen*: Nicht von Google dokumentiert.
- *Voice Match*: Erstellen Sie bis zu sechs Sprachprofile, anhand derer Google Assistant die verschiedenen Nutzer erkennt. Nur für Nutzer interessant, die in einem Haushalt mehrere Google-Geräte (zum Beispiel »Google Home Smart Speaker«) verwenden.

Unter *Geräte*:

- *Smartphone*:
  - *Google Assistant*: Damit deaktivieren Sie den Assistenten.
  - *Mit Voice Match entsperren*: Auch im Sperrbildschirm ist der Google Assistant per Sprachbefehl aktivierbar.
  - *Sprachmodell*:
    - *Sprachmodell umtrainieren; Sprachmodell löschen*: Den »*Ok Google*«-Befehl haben Sie bereits bei der Assistentenrichtung trainiert.
  - *Sonstige Einstellungen für die Spracheingabe*: Legt fest, ob die Sprachsteuerung auch über ein Bluetooth- oder Kabelheadset erfolgen darf.
  - *Google Assistant-Sprache*: Die für die Spracherkennung und Ausgabe genutzte Landessprache.
  - *Bevorzugte Eingabe*: Schaltet den Assistenten zwischen Sprach- und Tastatureingabe um, was aber keinen Sinn ergibt.
  - *Sprachausgabe*: Stellen Sie ein, ob Sie die Sprachausgabe nutzen möchten, oder nur, wenn die Freisprechfunktion aktiv ist.
  - *Andere Einstellungen für die Sprachbedienung*:
    - *Offline-Spracherkennung*: Einige Spracherkennungsfunktionen funktionieren auch offline, das heißt ohne Internetverbindung, wenn Sie hier ein entsprechendes Sprachpaket installieren.
    - *Anstößige Wörter sperren*: Vulgäre Schimpfwörter verwirft die Spracherkennung und ersetzt sie durch »#«.
    - *Bluetooth-Headset*: Nutzen Sie ein Bluetooth-Headset (siehe Kapitel *28.3 Bluetooth-Headset/Freisprecheinrichtung verwenden*), so läuft die Spracherkennung darüber.
  - *Bildschirmkontext verwenden*: Der Assistent berücksichtigt bei seinen Antworten die gerade aktive Anwendung.
  - *Benachrichtigungen*: Erinnerungen durch den Google Assistant aktivieren/deaktivieren.

Unter *Dienste*:

- *Musik*: Legt fest, welche Musikdienste der Google Assistant verwendet.
- *Smarthome-Steuerung*: Google vertreibt zahlreiche Heimautomationsgeräte, beispielsweise Google Home Smart Lautsprecher, die Sie in diesem Menü einrichten.
- *Nachrichten*: Wenn Sie »*Nachrichten anhören*« sagen, nutzt Google die aufgeführten

Nachrichtenanbieter.

- *Mein Tag*: Sagen Sie »*Was steht heute an?*«, so wertet Google die nachfolgenden Datenquellen aus.
- *Einkaufsliste*: Die Einkaufsliste sammelt ihre Kaufwünsche.
- *Verknüpfungen*: Das Menü automatisiert häufige Abläufe.
- *Videos und Fotos*: Google nutzt die aufgeführten Video- und Foto-Anwendungen für die Abwicklung Ihrer Sprachbefehle.

23. Kalender

Der Kalender verwaltet Ihre Termine, die sich mit dem Google-Kalender synchronisieren lassen.

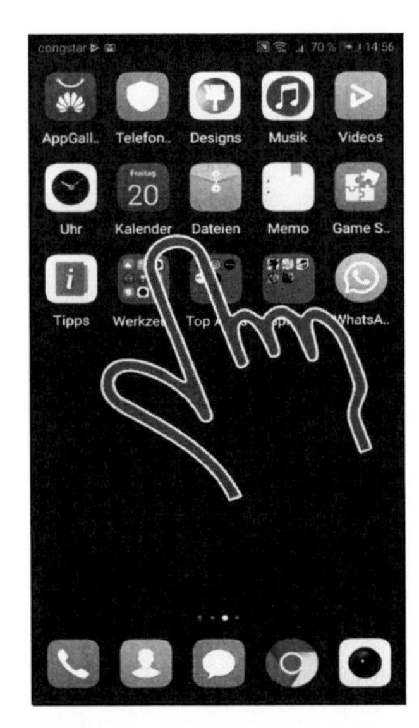

➊➋ Sie finden den *Kalender* im Startbildschirm (Pfeil).

> Sofern Sie bereits ein Google-Konto auf dem Huawei Y6/Y7 eingerichtet haben, erscheinen in der Kalender-Anwendung schon beim ersten Aufruf diverse im Google-Kalender hinterlegte Termine.

23.1 Kalenderansichten

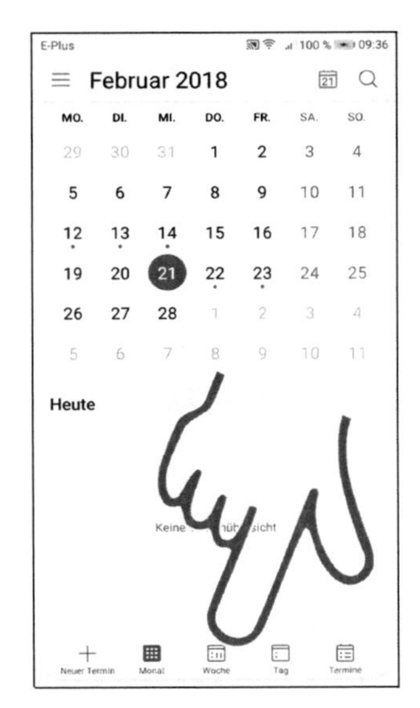

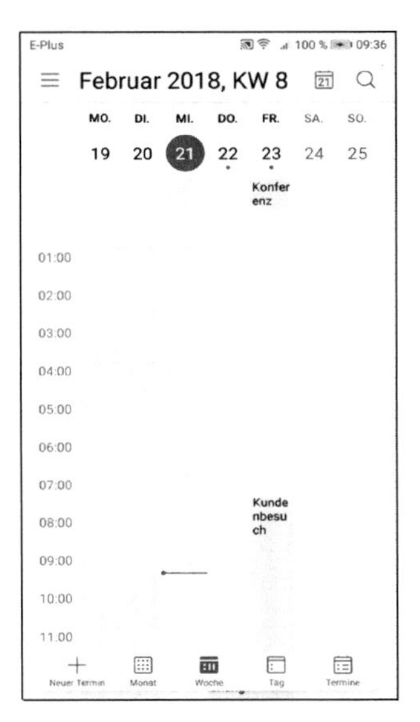

➊➋ Der Kalender zeigt beim Start standardmäßig den aktuellen Monat an. Um auf eine andere Kalenderansicht umzuschalten, tippen Sie unten auf *Monat, Woche* oder *Tag*.

23.1.1 Jahresansicht

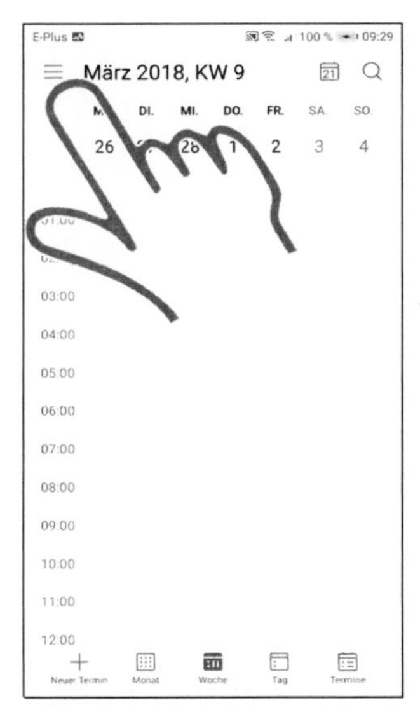

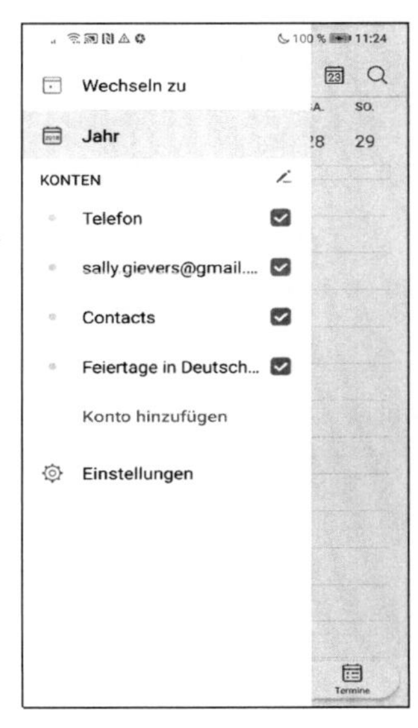

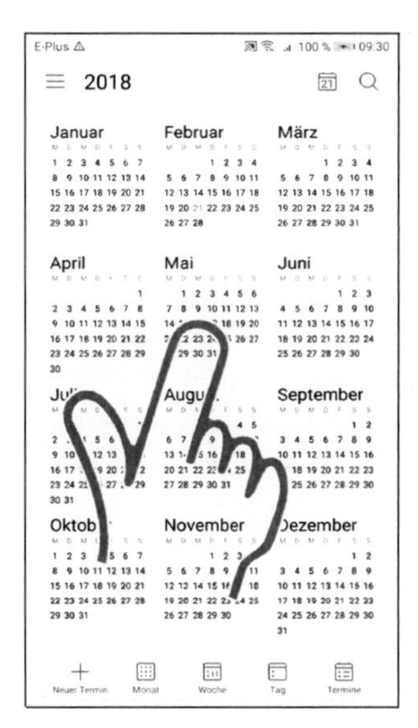

❶❷❸ Über die Jahresansicht, die Sie im Ausklappmenü über *Jahr* erreichen, springen Sie schnell zu einem bestimmten Monat.

23.1.2 Monatsansicht

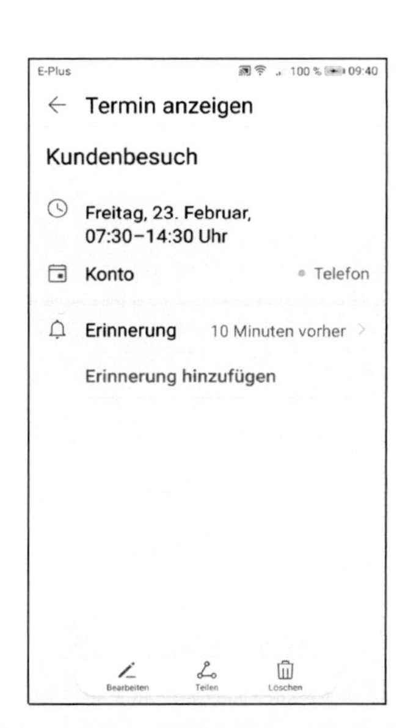

❶ In der Monatsansicht sind alle Tage, denen ein oder mehrere Termine zugeordnet sind, mit einem Punkt markiert. Tippen Sie einen Kalendertag an, so listet der Kalender alle zugehörigen Termine am unteren Bildschirmrand auf.

❷❸ Wählen Sie einen der Termine am unteren Bildschirmrand aus, worauf die Termindetails angezeigt werden.

23.1.3 Wochenansicht

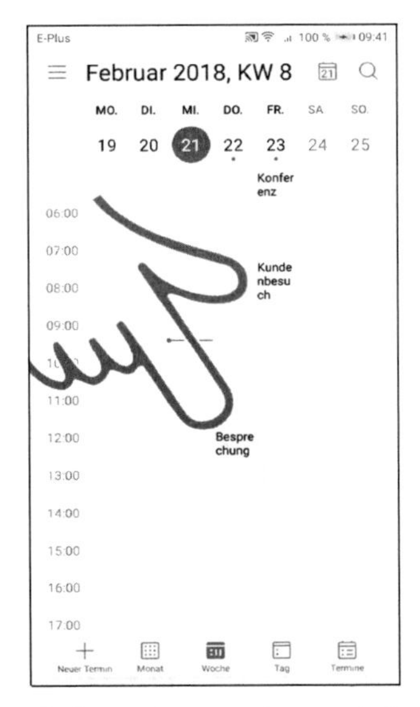

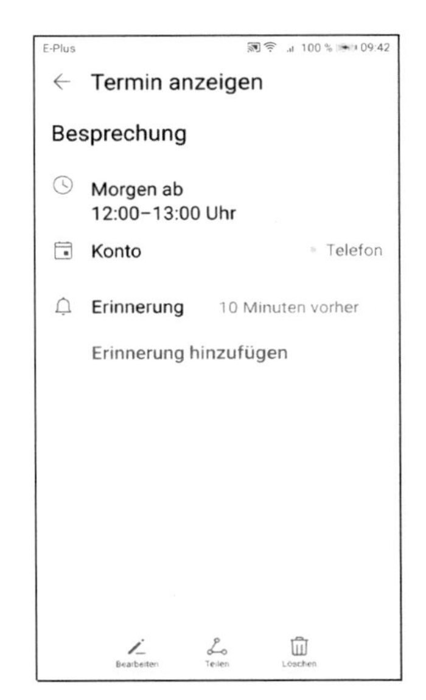

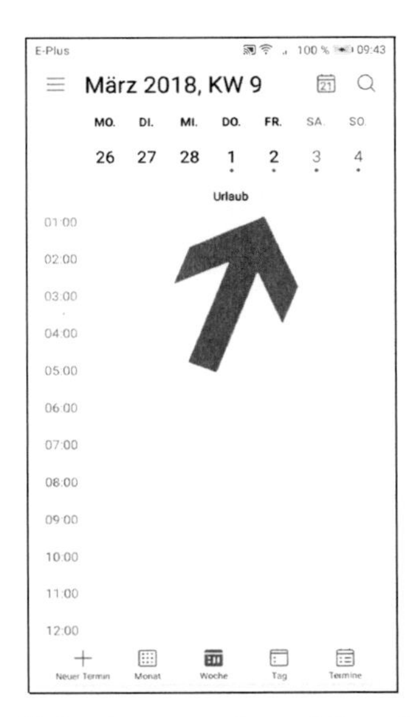

➊➋ In der Wochenansicht sind alle Termine als Balken auf einer Zeitachse angelegt. Man sieht auf diesem Wege sofort, ob und wo noch freie Zeiträume sind. Antippen eines Termins (Pfeil) zeigt diesen wiederum an.

➌ Ganztagestermine blendet der Kalender jeweils am oberen Bildschirmrand ein. Diese können Sie für Termindetails antippen.

23.1.4 Tagesansicht

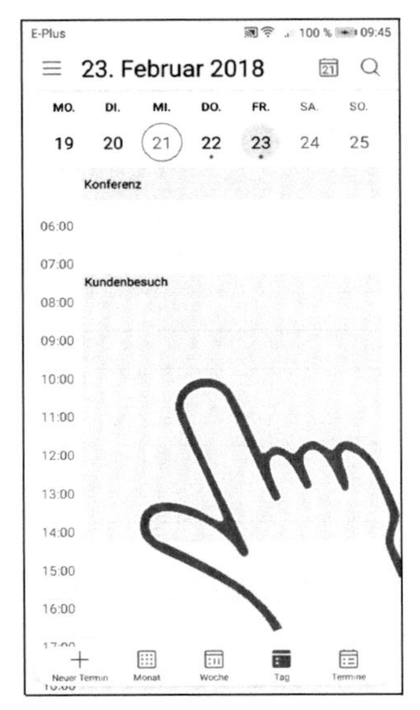

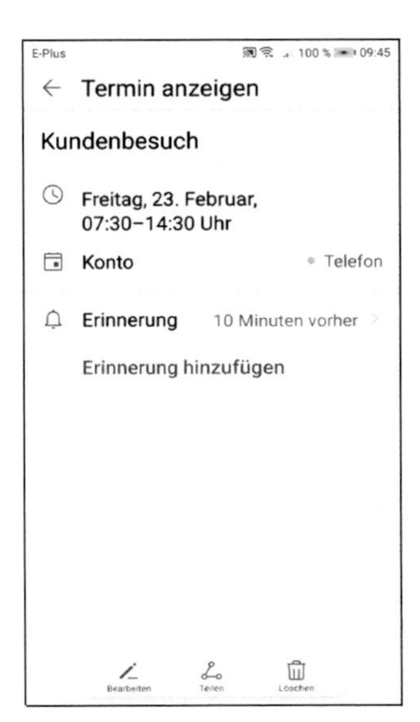

➊➋ Auch die Tagesansicht stellt die Termine in einer Zeitachse dar. Tippen Sie einen Termin (Pfeil) für die Detailansicht an.

23.2 Navigation im Kalender

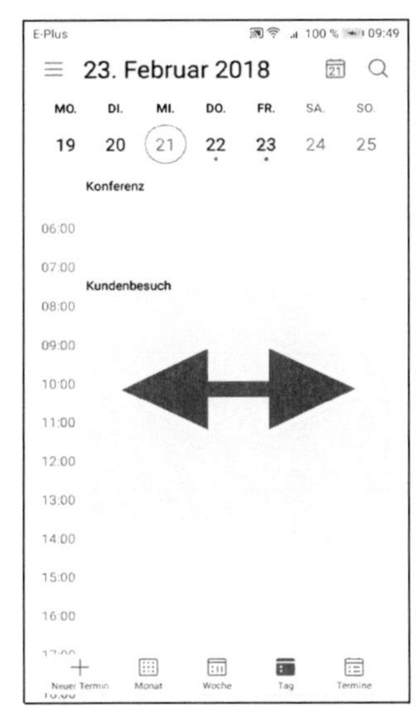

➊ Mit einer Wischgeste nach links/rechts blättern Sie in den Terminen vor oder zurück. Über die ▭-Schaltleiste am oberen rechten Bildschirmrand kehren Sie zum aktuellen Datum zurück.

➋➌ Als hilfreich erweist sich die Q-Schaltleiste, mit der Sie die Suche aktivieren.

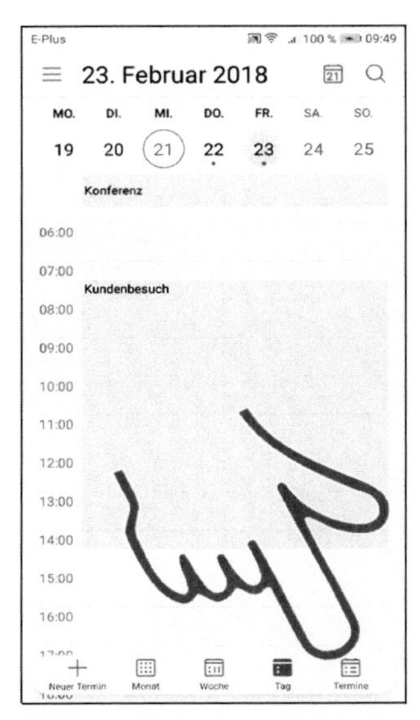

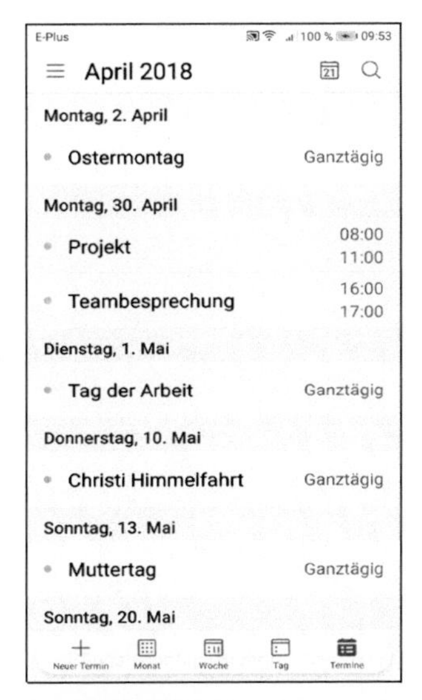

➊➋ Alternativ listet *Termine* alle anstehenden Termine auf.

23.3 Neuen Termin hinzufügen

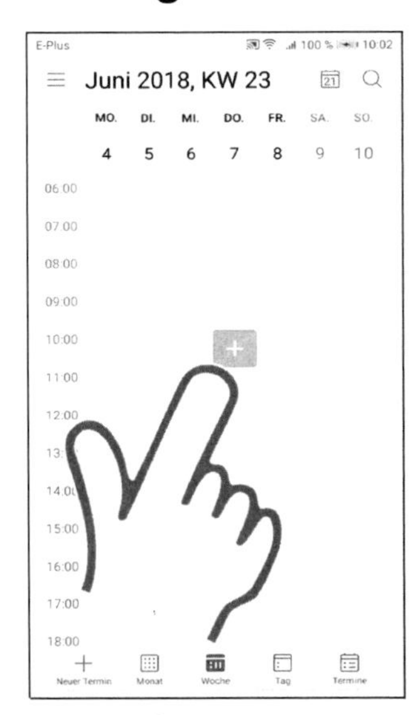

➊ In allen Kalenderansichten erzeugt die +-Schaltleiste einen neuen Termin.

➋ Sie ersparen Sie übrigens etwas Arbeit, indem Sie vor Betätigen der +-Schaltleiste kurz auf den Kalendertag (Monatsansicht) oder in die Zeitleiste (Wochen- und Tagesansicht) tippen (Pfeil). Der Kalendertag wird dann in den Termineditor übernommen.

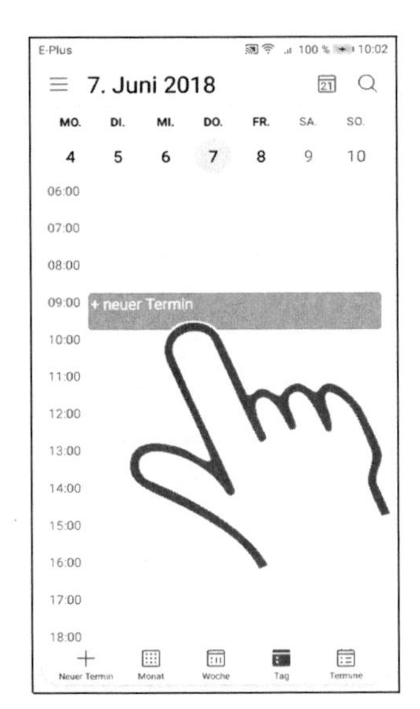

➊ Der Kalender unterstützt noch eine weitere Methode für die Terminerfassung: Doppeltippen Sie mit dem Finger auf einen Kalendertag beziehungsweise eine Uhrzeit in der Zeitleiste.

➋ Erfassen Sie im Bearbeitungsbildschirm die Termindaten. Sofern es sich um einen Termin ohne feste Uhrzeit, beispielsweise einen Geburtstag, handelt, aktivieren Sie *Ganztägig*.

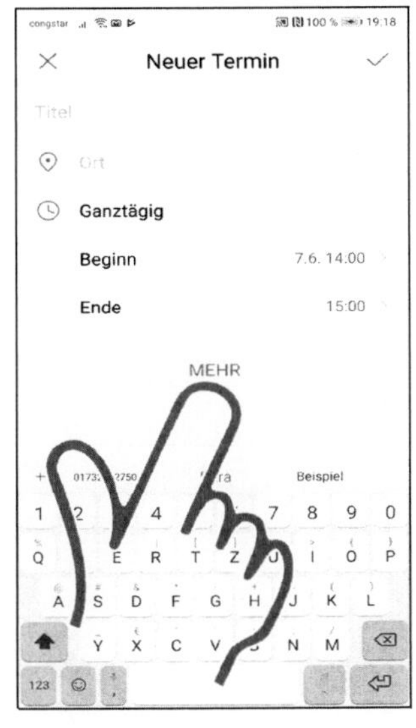

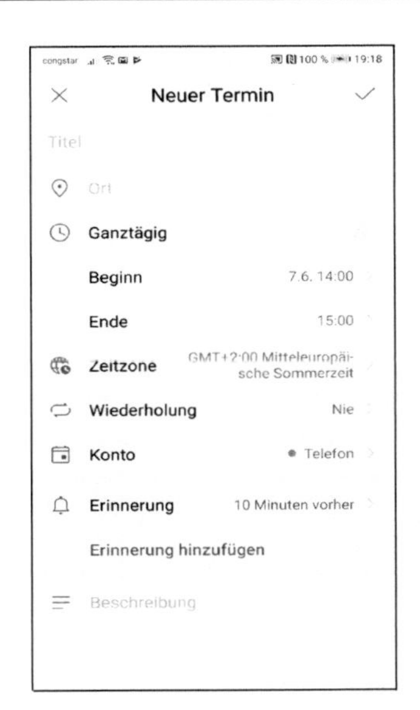

❶❷ Betätigen Sie *MEHR* für weitere Eingabefelder.

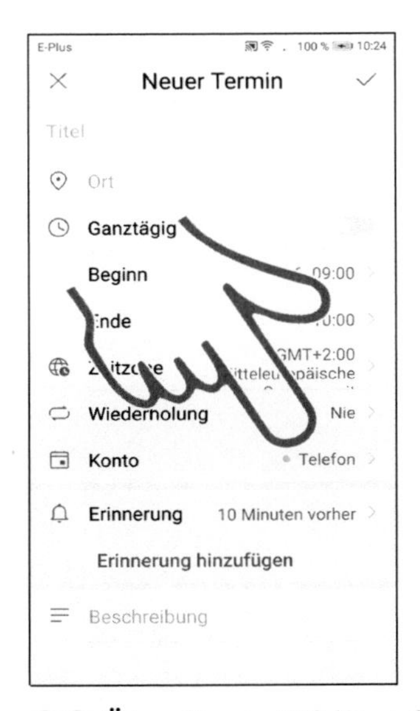

❶❷ Über *Konto* (Pfeil) stellen Sie ein, ob die Daten im Internet gesichert werden:

- *Telefon*: Der Termin bleibt auf dem Gerät.
- *(Ihr Konto)@gmail.com*: Datenabgleich des Termins mit Google Kalender über das Internet.

Sie sollten immer Ihr Google-Konto verwenden, da die Speicherung auf dem Gerät keinen Sinn macht.

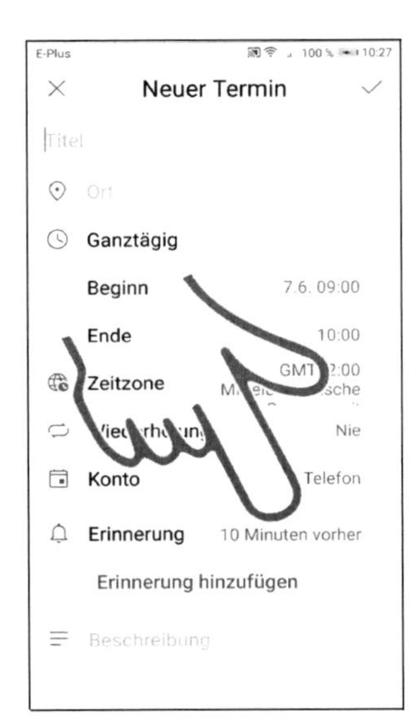

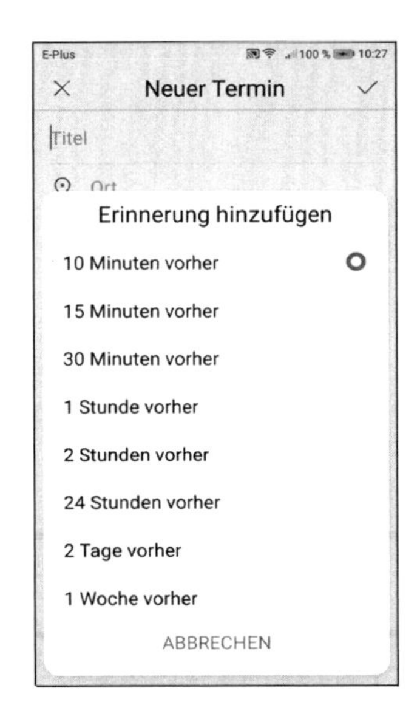

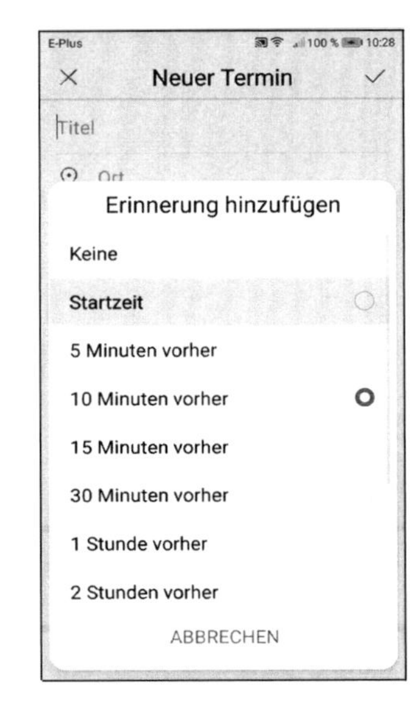

❶❷ Das Handy macht Sie standardmäßig auf den Termin 10 Minuten vorher aufmerksam. Diese Erinnerung können Sie durch Antippen jederzeit auf einen anderen Zeitraum ändern. Die *Erinnerung hinzufügen*-Schaltleiste legt weitere Erinnerungen an.

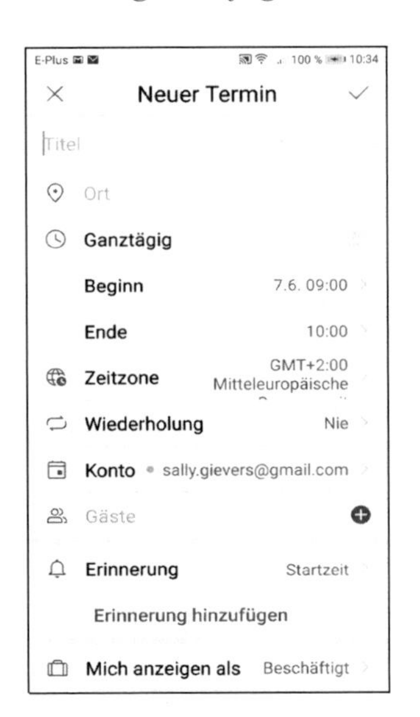

❶ Die weiteren Eingabefelder/Auswahlmenüs:

- *Zeitzone*: Die Zeitzone ist ausschließlich für Anwender interessant, die Termine in anderen Ländern wahrnehmen. Standardmäßig rechnet der Kalender alle Terminuhrzeiten auf die jeweilige Lokalzeit des Aufenthaltslandes um. Wenn Sie dies nicht möchten, stellen Sie die Zeitzone entsprechend ein.
- *Wiederholung* (❷) ermöglicht es dagegen, den Termin in bestimmten Zeiträumen automatisch erneut anzusetzen, beispielsweise wöchentlich oder monatlich.
- *Gäste*: Sie können weitere Personen aus dem Telefonbuch (siehe Kapitel 7 Telefonbuch) oder durch Eingabe ihrer E-Mail-Adresse einladen, die dann über den Termin per E-Mail informiert werden.
- *Mich anzeigen als; Datenschutz*: Diese Funktion ist nur für Anwender relevant, die ihren Google-Kalender mit mehreren Personen teilen, worauf dieses Buch nicht eingeht.
- *Beschreibung*

❸ Betätigen Sie anschließend ✓ am oberen Bildschirmrand.

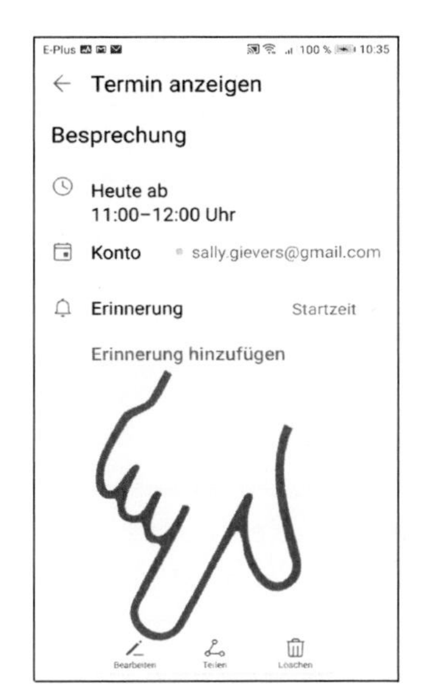

❶❷ Der Termin erscheint im Kalender. Tippen Sie ihn an für die Termindetails. Falls Sie ihn ändern möchten, gehen Sie auf *Bearbeiten*.

Die dünne durchgehende Linie über dem Termineintrag folgt der aktuellen Uhrzeit.

23.4 Weitere Terminverwaltungsfunktionen

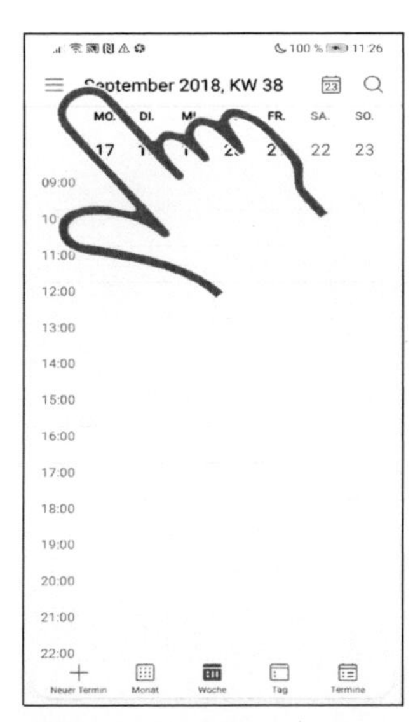

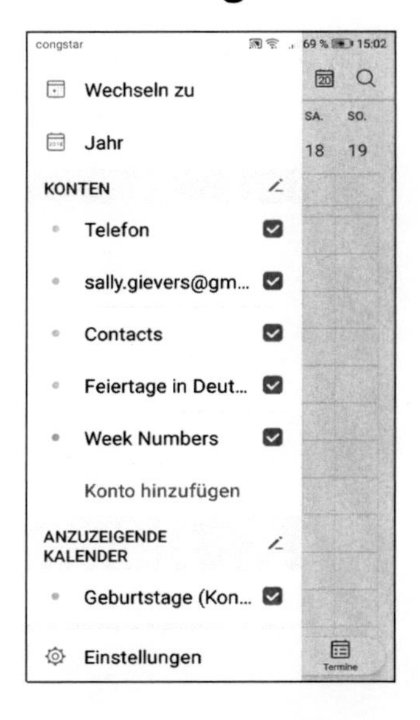

❶❷ Das Ausklappmenü:

- *Wechseln zu*: Direkt zu einem bestimmten Datum springen.
- *Jahr*: Zeigt eine Jahresübersicht an, in der Sie einen Monat zur Ansicht auswählen.

Unter *KONTEN* legen Sie fest, von welchen Konten Daten im Kalender erscheinen:

- *Telefon*: Von Ihnen im Telefon-Konto abgelegte Termine (wovon wir abraten).
- *(IhrKonto)@gmail.com*: Ihr Google-Konto (empfohlen, siehe Kapitel *15 Das Google-Konto*).
- *Contacts*: Geburtstage von Kontakten im Telefonbuch im Kalender einblenden. Weil Sie Ihre Kontakte im Google-Konto speichern, ist diese Funktion für Sie ohne Nutzen.
- *Feiertage in Deutschland*
- *Week Numbers*: Blendet in der Wochenanzeige die Kalenderwoche ein.
- *Konto hinzufügen*: Ein Microsoft Exchange- oder Huawei-Konto hinzufügen. Wir gehen in diesem Buch nicht darauf ein, weil das Google-Konto bereits alle nötigen Funktionen bereitstellt.

Unter *ANZUZEIGENDER KALENDER:*

- *Geburtstage (Kontakte)*: Nicht von Huawei dokumentiert.

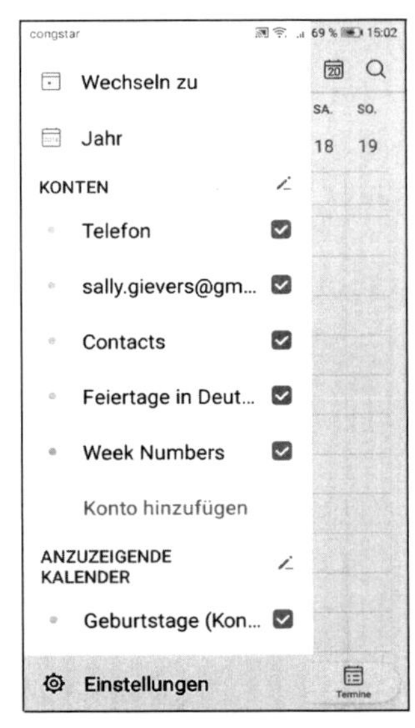

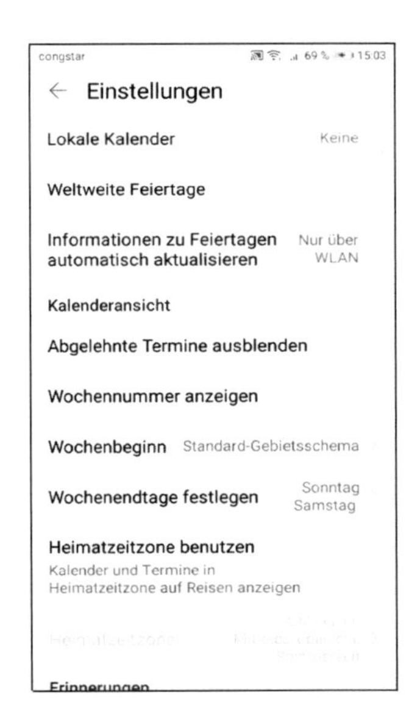

❶❷ Unter *Einstellungen* im Ausklappmenü konfigurieren Sie:

- *Lokale Kalender*: Stellen Sie einen Kalender ein, der Ihrem Kulturkreis (Japan, China, Indien, usw.) entspricht. Das Handy passt die Kalenderanzeige entsprechend an.
- *Weltweite Feiertage*: Voreingestellt ist Deutschland. Der Kalender blendet somit die deutschen Feiertage im Kalender ein. Bitte beachten Sie, dass der Kalender Ihres Google-Kontos ebenfalls Feiertage mitbringt. Sollten die Feiertage bei Ihnen doppelt erscheinen, so müssen Sie *Weltweite Feiertage* deaktivieren.
- *Informationen zu Feiertagen automatisch aktualisieren*: Damit legen Sie fest, welchen Übertragungsweg der Kalender für den Download der Feiertage aus dem *Weltweite Feiertage*-Menü verwendet.

Unter *Kalenderansicht*:

- *Abgelehnte Termine ausblenden*: Terminanfragen, die Sie ablehnen (in diesem Buch gehen wir nicht weiter darauf ein), blendet der Kalender aus.
- *Wochennummer anzeigen*: Wochennummer in der Wochenansicht einblenden (oben im Bildschirm).
- *Wochenbeginn*: In manchen Kulturkreisen beginnt die Woche bereits am Sonntag, was Sie hier festlegen.
- *Wochenendtage festlegen*: Außerhalb Europas sind manchmal andere Wochentage als Wochenende üblich.
- *Heimatzeitzone benutzen; Zeitzone*: Befinden Sie sich in einer anderen Zeitzone, so rechnet das Huawei Y6/Y7 automatisch alle Termine von Mitteleuropäischer Zeit auf die besuchte Zeitzone um. Stellen Sie hier dagegen ein, in welcher Zeitzone Sie sich befinden, so erfolgt keine automatische Umrechnung der Terminzeiten.

Unter *Erinnerungen*:

- *Benachrichtigungen*: Schalten Sie Terminbenachrichtigungen aus/ein.
- *Klingelton; Vibration:* Stellt eine der vordefinierten Klangfolgen beziehungsweise die Vibration als Terminalarm ein.
- *Standard-Erinnerungszeit*: Als Voreinstellung setzt der Kalender bei der Terminneuanlage jeweils *10 Minuten* ein, können aber auch kürzere oder längere Zeiträume einstellen. Sie haben so genügend Zeit, um sich auf die Wahrnehmung Ihrer Termine zu konzentrieren.
- *Erinnerungszeit für Ereignisse*: Stellen Sie ein, wann Sie an Ganztagestermine erinnert werden möchten.

- *Kurzantworten*: Diese Funktion ist nur für Nutzer interessant, die Termine mit anderen Personen teilen, weshalb wir in diesem Buch nicht weiter darauf eingehen.

23.5 Terminerinnerung

❶ Zur eingestellten Terminzeit ertönt der Erinnerungston und ein Popup weist auf den Termin hin. Betätigen Sie *SCHLUMMERN*, damit Sie das Handy in 5 Minuten erneut erinnert. *SCHLIESSEN* beendet dagegen die Terminerinnerung.

❷ Sollten Sie auf das Popup nicht reagiert haben, erscheint ein Symbol in der Titelleiste (Pfeil) – Voraussetzung dafür ist aber, dass Sie bei der Terminerfassung die *Erinnerung* gesetzt haben.

❸ Öffnen Sie das Benachrichtigungsfeld und gehen Sie auf den Terminnamen, was die Termindetails anzeigt.

23.6 Kalender im Startbildschirm

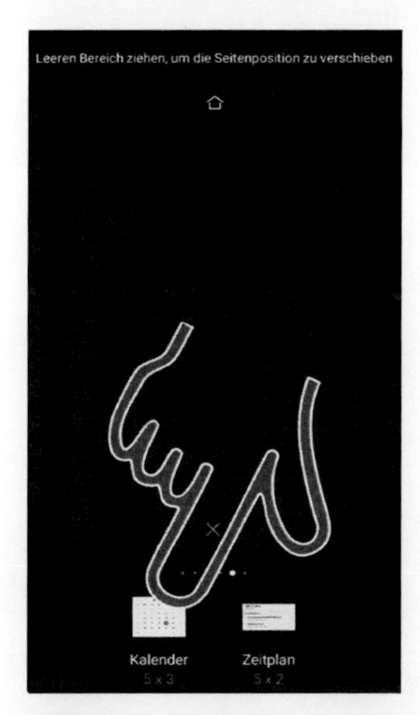

❶❷ Das *Kalender*-Widget zeigt den Kalender auch im Startbildschirm an (nach Antippen des Symbols können Sie zwischen zwei verschiedenen Kalender-Widgets auswählen).

24. Google Fotos

Das Huawei Y6/Y7 sichert – sofern Sie diese Funktion nicht deaktivieren – alle Ihre mit der Kamera-Anwendung erstellten Fotos und Videos automatisch im Internet auf Google-Servern. Dabei werden die Mediendateien in Ihrem Google-Konto (siehe Kapitel *15 Das Google-Konto*) hinterlegt. Für Sie hat dies den Vorteil, auf jedem Android-Gerät, auf dem Sie mit Ihrem Google-Konto angemeldet sind, auf alle Ihre Fotos und Videos zugreifen zu können. Eine umständliche Datensicherung, beispielsweise vom Handy auf dem PC, ist deshalb nicht nötig.

Neben Google Fotos steht mit der Galerie-Anwendung (siehe Kapitel *21 Galerie*) ein weiterer Bildanzeiger zur Verfügung, der allerdings nur die im Gerätespeicher vorhandenen Fotos/Videos anzeigt.

24.1 Start und erste Einrichtung

Damit Ihre Fotos automatisch in Ihrem Google-Konto im Internet gesichert werden, ist beim ersten Aufruf der Google Fotos-Anwendung einige Vorarbeit nötig.

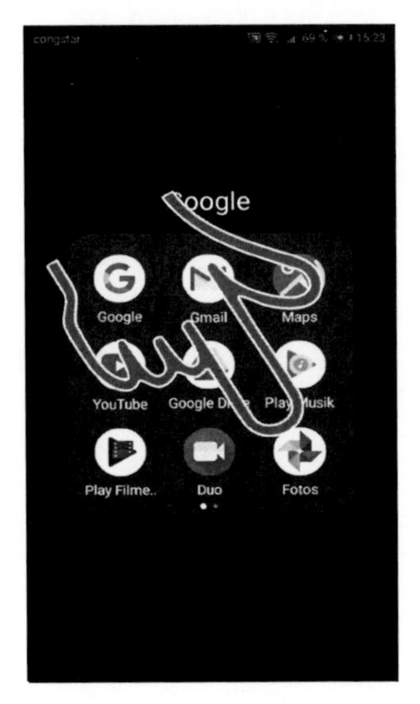

➊➋ Für Google Fotos öffnen Sie erst den *Google*-Ordner im Startbildschirm und gehen auf *Fotos.*

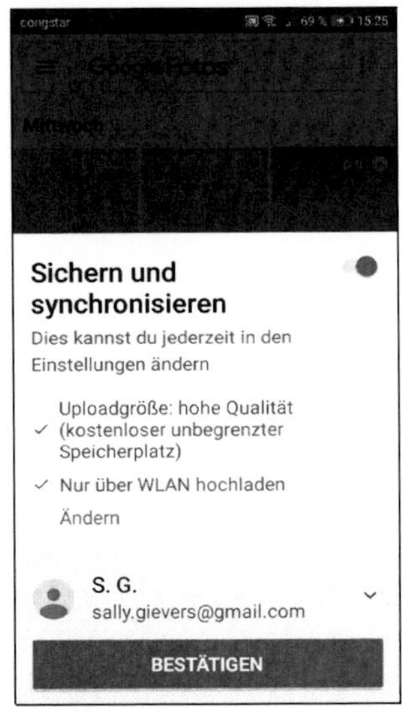

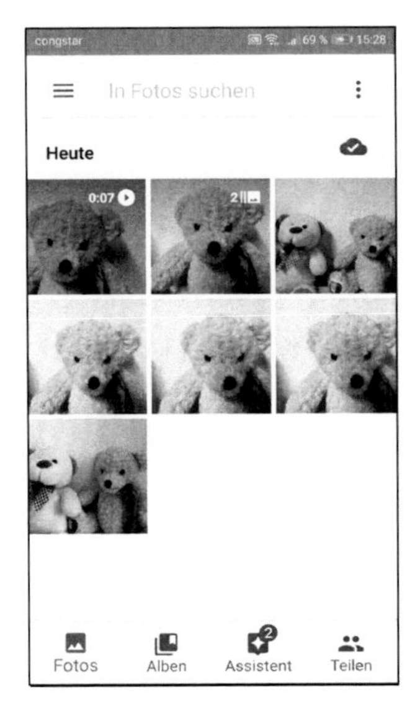

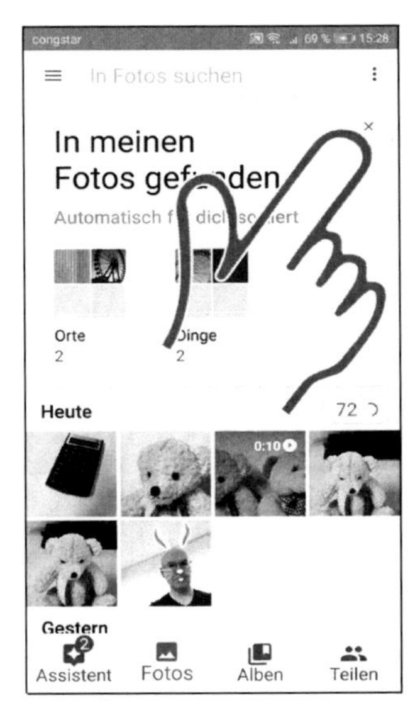

➊➋ Schließen Sie den einmalig angezeigten Dialog mit *BESTÄTIGEN.*

➌ Google unterzieht alle Fotos auf Ihrem Gerät einer Bildverarbeitung, worauf nach einigen Stunden der Erfolgshinweis »*In meinen Fotos gefunden*« erscheint. Wir gehen darauf noch im Kapitel *24.6 Suche* ein. Betätigen Sie X, um den Hinweis zu schließen.

24.2 Die Benutzeroberfläche

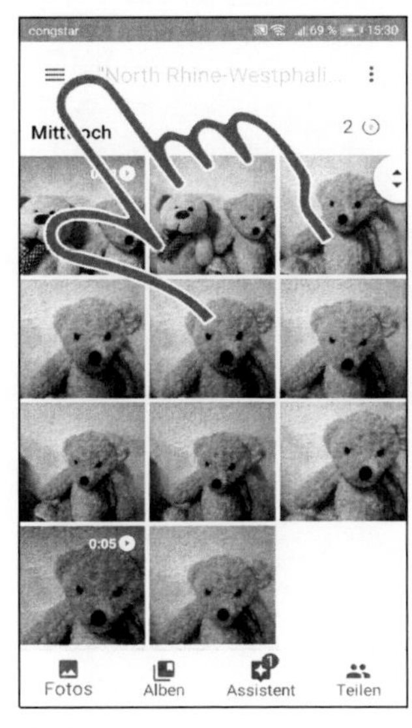

❶❷ Alle Funktionen erhalten Sie nach Öffnen des Ausklappmenüs (Schaltleiste oben links antippen):

- *Geräteordner*: Nur im Gerätespeicher beziehungsweise eingelegter Speicherkarte vorhandene Fotos/Videos anzeigen. Im Google-Konto vorhandene Fotos/Videos blendet das Programm dann aus.
- *Archiv*: Fotos und Videos können Sie »archivieren«, sodass sie Google Fotos nicht mehr in der Bilderauflistung anzeigt. Die Medien sind aber weiterhin in der Suche und in den jeweiligen Ordnern sichtbar.
- *Papierkorb*: Von Ihnen in Google Fotos gelöschte Dateien.
- *Partnerkonto hinzufügen*: Gestatten Sie anderen Personen den Zugriff auf alle oder einige Fotos/Videos.
- *Speicherplatz freigeben*: Löscht auf dem Handy alle Fotos und Videos, welche bereits in das Google-Konto hochgeladen wurden. Auf die entfernten Dateien haben Sie dann weiterhin über das Google-Konto Zugriff.
- *Fotos scannen*: Verzweigt in den Google Play Store, worin Sie den Foto Scanner installieren können. Dieser übernimmt alte Bilder auf Fotopapier in Google Fotos.
- *Einstellungen*: Darauf geht Kapitel *24.7 Einstellungen* ein.
- *Feedback geben*: Falls Probleme mit Google Fotos auftreten, können Sie die Entwickler darüber informieren.
- *Hilfe*: Stellt das Programm ausführlich vor.

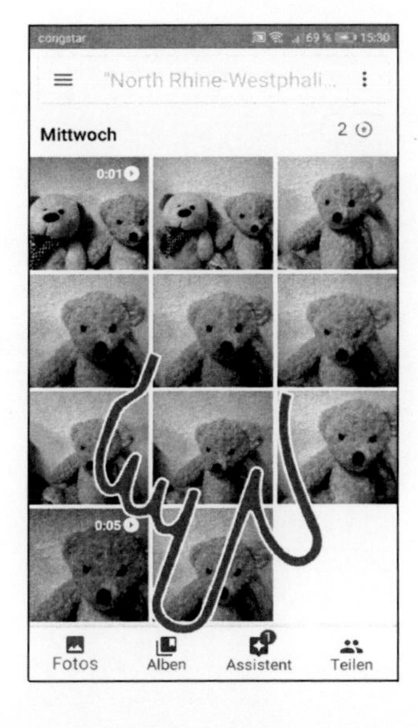

❶ Mit den Schaltleisten *Fotos* und *Alben* wechseln Sie zwischen der standardmäßigen Fotoauflistung und der Albenansicht (❷). Auf letztere gehen wir im Kapitel *21.1.1 Albensortierung* noch genauer ein.

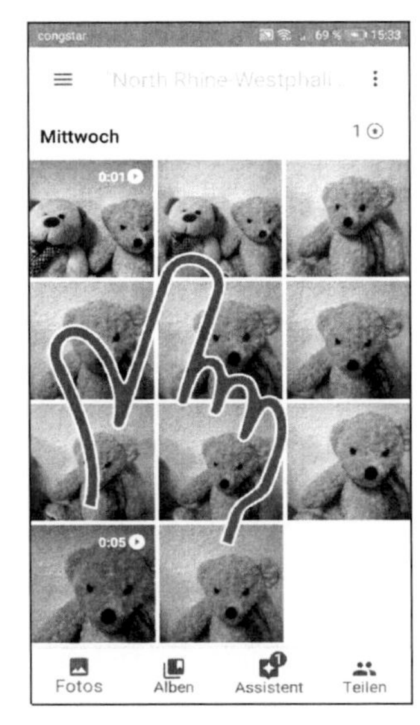

❶ Für die Vollbildansicht tippen Sie ein Foto in der Auflistung an.

❷ Die verfügbaren Funktionen:

- Doppeltippen (zweimal schnell hintereinander auf den Bildschirm tippen): Vergrößert/Verkleinert die Bildschirmdarstellung. Mit einer Wischgeste ändern Sie in der vergrößerten Ansicht den Bildschirmausschnitt.
- Kneifgeste (zwei Finger einer Hand gleichzeitig auf den Bildschirm setzen und dann auseinander/zusammenziehen, wie im Bild gezeigt): Bild vergrößern oder verkleinern.

❸ In der Normalansicht (keine Bildvergrößerung aktiv) können Sie mit einer Wischgeste nach rechts/links das nächste/vorherige Foto anzeigen.

Tippen Sie auf die ←-Schaltleiste oben links für die Rückkehr ins Hauptmenü. Alternativ betätigen Sie die ◁-Taste unterhalb des Displays.

Die Schaltleisten:

- : Foto per E-Mail, Bluetooth, usw. senden.
- : Bild-Editor aufrufen, in dem Sie Farbe und Kontrast anpassen, sowie einige Bildeffekte anwenden können.
- : Infos zu Aufnahmedatum und Bildgröße.
- : Bild löschen.

24.3 Geräteordner sichern

Unter Geräteordner versteht die Google Fotos-Anwendung Verzeichnisse mit Fotos beziehungsweise Videos. Diese lädt das das Programm ins Google-Konto hoch, worauf sie auch auf anderen Handys und Tablets zur Verfügung stehen. Einzige Voraussetzung ist, dass Sie sich dort mit dem gleichen Google-Konto anmelden. Siehe zu diesem Thema auch Kapitel *15 Das Google-Konto*.

Das Verzeichnis, in dem die Kamera-Anwendung (siehe Kapitel *20 Kamera*) Fotos und Videos ablegt, wird automatisch im Google-Konto gesichert. Die nachfolgenden Maßnahmen müssen Sie also nur vornehmen, wenn Sie selbst Fotoverzeichnisse auf das Huawei kopiert haben, beispielsweise über eine USB-Verbindung mit dem PC (siehe Kapitel *17 Gerätespeicher*).

24.3.1 Zu sichernden Geräteordner im Assistenten auswählen

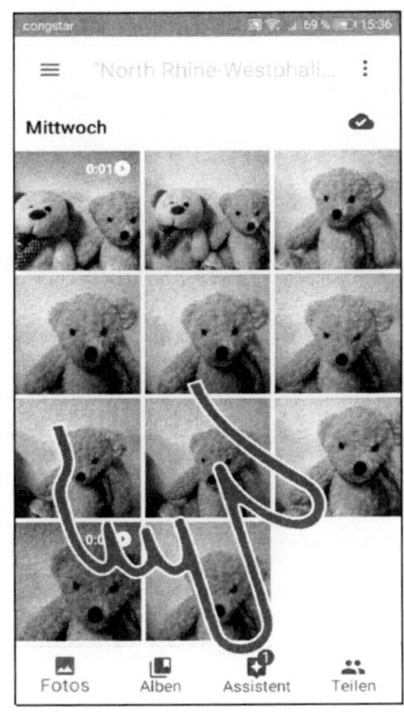

➊ Rufen Sie *Assistent* auf.

➋ Gehen Sie auf *Geräteordner*.

➌ Aktivieren Sie den Schalter bei den Ordnern, die Sie sichern möchten.

24.3.2 Zu sichernden Ordner in der Alben-Ansicht auswählen

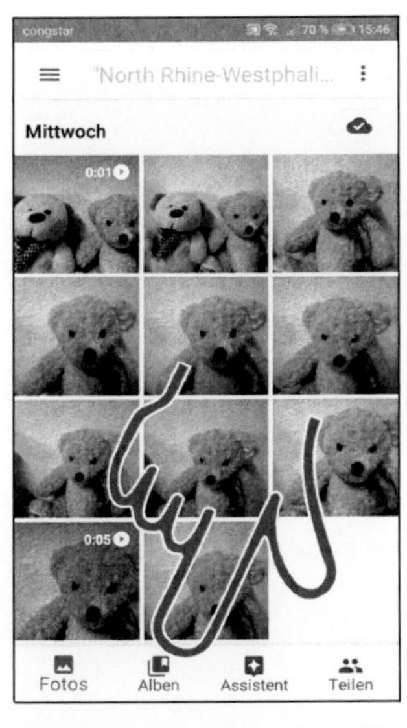

➊ Aktivieren Sie die *Alben*-Ansicht.

➋ Ordner, die das Handy noch nicht im Google-Konto sichert, erkennen Sie jeweils am ☁-Symbol (Pfeil).

➊➋ Wischen Sie durch die Albenauflistung und tippen Sie einen Ordner an, den Sie sichern möchten.

➋ Aktivieren Sie den Schalter bei *Sichern und synchronisieren.*

24.3.3 Sicherung über das Benachrichtigungsfeld

Google Fotos sucht automatisch im Hintergrund nach neu vorhandenen Bilderverzeichnissen. Im Benachrichtigungsfeld erscheint dann der Hinweis »*Neuen Ordner gefunden*«.

Sie können mit *SICHERN* für das Verzeichnis die Datensicherung aktivieren beziehungsweise mit *ÜBERSPRINGEN* verhindern.

24.4 Medien verwalten

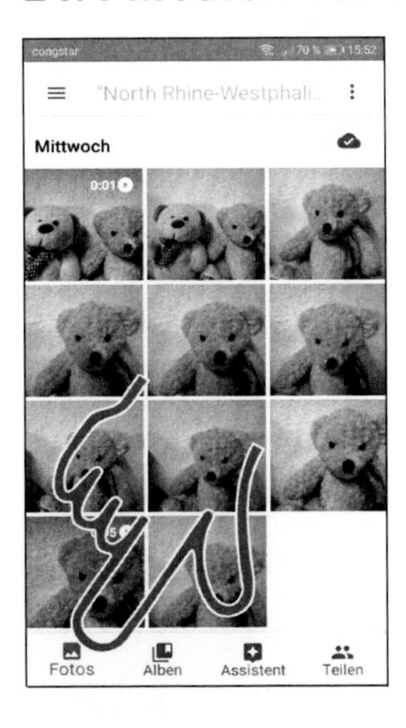

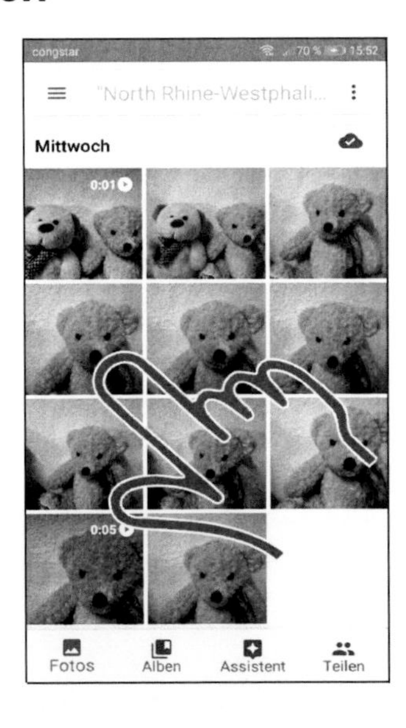

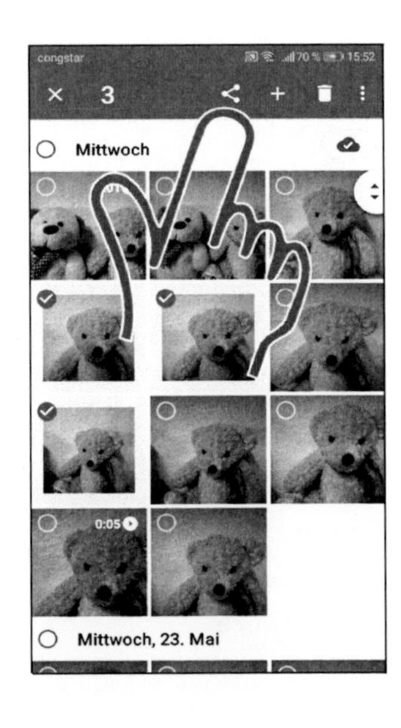

➊ Gehen Sie zunächst auf *Fotos*.

➋ Tippen und halten Sie den Finger über einem Bild, bis es markiert ist und markieren dann durch kurzes Antippen die weiteren Bilder.

➌ Tippen Sie eine der Schaltleisten oben rechts an, um die markierten Fotos zu senden oder löschen. Eine Besonderheit stellt die +-Schaltleiste dar, auf die nachfolgendes Kapitel *24.5 Spezialfunktionen* noch eingeht.

24.5 Spezialfunktionen

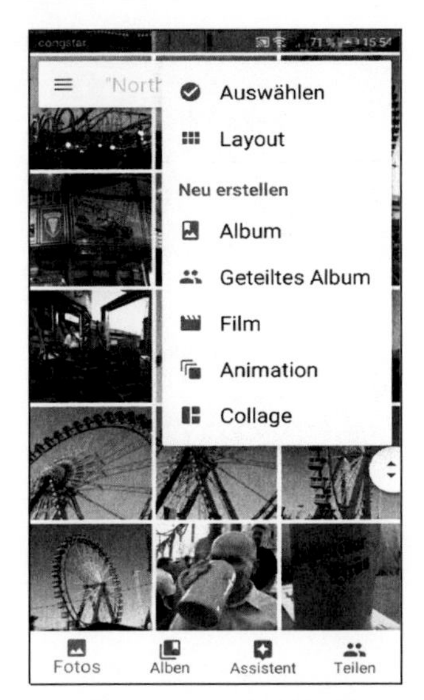

➊➋ Die Spezialfunktionen von Google Fotos erreichen Sie über das ⋮-Menü:

- *Album*: Wählen Sie Fotos aus, die Sie dann einem Album zuweisen. Alben dürfen nicht mit den (Foto-)Verzeichnissen verwechselt werden, denn sie dürfen Fotos aus verschiedenen Verzeichnissen enthalten.
- *Geteiltes Album*: Geben Sie Bilder zur Ansicht für Dritte frei. Diese erhalten beispielsweise per E-Mail einen Link, über den sie ihre Bilder anzeigen können.
- *Film*: Erstellt aus bis zu 50 Fotos ein Video mit Musikuntermalung.
- *Animation*: Erstellt aus mehreren Fotos eine sogenannte GIF-Datei, deren Inhalt automatisch auf jedem Gerät wie ein Film abgespielt wird. Damit die Animation vernünftig aussieht, sollten Sie nach Möglichkeit gleichartige Fotos aus der gleichen Perspektive dafür verwenden, beispielsweise solche, die mit der Serienbildfunktion (bei vielen Kameras vorhanden) erstellt wurden.
- *Collage*: Fügt mehrere Fotos in einem Bild zusammen.

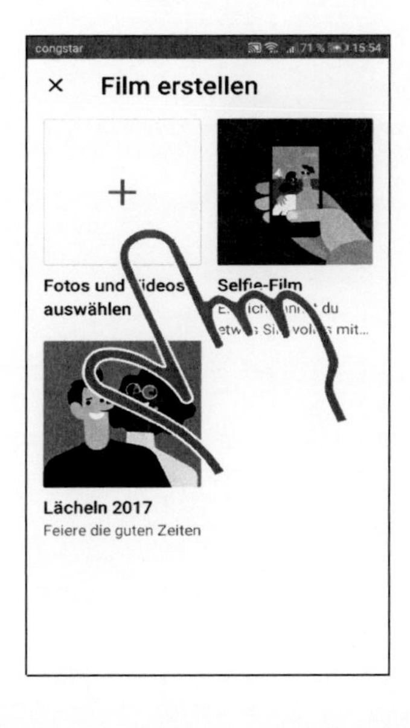

❶ In unserem Beispiel möchten wir einen *Film* erstellen.

❷ Zur Auswahl stehen:

- *Fotos und Videos auswählen*: Stellen Sie selbst den Film aus Ihren Fotos/Videos zusammen.
- *Selfie-Film*: Aus den vorhandenen Fotos sucht Google alle Selfies (Portraitfotos) heraus und stellt daraus einen Film zusammen.
- *Lächeln*: Fotos, auf dem Sie und andere ein fröhliches Gesicht haben, landen im fertigen Film.

In unserem Fall verwenden wir *Fotos und Videos zusammenstellen.*

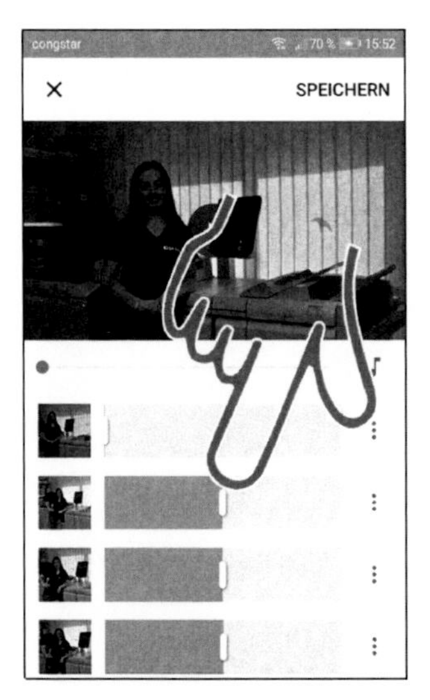

❶ Markieren Sie durch Antippen mindestens fünf Fotos und betätigen Sie *ERSTELLEN.*

❷ Die Anzeigedauer jedes Fotos legen Sie jeweils über die Regler fest. *SPEICHERN* erstellt anschließend das Video.

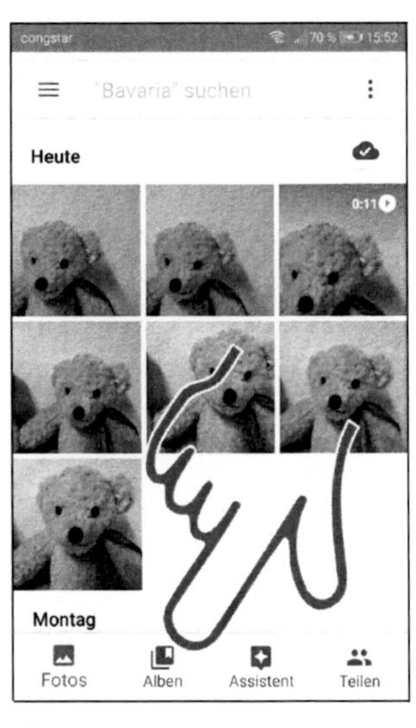

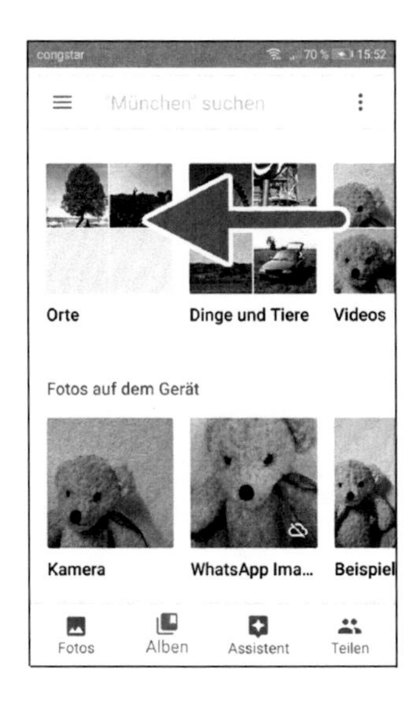

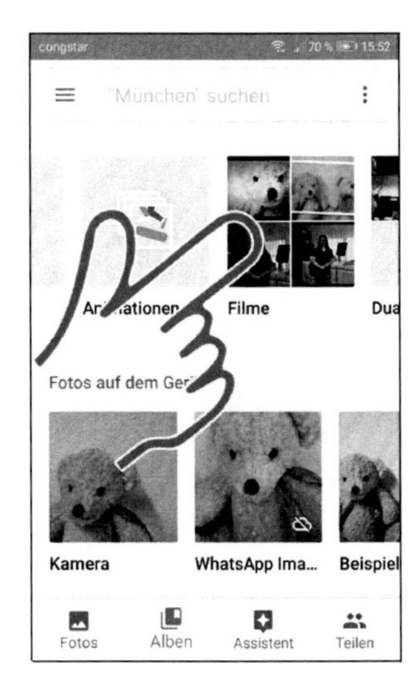

❶ Rufen Sie *Alben* auf.

❷ Die Symbolleiste bietet verschiedene Schaltleisten, zwischen denen Sie wischen.

❸ Tippen Sie davon eines an:

- *Geteilt*: Von Ihnen über Google+ veröffentlichte Alben. In diesem Buch gehen wir nicht weiter darauf ein.
- *Geräteordner*: Bilderverzeichnisse auflisten.
- *Orte*: Fotos nach Aufnahmeort (GPS-Koordinaten) gruppieren.
- *Dinge*: Gruppiert Fotos nach Motiv, zum Beispiel »Haus«, »Essen«, usw.

- *Videos*: Listet alle Videos auf.
- *Collagen; Animationen; Filme*: Von Ihnen, wie auf der vorherigen Seite beschrieben, weiterverarbeitete Bilder.

Von Ihnen erstellte Animationen erscheinen auch direkt in der Fotoauflistung mit einem Vorschaubild.

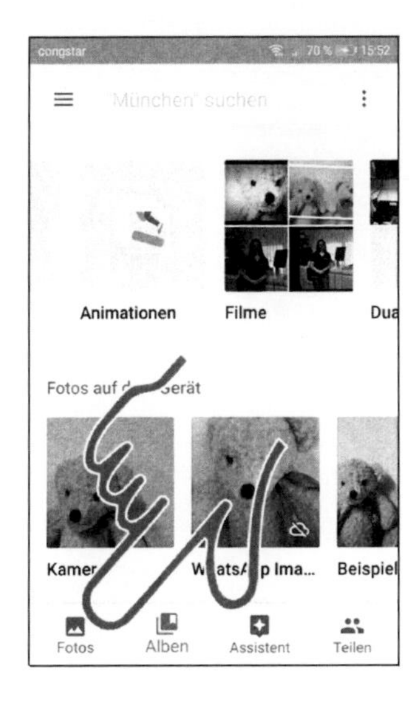

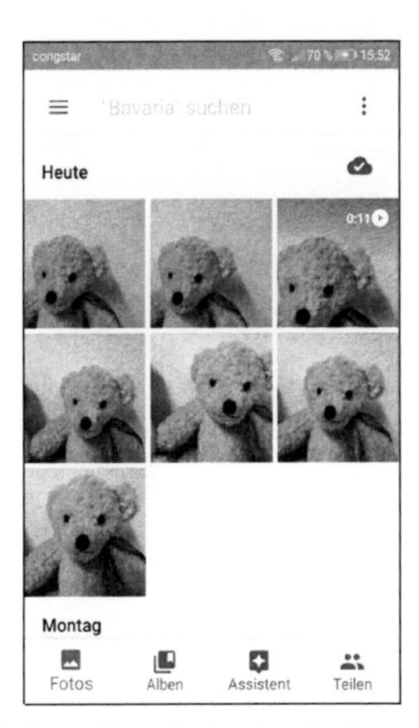

❶❷ Das *Fotos*-Register (Pfeil) bringt Sie wieder in die Fotoauflistung zurück.

24.6 Suche

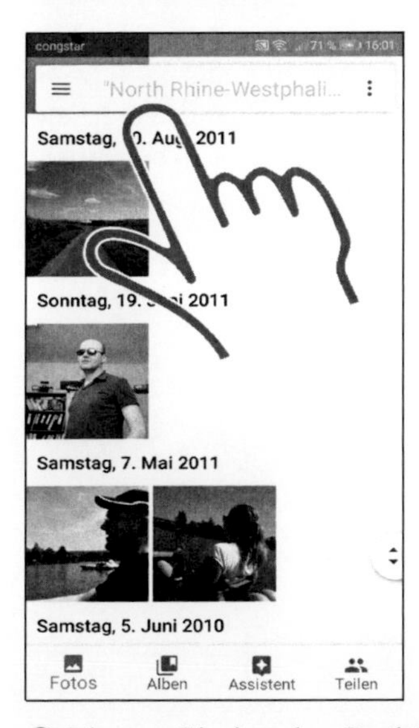

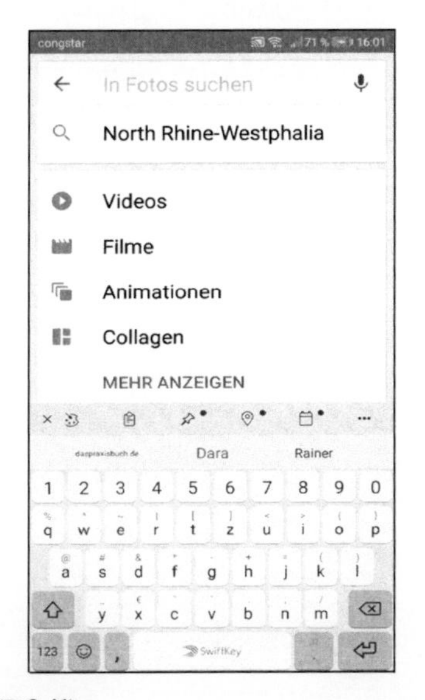

❶ Tippen Sie ins das Suchfeld (Pfeil).

❷ Unterhalb des Suchfelds werden drei verschiedene Bereiche angezeigt:

- Bereits mal verwendete Suchbegriffe.
- Medientypen (siehe Kapitel *24.5 Spezialfunktionen*).
- Standorte (Fotos, welche die GPS-Koordinaten des Aufnahmepunkts enthalten).

❸ Eine Besonderheit von Google Fotos ist, dass Bildinhalte erkannt werden. Beispielsweise zeigt »Riesenrad« alle Fotos mit der Rummelplatzattraktion an. Weitere unterstützte Begriffe sind »Tanzen«, »Feier«, »Wald«, »Blumen«, »Kinder«, usw.

Beachten Sie bitte, dass nur Fotos, die in Ihrem Google-Konto hochgeladen wurden (siehe Kapitel *24.3 Geräteordner sichern*), von der Suche berücksichtigt werden.

24.7 Einstellungen

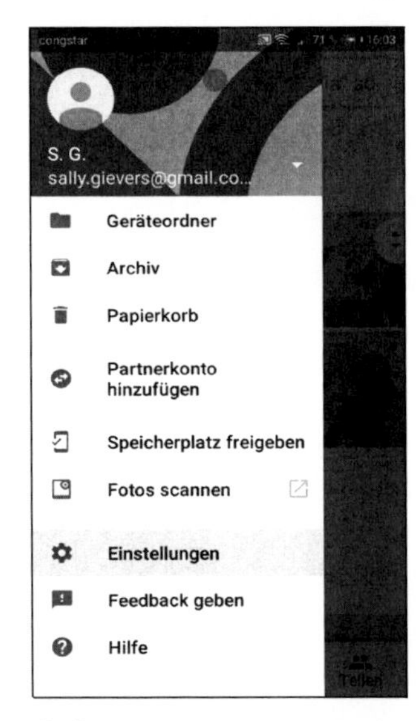

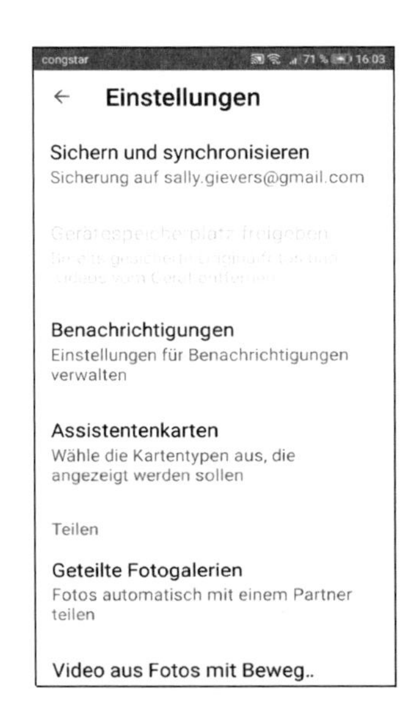

➊➋ Aktivieren Sie das Ausklappmenü und gehen Sie auf *Einstellungen*. Die Parameter:

- *Sichern und synchronisieren*: Ruft die Synchronisationseinstellungen auf:
  - *Sichern und synchronisieren*: Muss aktiv sein, damit das Handy Ihre Fotos im Google-Konto sichert.
  - *Konto für die Synchronisierung*: Das von Ihnen verwendete Google-Konto.
  - *MEHR SPEICHERPLATZ ERWERBEN*: Eine kostenpflichtige Erweiterung Ihres Google-Speichers ist nicht notwendig.
  - *Geräteordner sichern*: Wählen Sie aus, welche Ordner im Google-Konto gesichert werden. Siehe auch Kapitel *24.3 Geräteordner sichern*.
  - *Uploadgröße*: Die Voreinstellung *Hohe Qualität* sollten Sie nicht ändern. Nur bei dieser Option steht Ihnen unbegrenzter Speicherplatz für Ihre Fotos zur Verfügung. Google Fotos reduziert zwar etwas die Bildgröße, für spätere Weiterverarbeitung in einer Bildbearbeitung oder einem Ausdruck reicht die Qualität dann trotzdem aus.
- *Gerätespeicherplatz freigeben*: Löscht Fotos/Videos aus dem Gerätespeicher, die bereits in Ihr Google-Konto hochgeladen wurden (siehe Kapitel *24.3 Geräteordner sichern*).
- *Benachrichtigungen*: Sie erhalten eine Benachrichtigung, sobald neue Fotos zum Freigeben an andere Personen zur Verfügung stehen. In diesem Buch gehen wir nicht weiter darauf ein.
- *Assistentenkarten*: Diverse Voreinstellungen. Siehe Kapitel *24.1 Start und erste Einrichtung*.

Unter *Teilen:*

- *Geteilte Fotogalerien*: Wählen Sie Personen aus, die Google automatisch über neu vorliegende Fotos/Videos informiert.
- *Videos aus Fotos mit Bewegtbild entfernen*: Teilen Sie ein Album mit anderen Personen, so filtert Google Fotos automatisch alle Videos heraus.
- *Standortinformationen entfernen*: Google Fotos entfernt Standortinfos aus per Link geteilten Fotos und Videos.

Unter *Google-Apps*:

- *Google Drive*: Zeigt auch in der Google Drive-Anwendung (siehe Kapitel *26.5 Google Drive*) vorhandene Fotos/Videos in Google Fotos an.
- *Google-Standorteinstellungen*: Öffnet den Konfigurationsbildschirm für die Standortermittlung.

25. Play Musik

Play Musik ist der offizielle »MP3-Player« von Google. Sie benötigen ihn, wenn Sie Musiktitel im von Google betriebenen Online-Musik-Shop einkaufen möchten, denn die Wiedergabe der erworbenen Songs ist nur in der Play-Musik-Anwendung möglich. Natürlich spielt aber Play Musik auch alle Songs ab, die Sie sich selbst aufs Gerät kopiert haben.

Wie Sie vom PC aus auf den Speicher zugreifen, um beispielsweise MP3-Dateien darauf zu kopieren, erfahren Sie im Kapitel *17 Gerätespeicher*.

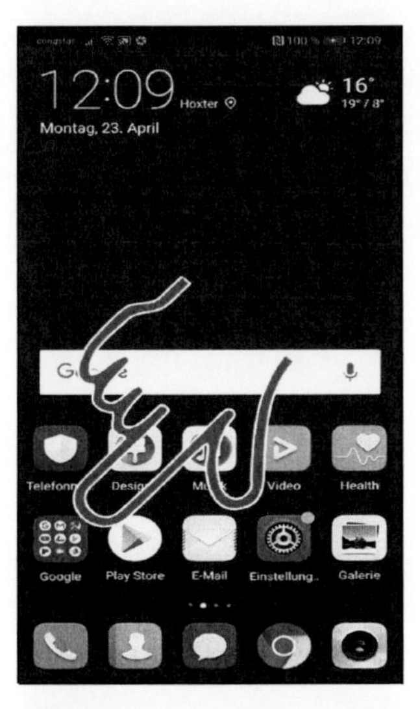

❶❷ Rufen Sie *Play Musik* aus dem *Google*-Ordner des Startbildschirms auf.

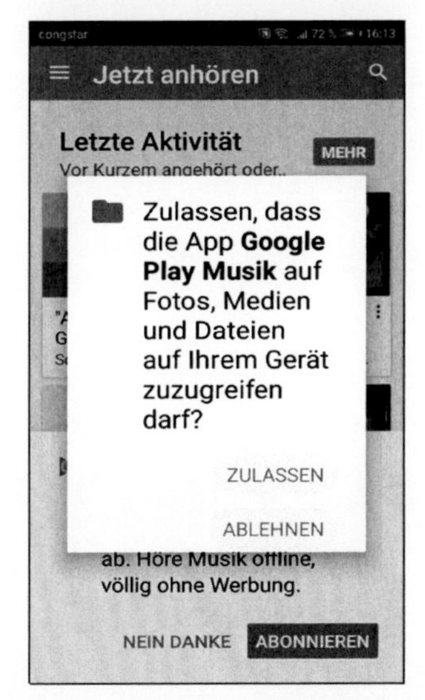

❶ Die penetrante Werbung für den kostenlosen Test der Google Musik-Flatrate schließen Sie mit *NEIN DANKE*.

❷ Betätigen Sie *ZULASSEN* im Popup.

❸ Danach gehen Sie auf *NEIN DANKE*.

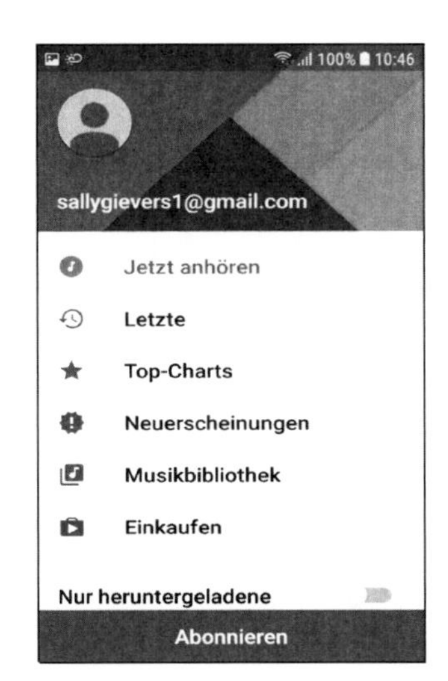

❶❷ Betätigen Sie jeweils die ☰- beziehungsweise ←-Schaltleiste zum Ausblenden/Einblenden des Klappmenüs (alternativ führen Sie eine horizontale Wischgeste von links nach rechts beziehungsweise umgekehrt durch). Hierin finden Sie die Funktionen:

- *Jetzt anhören*: Das Programm schlägt, basierend auf den bisher abgespielten Titeln, den nächsten Song vor. Die Songvorschläge werden mit der Zeit dann immer genauer.
- *Letzte*: Zuletzt von Ihnen angehörte Alben.
- *Top-Charts; Neuerscheinungen*: Beide Menüs setzen ein kostenpflichtiges monatliches Abo der der Google Musik-Flatrate voraus.
- *Musikbibliothek*: Die Songs auf Ihrem Gerät.
- *Einkaufen*: Weitere Songs im Play Store erwerben.

Auf die restlichen Menüeinträge gehen wir im Laufe dieses Kapitels ein.

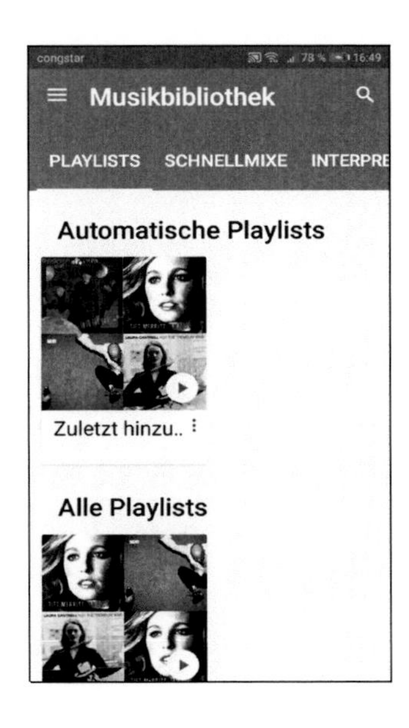

❶ Gehen Sie im Ausklappmenü auf *Musikbibliothek.*

❷❸ Play Musik ordnet alle Songs automatisch den Kategorien *GENRES, INTERPRETEN, ALBEN* und *TITEL* zu. Eine Besonderheit sind:

- *PLAYLISTS*: Weisen Sie Songs, die Sie nacheinander anhören möchten, den Playlists zu. Siehe Kapitel *25.2 Playlists*.
- *SCHNELLMIXE*: Basierend auf Ihren Lieblingssongs erstellt das Huawei Y6/Y7 automatisch eine Playlist.

Zwischen den Kategorien wechseln Sie mit einer Wischgeste. Falls Sie alle Songs auflisten möchten, gehen Sie auf *TITEL*.

Für die Zuordnung nach Interpret, Alben und Genres und wertet die Play Musik-Anwendung das sogenannte MP3-ID-Tag (siehe *de.wikipedia.org/wiki/ID3-Tag*) in den MP3-Dateien aus. Beachten Sie, dass sehr häufig die MP3-ID-Tags falsch oder überhaupt nicht ausgefüllt sind. Man sollte sich daher nicht auf deren Richtigkeit verlassen.

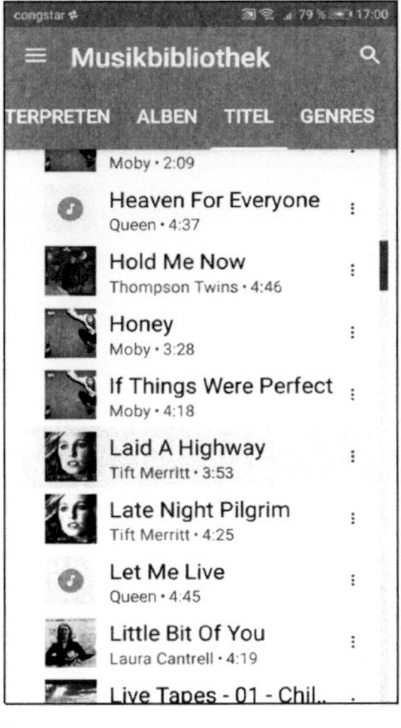

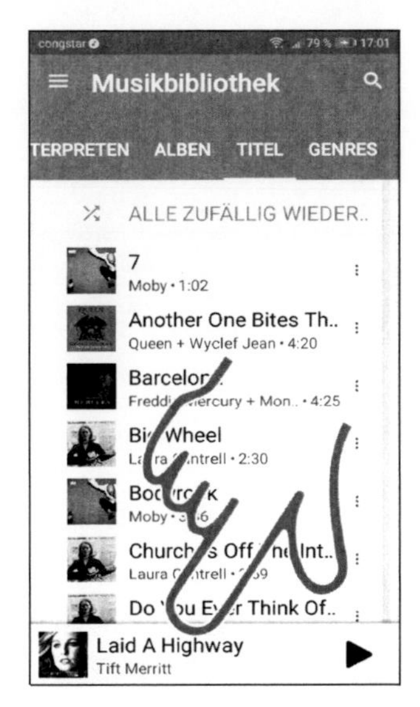

❶ Tippen Sie in der Auflistung im *TITEL*-Register einen Song an, der dann abgespielt wird.

❷❸ Über die Schaltleiste am unteren Bildschirmrand (Pfeil) springen Sie jederzeit in den Wiedergabebildschirm. Zur Titelauflistung gelangen Sie dann wieder mit der ◁-Taste, alternativ geschieht dies auch über Antippen des Song-Titels am oberen linken Bildschirmrand.

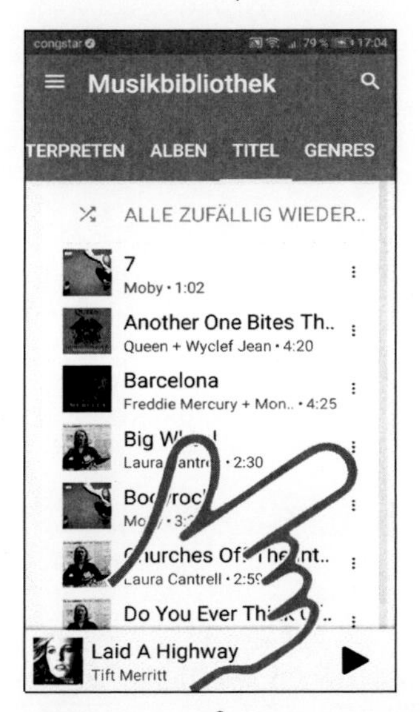

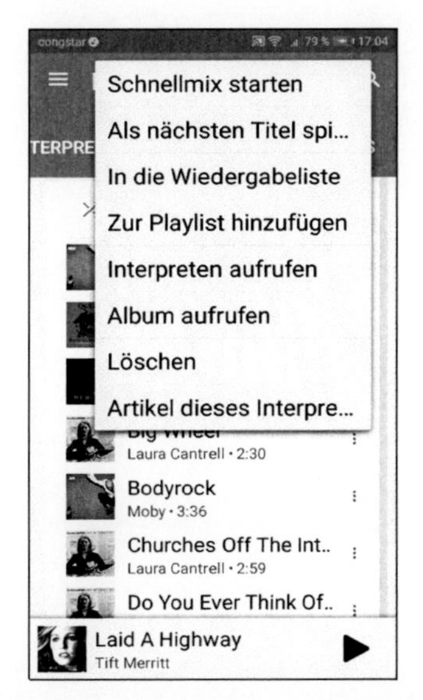

❶❷ Das mit ⋮ in der Titelauflistung bei einem Song aktivierbare Popup-Menü:

- *Schnellmix starten:* Stellt eine Abspielliste aus ähnlich klingenden Songs zusammen.
- *Als nächsten Titel spielen*: Das Lied landet in der Warteliste und wird als Nächstes gespielt.
- *In die Wiedergabeliste*: Fügt das Lied am Ende der Warteliste hinzu.
- *Zur Playlist hinzufügen*: Wird bereits im Kapitel *25.2 Playlists* beschrieben.
- *Interpreten aufrufen*: Alle Songs des Interpreten beziehungsweise der Band auflisten.
- *Album aufrufen*: Das zugehörige Album anzeigen.
- *Löschen*: Entfernt die Songdatei aus dem Speicher.
- *Artikel dieses Interpreten*: Startet eine Song-Suche im Google Play Store.

Der Menüpunkt *Schnellmix starten* ist nur bei Songs verfügbar, die bei Google hochgeladen wurden (siehe Kapitel *25.4 Der Google Play Musik-Dienst*).

❶❷ 🔍 Führt eine Suche durch. Schon während der Eingabe zeigt das Handy dabei die Fundstellen sortiert nach Interpreten, Alben und Titel an. Tippen Sie einen Eintrag an, den Sie anzeigen, beziehungsweise abspielen möchten. Die Suche beenden Sie mit der ◁-Taste.

25.1 Der Wiedergabebildschirm

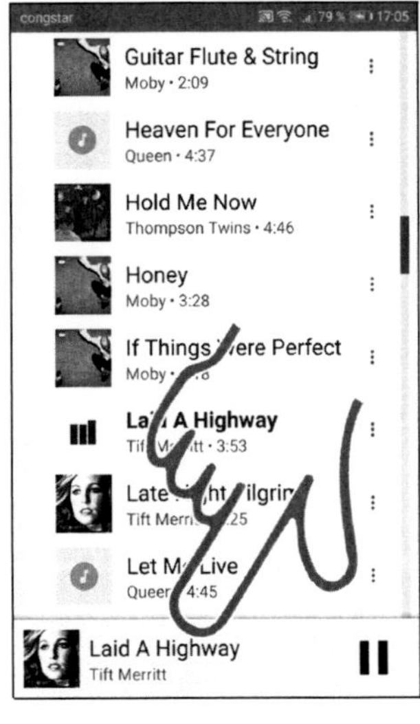

❶❷ Antippen des Musiktitels am unteren Bildschirmrand bringt Sie in den Wiedergabebildschirm.

Tippen Sie in einen beliebigen Bereich des Fortschrittsbalkens (Pfeil), wenn Sie zu einem bestimmten Punkt im abgespielten Song springen möchten.

Weitere Funktionen:

- ⏮/⏭: Zum vorherigen/nächsten Titel springen (dies ist auch über eine Wischgeste nach links oder rechts möglich).
- ▶ / ⏸ : Starten/Pausieren der Wiedergabe.

Am unteren Bildschirmrand befinden sich folgende Schaltleisten (tippen Sie den Bildschirm an, falls sie ausgeblendet sind):

- 🔁: Alle Songs in der Wiedergabeliste nach dem Durchlaufen erneut abspielen. Tippen Sie diese Schaltleiste erneut an, wird nur immer der aktuelle Song wiederholt.
- 🔀: Zufällige Wiedergabe der Songs aus der aktuellen Wiedergabeliste.

In einigen Fällen zeigt die Play Musik-Anwendung auch Albenfotos an, die in den MP3-Songs eingebettet sind.

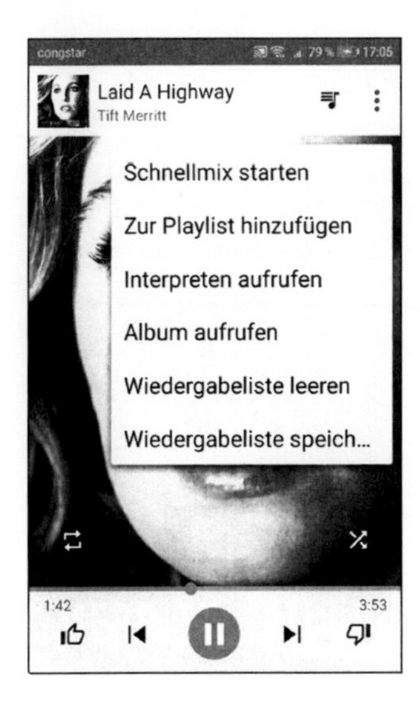

Das ⁝-Menü:

- *Schnellmix starten*: Der Schnellmix ist eine automatisch vom Huawei Y6/Y7 erstellte Playlist, die anhand des Musiktyps des markierten Songs erstellt wird.
- *Zur Playlist hinzufügen*: Wird bereits im Kapitel *25.2 Playlists* beschrieben.
- *Interpreten aufrufen*: Alle Songs des Interpreten beziehungsweise der Band auflisten.
- *Album aufrufen*: Das zugehörige Album anzeigen.
- *Wiedergabeliste leeren; Wiedergabeliste speichern*: In der Titelliste können Sie sich über das Popup-Menü den nächsten abzuspielenden Song in eine Warteschlange übernehmen, die Sie hiermit wieder löschen. Siehe auch Kapitel *25.1.1 Warteschlange*.

25.1.1 Warteschlange

Die Warteschlange bestimmt, welcher Song aus der Titelliste (beziehungsweise einer Playlist) als jeweils nächster abgespielt wird.

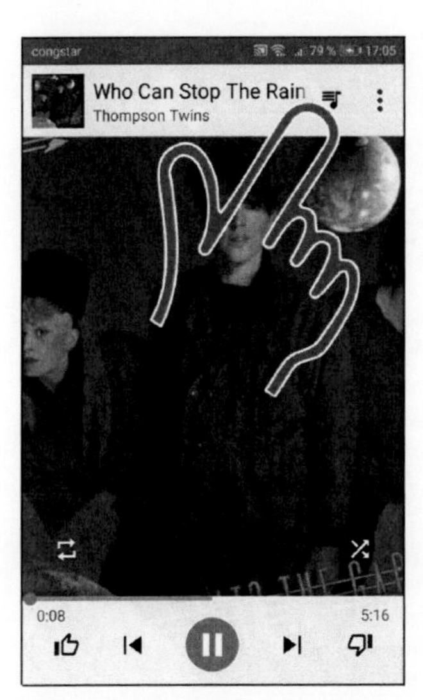

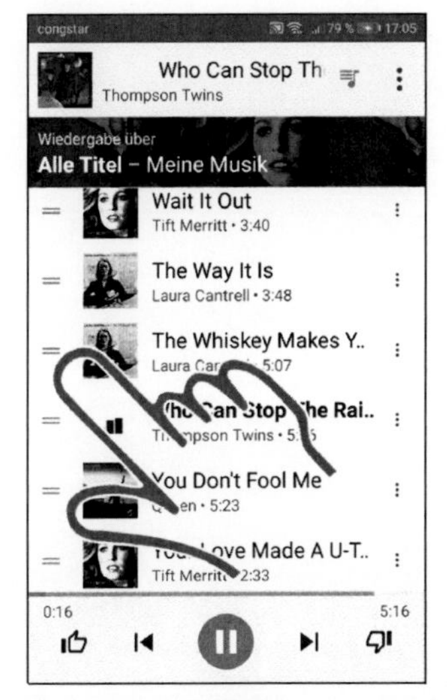

❶ Auf die Warteschlange schalten Sie mit der ≡-Schaltleiste (Pfeil) um.

❷ Tippen Sie den Finger auf die »Noppen« vor einem Song und ziehen Sie den Song nach oben oder unten, um die Abspielreihenfolge zu ändern. Dies bedarf etwas Geschicklichkeit, denn Sie dürfen den Finger nicht angedrückt lassen, weil Sie sonst den Song auswählen. Der oberste Song in der Liste wird jeweils als nächster gespielt.

In den Abspielbildschirm kehren Sie über die ◁-Taste zurück.

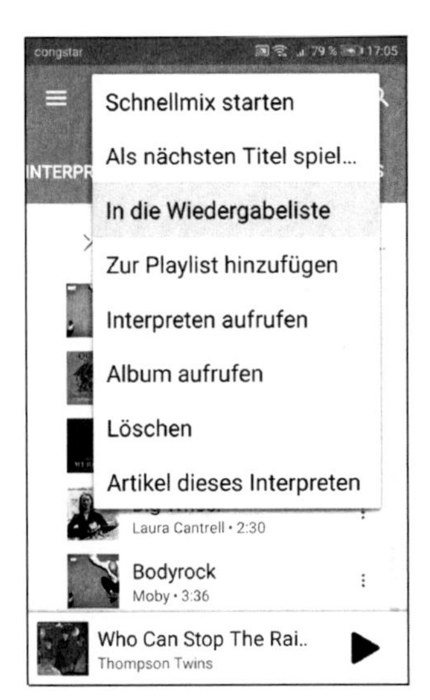

➊➋ Auch in der Titelliste, der Alben-, Genre- und Interpreten-Auflistung ist es möglich, über ⋮ /*In die Wiedergabeliste* die jeweiligen Songs auf die Warteschlange zu setzen.

25.2 Playlists

Wenn mehrere Hundert Songs auf dem Huawei Y6/Y7 vorhanden sind, wird es mühselig, sich die abzuspielenden Songs herauszusuchen. Abhilfe schaffen die Wiedergabelisten (»Playlists«), denen man einfach einmalig die Songs zuordnet.

25.2.1 Playlist erstellen

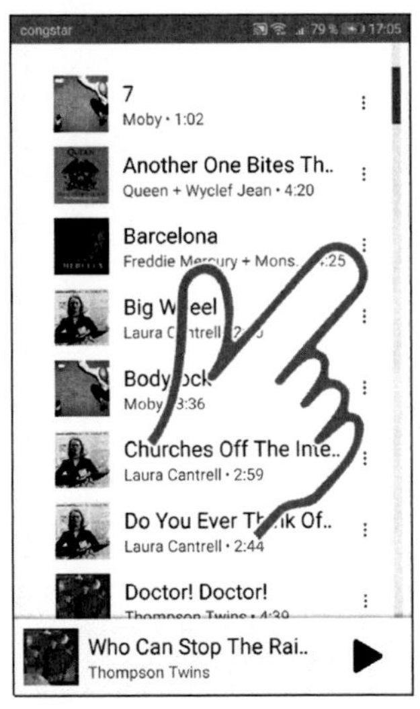

➊ Tippen Sie auf ⋮ hinter einem Titel.

➋ Gehen Sie auf *Zur Playlist hinzufügen.*

➌ Sie können hier eine bereits vorhandene Playlist auswählen, in unserem Fall möchten wir aber eine weitere Playlist anlegen, was über *NEUE PLAYLIST* geschieht.

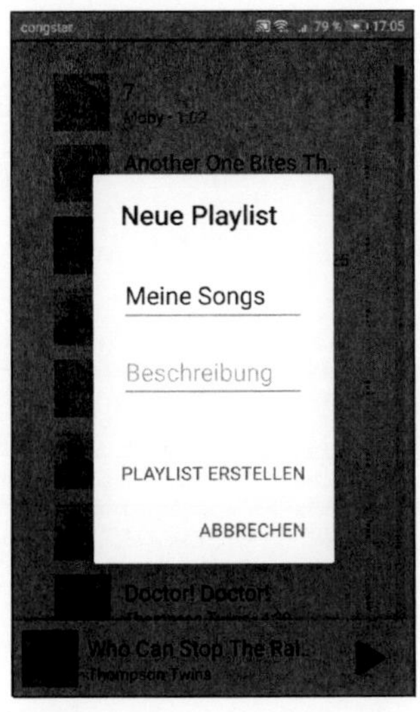

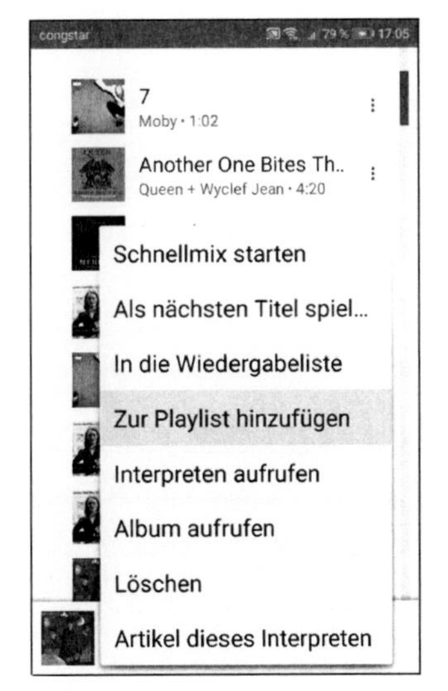

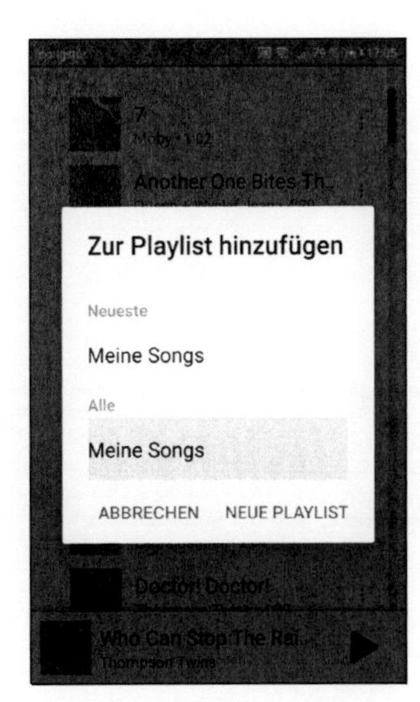

➊ Geben Sie den Namen der Wiedergabeliste ein und betätigen Sie *PLAYLIST ERSTELLEN* (Tastenfeld eventuell vorher mit der ∇-Taste schließen).

➋➌ Im Folgenden können Sie nun einzelne Songs über ⋮/*Zur Playlist hinzufügen* der neu erzeugten Playlist hinzufügen.

Das Hinzufügen von mehreren Songs ist über das *Alben* oder *Interpreten*-Register möglich.

Es ist leider nicht vorgesehen, in der Titelliste mehrere Songs auf einmal zu markieren, die man dann der Playlist hinzufügt.

25.2.2 Playlist nutzen

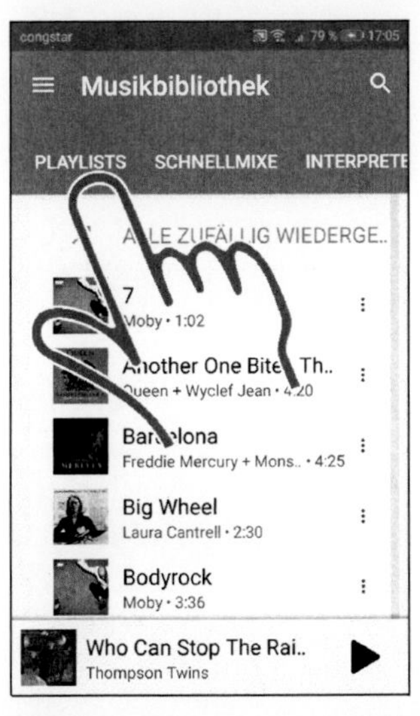

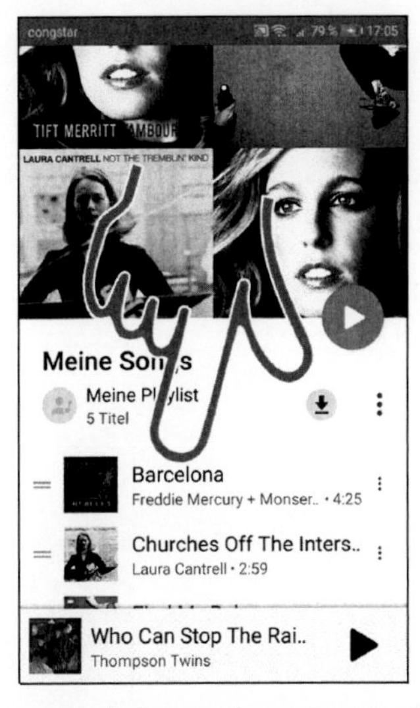

➊ Zum Abspielen einer Playlist rufen Sie das *PLAYLIST*-Register auf (dafür mehrfach auf dem Bildschirm von links nach rechts wischen).

➋ Tippen Sie die Wiedergabeliste kurz an.

➌ Tippen Sie dann einen beliebigen Song in der Liste zum Start der Wiedergabe an.

25.2.3 Playlist bearbeiten

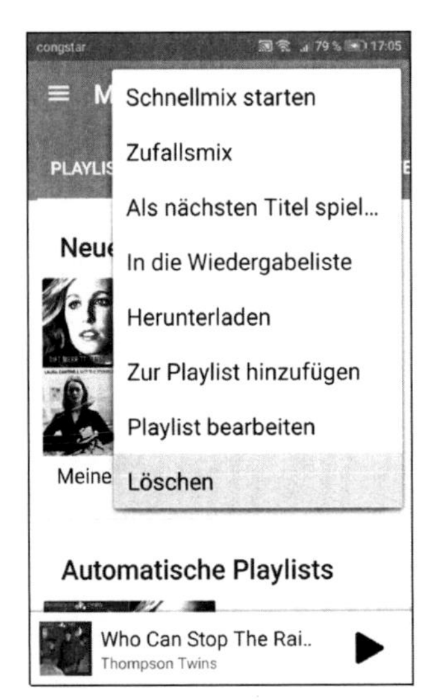

❶❷ Das Löschen einer Playlist erfolgt über ⋮/*Löschen* (Pfeil). Es verschwindet nur die Playlist, während die darin vormals enthaltenen Songs natürlich im Gerätespeicher erhalten bleiben.

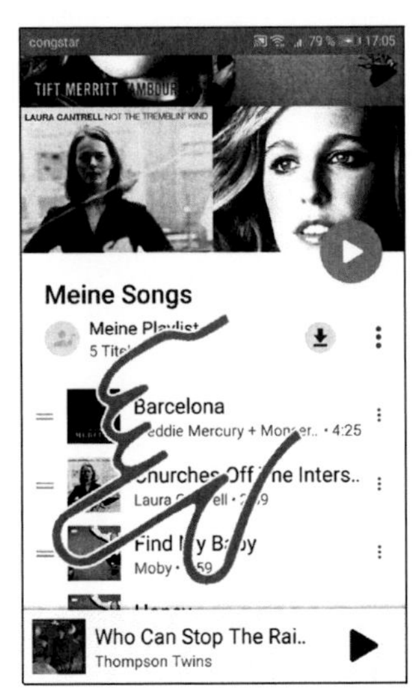

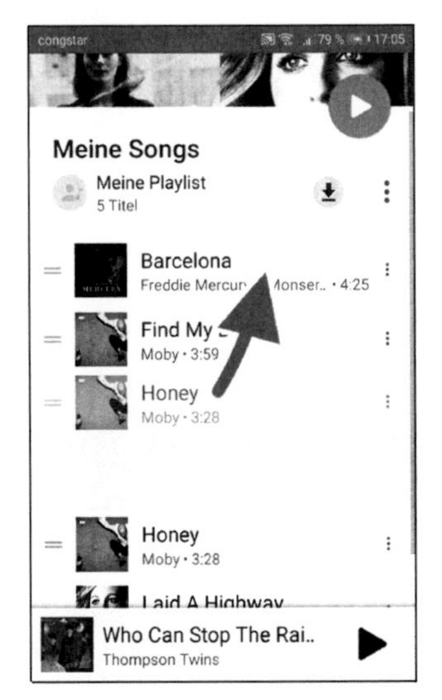

❶❷ So ändern Sie die Abspielreihenfolge: Öffnen Sie die Playlist. Halten Sie den Finger links neben einem Songtitel und ziehen Sie mit dem Finger nach oben/unten (ohne Verzögerung nach oben/unten ziehen). Nach dem Loslassen wird der Song an der gewünschten Position eingeordnet.

25.3 Wiedergabe im Hintergrund

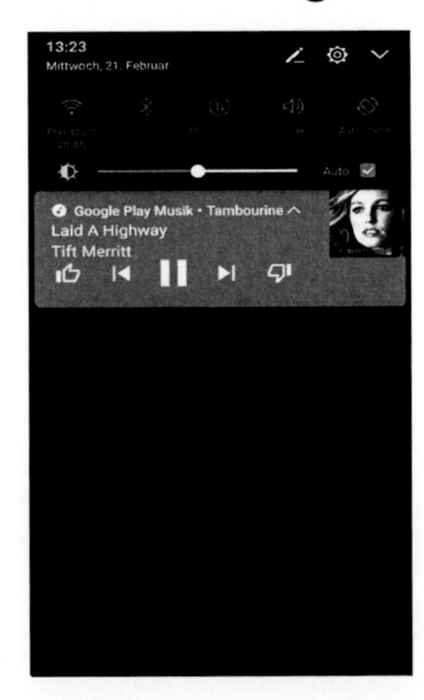

❶ Während der Wiedergabe muss die Play Musik-Anwendung nicht unbedingt im Vordergrund laufen: Betätigen Sie die O-Taste (unterhalb des Displays), so läuft die Wiedergabe weiter und in der Titelleiste weist ein Symbol auf die aktive Wiedergabe hin. Ein Steuerfeld erhalten Sie nach Öffnen des Benachrichtigungsfelds (siehe Kapitel *4.7.6 Titelleiste und Benachrichtigungsfeld*) angezeigt. Dort tippen Sie auf den Songtitel für den Abspielbildschirm.

❷ Die Musikwiedergabe lässt sich auch bei aktiver Bildschirmsperre steuern.

25.4 Der Google Play Musik-Dienst

Google Play Musik ist eine Musikplattform, über die man seine Musiksammlung als »Stream« anhören kann. Beim sogenannten »streaming« erfolgt die Wiedergabe direkt aus dem Internet, ohne dass der abgespielte Song lokal auf dem Gerät gespeichert wird. Ein Vorteil des Streamings ist die zentrale Ablage aller Songs auf einem Server, wobei die Wiedergabe auf jedem beliebigen Endgerät, vom PC bis zum Handy möglich ist – es wird nur eine Internetverbindung benötigt, die noch nicht einmal besonders schnell sein muss.

Im Prinzip funktioniert der Google Musik-Dienst wie der Konkurrent Apple iTunes, mit dem Unterschied, dass die meisten Anwender ihre eigenen Songs (bis zu 20.000) selbst bei Google Play Musik hochladen. Weitere Songs oder Alben können über die Website von Google Play Musik oder über eine Android-Anwendung erworben werden. Ein Kopieren Ihrer gekauften oder von Ihnen selbst hochgeladenen Songs ist nicht vorgesehen, das heißt, für die Wiedergabe benötigt man auf jeden Fall ein Android-Gerät oder einen Webbrowser, über den man die Google Play-Oberfläche aufruft.

Falls Sie Ihre Musik nicht nur auf dem Handy oder Tablet abspielen möchten, sondern auch ganz klassisch von CD, sollten Sie auf Google Play Musik verzichten, denn es ist offiziell keine Möglichkeit vorgesehen, die einmal im Google Play Store gekaufte, beziehungsweise selbst hochgeladene Musik wieder herunterzuladen, um Sie beispielsweise auf eine CD zu brennen. Im Internet sind allerdings bereits einige mehr oder weniger illegale »Hacks« zu finden, mit denen man dies trotzdem auf relativ unbequeme Art und Weise schafft.

Die Weboberfläche von Google Musik, die Sie auf dem PC-Webbrowser unter *music.google.com* aufrufen. Sie verwalten damit nicht nur Ihre Songs, sondern können diese auch abspielen und natürlich weitere Songs beziehungsweise Alben im Play Store kaufen.

Beim ersten Aufruf der Google Play Musik-Weboberfläche wird Ihnen der Download des Musik

Managers angeboten (falls Sie hier *Überspringen* anklicken, können Sie jederzeit den Download über die *Musik hochladen*-Schaltfläche nachholen. Mit dem Musik Manager laden Sie Ihre bereits auf dem PC vorhandenen Musiktitel bei Google Musik hoch.

25.4.1 Erste Einrichtung

Wie bereits zuvor erwähnt, muss man in der Play Musik-Anwendung zwischen den lokal auf dem Gerät vorhandenen Songs (die man beispielsweise über eine USB-Verbindung vom PC auf das Gerät kopiert hat) und den auf Google-Servern liegenden Songs unterscheiden. Letztere sind Ihrem Google-Konto gespeichert. Sofern Sie mehrere Google-Konten auf dem Huawei Y6/Y7 nutzen, sollten Sie deshalb darauf achten, immer das gleiche Google-Konto für den Upload eigener Songs, beziehungsweise den Kauf von Songs/Alben zu verwenden.

Beim ersten Aufruf der Play Musik-Anwendung erfolgte bereits eine Abfrage, welches Google-Konto Sie verwenden möchten.

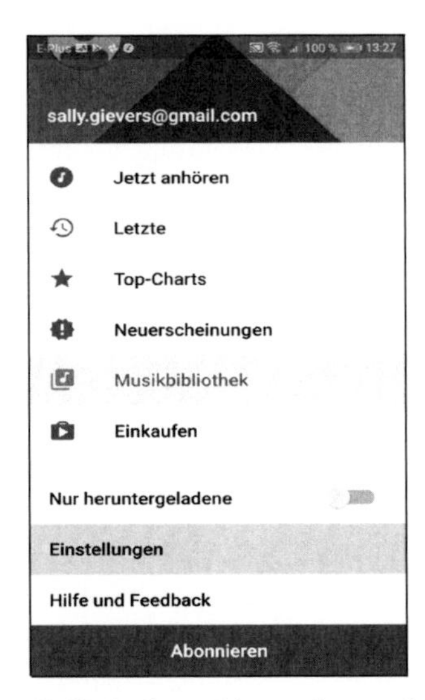

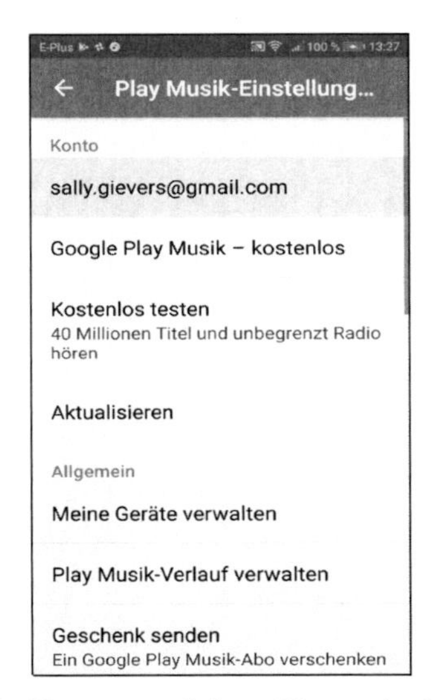

❶❷ Sofern Sie mehrere Google-Konten auf dem Huawei gleichzeitig nutzen, sollten Sie zuerst das gerade eingestellte Konto überprüfen. Dazu gehen Sie auf *Einstellungen* im Ausklappmenü und stellen unter *Konto* das Konto ein.

25.4.2 Kauf von Songs oder Alben

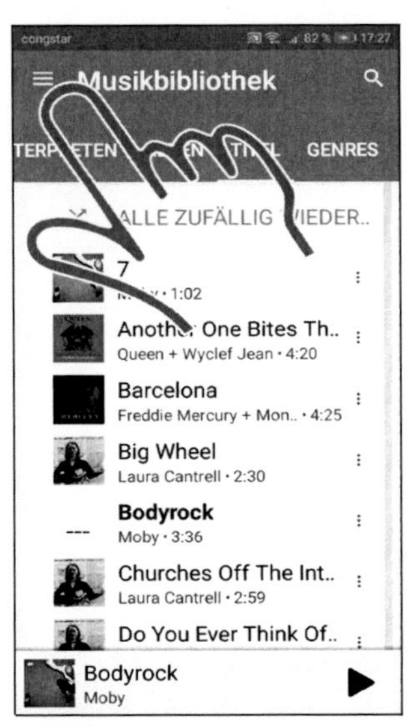

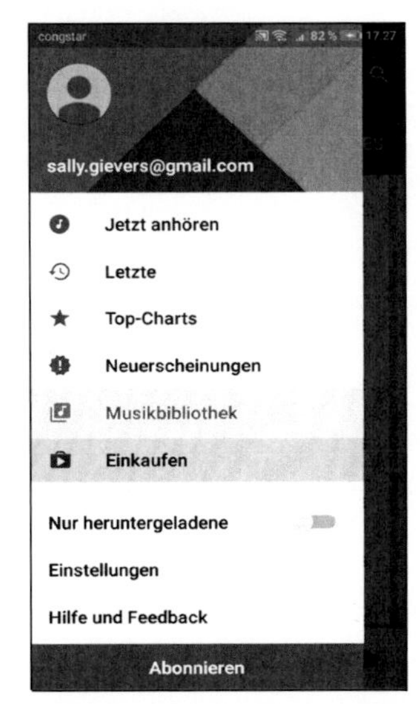

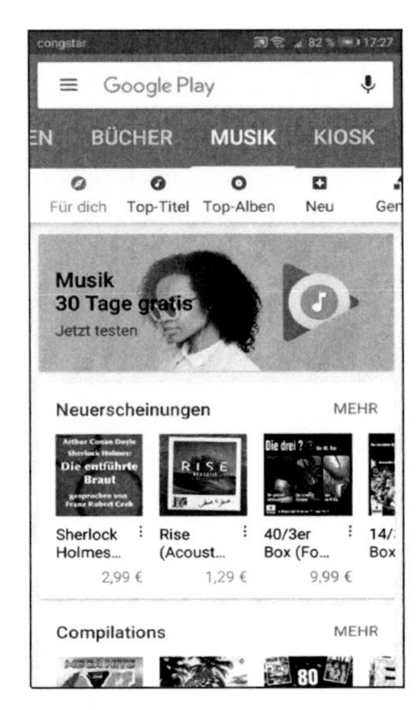

❶❷❸ Der Musikverkauf findet im Play Store statt (siehe Kapitel *19 Play Store*). Aktivieren Sie hier das Ausklappmenü und gehen Sie darin auf *Musik*.

25.4.3 Play Musik in der Praxis

In der Play Musik-Anwendung werden die lokal auf dem Gerät und auf dem Google Musik-Server vorhandenen Songs zusammen aufgelistet. Auch in der Google Play Musik-Webseite angelegte Playlists sind hier verfügbar.

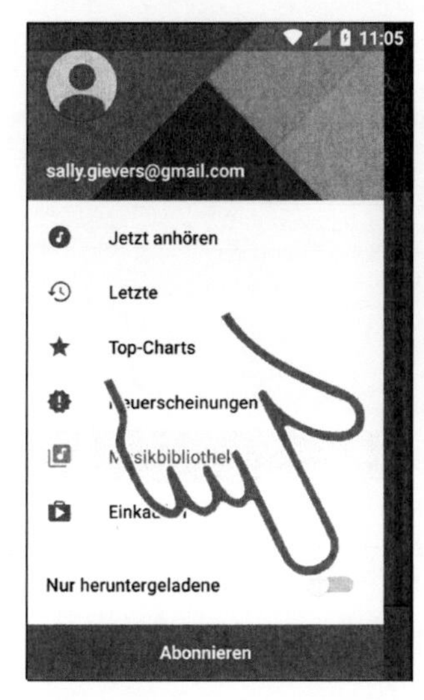

➊ Damit Sie auf die gestreamten Songs Zugriff haben, muss im Ausklappmenü der Eintrag *Nur heruntergeladene* deaktiviert sein.

➋ Verlieren Sie die Internetverbindung, so erscheinen alle nur online vorhandenen Songs ausgegraut und der Abspielbildschirm zeigt gegebenenfalls einen Hinweis.

Beachten Sie, dass der Google Musik-Dienst nur immer von einem Gerät aus nutzbar ist. Wenn Sie beispielsweise gleichzeitig die Google Play Musik-Weboberfläche auf Ihrem PC aktiv haben, pausiert dort die Wiedergabe und ein Hinweis erscheint.

25.4.4 Konfiguration

So blenden Sie die Google Musik-Songs in der Play Musik-Anwendung aus: Aktivieren Sie im Ausklappmenü den Eintrag *Nur Heruntergeladene.*

25.4.5 Offline-Nutzung

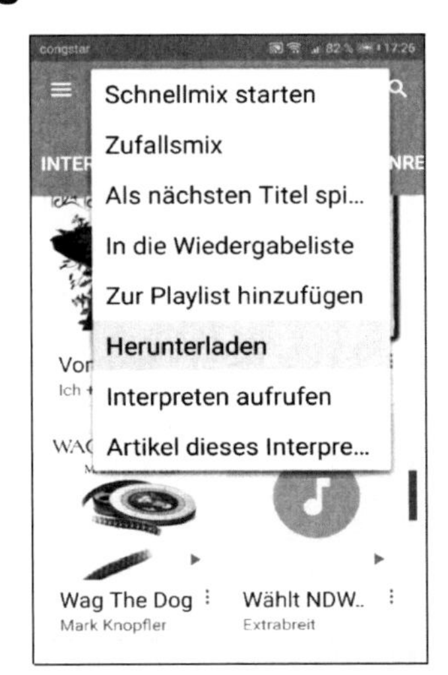

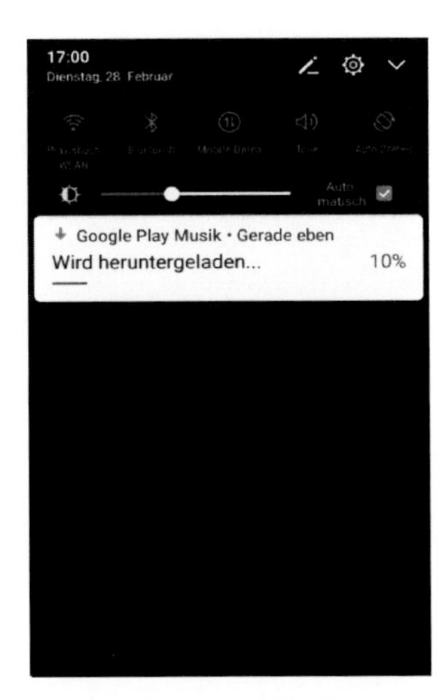

❶❷ Für den Fall, dass mal keine Internetverbindung zur Verfügung steht, lassen sich Songs auch vorab herunterladen. Aktivieren Sie dafür im *ALBEN*-Register ⋮/*Herunterladen.*

❸ Der Song-Download erfolgt nun automatisch im Hintergrund, was Sie an der Fortschrittsanzeige im Benachrichtigungsfeld nachvollziehen können. In der Titelleiste informiert eine Animation zudem über den gerade durchgeführten Download.

Um einen Song wieder aus der Liste zu nehmen, müssen Sie, wie zuvor beschrieben, Songs in der *ALBEN*-Ansicht deselektieren.

Die heruntergeladenen Songs landen in einem versteckten Speicherbereich, auf den man keinen Zugriff hat. Es ist also nicht möglich, die Songs auf diesem Wege herunterzuladen, um sie dann beispielsweise für anderweitige Verwendung auf einen PC zu kopieren.

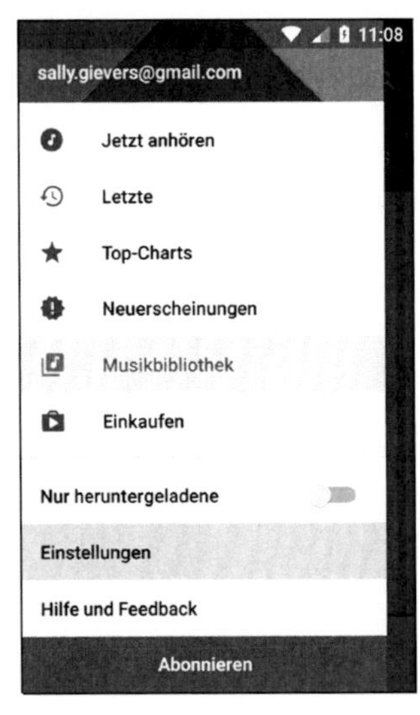

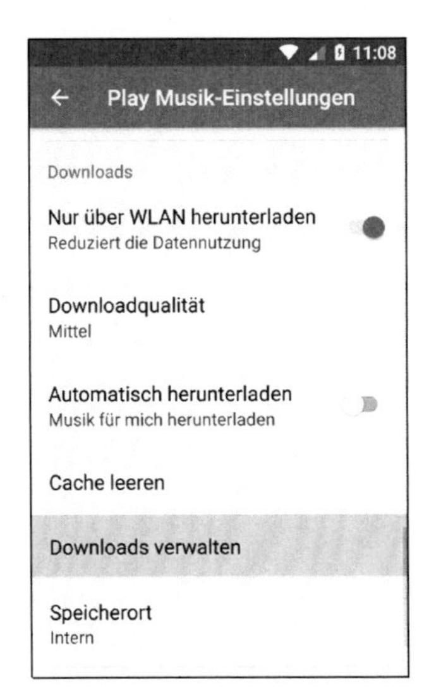

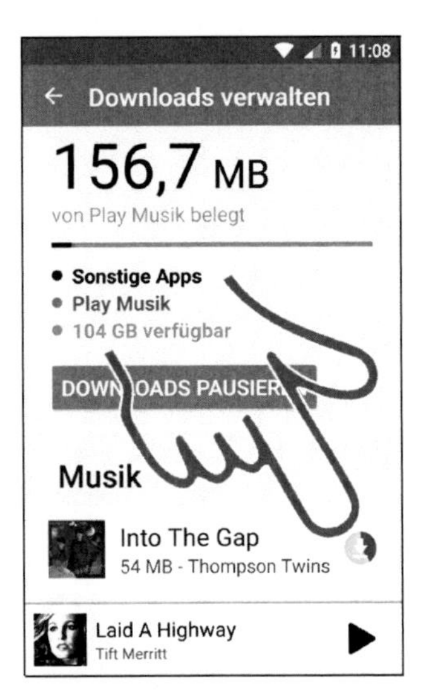

❶ So löschen Sie die heruntergeladenen Songs: Rufen Sie das Ausklappmenü auf und gehen Sie auf *Einstellungen.*

❷ Wählen Sie *Downloads verwalten.*

❸ Betätigen Sie jeweils die orangefarbene Schaltleiste hinter dem Albumtitel und in der Sicherheitsabfrage *ENTFERNEN*, um die Songs zu löschen. Songs, die Sie von Hand auf das Huawei Y6/Y7 kopiert hatten (siehe Kapitel *17 Gerätespeicher*) bleiben übrigens erhalten.

25.4.6 Streaming-Einstellungen

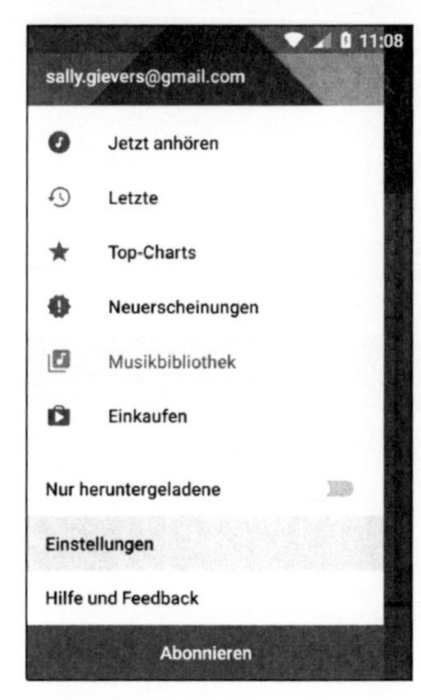

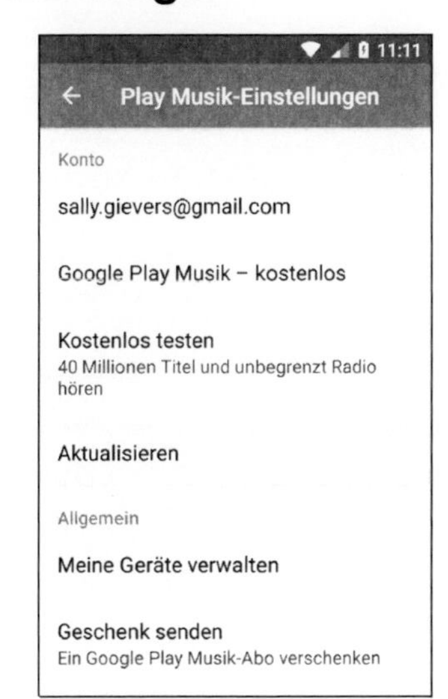

❶❷ *Einstellungen* im Ausklappmenü konfiguriert:

Unter *Konto*:

- *(Ihr Konto)@gmail.com:* Mit diesem Konto ist Google Musik verknüpft.
- *Google Play Musik - kostenlos:* Dieses Menü hat keine Funktion.
- *Kostenlos testen*: Kostenpflichtige Streaming-Flatrate kostenlos testen.
- *Aktualisieren*: Falls Sie in Ihrem Google-Konto neue Songs vorliegen haben (seien sie gekauft oder vom PC aus hochgeladen), können Sie hiermit die Songliste aktualisieren.

Unter *Allgemein*:

- *Meine Geräte verwalten*: Verwaltet die von Ihnen für die Musikwiedergabe verwendeten Geräte. Im Normalfall werden Sie dieses Menü nie benötigen.
- *Play Musik-Verlauf verwalten:* Nicht von Google dokumentiert.
- *Geschenk senden*: Für einen anderen Android-Nutzer die Google Play Musik-Streaming-Faltrate bezahlen.
- *Ruhemodus-Timer*: Stellen Sie ein, nach welcher Zeitspanne die Musikwiedergabe automatisch beendet wird.

Unter *Wiedergabe*:

- *Nur über WLAN streamen:* Musikstreaming erfolgt nur bei einer vorhandenen WLAN-Verbindung
- *Qualität über Mobilfunknetz; Qualität über WLAN*: Normalerweise passt der MP3-Player die Datenrate beim Streamen an die Geschwindigkeit des Internetzugangs an. Aktivieren Sie *Hoch*, wenn Sie keine Kompromisse bei der Klangqualität akzeptieren – Sie müssen sich aber dann darauf einrichten, dass es ab und zu Aussetzer bei der Wiedergabe gibt, weil der Player erst wieder den Datenpuffer füllt.
- *Musik beim Streamen in den Cache*: Gestreamte Musik wird von Google Musik automatisch auf dem Gerät gespeichert.
- *Starten der Wiedergabe auf externen Geräten zulassen*: Standardmäßig erfolgt die Musikwiedergabe nur über den Gerätelautsprecher. Falls Sie ein Bluetooth-Gerät (siehe Kapitel *28 Bluetooth*) anschließen, wird darüber die Wiedergabe stattfinden. Deaktivieren Sie diese Option, wenn Sie das Bluetooth-Gerät nur für Telefonie nutzen möchten, was beispielsweise bei einem Bluetooth-Headset der Fall sein kann.
- *Explizite Titel in Mixen blockieren*: Wenn Sie den Schnellmix nutzen, werden nicht jugendfreie Titel übersprungen.

Unter *Downloads*:

- *Nur über WLAN herunterladen*: Von Ihnen zum Download markierte Songs (siehe Kapitel *25.4.5 Offline-Nutzung*) werden nur bei vorhandener WLAN-Verbindung heruntergeladen.
- *Automatisch herunterladen*: Die Google Musik-Anwendung erkennt, welche Songs/Alben häufig gespielt werden und lädt diese im Hintergrund auf Ihr Gerät herunter. Die Songs stehen dann auch zur Verfügung, wenn Sie keine Internetverbindung haben.
- *Cache leeren*: Beim Streaming zwischengespeicherte Songdaten aus dem Speicher entfernen.
- *Downloadqualität*: Google Musik optimiert die Qualität der heruntergelandenen Songs. Falls Sie einen hohen Qualitätsanspruch haben, müssen Sie *Hoch* aktivieren.
- *Downloads verwalten*: Listet die gerade heruntergeladenen Songs auf, die Sie, wie im Kapitel *25.4.5 Offline-Nutzung* beschrieben, offline auf dem Gerät verfügbar machen.

25.5 Welcher Song ist das?

Sie kennen sicher das Problem, ab und zu im Radio, TV, Kaufhaus oder Club einen unbekannten Song zu hören, der Ihnen gefällt. Den Songtitel herauszufinden gestaltete sich dann schwierig. Als Problemlösung bietet sich eine Automatik an, die anhand eines mitgehörten Ausschnitts Interpret, Titel und Album ermittelt.

❶ Betätigen Sie – während die Musik gespielt wird – die 🎙-Schaltleiste im Google-Such-Widget (Pfeil) des Startbildschirms.

❷ Tippen Sie dann auf das Notensymbol (Pfeil) – eventuell müssen Sie mehrfach die Spracherkennung aufrufen, bis dieses erscheint.

❸ Google analysiert nun die Musik und zeigt den Songtitel an.

25.6 Besserer Klang durch externe Lautsprecher

Möchte man mit dem Tablet ein ganzes Zimmer oder gar eine kleine Party beschallen, so reicht der eingebaute Lautsprecher nicht aus, beziehungsweise lässt den Wunsch nach einer besseren Klangqualität aufkommen. Über den 3,5 mm-Klinkenanschluss können Sie dann problemlos Aktivboxen, wie sie eigentlich für PCs im Handel angeboten werden, anschließen. Die Leistung von Lautsprechern wird in Watt angegeben, wobei höhere Werte meist auch einen besseren Klang sorgen, denn im Normalbetrieb wird der jeweilige Lautsprecher dann nicht bis zur Leistungsgrenze belastet. Greifen Sie am besten nur zu Lautsprecherboxen mit einer nachvollziehbaren Leistungsangabe. Die Watt »PMPO« ist leider nicht genormt und kann alles mögliche bedeuten, beispielsweise, dass die jeweiligen Boxen dann total übersteuern. Besser ist die RMS-Angabe, welche industrieweit genormt ist.

Bei den PC-Lautsprechern müssen Sie außerdem beachten, dass diese über einen 3,5 mm-Klinkenstecker verfügen. Manche PC-Lautsprecher besitzen nur einen USB-Anschluss, da sie – vereinfacht gesagt – über eine interne Soundkarte verfügen und vom PC über USB nur die Steuersignale erhalten. Empfehlenswert sind sogenannte 2.1-Systeme, also Boxensets mit 2 Lautsprechern und einem Subwoofer. Von einem 5.1-System, das aus 5 Lautsprechern besteht, raten wir ab, weil diese viel Platz wegnehmen und sie das Handy nicht unterstützt.

Unsere kleine Checkliste für die Anschaffung von PC-Lautsprecherboxen:

- Set-Preis (2 Stück): 30 bis 100 Euro
- Leistung: Mindestens 10 Watt RMS
- Klinkenanschluss (bei den meisten PC-Boxen ist ein Klinkenkabel im Lieferumfang)

25.6.1 Alternativen zu den PC-Lautsprecherboxen

Auch manche (Küchen-)Radios und alle Stereoanlagen haben heute einen Audioeingang, an den man das Handy für stationären Musikgenuss anschließen kann. Die benötigten Kabel, welche man im Fachhandel oder in Online-Shops bekommt, sind entweder 3,5 mm Klinke auf 2 x Cinch-Stecker (für Stereoanlagen oder hochwertige Aktivlautsprecher), beziehungsweise 2 x 3,5 mm Klinke.

Wenn Sie hochwertige Lautsprecher am Handy betreiben möchten, sollten Sie darauf achten, dass es sich um Modelle mit eingebautem Verstärker (Aktivlautsprecher) handelt. Passive Lautsprecher, wie sie als Zubehör für Stereoanlagen erhältlich sind, benötigen dagegen einen zwischengeschalteten Verstärker (im Fachdeutsch: »Endstufe«).

Lautsprecherdockingstationen für das Apple iPhone sind meistens zusätzlich mit einem Audioeingang versehen. Besitzen Sie bereits ein iPhone, kann sich dessen Anschaffung lohnen. Ansonsten gilt aber: Finger weg.

Unser Tipp: Wenn Sie hohe Qualitätsansprüche haben, dann holen Sie sich aktive Studiomonitore, wie sie in Tonstudios für die Hörkontrolle verwendet werden. Diese Lautsprecher sind meist sehr kompakt, haben häufig sehr viele Anschlüsse und sind im Gegensatz zu den Standardlautsprechern in der PA-Technik auch elektromagenetisch abgeschirmt. Aktive Studiomonitore bieten unter anderen die Hersteller Alesis, M-Audio oder Yamaha zu Preisen ab 100 Euro pro Boxenpaar an.

25.6.2 Mobile Lautsprecher

Für unterwegs bieten zahlreiche Hersteller batteriebetriebene Minilautsprecher an. Unserer Ansicht nach lohnt sich aber die Anschaffung dieser billigen »Brüllwürfel« meistens nicht, da man für 20 Euro kaum eine adäquate Qualität erwarten kann. Soll es dennoch mal unterwegs etwas lauter sein, empfehlen wir, ein Kofferradio o.ä. mit Klinkenbuchse anzuschaffen, an dem Sie das Handy dann anschließen. Der Autor dieser Zeilen nutzt dafür ein Radio des Herstellers Pure, für das man einen Akku für den Mobilbetrieb nachkaufen kann.

25.6.3 Drahtloser Musikgenuss

Das häufige Anschließen und Abziehen des Lautsprecherklinkensteckers, wenn man das Handy mal wieder woanders oder unterwegs nutzen will, belastet die Klinkenbuchse des Handys. Möchten Sie es bequemer, dann verwenden Sie einen Bluetooth-fähigen Lautsprecher oder einen Audio-Bluetooth-Adapter, den Sie mit einem Lautsprecher verbinden. Beachten Sie dazu auch Kapitel *28.4 Bluetooth-Audio*.

26. Weitere Programme

26.1 Rechner

➊ Sie finden den *Rechner* im *Werkzeuge*-Ordner des Startbildschirms.

➋ Alle Eingaben erfolgen in natürlicher Schreibweise. Das Rechenergebnis erhalten Sie dann nach Betätigen der »=«-Taste auf dem Tastenfeld. Die ⌫-Taste löscht ein Rechenergebnis.

➌ Tippen und halten Sie den Finger auf den Ausgabebereich und gehen Sie im Popup auf *Kopieren*, um Rechenoperationen, beziehungsweise Ergebnisse in die Zwischenablage zu kopieren und in andere Anwendungen wieder einzufügen.

26.2 Dateien

»Dateien« ist ein Dateimanager, ähnlich dem Windows Explorer auf dem PC, den Sie allerdings nur selten benötigen werden.

➊ Rufen Sie *Dateien* aus dem Startbildschirm auf.

➋ Standardmäßig zeigt der Datei-Manager erst eine Übersicht, über die Sie schnellen Zugriff auf die wichtigsten Verzeichnisse (*Bilder, Audio, Videos, Dokumente,* usw.) erhalten.

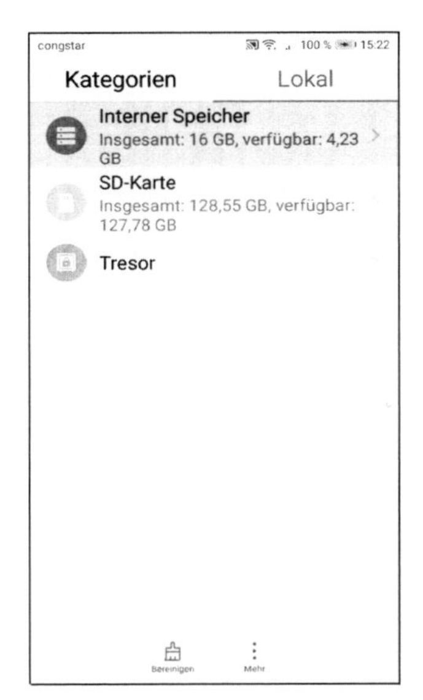

❶❷ Möchten Sie dagegen die Dateistruktur »durchwandern«, so aktivieren Sie erst das *Lokal*-Register und wählen dann den Speicher aus (siehe auch Kapitel *17 Gerätespeicher*).

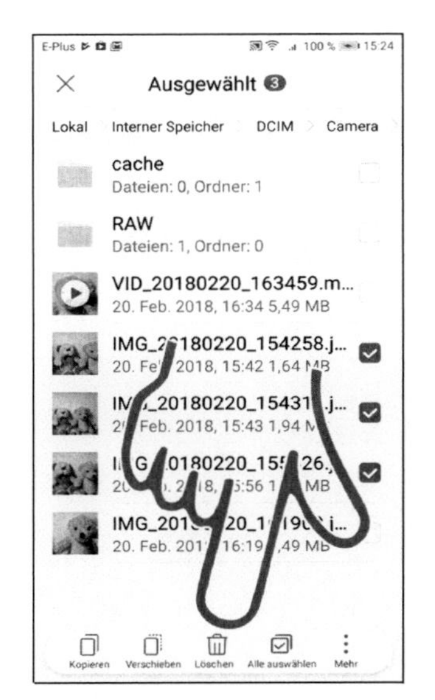

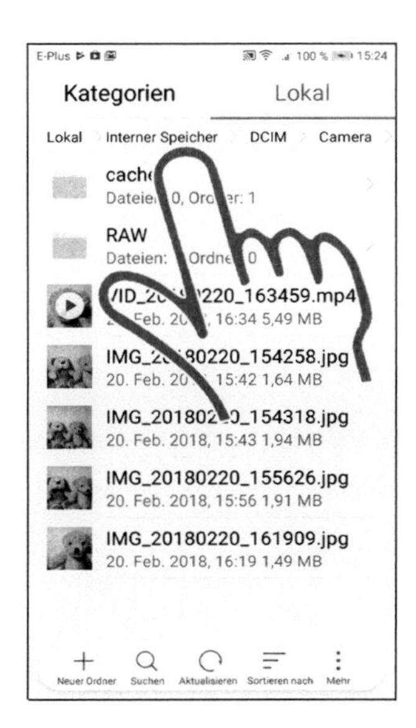

❶ Durch die Verzeichnisse bewegen Sie sich durch Antippen.

❷ Tippen und halten Sie den Finger auf einem Verzeichnis oder einer Datei zum Markieren. Anschließend stehen diverse Dateifunktionen am unteren Bildschirmrand zur Verfügung.

❸ In welchem Verzeichnis Sie sich gerade befinden, erfahren Sie am oberen Bildschirmrand. Tippen Sie eines der Verzeichnisnamen an, um dieses direkt anzuspringen. Alternativ wechseln Sie mit der ◁-Taste jeweils ein Verzeichnis zurück.

26.3 Wetter

Das *Wetter*-Widget liefert aktuelle Wetter-Infos zu einem einstellbaren Standort.

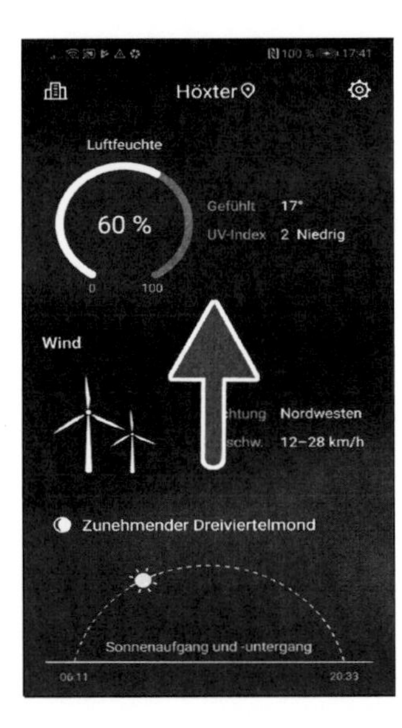

❶ Das Wetter-Widget ist im Startbildschirm bereits vorinstalliert.

❷ Betätigen Sie *HINZUFÜGEN*, damit die nächstgelegene Stadt als Ihr Standort hinzugefügt wird.

❸ Eine Wischgeste nach oben liefert weitere Infos, darunter Luftfeuchtigkeit, Windgeschwindigkeit und die Zeiten für Sonnenauf- und Untergang.

❶ Weitere Orte und damit deren Wettervorhersagen übernehmen Sie mit 🏙.

❷ Betätigen Sie +, worauf Sie einen Stadtnamen eingeben beziehungsweise einen Vorschlag auswählen. Verlassen Sie den Bildschirm mit der ◁-Taste.

❸ Im Hauptbildschirm schalten Sie mit einer Wischgeste zwischen den verschiedenen Städten um, die Sie zuvor eingestellt hatten.

26.4 YouTube

Die YouTube-Anwendung bietet eine ähnliche Funktionalität wie das Videoportal, das Sie unter *www.youtube.com* im Web finden. Die YouTube-Anwendung bietet eine ähnliche Funktionalität wie das Videoportal, das Sie unter *www.youtube.com* im Web finden. Wir empfehlen, das Handy während der Youtube-Nutzung waagerecht zu halten, damit Sie die Videos in voller Displaygröße ansehen können.

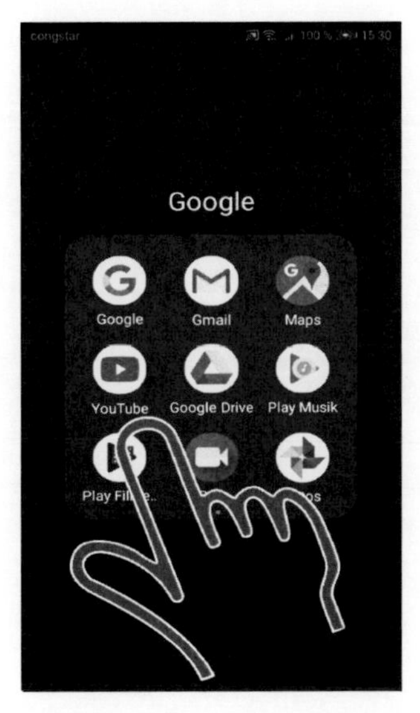

❶❷ Sie finden *YouTube* im *Google*-Ordner des Startbildschirms.

❸ Für optimale Nutzung empfehlen wir das Handy um 90 Grad gedreht zu halten, damit die abgespielten Videos den Bildschirm ausfüllen.

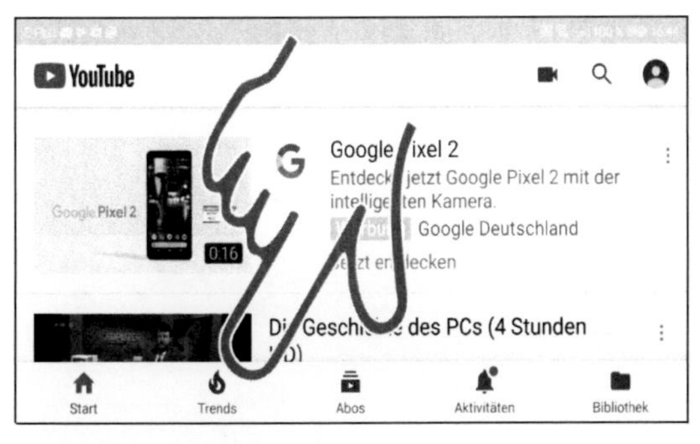

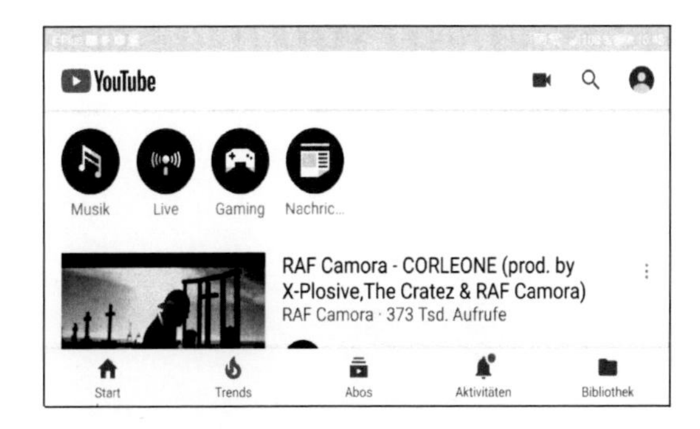

❶❷ Über die Register schalten Sie um zwischen:

- *Start*: Startseite
- *Trends*: Derzeit angesagte (häufig abgerufene) Videos.
- *Abos*: Von Ihnen abonnierte Kanäle (=Anbieter).
- *Aktivitäten*: Informiert über neue Videos in den von Ihnen abonnierten Kanälen.
- *Bibliothek*:
  - *Verlauf*: Liste der bereits aufgerufenen Videos
  - *Meine Videos*: Von Ihnen selbst hochgeladene Videos
  - *Käufe*: Einige Videos auf YouTube sind kostenpflichtig. Erworbene Videos finden Sie hier.
  - *Später ansehen*: Für späteres Ansehen markierte Videos.

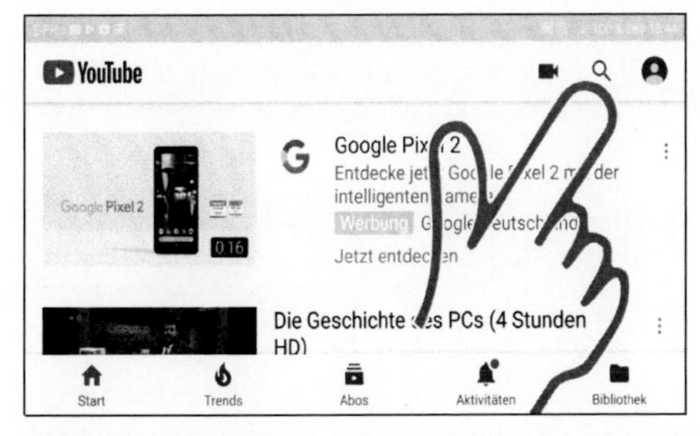

❶❷ Zum Auffinden von Videos tippen Sie oben auf 🔍, geben den Suchbegriff ein und betätigen 🔍 auf dem Tastenfeld. Tippen Sie in den aufgelisteten Suchergebnissen das anzuzeigende Video an.

❶❷ Die Wiedergabe erfolgt. Tippen Sie auf den Bildschirm, um Bedienelemente anzuzeigen. Die ◁-Taste bringt Sie wieder auf in das Hauptmenü. (Pfeil) schaltet dagegen in ein kleines Videofenster um.

Bitte wundern Sie sich nicht, wenn ein Video nicht den gesamten Bildschirm ausfüllt, sondern ein schwarzer Rand bleibt. Bis vor 10 Jahren unterstützten TV-Sender und Aufnahmegeräte häufig nur das 3:4-Format (gelesen als »Länge zu Breite«), während heute 16:9 (HD-Format) üblich ist. Die von anderen YouTube-Nutzern hochgeladenen Videos im 3:4-Format stammen also aus älteren Quellen oder von veralteten Aufnahmegeräten.

❶ Wenn Sie das Handy aufrecht halten, verkleinern Sie mit einer Wischgeste nach unten das Videofenster.

❷ Sie können dann im YouTube stöbern, während das Video weiterläuft. Wischen Sie vom Videofenster aus horizontal nach rechts oder links, um es zu schließen. Dies beendet natürlich auch die Wiedergabe.

❸ Wischen nach oben vergrößert das Videofenster wieder.

26.5 Google Drive

Bei Google Drive handelt es sich um einen Online-Speicher, worin Sie beliebige Dateien ablegen. Das Arbeitsprinzip kennen Sie vielleicht schon vom Konkurrenten Dropbox. Google Drive ist mit Ihrem Google-Konto verknüpft.

Beachten Sie, dass Google Drive zwar 15 Gigabyte Online-Speicher zur Verfügung stellt, dieser aber mit anderen Google-Diensten, beispielsweise Gmail (siehe Kapitel *11 Gmail*) geteilt wird. Googles Foto-Anwendung (siehe Kapitel *24 Google Fotos*) belegt dagegen keinen wertvollen Speicher im Google-Konto, weil Fotos und Videos nicht darauf angerechnet werden.

Die übliche Vorgehensweise:

1. Laden Sie von Ihrem Handy aus beliebige Dateien wie Fotos oder Office-Dokumente in Google Drive hoch.
2. Der Zugriff auf die Dateien lässt sich anschließend für andere Nutzer freigeben.

3. Über eine Weboberfläche (*drive.google.com*) ist auch die Dateiverwaltung über einen PC-Webbrowser möglich. Dort können Sie auch ein PC-Programm herunterladen, das Ihnen die Arbeit mit Google Drive erleichert.

Zusätzlich unterstützt Google Drive das Erstellen und Bearbeiten von Microsoft Office-Dateien (Word, Excel und PowerPoint). Dies geschieht über die Zusatzprogramme Google Docs (Word-Dateien), Google Tabellen (Excel-Tabellendateien) und Google Präsentationen (PowerPoint-Präsentationsdateien). Google Drive ist sehr umfangreich, weshalb wir hier nur auf die interessantesten Funktionen eingehen können.

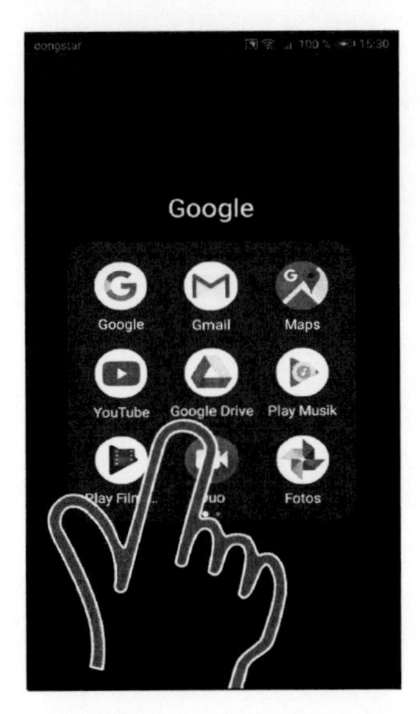

❶❷ Starten Sie *Google Drive* im Hauptmenü oder dem *Google*-Ordner des Startbildschirms. Sie finden das Programm auch im Hauptmenü.

❸ Anschließend erscheint beim ersten Start ein Hinweis, den Sie mit der ◁-Taste schließen.

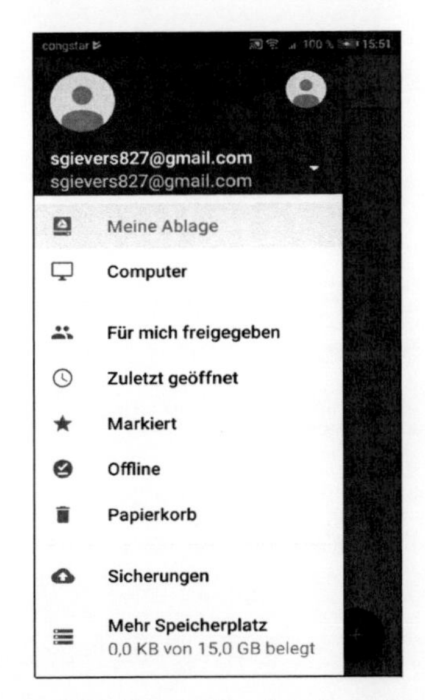

❶❷ Mit einer Wischgeste nach rechtsöffnen Sie das Ausklappmenü, welches Sie durch Wischen nach rechts wieder schließen. Die enthaltenen Funktionen:

- *Meine Ablage*: Alle von Ihnen in Google Drive erstellten Office-Dokumente, sowie hochgeladene Dateien.
- *Computer*: Falls Sie die Google Drive-PC-Software einsetzen, sehen Sie hier die Dateien, welche sich auf Ihrem Computer befinden. Sie können die Software unter *www.google.com/drive/download* auf Ihrem PC herunterladen.
- *Für mich freigegeben*: Dateien anderer Google Drive-Nutzer, die Ihnen den Zugriff gestatten.
- *Zuletzt geöffnet*: Dateien, auf die Sie zuletzt zugegriffen haben (Zugriffsverlauf).

- *Markiert*: Von Ihnen als Favoriten markierte Dateien, beispielsweise weil Sie sie häufig nutzen.
- *Offline*: Aus Google Drive heruntergeladene Dateien. Sie haben darauf auch offline – also ohne Internetverbindung – Zugriff.
- *Papierkorb*: Von Ihnen in Google Drive gelöschte Dateien.
- *Sicherungen:* Nicht von Google dokumentiert.
- *Mehr Speicherplatz*: Informiert über den freien und belegten Speicher und bietet die Möglichkeit, weiteren Speicherplatz dazu zu mieten.
- *Benachrichtigungen*: Informiert über Dateien, die andere Nutzer für Sie in ihrem Google Drive freigegeben haben.
- *Einstellungen*: Diverse Datensicherungseinstellungen.

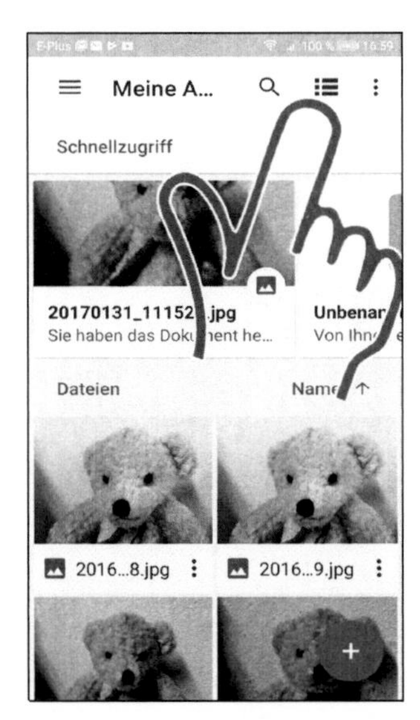

❶❷ (Pfeil) schaltet zwischen der Listenansicht und Vorschauansicht um.

26.5.1 Dateien bei Google Drive hochladen

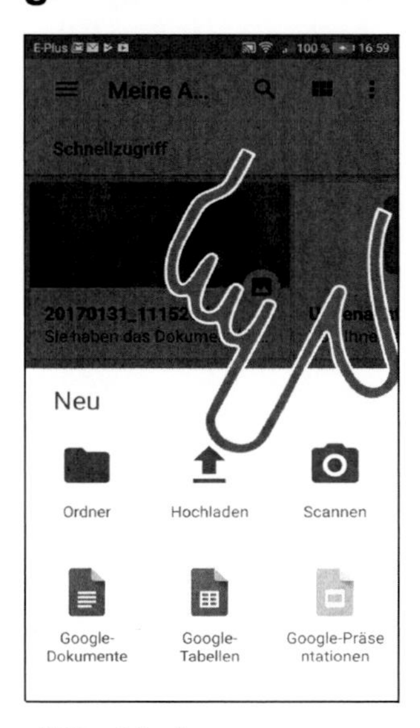

❶❷ Gehen Sie auf + und dann auf *Hochladen*.

❸ Wählen Sie ein Foto aus. Sie können auch mehrere Bilder auf einmal hochladen, indem Sie zunächst den Finger auf einem Foto halten, bis dieses markiert ist und dann die restlichen Bilder kurz antippen. Schließen Sie den Vorgang mit *Öffnen* (Pfeil) ab.

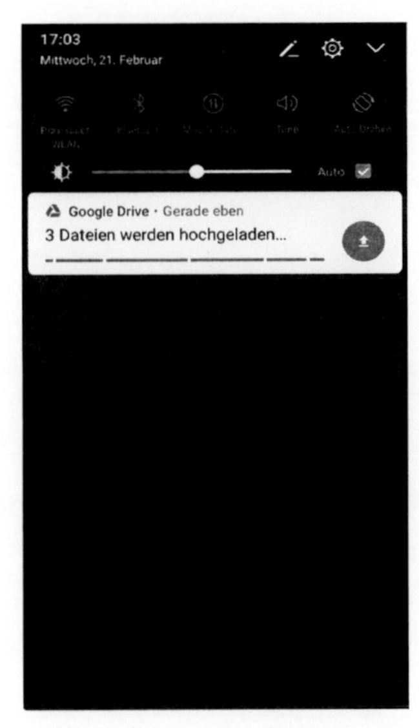
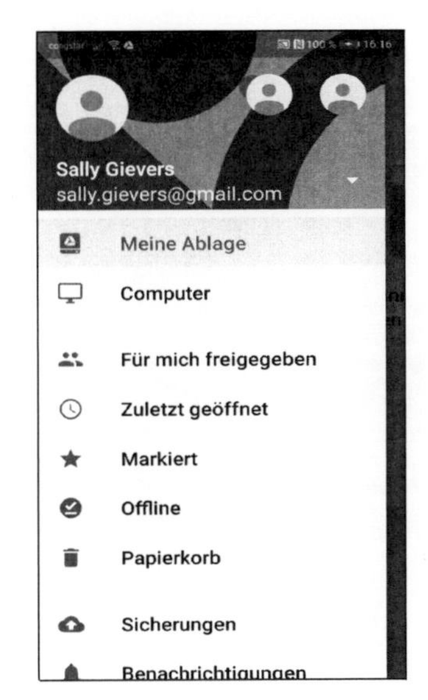
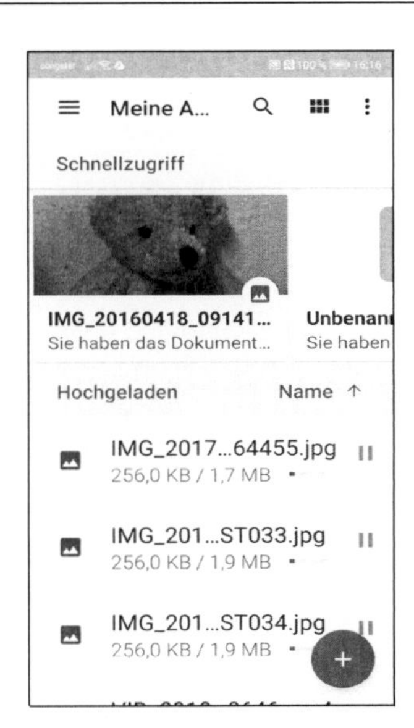

❶ Im Benachrichtigungsfeld finden Sie während und nach dem Hochladen einen Hinweis.

❷❸ Die hochgeladenen Dateien erscheinen in *Meine Ablage.*

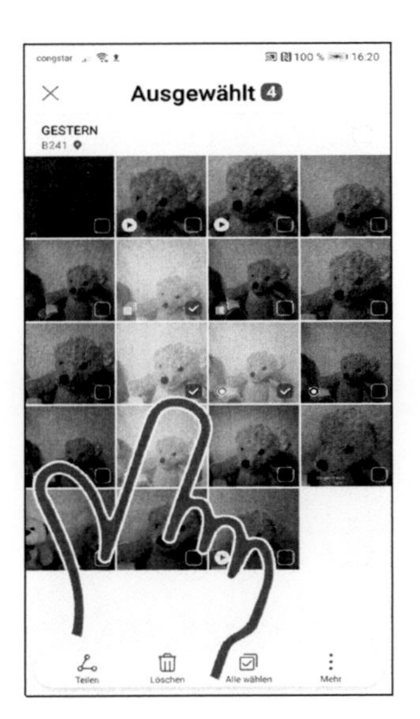
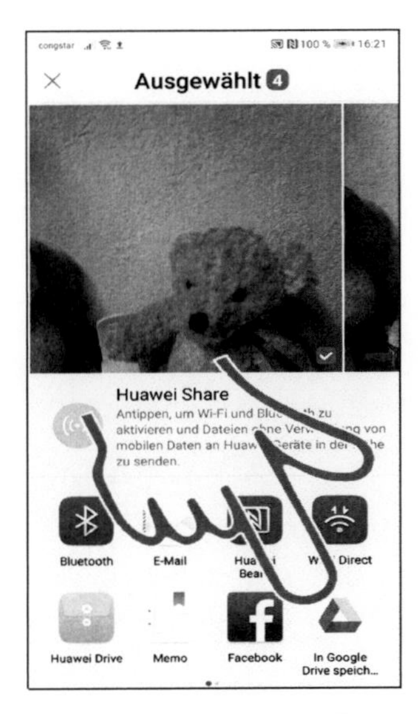

❶ Möchten Sie mehrere Dateien, in diesem Beispiel Fotos, bei Google Drive hochladen, dann empfehlen wir, die jeweils zuständige Anwendung zu bemühen. Starten Sie die *Galerie*-Anwendung (siehe Kapitel *21 Galerie*) aus dem Startbildschirm. Hier tippen und halten Sie den Finger über dem ersten zu markierenden Foto, das dann ein Häkchen erhält. Markieren Sie anschließend weitere Fotos durch kurzes Antippen. Achten Sie dabei darauf, die Bilder jeweils unten rechts im dafür vorgesehenen Bereich anzutippen.

❷ Das Hochladen erfolgt über *Teilen/In Google Drive speichern* (eventuell in der Symbolauflistung mit einer Wischgeste nach links durchrollen, bis Sie *In Google Drive speichern* sehen).

❸ Wählen Sie zum Schluss noch das Google-Konto (nur wenn Sie Google Drive mit mehreren Google-Konten nutzen) und den Zielordner bei Google Drive aus, dann gehen Sie auf *SPEICHERN.*

26.5.2 Office-Datei erstellen

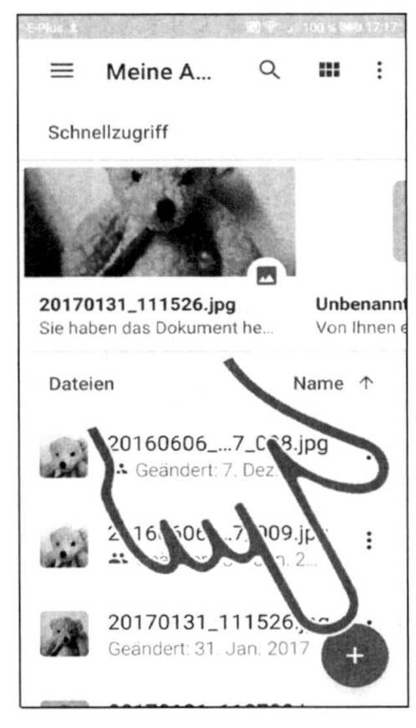

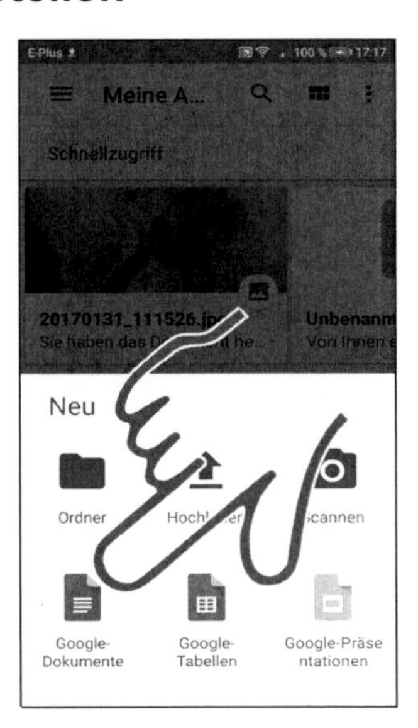

Google bietet Programme an, mit denen Sie Office-Dokumente auf dem Gerät, aber auch in Google Drive hochgeladene Office-Dateien bearbeiten können. Unterstützt werden dabei die Microsoft-Dateiformate Word, Excel und PowerPoint.

❶❷ Gehen Sie auf + und dann auf *Google-Dokumente*, *Google-Tabellen* oder *Google-Präsentationen*.

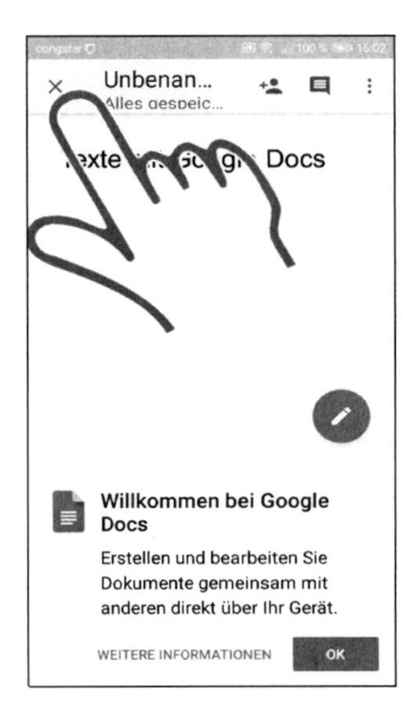

❶❷ Das jeweilige Programm startet mit einem leerem Dokument/einer leeren Tabelle. Sie befinden Sie im Editor. Nach der Bearbeitung speichern Sie die Datei mit ✓ (Pfeil) und kehren mit ✕ nach Google Drive zurück. Sie finden die Datei unter *Meine Ablage* beziehungsweise *Zuletzt geöffnet* im Ausklappmenü von Google Drive.

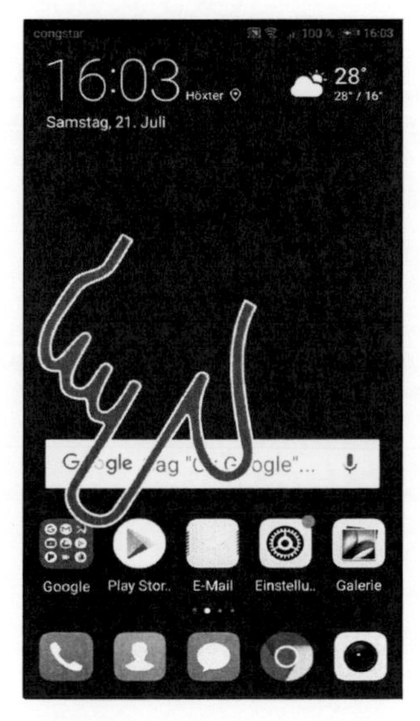

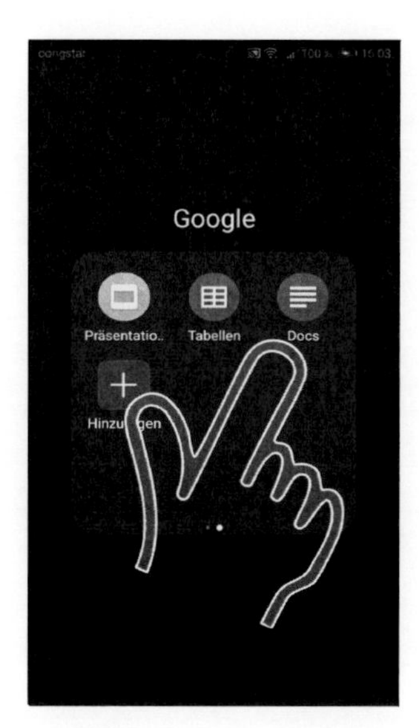

❶❷❸ Google-Dokumente, Google-Tabellen und Google-Präsentationen sind eigenständige Anwendungen, die Sie auch aus dem Startbildschirm aufrufen können. Gehen Sie dazu auf den *Google*-Ordner, wischen Sie nach links und tippen Sie auf *Docs, Tabellen* oder *Präsentationen.*

26.5.3 Dateien freigeben

Standardmäßig haben nur Sie Zugriff auf Ihre in Google Drive abgelegten Dateien. Sie können aber einzelne Dateien oder ganze Verzeichnisse für Dritte freigeben. Wir empfehlen, die Freigaben über einen PC-Webbrowser unter *drive.google.com* durchzuführen, da die dort angebotenen Funktionen wesentlich leistungsfähiger und einfacher zu handhaben sind.

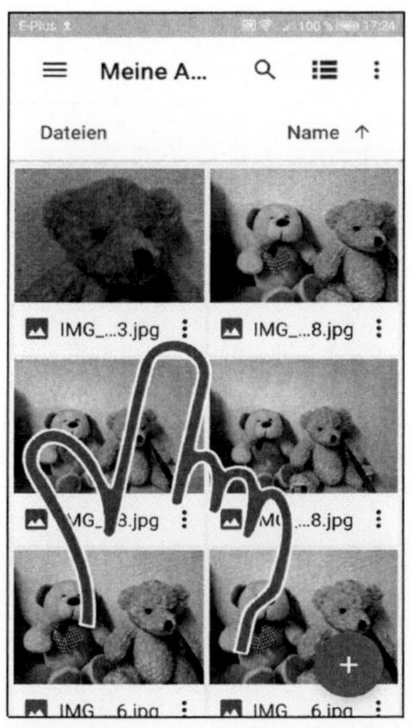

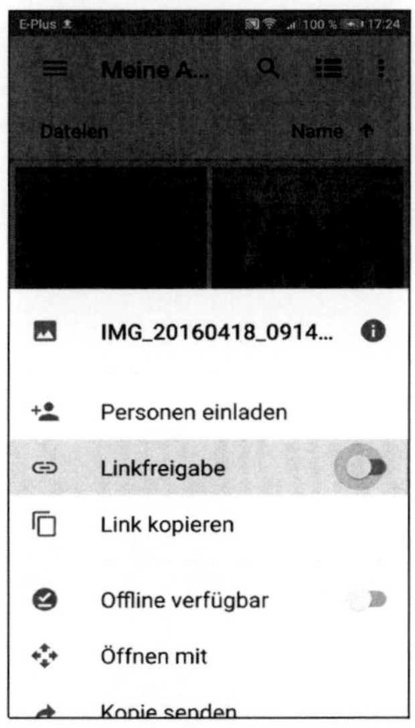

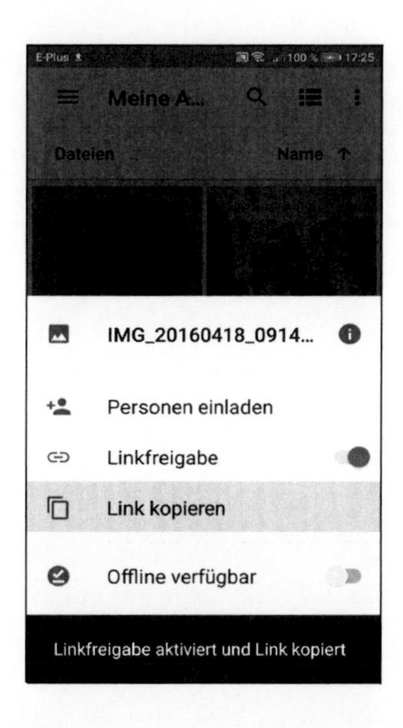

❶ Tippen Sie hinter dem Dateinamen auf ⋮ (Pfeil).

❷❸ Gehen Sie auf *Linkfreigabe* und dann auf *Link kopieren.* Google Drive hat eine Webadresse (»Freigabelink«) in die Zwischenablage kopiert. Schließen Sie den Dialog mit der ◁-Taste.

Sie möchten eine freigegebene Datei wieder gegen den Zugriff von Dritten sperren? Dann rufen Sie einfach erneut *Linkfreigabe* auf.

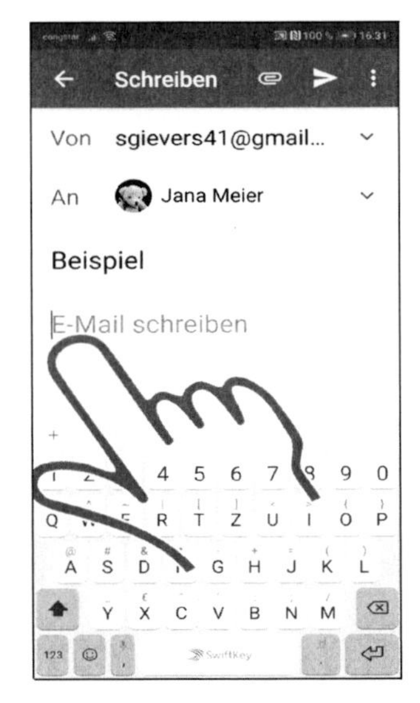

❶ Verlassen Sie Google Drive und rufen Sie eine andere Anwendung auf, über die Sie den Freigabelink weiterleiten möchten. In unserem Beispiel haben wir Gmail (siehe Kapitel *11 Gmail*) gestartet. Erstellen Sie eine neue E-Mail, dann tippen und halten Sie den Finger in das Textfeld, bis das Popup erscheint.

❷❸ Im Popup gehen Sie auf *Einfügen*, worauf der Freigabelink eingefügt wird und Sie die E-Mail verschicken können.

Bitte beachten Sie, dass der Empfänge den Freigabelink an Dritte weitergeben könnte. Sensible Dateien sollten Sie übrigens niemals ins Internet stellen, weil sie nicht gegen Kopieren und Weitergabe geschützt sind.

26.6 Google-Anwendung

Die Google-Anwendung stellt die zum aktuellen Zeitpunkt wichtigen Infos auf einem Blick zur Verfügung. Dazu wertet das Programm das Nutzerverhalten im Hintergrund aus und versucht daraus Schlüsse zu ziehen, welche Infos für Sie gerade nützlich sein könnten.

Je nach Situation werden laut Google folgende Infos angezeigt:

- *Wetter*: Wetteraussichten
- *Verkehr*: Falls Sie unterwegs sind.
- *Öffentliche Verkehrsmittel*: Falls Sie sich in der Nähe einer Haltestelle öffentlicher Verkehrsmittel befinden.
- *Flüge*: Wird nach einer Flug-Suche angezeigt.
- *Sport*: Punktezahlen für eine Mannschaft, nach der gesucht wurde.
- *Nächster Termin*: Anstehende Kalendertermine.
- *Übersetzung*
- *Währung*: Währungsumrechnung.
- *Uhrzeit zu Hause*: Wenn Sie sich in einer anderen Zeitzone befinden.
- *Orte*: Points of Interest in der Nähe.

Eine Funktionen der Google-Anwendung überschneiden sich mit dem im Kapitel *4.13 Google-Suche* beschriebenen.

❶ Wischen Sie auf dem Startbildschirm nach rechts.

❷ Rollen Sie mit einer Wischgeste durch die angezeigten »Notizkarten«.

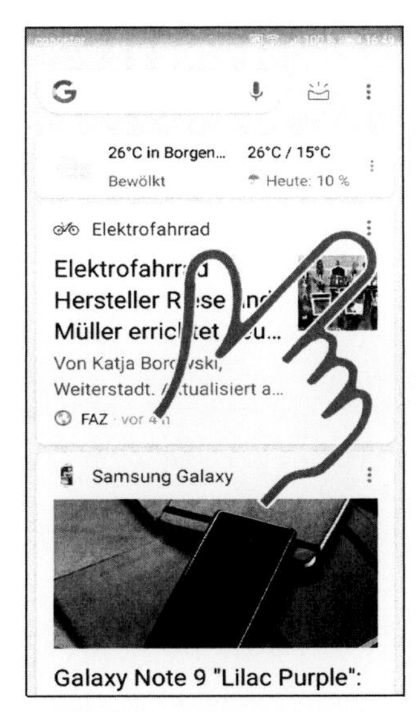

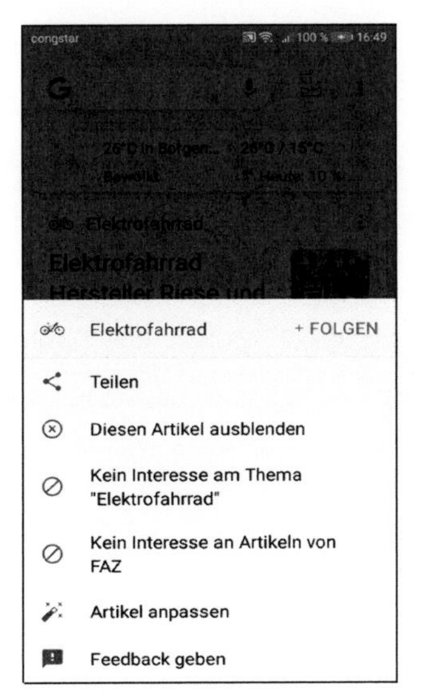

❶❷ Jede »Karte« lässt sich über das ⋮-Menü (Pfeil) anpassen.

In den ersten Tagen der Nutzung wird die Google-Anwendung zunächst nur kaum nützliche Infos anzeigen, was sich aber mit der Zeit ändert.

Die Google-Anwendung bringt auch eine Suche mit. Geben Sie einfach im Suchfeld am oberen Bildschirmrand den Suchbegriff ein beziehungsweise betätigen Sie die 🎙 für die Sprachbefehle.

26.7 Uhr und Alarm

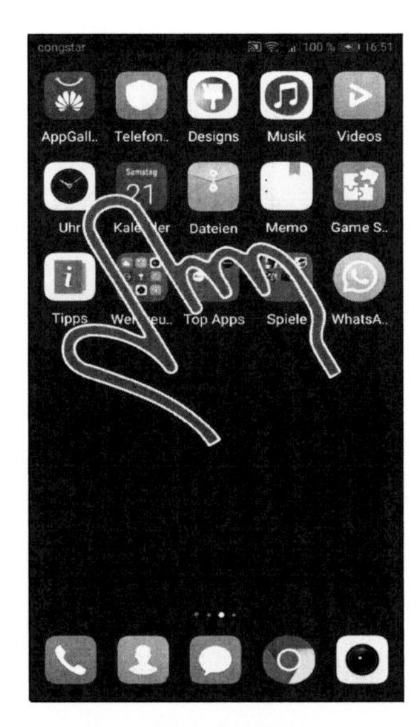

❶ Die Uhr-Anwendung starten Sie indem Sie die Uhrzeitanzeige im Startbildschirm antippen.

❷❸ Alternativ rufen Sie sie im Startbildschirm auf.

Die Funktionen schalten Sie über die Register am oberen Bildschirmrand um:

- *Wecker*: Legen Sie ein- oder mehrere Alarmuhrzeiten fest.
- *Weltuhr*: Uhrzeiten für mehrere Länder anzeigen.
- *Stoppuhr*
- *Timer*: Gibt nach Ablauf der eingestellten Zeit einen Alarm.

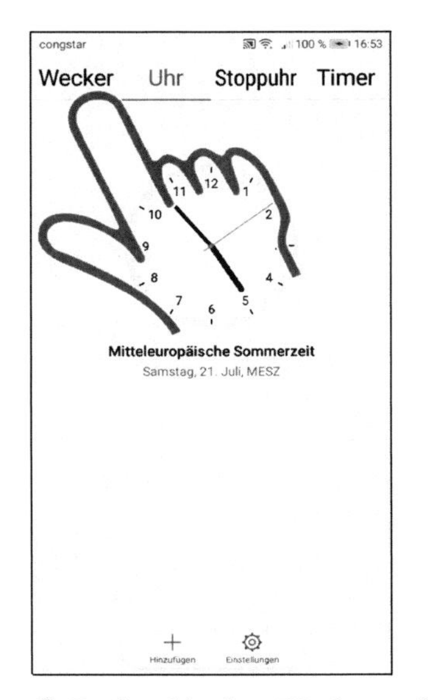

❶ Rufen Sie den *Wecker* auf, um die gewünschten Alarmzeiten festzulegen.

❷ Vermutlich sind bei Ihnen bereits einige Alarmzeiten vordefiniert, der Übung halber erstellen wir hier aber einen neuen Alarm über *Hinzufügen.*

❸ Neben der Uhrzeit stellen Sie hier ein:

- *Wiederholen*: Ein sehr praktisches Feature, das Ihnen die Anlage von unterschiedlichen Alarmzeiten erspart, da Sie den/die Wochentage für den Alarm festlegen können.
- *Klingelton; Vibration*: Wir empfehlen, für jeden Alarm einen unterschiedlichen Klingelton einzustellen. Sie brauchen dann nicht auf Ihr Handy zu schauen, wenn ein Alarm »los geht«, sondern erkennen ihn am Klang.
- *Bezeichnung*: Vergeben Sie dem Alarm einen aussagekräftigen Namen.

Schließen Sie den Vorgang mit ✓ (oben rechts) ab.

Sofern Sie sehr viele Alarmzeiten benötigen, empfehlen wir Ihnen stattdessen das im Kapitel *23 Kalender* beschriebene Programm, worin Sie Termine anlegen.

❶ Einen Alarm können Sie jederzeit über den Schalter (Pfeil) ein- und ausschalten. Tippen Sie dagegen auf die Alarmbeschreibung, wenn Sie beispielsweise die Alarmuhrzeit ändern möchten.

❷❸ Zum Löschen von Alarmzeiten tippen und halten Sie den Finger über einen Alarm, bis sich der Bildschirm verändert. Danach betätigen Sie die Minus-Schaltleisten. Beenden Sie nun den Löschmodus mit der ◁-Taste unterhalb des Displays.

❶ Solange ein oder mehrere Alarme aktiv sind, erscheint ein Symbol in der Titelleiste.

❷ Wenn der Alarm »los geht«, stellen Sie ihn über die *SNOOZE*-Schaltleiste für zehn Minuten lautlos. Zum Beenden betätigen Sie dagegen *SCHLIESSEN*.

26.1 Google Play Filme

Der Onlinedienst Google Play Filme holt für Sie das Kino sozusagen aufs Handy. Zu Preisen zwischen 1 bis 5 Euro können Sie Videos mieten, die Sie wahlweise auf dem Handy oder im Webbrowser auf dem PC ansehen. Einmal angefangene Filme sind leider nur 48 Stunden verfügbar, lassen sich aber erfreulicherweise nicht nur online ansehen (als sogenanntes »Streaming« in verschiedenen Qualitätsstufen), sondern auch herunterladen. Unerlaubtes Vervielfältigen verhindert ein Kopierschutz.

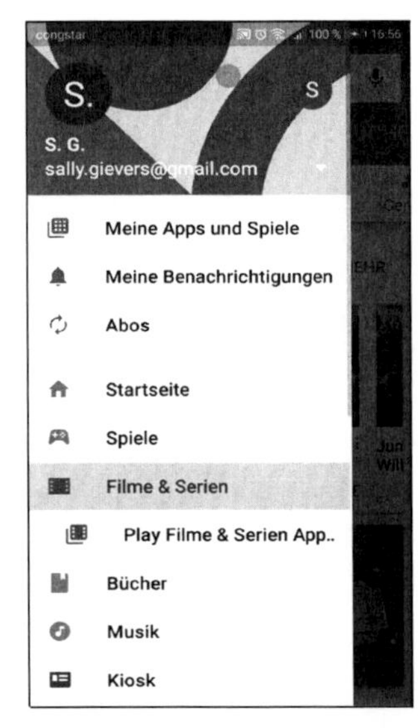

➊ Rufen Sie *Filme & Serien* im Ausklappmenü des Play Stores (siehe Kapitel *19 Play Store*) auf, worin Sie die Spielfilme kaufen und herunterladen. Die Ausleihe ist übrigens auch auf dem Webbrowser auf dem PC über die Webadresse *play.google.com/store/movies* möglich.

➋ Die Bedienung des Filmverleihs orientiert sich an den Play Store-Standards, das heißt, Sie blättern mit einer Wischgeste zwischen den verschiedenen Auflistungen.

➊ Wählen Sie einen Film aus. Wahlweise leihen Sie den Film, was die bereits oben erwähnten Beschränkungen mit sich bringt, oder Sie kaufen ihn für unbegrenzte Nutzung. Ob ein Kauf oder Leihe möglich sind, hängt vermutlich vom Kinostart des jeweiligen Films ab; neuere Filme kann man meist nur ausleihen, ältere dagegen nur kaufen.

➋ Häufig stehen zu unterschiedlichen Preisen die Qualitätsversionen SD (DVD-Qualität) oder HD zur Verfügung, wovon Sie eine auswählen und auf *WEITER* tippen. Danach stellen Sie die Zahlungsmethode ein, betätigen *AKZEPTIEREN & KAUFEN* und bestätigen Sie den Kauf.

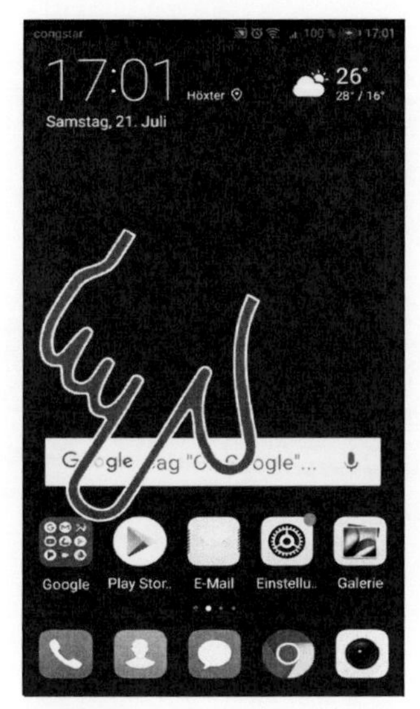

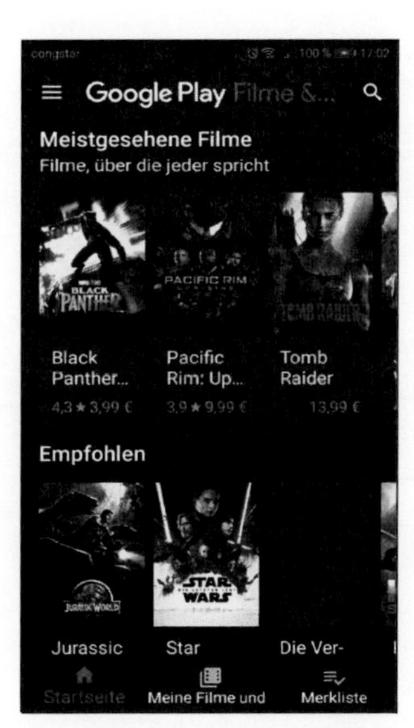

❶❷❸ Die Anzeige Ihrer ausgeliehenen und gekauften Videos erfolgt über die *Play Filme & Serien*-Anwendung im *Google*-Ordner des Startbildschirms. Dort ist auch der Erwerb/Ausleihe möglich. Es empfiehlt sich, das Handy bei der Wiedergabe waagerecht zu halten, damit der ganze Bildschirm ausgenutzt wird.

27. Empfehlenswerte Apps aus dem Play Store

Im Google Play Store werden unzählige Programme (Neudeutsch als »Apps« bezeichnet) angeboten, die den Funktionsumfang Ihres Handys erweitern. Unsere kleine Übersicht stellt davon einige Nützliche vor.

27.1 Installation

Sofern Sie bereits den Play Store (siehe Kapitel *19 Play Store*) genutzt haben, können Sie dieses Kapitel überlesen.

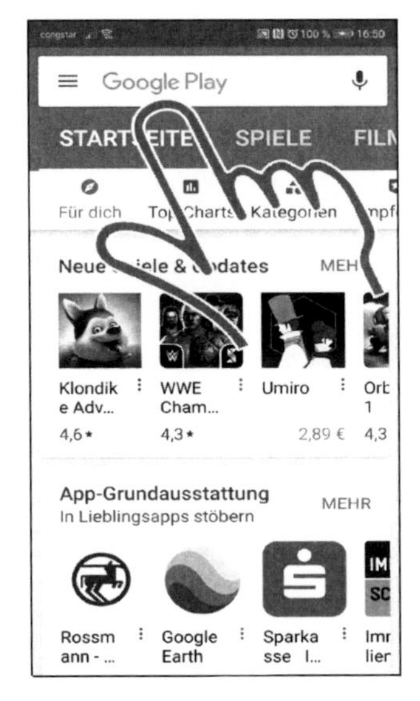

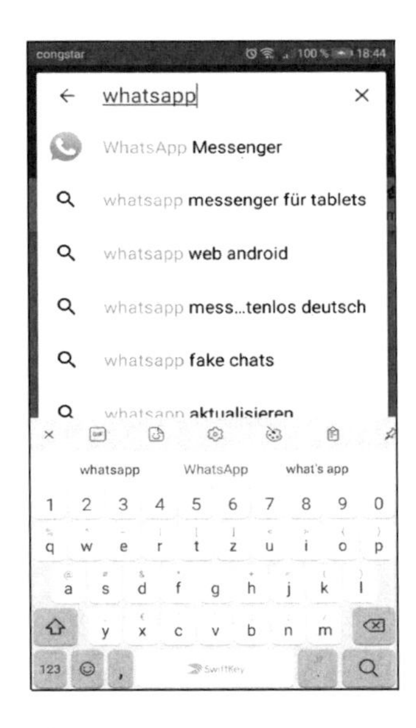

So installieren Sie die Programme:

❶ Rufen Sie den *Play Store* aus dem Startbildschirm auf.

❷ Tippen Sie ins Suchfeld.

❸ Nun geben Sie den Namen eines Programms ein und betätigen Sie Q-Taste unten rechts im Tastenfeld. In der folgenden Auflistung können Sie dann das zu installierende Programm antippen. Alternativ wählen Sie schon während der Eingabe einen der Suchvorschläge aus, sofern sich darunter das Gesuchte befindet.

Falls Sie das Suchfeld nicht zu Gesicht bekommen, wenn Sie den Play Store aufrufen, müssen Sie erst mit ein- oder mehrmaligem Betätigen der ◁-Taste in den Hauptbildschirm zurückkehren.

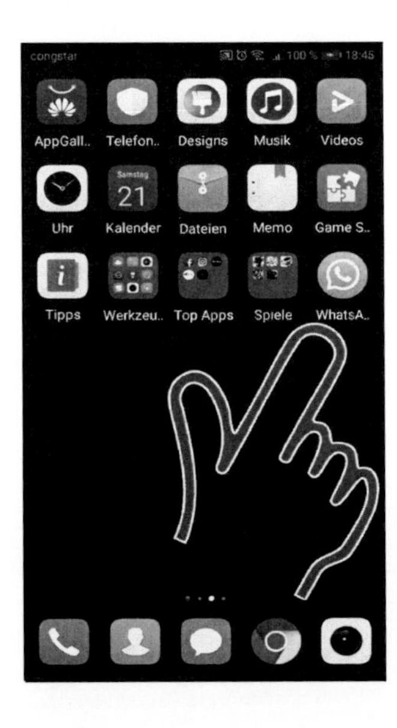

❶ Betätigen Sie zuerst *INSTALLIEREN,* dann *AKZEPTIEREN*, um das Programm auf dem Handy zu installieren. Sie müssen warten, bis Download und Installation abgeschlossen sind, was je nach Programmgröße eine bis zehn Minuten dauern kann.

❷ Der Programmstart ist nun über die *ÖFFNEN*-Schaltleiste möglich.

❸ Im Startbildschirm erscheint eine Verknüpfung, über Sie ebenfalls das installierte Programm starten können.

27.2 Empfehlungen

Damit Sie die vorgestellten Programme schnell im Play Store auffinden, haben wir in kursiver Schrift deren genauen Namen angegeben.

Beispiel:

Pro 7, Sat.1, Kabel eins

7TV | Mediathek, TV Livestream

»Aktuelle Folge verpasst….«

Suchen Sie im Beispiel im Play Store nach »*7TV | Mediathek, TV Livestream*«. Meistens reicht es aus, die ersten Buchstaben des Programmnamens einzugeben, worauf der Play Store schon das Gesuchte vorschlägt.

Es ist leider nicht selten, dass Programme aus dem Play Store verschwinden oder nicht auf Ihrem Gerät installierbar sind (es gibt dann einen entsprechenden Hinweis). Also bitte nicht frustriert sein!

27.2.1 Fernsehen

Alle Fernsehsender bieten eine entsprechende App mit weiteren Infos zum Programm an. Häufig kann man damit nicht nur Live-Sendungen schauen, sondern auch vergangene Sendungen erneut abspielen.

Pro 7, Sat.1, Kabel eins

7TV | Mediathek, TV Livestream (❶)

»Aktuelle Folge verpasst oder gerade unterwegs, wenn Ihre Lieblingssendung im Fernsehen läuft? Mit der 7TV App sehen Sie Ihre 6 Lieblingssender in einer TV App. Ob The Voice of Germany, The Royals, Circus HalliGalli oder Got To Dance Kids - mit 7TV sehen Sie Ihre TV Sendungen wann Sie wollen und wo Sie wollen.«

RTL

RTL (❷)

»In der RTL APP erhältst du exklusive Inhalte zu deinen Lieblingssendungen. Zusätzlich kannst du jederzeit die RTL Highlights im Video anschauen und im EPG sehen, wann welche Sendung bei RTL läuft. «

Das Erste

Das Erste

»Mit der neuen Das Erste App kommen Sie noch leichter an Ihre Lieblingssendungen und Videos. Der neue Programmkalender vereint Programmvorschau, Livestream und Videos zu vergangenen Sendungen auf einen Blick. Redaktionelle Highlights und persönliche Empfehlungen finden Sie geordnet und übersichtlich auf der Startseite. Videos finden Sie schnell und leicht über den Programmkalender, über ein A-Z und über Rubriken wie Dokumentationen, Filme, Krimis, Nachrichten, Kinder, Ratgeber oder Kultur und Wissen.«

ZDF

ZDFmediathek & Live TV (❸)

»Mit der Mediathek holen Sie sich Live-TV und die TV-Sendungen des ZDF aufs Smartphone oder Tablet«

Viele Sender haben auch eine Mediathek-App im Play Store, über die Sie ältere Sendungen erneut abrufen können. Suchen Sie im Play Store nach »*Mediathek*« für eine Übersicht.

27.2.2 TV- und Kinoprogramm

Sie sind ein TV-Stubenhocker? Dann dürften diese Programme für Sie nützlich sein.

Prime Guide TV Programm (❶)

»Prime Guide ist mehr als eine Fernsehzeitung: Für TV Sendungen und Spielfilme kannst Du direkt Trailer, Bewertungen und spannende Hintergrundinfos aufrufen.«

TV SPIELFILM - TV Programm (❷)

»Das TV-Programm von über 140 Sendern kompakt und schnell im Überblick! Live TV: Jederzeit überall LIVE fernsehen - direkt in der App! Mit TV SPIELFILM live können Sie über 50 Sender kostenlos anschauen«

TV Movie - TV Programm (❸)

»Kostenloses TV Programm für über 150 Sender«

27.2.3 Wetter

Für die aktuelle Wettervorhersage müssen Sie nicht die Tageszeitung bemühen oder auf die Wetterinfos in den Radio/TV-Nachrichten warten. Auf fast allen Handys ist bereits eine Wettervorhersage-App vorinstalliert, die aber nur die grundlegenden Infos liefert. Mehr Funktionalität versprechen die diversen Wetter-Apps aus dem Play Store.

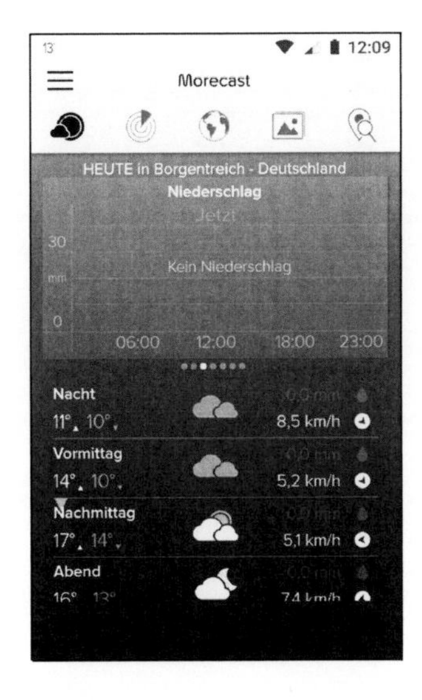

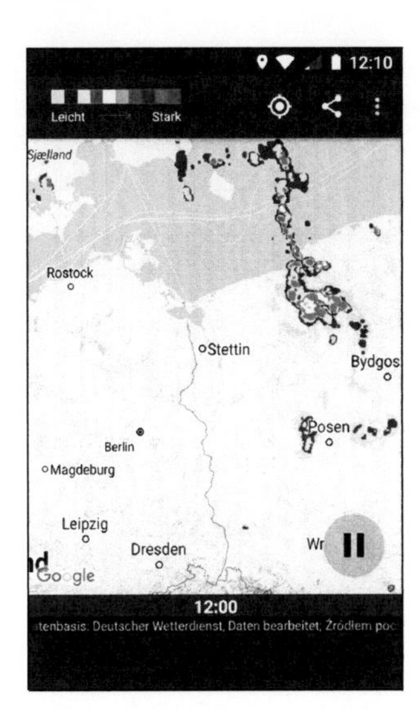

WarnWetter (❶)

»Detaillierte Informationen zur aktuellen Warn- und Wetterlage. Fügen Sie Ihre Orte als Favorit direkt auf den Homescreen ein, um per Push-Nachricht vor Unwettern gewarnt zu werden und um über die aktuelle Wetterentwicklung informiert zu werden.« WarnWetter wird vom Deutschen Wetterdienst, einer staatlich finanzierten Organisation betrieben und verzichtet auf Werbung. Für die Freischaltung aller Funktionen sind allerdings 1,99 Euro fällig. Es dürfte wohl kein zweites Programm geben, das an den Funktionsumfang von WarnWetter heranreicht!

Wetter-Radar-Sturm MORECAST (❷)

»Stündliche Vorhersagen, detaillierte Windinformationen, Wetterradar für fast jeden Ort der Welt, Widgets, Routenwetter, Webcams und noch viele Features mehr.«

Regen-Alarm (❸)

»Diese Wetter-App warnt Dich, wenn sich aktuell Regen nähert. Statt einer Vorhersage nutzt sie nahezu Echtzeit-Daten, was genauer als jede Prognose ist.«

27.2.4 Shopping

Die Handelskonzerne haben großes Interesse daran, ihren Kunden ein optimales Einkaufserlebnis zu bieten. Über die angebotenen Apps können Sie nicht nur im jeweiligen Angebot stöbern, sondern auch Einkäufe tätigen und Wunschlisten verwalten.

Die Shopping-Apps sind nicht unbedingt nötig, denn alle Websites der Online-Kaufhäuser sind für Mobilgeräte optimiert. Rufen Sie einfach mal eine Shopping-Seite im Webbrowser (siehe Kapitel *12 Chrome-Webbrowser*) auf und schauen Sie, was passiert.

Falls bisher noch kein Online-Shopping genutzt haben, empfehlen wir Ihnen »Das Praxisbuch Online-Shopping für Einsteiger«, ISBN 978-3945680-22-3, vom gleichen Autor wie dieses Buch.

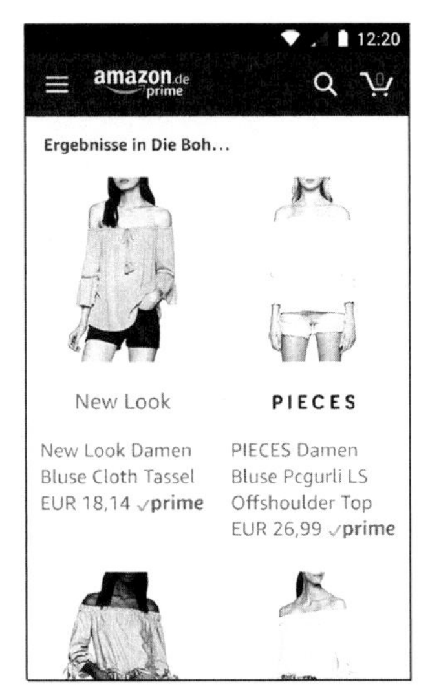

Die Shopping-Apps von Amazon (❶), Zalando (❷) und H&M (❸)

Auf eine genaue Beschreibung der Shopping-Apps verzichten wir an dieser Stelle und geben stattdessen die jeweiligen Händler-Websites an.

Bekleidung, Schuhe und Accessoires

Händler	**Website**	**App-Name**
About You	*www.aboutyou.de*	*ABOUT YOU Mode Online Shop*
Amazon	*www.amazon.de*	*Amazon Shopping*
Asos	*www.asos.de*	*ASOS*
H&M	*www.hm.com/de*	*H&M*
Mango	*www.mango.com*	*MANGO*
Otto	*www.otto.de*	*OTTO - Mode & Fashion-Shopping*
Zalando	*www.zalando.de*	*Zalando - Fashion & Shopping*
Zara	*www.zara.com/de*	*Zara*

Unterhaltungselektronik und Computertechnik

Händler	**Website**	**App-Name**
Alternate	*www.alternate.de*	*ALTERNATE*
Amazon	*www.amazon.de*	*Amazon Shopping*
Conrad	*www.conrad.de*	*CONRAD (Universal)*
Media Markt	*www.mediamarkt.de*	*Media Markt Deutschland*
Notebooksbilliger.de	*www.notebooksbilliger.de*	*notebooksbilliger.de App*
Pollin Electronic	*www.pollin.de*	*Pollin Electronic*
Saturn	*www.saturn.de*	*Saturn Deutschland*

27.2.5 Preisvergleich

Früher mussten Sie noch mehrere Ladenlokale abklappern, um Preise zu vergleichen. Heute sorgen dagegen sogenannte Preisvergleicher für Transparenz. Diese erhalten von vielen Online-Händlern die aktuellen Preislisten und stellen diese in übersichtlicher Form, nach Produkt sortiert, den Verbrauchern zur Verfügung.

Bekannteste Preisvergleicher sind Geizhals (*www.geizhals.de*), Idealo (*www.idealo.de*) und

Billiger.de (*www.billiger.de*). Diese bieten auch entsprechende Apps an, welche den Preisvergleich auch unterwegs möglich machen.

Die Apps:

- *Geizhals Preisvergleich*
- *idealo Preisvergleich Shopping*
- *billiger.de Preisvergleich*

Preisvergleiche sind natürlich nur bei Markenartikeln wie Schuhe, Unterhaltungselektronik, Haushaltsgegenstände, usw. möglich, nicht aber bei Konfektionsware, Sonderanfertigungen oder nur in einzelnen Shops verkauften Produkten. Auch Händler, die keine Preisdaten melden beziehungsweise nicht online verkaufen, fallen raus.

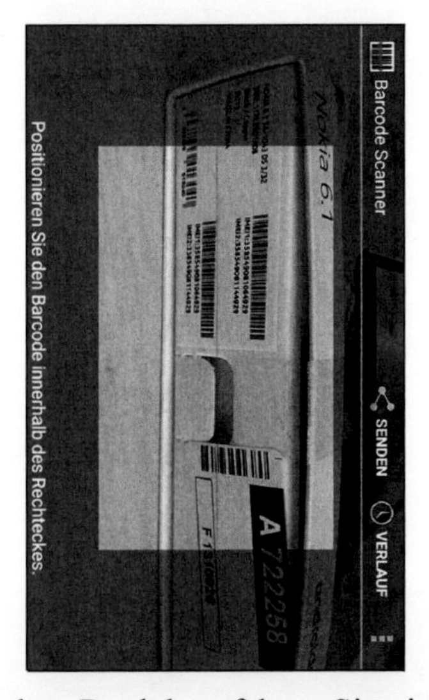

Beispiel für einen Preisvergleicher: *Geizhals Preisvergleich*. Zu jedem Produkt erfahren Sie nicht nur den günstigsten Anbieter, sondern auch die Verfügbarkeit und können direkt den zugehörigen Online-Shop in Ihrem Handy-Browser öffnen (❶). Alle Produkte sind zudem Kategorien zugeordnet, sodass man nicht den Überblick verliert (❷). Häufig ist auch ein Barcode-Scanner enthalten, der über die Handy-Kamera einen Barcode einliest und für das zugehörige Produkt dann den Preisvergleich zeigt (❸). Sie ersparen sich somit die Eingabe des Produktnamens von Hand.

27.2.6 Schnäppchenjäger

Der Jagd nach dem günstigen Preis widmen sich im Internet mehrere Portale, zum Beispiel MyDealz (*www.mydealz.de*) und DealDoktor (*www.dealdoktor.de*). Häufig geht es um Sonderaktionen von Online-Shops, aber auch Supermarktketten, die gerade in bestimmten Läden ein Produkt günstig verkaufen, finden Erwähnung.

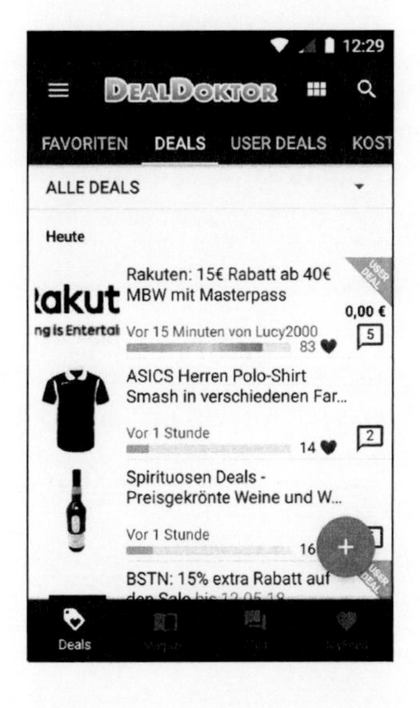

MyDealz (❶❷) und DealDoktor (❸).

Die Apps:

- *mydealz – Gutscheine, Schnäppchen, Angebote, Sale*
- *DealDoktor » Schnäppchen App*

❶❷ Sie möchten so richtig klassisch die Preise in den Prospekten vergleichen? Auch das ist Dank *Mein Prospekt*, welches die verschiedenen Werbebeilagen der Tageszeitungen sammelt, kein Problem.

27.2.7 Transport, Reisen und Hotels

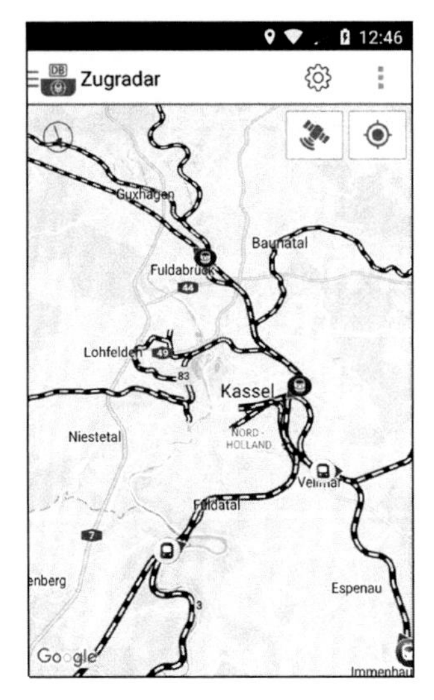

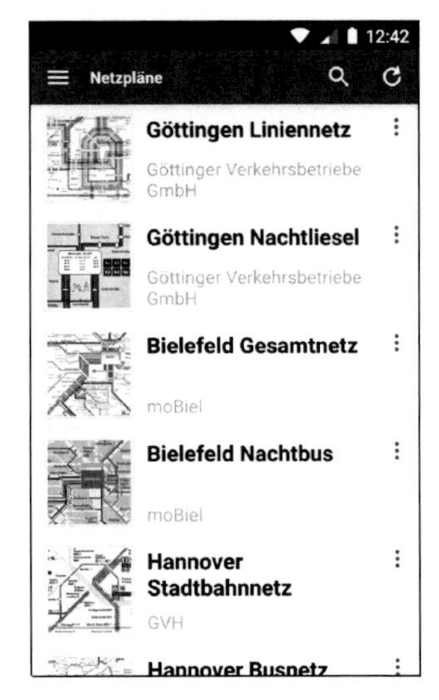

Die verschiedenen lokalen Verkehrsverbünde und die Deutsche Bahn haben eigene Apps veröffentlicht. Damit sind Sie bei Fragen zum Fahrplan nicht vom schlecht gelaunten Zugpersonal oder umständlichen Fahrkartenautomaten abhängig.

DB Navigator (❶)

Der DB Navigator der Deutschen Bahn berechnet Ihnen Routen vom Start- zum Zielort und weist auf bevorstehende Umstiege frühzeitig hin. Auch Echtzeit-Informationen wie Verspätungen und der direkte Zugang zu alternativen Verbindungen werden gezeigt. Das Programm nutzt Echtzeitdaten und informiert über Zugausfälle und Ersatzfahrpläne. Über den Menüpunkt »Regionale Angebote« können Sie Länder-Tickets, das Quer-Durchs-Land-Ticket und das Schönes-Wochenende-Ticket auswählen und direkt mobil buchen.

DB Zugradar (❷)

»Alle Züge auf einen Blick: Mit dem DB Zugradar. Verfolgen Sie die Züge des DB Nah- und Fernverkehrs live im DB Zugradar und grenzen Sie durch den Filter die Darstellung der Verkehrsmittel (Fernverkehr (ICE und IC/EC), Nahverkehr) und Bahnhöfe ein. Der DB Zugradar stellt auf einer dynamischen Karte das gesamte Streckennetz der Deutschen Bahn dar. Die Zugpositionen werden auf Basis von Prognosen berechnet.«

Öffi – Fahrplanauskunft (❸)

All-in-one-App eines privaten Entwicklers für die öffentlichen Verkehrsmittel mit Infos zu den Abfahrtszeiten und nächstgelegenen Haltestellen in den wichtigsten deutschen und internationalen Städten. Ein Routenplaner ermittelt die optimale Fahrtstrecke.

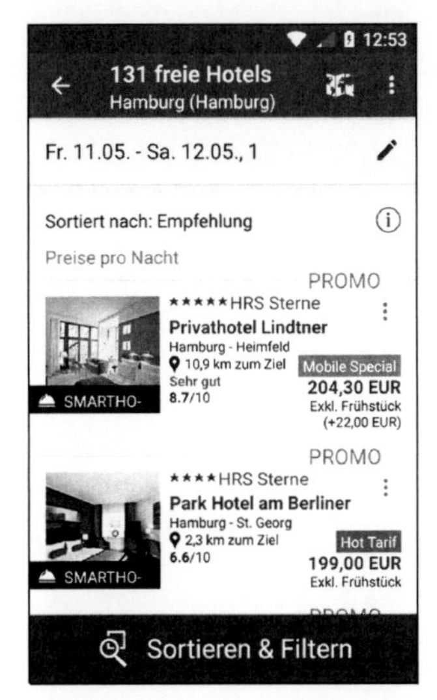

Vergleichen Sie die Preise von Hotels und buchen Sie direkt Ihr Zimmer mit den nachfolgend vorgestellten Programmen.

Die Apps:

- *Hotel Suche HRS* (❶)
- *Booking.com – Hotel-Buchungen* (❷)

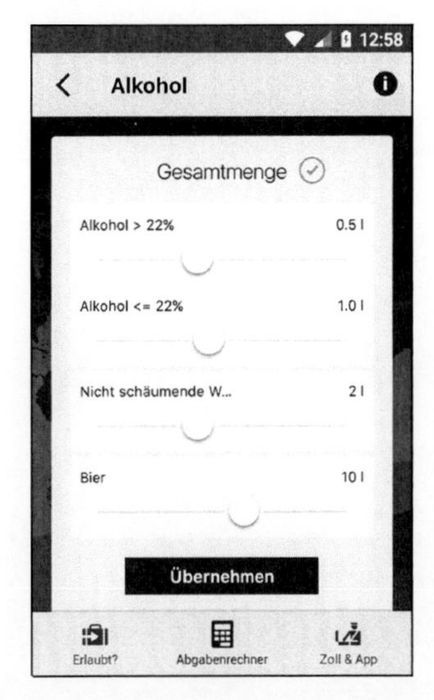

Eine Auslandsreise kann schnell zum Albtraum werden, wenn man sich nicht an die Bräuche und Gesetze des Gastgeberlands hält. Damit Sie nicht durch Unwissen in Schwierigkeiten geraten und im Notfall wissen, an wen Sie sich wenden sollten, wurden zwei Apps entwickelt.

Sicher reisen (❶❷)

Infos für eine sichere Auslandsreise: Sie erhalten Tipps für Ihre Reisevorbereitung und für Notfälle, die Adressen der deutschen Vertretungen im Ausland und der Vertretungen Ihres Reiselandes in Deutschland. Auch über Reise- und Sicherheitshinweise werden Sie informiert.

Zoll und Reise (❸)

Wenn Sie sich nicht sicher sind, was man abgabenfrei aus dem Urlaub mit nach Deutschland bringen darf, hilft Ihnen diese App weiter. Mit dieser ermitteln Sie bei Bedarf auch die fälligen

Abgaben, wenn Sie die Freimenge überschreiten und erfahren, welche Waren Sie nicht einführen dürfen.

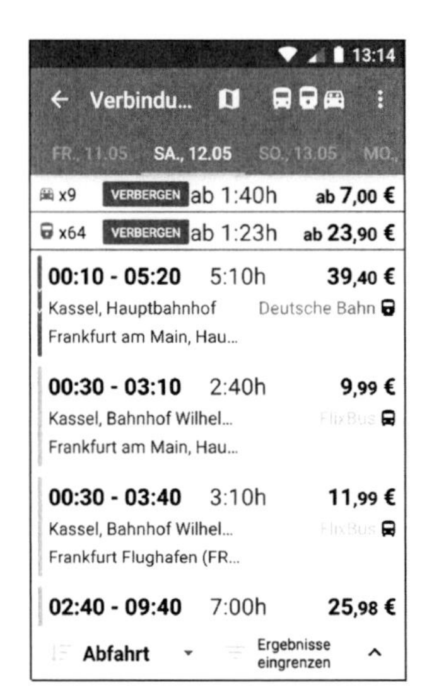

Die Fernbusse haben sich inzwischen zu einer starken Konkurrenz zur Deutschen Bahn entwickelt. Über entsprechende Apps ermitteln Sie die nächsten Fahrten, deren Kosten und erwerben Tickets.

FlixBus Fernbus App (❶)

»MeinFernbus FlixBus bietet Euch 80.000 Verbindungen täglich, bei Tag & Nacht, zu über 700 Zielen in 18 Ländern.«

Busliniensuche: Fernbus App (❷)

Mit Busliniensuche ermitteln Sie die passende Fernbusverbindung und haben alle Preise, Abfahrtszeiten und Haltestellen in Ihrer Umgebung zur Hand. Das Programm berücksichtigt alle auf dem deutschen Markt aktiven Fernbuslinien und zeigt deren Fahrtdauer und Preise an.

27.2.8 Auskunft

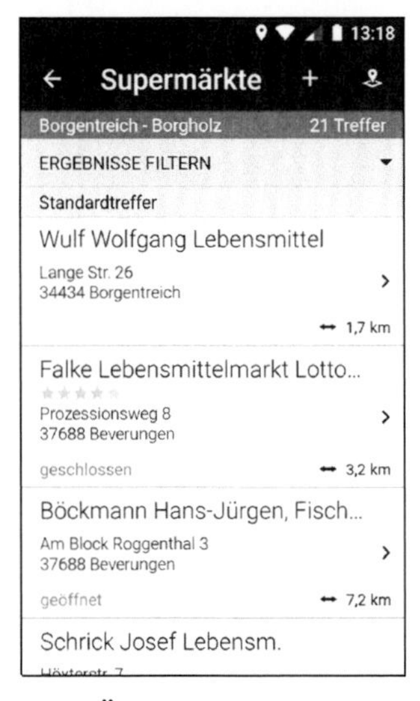

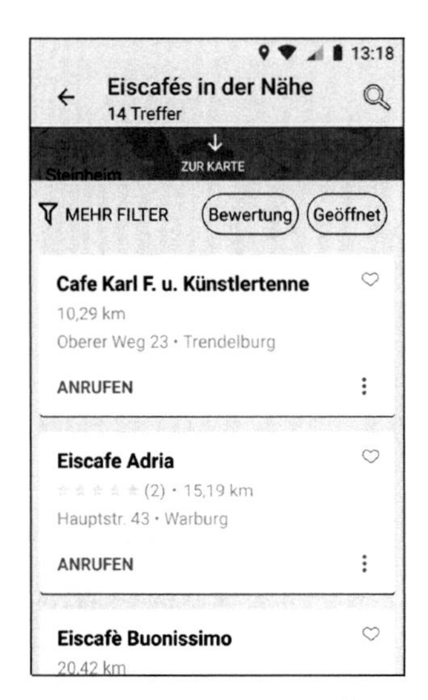

Das Örtliche Telefonbuch & Auskunft in Deutschland (❶)

Das Örtliche Telefonbuch und Auskunft für Deutschland. Das Programm dient nicht nur als Telefonbuch, sondern informiert auch über die Benzinpreise, das aktuelle Kinoprogramm und listet örtliche Bars, Hotels, Supermärkte und Freizeitgelegenheiten.

Gelbe Seiten – Auskunft und mobiles Branchenbuch (❷)

In den Gelben Seiten sind alle Gewerbebetriebe gelistet, die Sie somit einfach auffinden. Soweit hinterlegt, informiert die App auch über die Öffnungszeiten und Benutzerbewertungen. 140 Kategorien, nach denen Sie die Firmeneinträge filtern können, sind bereits hinterlegt.

28. Bluetooth

Bluetooth ist ein Funkstandard zur schnurlosen Verbindung verschiedener Geräte wie PCs, Handys, Drucker und natürlich Mobilcomputer. Mit Bluetooth kann man in der Praxis Distanzen von etwa zwei bis zehn Metern überbrücken, wobei theoretisch Übertragungsgeschwindigkeiten bis 24 Mbit/s möglich sind. Es ist kein Sichtkontakt zwischen den Geräten nötig.

Jede Datenübertragung zwischen zwei Bluetooth-Geräten setzt eine vorherige Kopplung voraus. Dabei kann es sich um eine kurzzeitige Kopplung handeln oder eine permanente. Während der Kopplung muss einer der Teilnehmer ein Kennwort eingeben. Die permanente Kopplung hat den Vorteil, dass man das Kennwort jeweils nur einmalig eingeben muss.

Damit es keine Verständigungsschwierigkeiten zwischen verschiedenen Bluetooth-Geräten gibt, wurden sogenannte »Profile« entwickelt, wobei nur Geräte, die über das gleiche Profil kommunizieren, untereinander Daten austauschen können.

28.1 Bluetooth ein/ausschalten

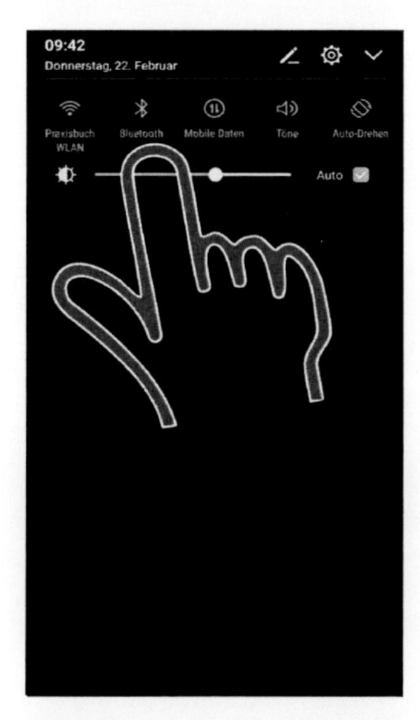

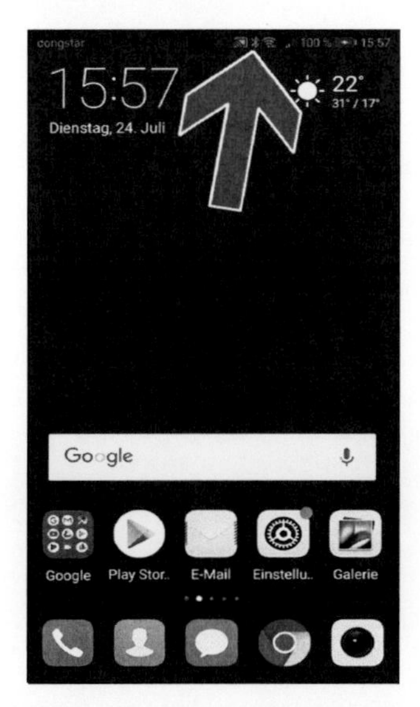

❶ Aktivieren Sie Bluetooth, indem Sie das Benachrichtigungsfeld öffnen. Die *Bluetooth*-Schaltleiste (Pfeil) schaltet Bluetooth ein beziehungsweise bei zweitem Antippen wieder aus.

❷ Das ✱-Symbol in der Titelleiste (Pfeil) informiert über aktives Bluetooth.

Das Benachrichtigungsfeld beschreibt ausführlich das Kapitel *4.7.6 Titelleiste und Benachrichtigungsfeld.*

Sobald Bluetooth aktiv ist, können Sie ausgehend von Ihrem Handy mit einem anderen Gerät koppeln.

28.2 Bluetooth konfigurieren

Damit Sie Bluetooth sinnvoll nutzen können, müssen Sie es erst einrichten. In den Standardeinstellungen kann nämlich kein anderes Gerät mit Ihrem Gerät koppeln und Daten übertragen.

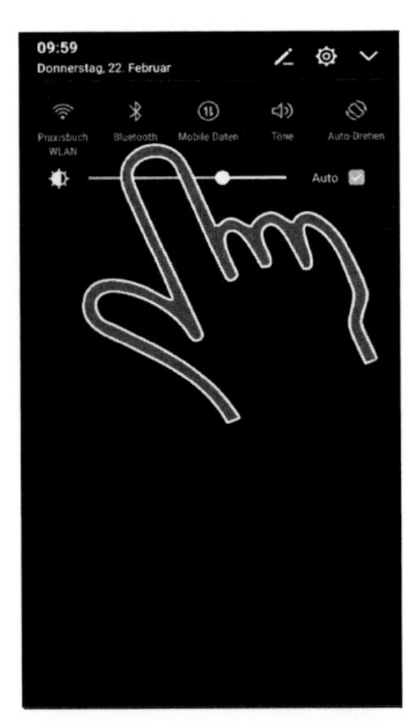

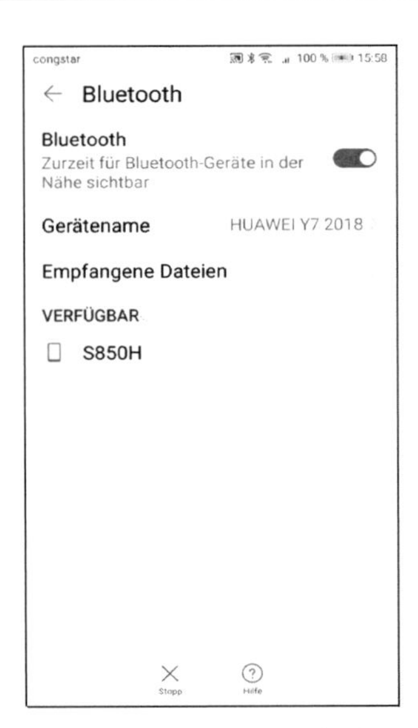

❶ Öffnen Sie das Benachrichtigungsfeld, tippen und halten Sie den Finger für einige Sekunden über *Bluetooth,* worauf sich der Bluetooth-Bildschirm öffnet.

❷ Das Menü:

- *Bluetooth*: Muss aktiv sein, damit Sie Bluetooth nutzen können.
- *Gerätename*: Unter dem Namen *HUAWEI Y6 2018* oder *HUAWEI Y7 2018* oder erscheint Ihr Handy bei der Kopplung mit anderen Geräten. Bei Bedarf ändern Sie den Namen.
- *Empfangene Dateien*: Listet die von Ihnen über Bluetooth von anderen Geräten empfangenen Dateien auf.

28.3 Bluetooth-Headset/Freisprecheinrichtung verwenden

Bluetooth eignet sich besonders gut für den Betrieb von drahtlosen Headsets. In unserem Beispiel verwenden wir ein Headset von Samsung. Es funktionieren aber natürlich auch Headsets anderer Hersteller.

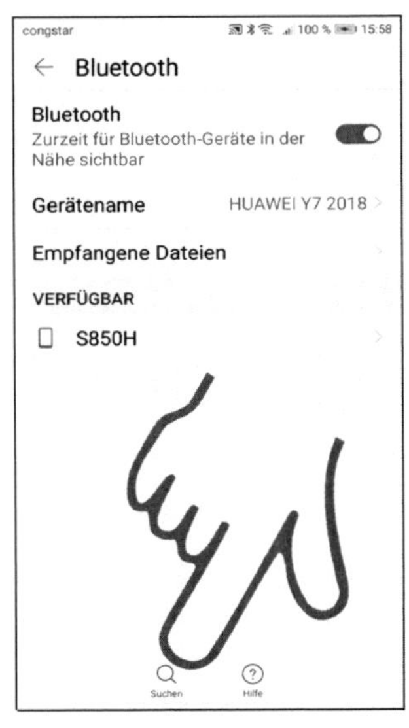

❶❷ Gehen Sie, wie im vorherigen Kapitel beschrieben, in den *Bluetooth*-Bildschirm. Rufen Sie gegebenenfalls *Suche* auf, falls das Headset dort nicht bereits in der Liste der gefundenen Geräte angezeigt wird. Nach einigen Sekunden wird die Freisprecheinrichtung gefunden und angezeigt. Tippen Sie deren Namen an.

❸ Das Huawei Y6/Y7 meldet nun »*Verbunden*« beim Headset.

> Auf dem Headset müssen Sie zuvor in den Kopplungs-Modus schalten, beispielsweise, indem Sie die Sprechtaste mehrere Sekunden drücken. Eine LED blinkt dann in der Regel.

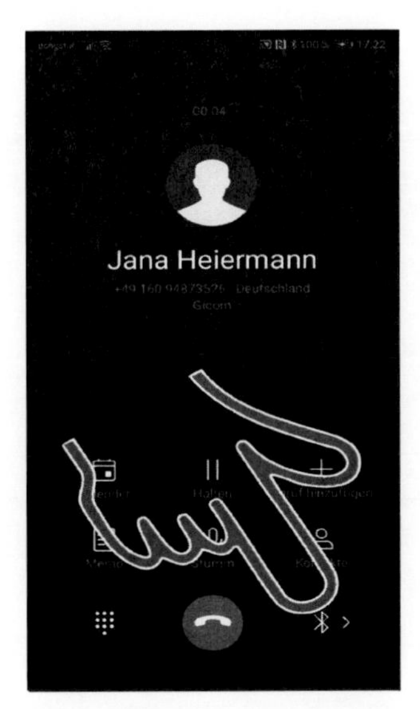

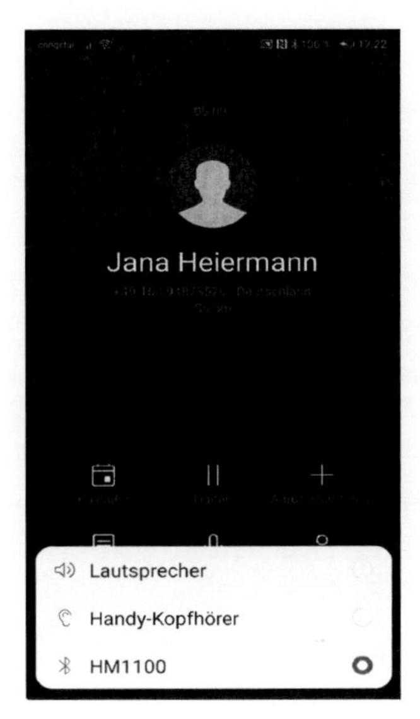

❶ Geht jetzt ein Anruf ein, können Sie ihn wie gewohnt, oder alternativ über die Sprechtaste des Bluetooth-Headsets entgegennehmen.

❷❸ Zwischen Telefon-Lautsprecher und Headset schalten Sie jederzeit mit der ✱⁾ ˅-Schaltleiste (Pfeil) um.

Wenn Sie das Headset ausschalten, wird natürlich auch automatisch die Bluetooth-Verbindung zum Huawei Y6/Y7 beendet. Umgekehrt baut das Headset beim Einschalten automatisch wieder die Bluetooth-Verbindung auf.

Besonders praktisch ist die Verwendung von Bluetooth-Freisprecheinrichtungen, die es bereits ab 40 Euro für den nachträglichen Einbau ins Auto gibt. Verlassen Sie das Auto mit Ihrem Handy, so wird automatisch die Bluetooth-Verbindung abgebaut, beim Einsteigen wieder aufgebaut. Sie brauchen also nicht die Freisprecheinrichtung jeweils ein/auszuschalten. Wichtig ist nur, daran zu denken, dass die Bluetooth-Verbindung auch dann aktiv ist, wenn Sie einige Meter neben dem Auto stehen – eingehende Anrufe laufen dann über die Freisprecheinrichtung.

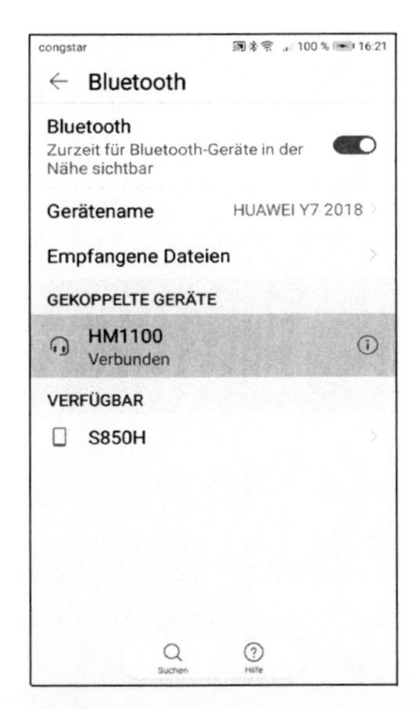

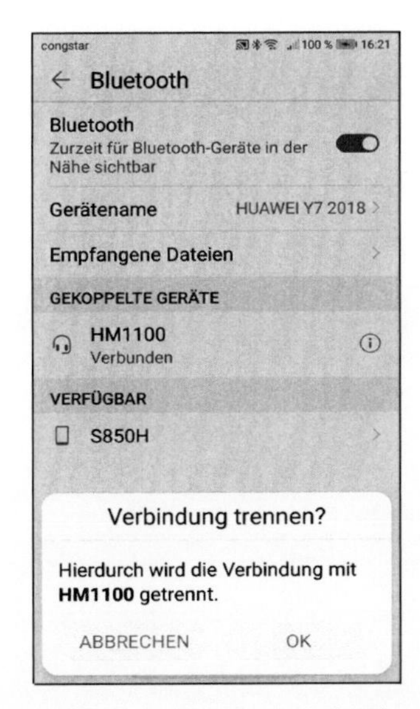

❶❷ So heben Sie die Verbindung mit dem Headset auf: Tippen Sie das Bluetooth-Headset in der Geräteauflistung an und betätigen Sie *OK*. Alternativ können Sie natürlich auch einfach das Headset ausschalten.

28.4 Bluetooth-Audio

Das Huawei Y6/Y7 bietet sich als MP3-Abspielgerät für Stereoanlage oder Aktivboxen an. Auch manche (Küchen-)Radios haben heute einen Audioeingang, an den man das Handy für stationären Musikgenuss anschließen kann. Die benötigten Kabel, welche man im Fachhandel oder in Online-Shops erwerben kann, sind entweder 3,5 mm Klinke auf 2 x Cinch (für Stereoanlagen oder hochwertige Aktivlautsprecher), beziehungsweise 2 x 3,5 mm Klinke. Lästig ist allerdings das permanente Ein- und Ausstecken des Verbindungskabels, wenn man sein Handy nicht dauerhaft an die Lautsprecher anschließen kann.

Das Kabel kann man sich aber durch die Anschaffung eines Bluetooth-Lautsprechers ersparen, wie er schon ab ca. 20 Euro von diversen Herstellern verkauft wird. Die meisten Bluetooth-Lautsprecher besitzen einen eingebauten Akku, sodass der mobilen Musikwiedergabe nichts im Wege steht. Dafür sind allerdings Klang und maximale Lautstärke, insbesondere bei Geräten unter 50 Euro, meistens bescheiden.

Sind dagegen schon (Aktiv)-Lautsprecher vorhanden, empfiehlt sich ein Bluetooth-Audioempfänger, der die Audiosignale dann per Kabel an die Lautsprecher weitergibt. In unserem Beispiel verwenden wir den »Philips AEA2000/12 Bluetooth HiFi-Adapter«, der etwa 35 Euro kostet.

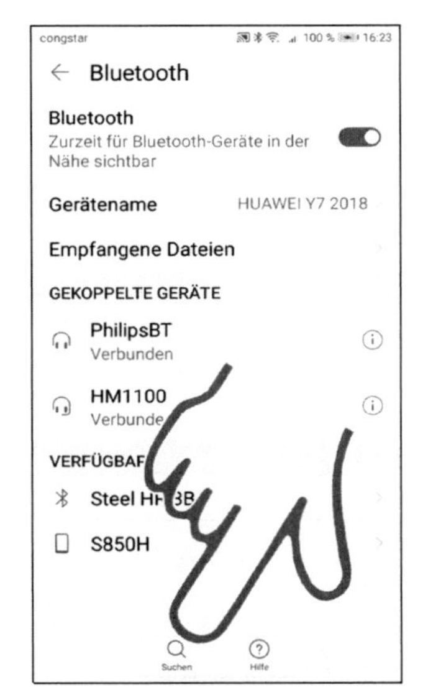

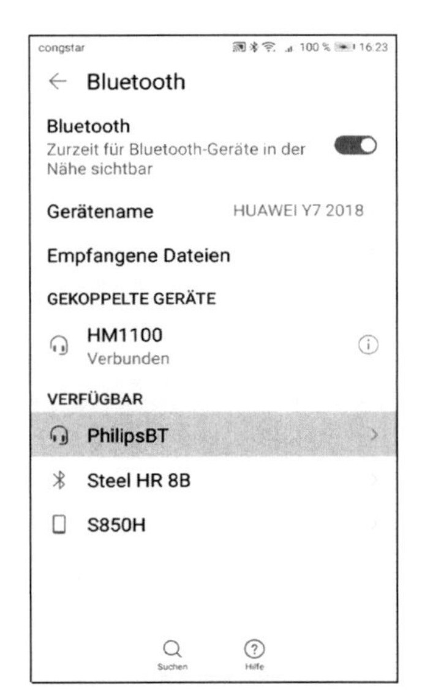

❶ Gehen Sie in den Bluetooth-Bildschirm und betätigen Sie *Suche* (Pfeil), sofern der Philips-Adapter nicht bereits gefunden wurde.

❷ Tippen Sie kurz den gefundenen Eintrag *PhilipsBT* an, worauf die Verbindung hergestellt wird.

Beim Philips-Bluetooth-Adapter zeigt die blau blinkende LED die Kopplungsbereitschaft an. Sofern der Adapter nicht gefunden wird, drücken Sie einfach kurz die Taste auf dessen Oberseite.

Alle Anwendungen auf dem Handy nutzen jetzt den Bluetooth-Adapter für die Audioausgabe, nur die Telefoniefunktion nutzt weiterhin ganz normal den Gerätelautsprecher.

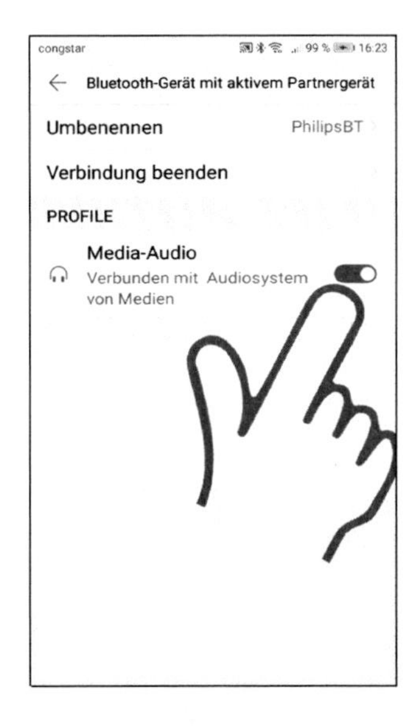

❶❷ Zum Deaktivieren der Audioausgabe über Bluetooth schalten Sie entweder den Logitech-Bluetooth-Empfänger aus, entfernen sich aus dessen Empfangsreichweite oder schalten Bluetooth am Handy aus. Alternativ gehen Sie auf ⓘ und deaktivieren dann das Abhakkästchen bei *Media-Audio*. Aktivieren Sie es später wieder, damit die Audioausgabe erneut über den Bluetooth-Empfänger läuft.

28.5 Bluetooth-Nutzung zur Datenübertragung

Bluetooth kann nicht nur für die Kopplung mit Audio-Geräten, sondern auch für die Datenübertragung verwendet werden. Wenn Sie beispielsweise Ihre Fotos, Termine, Kontaktdaten, usw. mit jemandem anders teilen möchten, dann nutzen Sie einfach Bluetooth.

Die vor jeder Datenübertragung nötige Bluetooth-Kopplung kann, wie bereits erwähnt, entweder von Ihrem Handy aus oder durch den Kommunikationspartner erfolgen. In diesem Kapitel beschränken wir uns der Einfacheit halber auf die Bluetooth-Kopplung durch Ihr Handy.

Auch das populäre WhatsApp (siehe Kapitel *14 WhatsApp*) bietet die Möglichkeit an, Dateien über eine Internetverbindung an andere Geräte zu übertragen. Bluetooth basiert allerdings auf einer Direktverbindung zwischen beiden Kommunikationspartnern und ist deshalb wesentlich schneller.

28.5.1 Bluetooth-Kopplung

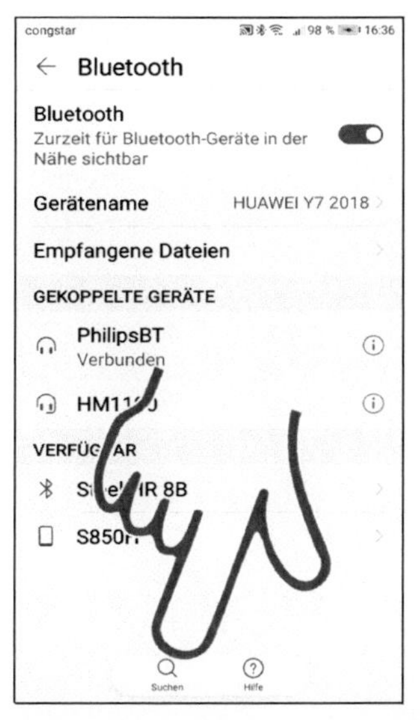

❶ Gehen Sie, wie in den vorherigen Kapiteln beschrieben, in den Bluetooth-Bildschirm und betätigen Sie *Suche*, sofern der Kommunikationspartner nicht bereits gefunden wurde.

❷ Tippen Sie kurz den gefundenen Eintrag an, worauf die Verbindung hergestellt wird.

❸ In der Regel müssen Sie das angezeigte Kennwort nur noch mit *VERBINDEN* bestätigen.

Auf dem zu verbindenden Handy, Tablet oder Notebook muss Bluetooth eingeschaltet und die Bluetooth-Sichtbarkeit aktiv sein.

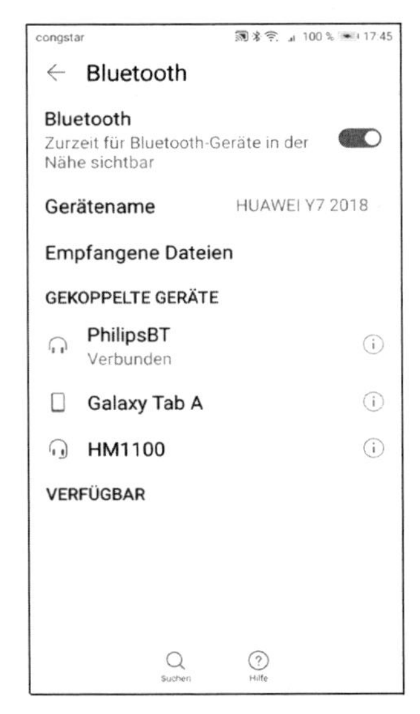

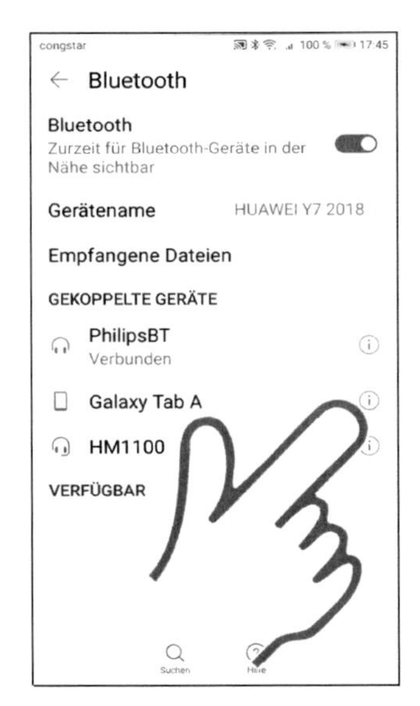

➊ Das andere Gerät erscheint nun unter *GEKOPPELTE GERÄTE*.

➋➌ Falls Sie später mal die Kopplung wieder deaktivieren möchten, gehen Sie auf ⓘ hinter dem Geräteeintrag und betätigen *Verbindung beenden*.

28.5.2 Daten über Bluetooth senden

Alle wichtigen Anwendungen auf dem Handy unterstützen den Datenversand über Bluetooth.

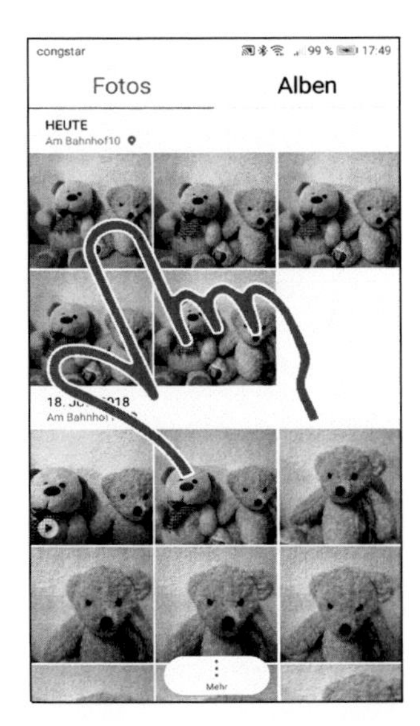

➊ In der Galerie-Anwendung aktivieren Sie zunächst den Markierungsmodus, indem Sie den Finger auf der ersten zu markierenden Datei halten. Die Galerie-Anwendung wechselt daraufhin in den Markierungsmodus und Sie können die weiteren Dateien markieren (dabei das Bild jeweils immer unten rechts antippen).

➋ Danach betätigen Sie *Teilen*.

➌ Im folgenden Menü ist *Bluetooth* auszuwählen (falls dieses nicht zu finden ist, blättern Sie einfach mit einer Wischgeste nach rechts/links in den Übertragungsoptionen).

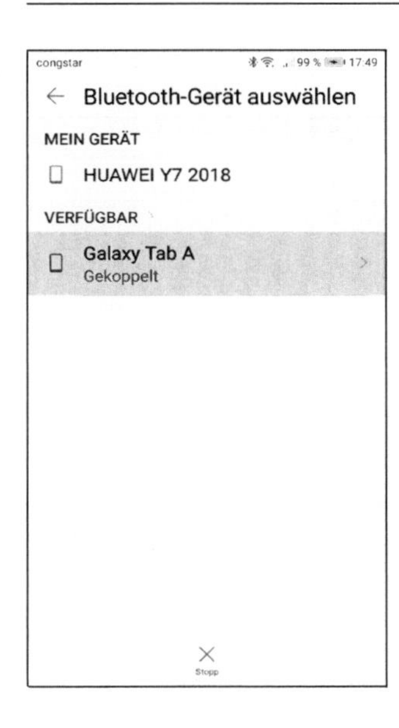

Wählen Sie den Empfänger aus.

28.5.3 Daten über Bluetooth empfangen

Im Beispiel empfangen Sie von jemandem Kontaktdaten (Visitenkarten), die Sie in Ihr Telefonbuch importieren.

❶ Wenn Ihnen jemand Daten sendet, erscheint ein Hinweis, den Sie mit *ANNEHMEN* schließen.

❷ Öffnen Sie nach dem Empfang das Benachrichtigungsfeld und gehen Sie auf *Bluetooth-Freigabe.*

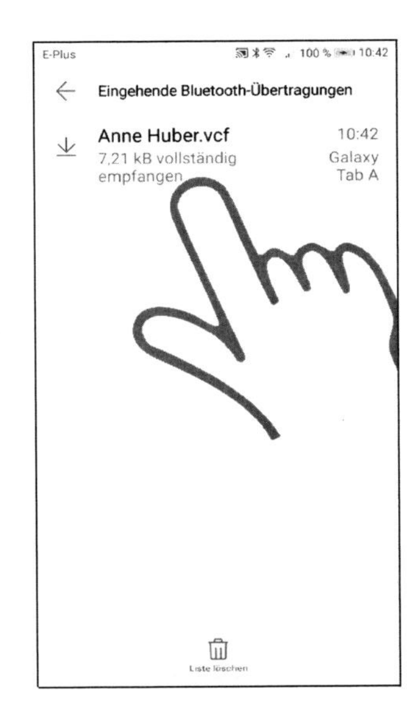

❶❷❸ Tippen Sie die VCF-Datei an, betätigen Sie *OK* und wählen Sie aus, in welchem Speicher der Kontakt landen soll. Wir empfehlen Ihr Google-Konto.

29. Tipps & Tricks

In diesem Kapitel stellen wir Ihnen einige nützliche Funktionen des Huawei-Handys vor.

29.1 GPS auf dem Huawei Y6/Y7 nutzen

»Location Based Services« (zu deutsch: Standortbezogene Dienste) sind seit etwa einem halben Jahrzehnt ein großes Thema im Mobilbereich, da inzwischen fast alle Handys und Tablets mit einem GPS-Empfänger ausgerüstet sind. Im Gegenzug dafür, dass der Handy-Besitzer seinen Standort an einen Diensteanbieter wie Google verrät, erhält er Zugriff auf nützliche Dienste, zum Beispiel Infos zu den nächstgelegenen Unterhaltungsangeboten, Tankstellen, Freizeitparks, usw.

Eine typische Anwendung, die von den Location Based Services Gebrauch macht, ist Google Maps (siehe Kapitel *13 Google Maps*). Suchen Sie in diesem Programm beispielsweise nach einem »Restaurant«, so zeigt Google Maps nur die nächstgelegenen und nicht deutschlandweit alle Restaurants an.

Wenn wir von der »GPS-Position« sprechen, sind natürlich zunächst nur die von den mehreren Dutzend GPS-Satelliten empfangenen Signale gemeint, aus denen ein Chip im Handy/Tablet bis auf wenige Meter genau die Position berechnet. Die GPS-Signale sind allerdings recht schwach und innerhalb von massiven Gebäuden wie Häusern, Tunneln, usw. nicht zu empfangen.

Ein sinnvoller Einsatz der Location Based Services ist deshalb alleine über GPS nicht möglich. Hier kommen die Standorte der Mobilfunkmasten ins Spiel. Da jeder Mobilfunkmast dem Handy/Tablet seine Kennung mitteilt, kann dieses aus einer Datenbank mit den Mobilfunkmast-Positionen die eigene Position auf ca. 100-500 Meter genau feststellen.

Auch WLAN-Zugangspunkte nutzen Handys/Tablets zur Lokalisierung. Da jeder WLAN-Router eine weltweit einmalig vergebene Netzwerkkennung (MAC) besitzt, die er beim Verbindungsaufbau mit Endgeräten mitteilt, muss man nur die Position aller WLAN-Router in der Umgebung wissen, um die eigene Position zu ermitteln.

Die Google-Mitarbeiter fahren natürlich nicht selbst durch die Gegend, um Mobilfunkmasten und WLAN-Zugangspunkte aufzuspüren, sondern überlassen diese Aufgabe dem Nutzer der Android-basierten Handys/Tablets. Jedes Android-Gerät übermittelt dazu in anonymer Form die vorgefundenen WLAN-Zugangspunkte und Mobilfunkmasten an die Google-Internet-Server. Andere Android-Geräte profitieren dann ebenfalls von einer genaueren Standortermittlung.

Für die von den Android-Geräten übermittelten Positionsdaten hat Google noch eine weitere Verwendung gefunden: Anhand der (anonymisierten) Bewegungsprofile ermittelt Google die Fahrtgeschwindigkeit auf den Straßen, welche dann in der Google Maps Navigation bei der Fahrtroutenberechnung berücksichtigt wird. Siehe dazu Kapitel *13.7 Navigation.*

Nutzen Sie ein Programm wie Google Maps, das auf Standortdaten angewiesen ist, so werden Sie nach einiger Zeit aufgefordert, die Positionsermittlung zu erlauben. Betätigen Sie *OK,* um GPS einzuschalten.

Viele Programme aus dem Google Play Store (Kapitel *19 Play Store*) schalten dagegen die Positionsermittlung meist ohne Rückfrage ein.

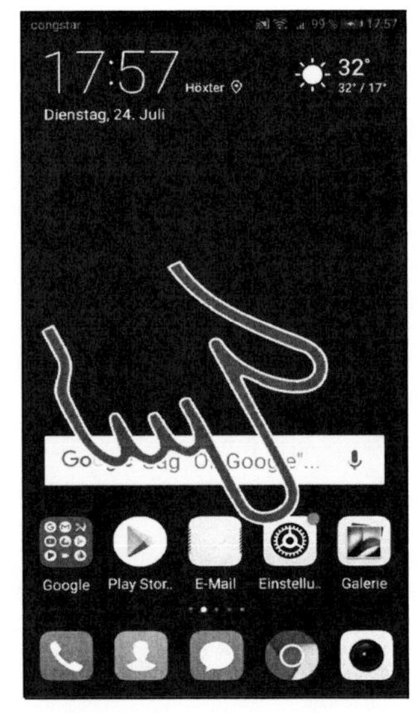

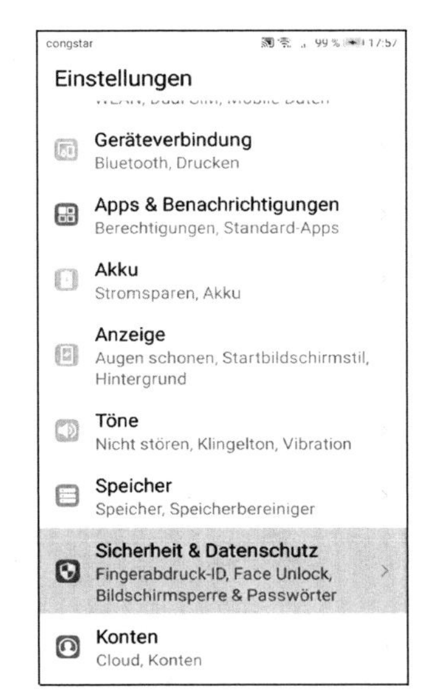

❶❷❸ So konfigurieren Sie die Standortermittlung: Rufen Sie die *Einstellungen* aus dem Startbildschirm auf und gehen Sie auf *Sicherheit & Datenschutz/Standortzugriff.*

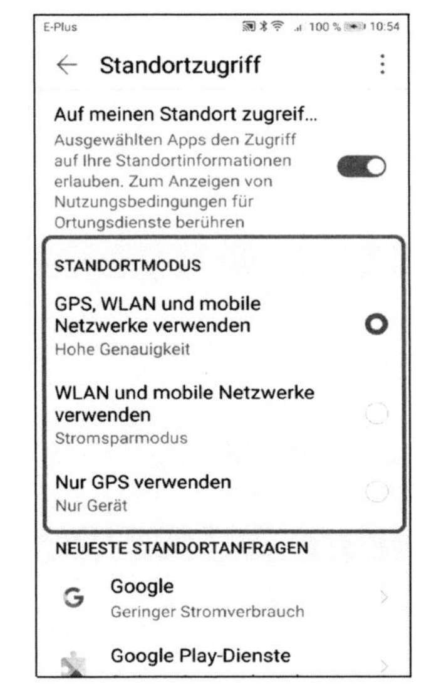

❶ Aktivieren Sie *Auf meinen Standort zugreifen.*

❷ Unter *STANDORTMODUS* konfigurieren Sie, welche Methoden dem Handy für die Standortermittlung zur Verfügung stehen. Wir empfehlen *GPS, WLAN und mobile Netzwerke* zu verwenden.

❸ Unter *NEUESTE STANDORTANFRAGEN* listet der Bildschirm alle Programme und Systemfunktionen auf, die zuletzt Ihren Standort ausgewertet haben.

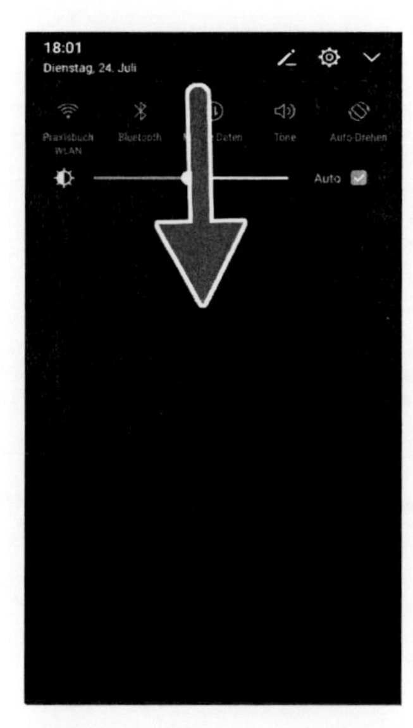

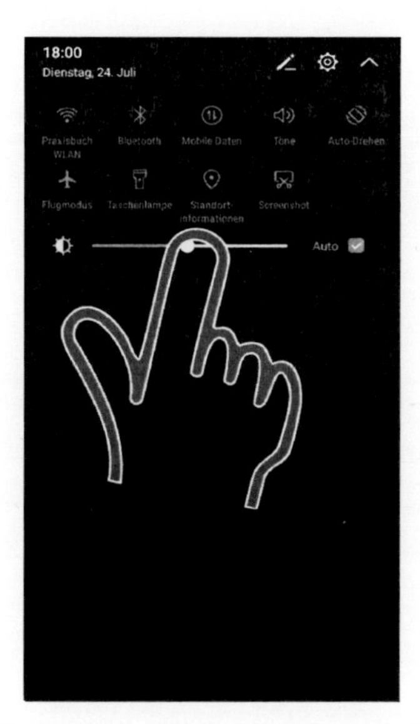

❶❷ Alternativ steuern Sie die Standortermittlung über das Benachrichtigungsfeld. Wischen Sie dort von den Schaltleisten nach unten, worauf weitere Schaltleistenreihen erscheinen. Hier betätigen Sie *Standortinformationen.*

29.2 Zip-Dateien

Auf dem PC sind Zip-Archive, die mehrere Dateien und Verzeichnisse komprimiert speichern, Standard. Zip-Archive, die Sie an der Dateiendung ».zip« erkennen, werden häufig für im Internet angebotene Downloads verwendet, das heißt, wenn Sie häufig Dateien mit Ihrem Webbrowser herunterladen, dürften Sie früher oder später auch auf Zip-Dateien stoßen. Der mitgelieferte Datei-Manager (siehe Kapitel *26.2 Dateien*) kann diese entkomprimieren.

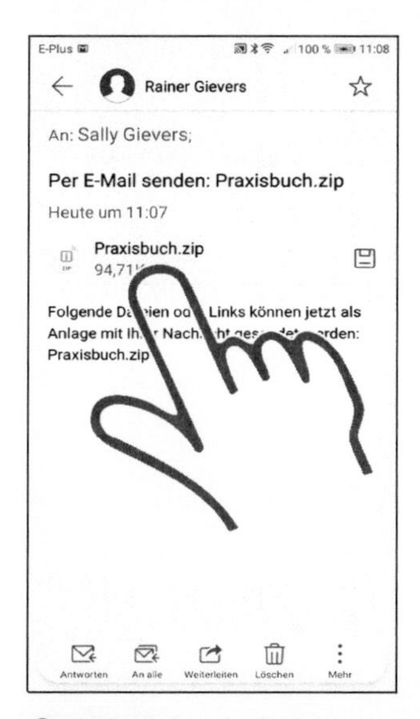

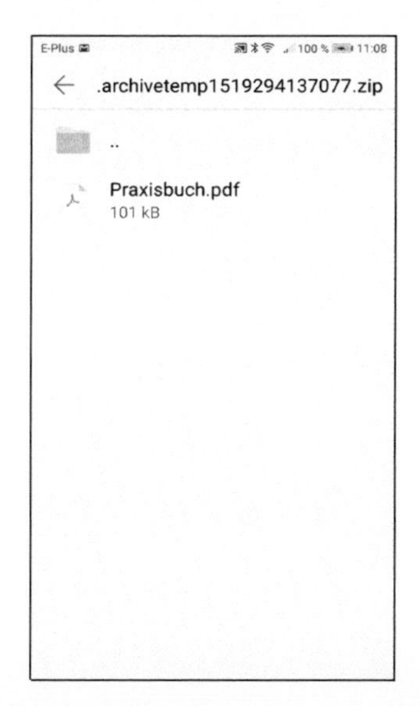

❶ Beispiel: Sie haben in der E-Mail-Anwendung eine Nachricht erhalten, die eine Zip-Datei als Dateianhang enthält (die E-Mail-Anwendung beschreibt Kapitel *10 E-Mail*). Tippen Sie die Zip-Datei an.

❷ Der Inhalt der Zip-Datei wird angezeigt. Die enthaltene(n) Datei(en) können Sie nun, wie gewohnt, durch Antippen öffnen und weiterverarbeiten.

29.3 Anwendungen als Standard

Sie haben wahrscheinlich zu diesem Zeitpunkt schon einige dutzend Programme aus dem Google Play Store (siehe Kapitel *19 Play Store*) installiert. Häufig überlappen sich dabei die Programmfunktionen, beispielsweise unterstützen alle Office-Programme (siehe Kapitel *26.5.2 Office-Datei erstellen*) das Word-Format.

Wenn Sie auf dem Huawei Y6/Y7 eine Funktion auslösen, für die mehrere Anwendungen in

Frage kämen, fragt das Gerät nach.

❶❷ Im Fall einer Word-Datei, die Sie in einer E-Mail (siehe Kapitel *10 E-Mail* oder Kapitel *11 Gmail*) antippen, erscheint eine Rückfrage. Wählen Sie dann das gewünschte Programm aus. Betätigen Sie danach *IMMER*, um die Rückfrage künftig für Dateien desselben Typs zu vermeiden und immer das gleiche Programm zu verwenden.

Wichtig: Sofern ein Programm bereits markiert ist (grauer Hintergrund in der Auswahl), rufen Sie es mit Antippen direkt auf. Das Handy wertet das Antippen dann als »*EINMALIG*«.

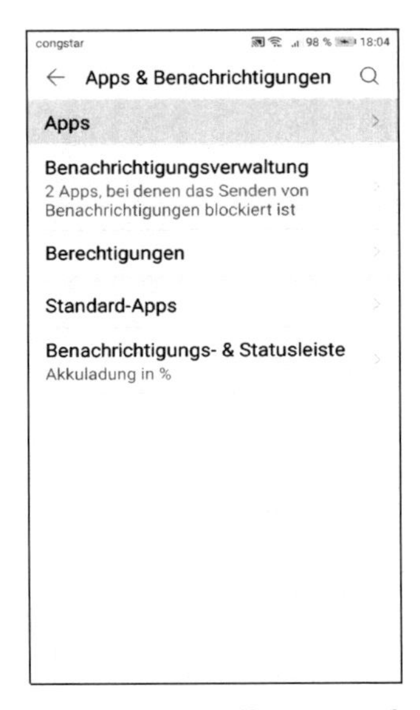

❶ So setzen Sie die Voreinstellung wieder zurück: Rufen Sie im Startmenü *Einstellungen* auf.

❷❸ Wählen Sie *Apps & Benachrichtigungen/Apps*.

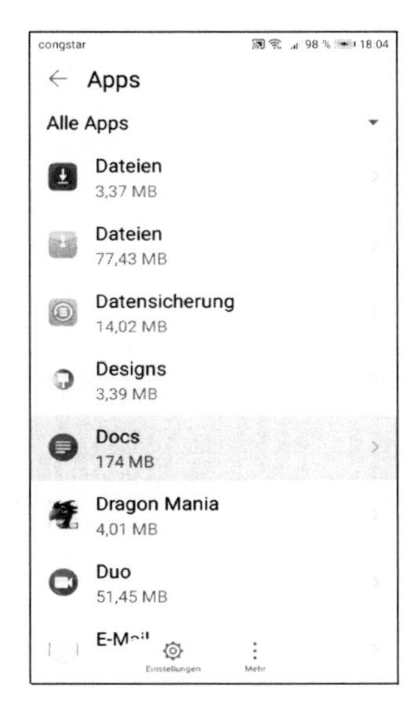

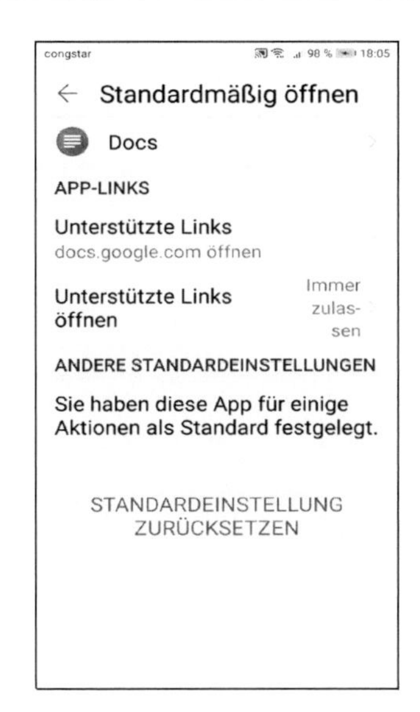

❶ Rollen Sie durch die Auflistung und wählen Sie das Programm aus, dessen Standardeinstellung Sie zurücksetzen möchten.

❷❸ Gehen Sie auf *Standardmäßig öffnen* und betätigen sie *STANDARDEINSTELLUNG ZURÜCKSETZEN.*

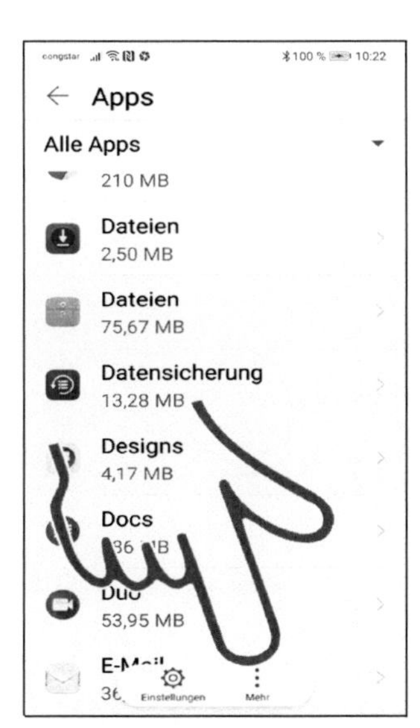

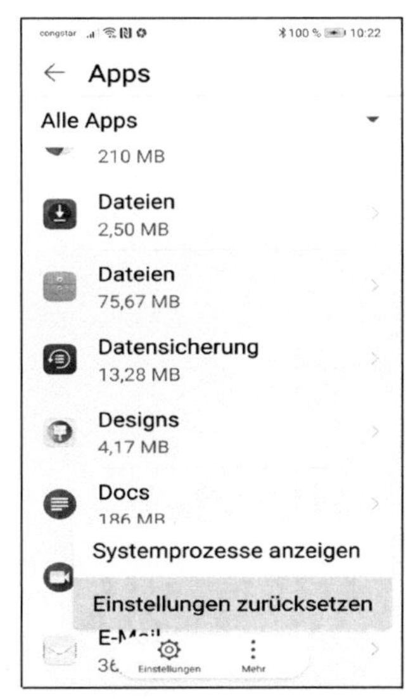

❶❷ Noch schneller geht das Zurücksetzen der Standardanwendung über ⁝/*Einstellungen zurücksetzen*. Dies bringt die Einstellungen zurück, die beim ersten Einschalten des Handys aktiv waren, das heißt, die Programme werden Sie nun wieder mit den Abfragen »nerven«.

29.4 Handy verloren oder geklaut – was nun?

Vorsorge ist immer die beste Versicherung, um das eigene Handy oder Tablet wiederzubekommen, wenn Sie es irgendwo mal liegen lassen oder es gestohlen wird. Wichtig ist erst einmal, dass ein ehrlicher Finder, beziehungsweise die Polizei die Möglichkeit hat, Sie zu kontaktieren. Zwar lassen sich auf dem Huawei Y6/Y7 die Kontaktdaten so einstellen, dass sie beim Einschalten angezeigt werden, ist der Akku aber leer, bringt dies dem Finder auch nichts. Wir bringen deshalb auf unseren elektronischen Geräten, die wir unterwegs dabei haben, Adressaufkleber mit unseren Kontaktdaten an. Beim Huawei Y6/Y7 ist dies leider mit einem Risiko verbunden, da der Kleber eventuell mit dem Plastikgehäuse reagiert. Entfernt man den Aufkleber später, beispielsweise weil man das Handy weiterverkaufen will, bleibt ein verfärbter Bereich sichtbar. Die meisten Anwender dürften sich aber für unterwegs ohnehin eine Schutzhülle anschaffen, sodass dort ohne Probleme ein Adressaufkleber angebracht werden kann.

29.4.1 Datenschutz

Ein weiteres wichtiges Thema ist der Schutz Ihrer persönlichen Daten auf dem Handy. Ein Finder/Dieb könnte nämlich zum Beispiel Folgendes:

- Kontakte und Termine ändern oder löschen.
- Die im Webbrowser gespeicherte Formulardaten, zum Beispiel das Login von Ebay oder einer Shopping-Website ausnutzen, um Käufe in Ihrem Namen durchzuführen.
- Diffamierende E-Mails oder SMS in Ihrem Namen über die E-Mail/SMS-Anwendung verschicken.
- Nach peinlichen SMS, E-Mails, Fotos oder Videos suchen und diese im Web oder anderswo veröffentlichen.
- Sex-Hotlines oder sonstige teure 0900er-Premiumnummern über Ihre SIM-Karte anrufen.
- Im Google Play Store über Ihre dort gespeicherte Kreditkarte fröhlich Ihr Geld für teure Software ausgeben (nur möglich, wenn Sie Ihr Google-Konto-Passwort dort gespeichert haben).

An dieser Stelle wollen wir erst gar nicht über den Einsatz Ihres Android-Handys in einem sensiblen Firmenbereich reden. Das Huawei Y6/Y7 speichert viele Daten wie Kontakte, Termine, Browser-Lesezeichen, usw. auf Google-Server, auf die amerikanische Behörden problemlos Zugriff haben. Es soll auch Firmen geben, die Software anbieten, um abgesicherte Geräte auszulesen, wozu nur der physische Zugriff auf das Gerät nötig ist (zum Beispiel auf Flughäfen bei der Zollkontrolle). Natürlich lässt sich das Huawei Y6/Y7 auch ohne Google-Konto (und damit ohne Google-Server) nutzen, dann könnte man sich aber auch genauso gut ein Notizblock zulegen.

Damit es Diebe nicht zu einfach haben, hier einige Tipps:

- Aktivieren Sie in *Einstellungen/Sicherheit & Datenschutz/Bildschirmsperre & Kennwörter/Bildschirmsperre* die Gerätesperre (Muster, PIN, Passwort). An die Daten in Ihrem Gerätespeicher kommt dann der Dieb nicht heran (siehe Kapitel *31.2 Gerätesperre*).
- Den Google Play-Store können Sie mit einer PIN in dessen Einstellungen absichern. Käufe sind dann erst nach PIN-Eingabe möglich.
- Die unter *Einstellungen/Sicherheit & Datenschutz/Mehr/SIM1-Sperre einrichten* verfügbare SIM-Kartensperre mit sorgt dafür, dass ein Dieb Ihre SIM-Karte nicht einfach entnehmen und in seinem Handy für teure Anrufe nutzen kann. Stattdessen wird der Dieb an der Abfrage der SIM-PIN scheitern.
- Notieren Sie sich die IMEI Ihres Handys (in der Telefonoberfläche des Handys **#06#* eingeben) und schreiben Sie diese am besten auf Ihre Rechnung für das Gerät, sofern sie dort nicht bereits aufgeführt ist. Bei einer Diebstahlsmeldung können Sie die IMEI dann mit angeben.

Der Diebstahl/Verlust ist eingetreten:

Abhängig von der Situation, also wenn Sie nicht sicher sind, ob die zuvor aufgeführten Sicherheitsmaßnahmen greifen, gehen Sie wie folgt vor:

- Rufen Sie sich selbst an. Sind Sie mit mehreren Personen vor Ort, sollten diese zuvor ausschwärmen lassen, damit das Handy schnell lokalisiert wird. Ein markanter Klingelton ist da natürlich hilfreich.
- Loggen Sie sich auf der Google-Website in Ihr Google-Konto ein und ändern Sie Ihr Passwort.
- Erstatten Sie Anzeige bei der Polizei (den Polizei-Beleg benötigen Sie eventuell, damit Ihre Versicherung den Verlust erstattet). Eventuell hat sich dort auch schon der ehrliche Finder gemeldet.
- In Hotels, Bahnhöfen, Flughäfen gibt es extra Fundbüros, vielleicht hat dort jemand zwischenzeitlich das Gerät abgegeben.

- Lassen Sie beim Mobilnetzbetreiber Ihre SIM-Karte sperren.
- Der im Kapitel *31.5 Android Geräte-Manager* beschriebene Android Gerätemanager ist ebenfalls nützlich, um Ihr Handy wiederzufinden.

29.4.2 Schutz von Firmendaten

Wie Sie vielleicht schon der Presse entnommen haben, wurde Mitte 2013 bekannt, dass amerikanische Geheimdienste systematisch Telefon- und Internetdaten sammeln. Unterstützt werden sie dabei von praktisch allen im Internetgeschäft aktiven Unternehmen, darunter Google und Microsoft, die dafür spezielle Abhörschnittstellen bereitstellen. Weil auch die amerikanischen Betreiber der sogenannten Internetbackbones den Geheimdiensten helfen, können Sie davon ausgehen, dass alle Daten, die irgendwie durch die USA fließen, aufgezeichnet und ausgewertet werden.

Auch außerhalb der Vereinigten Staaten ist man nicht sicher, denn die britischen und französischen Geheimdienste sind natürlich ebenfalls im Lauschgeschäft aktiv. Offiziell dienen die beschriebenen Aktivitäten zwar der Terrorabwehr, laut Geheimdienstquellen profitieren von den gesammelten Informationen aber auch verschiedene Großunternehmen.

Wir empfehlen deshalb Unternehmen, auf die sogenannten Cloud-Dienste, bei denen Informationen auf Internetservern abgelegt und abgerufen werden, entweder zu verzichten oder besondere Sicherungsmaßnahmen zu ergreifen. Hilfreich sind unter anderem Cloud-Dienste, deren Server ausschließlich in Deutschland stehen. Es sollte klar sein, dass Sie die Google-Dienste (Google-Konto) ebenfalls nicht nutzen dürfen, da Ihre Kontakte, Termine, Fotos, Webbrowser-Favoriten, Fotos, Bewegungsprofile (Google Maps, Google-Anzeigen mit Ortsauswertung in kostenlosen Programmen aus dem Play Store) usw. den US-Geheimdiensten praktisch auf dem Servierteller gereicht werden. Sofern Sie Dropbox oder den Google-Speicher Drive nutzen, sollten Sie die hochgeladenen Dateien erst mit Verschlüsselungssoftware behandeln.

Erwähnenswert ist auch die Möglichkeit der Grenzbeamten in Großbritannien und den USA, anlasslos Daten von Notebooks, Tablets oder Handys herunterzukopieren.

29.5 Akkulaufzeit erhöhen

Mit einigen kleinen Kniffen erhöhen Sie die Akkulaufzeit Ihres Huawei-Handys:

- Wenn Sie keine GPS-Positionsbestimmung benötigen, deaktivieren Sie diese durch Ausschalten von *GPS* (siehe Kapitel *29.1 GPS auf dem Huawei Y6/Y7 nutzen*).
- Gleiches gilt auch für WLAN oder Bluetooth, die Sie bei Nichtverwendung im Benachrichtigungsfeld deaktivieren.
- Passen Sie über den Helligkeitsregler im Benachrichtigungsfeld die Displaybeleuchtung an. Das Display ist die Handy-Komponente mit dem höchsten Stromverbrauch.
- Die Displayabschaltdauer stellen Sie in den *Einstellungen* unter *Anzeige/Ruhezustand* ein.
- Der im Kapitel *30.2 Energie sparen* vorgestellte Energiesparmodus kann ebenfalls die Akkulaufzeit positiv beeinflussen.
- Widgets im Startbildschirm (siehe Kapitel *4.7.2 Widgets*) dienen dazu, immer aktuelle Infos für den Anwender bereit zustellen, laden dafür aber teilweise in regelmäßigen Abständen Daten aus dem Internet (beispielsweise bei Newstickern). Reduzieren Sie die Aktualisierungshäufigkeit in den Einstellungen des Widgets oder löschen Sie nicht benötigte Widgets vom Startbildschirm).
- Beenden Sie alle Anwendungen und Spiele, wenn Sie sie nicht nutzen (mit der ◁-Taste, sofern es keine andere Beendigungsoption gibt).

Im Handel sind sogenannte Power-Packs erhältlich, die aus einem großen Akku bestehen, an die Sie Ihr Handy zum Nachladen anschließen. Ein Power-Pack reicht – je nach Kapazität – für mehrere Ladungen, bevor sie das Power-Pack selbst an einer Steckdose aufladen müssen.

Einen großen Einfluss hat auch das Mobilfunknetz. Befinden Sie sich an einem Standort mit schlechten Empfang (oben rechts in der Titelleiste werden nur ein oder zwei Balken für die Empfangsstärke angezeigt), dann versucht das Handy mit verstärkte Leistung zu senden, was die Akkulaufzeit reduziert. Wir empfehlen dann:

- Falls möglich, wechseln Sie den Standort. In Gebäuden ist der Empfang in Fensternähe oder in einem höheren Stockwerk meist besser.
- Befinden Sie sich längerfristig an einem Ort mit schlechtem Mobilfunkempfang, dann sollten Sie solange den Flugmodus aktivieren (sofern Sie weder telefonieren noch das Internet nutzen müssen). Den Flugmodus beschreibt Kapitel *5.6 Flugmodus (Offline-Modus)*.
- Vermeiden Sie Telefonate bei schlechtem Mobilfunkempfang. Nicht nur reduzieren Sie damit die Akkulaufzeit erheblich, sondern Sie setzen sich unnötigem Elektrosmog aus. Ein eindeutiger Einfluss von elektromagnetischen Wellen auf die Gesundheit wurde bisher allerdings noch nicht nachgewiesen.

29.6 Screenshots (Bildschirmkopien)

In jeder Anwendung dürfen Sie einen Screenshot (Bildschirmkopie) erstellen, die Sie anschließend beispielsweise per E-Mail verschicken.

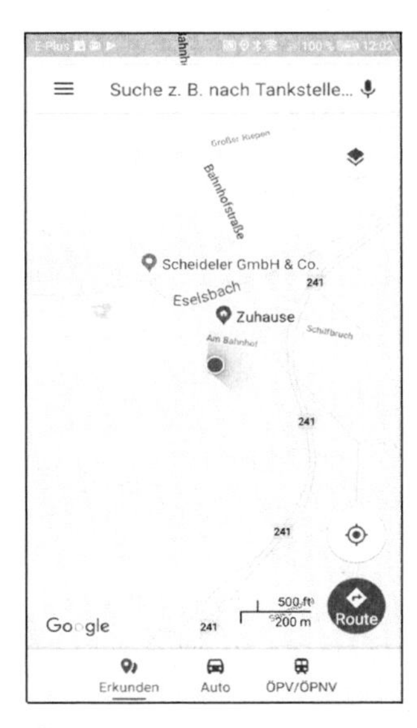

❶ Drücken Sie in der Anwendung, von der Sie einen Screenshot erstellen möchten, für einige Sekunden gleichzeitig die den Ein/Ausschalter und die Lautstärke-runter-Taste.

❷ Sie haben nun zwei Sekunden Zeit, den Screenshot zu versenden (*Teilen*) oder zu bearbeiten.

❸ Sie finden den Screenshot auch im Benachrichtigungsfeld. Tippen Sie ihn an, worauf er in der Galerie-Anwendung angezeigt wird. Dort lässt er sich ebenfalls versenden oder bearbeiten.

Die Screenshot-Bilder finden Sie im Gerätespeicher im Verzeichnis *Pictures\Screenshots*.

29.7 Startbildschirmstil

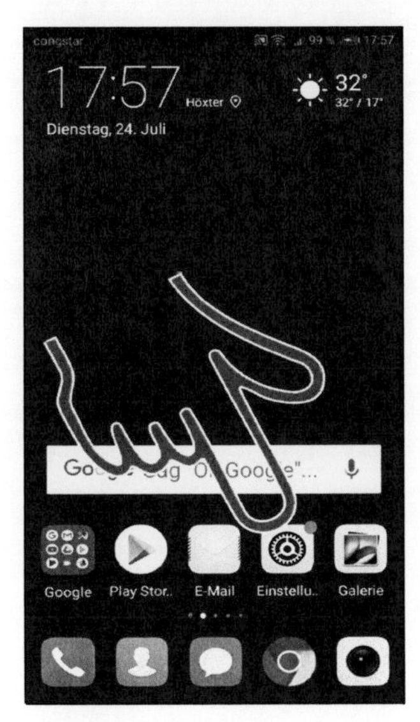

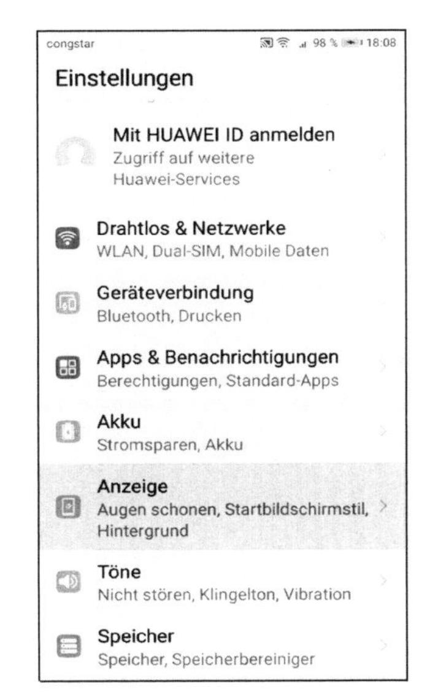

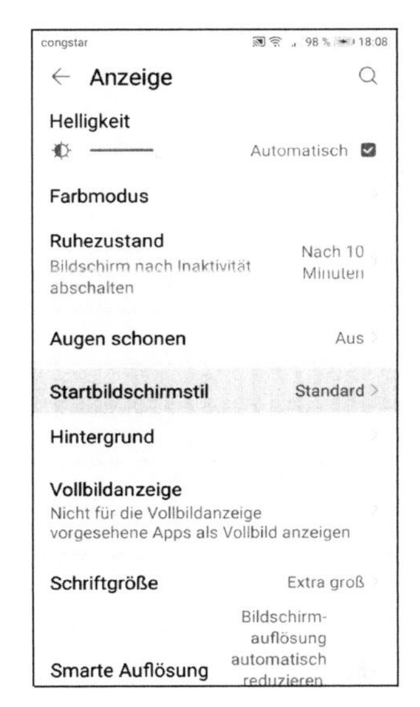

❶❷❸ Das Huawei Y6/Y7 bietet zwei umschaltbare Startbildschirm-Profile. Rufen Sie dafür die *Einstellungen* auf und gehen Sie auf *Anzeige/Startbildschirmstil.*

❶ Aktivieren Sie *Drawer.*

❷ Das Handy schaltet auf den neuen Startbildschirm um. Über die Menü-Schaltleiste (Pfeil) aktivieren Sie den »Drawer« (engl. Schublade), der alle Ihre Programme auflistet.

❸ Mit einer Wischgeste blättern Sie durch die Auflistung.

Ihr gewohntes Startmenü erhalten Sie wieder zurück, indem Sie in den *Einstellungen* erneut das *Startbildschirmstil*-Menü aufrufen und dann *Standard* aktivieren.

29.8 Handy zurücksetzen

Für den Fall, dass Sie Ihr Huawei Y6/Y7 nicht mehr nutzen und an einen Dritten weitergeben möchten, sollten Sie die darauf vorhandenen Daten löschen. Dieser Vorgang wird auch als »Zurücksetzen« bezeichnet.

Steigen Sie auf ein anderes Android-Handy um, so ist der Umzug Ihrer Daten (Termine, Kontakte, Browser-Lesezeichen, aus dem Play Store installierte Programme) auf das neue Gerät sehr einfach. Sie müssen sich nur auf dem neuen Handy mit dem gleichen Google-Konto anmelden, das Sie bei der Ersteinrichtung auf dem Huawei-Handy angelegt hatten. Das Google-Konto ist gleichzeitig auch die in Gmail (siehe Kapitel *11 Gmail*) genutzte E-Mail-Adresse.

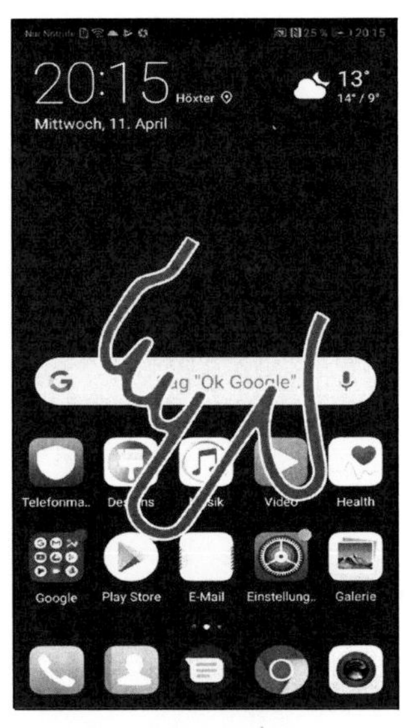

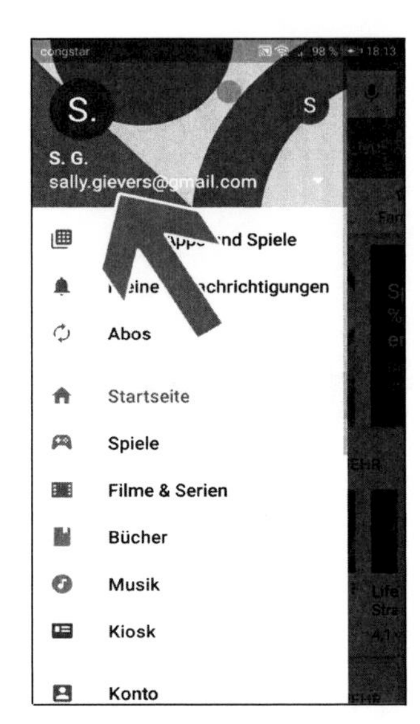

❶ So erfahren Sie, unter welchem Google-Konto Ihre Daten auf dem Huawei Y6/Y7 gespeichert werden: Rufen Sie eine beliebige Google-Anwendung – im Beispiel *Play Store* – auf.

❷❸ Aktivieren Sie das Ausklappmenü, das Ihren Google-Konto-Namen (Pfeil) verrät.

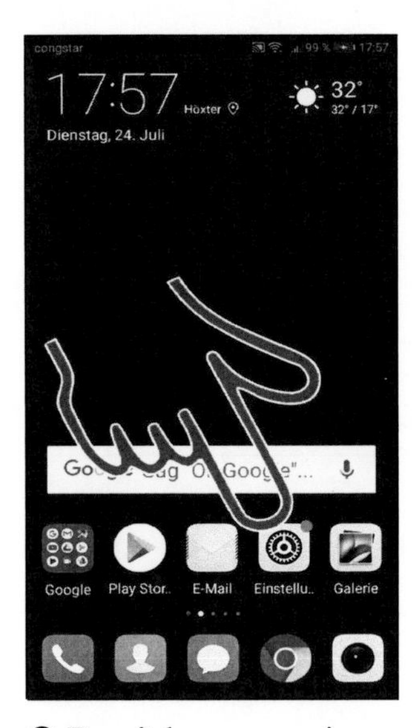

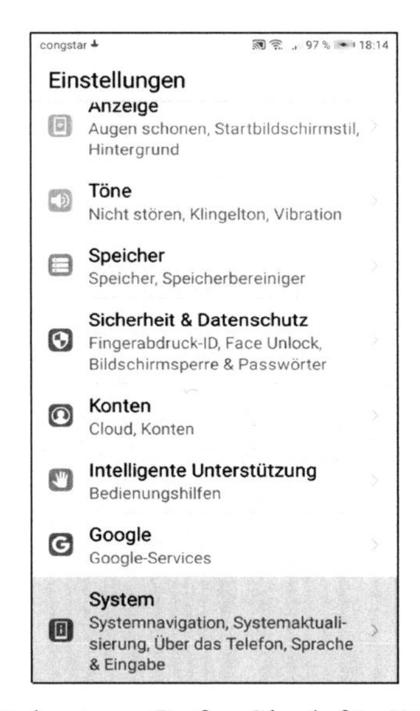

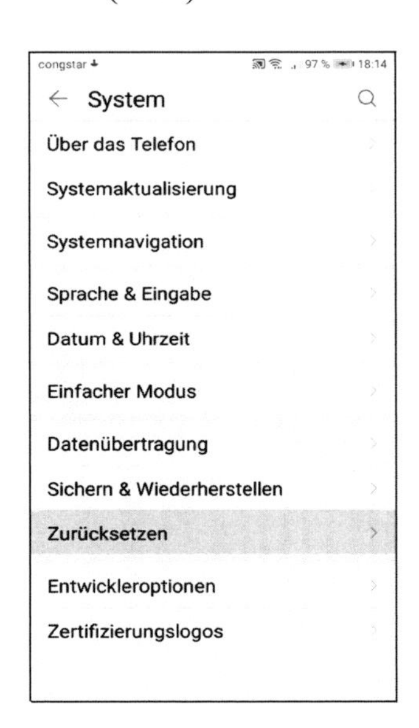

❶ Damit kommen wir zum Zurücksetzen. Rufen Sie dafür *Einstellungen* aus dem Startmenü auf.

❷❸ Wählen Sie *System/Zurücksetzen* aus.

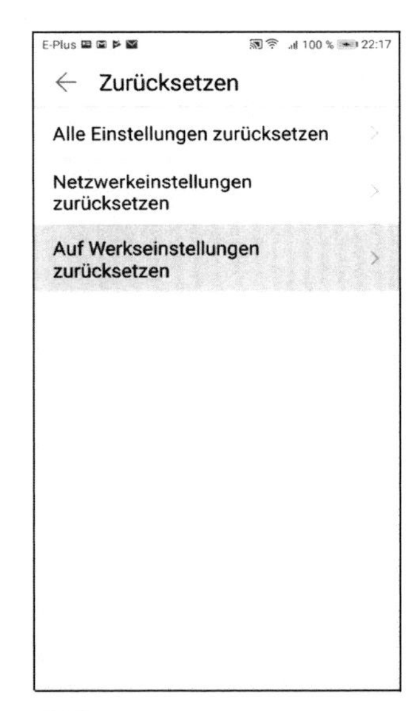

❶❷ Im *Auf Werkseinstellungen zurücksetzen*-Menü betätigen Sie *ZURÜCKSETZEN.* Das Handy befindet sich anschließend im Auslieferungszustand.

29.9 Schaltleisten im Benachrichtigungsfeld bearbeiten

Über die Verknüpfungen im Benachrichtigungsfeld steuern Sie alle wichtigen Funktionen des Huawei Y6/Y7. Weil jeder Nutzer andere Ansprüche hat, lassen sich die Verknüpfungen anpassen.

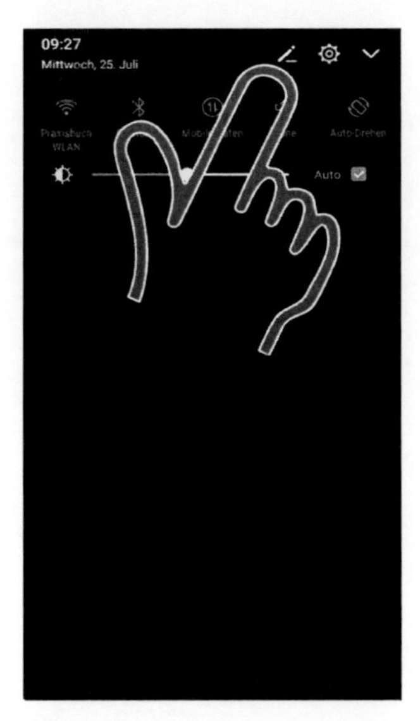

❶ Im Benachrichtigungsfeld gehen Sie auf ✎.

❷ Tippen, halten und ziehen Sie jeweils eine Verknüpfung vom oberen Bereich in den unteren. Die Verknüpfung ist dann nicht mehr im Benachrichtigungsfeld sichtbar. Umgekehrt ziehen Sie von unten Verknüpfungen, die Sie benötigen, nach oben (❸).

> Bitte beachten Sie, dass später nur die ersten fünf Schaltleisten im Benachrichtigungsfeld direkt verfügbar sind. Die restlichen erscheinen erst nach einer Wischgeste über den Schaltleisten nach unten (siehe Kapitel *4.7.7 Schaltleisten im Benachrichtigungsfeld*).

29.10 Datenverbrauch ermitteln

In der Praxis kommt es häufiger vor, dass man wissen muss, welche Datenmenge bereits übertragen wurde, beispielsweise bei einer auf 500 MB beschränkten Internetflatrate. Für solche Fälle bringt das Huawei Y6/Y7 eine umfangreiche Statistik mit.

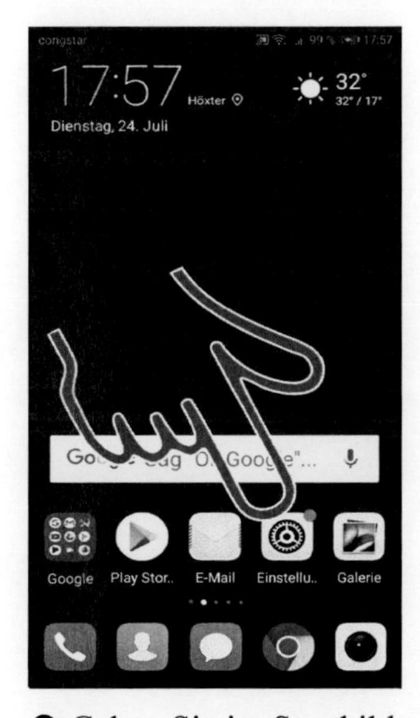

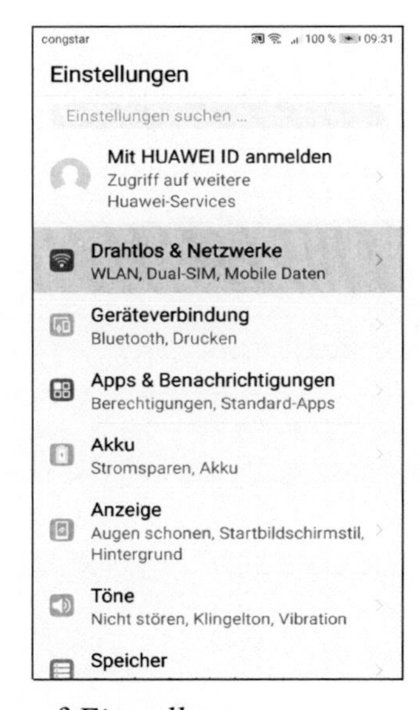

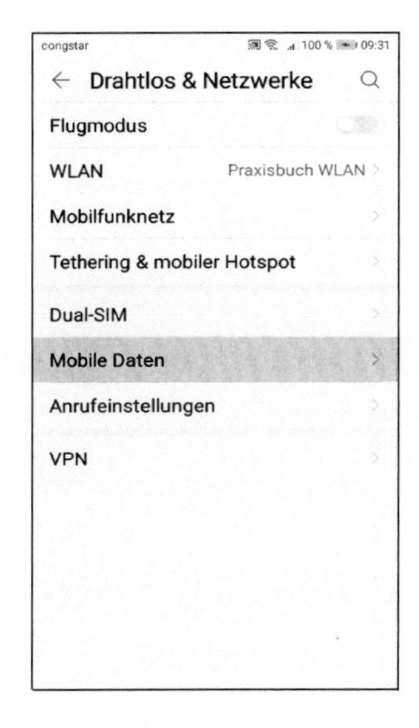

❶ Gehen Sie im Startbildschirm auf *Einstellungen*.

❷❸ Rufen Sie *Drahtlos & Netzwerke/Mobile Daten* auf.

In der oberen Bildschirmhälfte zeigt das Handy eine grafische Auswertung der über das Mobilfunknetz übertragenen Daten an.

Die Bedeutung der Schaltleisten:

- *Datennutzung*: Listet alle Anwendungen auf, die Daten übertragen haben.
- *Netzwerk-Apps*: Stellen Sie für jede auf dem Gerät vorhandene Anwendung ein, ob Sie Daten per WLAN oder Mobilfunk-Internet übertragen darf.
- *Datenverbrauchsoptimierung*: Der »Datenschoner« hindert Anwendungen, die gerade im Hintergrund laufen daran, Daten über das Internet zu senden oder zu empfangen. Nach dessen Aktivierung stellen Sie ein, welche Anwendungen vom Datenschoner betroffen sind. Weil allerdings viele Anwendungen ohne Internetverbindung nicht einwandfrei funktionieren, raten wir davon ab.

29.10.1 Datennutzung der verschiedenen Anwendungen

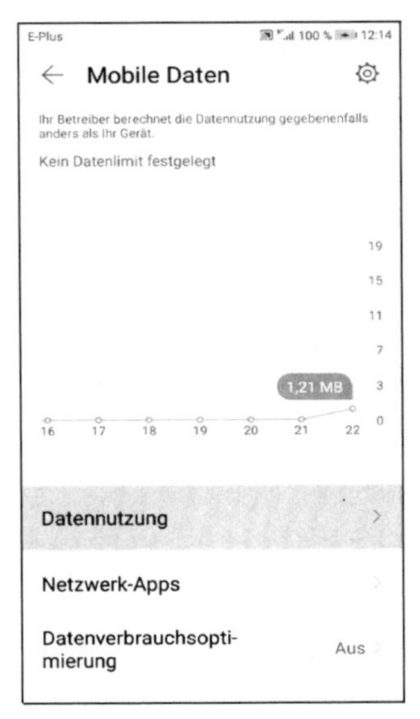

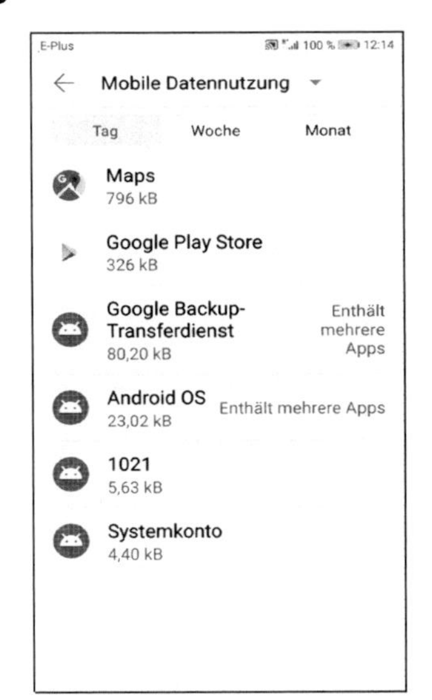

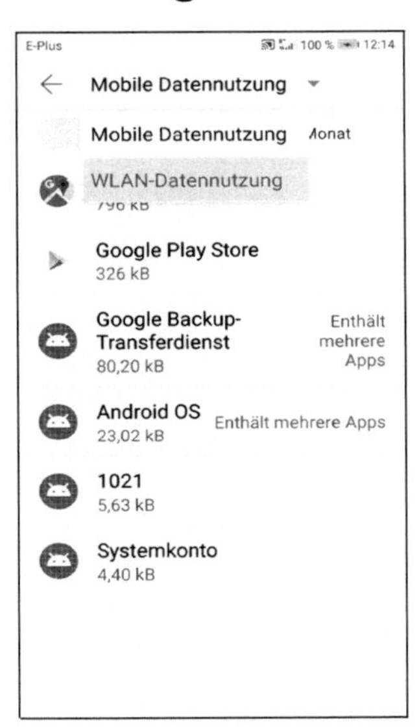

➊ Rufen Sie *Datennutzung* auf.

➋ Die Sortierung erfolgt nach der übertragenen Datenmenge, wobei Sie über die Register zwischen *Täglich, Wöchentlich* und *Monatlich* umschalten können. Unter jedem Eintrag sehen Sie Infos zur per Mobilfunk übertragenen Datenmenge. Wählen Sie ein Programm in der Auflistung für eine tagesgenaue Statistik aus.

➌ Über das Auswahlmenü am oberen Bildschirmrand schalten Sie die Statistik zwischen *Mobile Datennutzung* und *WLAN-Datennutzung* um.

29.10.2 Netzwerk-Apps

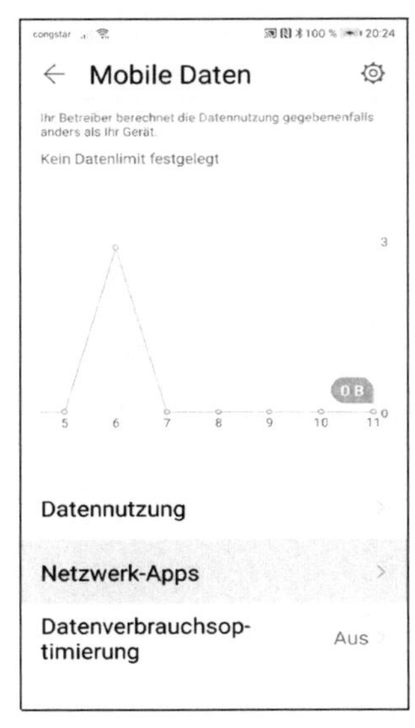

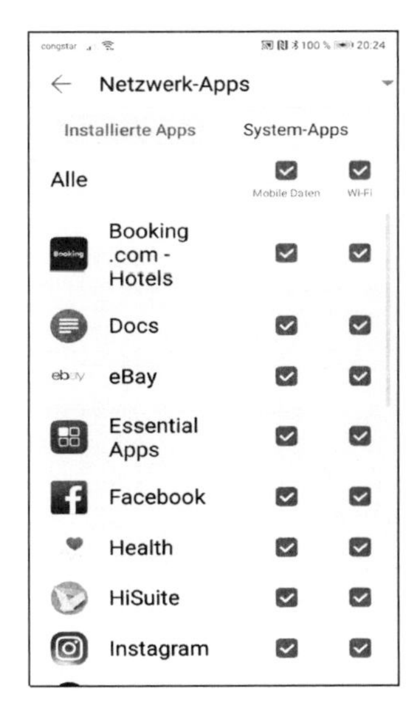

❶❷ Viele Programme sind sehr »datenhungrig«, das heißt, Sie übertragen permanent Daten im Hintergrund. Wenn Ihnen unterwegs nur ein langsames Mobilfunkinternet zur Verfügung steht, sollten Sie bei allen nicht so wichtigen Anwendungen im *Netzwerk-Apps*-Menü *Mobile Daten* (=Mobilfunkinternet) deaktivieren.

29.11 Ordner

Ordner sind unter anderem nützlich, wenn man sehr viele Anwendungen auf dem Handy installiert hat. Man legt dann einfach mehrere Ordner im Startbildschirm an, worin man seine Anwendungen verschiebt.

❶ Übrigens sind Sie in diesem Buch schon häufiger mit den Ordnern in Berührung gekommen. Zum Beispiel finden Sie viele der vorgestellten Google-Anwendungen in einem *Google*-Ordner.. Tippen Sie ihn an, worauf das Huawei die darin enthaltenen Programme anzeigt.

❷❸ Abhängig von der Programmanzahl wischen Sie darüber nach links/rechts. Die Programme starten Sie mit Antippen. Zum Schließen des Ordners betätigen Sie die ◁-Taste oder tippen in einen Bildschirmbereich außerhalb des Ordners.

29.11.1 Ordner anlegen und verwalten

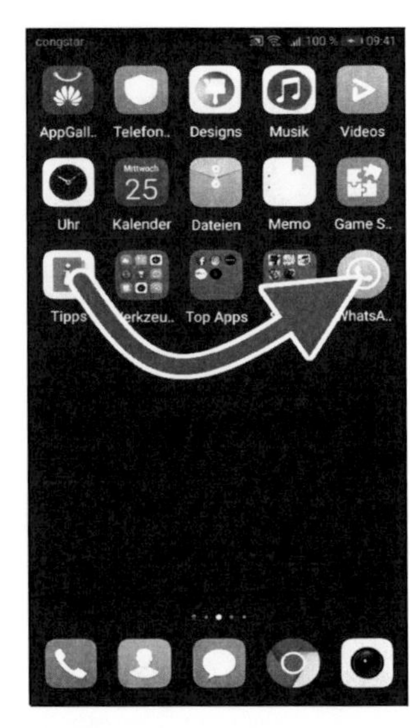

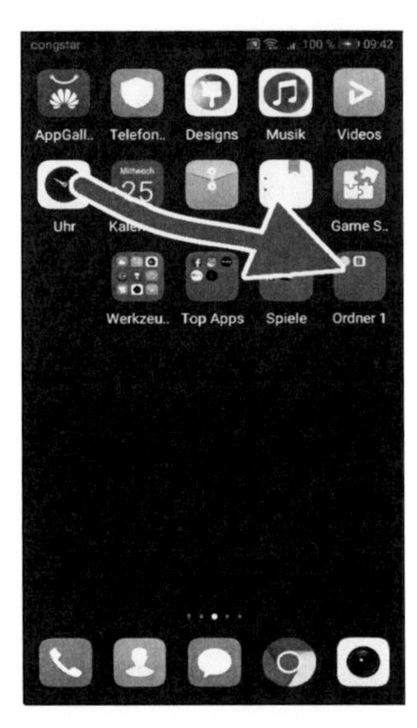

➊ In unserem Beispiel stellen wir unseren eigenen Ordner zusammen. Tippen und halten Sie den Finger auf ein Programm und ziehen Sie es auf ein weiteres.

➋ Das Handy erstellt aus den beiden Programmen einen Ordner (Pfeil).

➌ Ziehen Sie bei Bedarf noch weitere Programme in den Ordner.

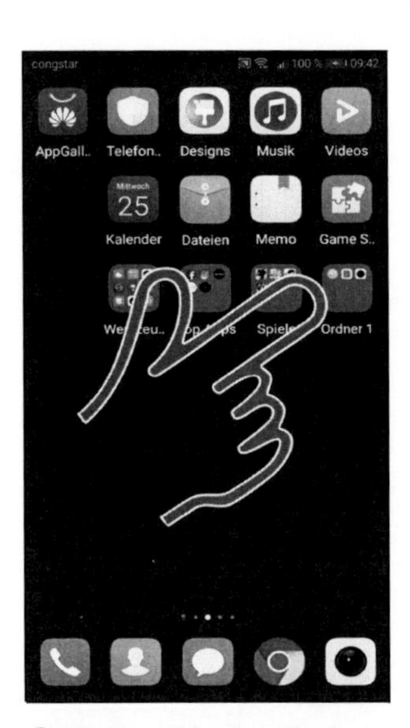

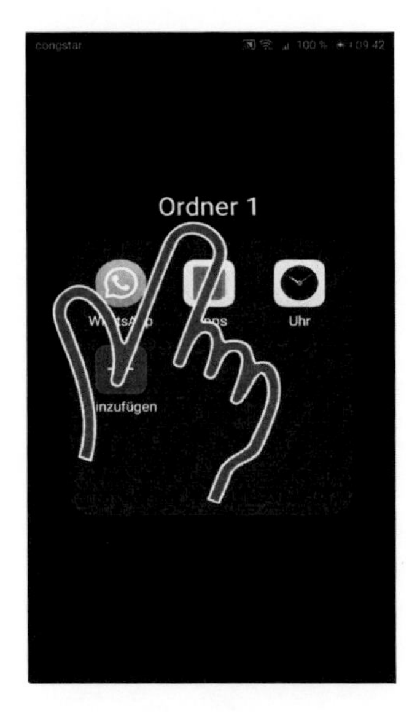

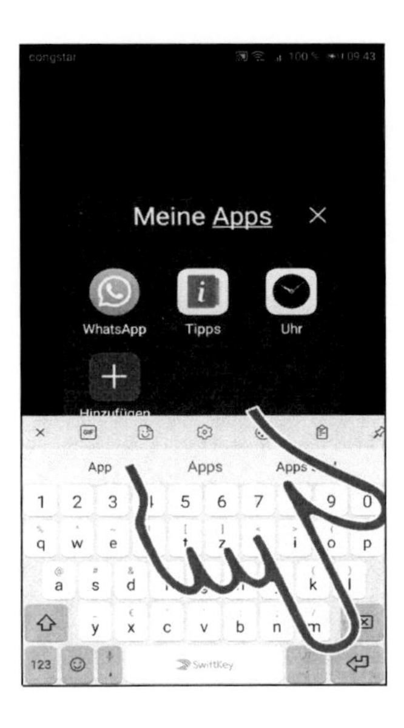

➊ Tippen Sie den Ordner an.

➋➌ Den Ordnernamen ändern Sie sehr einfach, indem Sie den Finger darauf halten, bis das Handy in den Editiermodus schaltet. Erfassen Sie den neuen Ordnernamen und schließen Sie den Vorgang mit ⏎ (Pfeil) auf dem Tastenfeld ab.

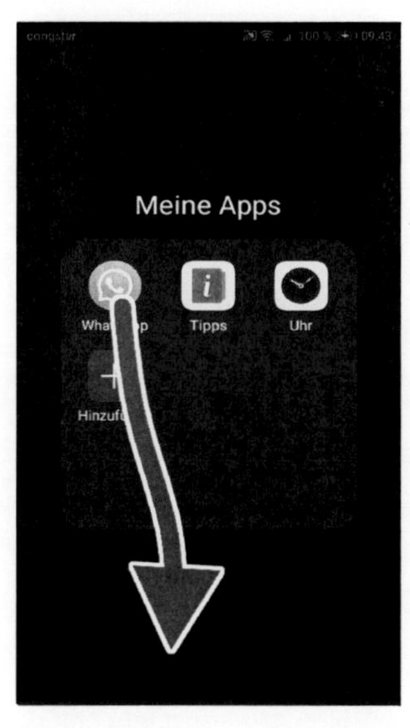

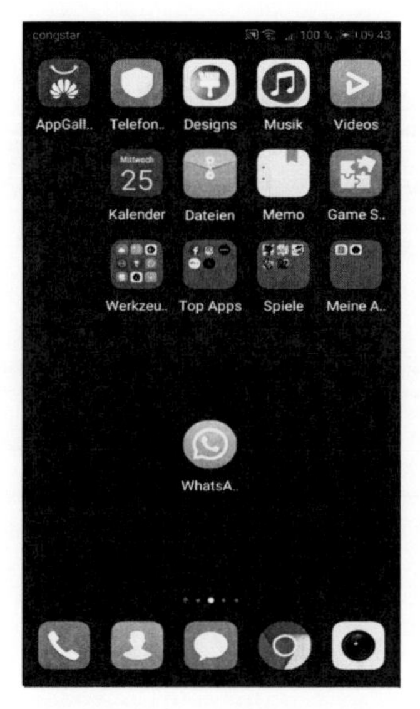

❶ So entfernen Sie ein Programm aus dem Ordner: Ziehen Sie es mit gedrücktem Finger aus dem Ordner.

❷ Lassen Sie dann das Programm an der gewünschten Position los.

Verschieben Sie den Ordner, indem Sie den Finger darauf tippen und halten und dann an die gewünschte Position ziehen.

Es ist nicht möglich, einen Ordner zu löschen, das heißt, Sie müssen alle Anwendungen wie oben beschrieben herausziehen. Sobald nur noch ein Programm darin enthalten ist, entfernt das Huawei den Ordner.

29.12 App-Sperre

Die App-Sperre stellt eine Art Kindersicherung dar. Beachten Sie bitte, dass Sie damit »Datenklau« nicht verhindern können, denn die auf dem Gerät vorhandenen Daten sind über Umwege weiterhin abgreifbar. Wir empfehlen daher, stattdessen die im Kapitel *31.2 Gerätesperre* beschriebenen Maßnahmen einzusetzen.

Leider ist die App-Sperre wirklich nur geeignet, die Gerätenutzung für Kinder einzuschränken. Wenn Sie beispielsweise die Chrome-Webbrowser sperren, kann ein erfahrener Anwender trotzdem einen alternativen Webbrowser installieren und verwenden. Davon wird auch eine Sperre des *Play Store* nicht abhalten, über den man normalerweise Programme installiert, weil es noch weitere Installationsmöglichkeiten gibt.

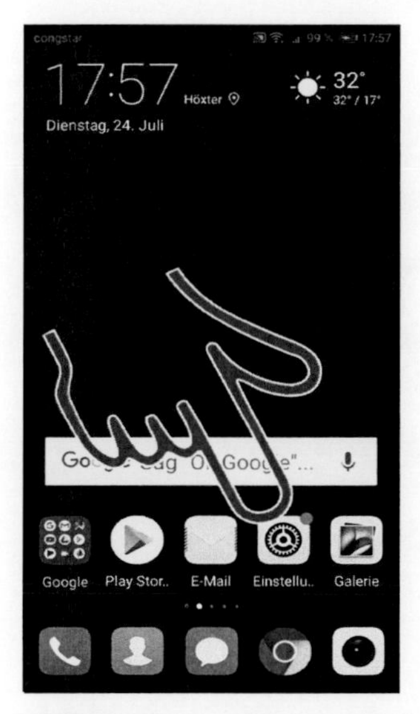

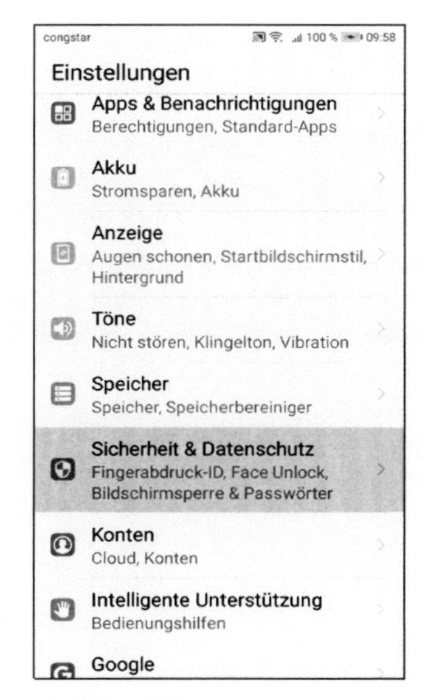

❶❷❸ Rufen Sie im Startbildschirm *Einstellungen* auf und dann *Sicherheit & Datenschutz/App-*

Sperre.

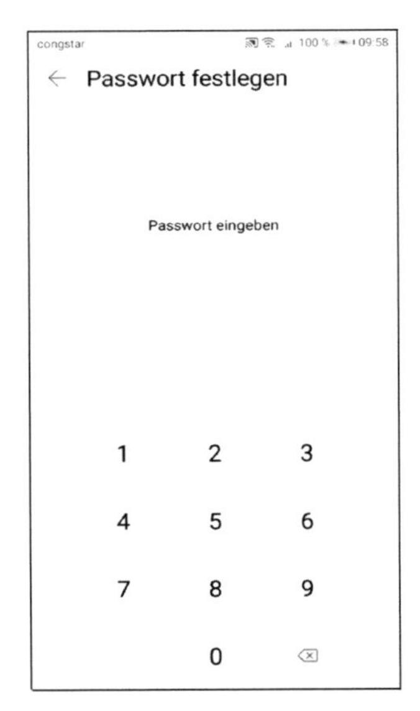

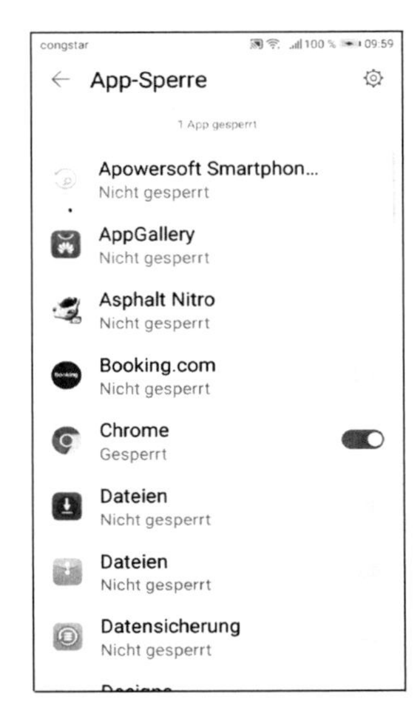

➊ Danach geben Sie zweimal hintereinander eine numerische PIN ein.

➋ Für den Fall, dass Sie mal die PIN vergessen, sollten Sie die Passwortwiederherstellung einrichten: Im Auswahlmenü am oberen Bildschirmrand wählen Sie die Sicherheitsfrage aus, in unserem Beispiel »*Wie heißt Ihr Vater?*« und geben die Antwort ein. Schließen Sie mit *FERTIGSTELLEN* ab.

➌ Aktivieren Sie nun die zu sperrenden Programme.

➊➋ Wenn Sie künftig ein gesperrtes Programm, in unserem Beispiel *Chrome*, aufrufen, können Sie es erst nach Eingabe der PIN nutzen.

30. Telefonmanager

Im Telefonmanager sind viele häufig benutzte Funktionen, welche in diesem Buch beschrieben werden, zusammengefasst.

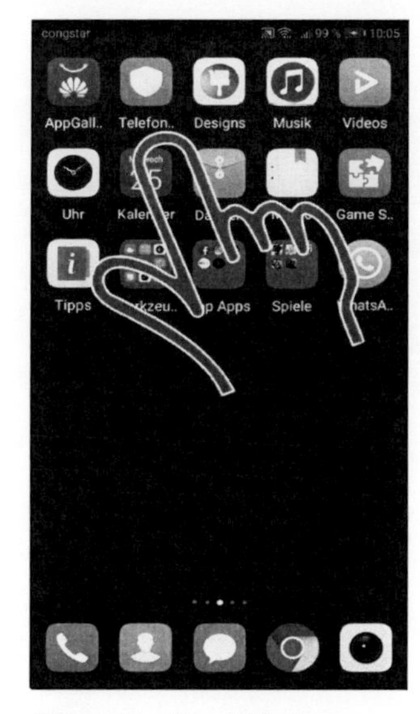

❶ Rufen Sie *Telefonmanager* im Startbildschirm auf.

❷❸ Die Menüs sind über zwei Bildschirmseiten verteilt, zwischen denen Sie mit einer Wischgeste umschalten:

- *Bereinigen*: Löscht nicht mehr benötigte Dateien und Programme.
- *Mobile Daten*: Diese Funktion wird bereits im Kapitel *8.2.2 Mobilfunk-Internet aktivieren/deaktivieren* beschrieben.
- *Blockiert*: Verwaltet die von Ihnen blockierten SMS (siehe Kapitel *6.7.1 Schwarze Liste*) und Anrufe (siehe Kapitel *5.7 Filter gegen Belästigung (Sperrliste)*).
- *Akku*: Das Handy unterstützt mehrere Energiesparmodi, mit denen Sie die Akkulaufzeit erhöhen.
- *Dropzone*: Einige Anwendungen dürfen auf dem Bildschirm eine Sprechblase einblenden, wovon aber nur wenige auch Gebrauch machen. In diesem Buch gehen wir nicht weiter darauf ein.
- *Virenscan*: Sucht nach möglicherweise schädlichen Programmen auf dem Handy.

30.1 Optimierung

Wir stehen den angebotenen »Optimierungen« sehr kritisch gegenüber, denn das Android-Betriebssystem kümmert sich selbst bereits optimal um die Speicherverwaltung.

❶ Tippen Sie auf *OPTIMIEREN* im Hauptbildschirm des Telefonmanagers, so führt das Handy die Speicheroptimierung durch.

❷ Anschließend informiert der Telefonmanager über den freigegebenen Speicherplatz. Schließen Sie den Bildschirm mit *FERTIG*.

30.2 Energie sparen

Ein großes Problem moderner Handys ist deren kurze Akkulaufzeit, die je nach Nutzungsart häufig nur einen Tag beträgt.

❶ Rufen Sie *Akku* auf.

❷ Zur Auswahl stehen:

- *Stromsparen*: Die Beschreibung des Herstellers: »Der Stromsparmodus begrenzt die Aktivitäten von Hintergrund-Apps, reduziert oder deaktiviert einige visuelle Effekte und Töne und deaktiviert das Abrufen von E-Mails im Hintergrund, um Strom zu sparen. Der Stromsparmodus wird automatisch ausgeschaltet, wenn Ihr Gerät geladen wird oder vollständig aufgeladen ist«. Bitte beachten Sie, dass der Stromsparmodus sich hauptsächlich auf die vorinstallierten Programme auswirkt. Programme, die Sie nachträglich aus dem Play Store installieren (siehe Kapitel *19 Play Store*) sind davon wohl nicht betroffen.
- *Ultra-Stromsparen*: Deaktiviert die Internetverbindung und alle nicht benötigten Systemfunktionen. Sie können im Prinzip nur noch telefonieren, sowie SMS empfangen und senden. Nur sinnvoll, wenn Ihnen auf Reisen mal keine Lademöglichkeit zur Verfügung steht, Sie aber auf Erreichbarkeit angewiesen sind.

- *Smarte Auflösung*: Reduziert die Displayauflösung, um Energie zu sparen. Auf die Bildschirmdarstellung hat dies keinen Einfluss.
- *Starten*: Automatische Überprüfung der installierten Programme auf unnötige Hintergrundaktivität.
- *Akku*: Stromverbrauch der auf dem Handy installierten Anwendungen, sowie der Hardwarebausteine.
- *Optimieren*: Prüft die Energiceinstellungen und setzt sie auf optimale Werte. Dazu zählen der *Energieplan* und die automatische Displayhelligkeit.
- *Akkuladung in %*: Akkuladezustand in der Titelleiste als Prozentzahl einblenden.

31. Zugriffssperren

Sie haben die Möglichkeit, Ihr Huawei Y6/Y7 auf Geräteebene (»Gerätesperre«) oder SIM-Ebene (»SIM-Sperre«) gegen unbefugten Zugriff zu sichern. Sobald Sie eine der beiden Sperren aktivieren, lässt sich das Handy erst nach Eingabe des jeweiligen Codes nutzen. Beachten Sie, dass auf Sie erhebliche Probleme zukommen, wenn Sie den Code vergessen: Im Fall der Gerätesperre können Sie Ihr Huawei Y6/Y7 nur noch durch einen Hard-Reset wieder entsperren, wodurch aber alle Daten verloren gehen. Wenn Sie dagegen die PIN bei der SIM-Sperre dreimal falsch eingeben, erfolgt eine Sperre, die Sie immer noch über die »General-PIN«, die PUK, beenden können. Geben Sie die PUK allerdings zehnmal falsch ein, erfolgt eine Dauersperre und Ihnen bleibt nichts anderes übrig, als dies dem Netzbetreiber zu melden, der Ihnen eine neue SIM-Karte zuschickt.

Neben der Geräte- und SIM-Sperre gibt es noch die Displaysperrre, die einfach nur gegen ungewollte Tastenbetätigung schützt, wenn Sie das Gerät gerade nicht nutzen.

> Damit ein Dieb nichts mit den Daten auf dem Smartphone und der SIM-Karte anfangen kann, sollten SIM-Sperre und Gerätesperre mit Codeschutz gleichzeitig aktiv sein.
>
> PIN und PUK senden die Netzbetreiber ihren Kunden automatisch beim Vertragsabschluss zu. einfach mit einem handelsüblichen Speicherkartenleser auslesen.

31.1 Displaysperre

Die Displaysperre, welche bereits im Kapitel *4.2 Displaysperre* beschrieben wird, aktiviert sich automatisch nach einiger Zeit der Nichtnutzung.

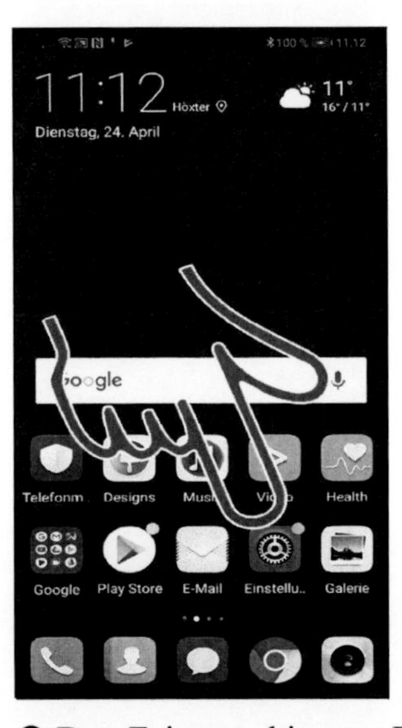

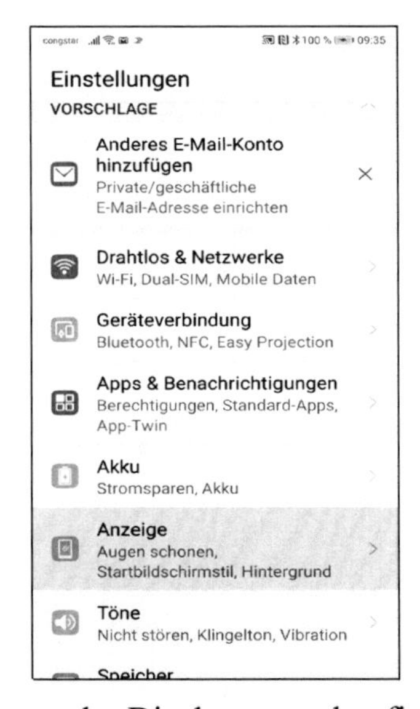

➊ Den Zeitraum bis zum Einsetzen der Displaysperre konfigurieren Sie in den *Einstellungen* im

Startbildschirm.

❷❸ Gehen Sie nun in das Menü *Anzeige/Ruhezustand.* Wählen Sie dort die Verzögerung aus.

31.2 Gerätesperre

Einen Schutz vor unbefugtem Zugriff auf das Huawei Y6/Y7 bietet der Kennwortschutz für die Displaysperre. Wenn das Display entsperrt oder das Gerät eingeschaltet wird, muss der Benutzer entweder erst ein Entsperrmuster mit dem Finger auf dem Gerät malen, ein Passwort eingeben oder mit dem Finger über den Fingerabdrucksensor wischen, bevor er es nutzen kann.

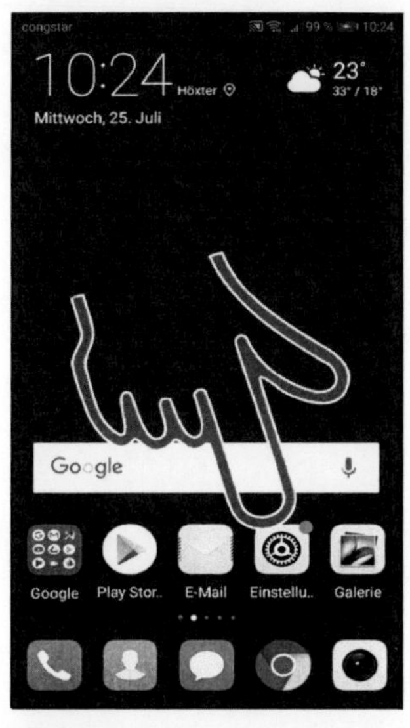

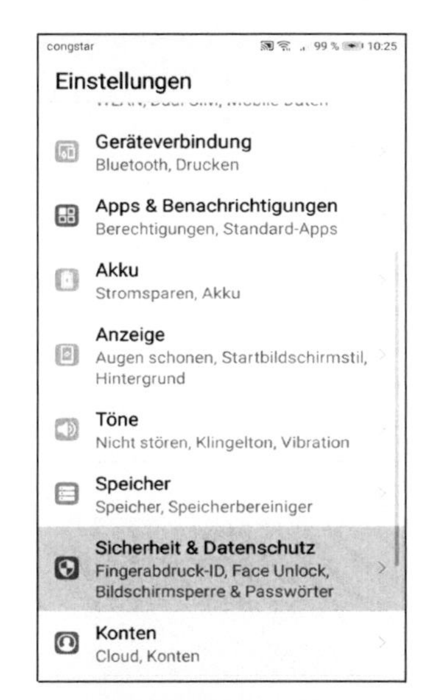

❶ Rufen Sie aus dem Startbildschirm die *Einstellungen* auf.

❷❸ Wählen Sie *Sicherheit & Datenschutz/Bildschirmsperre & Kennwörter.*

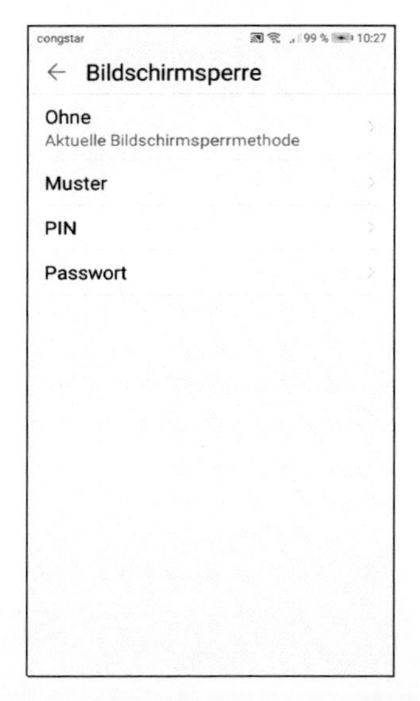

❶❷ Gehen Sie auf *Bildschirmsperre.* Sie haben nun die Wahl zwischen:

- *Ohne*: Gerätesperre nie aktivieren. Ideal, wenn das Huawei nur zuhause genutzt wird.
- *Muster*: Sperre, die das Gerät nach Malen eines Musters frei schaltet.
- *PIN*: PIN-basierte Sperre (nummerisches Kennwort).
- *Passwort*: Gerät wird nach Eingabe des Passworts (alphanumerisches Kennwort) frei gegeben.

Im Menü nicht aufgeführt ist die Entsperrung per Fingerabdruck, auf die Kapitel *32 Der Fingerabdrucksensor* eingeht.

31.2.1 Muster-Sperre

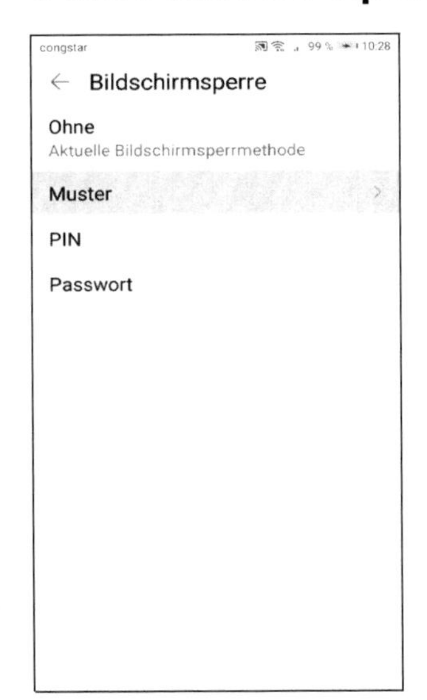

❶ Gehen Sie auf *Muster.*

❷❸ Nun sind Sie an der Reihe: Verbinden Sie mindestens vier der Knöpfe auf dem Bildschirm, indem Sie mit angedrücktem Finger darüber fahren. Merken Sie sich das Muster! Das Muster ist dann erneut zu zeichnen. Betätigen Sie dann *FERTIG.*

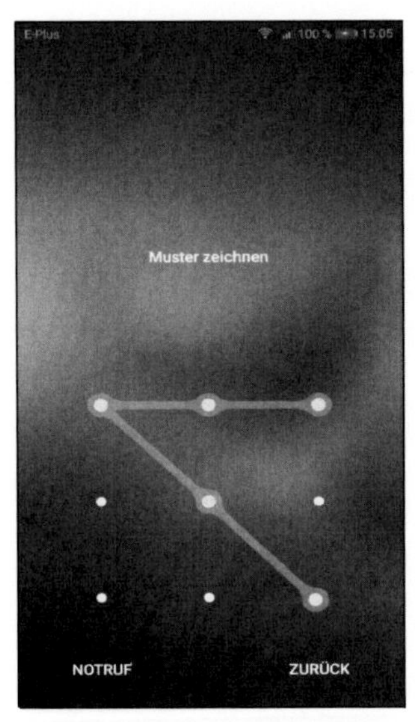

❶ Den Hinweis auf den Fingerabdrucksensor schließen Sie mit *ABBRECHEN.* Wir gehen darauf später noch im Kapitel *32 Der Fingerabdrucksensor* ein.

❷ Sobald sich die Displaysperre automatisch aktiviert (siehe Kapitel *4.4 Erste Schritte* für die Festlegung des sogenannten Bildschirm-Time-Outs) und Sie mit dem Ein/Ausschalter den Bildschirm einschalten, müssen Sie das Muster für die Entsperrung malen.

Malen Sie nun das zuvor erstellte Muster, um das Gerät zu entsperren.

Sie haben fünf Versuche, das Muster korrekt einzugeben und müssen danach jeweils 30 Sekunden warten.

Beachten Sie, dass Sicherheitsexperten eine schwerwiegende Schwachstelle der Muster-Displaysperre herausgefunden haben: Hält man das Handy etwas schräg gegen das Licht, sieht man anhand der Fingerspuren, an welcher Stelle auf dem Display das Muster »gezeichnet« wurde. Besseren Schutz bietet die im nachfolgenden Kapitel beschriebene PIN-, beziehungsweise Passwortsperre.

31.2.2 PIN- und Passwortsperre

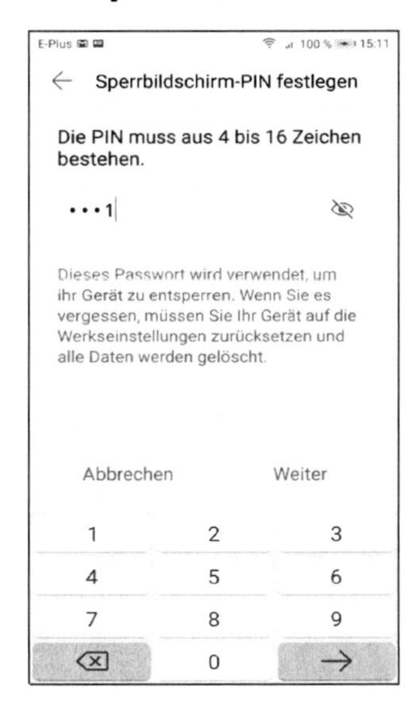

❶ Gehen Sie auf *PIN* oder *Passwort.*

❷ Geben Sie dann zweimal das Kennwort ein und schließen Sie den Bildschirm mit *WEITER* beziehungsweise *OK.*

❸ Die anschließende Frage nach dem Fingerabdruck beenden Sie mit *ABBRECHEN.* Auf die Fingerabdrücke gehen wir noch im Kapitel *32 Der Fingerabdrucksensor* ein.

Die Gerätesperre verlangt beim nächsten Mal das Kennwort.

31.3 Optionen

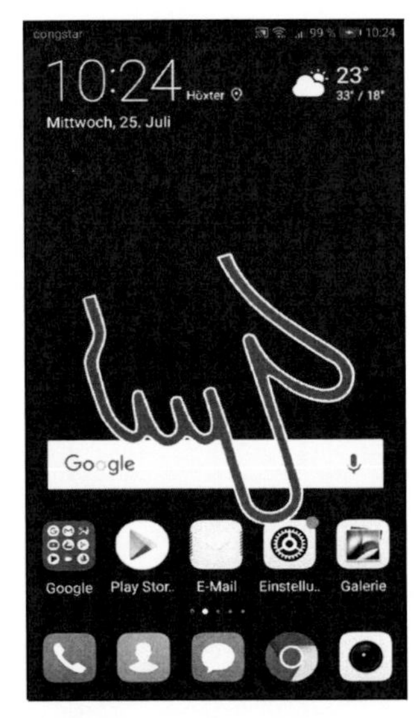

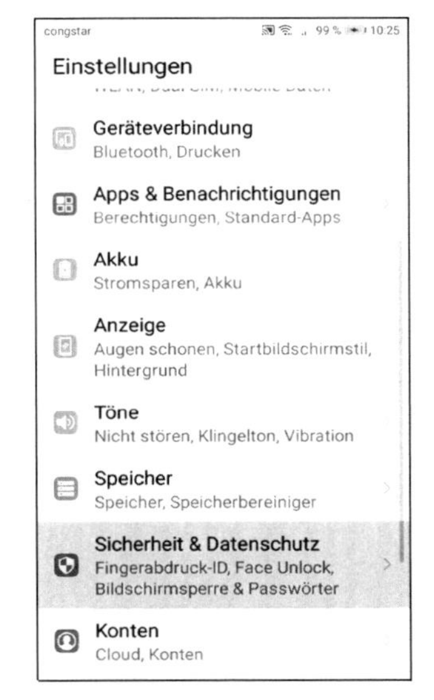

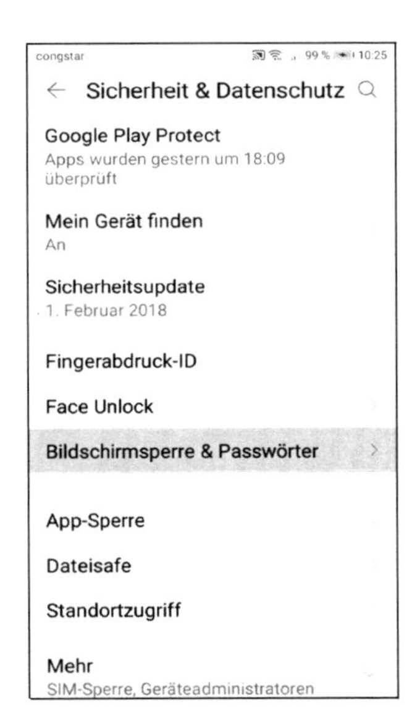

❶❷❸ Im *Sicherheit & Datenschutz/Bildschirmsperre & Passwörter*-Bildschirm finden Sie einige nützliche Einstellungen.

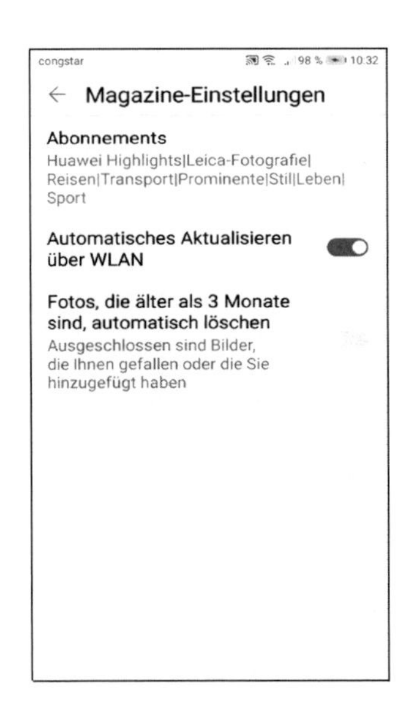

❶ Folgende Optionen verfügbar:

Unter *PASSWÖRTER*:

- *Bildschirmsperre*: Das bereits oben beschriebene Menü, in dem Sie die Entsperrmethode festlegen.
- *Secure Lock-Einstellungen:*
    - *Muster sichtbar machen*: Zeigt in der Mustersperre den mit Ihrem Finger gezogenen Pfad an. Dieser Menüpunkt ist nur sichtbar, wenn Sie *Muster* in der Bildschirmsperre ausgewählt haben (siehe Kapitel *31.2.1 Muster-Sperre*).
    - *Automatisch sperren:* Die Gerätesperre aktiviert sich, sobald das Display eine bestimmte Zeitspanne ausgeschaltet ist. Voreingestellt sind 5 Sekunden.
    - *Ein/Aus sperrt Gerät sofort*: Betätigen des Ein/Ausschalters aktiviert auch gleichzeitig die Gerätesperre.
- *Smart Unlock*: Verwaltet das automatische Deaktivieren der Displaysperre, wenn eine bestimmte Situation eintritt. Dies kann beispielsweise die Verbindung mit einem Bluetooth-Gerät sein. Wir raten davon aber aus Sicherheitsgründen ab und gehen in diesem Buch nicht weiter darauf ein.

Unter *SPERRBILDSCHIRM*:

- *Bildschirmentsperrstil*: Wählen Sie zwischen verschiedenen farbigen Hintergrundbildern.
- *Magazine* (❷): Das Handy lädt automatisch Hintergrundbilder aus dem Internet und zeigt sie abwechselnd in der Gerätesperre an:
    - *Abonnements*: Legen Sie fest, aus welchen Kategorien Sie Hintergrundbilder verwenden möchten.
    - *Automatisches Aktualisieren über WLAN*: Sollte aktiviert bleiben.
    - *Fotos, die älter als 3 Monate sind, automatisch löschen*: Die zuletzt angezeigten Hintergrundbilder werden nach einiger Zeit wieder vom Gerät gelöscht, um Platz für neue Bilder zu schaffen.
- *Signatur auf Sperrbildschirm*: Erfassen Sie einen Text, der auf dem Sperrbildschirm angezeigt wird, beispielsweise Ihre Kontaktdaten.
- *Schrittzähler anzeigen*: Liefert das Ergebnis des integrierten Schrittzählers.

31.4 SIM-Sperre

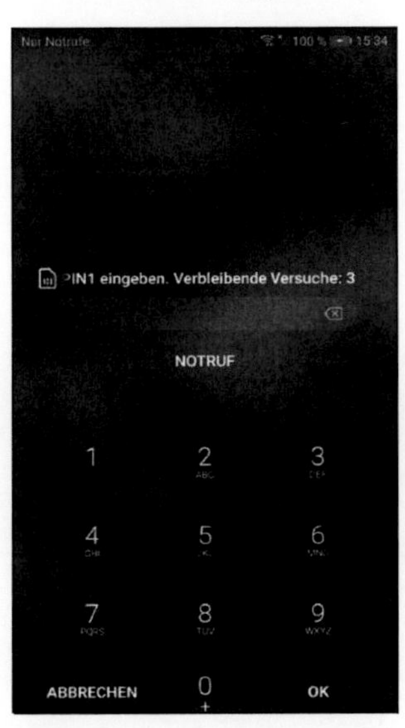

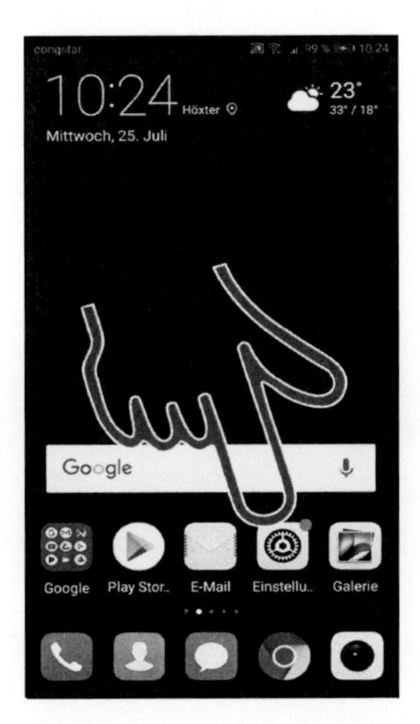

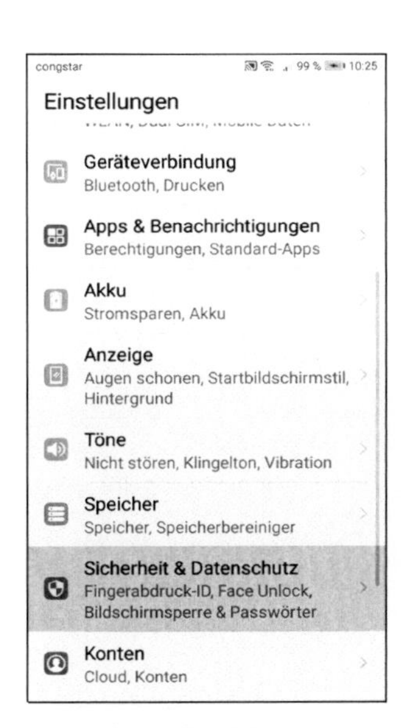

❶ Das Gerät kann man bei der SIM-Sperre erst nach Eingabe der PIN Ihrer SIM-Karte nutzen, wenn man es einschaltet.

❷❸ So konfigurieren Sie die SIM-Sperre: Rufen Sie die *Einstellungen* im Startbildschirm auf und gehen Sie auf *Sicherheit & Datenschutz.*

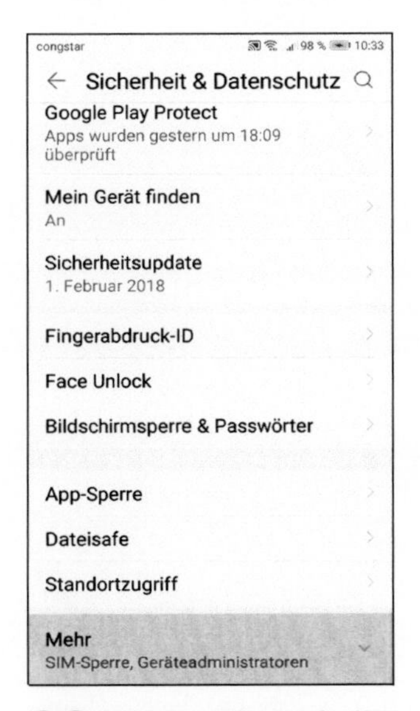

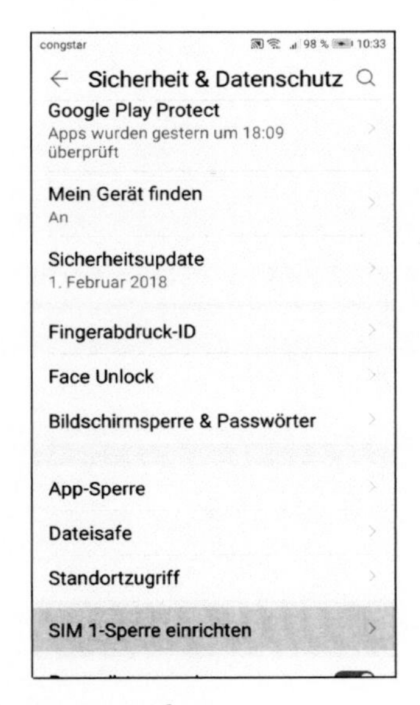

❶❷ Wählen Sie *Mehr/SIM 1-Sperre einrichten.*

❸ Aktivieren/Deaktivieren Sie die SIM-PIN-Abfrage über *SIM 1-Sperre einrichten*. Über *PIN1 der Karte ändern* können Sie die vom Netzbetreiber vorgegebene vierstellige PIN ändern.

31.5 Android Geräte-Manager

Jeden Tag gehen in Deutschland mehrere Tausend Mobilgeräte verloren, sei es durch Diebstahl oder Vergesslichkeit. Falls Sie mal Ihr Huawei Y6/Y7 verlieren sollten, ist dies glücklicherweise nicht so schlimm, denn alle Daten, die Sie mit den mitgelieferten Google-Anwendungen verwalten, werden automatisch im Internet in Ihrem Google-Konto gesichert. Melden Sie sich dann mit Ihrem Google-Konto auf einem anderen Android-Tablet/Handy an, stehen Ihre Daten automatisch nach einigen Minuten wieder zur Verfügung. Haben Sie außerdem Ihr Huawei Y6/Y7, wie im Kapitel *31.2 Gerätesperre* beschrieben, gegen fremden Zugriff geschützt, brauchen Sie auch kaum Angst haben, dass jemand mit Ihren Daten Missbrauch treibt.

Ärgerlich bleibt ein Geräteverlust aber trotzdem. Mit der in diesem Kapitel vorgestellten Anwendung können Sie daher Ihr Handy lokalisieren. Von Erfolg sind die Ortungsmaßnahmen nur gekrönt, wenn das Handy eingeschaltet ist und der Dieb/Finder es nicht über eine Tastenkombination zurücksetzt. Deshalb gilt: Je schneller Sie die Ortung durchführen, desto größer ist die Wahrscheinlichkeit, es wiederzufinden.

Beachten Sie: Damit die Fernortung funktioniert, muss das Gerät Internetzugang über Mobilfunk oder WLAN haben. Schaltet ein Dieb das Huawei Y6/Y7 einfach aus, beziehungsweise besteht kein Internetzugang, bringt die Fernortung natürlich nichts. Auch wenn der Dieb es schafft, das Gerät zurückzusetzen, ist diese Funktion nutzlos.

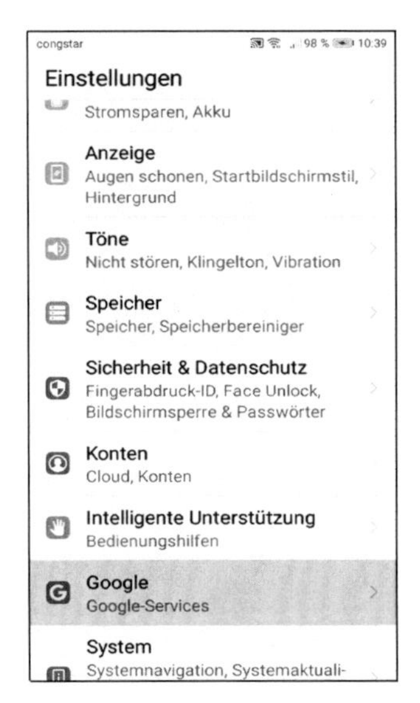

❶ Kontrollieren Sie zunächst auf Ihrem Handy, ob die Ortungseinstellungen korrekt sind: Rufen Sie im Startbildschirm *Einstellungen* auf.

❷ Wählen Sie *Google* aus.

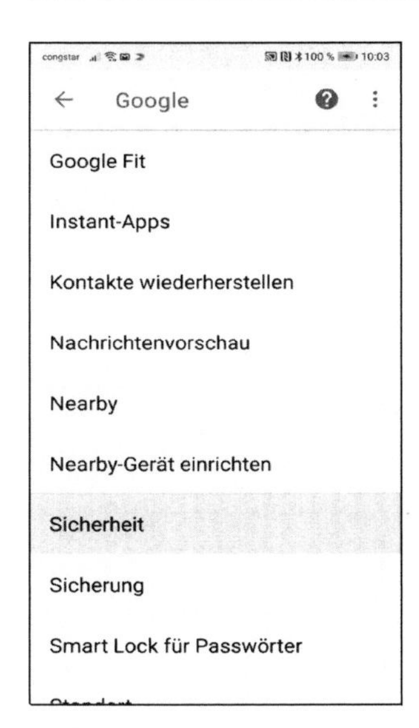

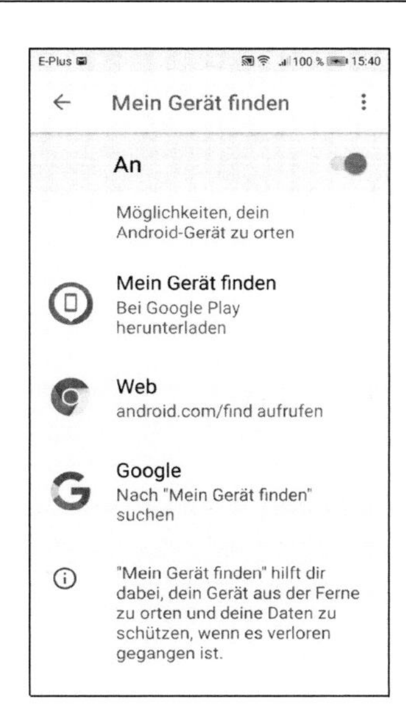

❶❷ Gehen Sie in das *Sicherheit/Mein Gerät finden*-Menü.

❸ Prüfen Sie, ob der Schalter am oberen Bildschirmrand aktiv ist. Sie können dann den Bildschirm mit der ◁-Taste verlassen.

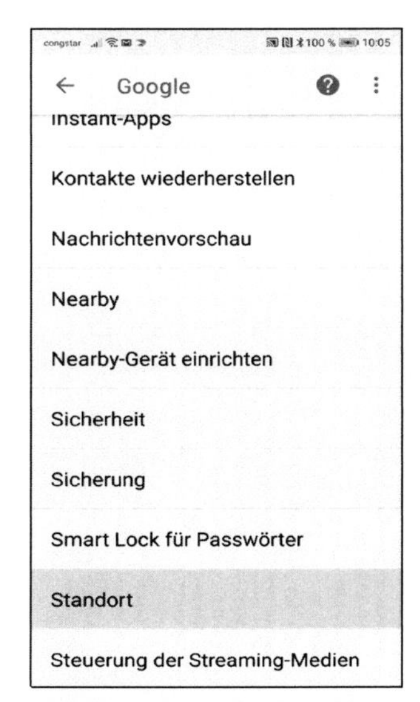

❶❷ Eine spätere Ortung ist natürlich nur möglich, wenn auf dem Handy die Positionsermittlung aktiv ist. Kontrollieren Sie im *Standort*-Menü, ob *Auf meinen Standort zugreifen* eingeschaltet ist und aktivieren es gegebenenfalls. Ebenfalls aktiv sein sollte *GPS, WLAN und mobile Netzwerke verwenden.*

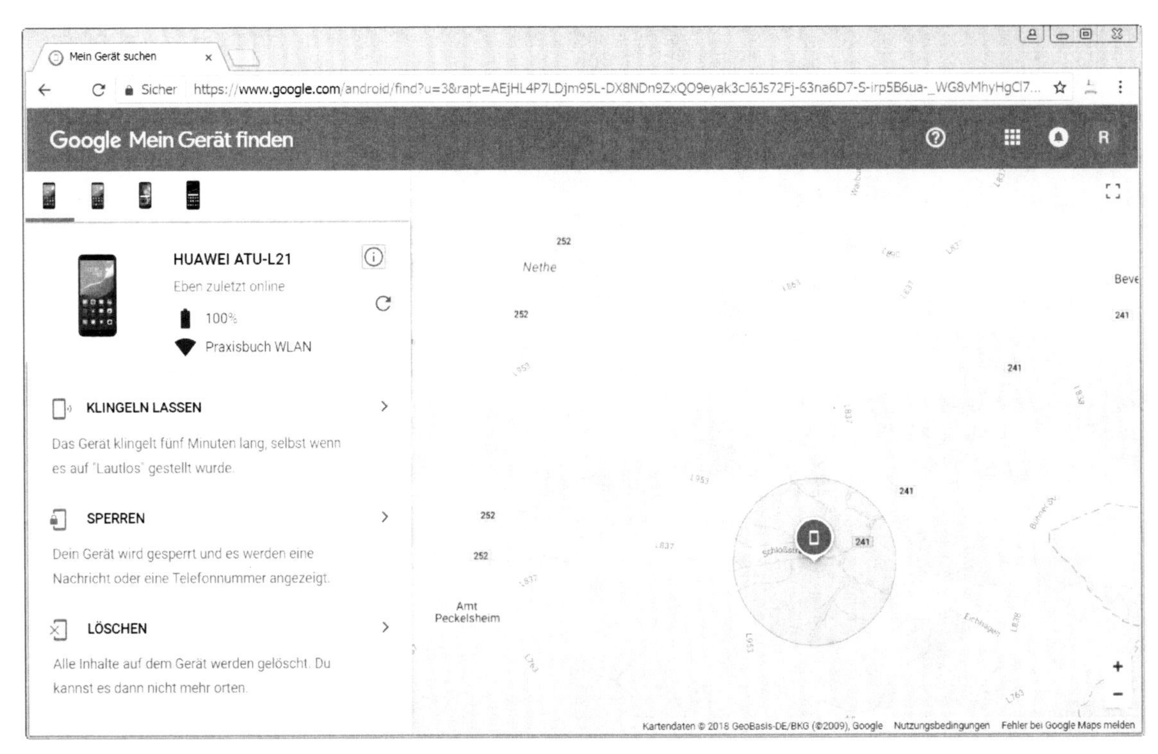

Im Falle eines Geräteverlusts rufen Sie die Geräte-Manager-Website in einem Webbrowser auf und führen dort die Ortung beziehungsweise Fernlöschung durch. Wir empfehlen, die Ortung zumindest einmal als Trockenübung auszuprobieren, damit Sie im »Ernstfall« mit der Weboberfläche vertraut sind und schnell reagieren können.

Rufen Sie jetzt *www.google.com/android/devicemanager* in einem PC-Webbrowser auf und melden Sie sich mit Ihrem Google-Konto an.

Falls Sie mehrere Android-Geräte besitzen (oder mal besessen haben), müssen Sie erst das Gerät im Auswahlmenü einstellen, dessen Position Sie ermitteln möchten.

Die aktuelle Geräteposition wird mit einem grünen Sticker in der Karte angezeigt. Klicken Sie auf *KLINGELN LASSEN*, damit das Handy sich akustisch mit voller Lautstärke bemerkbar macht. Für die Löschung des Gerätespeichers klicken Sie dagegen auf *LÖSCHEN*.

32. Der Fingerabdrucksensor

Vielleicht haben Sie sich schon darüber gewundert, welche Funktion die mit einem runde abgegrenzte Fläche auf der Geräterückseite hat? Dies ist der Fingerabdrucksensor!

Wie Ihnen vielleicht aus den vielen Kriminalfilmen bekannt sein dürfte, hat jeder Mensch einen individuellen Fingerabdruck – und zwar bei jedem Finger einen anderen. Somit eignet sich der Fingerabdruck ideal, um bestimmte sicherheitsrelevante Funktionen zu steuern. Der Nachteil: Sie müssen Ihren Fingerabdruck einmalig am Gerät trainieren und falls Sie mal den Sensor mit einem anderen Finger bedienen möchten, ist ein erneutes Training nötig.

Den Fingerabdrucksensor setzen Sie zum Deaktivieren der Displaysperre ein, was schneller ist als das umständliche Eingeben eines Passworts.

32.1 Erste Einrichtung

Bevor Sie den Fingerabdrucksensor im Alltag nutzen, müssen Sie ihn erst einrichten.

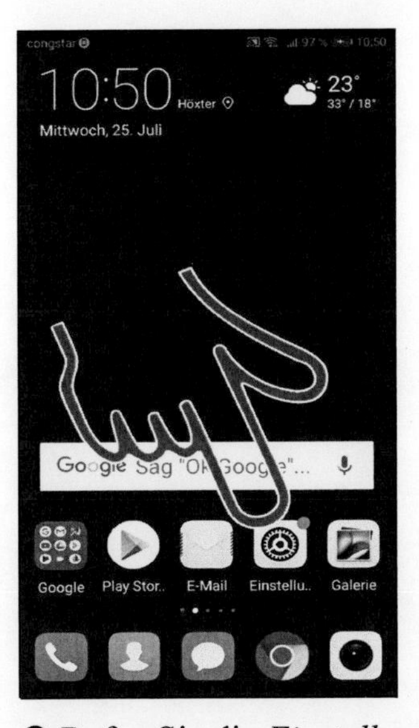

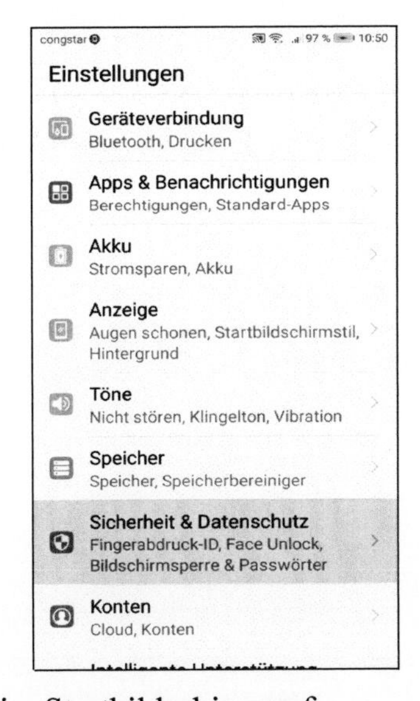

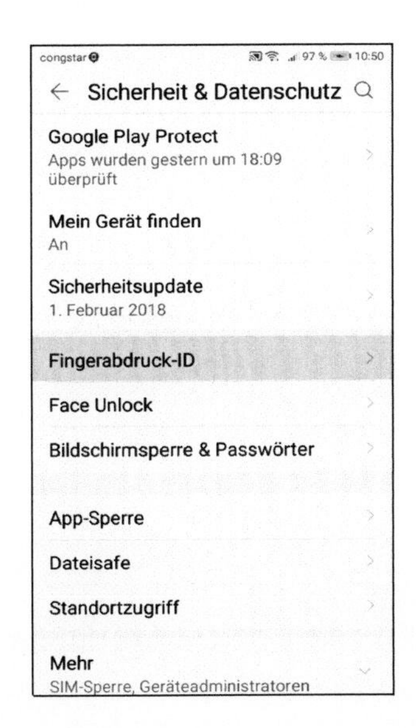

❶ Rufen Sie die *Einstellungen* im Startbildschirm auf.

❷❸ Gehen Sie auf *Sicherheit & Datenschutz/Fingerabdruck-ID*.

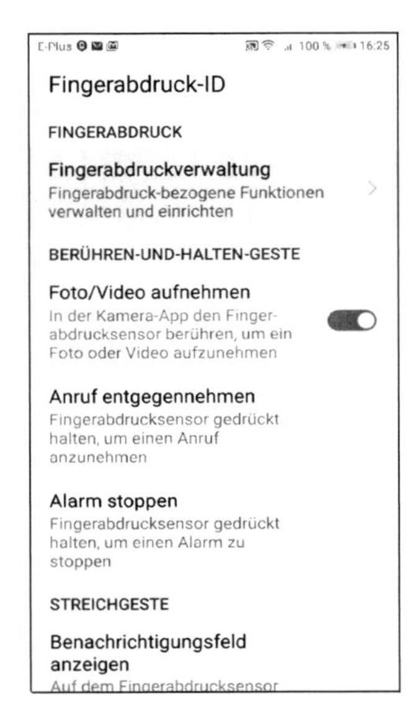

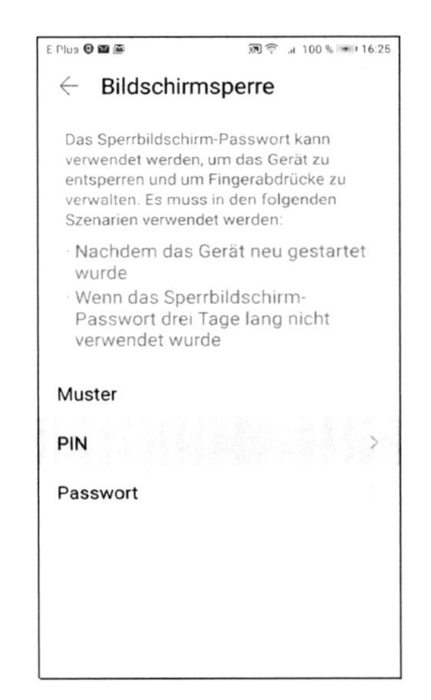

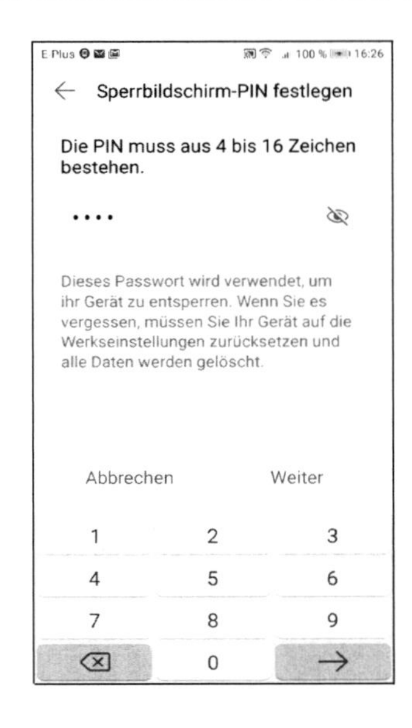

❶ Auf *Fingerabdruckverwaltung* gehen Sie als Nächstes.

❷ Als ersten Schritt wählen Sie entweder Muster, *PIN* (Kennwort mit Zahlen) oder *Passwort* (Kennwort mit Zahlen und Buchstaben). In unserem Beispiel nehmen wir das *PIN*-Menü.

❸ Erfassen Sie zweimal hintereinander die PIN und bestätigen Sie mit *Weiter* beziehungsweise *OK*.

> Bitte merken Sie sich die PIN (beziehungsweise das Passwort) gut, da Sie sie vor jeder Änderung der Fingerabdruckeinstellungen eingeben müssen.

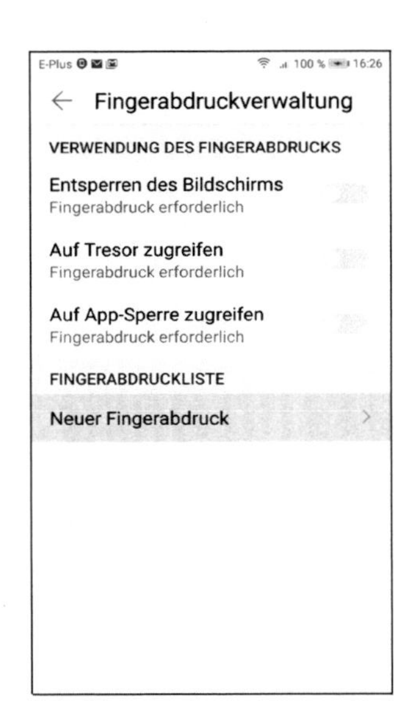

❶ Betätigen Sie nun *Neuer Fingerabdruck*.

❷❸ Halten Sie mehrmals kurz verschiedene Bereiche Ihres Fingers auf dem Sensor. Das Handy vibriert bei erfolgreicher Erkennung.

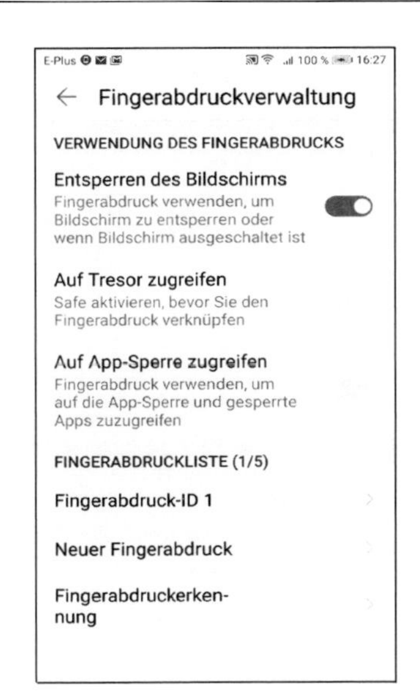

➊ Zum Schluss erscheint eine Erfolgsmeldung, die Sie mit *OK* schließen.

➋ Der Registrierungsvorgang ist damit abgeschlossen und auf dem Verwaltungsbildschirm legen Sie Folgendes fest:

Unter *VERWENDUNG DES FINGERABDRUCKS*:

- *Entsperren des Bildschirms*: Displaysperre über den Fingerabdrucksensor deaktivieren.
- *Auf Tresor zugreifen*: Im »Tresor« können Sie passwortgeschützt Dateien »verstecken«. Die Verwaltung erfolgt dabei über den im Kapitel *26.2 Dateien* vorgestellten Dateimanager. Wir gehen in diesem Buch nicht auf den Tresor ein, weil Sie mit der Gerätesperre (siehe Kapitel *31.2 Gerätesperre*) vorgestellten Funktionen den fremden Zugriff auf Ihre Daten viel einfacher verhindern können.
- *Auf App-Sperre zugreifen*: Das Handy bietet die Option, einzelne Programme nur nach Eingabe eines Passworts zu starten (siehe Kapitel *29.12 App-Sperre*). Alternativ darf man dafür den Fingerabdrucksensor verwenden.

Auf die Optionen unter *FINGERABDRUCKLISTE* gehen wir im nächsten Kapitel ein.

32.2 Fingerabdrücke verwalten

Das Handy unterstützt die Speicherung mehrerer Fingerabdrücke, was sich als nützlich erweist, wenn es mehrere Personen abwechselnd verwenden oder Sie das Fingerabdrucksensor mit unterschiedlichen Fingern bedienen.

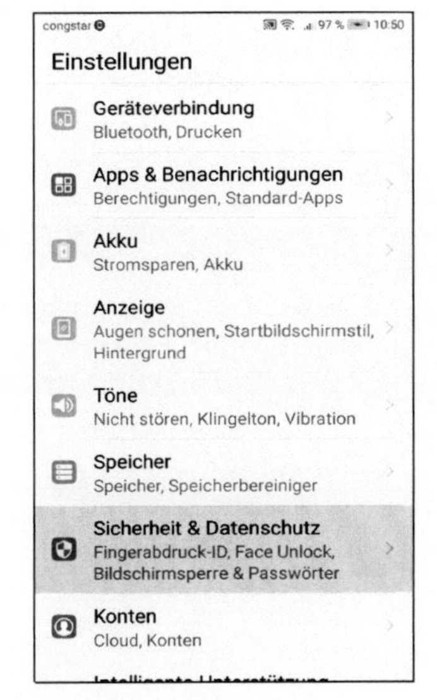

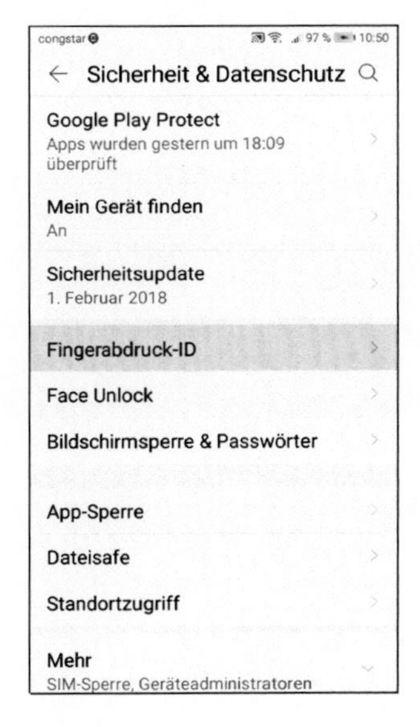

➊ Rufen Sie die *Einstellungen* im Startbildschirm auf.

➋➌ Gehen Sie auf *Sicherheit & Datenschutz/Fingerabdruck-ID.*

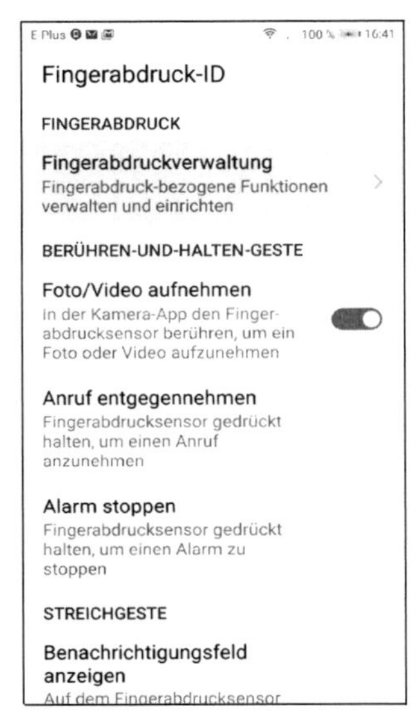

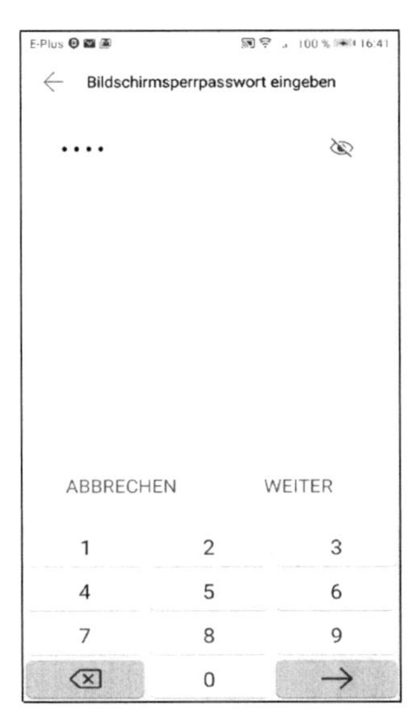

❶ Wählen Sie *Fingerabdruckverwaltung.*

❷ Geben Sie die PIN beziehungsweise das Passwort ein, welches Sie bei der ersten Einrichtung festgelegt hatten und betätigen Sie *WEITER.*

❸ Unter *Neuer Fingerabdruck* legen Sie einen weiteren Fingerabdruck an. Die Vorgehensweise ist dabei wie im Kapitel *32.1 Erste Einrichtung* beschrieben.

❶❷ Der neue Fingerabdruck erscheint unter dem Namen »*Fingerabdruck-ID x*« in der Auflistung. Wählen Sie einen Fingerabdruck aus, den Sie umbenennen oder löschen möchten.

32.3 Fingerabdruck-Funktionen

Die nachfolgend beschriebenen Funktionen setzen **keine** vorherige Registrierung Ihres Fingerabdrucks voraus. Sie müssen sie nur in den Einstellungen aktivieren.

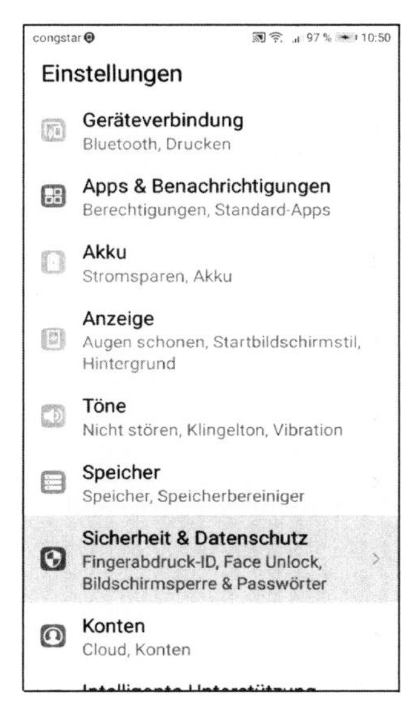

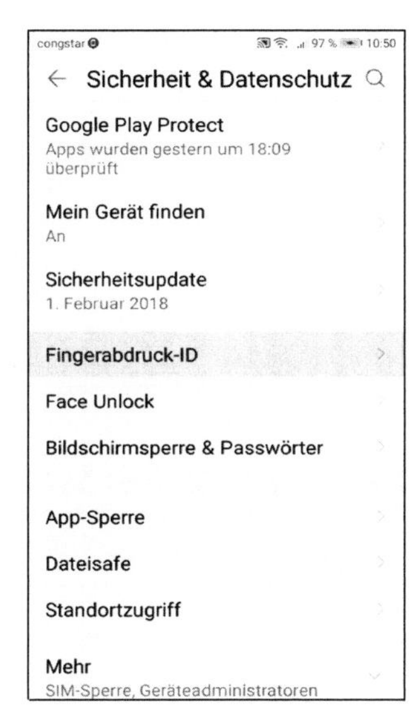

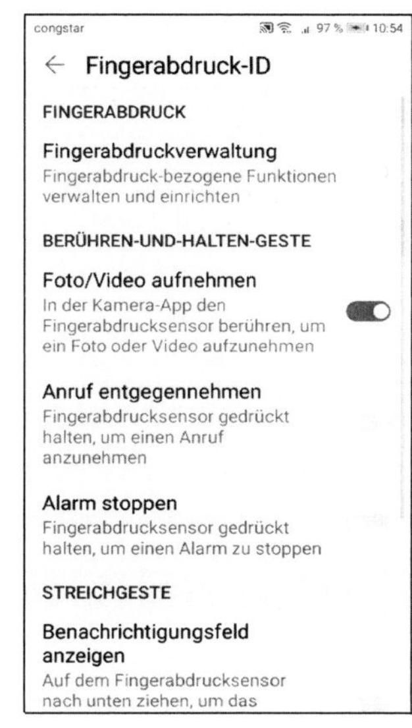

❶❷ Rufen Sie *Einstellungen* aus dem Startbildschirm auf und gehen Sie auf *Sicherheit & Datenschutz/Fingerabdruck-ID*.

❸ Hier stellen Sie ein:

Unter *FINGERABDRUCK:*

- *Fingerabdruckverwaltung:* Darauf geht bereits Kapitel *32.2 Fingerabdrücke verwalten* ein.

Unter *BERÜHREN-UND-HALTEN-GESTE*:

- *Foto/Video aufnehmen*: Wenn die Kamera-Anwendung (siehe Kapitel *20 Kamera*) läuft, halten Sie einen Finger auf den Fingerabdrucksensor. Es wird je nach Kameramodus ein Foto erstellt oder die Videoaufnahme gestartet.
- *Anruf entgegennehmen*: Halten Sie den Fingerabdrucksensor berührt, um einen eingehenden Anruf entgegenzunehmen.
- *Alarm stoppen*: Sie stoppen einen aktiven Alarm (siehe Kapitel *26.7 Uhr und Alarm*) mit dem Fingerabdrucksensor.

Unter *STREICHGESTE*:

- *Benachrichtigungsfeld anzeigen*:
  - Wischen Sie auf dem Fingerabdrucksensor nach unten, worauf das Benachrichtigungsfeld (siehe Kapitel *4.7.6 Titelleiste und Benachrichtigungsfeld*) erscheint.
  - Löschen Sie Benachrichtigungen im Benachrichtigungsfeld, indem Sie zweimal hintereinander auf den Fingerabdrucksensor tippen.
  - Das geöffnete Benachrichtigungsfeld schließen Sie später wieder mit einer Wischgeste nach oben auf dem Fingerabdrucksensor.
- *Fotos durchsuchen*: Im Vollbildmodus des Bildanzeigers (siehe Kapitel *21.2 Vollbildansicht*) blättern Sie mit Wischgesten nach links/rechts auf dem Fingerabdrucksensor.

33. Eingabemethoden

Die Eingabemethode aktiviert sich automatisch, wenn Sie sich in einem Eingabefeld befinden. Das Huawei Y6/Y7 besitzt kein separates Tastenfeld wie Einfachst-Handys, weshalb der Hersteller diverse Tricks anwendet, damit Sie mit Ihren Fingern trotzdem fehlerfrei Eingaben vornehmen können.

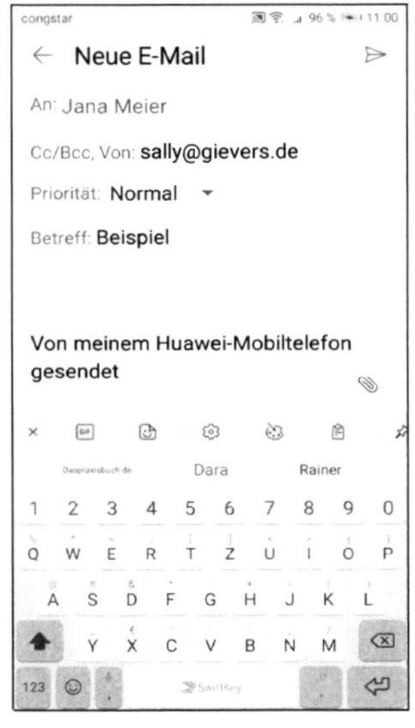

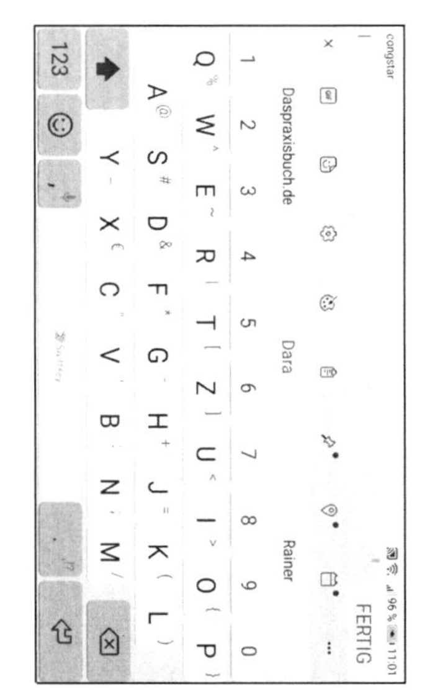

❶ Die Standardeingabemethode beim Huawei Y6/Y7.

❷ Ein besonders großes Tastenfeld erscheint, wenn Sie das Huawei Y6/Y7 um 90 Grad gedreht halten. Dabei ist es egal, welche Eingabemethode vorher aktiv war.

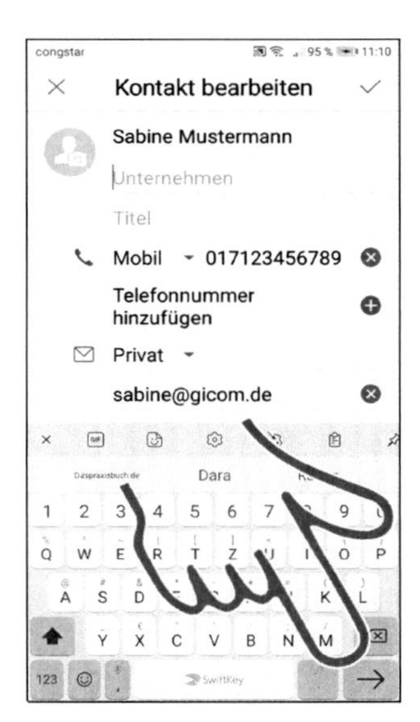

❶ Häufig kommt es vor, dass das Tastenfeld wichtige Eingabefelder oder Informationen überdeckt. In diesem Fall tippen und halten Sie den Finger auf dem Bildschirm (nicht auf das Tastenfeld) und ziehen nach unten, beziehungsweise oben.

❷ Alternativ betätigen Sie einmal die ▽-Taste, worauf das Tastenfeld verschwindet. Sobald Sie ein Eingabefeld antippen, zeigt das Huawei Y6/Y7 das Tastenfeld wieder an.

❸ Betätigen Sie die →-Taste im Tastenfeld, worauf das nächste Eingabefeld angesprungen wird.

Das Huawei Y6/Y7 unterstützt folgende Eingabemethoden:

- **SwiftKey-Tastatur** (➊): Die Standard-Eingabemethode. Der englische Name des Unternehmens SwiftKey, von dem diese Eingabemethode stammt, lässt sich mit »Schnelle Taste« übersetzen.
- **Swype**: Eingaben nehmen Sie vor, indem Sie mit dem angedrückten Finger auf dem Tastenfeld von Buchstabe zu Buchstabe ziehen. Die Tastenfunktionen der Huawei-Tastatur stehen weiterhin zur Verfügung.
- **Spracheingabe** (➌): Das Huawei setzt Ihre gesprochenen Wörter oder Sätze in Text um.

➊ Oberhalb des Tastenfelds zeigt das Handy eine Schaltleistenreihe an. Sie blenden diese mit der X-Schaltleiste aus.

➋ Dagegen blendet die +-Schaltleiste die Vorschläge wieder ein.

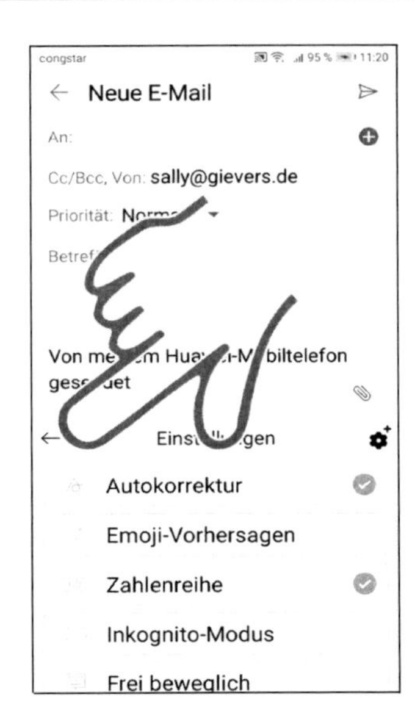

❶ Die Funktion der Schaltleisten:

- ☺ (Emojis): Smiley einfügen.
- GIF: GIF (animierte Grafik) einfügen.
- : Sogenannten Sticker einfügen.
- ⚙ (Einstellungen)
- : Sie haben Auswahl zwischen verschiedenen Tastatur-Designs.
- (Zwischenablage): Listet den Inhalt der Zwischenablage (siehe Kapitel *33.5 Texte kopieren, ausschneiden und einfügen*) auf.

❷ Eine Wischgeste über die Schaltleisten zeigt weitere Funktionen an:

- : Von Ihnen erstellter Sticker (»Sammlung«).
- : Standort einfügen.
- : Termin aus dem Kalender (siehe Kapitel *23 Kalender*) einfügen.
- ●●●: Anordnung der Schaltleisten ändern.

❸ Über die ←-Schaltleiste schließen Sie eine Funktion wieder.

Auf die verschiedenen Zusatzfunktionen gehen wir in den folgenden Kapiteln ein.

33.1 SwiftKey-Tastenfeld

Dieses Tastenfeld ist standardmäßig aktiv und bietet einen guten Kompromiss zwischen Bedienbarkeit und Tastengröße.

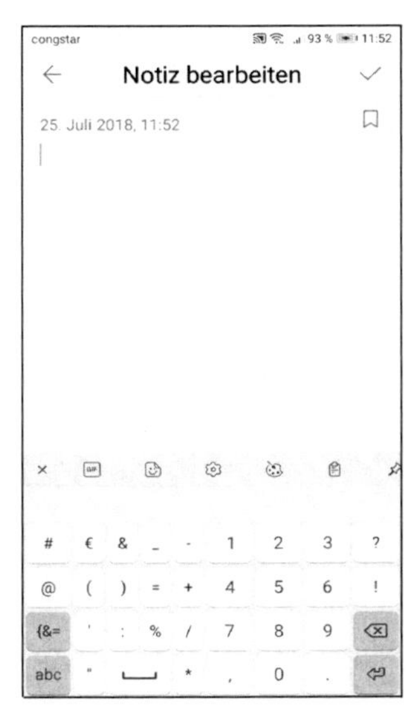

➊ Für Satz- und Sonderzeichen ist auf der Displaytastatur kaum Platz. Betätigen Sie dafür einfach die »*123*«-Taste (Pfeil).

➋ Über die »*abc*«-Taste schalten dann wieder auf das normale Tastenfeld zurück.

➌ Bei Eingabefeldern, in denen nur Zahlen zulässig sind, erscheint automatisch ein nummerisches Tastenfeld.

➊ Umlaute geben Sie ein, indem Sie die jeweilige Taste, im Beispiel »A« etwas länger gedrückt halten. Das Tastenfeld zeigt nun ein Popup an, worauf Sie den gedrückten Finger auf eines der Buchstaben bewegen und dann loslassen.

➋ In E-Mail-Eingabefeldern ändert sich die Tastenbelegung etwas: Es steht dann das »@«-Zeichen zur Verfügung.

➌ Die Hochstelltaste (Pfeil) funktioniert genauso wie von einer PC-Tastatur gewohnt, das heißt, zweimaliges Betätigen sorgt dafür, dass alle Buchstaben in Großbuchstaben erscheinen. Betätigen Sie die Taste erneut, werden die Großbuchstaben wieder abgeschaltet.

❶❷ Es ist recht einfach, Texte zu korrigieren. Um beispielsweise ein Wort zu ergänzen, tippen und halten Sie mit dem Finger an die gewünschte Textposition, worauf ein blauer Marker sichtbar wird. Ziehen Sie ihn nach links/rechts, bis der Cursor sich an der gewünschten Position befindet. Dort geben Sie dann Ihren zusätzlichen Text ein.

❸ Die ⌫-Taste löscht das Zeichen links vom Cursor. Tippen und halten Sie die Taste, so löschen Sie jeweils ein ganzes Wort auf einmal.

33.1.1 Emoij

Damit es während der Konversation über E-Mail, SMS, WhatsApp oder sozialen Netzwerken wie Facebook zu keinen Missverständnissen kommt, können Sie Ihre Emotionen mit Piktogrammen, beispielsweise 😁 für »Lachen«, ausdrücken. Während früher dafür die Bezeichnung »Smiley« üblich war, hat sich inzwischen die Bezeichnung »Emoij« (japanisch für »Bildschriftzeichen«) durchgesetzt.

Kommt Ihnen die die Form der Emojis bekannt vor? Das erste Smiley, von dessen Design sich die Emoijs ableiten, wurde in den 1960er Jahren von einem Grafiker entwickelt, um die Mitarbeitermoral in einem amerikanischen Versicherungskonzern anzuheben. Das Smiley findet sich inzwischen millionenfach auf Kaffeetassen, T-Shirts, usw. wieder und ist ein weltweit geschütztes Warenzeichen.

❶ Antippen der ☺-Taste schaltet auf die Emojis um.

❷ Wischen Sie durch die Auflistung und tippen Sie einen Emoji an, den Sie übernehmen möchten.

❸ Die abc-Schaltleiste schaltet wieder auf das Tastenfeld um.

Bitte verwenden Sie die Emoijs vorsichtig, denn manche Emoijs sind missverständlich. In Geschäftskorrespondenz sollten Sie auf Emojis verzichten, weil sie als schlechter Stil gelten.

Die Emojis sind zwar weltweit genormt, dennoch verwendet jeder Gerätehersteller und jedes soziale Netzwerk andere Emoij-Designs. Wenn Sie von Ihrem Huawei-Handy also eine E-Mail an einen Apple iPhone-Nutzer senden, bekommt dieser das in der Nachricht enthaltene Emoji im Apple-Design angezeigt.

33.1.2 Wortvorschläge

Damit Sie nicht soviel tippen müssen, macht das Tastenfeld während der Eingabe Wortvorschläge.

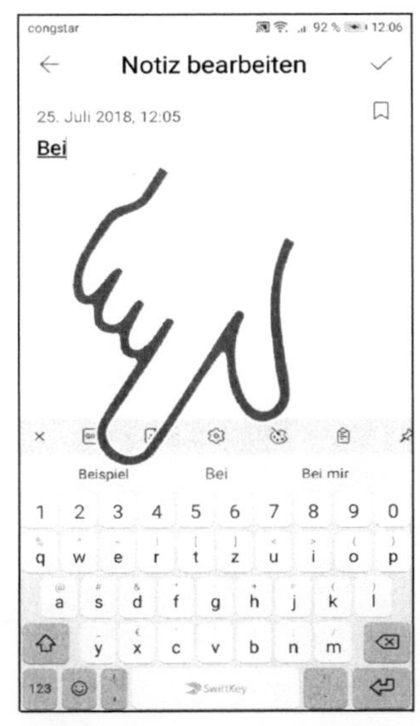

❶❷ Während Sie tippen, blendet das Handy oberhalb des Tastenfelds automatisch Wortvorschläge ein. Tippen Sie bei Bedarf einfach mit dem Finger einen Vorschläge an. Der invertierte Wortvorschlag (in der Mitte über dem Tastenfeld) wird übernommen, wenn Sie die Leertaste oder eine Satzzeichentaste betätigen.

Durch den Einsatz der Wortvorschläge können Sie häufig auf die umständliche Eingabe von Umlauten verzichten. Geben Sie beispielsweise »Schafchen« ein, dann erscheint der Wortvorschlag »Schäfchen«, welche Sie durch Antippen ins Eingabefeld übernehmen.

33.1.2.a Wörter korrigieren

➊➋ Auch nachträglich ist jederzeit eine Korrektur möglich: Tippen Sie einfach auf das zu ändernde/falsche Wort und wählen Sie oberhalb des Tastenfelds einen Wortvorschlag aus.

33.1.2.b Das Anwendungswörterbuch

Das Huawei wertet im Hintergrund Ihre Eingaben aus. Wörter, die noch nicht im Wörterbuch enthalten sind, werden automatisch gespeichert und beim nächsten Mal vorgeschlagen.

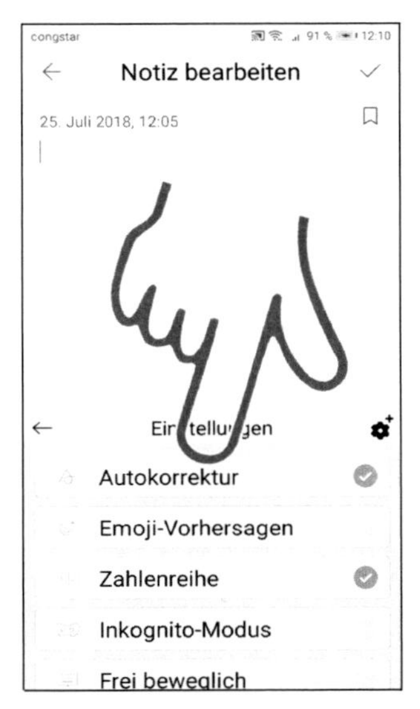

➊ Gehen Sie auf +, sofern keine Schaltleisten oberhalb des Tastenfelds angezeigt werden.

➋ Betätigen Sie ⚙.

➌ Prüfen Sie ob *Autokorrektur* eingeschaltet ist.

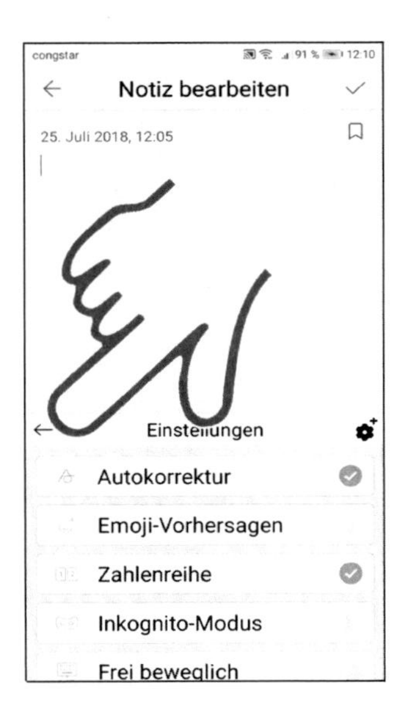

Die ←-Schaltleiste schließt die Einstellungen.

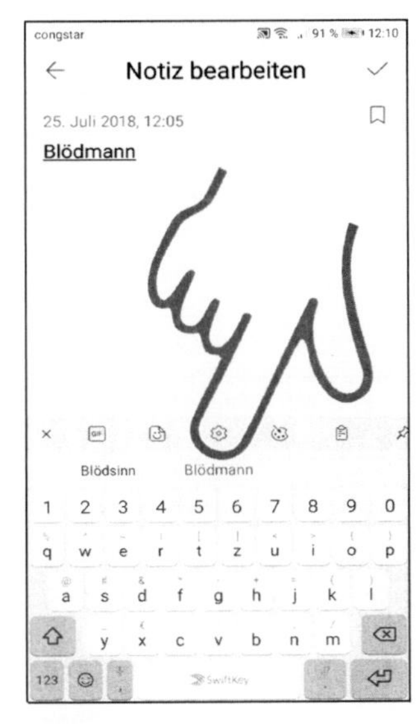

❶❷ Manchmal soll ein Wortvorschlag später wieder aus dem Anwenderwörterbuch beziehungsweise den Vorschlägen verschwinden, beispielsweise weil Sie ihn falsch geschrieben haben. Geben Sie das Wort ein, dann tippen und halten Sie den Finger auf dem Wortvorschlag, bis das Popup erscheint. Betätigen Sie *OK*.

33.2 Einstellungen

❶ Gehen Sie auf +, sofern keine Schaltleisten oberhalb der Wortvorschläge angezeigt werden.

❷ Betätigen Sie dann ⚙.

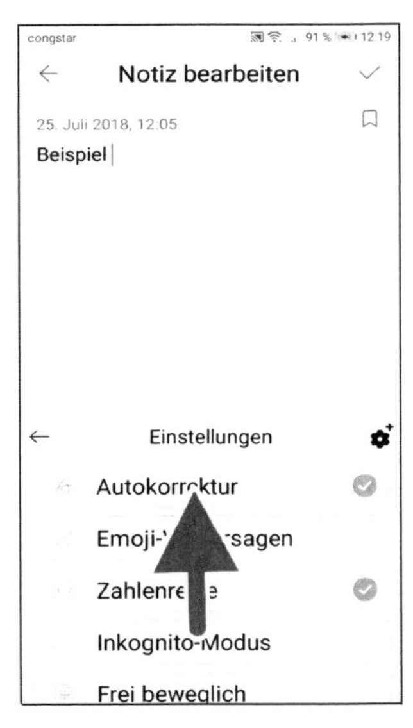

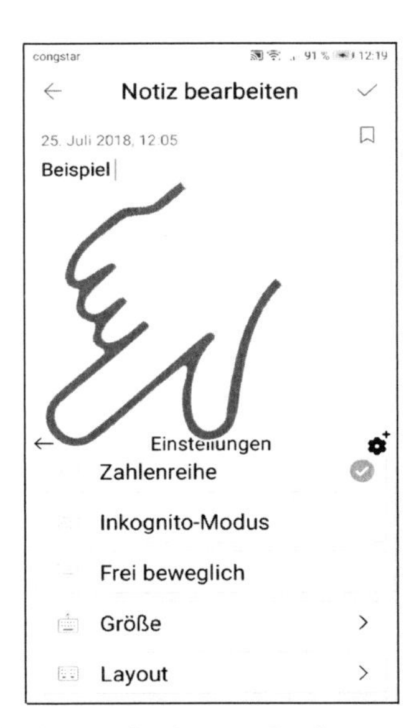

❶ Eine Wischgeste blättert durch die verfügbaren Optionen:

- *Autokorrektur*: Sobald Sie die Leertaste betätigen, wird ein falsch geschriebenes Wort automatisch korrigiert. Sofern Sie häufig Fremdwörter verwenden, sollten Sie überlegen, die Autokorrektur zu deaktivieren.
- *Emoji-Vorhersagen*: Abhängig vom Kontext schlägt die Tastatur Smileys vor.
- *Zahlenreihe*: Schaltet die separaten Zahlentasten oben im Tastenfeld ein/aus.
- *Inkognito-Modus*: Das Tastenfeld wertet Ihre Eingaben aus und schlägt Wörter passend zu Ihrem Nutzungsprofil vor. Falls es der Datenschutz in Ihrem Tätigkeitsbereich erfordert, sollten Sie daher den *Inkognito*-Modus einschalten.
- *Frei beweglich*: Tastenfeld an beliebiger Position im Bildschirm positionieren.
- *Größe*: Tastenfeldgröße
- *Layout*: Tastenfeld-Design.

❷ Die ←-Schaltleiste auf linken Seite (Pfeil) wechselt später wieder zum Tastenfeld.

33.2.1 Layout

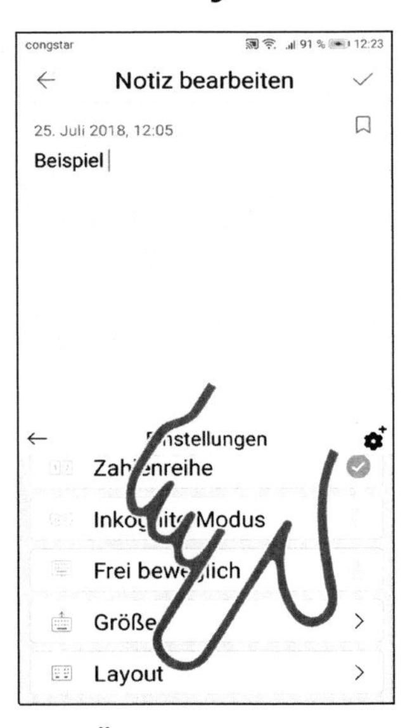

❶❷ Über *Layout* passen Sie das Tastenfeld-Design an. Zur Auswahl stehen:

- *Komplett*: Das Standard-Tastenfeld.
- *Daumen*: Die Tasten befinden sich auf der rechten und linken Seite, sodass man darauf mit dem Daumen Zugriff hat.
- *Kompakt*: Verkleinertes Tastenfeld.

❸ Beispiel für das *Kompakt*-Tastenfeld. Tippen und halten Sie den Finger auf dem Pfeil auf der rechten beziehungsweise linken Seite gedrückt, worauf sich die Position des Tastenfelds ändert.

33.2.2 Tastenfeldgröße

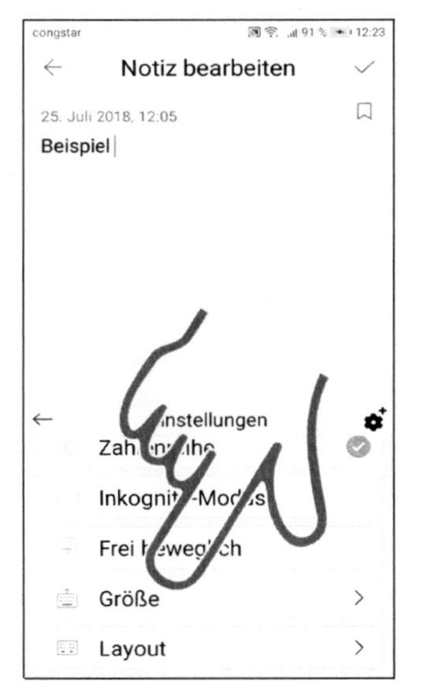

❶❷ Passen Sie über *Größe* die Tastenfeldabmessungen an.

❸ Beispiel für das größte Tastenfeld.

Das Huawei passt das Tastenfeld an die eingestellte Systemschriftgröße (siehe Kapitel *16.1 Bildschirmanzeige anpassen*) an. Falls Sie also ab und zu wegen der besseren Lesbarkeit die Schriftgröße ändern, müssen sie anschließend die Tastenfeldgröße erneut auf die gewünschten Abmessungen stellen.

33.2.3 Tastenfeld abkoppeln

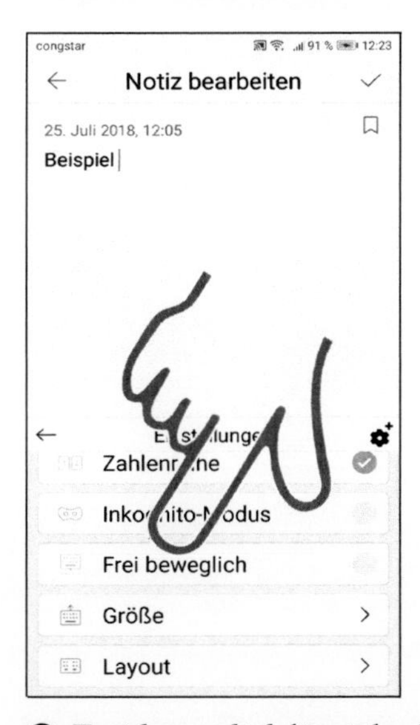

❶ *Frei beweglich* lässt das Tastenfeld »schweben«.

❷ Verwenden Sie die Lasche unterhalb des Tastenfelds, um dessen Position zu ändern. Wenn Sie es ganz nach unten ziehen, schalten Sie wieder auf das Standard-Tastenfeld um.

33.2.4 Inkognito

Das Tastenfeld »lernt« die von Ihnen die Wörter, um sie beim nächsten Mal vorzuschlagen. Dies kann aber manchmal problematisch sein, wenn mehrere Personen das Handy nutzen.

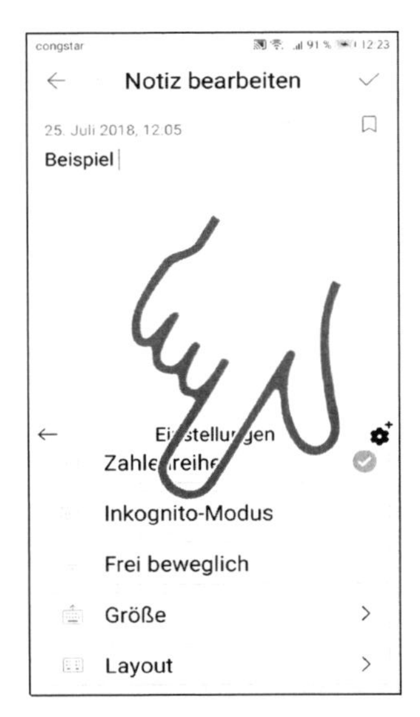

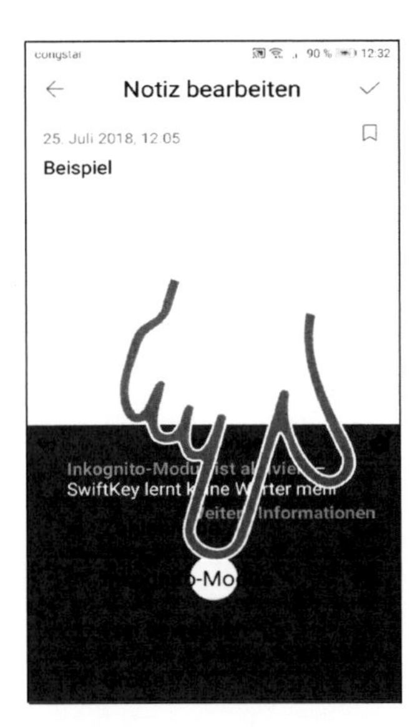

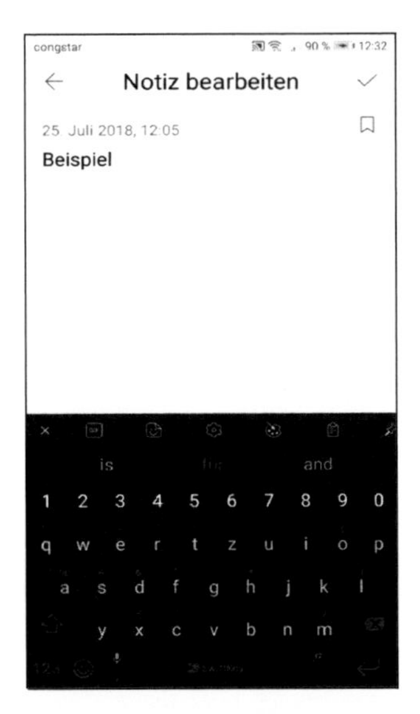

➊ Betätigen Sie einfach *Inkognito-Modus*, worauf das Handy wieder auf die zuletzt genutzte Anwendung umschaltet. Ihre Eingaben werden nun nicht mehr in als Wortvorschläge gespeichert.

➋ Den einmaligen Hinweis tippen Sie an.

➌ Im Inkognito-Modus ist das Tastenfeld invertiert.

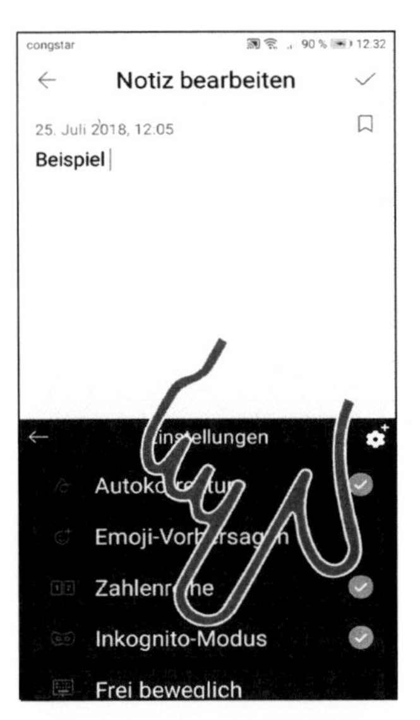

➊➋ So schalten Sie wieder auf das normale Tastenfeld um: Betätigen Sie über den Wortvorschlägen ⚙ und gehen Sie auf *Inkognito-Modus*.

33.2.5 Weitere Einstellungen

Aus Platzgründen können wir leider nicht auf alle Funktionen eingehen. Die wichtigsten sollen aber hier beschrieben werden.

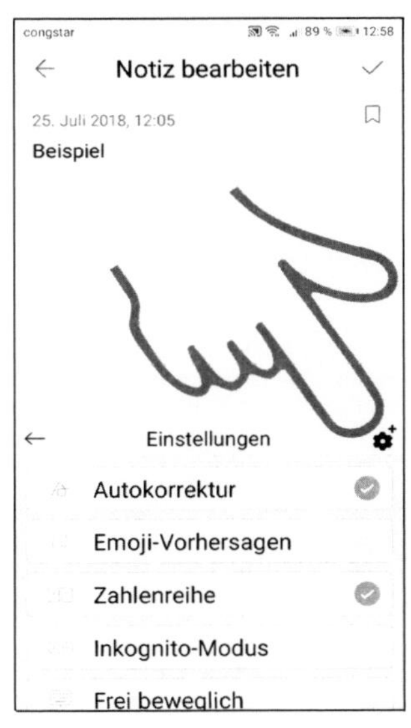

❶❷ Die weiteren Optionen öffnet die ⚙-Schaltleiste (Pfeil):

- *Sprachen*: Dient der Auswahl des verwendeten Tastenfelds sowie der Eingabesprache (für die Wortvorschläge).
- *Themes*: Wählen Sie ein Tastenfelddesign aus.
- *Eingabe*: Darauf kommen wir unten noch.
- *Konto*: Wenn Sie ein Konto einrichten, stehen die von Ihnen vorgenommenen Tastenfeldeinstellungen auch auf allen anderen Android-Geräten zur Verfügung. Voraussetzung dafür ist, dass auf diesen SwiftKey installiert ist und Sie mit dem gleichen Konto angemeldet sind.
- *EINGABE-HEATMAP* (❸): Zeigt anhand einer Grafik, wie häufig die einzelnen Tasten betätigt wurden.

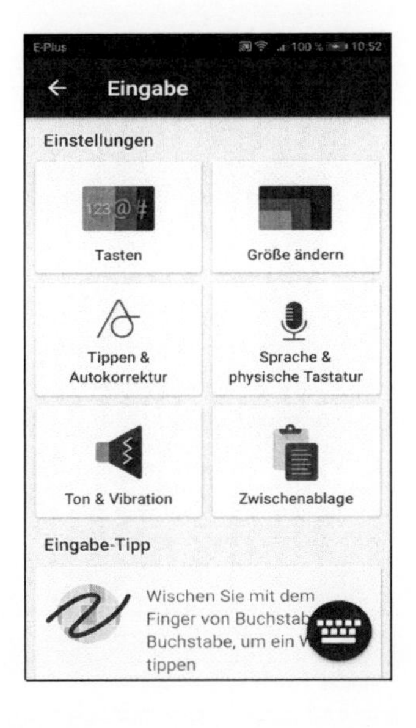

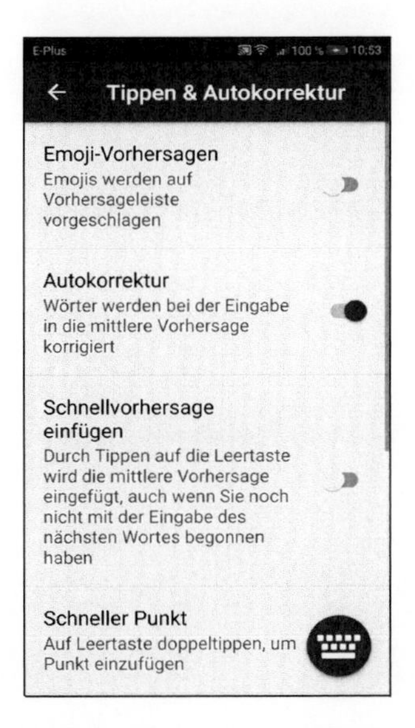

❶ Rufen Sie *Eingabe* auf.

❷ Die angebotenen Einstellungen:

- *Tasten*:
  - *Zahlenreihe*: Blendet Zahlentasten oberhalb des Tastenfelds ein.
  - *Akzentbuchstaben*: Tippen und halten Sie den Finger über einer Taste, bis die Akzentbuchstaben in einem Popup zur Auswahl angeboten werden.
  - *Spezielle Emoji-Taste*: Blendet die sogenannte Emoji-Taste unten links im Tastenfeld ein. Darüber können Sie Smileys einfach in Ihren Texten eingeben.
  - *Emoji-Zugriff über Eingabetaste*: Diese Funktion ist nicht von Huawei dokumentiert.

- ○ *Pfeiltasten*: Blendet die Cursortasten am unteren Bildschirmrand ein.
- ○ *Ziffernblock*: Zahlenfeld auf der rechten Seite anzeigen.
- ○ *Dauer des langen Tastendrucks*: Zeit, nach permanenten Drücken einer Taste vergeht, bis die Tastenwiederholung aktiv wird.
- ○ *Taste wird angezeigt*: Zur Kontrolle blendet das Tastenfeld bei Tastenbetätigung ein Popup mit dem jeweiligen Buchstaben ein.

- *Größe ändern*: Siehe Kapitel *33.2.2 Tastenfeldgröße*.
- *Tippen und Autokorrektur* (❸):
  - ○ *Emoji-Vorhersagen*: Abhängig vom Kontext schlägt die Tastatur Smileys vor.
  - ○ *Autokorrektur*: Sobald Sie die Leertaste betätigen, wird ein falsch geschriebenes Wort automatisch korrigiert. Sofern Sie häufig Fremdwörter verwenden, sollten Sie überlegen, die Autokorrektur zu deaktivieren.
  - ○ *Schnellvorhersage einfügen*: Betätigen der Leertaste übernimmt den Wortvorschlag.
  - ○ *Schneller Punkt*: Zweimaliges Betätigen der Leertaste fügt einen Punkt ein.
  - ○ *Autom. Großschreibung*: Nach einem Punkt beziehungsweise am Satzanfang schaltet das Tastenfeld auf Großschreibung um.
  - ○ *Gesteneingabe*: Schaltet zwischen *Flow* (Standard) und *Gesten* um. Letzteres aktiviert zwei Wischgesten, mit denen Sie Wörter löschen beziehungsweise das Tastenfeld schließen. Wir raten von einer Änderung der *Flow*-Voreinstellung ab.
  - ○ *Vorhersagen nach Flow anzeigen*: Bereits während der Flow-Eingabe (»durchgehende Eingabe« durch Wischen über die Tasten) macht das Tastenfeld Wortvorschläge.
- *Sprache & physische Tastatur*: Aktiviert eine zusätzliche Schaltleiste auf dem Tastenfeld, mit dem Sie die Spracherkennung aktivieren. Darauf geht noch Kapitel *33.4 Spracherkennung* ein.
- *Ton & Vibration*: Verwaltet das akustische und haptische Feedback. Wählen Sie aus, ob bei der Tastenbetätigung ein Signalton beziehungsweise eine Vibration erfolgt.
- *Zwischenablage*: Alle von Ihnen kopierten Texte speichert das Tastenfeld zwischen und ermöglicht es, diese später wieder in einem Textfeld einzufügen.

33.3 Durchgehende Eingabe

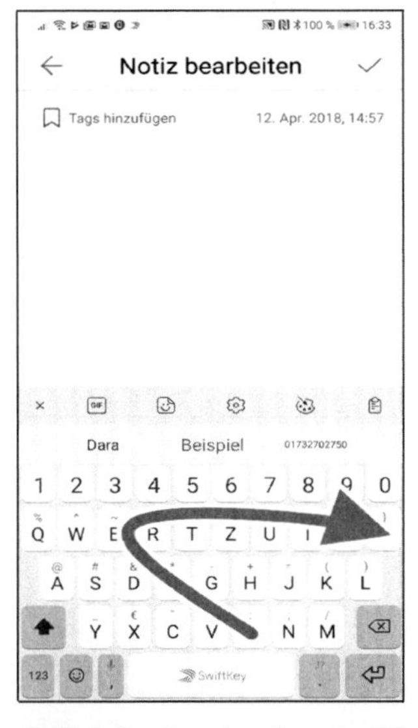

❶❷ Die durchgehende Eingabe (»Swype«) ist recht einfach zu verstehen: Halten Sie den Finger auf den ersten Buchstaben des einzugebenden Worts angedrückt und ziehen Sie nun mit angedrücktem Finger auf die weiteren Buchstaben des Worts. Setzen Sie dann den Finger ab. In unserem Beispiel soll »Beispiel« eingegeben werden. Leerzeichen fügt die durchgehende

Eingabe übrigens automatisch zwischen den Wörtern ein. Für die Eingabe von doppelten Buchstaben bewegen Sie den Finger über der entsprechenden Taste einfach hin und her.

Die durchgehende Eingabe lässt sich deaktivieren. Dazu müssen Sie, wie im Kapitel *33.2.5 Weitere Einstellungen* beschrieben, im Menü *Gesteneingabe* von *Flow* auf *Gesten* umstellen.

33.4 Spracherkennung

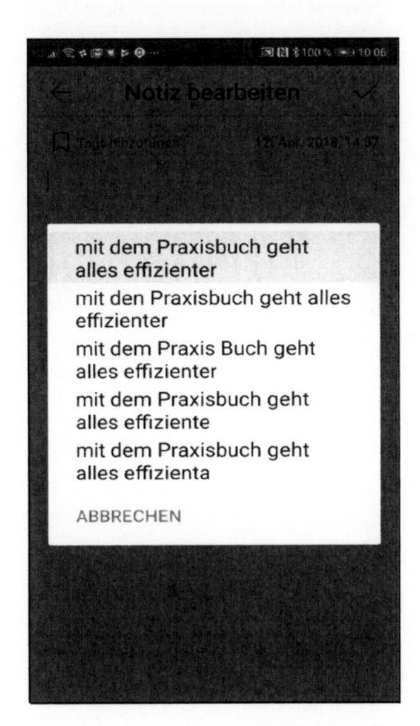

➊ Die Spracherkennung aktivieren Sie, indem Sie die Komma-Taste auf dem Tastenfeld gedrückt halten.

➋ Sprechen Sie dann in ruhigem Tonfall und gleichmäßig die Wörter beziehungsweise Sätze, welche dann in Text umgesetzt werden.

➌ Wählen Sie einen der vorgeschlagenen Texte aus, den das Handy ins Eingabefeld übernimmt.

Beachten Sie auch Kapitel *4.13 Google-Suche* und *22 Google Assistant.*

33.5 Texte kopieren, ausschneiden und einfügen

Es kommt häufiger mal vor, dass man einen Text, beispielsweise aus einer SMS oder E-Mail, in einer anderen Anwendung weiterverwenden will.

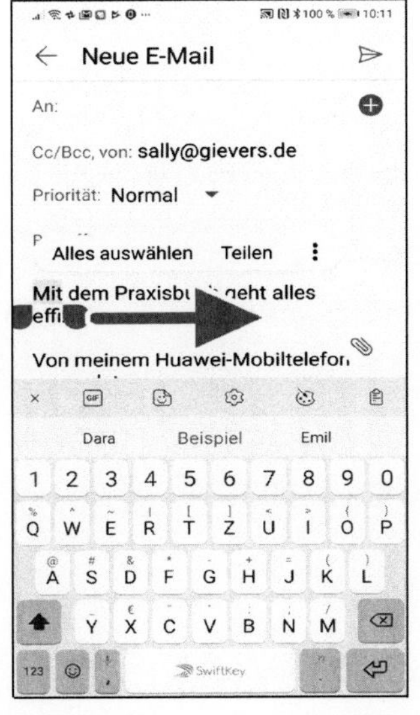

➊ Tippen Sie zweimal hintereinander mit dem Finger auf ein Wort, welches darauf hin markiert ist.

❷ Anschließend ändern Sie den markierten Bereich, indem Sie die Schieber an die gewünschte Position bewegen.

❸ Gehen Sie ins ⁝-Menü (Pfeil).

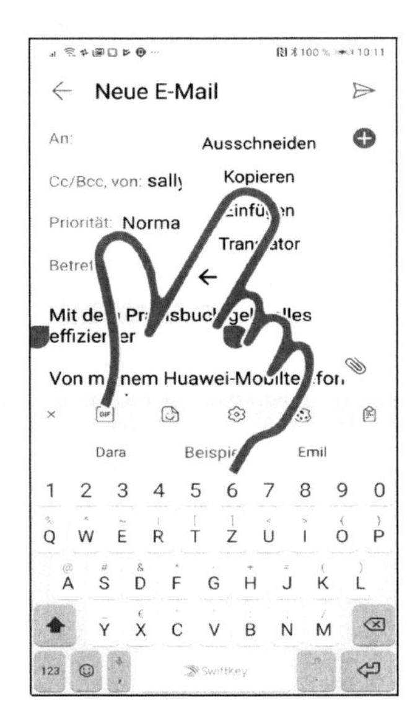

Wählen Sie *Kopieren* aus.

❶ Tippen und halten Sie den Finger in die Zielposition.

❷❸ Im Popup wählen Sie *Einfügen*.

33.6 Weitere Funktionen

33.6.1 GIF

Das Grafikformat GIF wurde bereits in den 1980er Jahren erfunden und würde heute keine Rolle mehr spielen, wenn es nicht eine Besonderheit aufweisen würde: In einer GIF-Datei können mehrere Einzelgrafiken enthalten sein, die nacheinander wie ein Video abgespielt werden. Es hat sich in den letzten Jahren eine riesige Fangemeinde etabliert, die kurze Ausschnitte aus TV-Serien oder Kinofilmen als GIF-Dateien verbreitet.

❶ Betätigen Sie die +-Schaltleiste (Pfeil) oberhalb des Tastenfelds, falls die Schaltleisten nicht angezeigt werden.

❷ Betätigen Sie dann GIF.

❸ Die GIFs sind in verschiedenen Kategorien angeordnet, zwischen denen Sie mit einer Wischgeste (Pfeil) und Antippen wechseln.

❶ Eine Wischgeste nach oben im Vorschaubereich (Pfeil) blättert zwischen den Vorschlägen, von denen Sie einen auswählen.

❷❸ In unserem Fall nutzen wir WhatsApp (siehe Kapitel *14 WhatsApp*), bei dem GIF-Bilder wie normale Fotos behandelt werden. Deshalb können Sie noch einen Komentar eingeben, der dann mit dem GIF verschickt wird. Der Empfänger muss dann die Vorschau antippen, damit WhatsApp das GIF abspielt. Per E-Mail verschickte GIFs werden dagegen automatisch abgespielt.

33.6.2 Sticker

Sticker sind lustige Grafiken, mit denen Sie Ihre Texte aufhübschen. Im Gegensatz zu den im vorherigen Kapiteln vorgestellten GIFs sind die Sticker jeweils als Paket verfügbar. Im jedem Paket ist dann die gleiche Comicfigur in unterschiedlichen Posen enthalten.

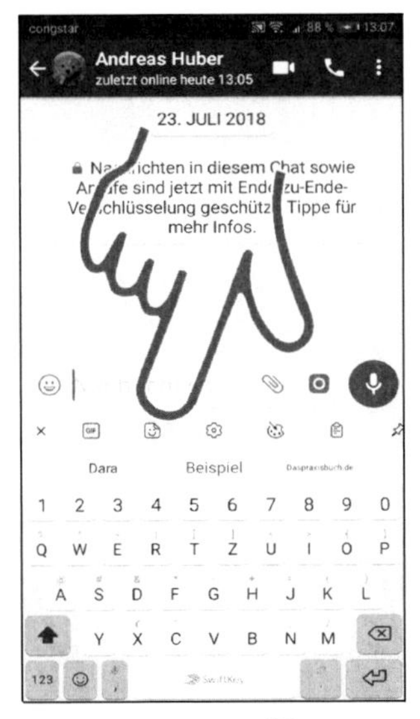

➊ Betätigen die -Schaltleiste.

➋➌ Wischen Sie durch die Auflistung und betätigen Sie die blaue Schaltleiste, um das gewünschte Sticker-Paket herunterzuladen.

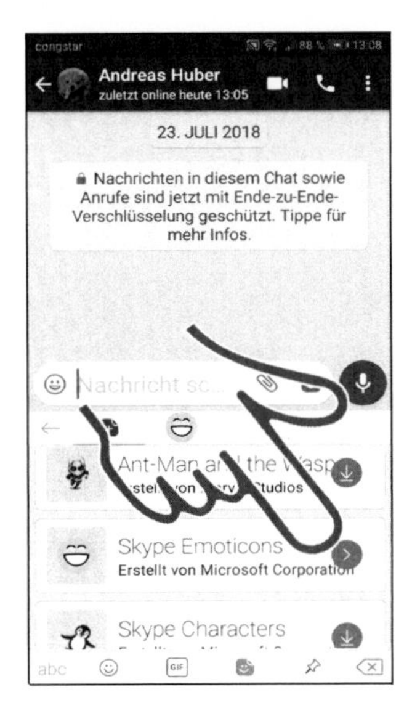

➊ Dann betätigen Sie die blaue Schaltleiste erneut.

➋➌ Wischen Sie durch die Auflistung und tippen Sie einen Sticker an, der darauf hin noch bearbeitet werden kann. ➤ übernimmt den Sticker in die Eingabezeile.

33.6.3 Sammlung

Über die sogenannte Sammlung stellen Sie sich Bilder zusammen, die Sie häufiger in Texten einfügen. In der Regel wird es sich um mit der Kamera erstellte Fotos von lustigen oder ungewöhnlichen Situationen handeln.

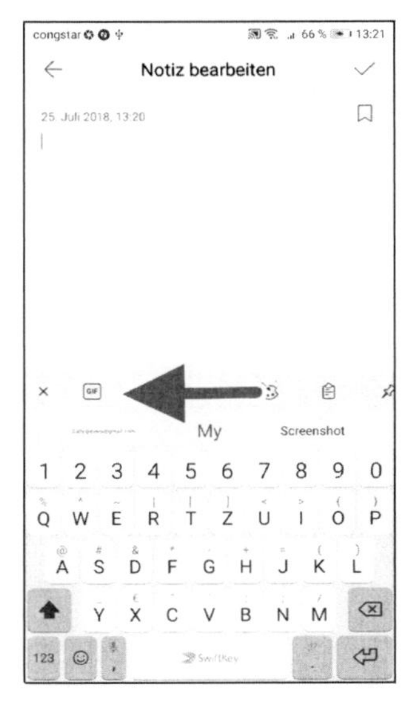

❶ Wischen Sie in der Schaltleistenreihe oberhalb des Tastenfelds nach links.

❷ Betätigen Sie 📌.

❸ Schließen Sie den Hinweis mit *OK*.

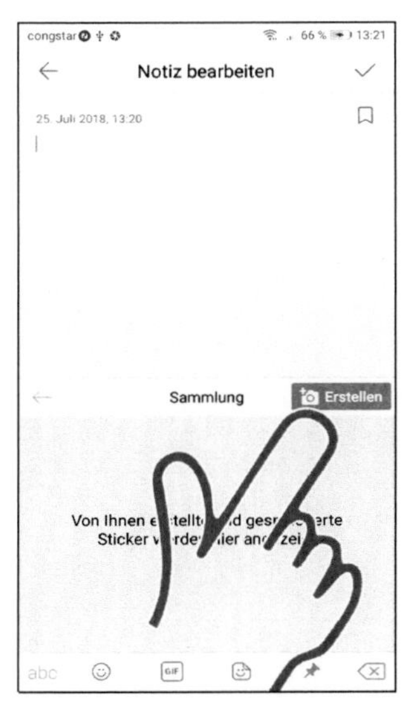

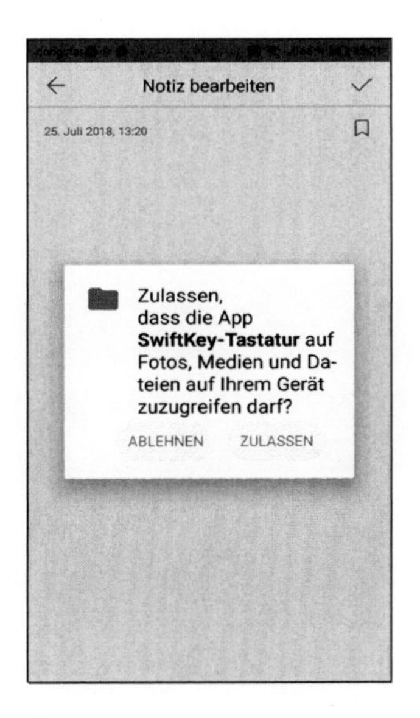

❶ Betätigen Sie *Erstellen*.

❷ Die folgenden zwei Popups schließen Sie mit *ZULASSEN*. Gegebenenfalls müssen Sie erneut *Erstellen* antippen.

❸ Das Handy listet alle Fotos auf, durch die Sie mit einer Wischgeste blättern. Wählen Sie ein Foto aus.

❶ Sie können nun das Bild noch bearbeiten. Schließen Sie den Vorgang mit ➤ ab.

❷ Das Bild landet in der Eingabezeile.

❶❷ Künftig schlägt Ihnen das Handy automatisch das Bild vor, sobald Sie über 📌 die Sammlung aktivieren.

33.6.4 Kalender

Sie müssen häufiger Termine vereinbaren? Dabei unterstützt Sie das Tastenfeld über die Kalenderfunktion.

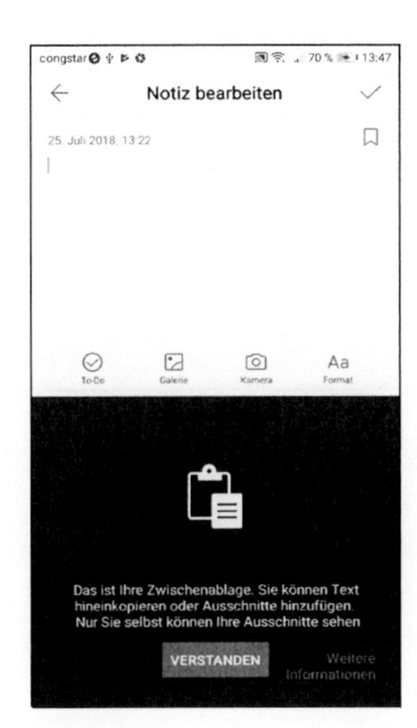

❶ Wischen Sie in der Schaltleistenreihe oberhalb des Tastenfelds nach links.

❷ Betätigen Sie .

❸ Schließen Sie den Hinweis mit *VERSTANDEN*.

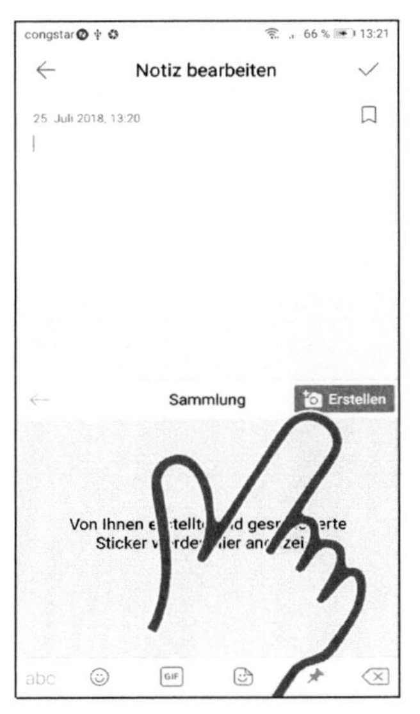

❶ Betätigen Sie *Erstellen*.

❷ Die folgenden zwei Popups schließen Sie mit *ZULASSEN*. Gegebenenfalls müssen Sie nun erneut oberhalb des Tastenfelds antippen.

❸ Schließen Sie den Hinweis mit *VERSTANDEN*.

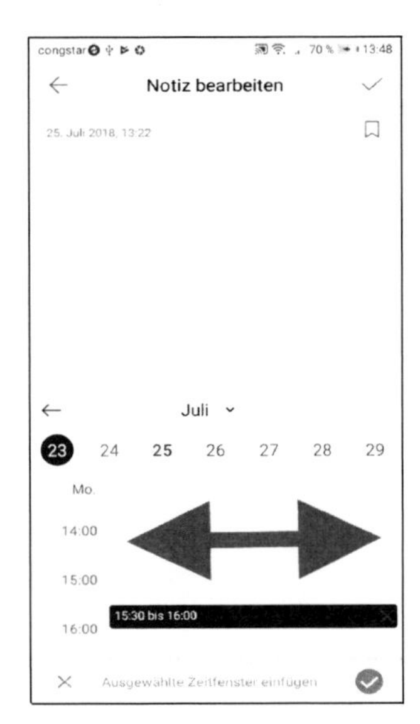

❶❷ Mit einer Wischgeste blättern Sie durch den Kalender. Tippen Sie einen Termin oder eine Zeit im Zeitstrahl an, der daraufhin in das Eingabefeld übernommen wird.

❸ Über die ←-Schaltleiste schalten Sie wieder ins Tastenfeld zurück.

34. Stichwortverzeichnis

Akkulaufzeit 359
Android 12
Android Geräte-Manager 378
Anklopfen 77
Anruf durchführen 55
Anrufeinstellungen 74
Anrufer-ID 77
Anrufliste 66
App-Neuigkeitensymbol 40
App-Sperre 367
Apps 250, 336
Augen schonen 224
Ausklappmenü 53
Auskunft 344
Autonavigation 198
Bedienelemente 26
Benachrichtigungsfeld 40f.
Benachrichtigungsmanager 231
Benachrichtigungsverwaltung 231
Betriebssoftware 12
Bewegungssteuerung 229
Bildschirmkopien 360
Bitte nicht stören 225
Blacklist 71
Bluetooth 43, 345
Bluetooth-Audio 347
Bluetooth-Headset/ 346
Chrome-Webbrowser 175
Dateien 320
Dateien herunterladen 182
Dateien herunterladen (Browser) 182
Dateimanager 320
Datenroaming 109
Datenschutz 358
Datenverbrauch 363
Datenvertrag 13
Der Google Play Musik-Dienst 313
Diebstahl 357
Displaysperre 26, 372
Drive 324
Dropzone 369
Dual-SIM 247, 249
Durchgehende Eingabe 398
E-Mail-Anhänge 136
E-Mails löschen 130
Eingabemethoden 386
Einhandbedienung 228
Emoij 390
Empfangsbestätigung 84
Empfangsstärke 112
Energie sparen 370
Farbmodus 224
Fernsehen 337
Fingerabdruck-ID 381
Fingerabdrucksensor 381
Flugmodus 71
Fotos 296
Galerie 273
Gerätespeicher 236
Gerätesperre 26, 372f.
Gestensteuerung 28
Geteilter Bildschirm 234
GIF 400
Gmail 140
Google Fotos 296
Google Local 206
Google Maps 189
Google-Anwendungen 12
Google-Konto 13, 219
Google-Suche 48
GPS 353
Gruppen (Kontakte) 102
Hauptmenü 27
Headset 346
Hintergrundbild 36
HiSuite 239
Hörerlautstärke 59
Hotels 342
IMAP4 119
In-App-Käufe 263
Instant Apps 258
Intelligente Unterstützung 227
Internetflatrate 13
Internetverbindung 13
Internetzugang 108
Kalender 286
Kamera 267
Kennwortschutz 373
Klingelton 65
Klingeltonlautstärke 65
Kontakterfassung 91
Kontaktfoto 98
Kontaktklingelton 98
Kurzwahlen 59
Lautsprecher 318
Lautstärketasten 26, 50
Mailbox 61
Medienlautstärke und Signaltöne 50
Menü 45
MMS 90
Mobilbox 61
Mobile Daten 43, 369
Mobilfunk-Internet 110
Multimedia Messaging Service 90
Muster-Sperre 374
Nachrichten 79
Office-Datei 328
Offline-Modus 71
Ordner (Startbildschirm) 365
Passwortsperre 375
Play Filme 333
Play Musik 305
Play Protect 252
Play Store 250
Playlists 310
POP3 119

Preisvergleich 340
Programme 250
Programme installieren 252
Protokoll 66
Querdarstellung 44
Rechner 320
Register 29
Reisen 342
Roaming 110
Routenplaner 198
Ruhemodus 225
Ruhezustand 224
Schnellmenü 233
Schnellzugriffe 30
Schriftgröße 224
Schrittzähler 377
Schwarze Liste 87
Screenshots 360
SD-Karte 245
Secure Lock 376
Server 122
Shopping 339
Signaltöne 51
SIM-Karte 97
SIM-Sperre 372, 377
Smart Unlock 376
Smarte Auflösung 224
Smartphone 12
Smiley 390
SMS 79
SMTP-Server 122
Softwarekauf 260
Speicherverwaltung 244
Sperrliste (Telefon) 71
Spracheingabe 387
Spracherkennung 399
Standby-Bildschirm 29
Standort 353
Startbildschirm 26, 27, 29
Startbildschirm-Layout 40
Startbildschirm-Loop 40
Startbildschirmstil 224, 361
Statusleiste 230
Sticker 401
Stoppuhr 332
SwiftKey 387f.
Swype 387, 398
Taschenmodus 78
Tastenfeld 388
Telefonbuch 91
Telefonie 55
Telefonmanager 369
Terminerinnerung 295
Timer 332
Titelleiste 40
Virenscan 369
Vollbildanzeige 224
Wähltastentöne 78
Warteschlange 309
Wecker 332
Weltuhr 332
Wetter 322, 339
WhatsApp 212
Widgets 32
Wiedergabeliste 310
Wifi 113
WLAN 110, 113
WLAN-Zugangspunkt 113
Wochennummer 294
Wortvorschläge 391
WPS 114
YouTube 322
Zip-Dateien 355
Zugriffssperren 372
Zurück-Taste 26
Zurücksetzen 361
Zurückstellen 154
Zustellungsbericht 84
45, 55, 59, 375, 377

35. Weitere Bücher des Autors

Vom Technik-Journalisten Rainer Gievers sind zahlreiche Bücher zum Thema Mobile Computing erschienen. Sie können die Bücher über die jeweilige ISBN bei Ihrem lokalen Buchhändler bestellen.

Allgemeine Themen:

- Das Praxisbuch Google-Anwendungen (Ausgabe 2018)
  ISBN: 978-3-945680-87-2
- Das Praxisbuch Internet für Einsteiger
  ISBN: 978-3-945680-45-2
- Das Praxisbuch E-Mail für Einsteiger
  ISBN: 978-3-945680-26-1
- Das Praxisbuch Online-Shopping für Einsteiger
  ISBN: 978-3-945680-22-3

Huawei-Handys:

- Das Praxisbuch Huawei P20 / P20 Pro
  ISBN: 978-3-945680-96-4
- Das Praxisbuch Huawei P20 Lite
  ISBN: 978-3-945680-98-8
- Das Praxisbuch Huawei Mate 10 Pro
  ISBN: 978-3-945680-88-9 Y6/Y7
- Das Praxisbuch P10 Lite
  ISBN: 978-3-945680-67-4
- Das Praxisbuch P10
  ISBN: 978-3-945680-65-0

Samsung-Handys:

- Das Praxisbuch Samsung Galaxy S9 / S9+
  ISBN: 978-3-945680-90-2
- Das Praxisbuch Samsung Galaxy S8
  ISBN: 978-3-945680-73-5
- Das Praxisbuch Samsung Galaxy S7 & S7 Edge
  ISBN 978-3-945680-41-4
- Das Praxisbuch Samsung Galaxy A6 / A6+
  ISBN: 978-3-964690-01-2
- Das Praxisbuch Samsung Galaxy J5 (2017)
  ISBN: 978-3-945680-75-9
- Das Praxisbuch Samsung Galaxy J3 (2017)
  (in Vorbereitung)
- Das Praxisbuch Samsung Galaxy A3 (2017) & Galaxy A5 (2017)
  ISBN: 978-3-945680-56-8

Weitere Handys:

- Das Praxisbuch Motorola Moto G6, Moto G6 Plus & Moto G6 Play
  ISBN: 978-3-964690-04-3
- Das Praxisbuch Nokia 6 (2018), Nokia 7 Plus & Nokia 8 Sirocco
  ISBN: 978-3-964690-00-5